듣도 보도 못한 익은말 포함 6,730여 관용구

익은말 큰사전

채홍정 엮음

오늘의 문학사

책을 엮으며

익은말을 애초엔 '순우리말 사전' 뒤쪽에 함께 엮으려 하였으나 원고량이 많을 뿐더러 찾는 이로 하여금 편하게 두 권으로 나누어 엮었다.

순우리말이나 익은말, 속담, 사자성어, 고사, 격언, 금언 등도 사회 시대상을 반영되는 경우가 농후하여 그때마다 메모하지 않으면 시간이 흐르고 지난 뒤에는 본뜻을 찾기 어려울 수 있어 부랴부랴 집성하기로 한 것도 한 요인이다.

또한 다른 것(순우리말, 속담, 사자성어, 격언, 금언 등)도 마찬가지지만, 익은말들이 새롭게 생겨나기도 하고 사라지기도 하여 장년층과 20대 젊은이의 세대차가 뚜렷하여 쓰는 익은말을 알아들을 수가 서로 없을 뿐더러, 더욱이 외국인들이 우리말을 배우기 힘들다는 것이 익은말이다. 이런 중요한 익은말이 독자적인 것이 없어서는, 하는 마음과 국어사전에 함께 있어, 보는 이로 하여금 불편할 뿐만 아니라 6,730여 가지가 다 수록되어 있지 않아 이 책을 엮었다.

만약에 익은말 가운데 중요한 알맹이가 빠진 것이 있을 경우 E-mail chaehj1006@hamail.net, 다음 카페 대원 웃음보따리(cafe.daum.net/hjchae1006), 블로그 대원의 쉼터(blog.daum.net/chaehj1006)를 통하여 독자들께서 덜 불편하도록 최선의 노력을 기울이겠다.

바라건대, 우리말과 글은 우리네로 하여금 너, 나 따로 없이 잘 가다듬어져야 할 책무임에, 범국민적으로 활성화하도록 더 힘을 실어야 하고, 외래어 범람으로 우리말과 글이 잠식되는 현실을 우습게 여겨서는 아니 될 정도란 것을 덧붙이며, 자국민의 긍지를 살리는데 다함께 정성을 모울 때라 사료하는 바이다.

끝으로, 음으로 양으로 모든 분들의 도움에 힘입어 오늘 이 자리가 있다고 여겨 깊이 고개 숙인다.

2019년 8월

엮은이 大元 채 홍 정 私處에서

일러두기—

1. 이 책의 배열순은 자음 모음 순으로 하였으며, 자음의 된소리는 그 항목 맨 끝에 다루어 사전 형식으로 찾아보기에 편하도록 했다.
2. 우리글 맞춤법 띄어쓰기 원칙은 1999년 3월 1일부터 시행한 '한글 맞춤법'과 '표준어 규정'을 그대로 따랐으나, 혹여 부족한 부분이 있을 경우 보정하겠다.
3. 한 어휘의 뜻이 여럿인 경우에는 원칙적으로 어원에 가까운 것, 또는 일반적인 것부터 1. 2. 3. 번호를 붙여 실었다.
4. 비슷한 말, 반대말에 밑줄을 그어 눈에 확 드러나게 하였으며, 최대한 집성하였다.

   예) **가면(을) 벗다.**

   거짓으로 꾸민 모습을 버리고 정체를 드러내다. (비)탈(을) 벗다. (반)가면(을) 쓰다.
5. 가급적 예)를 실어 익은말 문장 풀이에 도움이 되게 하였다.
6. 부록에는 '새로 나온 말[새로 유행하는 말新造語, '헷갈리기 쉬운 낱말 모음', '우리말 알쏭달쏭 틀리기 쉬운 어휘들', '새 한글 맞춤법 일람표', '상식이 된 외래 신용어 익히기', '새 맞춤법의 중요 내용'을 수록하여 독자들에게 도움이 되게 하였다.
7. 이 책의 참고도서 및 자료로 국어 대사전(문학박사 이용백 감수 교육도서), 우리말 갈래사전(박용수 엮음 한길사 1990, 제7판 발행), 다시 살려 써야 할 우리말 사전(고정욱 엮음 자유로운 상상 2010, 제2판 발행), 뜻도 모르고 자주 쓰는 우리말 숙어 1000 가지(이재운, 구미라, 이인옥, 공동 엮음 (주)위즈덤하우스, 2015, 발행), 표준국어대사전(동아출판사 1992), 현대 용어 백과사전(삼성출판사 1977), 한국민족문화 대백과사전(한국정신문화연구원 1993), 고어사전(남광우 일조각 1971), 새 우리말 큰 사전(신기철 신용철 공동 엮음 삼성출판사 1990), 등 인터넷에서도 자료를 모았다.
8. 기호

   X 사용하는 말 속에 잘못 된 것(비표준어)을 X로 표시하였다.

   예) **죽살이(를) 치다**

   어떤 일에 모질게 힘을 쓰다. ×죽살치다.

   ★ 어려운 낱말 풀이,

   예) **따리(를) 붙이다**

   남의 마음을 사려고 아첨하다. ★따리 : 남의 마음을 사려고 비위를 맞추거나 알랑거리는 말.

   (반) 반대말, 『북』 북한어, (비) 비슷한 말, (부) 부사, (사) 사동사, (작) 작은말, (준) 준말, (큰) 큰말.

ㄱ

가거나 말거나

가든지(가) 말든지(가)

예) 남이 시집을 가거나 말거나 남이 왜 관심 가져.

가꾸로 박히다

머리를 땅으로 향한 채 떨어지다.

가끔가다가 가끔가다

가끔 어쩌다가.

가나오나

어디로 가나 늘 다름없이.

가난(이) 들다

1. 가난하게 되다.

2. 필요하거나 쓸 만한 것이 드물어 구하기 어렵게 되다.

3. 농작물의 수확이 여느 해보다 아주 적게 되다.

예) 비가 제때 안 와서 배추 가난이 들었다.

가난이 파고들다

더욱더 가난해지다.

예) 뼈가 빠지게 일을 하여도 우리 집 형편은 갈수록 가난이 파고들 뿐이었다.

가느니 마느니

이러하기도 하고 저러기도 하다.

가는 귀(가) 먹다

'귀가 먹다'란 청각장애가 생겨서 들리지 않게 되었다는 뜻이다. 그런데 '가는귀가 먹다'라고 했다. '약간 귀가 먹었다'라는 뜻이다.

예) 젊은 사람이 벌써부터 가는귀를 먹었으니 큰일이야.

가늠(을) 보다

1. 목표를 겨누어 보다.

2. 형편이나 시세 따위를 살피다.

예) 문을 열고 들어가야 할지 말아야 할지 가늠을 보았다.

3. 물건의 무게를 달 때에 저울눈이 바른지 아니한지를 보다. (비)가늠(을) 잡다.

예) 가늠을 보아서 한 근 정확히 드려라.

가늠(을) 잡다

(비)가늠(을) 보다.

예) 그들이 어떻게 나올지 가늠을 잡을 수가 없다.

가늠이 가다

짐작이나 헤아림이 이루어지거나 미치다.

예) 그는 그들이 왜 자기만 잡아 왔는지 도무지 가늠이 가지 않아 답답했다.

가닥을 잡다

1. (사건이나 문제가 해결 방향으로) 실마리를 얻다.

예) 폭력 사건이 피해자 측의 배려 덕분에 합의하기로 가닥을 잡았다.

2. (사람이 사건이나 문제의) 진행이나 분위기를 이해하다. (비)실마리를 잡다.

예) 경제 전문가들은 드디어 경제 혼란의 가닥을 잡은 듯했다.

3. 분위기, 상황, 생각 따위를 이치나 논리에 따라 바로잡다. (비)가늠(을) 보다.

예) 남성복은 수요가 적다고 해서 여성복으로 가닥을 잡고 있습니다.

가닥이 잡히다

(문제의 해결점이나 실마리가) 파악되다.

예) 검찰이 본격적으로 수사에 뛰어들면서 사건이 어느 정도 가닥이 잡히기 시작했다.

가도 오도 못하다

한곳에서 자리를 옮기거나 움직일 수 없는 상태가 되다. (비)오도 가도 못하다.

예) 인호가 갇혀 있는 동안 동래 온천에서 가도 오도 못하고 고생 좀 할 걸!

가락을 내다

윷놀이를 할 때, 윷가락을 잘 던져서 원하는 대로 엎기도 하고 잦히기도 한다.

가락(을) 떼다

1. (흥이 나는 일의) 첫 몸놀림을 시작하다.

2. 노래나 풍악을 시작하다.

3. 행동이 서로 잘 들어맞다.

가락을 받다

1. 가락을 따라서 치다.

2. 남의 소리나 노래의 뒤를 이어 부르다.

예) 무녀가 가락을 놓치자 장구재비가 가락을 받았다.

가락(이) 나다

일하는 기운이나 능률이 오르다.

가락(이) 맞다

율동이나 장단이 잘 어울리다. (비)장단(이) 맞다.

가랑이(가) 찢어지다[째지다]

1. 몹시 가난한 살림살이를 비유적으로 이르는 말. (비)똥구멍(이) 찢어지다[째지다].

2. (비유적으로) 하는 일이 힘에 부치거나 일손이 부족하여 일해 나가기가 몹시 벅차다.

예) 괜히 그 사람들 따라 하다가는 가랑이가 찢어질 거다.

가래톳(이) 서다

가래톳이 생기다.

가려운 곳을[데를] 긁어 주듯[주다]

남에게 꼭 필요한 것을 잘 알아서 그 욕구를 시원스럽게 만족시켜 줌을 비유적으로 이르는 말. 예) 석시랑 내외는 음식에서부터 의복, 범절, 숙사의 치다꺼리에 이르기까지 가려운 곳을 긁어 주듯 홍순언의 일거일동의 모든 편의를 보아주었다.

가로 뛰고 세로 뛰다

감정이 북받쳐 이리저리 날뛰다.

예) 시골서 올라온 귀성이란 녀석까지 서울 언니 집이라 해서 신바람이 나서 그런지 허허거리며 가로 뛰고 새로 뛰고 야단이다.

가로 새다

중도에 다른 곳으로 빠져 나가다.

가로 지나 새로 지나

짐을 가로로 지나 세로로 지나 등에 지기는 마찬가지라는 뜻으로, 이렇게 되든지 저렇게 되든지 마찬가지인 경우를 비유적으로 이르는 말.

가르마(를) 타다

이마에서 정수리까지의 머리털을 양쪽으로 갈라 붙이다.

가리(를) 틀다

1. 잘되어 가는 일을 안 되도록 방해하다.

★가리 : 일의 갈피와 조리.

2. 남의 횡재에 대하여 무리하게 한몫을 청하다. (비)갈비(를) 틀다.

예) 노름판에서 모처럼 돈을 따면 꼭 가리를 틀려는 사람이 나타난다.

가리산을 못 하다

『북』 갈피를 잡지 못하여 갈팡질팡하다.

예) 그래도 어떻게 된 셈인지 두서는 가리산을 못하다가 이 거동을 보고 끼리끼리 수군거린다.

가리산이 들다

『북』 일의 갈피를 잡지 못하는 상태에 놓이다.

★가리산 : ①사물을 가리어 판단할 만한 지각. ② 사물을 가리어 알 수 있는 실마리. (본)가리사니.

예) 쌀 봉지를 붙이는 손은 가리산이 자주 들기도 했다.

가마를 태우다

그럴듯하게 추어올려 얼렁뚱땅 넘어가거나 속여 넘기다.

예) 가마를 태워서 대충 넘어갈 생각은 하지 마라. 철저히 검사할 테니.

가면假面을 벗기다

거짓으로 꾸민 정체를 밝히다.

예) 경찰은 회사원을 가장한 산업 스파이의 가면을 벗겼다.

가면(을) 벗다

거짓으로 꾸민 모습을 버리고 정체를 드러내다. (비)탈(을) 벗다. (반)가면(을) 쓰다.

예) 어리석은 듯이 꾸미는 그 가면을 벗는 날… 그 속에서 나온 홍선은 결코 주책없는 술망나니가 아니었다.

가면(을) 쓰다

본심을 감추고 겉으로는 그렇지 않은 것처럼 꾸미다. (비)탈(을) 쓰다. (반)가면(을) 벗다.

예) 친구의 자존심을 상하게 하기 위해 그토록 오래 그토록 빈틈없이 가면을 쓰고 산 종상이가 가증스러워 치가 떨렸다.

가문家門을 흐리다

집안이나 문중의 명예를 더럽히다.

예) 시정잡배나 하는 짓을 하며 가문을 흐리고 다니니 아비가 얼굴이 부끄러워 고개를 들 수가 없다.

가물 때(를) 벗다

『북』 가뭄으로 입었던 재해가 사라지다.

예) 가물 때를 벗은 싱싱한 강냉이 포기들.

가물(을) 타다

땅에 물기가 마를 정도로 오래도록 비가 내리지 않는 날씨나 그러한 상태를 '가물', '가뭄', '한발旱魃', '한기旱氣'라고 한다. '타다'는 '어떤 자극이나 영향을 받다', '쉽게 느끼다'의 뜻이다. '추위를 타다', '옻을 타다', '부끄러움을 타다'가 그것이다. '(농작물 따위가) 가물의 영향을 받아 해를 입다', '(특정 농작물이) 가물에 견디는 힘이 약하여 해를 쉽게 받다'라는 뜻이다. 즉, 날이 가물게 되다. 농작물 따위가 가물로 피해를 입다. (비)가물(이) 들다.

예) 한 달 넘게 비가 내리지 않아 가물을 타는 고추밭을 보고 있자니 내 입이 타 들어간다.

가물(이) 들다

1. 날이 가물게 되다.

2. (농작물 따위가)가물로 말미암아 해를 입다. (비)가물(이) 타다.

예) 고추(오이)가 가물이 들다.

가뭄에 콩 나듯

어떤 일이나 물건이 아주 드문드문 있을 때 하는 말.

가뭄철 웅덩이 올챙이 신세

머지않아 죽거나 파멸할 운명에 놓인 가련한 신세.

가방끈(이) 길다

많이 배워 학력이 높다. (반)가방끈(이) 짧다.

예) 가방끈이 긴 사람이 오히려 이해관계에 더 철저하다.

가살(을) 떨다

경망스럽게 가살을 부리다.

★가살 : 말씨나 하는 짓이 얄밉고 되바라짐.

가살(을) 빼다

거만하게 가살스러운 태도를 짓다.

예) 그는 짐짓 가살을 빼며 말했다.

가살(을) 쓰다

1. 경망스럽게 가살을 부리다.

2. 정신없고 부산스러운 행동을 하다.

예) 가살을 쓰고 다니는 바람에 정신이 없었다.

가살(을) 피우다

가살스러운 짓을 나타내다.

가선(이) 지다

쌍꺼풀지다.

예) 그녀는 가선 진 것이 매력이다

가슴 벽을 두드리다

『북』 마음에 충격을 강하게 주다.

예) 절절한 그의 말은 우리의 가슴 벽을 두드렸으며 건설에로 일떠서게 했다.

가슴 벽을 울리다

『북』 마음에 감동을 크게 일으키다.

가슴에 멍이 들다[지다]

마음속에 쓰라린 고통과 모진 슬픔이 지울 수 없이 맺히다.

예) 세상의 천대와 멸시로 가슴에 멍이 든 사람 /어미 가슴에 멍이 들게 한 불효자식 같으니.

가슴에 맺히다

통절한 원한이나 근심 따위가 가슴에 뭉쳐 있다.

가슴에 못(을) 박다

(어떤 사람이 다른 사람의) 두고두고 잊히지 않게 마음에 깊은 상처를 주어 응어리가 지게 하다.

가슴에 불붙다

감정이 격해지다.

예) 다시 한 번 도전해 보겠다는 생각이 가슴에 불붙었다.

가슴에 새기다

잊지 않게 단단히 마음에 기억하다. <u>(비)뼈에 새기다, 골수에 새기다, 심장에 새기다, 폐부에 새기다.</u>

예) 그는 할아버지 말씀을 가슴에 새기고 집을 떠났다.

가슴에서 불이 일다

뜻밖에 몹시 화가 나는 일을 당하여 감정이 격렬해지다.

가슴에 손을 얹다

양심에 근거를 두다.

예) 네가 진짜 잘못한 것이 없는지 가슴에 손을 얹고 생각해 보아라.

가슴에 짚이다

『북』 마음에 생각나는 것이 있다.

가슴에 찔리다

심한 양심의 가책을 받다.

가슴에 칼을 품다

상대편에게 모진 마음을 먹거나 흉악한 생각을 하다.

예) 당신이 그 말을 한 이후로 저 사람은 가슴에 칼을 품고 있으니 조심하시오.

가슴에 피멍(이) 들다

'가슴에 멍이 들다[지다]'를 강조하여 이르는 말.

예) 그는 자신의 가슴에 피멍이 들어도 남의 행복을 빌어 주는 사람입니다.

가슴을 긁다

『북』 안타까운 사정으로 마음이 몹시 상하고 강하게 자극을 받다.

예) 가슴을 긁는 듯한 말마디.

가슴을 도려내다

마음을 아프게 하다.

예) 여자 아이의 새까만 얼굴과 새까만 손과 발이 내 가슴을 도려낸다.

가슴을 뒤흔들다

마음을 들뜨게 하거나 설레게 하다.

예) 그녀는 많은 남자들의 가슴을 뒤흔들 만한 속내를 털어놓았다.

가슴을 불태우다

어떤 의욕이나 기세가 몹시 끓어오른 상태에서 활동하다.

예) 선수들은 승리를 하겠다는 의지로 가슴을 불태우며 훈련을 했다.

가슴(을) 앓다

안달하여 마음의 고통을 느끼다.

예) 그는 오랫동안 혼자 가슴을 앓으며 살아야 했다.

가슴을 열다

속마음을 털어놓거나 받아들이다.

예) 그와 나는 가슴을 열고 이야기하는 사이다.

가슴(을) 저미다(저미게 하다)

생각이나 느낌이 매우 심각하고 간절하여 가슴을 칼로 베이는 듯한 아픔을 느끼게 하다.

예) 전사한 친구의 유품은 10년이 지나도록 가슴을 저며 왔다.

가슴을 짓찧다

마음에 몹시 심한 고통을 받다.

예) 가슴을 짓찧는 아픔을 느꼈다.

가슴을 찢다(찌르다)

슬픔이나 분함 때문에 가슴이 째지는 듯한 고통을 주다.

예) 그녀는 잔혹한 말로 나의 가슴을 찢어 놓았다.

가슴(을) 치다

마음에 큰 충격을 받다.

예) 할머니의 사연은 내 가슴을 치는 것이었다.

가슴(을) 태우다

몹시 애태우다.

예) 조바심에 가슴을 태우며 시간이 되기를 기다렸다.

가슴을 터놓다

속마음을 드러내다.

가슴을 틀어쥐다[틀어잡다]

『북』 오직 하나의 생각으로 꽉 들어차게 하다.

가슴(을) 펴다

굽힐 것 없이 당당하다.

예) 그는 어려운 상황이지만 가슴을 펴고 자기의 의견을 제시했다.

가슴을 허비다

마음을 아프게 자극하다.

가슴을 헤쳐 놓다

마음속의 생각이나 말을 거리낌 없이 그대로 다 털어놓다.

예) 종혁은…시신詩神과 만나 가슴을 헤쳐 놓고 밀담을 하고 싶었다.

가슴을 흔들다

마음을 들뜨게 하거나 설레게 하다.

가슴이 꺼지게[꺼지도록]

『북』 가슴이 쑥 들어가도록 아주 깊게.

예) 가슴이 꺼지게 한숨을 쉬다.

가슴이 내려앉다

1. 몹시 놀라서 맥이 풀리다.

2. 슬픔으로 마음을 다잡기 힘들게 되다.

가슴이 넓다

이해심이 많다.

예) 내가 까불고 덤벙대도 그는 귀엽게 봐 주는 가슴이 넓은 사람이다.

가슴이 덜컹하다

갑자기 놀라서 몹시 충격을 받다.

가슴이 두방망이질하다

가슴이 몹시 세차게 두근거리다.

예) 가슴이 두방망이질하여 똑바로 서 있을 수가 없다.

가슴이 뜨겁다

1. 깊고 큰 사랑과 배려를 받아 고마움으로 마음의 감동이 크다.

2. 『북』 감동적인 사실에 감화되어 마음속의 감격이 크다.

예) 그에 대한 존경심으로 가슴이 뜨거워지군 하였다.

가슴이 뜨끔하다

자극을 받아 마음이 깜짝 놀라거나 양심의 가책을 받다.

예) 가슴이 뜨끔했지만 그는 아무렇지 않은 척 행동했다.

가슴이 막히다

'막히다'는 '막다'의 피동, 즉 '막음을 당하다'이다. 앞뒤로 뚫려 순조롭게 통해야 할 것이 그렇게 되지 못함을 가리킨다. '미어지다'는 '팽팽하게 된 종이나 가죽 같은 것이 해져서 구멍이 나다', '버스 같은 것이 꽉 차서 터질 듯하다'를 말한다. '(슬픔, 괴로움 따위의) 감정이 복받쳐 올라 가슴이 터지기 직전이다'라는 뜻이다. <u>(비)가슴이 미어지다.</u>

예) 어머니를 여읜 슬픔에 가슴이 막혀서 말이 나오

지 않는다.

가슴이 먹먹하다

슬프거나 애절한 감정이 밀려와 아리고 메이는 듯한 그런 기분을 이르는 말.

가슴이 무겁다

슬픔이나 걱정으로 마음이 가라앉다.

예) 어찌할 도리가 없어 가슴이 무거울 뿐이다.

가슴이 무너져 내리다

심한 충격을 받아 마음을 다잡기 힘들게 되다.

예) 그는 편지를 읽고 가슴이 무너져 내림을 느꼈다.

가슴이 미어지다

1. 마음이 슬픔이나 고통으로 가득 차 견디기 힘들게 되다. (비)심장이 터지다, 창자가 미어지다.

2. 큰 기쁨이나 감격으로 마음속이 꽉 차다. (비)가슴이 막히다, 심장이 터지다.

예) 다시 그를 만난 기쁨으로 가슴이 미어질 듯했다.

가슴이 방망이질하다

심장이 몹시 두근거리다.

예) 그 남자의 얼굴을 보자 왠지 가슴이 방망이질하여 고개를 들 수 없었다.

가슴이 부풀다

희망, 기쁨 따위로 가슴이 벅차오르다.

가슴(이) 불타다

『북』 마음속에 어떤 열의나 열정이 끓어 번지다.

가슴이 뿌듯하다

행복감 따위가 젖어 가슴이 그득하다. 흐뭇하다. 감동적이다.

가슴이 서늘하다

두려움으로 마음속에 찬바람이 이는 것같이 선득하다.

예) 하루 만에 차갑게 식은 그의 눈길을 받자 가슴이 서늘해 미칠 것 같다.

가슴이 숯등걸이 되다

애가 타서 마음이 상할 대로 상함을 비유적으로 이르는 말.

예) 가슴이 숯등걸이 되도록 아들의 소식을 애타게 기다렸다.

가슴이 아리다

몹시 가엾거나 측은하여 마음이 알알하게 찌르는 것처럼 아프다.

예) 아이들의 불쌍한 모습을 보자 가슴이 아렸다.

가슴이 열리다

『북』 '가슴이 트이다'의 북한 익은말.

예) 불안과 근심으로 답답했던 가슴이 확 열리고 온몸에서는 신심과 용기가 샘처럼 솟구쳐 올랐다.

가슴이 저미다

마음을 몹시 아프게 하다는 뜻.

가슴이 좁다

이해심이 없다.

예) 너는 그렇게 가슴이 좁아 무슨 일을 할 수 있겠니?

가슴이[가슴에] 찔리다

심한 양심의 가책을 받다.

예) 그 말을 들으니 가슴이 찔려 더 있을 수가 없다.

가슴이 찢어지다

찢어지다'는 '찢기어 갈라지다'이다. 온전한 것을 잡아당겨 여러 갈래가 되게 한다는 뜻이다. '슬픔이나 분함 때문에 가슴이 째지는 듯한 사람이 고통을 받다'라는 뜻이다. '찢어지다' 대신 같은 뜻으로 '미어지다'라고도 한다. (비)가슴이 아프다, 가슴이 쓰리다, 가슴이 미어지다, 가슴이 저리다.

예) 대학에 보내지 못한 딸을 생각하면 가슴이 찢어진다.

가슴이 철렁하다

놀라거나 몹시 충격을 받다.

가슴이 콩알만 하다[해지다]

불안하고 초조하여 마음을 펴지 못하고 있다. (비)가슴이 한 줌만 하다[해지다], 마음이 콩알만 하다[해지다].

예) 무서운 폭음을 듣고 가슴이 콩알만 해졌다.

가슴이 타다

(사람이) 걱정과 긴장으로 무척 초조하다. (사람이)

갈구하여 안달하다. 불이 붙어서 벌겋게 열을 내며 재로 변하는 것이 '타다'이다. '가슴이 탄다'는 것은 비유적인 표현이다. 신체 부위와 함께 '타다'가 쓰일 때는, 예를 들면 '얼굴이 타다'에서처럼 '햇볕에 의해 그을리다'라는 뜻을 나타내기도 하고, '목이 타다'에서처럼 갈증을 나타내기도 하지만, 여기에서처럼 초조하고 불안한 심정을 나타내기도 한다. '마음속으로 고민하여 가슴이 뜨거워지는 것 같다'라는 뜻이다.

예) 약속된 날짜는 돌아오는데 해놓은 것이 없으니 가슴이 탄다.

가슴이 터지다

'터지다'는 막혀 있거나 가두었던 것이 갑자기 뚫려 무너지거나 벌어지는 것을 뜻한다. '가슴'은 심장을 일컫는다. 또한 감정이 일어나는 근원인 마음을 가리키기도 한다. '(괴로움, 슬픔, 분노 따위의) 쌓인 감정이 한계에 달해 북받쳐 나오다'라는 뜻. (비)가슴이 아프다.

예) 이 억울한 사연을 하소연할 데가 없으니 가슴이 터질 지경이다.

가슴이 트이다

마음속에 맺힌 것이 풀리어 환해지다. (비)가슴이 열리다.

예) 오해가 풀리니 가슴이 트이는 기분이다.

가슴이 한 줌만 하다[해지다]

『북』'가슴이 콩알만 하다[해지다]'의 북한 익은말.

가슴(이) 후련하다

'후련하다'는 편하지 않은 속이 풀리거나 내리거나 하여 시원하다는 뜻이다. '마음이 답답하거나 언짢던 것이 풀려서 만족스럽고 시원하다'라는 뜻이다.

예) 속에 있는 말을 다 하니 가슴이 후련해서 살 것 같구나.

가시(가) 돋다

공격의 의도나 불평불만이 있다. (비)가시(가) 돋치다.

예) 그는 가시가 돋은 말을 하여 그녀에게 상처를 주었다./그녀는 가시 돋은 눈으로 외박한 남편을 쳐다보았다.

가시(가) 돋치다

'가시(가) 돋다'를 강조하여 이르는 말.

예) 두 사람은 가시가 돋친 말을 주고받는다.

가시(가) 박히다

말속에 악의가 있다.

예) 그는 가시가 박힌 말만 골라 했다.

가시(가) 세다

1. 앙칼지고 고집이 세다.

예) 그 아이는 가시가 세어 만만치가 않다.

2. 남에게서 받거나 얻어먹은 것이 마음에 걸려 꺼림칙하다.

예) 그에게서 전에 돈을 받은 것이 가시 먹은 것 같다.

가시 먹은 것 같다

남에게서 받은 거나 얻어먹은 것이 마음에 걸려 꺼림칙하다.

가시밭길을 가다

힘겹고 험한 삶을 살다.

예) 아저씨, 그동안 가시밭길을 가시느라 얼마나 고생이 많으셨습니까?

가위(가) 눌리다

자다가 무서운 꿈을 꾸고 놀라서 몸짓을 하거나 소리를 지르다.

★가위 : 기를 펴지 못할 만큼 벅차고 힘겨운 기운.

가위다리(를) 치다

길이가 있는 물건을 '×' 모양으로 서로 어긋매껴 놓다.

★가위다리 : 길쭉한 두 개의 물건을 어긋나게 맞추어 '×' 모양으로 만든 형상.

예) 막대기 두 개를 가위다리 쳐 놓았다.

가재걸음(을) 치다

갑각류에 속하는 가재는 한 쌍의 커다란 집게발과 뒷걸음이 특징이다. 그래서 '가재걸음'이라고 하면 '뒤로 가는 걸음'을 일컫는다. '가재가 기어가듯이 뒤쪽으로 걷다', '발전하지 못하고 퇴보하다'라는 뜻이다.

예) 어른들이 갑자기 들이닥치자 그들은 가재걸음을 치며 도망칠 궁리를 했다.

가재(를) 치다

가재가 뒷걸음질을 잘 친다는 뜻으로, 샀던 물건을 도로 무르는 것을 비유적으로 이르는 말.

가정오랑캐 맞듯

행패를 부리다 매를 맞는 가정오랑캐처럼 맞는다는 뜻으로, 매를 몹시 맞음을 비유적으로 이르는 말.

★가정家丁**오랑캐** : 행실이 막된 사람을 비유적으로 이르는 말.

예) 건방지게 굴다가 가정오랑캐 맞듯 뭇매를 맞았다.

가죽만 남다

보기 흉하게 여위다.

예) 그는 수술을 받은 후에 가죽만 남았다.

가지가 벌다

『북』 서로 사귀던 사이가 멀어지거나 나빠지다.

가지고 놀다

(속되게) 사람을 놀리거나 멸시하다. (비)갖고 놀다.

예) 너 지금 나를 가지고 노는 것이니?

가지(를) 뻗치다

『북』 '가지(를) 치다'의 북한 익은말.

가지(를) 치다

1. 하나의 근본에서 딴 갈래가 생기다.

2. 『북』 통일된 하나의 조직체 안에 딴 갈래를 이루거나 딴 갈래가 생기다. (비)가지(를) 뻗치다.

가차假借 **없다**

사정을 봐 주거나, 용서가 없다는 뜻이다. 돈이나 물건 따위를 정하지 않고 잠시만 빌림을 '가차'라고 한다. 그러니 "가차 없다"는 것은 엄지로 빌어올 게 없다는 뜻이다. 따라서 도저히 사정을 봐줄 수 없다는 뜻이다. 가차에는 여러 가지 뜻이 있지만 결론적으로 〈가차 없다〉고 하면 임시로 빌려오는 것도 안 된다는 것이니, 전혀 고려의 대상이 되지 못 한다는 뜻으로 쓰이게 되었다.

가타부타 말이 없다

옳다든지 그르다든지 하는 무슨 말이 없다.

가탈을 부리다

이런저런 트집을 잡아 까다롭게 구는 일.

★가탈 : 이리저리 트집을 잡아 까다롭게 구는 일.

가탈이 많았던 일

일이 순조롭지 못하게 방해하는 조건.

각광을 받다(입다)

'각광脚光'은 무대의 앞면 아래쪽에서 배우를 비추는 조명을 가리킨다. 그러한 조명을 받는다는 것은 무대에 섰음을 말한다. '(배우가) 무대에 서다', '(극작품 따위가) 무대에 상연되다', '(어떤 대상이) 사회적인 관심과 흥미를 끌게 되다'라는 뜻.

예) 무대 오른쪽에 서서 각광받고 있는 배우가 제 동생입니다.

각(을) 뜨다

잡은 짐승을 머리, 다리 따위로 나누다.

예) 돼지를 각 떠서 집집이 나누었다.

각을 세우다

날카롭게 대립하다

간격이 생기다

간間 - 틈이나 사이. 간間의 원자는 간閒이다. 즉, 대문 사이로 달빛이 비쳐드는 것을 나타내는데, 대문짝 사이에 틈이 있기 때문에 달빛이 비친다 하여 이 글자는 틈을 나타낸다. 그러다가 나중에 달빛 대신 햇빛으로 바뀌면서 달이 아닌 해日로 바뀌어 간間이 되었다. 격隔 - 사이를 떼다. 틈이 벌어지다. 지금은 공간적으로 벌어진 사이, 시간적으로 벌어진 사이, 또는 사람들의 관계가 벌어진 정도, 사물 사이의 관계에 생긴 틈, 어떤 일을 할 만한 기회나 일이 풀려 나가는 정도를 나타낸다.

간 곳 없다(간 데 없다)

(무엇이)갑자기 자취를 감추어 온데간데없다.

간담을 헤치다[열어 놓다/털어놓다]

(어떤 사람이 다른 사람에게) 속마음을 숨김없이 다

말하다.

예) 수지가 밤새도록 고민을 털어놓으며 언니에게 간담을 헤쳤다.

간담이 내려앉다

몹시 놀라다. (비)간담이 떨어지다.

예) 갑자기 차가 달려드는 바람에 간담이 내려앉는 줄 알았다.

간담이 떨어지다

(비)간담이 내려앉다.

예) 아이가 갑자기 발작을 하여 간담이 떨어지는 줄 알았다.

간담이 서늘하다

몹시 놀라서 섬뜩해지다. '간담肝膽'은 '간'과 '쓸개'를 일컫는다. 간에서 생성된 쓸개즙을 농축, 저장하는 쓸개는 주로 간에 부속된 장기로 취급된다. '간이 붓다', '간이 콩알만 해지다', '간이 크다', '간이 철렁하다'에서처럼 간은 '대담함', '무서움' 등을 표현하기 위해 쓰인다. '서늘하다'는 긍정적인 의미로 '기분이 좋을 정도로 시원하다'라는 뜻을 나타내기도 하는 반면 '차가운 듯 오싹하다'라는 부정적인 의미로도 쓰인다. '몹시 놀라서 섬뜩하다'라는 뜻이다. 예) 하산하는 중에 나무 그늘 속에 아른거리는 것이 마치 사람 같아 간담이 서늘했다.

간담이 한 움큼 되다

간과 쓸개가 한 움큼 되게 작아졌다는 뜻으로, 몹시 놀라고 두려워하는 모양을 이르는 말.

간덩이(가) 붓다

'간(이) 붓다'를 속되게 이르는 말. (비)간땡이(가) 붓다.

예) 얼마나 간덩이가 부은 놈이기에 저렇게 까부는 거냐?

간덩이(가) 작다

'간(이) 작다'를 속되게 이르는 말. (비)간땡이가 작다. (반)간덩이가 크다.

예) 그렇게 간덩이가 작아서 무슨 큰일을 하겠어?

간덩이(가) 크다

'간(이) 크다'를 속되게 이르는 말. (비)간땡이(가) 크다. (반)간덩이가 작다.

예) 워낙 간덩이가 큰 놈이라 끔쩍도 않는다.

간덩이를 키우다

(속되게) 담력과 도량을 늘리다. (비)간땡이를 키우다.

예) 무리한 방법까지 동원해 가며 술기운으로 간덩이를 키워 놓았음에도 불구하고 첫 대면의 순간이 심란하게 생각되기는 마찬가지였다.

간도 모르다

일의 내막을 짐작도 하지 못하다.

★간 : 음식에 넣어 짠맛을 내는 간장.

예) 간도 모르고 함부로 말하지 말게.

간肝도 쓸개도 없다

용기나 줏대 없이 남에게 굽히다.

예) 넌 간도 쓸개도 없니, 우리를 아주 괴롭히는 그 아이 편을 들게?

간땡이(가) 붓다

(비)간덩이(가) 붓다.

예) 그는 간땡이가 부어서 웬만한 일에는 놀라지도 않는다.

간땡이(가) 크다

(비)간덩이(가) 크다.

예) 간땡이가 큰 사람은 겁이 없다.

간땡이를 키우다

(비)간덩이를 키우다.

간 떨어지다

조마조마하며 애를 태운다는 뜻으로, '간을 졸이다'라고 하면 매우 걱정되고 불안하여 마음을 놓지 못하는 것을 뜻해요. '가슴을 졸이다', '마음을 졸이다' 역시 비슷한 뜻.

간발의 차이

서로 엇비슷할 정도의 아주 작은 차이.

★간발間髮 : 아주 잠시 또는 아주 적음의 뜻.

예) 이번 달리기에서 나는 간발의 차이로 그를 이겼다.

ㄱ

간 빼 먹고 등치다

겉으로 비위를 맞추며 잘해 주는 척하면서 정작 요긴한 것은 옳지 않는 방법으로 빼앗음을 비유적으로 이르는 말.

간살(을) 지르다

『북』 간살을 둘 또는 여럿으로 나누기 위하여 칸막이를 건너지르다.

★간살 : 어떤 건물의 내부나 물건을 일정한 간격으로 갈라서 사이를 나누는 살. ×칸살.

예) 한 칸짜리 방을 간살을 질러 두 칸으로 만들다.

간언(이) 들다

잘 어울리는 일에 이간하는 말이 끼어들다.

★간언諫言 : 임금이나 윗사람에게 옳지 않은 일이나 잘못된 일을 고치도록 말함.

예) 누군가의 간언이 들어서 일이 성사되지 못하였다.

간에 기별奇別도 안 가다

음식이 모자라서 전혀 배가 부르지 않다 뜻, 먹은 것이 너무 적어 먹어나 마나 하다. <u>(비)간에 차지 않다.</u>

간에 기별을 하다

『북』 먹으나 마나 한 아주 적은 양의 음식을 먹다.

간(에) 바람 들다

하는 행동이 실없다.

예) 간에 바람 든 놈 모양 다닌다.

간(에) 불붙다

1. 당한 일이 몹시 다급하여 간장이 타는 것 같다.

2. 몹시 울화가 나다.

예) 그때 내가 속은 걸 생각하면 간에 불붙는다.

간에 붙었다 쓸개에 붙었다 한다

자기에게 조금이라도 이익이 되면 지조가 없이 이편으로 붙었다 저 편으로 붙었다 함을 비유적으로 이르는 말.

간에 차지 않다

1. <u>(비)간에 기별도 안 가다.</u>

2. 마음에 흡족히 여겨지지 않다.

예) 선물이라고 들어온 게 영 간에 차지 않는다.

간을 꺼내어 주다

비위를 맞추기 위해 중요한 것을 아낌없이 주다.

예) 그는 승진을 위해 상사에게 간을 꺼내어 주기도 한다.

간을 녹이다

<u>(비)간장을 녹이다.</u>

예) 얘가 내 간을 녹이려고 작정을 한 모양이다.

간을 녹인다

감언이설甘言利說(남의 비위에 맞도록 꾸민 달콤한 말과 이로운 조건을 내세워 꾀는 말)로 몹시 애타게 하다. 사람의 마음을 매혹되게 하다. <u>(비)간장을 녹이다.</u>

간(을) 말리다

『북』 근심과 걱정으로 초조해하고 안타까워하다.

간(을) 보다

대부분의 음식은 짠맛을 어느 정도 냈는가를 기준으로 맛의 정도를 가늠한다. '간'은 음식에 짠맛을 주는 소금, 간장 따위를 가리킨다. '간을 하다', '간을 치다', '간이 배다'가 그것이다. '요리한 음식에서 짠맛의 정도'라는 뜻으로 '간이 맞다', '간이 싱겁다' 따위의 표현을 쓴다. '보다'는 '헤아리다', '살피다'를 뜻한다.

간(을) 빼 먹다

(비유적으로) 겉으로는 비위를 맞추며 좋게 대하는 척하면서 요긴한 것을 다 빼앗다.

예) 그는 웃는 얼굴로 남의 간을 빼 먹을 사람이다.

간(을) 조이다

『북』 '간(을) 졸이다'의 북한 익은말.

예) 합격자 발표의 순간을 간을 조이며 기다리다.

간(을) 졸이다

매우 걱정이 되고 불안스러워 마음을 놓지 못하다. '졸이다'는 조마조마하며 애를 태운다는 뜻으로, '간을 졸이다'라고 하면 매우 걱정되고 불안하여 마음을 놓지 못하는 것을 뜻해요. '가슴을 졸이다', '마음을 졸이다' 역시 비슷한 뜻으로 쓰는 말. <u>(비)간(을)</u>

조이다.

간을 태우다

『북』 너무 근심스럽고 안타까워 걱정을 심하게 하다. (비)간장을 태우다.

간이 녹다

무엇이 마음에 들어 매우 흐뭇함을 느끼다. (비)간장이 녹다.

간이 달다

『북』 마음이 불안하여 몹시 안타까워하다. (비)간장이 달다.

간이 덜렁[덜컹/철렁]하다

몹시 놀라 충격을 받다.

예) 하도 놀라 간이 덜렁하는 것 같았다. /예닐곱 살짜리 꼬마 아이가 부지깽이를 들고 나와 째려보아 간이 철렁했다.

간이 뒤집혔나 허파에 바람이 들었나

마음의 평정을 잃고 까닭 없이 웃음을 핀잔하는 말.

간이 뒤집히다

'뒤집히다'는 '뒤집다'의 피동, 즉 '뒤집음을 당하다'이다. 안이 밖으로 나오고 밖이 안으로 들어간다거나, 위가 아래로 가고 아래가 위로 올라간다거나 하는 것이 '뒤집히다'이다. 원래의 틀이나 형식에서 벗어나서 잘못되었음을 뜻한다. 그래서 '속이 뒤집히다', '눈이 뒤집히다'에서처럼 정상에서 벗어나 정신이나 마음에 이상이 생겼음을 나타내기도 한다. '(나무라는 뜻으로) 실없이 자꾸 웃다', '용기가 지나치다'라는 뜻이다. 『북』 속이 상해서 부아가 나다.

예) 저 친구가 간이 뒤집히지 않고는 저렇게 웃을 까닭이 없지 않은가? 까닭 없이 웃음을 나무라는 말, 아무 이유 없이 웃기만 하는 사람.

간이 떨리다

(비)속이 떨리다.

예) 그는 빚이 몇 천만 원이 넘어가자 간이 떨려서 잠도 오지 않았다.

간(이) 떨어지다

몹시 놀라다.

예) 갑작스러운 폭발음에 간 떨어질 뻔했다.

간이라도 빼어(뽑아) 먹이겠다

아주 친한 사이므로 아무리 소중한 것이라도 아낌없이 내어 줄 수 있음을 비유적으로 이르는 말.

간이라도 빼어(뽑아) 줄(먹일) 듯

무엇이라도 아낌없이 내줄 듯이 한 태도를 비유적으로 이르는 말.

간(이) 마르다

몹시 초조하거나 안타까워서 속이 상하다. (비)간장이 마르다.

예) 너 때문에 간이 마른다.

간이 벌름거리다

몹시 두렵거나 놀라워 가슴이 두근거리다.

예) 들킬까 봐 간이 벌름거렸다.

간이 붓다

[속된 말로] (사람이) 겁도 없이 대담해져서 분수 이상의 말이나 행동을 하다. 간肝은 한의학에서 목기木氣에 해당한다. 이는 곧 일을 새로 추진하거나 이끌어가는 힘을 말한다. 즉, 간이 크다는 것은 힘찬 추진력과 결단력이 있다는 말이고, 간이 부었다는 것은 추진력이나 결단력이 너무 지나쳐 무모할 때 쓰는 말이다. 지금은 실제로 간이 부었다는 뜻이 아니라, 겁 없이 어떤 일에 달려드는 것을 가리킨다.

간이 서늘하다

위험하고 두려워 매우 놀라다.

간이 오그라들다

(비)간이 콩알만 해지다.

예) 하도 놀라서 간이 오그라들었다.

간이 오르다

간이 배어들다.

예) 생선에 간이 올라서 맛이 좋다.

간이 오므라지다

(비)간이 콩알만 해지다.

간(이) 작다

대담하지 못하고 몹시 겁이 많다.

예) 그는 간이 작아 큰일은 못할 거야.

간이 조마조마하다

마음이 초조하고 불안하다.

예) 저는 일이 잘못될까 두려워 간이 조마조마했습니다.

간이 콩알만 하다

몹시 겁이 나서 기를 펴지 못하다.

예) 사내가 그리 간이 콩알만 해서 되겠니?

간이 콩알만 해지다

몹시 두려워지거나 무서워지다. (비)간이 오그라들다, 간이 오므라지다.

예) 행여나 내가 걸릴까 봐 간이 콩알만 해졌다.

간이 크다

겁이 없고 매우 대담하다. 겁이 없고 용감한 것을 가리켜 '간이 크다'라고 해요. 겁 없이 용감하게 행동하는 사람을 보고 '간(이) 큰 사람'이라고 하지요. 반대로 용감하지 못하고 겁이 많은 경우에는 '간이 작다'라는 말을 써요.

간(이) 타다

너무 근심스럽고 안타까워 속이 타는 듯하다.

예) 어제 출발한 일행이 도착하지 않아서 모두들 간이 타는 얼굴이었다.

간장을 끊다

'간장肝腸'은 '간'과 '창자'를 뜻하고, '속마음'을 뜻하기도 한다. 그리고 이어진 것을 잘라서 동강을 내는 것이 '끊다'이다. '마음속 깊은 슬픔으로 인해 어떤 단절감과 같은 고통을 내면에 느끼다'라는 뜻이다. (비)(애)간장(을) 태우다, 애간장을 끊다, 창자를 끊다.

예) 당신의 잔인한 말이 내 간장을 끊는 것만 같습니다.

간장을 녹이다

1. 감언이설, 아양 따위로 상대편의 환심을 사다.

2. 몹시 애타게 하다. (비)간을 녹이다, 애간장을 녹이다.

예) 너는 자꾸 거절만 해서 내 간장을 녹이는구나.

간장을 말리다

『북』 몹시 초조하고 안타깝게 하여 마음을 상하게 만들다. (비)애간장을 말리다, 간을 말리다.

간장을 사르다

『북』 매우 근심스럽거나 안타까워 속을 태우다.

간장을 태우다

마음을 몹시 초조하고 불안하게 만들다. (비)간을 태우다, 애간장을 태우다.

예) 그만 간장을 태우고 이젠 말 좀 해 봐라.

간장이 끊어지다

슬픔이나 분노 따위가 너무 커서 참기 어렵다. (비)창자가 끊어지다.

간장이 녹다

1. 무엇이 마음에 들어 정도 이상으로 흐뭇함을 느끼다.

2. 몹시 애가 타다. 굳은 물체가 열에 의해 물러지거나 액체 속에서 형체를 잃는 것이 '녹다'이다. '사람이 어떤 것에 반하여 단호한 태도를 버리고 의지가 약해지다'라는 뜻이다. (비)간이 녹다.

예) 그 여자의 간드러진 애교에 남자는 간장이 녹아서 입만 헤벌리고 있었다.

간장이 달다

『북』 매우 근심스럽거나 안타까워 마음이 상하다. (비)간이 달다.

간장이 마르다

『북』 몹시 초조하고 안타까워 마음이 상하다. (비)간이 마르다.

간장이 사라지다

몹시 놀라거나 실망하여 간장이 녹아 없어지는 것 같다.

간장이 썩다

마음이 몹시 상하다.

예) 그때 일을 생각하면 간장이 썩는다.

간장이 타다

불에 타는 것 같이 마음이 시시각각 점점 불안하고 초조하여 걱정으로 속이 타다.

예) 기다리는 사람은 간장이 타들어간다는 사실을 아랑곳하지 않고 여기에서 이렇게 잡담이나 하고 있다니!

간지럼을 타다

간지럼을 잘 느끼다.

간질 밥 먹이다

남의 살을 간지럽게 건드리다.

간판看板을 걸다

개업을 하거나 단체 따위가 활동을 시작하다.

예) 저 가게는 처음 간판을 걸었을 때부터 손님이 많았다.

간판을 내리다

폐업을 하거나 단체 따위가 활동을 중지하다.

예) 대구 경찰서는 그 투쟁 위원회의 간판을 내리고 평화리에 사태를 수습하자고 제의했다.

간판(을) 따다

(속되게) 겉으로 내세우기 위해 학력이나 명분을 갖추다.

예) 부유한 자식들은 돈으로 간판 따겠지.

간힘(을) 주다

간힘을 아랫배에 내리밀다.

★간힘 : 숨을 내쉬는 것도 참으면서 고통을 견디어 내려고 애쓰는 힘.

예) 그는 간힘을 주며 일어서려 애썼다.

갈고리에 걸려들다

『북』 계략이나 전술에 속아 넘어가 빠지기 어렵게 되다.

★갈고리 : 끝이 뾰족하게 굽은 물건.

예) 놈들이 던진 갈고리에 걸려들어 대열을 와해시키는 현상이 나타나지 않도록 경계하였다.

갈급령(이) 나다

몹시 조급한 마음이 일어나다.

★갈급령渴急令 : 목이 마른 것처럼 몹시 급한 마음.

갈 길이 멀다

(비)앞길이 멀다.

예) 그가 심부름을 마치려면 갈 길이 멀었다.

갈 데까지 가다

1. 도달할 수 있는 가장 극단의 상태나 상황이 되다.

2. 성관계를 맺다.

예) 그녀와 나는 갈 데까지 간 사이다.

갈림길에 서다

선택을 해야 하는 위치에 놓이다.

예) 그는 결혼을 할 것인지 아니면 유학을 갈 것인지 갈림길에 서 있다.

갈마(가) 들다

서로 번갈아들며 엇갈리다.

갈비(가) 휘다

갈비뼈가 휠 정도로 책임이나 짐이 무겁다.

예) 인부들은 갈비가 휘도록 짐을 져 날랐다.

갈비(를) 틀다

『북』 '가리(를) 틀다'의 북한 익은말.

예) 너는 무슨 심사로 우리가 하는 일에 갈비를 틀려고 하니?

갈빗대(가) 휘다

갈빗대가 휠 정도로 책임이나 짐이 무겁다.

예) 일을 수습하느라고 갈빗대가 휠 지경이다.

갈(을) 켜다

기둥의 사개나 인방의 가름장 따위의 갈을 만들기 위하여 톱질을 하다.

★갈 : 기둥의 사개나 인방의 가름장 따위의 갈래가 진 것.

갈(을) 타다

기둥의 사개나 인방의 가름장의 갈을 만들다.

갈증渴症(이) 나다

갈증이 일어나다.

갈지자를 그리다

(사람이) 이리저리 비틀거리며 걷다.

예) 한이는 대낮부터 술에 취해 갈지자를 그렸다.

갈피끈을 모르겠다

『북』 일이나 내용이 뒤엉켜서 어떻게 되어 가는지를 모르겠다.

갈피를 못 잡다

'갈피'는 접히거나 포갠 물건의 한 겹 한 겹의 사이를 뜻한다. 책갈피는 책장과 책장 사이를 말한다. 일이나 상황이 서로 갈라져 구별되는 부분을 '갈피'라고도 한다. 갈피를 정확히 찾아야 일이 어떻게 벌어지는지를 짐작할 수 있다. '말이나 상황의 의미나 줄거리를 파악하지 못하다'라는 뜻이다. 즉, (사람이) 일의 갈래나 방향을 잡지 못하고 갈팡질팡하다.

감때(가) 사납다

사람이 성질이나 행동이 모질고 억세다.

감미甘美가 돌다

달콤한 맛이 느껴지다.

감옥監獄 귀신鬼神을 만들다

(속되게) 감옥에서 죽게 하다.

예) 내 말을 듣지 않으면 감옥 귀신을 만들어 버리겠다.

감옥 밥을 먹다

『북』 '감옥살이하다'를 속되게 이르는 말.

예) 왜놈 밑에서는 놈들의 눈에 조금만 거슬리게 놀아도 감옥 밥을 먹기가 일쑤였다.

감옥신세를 지다

'감옥살이하다'를 비유적으로 이르는 말.

예) 이번에도 또 감옥신세를 져야 정신을 차리겠어?

감을 내다

『북』 (비)감(을) 들이다.

예) 제일 먼저 소금밭의 감을 내고 원료 짠물을 댐으로써 소금 꽃을 피우는 모범을 보이였다.

★감 : 어떤 물건을 만드는 데에 바탕이 되는 재료.

감(을) 들이다

『북』 1. 논밭에 감이 들게 하다.

2. 소금밭에 감이 들게 하다. (비)감을 내다.

감(이) 들다

『북』 1. 논밭의 물기가 흙밥이 잘 부스러질 정도로 알맞게 되다.

예) 얼어붙은 땅이 녹는 족족, 감이 드는 족족 씨를 묻으면 가물도 타지 않고 곡식도 잘 여물고 적은 노력으로 파종도 제때에 할 수 있다.

2. 염전이 소금을 생산하기에 알맞게 되다.

감정(을) 사다

남의 감정을 언짢게 만들다.

예) 그녀는 그의 비밀을 누설해 결국 그의 감정을 사고 말았다.

감정感情을 잡다

연기를 하거나 노래를 할 때 등장인물의 성격이나 노래의 분위기에 맞는 감정을 충분히 소화하여 감정을 표현하다.

예) 저 가수는 감정을 잡는 솜씨가 뛰어나다.

감정感情을 해치다

남을 불쾌하게 하다.

감정憾情이 나다

언짢게 여기어 성이 나다.

감정(이) 오르다

언짢은 마음이 생기다.

감중련을 하다

감괘의 가운데 획이 이어져 틈이 막혔다는 뜻으로, 입을 다물고 말을 하지 않음을 이르는 말.

★감중련坎中連 : 괘의 가운데 효만 연결되었다는 뜻으로, 팔괘의 세 번째 괘인 '감괘'를 달리 이르는 말.

감질(을) 내다

무엇을 간절히 바라거나 하고 싶어 몹시 애타는 마음이 '감질疳疾'이다. '감질(이) 나다'라고 하면 어떤 것을 충분히 만족시키지 않아서 오히려 더욱 욕구가 일어난다는 뜻을 나타낸다. '내다'는 '나게 하다'이다. '감질이' 대신 '내다'의 영향으로 목적격 '감질을'을 썼지만 의미는 같다. (비)감질(이) 나다.

예) 맛만 살짝 보여주려던 것이 아이들이 감질을 내는 바람에 가지고 있는 떡을 모두 내주었다.

감질(이) 나다

(무엇이)몹시 먹고 싶거나 가지고 싶거나 하고 싶은 마음이 생기다.

감투敢鬪를 다투다

'감투'는 지난날 벼슬하던 사람들이 머리에 쓰던 모자로서 주로 말총이나 가죽, 헝겊 따위로 만든다. 그 의미가 확대되어 '벼슬자리', '관직'을 뜻하기도 한다. 벼슬을 하게 되면, 감투를 쓰고 관복을 입고 해당 관청에 나아가 업무를 보았다. '감투를 다투다'는 '벼슬자리', '높은 직위' 따위를 놓고 경쟁한다는 뜻이다. (비)감투(를) 씌우다.

감투를 벗다

벼슬자리를 그만둠을 속되게 이르는 말.

예) 그는 감투를 벗고 고향에 내려가서 조용히 지내고 있다.

감투를 쓰다

벼슬을 하다를 조롱하여 이르는 말, 관직에 오르다 (반)감투를 벗다.

감투를 씌우다

벼슬자리나 높은 지위에 오르게 만듦을 속되게 이르는 말. (비)감투를 다투다.

예) 친구들은 그에게 동문회 회장이라는 감투를 씌웠다.

감회感懷가 새롭다

옛날 생각(추억 등)이 새롭게 난다.

값도 모르고 싸다 한다

일의 사정도 잘 모르면서 이러니저러니 말한다는 뜻. (비)값도 모르고 쌀자루 내민다.

값을 놓다

값을 정하다. 값을 지정하여 말하다.

값(을) 매기다

'값'은 사물이 지니고 있는 가치를 뜻한다. 그 가치를 정하는 기준이 쌀이나 소금, 금 따위에서 화폐로 바뀌어서 현재는 '물건을 사고파는 가격'이라는 뜻으로 더 많이 쓰인다. '매기다'는 사물에 해당하는 등급이나 차례 따위를 정하여 그 사물에 부여한다는 뜻이다. '치다'는 '셈하다', '계산에 넣다'이다. '이 자까지 쳐서 얼마냐?', '나까지 쳐서 몇 명이냐?'라고 말한다. 또한 '가정하다', '간주하다'라는 뜻도 있다. '사실로 치다', '친구로 치다' 등이 그것이다. '가격 따위를 매기다', '평가하다'라고 할 때도 '치다'를 쓴다. (비)값(을) 치다.

값(을) 보다

사려는 물건의 값을 어림하여 보다.

예) 나는 그 물건을 너무 싸게 값을 보아서 가지고 간 돈이 모자랐다.

값을 부르다

사거나 팔기에 알맞다고 생각되는 값, 호가呼價하다.

값(을) 치다

값을 매기다.

값(을) 치르다

주어야 할 값을 내주다.

예) 옷을 사고 값을 치르다.

값(을) 하다

1.그 값에 맞는 일을 하다.

예) 사람으로 태어났으면 사람값을 해야지.

2.[주로 '값하는'의 꼴로 쓰여]견줄 만큼 비슷하다.

예) 1980년대는 논쟁의 시대라는 이름에 값하는 이론적 격전의 시기였다.

값(이) 나가다

귀하거나 좋아서 값이 많은 액수에 이르다. (비)값이 가다, 값이 지다.

예) 그의 소장품엔 값나가는 물건이 많다.

값(이) 닿다

물건 흥정에서 사거나 팔기에 알맞은 값에 이르다.

예) 값이 닿으면 당장 살 수도 있지.

값(이) 비싸다

1.(기본 의미) 값이 높다.

2.(대가나 노력이) 어떤 일을 하는 데에 많이 들어가는 상태에 있다. (반)값(이) 싸다.

예) 너무 값비싸게 굴지 말고 무슨 말인지 빨리 해 보아라.

값(이) 싸다

1. 값이 싸다.

2. 어떤 행동의 의의나 가치가 적다. (반)값(이) 비싸다.

예) 값싼 동정을 구하지 마라.

값(이) 없다

'없다無'라는 개념에는 두 가지 뜻이 있다. 실제로 존재하지 않거나, 반대로 너무 무한하여 '있다'라는 말로는 다 전할 수 없을 때 쓰는 말이다. '(물건 따위가 너무 흔하거나 쓸데가 없어) 매기는 값이 너무 적거나 전혀 없다', '(물건 따위가 너무 귀하고 훌륭하여) 값을 따질 수 없다'라는 뜻이다. '값(이) 있다'는 주로 추상명사와 함께 쓰여, '많은 가치나 보람이 있다'는 의미다. (반)값(이) 있다.

강 건너 불구경

자기에게 관계없는 일이라고 하여 무관심하게 방관하는 모양. (비)강 건너 불 보듯, 건넛마을 불구경하듯.

예) 동생 일인데 강 건너 불구경으로 있으면 어떻게 하냐.

강 건너 불 보듯

(비)건넛마을 불구경하듯.

예) 네 일이 아니라고 해서 강 건너 불 보듯 구경만 하고 있기냐.

강단講壇에 서다

교직 생활을 하다.

예) 그의 꿈은 졸업한 후에 모교의 강단에 서는 것이다.

강목(을) 치다[치르다]

1. 광석을 캘 때, 감돌이 나오지 않아 허탕을 치다.

2. 아무런 소득 없이 허탕을 치다.

3. 『북』 필요한 것이 없어서 곤경에 빠지거나 곤란을 겪다.

★강목 : 채광할 때 좋은 게 없는 일.

예) 세걸이도 한동안 담배 강목을 치르던 차라 입술이 벌어질 정도로 굵직하게 말아 물었다.

강문을 받다

『북』 따져 물어서 확답을 받다.

★강문江門 : 장먼(중국 광둥 성廣東省 중부 주장강珠江江 삼각주 서쪽 끝에 있는 도시.

예) 정말이야? 으응. 단단히 강문을 받고 난 수용이는 은근히 솟아나는 미소를 금할 길이 없었다.

강물 건너가듯[건너가는 식]

『북』 무슨 일을 실속 없이 형식적으로 대강대강 하는 모양을 이르는 말.

강(을) 바치다

배운 글을 스승이나 시관 또는 웃어른 앞에서 외어 올리다.

★강講 : 서당 등에서, 배운 글을 스승이나 윗사람 앞에서 욈.

예) 얼마나 공부했는지 강을 바쳐 보아라.

강(을) 받다

자기가 듣는 앞에서 글을 외어 바치게 하다.

예) 훈장님께서 지금 학생들을 차례차례로 하나씩 불러들여 강을 받고 계신다.

강종을 받다

억지로 복종시키다.

★강종强從 : ①마지못하여 따름. ②억지로 따르게 함.

강짜를 부리다

샘이 나서 심술을 부리다.

★강짜 : 강샘(상대하고 있는 이성異姓이 다른 이성을 좋아함을 지나치게 시기하는 일, 질투, 투기)를 속되게 이르는 말.

강풀(을) 치다

풀을 먹인 위에 또 된풀을 칠하다.

갖고 놀다

(비)가지고 놀다.

예) 그는 친구가 빈정거리자 갖고 놀지 말라고 호통을 쳤다.

같은 값에

이렇게나 저렇게나 마찬가진데.

같은 값이면

값이나 힘이 드는 정도가 같을 바에는, 이왕이면.

같은 물에 놀다

같은 환경에서 한데 몰려다니며 같은 짓을 하다.

예) 우리는 어려서부터 같은 물에 놀던 처지라 서로를 잘 안다.

개가를 올리다

큰 성과를 거두다.

★개가凱歌 : 큰 승리나 성과.

예) 탐사 1년 만에 개가를 올리고 돌아온 대원들.

개나발(을) 불다

'나발'은 쇠붙이로 되어서 입으로 불 수 있는, 앞쪽은 가늘고 소리가 울리는 뒤쪽은 퍼지게 만들어진 국악기의 하나이다. 그 소리가 높고 클 뿐만 아니라 사람이 말할 때의 입 모양이 마치 나발과 같다 하여 '나발을 불다'라고 하면 '허황된 말을 하다', '객쩍은 소리를 하다'를 뜻한다. 그런데 '개나발'이라 했다. '헛된', '가치 없는'의 뜻을 나타내는 '개-'가 붙었으므로 이것은 낮춘 말을 더욱 낮추는 욕이 된다.

개떡 같다

매우 보잘 것 없다 뜻이다. 밀가루나 보릿가루 또는 노깨(밀가루를 곱게 치고 난 찌끼), 메밀 속겁질 등을 반죽하여 둥글넓적한 모양으로 아무렇게나 반대기를 지어 찐 떡을 〈개떡〉이라고 한다. 농촌 생활이 궁핍할 때에 흔히 해 먹던 떡으로, 맛이 거칠고 형편없었다. 이러한 개떡에 빗대어 마음에 들지 않는 물건이나 일을 가리키는 말로 쓰게 되었다. 처음에는 겨로 만든 떡이라고 해서 〈겨떡〉이라고 하던 것이 점차 〈개떡〉으로 변해서 된 말이다.

예) 개떡 같은 소리를 하다.

개떡같이 주무르다

제 마음대로 함부로 다루다.

예) 짐꾼한테 맡겼더니 짐을 개떡같이 주물러 놓았지 뭐야.

개똥도 모른다

(속되게) 아무것도 모른다.

예) 개똥도 모르면서 아는 체하지 마라.

개똥도 없다

(속되게) 아무것도 없다.

예) 그럴 생각은 개똥도 없다. /천천히 가자, 날 기다리고 있을 건 개똥도 없으니까.

개미 새끼 하나도 얼씬 못 한다

허락된 사람 외에는 아무도 얼씬하지 못한다.

예) 내가 지키고 있는 한은 개미 새끼 하나도 얼씬 못 한다.

개미 새끼 하나 볼 수 없다

아무도 찾아볼 수 없다.

예) 우리가 현장에 도착했을 때는 이미 다 달아나고 개미 새끼 하나 볼 수 없었다.

개미집을 들쑤셔 놓은 것 같다

『북』 걷잡을 수 없이 무질서하게 움직이거나 떠들다.

개 발싸개 같다

보잘것없이 허름하고 빈약한 것을 낮잡아 이르는 말.

★발싸개 : 매우 하찮은 물건을 비유적으로 이르는 말.

예) 어디서 개 발싸개 같은 것을 주워 왔느냐.

개발에 땀(이) 나다

(사람이) 부지런히 노력하여 어려운 일을 해내다.

예) 개발에 땀이 나겠다. 좀 쉬어가면서 해라.

개밥에 달걀

격에 맞지 않을 정도로 분에 넘친다는 것을 비유적으로 이르는 말.

개방 귀 같다

{얕잡아 이르는 말로} (무엇이) 보잘것없이 허름하고 빈약하다.

예) 여기 입이 몇인데, 먹으라고 내놓은 것이 개방귀 같구나.

개방정을 떨다

분위기상 조용하고 엄숙해야 할 곳에서 오두방정을

떠는 모습을 일컬음.

★개방정 : 온갖 점잖지 못한 말이나 행동을 낮잡아 이르는 말.

예) 김 씨가 천둥에 개 뛰어들 듯 조용한 동네에 뛰어들어 개방정을 떨었다.

개뿔도 모르다

(속되게) 아무것도 모르다.

예) 개뿔도 모르면서 아는 척하지 마라.

개뿔도 아니다

아무것도 아니다. 없거나 보이지 않을 정도로 아주 작은 것, 아주 보잘것없는 것이 '개뿔'이다. '쥐뿔'도 같은 말이다. 주로 부정하는 말과 함께 쓰여 '전혀', '조금도'의 뜻을 나타낸다. '개뿔도 모르다'는 '아무것도 알지 못하다', '개뿔도 없다'는 '전혀 아무것도 없다'이다.

예) 영어 알고 보니 개뿔도 아니네.

개뿔도 없다

(속되게) 돈이나 명예, 능력 따위를 전혀 갖고 있지 아니하다.

예) 개뿔도 없는 놈이 분수에 넘치는 사치를 한다.

개살구 먹은 뒷맛

씁쓸하고 떨떠름한 뒷맛.

예) 일은 끝냈지만 기분은 개살구 먹은 뒷맛이다.

개 새끼 한 마리 얼씬하지 않다

사람은커녕 움직이는 동물조차 찾아볼 수 없다는 뜻으로, 아무것도 다니지 않고 조용함을 이르는 말.

<u>(비)검정개 한 마리 얼씬하지 않다, 쥐새끼 한 마리 얼씬하지 않다.</u>

예) 그 마을은 지난 폭격으로 인해 개 새끼 한 마리 얼씬하지 않는 폐허가 되어 버렸다.

개소리(를) 치다(하다)

'개소리'는 사람이 하는 말인데도 개가 짖는 것처럼 들리는 소리, 즉 '아무렇게나 지껄여 이치에 맞지 않고 쓸데없는 말'을 뜻한다. '치다'는 '어떤 소리를 냅다 크게 내다'이다. '치다' 대신 '하다'라고 하면 같은 뜻이지만, 의미는 다소 약하다.

개 싸대듯

아무 데나 함부로 마구 쏘다니다.

예) 사람 잠도 못 자게 오밤중에 개 싸대듯 돌아다니며 어쩌라는 거야….

개암(을) 도르다

매가 먹었던 먹이에서 고기는 삭이고 개암만 토해 내다.

★개암 : 개암나무의 열매.

개암(을) 지르다

매의 먹이에 솜뭉치를 넣어 주다.

★개암 : 매의 먹이 속에 넣는 솜뭉치.

개에게 매스컴

아무리 더러운 것이라도 개가 매스컴mass com을 알리 없으니, 무릇 남의 시비곡절을 깊이 분간하지 못하고 함부로 판단을 내림을 비유하는 말.

개자리(가) 지다

모를 낼 때 모 포기가 한 부분만 성기게 심어져서 층이 지다.

개 잡듯

개를 잡을 때처럼 함부로 치고 때리다.

예) 김팔기가 장 서방을 개 잡듯 팬 일이야 장터거리 사람들이 이미 다 알고 있는 일이니….

개 콧구멍으로 알다

시시한 것으로 알아 대수롭지 아니하게 여기다.

예) 이젠 사람을 아예 개 콧구멍으로 아는군.

개탕(을) 치다

장지틀이나 빈지 틀 따위에 홈을 파내다.

★개탕開鐋 : 장지, 빈지, 판자 따위를 끼우기 위하여 문틀에 판 홈.

개 패듯

함부로 때리고 치다.

예) 내가 개 패듯 그놈을 패주었지요.

개평(을) 떼다

개평을 얻어 가지다.

예) 나는 노름판에서 개평을 떼어 먹고산다.

개평(을) 뜯다

졸라서 억지로 개평을 얻어 가지다.

예) 그는 노름판을 기웃거리며 개평을 뜯는 일로 하루하루를 보낸다. /나는 노름을 할 줄 모르니 옆에서 개평 뜯어야겠다.

개 풀 뜯어먹는 소리

1. 이치에 맞지 않는 말을 한다는 뜻.

2. 황당하거나 필요 없는 말을 하는 사람에게 비유로 쓰는 말.

개화물(을) 먹다

개화사상의 풍조를 따르거나 영향을 받다.

★개화물 : 개화사상의 풍조를 속되게 이르는 말.

예) 삼촌은 개화물을 먹더니 양복만 입는다.

개화물이 들다

개화사상의 풍조를 긍정하고 따르게 되다.

예) 그는 개화물이 들면서 상투도 자르고 멋을 내기 시작했다.

갱(을) 달다

1. 광맥을 따라 갱도를 뚫다.

2. 사금광에 도랑을 내다.

거간을 들다

『북』 1. 거간질을 하다.

2,둘 사이에서 다리의 역할을 하다.

★거간居間 : 물건을 팔고 사는 사람 사이에서 흥정을 붙임.

예) 남 볼기 맞는 일에 거간을 들고 논마지기나 또 얻을 작정인가?

거간을 서다

거간이 되어 흥정을 붙여 주다.

예) 몇 천 원 더러는 몇 만 원 거간을 서 먹노라 할 위인은 아닙니다.

거꾸로 박히다

머리를 아래로 하고 떨어지다.

거니(를) 채다

1. 어떤 일의 상황이나 분위기를 짐작하여 눈치를 채다.

2. 기미를 알아채다.

★거니 : ①어떤 일이나 사태의 미묘한 상황이 진행되어 가는 과정을 뜻하는 연결 어미. ②응당한 사실을 인정하거나 추측의 뜻을 나타내는 연결 어미.

예) 한수는 초이가 자기를 좋아하고 있는 것을 진작부터 거니챘지만 짐짓 모른 체하고 있었다.

거덜(이) 나다

재산이나 살림이 완전히 없어지거나 결딴나다. 조선시대 때 궁중의 말과 마구간을 관리하던 사복시라는 관청이 있었다. 거덜은 사복시의 하인을 말하는데, 궁중에서 높은 사람이 행차할 때 큰소리로 길을 비키라고 사람들을 몰아세우다 보니 자연히 우쭐거리며 몸을 흔들고 다니게 되었다. 그래서 잘난 체 거드름 피우는 것을 〈거덜거리다〉라고 하게 되었고, 이렇게 〈흔들흔들〉한다는 뜻이 더욱 발전하여 살림이 흔들흔들거리고 밑천을 홀랑 들어 먹는 것을 〈거덜이 나다〉라고 하게 되었다.

예) 노름으로 살림이 거덜 났다.

거듭 태어나다

새롭게 면모를 갖추다.

예) 그는 과거의 긴 방황에서 벗어나 술도 끊고 거듭 태어나 의사가 되었다.

거름발 나다

거름 효과가 나다.

거리가 멀다

기대하거나 비교하는 것에 미치지 못하다.

예) 나의 바람은 현실과 거리가 멀었다. /너의 말은 문제의 답과 거리가 멀다.

거리가 생기다

관계가 서먹서먹해지거나 멀어지다.

예) 남편은 아내와 자기 사이에 거리가 생기는 것을 느꼈다.

거리낌(이) 없다

(일이나 상황이)마음에 걸리어 꺼림칙하거나 어색

함이 없다.

거리에 나앉다

집안이 망해서 집이 남의 것이 되어 오갈 데가 없다.

예) 가산을 탕진하여 처자식이 거리에 나앉게 생겼다.

거미 새끼 풍기듯

(비)거미 새끼 흩어지듯[헤어지듯].

거미 새끼 흩어지듯[헤어지듯]

알에서 막 나온 거미 새끼들이 흩어진다는 뜻으로, 많은 사람이나 물건이 일시에 흩어지는 것을 비유적으로 이르는 말. (비)거미 새끼 풍기듯.

예) 아이들은 비명을 지르며 거미 새끼 흩어지듯 도망을 쳤다.

거미 알 까듯[슬 듯]

1.거미가 알을 여기저기 많이 슬어 놓듯이, 동식물이 자기 종자를 가는 곳마다 번식시킴을 이르는 말.

2.거미가 여기저기 알을 슬어 놓듯이, 어수선하고 산만하게 흩어져 있는 모양을 이르는 말.

3.좁은 곳에 많은 수가 빽빽하게 모여 있음을 이르는 말.

거미줄(을) 누르다

방에 구들을 놓을 때, 구들장과 구들장 사이의 틈을 진흙으로 바르다.

거미줄(을) 늘이다

피의자나 죄인을 잡기 위하여 여러 방면에 수사망을 널리 펴 놓다.

예) 사방에 거미줄을 늘여 놨으니 곧 범인을 잡을 것이다.

거미줄(을) 치다

거미가 실을 뽑아 그물과 같은 집을 짓다. 범인을 잡기 위해 곳곳에 비상선을 치다.

거북을 타다

일하는 동작이 남보다 매우 굼뜨다.

거상(을) 치다

거상하는 풍악을 치다.

★거상擧床 : 잔치에서 큰상을 올리기 전에, 먼저 풍류와 가무를 펼쳐 보임.

예) 귀한 손님들이니 어서 거상을 쳐라.

거울을 삼다

(사람이 어떤 일을) 본받거나 경계할 만한 것으로 여기다.

예) 김 사장은 여러 번의 실패를 거울삼아서 지금처럼 성공할 수 있었다.

거지발싸개만도 여기지 않는다

『북』 아주 시시하고 하찮게 여긴다.

★거지발싸개 : 몹시 더럽고 보잘것없는 물건이나 사람을 욕하는 말.

거지 밥주머니

너절한 것들을 되는대로 뒤섞어 넣어 둔 것을 이르는 말.

예) 너는 가방이 무슨 거지 밥주머니냐, 왜 이리 복잡해?

거지 술안주 (같다)

시시하고 보잘것없는 음식을 이르는 말.

거짓말을 밥 먹듯 하다

거짓말을 자주 하다.

예) 그 친구는 평소에 거짓말을 밥 먹듯 하니 믿을 수 없다.

거짓말(을) 보태다

실지보다 더 보태어 과장해서 말하다.

예) 그는 말을 할 때 거짓말을 보태는 습관이 있으니 적당히 새겨들어라.

거칠 것이 없다

1. 일이 순조로워서 막힘이 없다.

2.사람을 대함에 있어 아무런 거리낌이 없다.

예) 그는 이제 어떤 사람을 만나더라도 거칠 것이 없는 유능한 영업 사원이 되었다.

거품(을) 물다

감정이 몹시 격해진 상태로 말하다.

예) 입에 거품을 물고 이야기하다.

거품(을) 치다

찬 공기 따위를 쐬어 거품을 없애다.

예) 액체 위에 뜬 거품을 치고 다른 그릇에 부어야 한다.

거품을 품다

감정이 몹시 격해져 흥분하다.

예) 입에 거품을 품고 눈에 핏발을 세운 애국, 한국에서는 참으로 살아서 애국하기가 어렵다.

거품(이) 잦듯

한창 성하던 것이 맥없이 사라지거나 스러지는 모양을 이르는 말.

예) 밤중까지 쉴 새 없이 토하고 사하고 진기가 다 빠져서 새벽에 숨이 지는데 마치 거품 잦듯 하였다 하고….

걱정을 사서하다

스스로 찾아서 하지 않아도 될 걱정을 굳이 하다.

★걱정 : 어떤 일이 잘못될까 불안해하며 속을 태움.

걱정을 잡아매다

걱정을 하지 않거나 그만두다.

예) 어머니는 아버지에게 집 걱정을 잡아매라고 말씀하셨다.

걱정이 태산이다

해결해야 할 일이 너무 많거나 복잡해서 걱정이 크다.

건넛마을 불구경하듯

(비)강 건너 불구경.

건량 짚다

1. 궤미에 백 문文마다 표시한 매듭수를 대강 헤아려 보다.

2. 돈의 액수를 알아내다.

★건량乾兩 : 꿰미의 백 문文마다 짚으로 매듭을 지어 놓은 표.

건목(을) 치다

대강 짐작하여 정하다.

★건목 : 물건을 만들 때에 거칠게 대강 만드는 일, 또는 그렇게 만든 물건.

건몸(을) 달다

공연히 혼자서만 애쓰며 안달하다.

★건몸 : 공연히 혼자서만 애쓰며 마음을 졸이고 조급해 하는 일.

예) 그의 모친은 아들의 심정을 잘 알면서도 공연히 건몸을 다는 것 같다.

건밤(을) 새다

뜬눈으로 밤을 새다.

★건밤 : 잠을 자지 않고 뜬눈으로 새는 밤.

건시나 감이나

결국 큰 차이 없이 비슷비슷한 물건이라는 말.

★건시乾柹 : 껍질을 벗겨서 꼬챙이에 꿰어 말린 감.

건즐(을) 받들다

여자가 아내나 첩됨을 겸손하게 이르는 말.

★건즐巾櫛 : ①수건과 빗을 아울러 이르는 말. ②낯을 씻고 머리를 빗음.

예) 신첩이 대감의 건즐을 받들지 못함을 용서하세요.

걷잡을 수 없다

무너져 가는 가세를 걷잡을 수 없다.

예) 걷잡을 수 없는 흥분으로 가슴이 울렁거렸다.

걸귀(가) 들린 듯이

음식을 지나치게 탐내는 모양을 비유적으로 이르는 말.

★걸귀 : 음식을 몹시 탐내는 사람을 비유적으로 이르는 말.

예) 걸귀가 들린 듯이 쉬지 않고 밥 한 그릇을 먹어 치웠다.

걸립(을) 놀다

1. 걸립 신을 위하는 굿거리를 하다.

2. 걸립의 행사를 하다.

★걸립乞粒 : [민속] 동네 경비를 마련하기 위하여 사람들이 패를 짜 각처로 돌아다니며 풍악을 쳐서 돈이나 곡식을 얻음. 또는 그 일행.

걸신(이) 나다

어떤 사물이나 일에 대한 욕심이 매우 생기다.

★걸신乞神 : 빌어먹는 귀신이라는 뜻으로, 몹시 굶

주려 음식을 지나치게 탐내는 상태나 그러한 상태에 있는 사람을 비유적으로 이르는 말.

걸신(이) 들리다

'걸신乞神'은 빌어먹는 귀신을 뜻한다. 전생에 남에게 인색한 대가로 지옥으로 가서 음식을 구걸해야 하지만 아무리 먹어도 결코 만족할 줄 모르는 벌을 받는다고 한다. '들리다'는 '귀신 따위가 그 사람의 정신을 차지해서 그 영향을 받게 하다'이다.

걸음마를 떼다

(비)첫걸음마를 떼다.

예) 그의 사업은 어제 개업을 했으니 이제 막 걸음마를 뗀 셈이지.

걸음마를 타다

(비)첫걸음마를 타다.

예) 돌이 안 된 어린아이가 걸음마를 타려고 한다.

걸음발(을) 타다

1.(비)첫걸음마를 타다.

2.걸음을 익혀 비틀거리며 걷기 시작하다.

예) 재활 훈련을 받은 그는 이제야 겨우 지팡이를 짚고 걸음발타기 시작했다.

걸음아 날 살려라

있는 힘을 다하여 매우 다급하게 도망침을 이르는 말. (비)다리야 날 살려라, 오금아 날 살려라, 종짓굽아 날 살려라.

예) 호랑이를 보자 걸음아 날 살려라 하고 달아났다.

걸음을 떼다

1.걷기 시작하다.

2.준비해 오던 일을 처음으로 하기 시작하다.

예) 이제 갓 걸음을 뗀 사업이지만 전망이 밝다.

걸음(을) 재촉하다

재촉은 남에게 어떤 것을 서둘러 하라고 야단스럽게 요구한다는 의미다. 거기에 '하다'가 붙어서 그렇게 하는 동작을 나타내는 '재촉하다'가 되었다. '걸음'은 '걷다'에 명사를 만드는 접미사 '-음'이 붙어서 된 말이다. 두 발로 걸어가는 동작이나 그렇게 옮겨딛는 수를 세는 단위를 뜻한다. 여기에서 누구에게 재촉하느냐에 따라 의미가 갈린다. 스스로에게 어서 걸으라고 북돋는 경우가 있고, 남에게 어서 걸어줄 것을 요청하는 경우가 있다. (비)길을 재촉하다.

예) 서산으로 해가 기울자 그는 걸음을 재촉했다.

걸음을 하다

웃어른이나 지위가 높은 사람이 들름을 높여 이르는 말.

예) 집에다 전갈을 해 놓으시면 제가 찾아뵐 텐데 먼 걸음을 하셨군요.

걸음이 잘되다

『북』 일정한 조건에 의하여 힘들이지 않고 잘 걷게 되다.

예) 나는 좀 짐이 묵직해야 걸음이 잘된단 말이요.

검은 구름

착취, 압박, 전쟁 따위로 빚어진 암담한 상황, 위험한 정세 따위를 비유적으로 이르는 말.

예) 변방에서 일기 시작한 검은 구름은 곧 온 나라를 뒤덮었다.

검은 구름을 몰아오다

『북』 어떠한 기운이나 환경을 조성하다.

예) 전쟁의 검은 구름을 몰아오다.

검은 구름이 하늘을 뒤덮다

『북』 착취, 압박, 전쟁 따위로 사람들에게 불행과 고통을 가져다줄 상황이 조성되다.

검은 마수를[손을] 뻗치다

사람을 속여 이용하거나 해치려고 음흉하고 흉악한 속셈으로 접근하다.

★마수魔手 : 악마의 손이라는 뜻으로, 사람을 현혹하거나 파멸시키는 음흉한 손길이나 수단.

예) 외국의 폭력 조직이 마약 시장 확대를 목적으로 우리나라에 검은 마수를 뻗쳤다.

검은 뱃속을 채우다

더러운 속셈을 가지고 자기의 욕심을 채우다.

예) 그는 자신의 검은 뱃속을 채우기 위해 수단과

방법을 가리지 않았다.

검정개 한 마리 얼씬하지 않다

(비)개 새끼 한 마리 얼씬하지 않다, 개 한 마리 얼씬하지 않다, 쥐새끼 한 마리 얼씬하지 않다.

예) 이 서방이 밥자루를 무겁게 들고 돌아올 길에는 눈만이 푹푹 쌓일 뿐이고, 검정개 한 마리 얼씬하지 않았다.

겁(에) 질리다

잔뜩 겁을 먹어서 기를 못 쓰다.

예) 아이는 너무 겁에 질려서 얼굴이 하얘졌다.

겉물(이) 돌다

액체의 위에 겉물이 떠서 돌다.

★겉물 : 다른 액체와 잘 섞이지 못하고 위로 떠서 따로 도는 물. (비)웃물.

예) 죽이 식아서 겉물이 돈다.

겉으로 돌다

핵심을 파헤치지 못하고 주변적인 것만 언급하다.

겉으로 빙빙 돌다

'겉'은 '안'을 염두에 둔 상대적인 말이다. 본질이나 핵심과는 거리가 먼 피상적인 측면이 겉이다. 그리고 넓은 범위를 한 바퀴 도는 모양을 나타내는 '빙'이 겹쳐 쓰여서 '빙빙'이 되었다. 같은 자리나 그 주위를 여러 번 반복해서 원을 그리며 도는 모양.

게거품을 물다

'게'는 바다나 민물에 살며 몸이 딱딱한 껍질로 덮여 있다. 한 쌍의 커다란 집게발이 있어 자신을 공격하는 적에게 무기로 사용한다. 그러나 게에게는 그것만이 무기가 아니다. 입에서 내는 거품은 상대방에게 겁을 주는 데 사용된다. 그것이 '게거품'이다. '물다'는 입으로 어떤 물체를 눌러 잡고 있음을 일컫는다. '거품을 물다'는 '입에서 거품을 내다'를 빗대어 이르는 말이다. '게가 거품을 물다'라고 하지 '(게가) 게거품을 물다'라고 말하지 않는다. '게거품을 물다'라고 하면 그것은 사람이나 개 따위에 쓰여 '게와 같이 거품을 물다'라는 뜻을 나타낸다. 이럴 때 게거품은 '몹시 괴롭거나 흥분할 때 입에 있는 침으로 하여 생기는 거품'을 일컫는다.

예) 여자가 게거품을 물고 대들자 당해낼 도리가 없었다.

게걸(을) 떼다

마음껏 먹어서 더 먹고 싶은 마음이 없어지다.

★게걸 : 음식이나 재물 따위를 먹거나 가지려고 무척 욕심을 부리는 데가 있다.

예) 그렇게 많이 먹고도 아직 게걸을 떼지 못했니?

게걸음(을) 치다

1. 옆으로 걸어 나가다.

2. 걸음이 몹시 느리거나 사업이 발전이 없다.

예) 사업이 영 게걸음만 치고 있다.

3. 『북』 두렵거나 마음이 내키지 않아 비실비실 옆으로 비켜서다.

게 눈 감추듯

음식을 허겁지겁 빨리 먹어 치움을 비유적으로 이르는 말.

예) 그는 눈 깜짝할 사이에 그 많은 음식을 게 눈 감추듯 다 먹어 버렸다.

게목을 지르다

듣기 싫게 마구 소리를 지르다. '게목'은 '게사니', 즉 '거위의 목소리'를 뜻하는 말이다.

★게목 : 거위의 목소리라는 뜻으로, 매우 듣기 싫은 목소리를 이르는 말.

예) 그는 집집마다 부역을 나오라고 게목을 지르며 과따쳤다.

게사니 목청을 내다

『북』 게사니가 우는 소리와 같이 목청을 높여 갑자기 꽥꽥 소리를 지름을 비유적으로 이르는 말. (비)게사니 소리를 지르다.

★게사니 : 거위의 비표준어.

게사니 소리를 지르다

『북』 (비)게사니 목청을 내다.

게자루 풀어 논 것 같다

산지사방이 아수라장 같다. 게자루를 풀면 게가 걷잡을 수 없이 사방으로 흩어지는 모양을 비유한 말이다.

예) 선창에 내린 소작인들은 우왕좌왕 게자루 풀어논 것 같았다.

겨냥(을) 내다

실물에 겨누어 치수와 양식을 정하다.

★**겨냥** : (사람이 무엇을) 목표로 정하여 겨눔.

겨냥(을) 대다

활이나 총을 쏠 때 목표물에 맞도록 어림을 잡다.

예) 그는 한참 겨냥을 댄 후 방아쇠를 당겼다.

겨냥(을) 보다

실물에 맞는 치수와 양식을 정하기 위하여 맞추어 보다.

예) 그는 목재를 자르기 전에 대략 겨냥을 보았다.

겨린(을) 잡다

살인범의 이웃 사람이나 범죄 현장 근처로 지나가는 사람을 증인으로 잡아가다.

★**겨린** : 예전에, 살인 사건이 났을 때, 그 범인의 이웃에 사는 사람을 이르던 말.

예) 군아에서는 당장 너의 집을 덮쳐 너의 어머니나 다른 친척들을 몽땅 겨린 잡을 것이다.

겨린(을) 잡히다

살인범의 이웃 사람이나 범죄 현장 근처를 지나가는 사람이 증인으로 불려 가다.

예) 나는 얼굴도 모르는 그 총각의 이웃이라고 관아에 겨린 잡혔다.

격(을) 두다

사람과 사람 사이에 일정한 간격을 두다.

예) 그는 친구들에게도 항상 격을 두고 대한다.

격(을) 치다

윷놀이에서, 가까운 밭으로 갈 수 있게 바라는 끗수를 내다.

예) 우리 편이 거기서 격을 치면 이길 수 있었다.

격隔이 나다

의견 충돌이나 불화로 서로 사이가 버러지다.

격隔이 지다

서로 격이 나서 사이가 막히다.

견련(을)보다

1. 양편이 서로 엇갈려 켕김을 받고 있다.

2. 서로 엇갈려 원수같이 미워하다.

★**견련**牽連 : ①서로 얽혀 관련되다. ②서로 끌어당겨 관련시킴.

결거니-틀거니

서로 겨루느라고 겯거나 틀면서 버티고 대항하는 모양.

결딴(이) 나다

1. 일, 물건 등이 망그러져서 도무지 쓸 수 없이 됨.

2. 살림이 망하여 거덜이 남.

결딴을 내다

결딴나게 하다.

결박(을) 짓다

결박을 단단히 하다.

★**결박**結縛 : 몸이나 손 따위를 움직이지 못하도록 묶음.

예) 포졸이 죄인을 결박 지어 포도청으로 끌고 갔다.

결을 내다

결기(참지 못하고 성을 내거나 딱 잘라 행동하는 성미)를 내다.

결을 삭이다

성이 난 마음을 풀어 가라앉히다.

결이 곱다

나무, 비단 따위가 조직이 아름다운 느낌이 들다.

★**결** : 나무, 돌, 살갗, 비단 따위의 조직이 굳고 무른 부분이 모여 일정하게 켜를 지으면서 짜인 바탕의 상태나 무늬.

결이 나다

결기가 일어나다.

★**결** : 못마땅한 것을 참지 못하고 발끈 성을 내거나 왈칵 행동하는 성미. <u>(비)결기氣.</u>

결(이) 바르다

성미가 곧고 바르다.

★결 : 바르고 결단성 있게 행동하는 성미.

예) 정도正道가 아니면 따르지 않는 결 바른 성품, / 아버지는 결이 바르고 기품 있는 선비였다.

결(이) 삭다

성이 난 마음이 풀려 부드러워지다.

예) 그는 철수의 사과를 받고 나서야 결이 삭은 듯 말씨가 부드러워졌다.

결이 세다

『북』 사람의 성격이 매우 질기고 고집이 강하다.

결창(이) 터지다

1. 내장이 터진다는 뜻으로, 욕으로 하는 말.

2. 몹시 분하여 속이 터지다.

★결창 : '내장內臟'을 속되게 이르는 말.

겻섬 털 듯

1. 청請을 듣기는커녕 냉담하게 가까이 오지도 못하게 하는 모양.

예) 그렇게 겻섬 털듯 하는 사람에게 무엇을 바라느냐?

2. 무슨 일을 함부로 하는 모양.

★겻섬 : 겨를 담은 섬.

예) 이 일은 겻섬 털듯 함부로 하면 안 된다.

경마競馬(를) 들다

(비)경마(를) 잡다.

예) 말을 타고 오면 종이 그 말 경마를 들고서 함께 따라 온다.

경마(를) 잡다

남이 탄 말의 고삐를 잡고 몰고 가다. (비)경마(를) 들다.

예) 마님 가실 때 경마를 잡고 잘 모셔야 한다.

경마(를) 잡히다

말고삐를 남에게 잡혀 몰고 가게 하다.

예) 말몰이꾼에게 경마를 잡히고 길을 떠났다.

경신(을) 새다

섣달 중의 경신庚申에 해당하는 날에 밤을 새우다.

예) 어젯밤부터 경신을 새면 복을 얻는다는 말이 있다.

경鯨(을) 치다

1. 호된 꾸지람을 듣거나 벌을 받다.

2. 혼이 나다.

예) 경을 칠 녀석 같으니.

경종을 울리다

잘못이나 위험을 미리 경계하여 주의를 환기시키다.

★경종警鐘 : 주로 '경종을 울리다'의 구성으로 쓰여, 잘못할 수 있거나 위험해질 수 있는 일에 대해 미리 경고하여 주는 주의나 충고를 비유적으로 이르는 말.

경치(가) 좋다

함께 있는 남녀가 잘 어울리어 보기에 즐거운 마음이 들다.

예) 두 분의 다정한 모습을 보니 경치가 좋습니다 그려.

경해에 접하다

윗사람을 뵙다.

★경해驚駭 : 윗사람을 공경하여 그의 기침 소리나 말씀을 이르는 말.

곁눈을 감다

눈을 속으로 약간 떠서 겉으로 보기엔 눈을 감은 것처럼 하는 눈.

곁눈(을) 뜨다

(비)곁눈(을) 팔다.

곁눈(을) 주다

1. 남이 모르도록 곁눈질로 상대편에게 어떤 뜻을 알리다.

예) 그는 내게 곁눈을 주었으나 나는 무슨 뜻인지 알 수 없었다.

2. 곁눈으로 은근히 정을 나타내다.

예) 그는 그녀에게 온화한 미소를 지으며 곁눈을 주었다.

곁눈(을) 팔다

주의를 기울여야 할 곳에 신경 쓰지 않고 딴 곳에 관

심을 보이다. (비)곁눈(을) 뜨다, 옆 눈을 팔다.

예) 딴 데 곁눈 팔지 말고 책이나 열심히 읽어라.

곁다리(를) 끼다

당사자도 아닌 사람이 곁에서 참견하여 말하다.

★곁다리 : ①덧붙여 딸린 사람이나 물건. ②직접적인 관계가 없는 사람이나 부차적인 사물을 낮잡아 이르는 말.

예) 자네가 무슨 상관인데 남의 일에 곁다리를 끼고 나서지?

곁다리(를) 들다

당사자도 아닌 사람이 참견하여 말하다.

예) 자꾸 곁다리를 들고 나서는 친구가 얄미웠다.

곁두리(를) 먹다

힘든 일을 할 때, 농부나 일꾼이 일정한 시간에 먹는 끼니 외에 참참이 먹는 음식을 먹다. (비)사이(를) 먹다.

★곁두리 : 농부나 일꾼이 끼니 외에 참참이 먹는 음식.

곁불을[곁불에] 맞다

『북』 1. 어떤 일에 관계도 없는 사람이 그 가까이에 있다가 해를 입거나 봉변을 당함을 이르는 말.

★곁불 : 어떤 일에 아무 관계하지 않고서 가까이에 있다가 받는 재앙을 비유적으로 이르는 말.

2. 다른 사람의 과오가 심각하게 비판될 때 그것과 비슷한 결함을 가진 사람이 그 비판을 자기에 대한 비판으로 여기고 스스로 뉘우치게 됨을 비유적으로 이르는 말.

예) 덮어놓고 허길의 이론에 공명했던 사람들은 곁불에 맞아 가슴이 뜨끔해했다.

곁쐐기(를) 박다(치다)

1. 남의 얘기에 참견하거나 방해를 놓다.

★곁쐐기 : 쐐기 곁에 덧 박는 작은 쐐기.

예) 그는 자꾸 곁쐐기를 박는 나쁜 버릇이 있다.

2. 남을 이간하기 위해 방해를 놓다.

예) 두 사람 사이가 좋으니 그것을 시기해서 곁쐐기를 박는 사람이 생겼다.

곁(을) 달다

『북』 이야기 내용의 어떤 부분에 대하여 잘 알 수 있도록 덧붙여 설명하거나 이야기하다.

예) 그러자 순희도 "참말인가요. 그들은 사이가 정말 가깝습니다."하고 곁을 달았다.

곁(을) 들다

『북』 곁에서 거들어 주거나 부추기다.

예) 의진은 전과도 달리 오빠의 샤쓰며 양복을 깨끗이 빨아 주고 다려 주었으며 살뜰히 곁을 들어 주었다.

곁(을) 떠나다

가까이 지내던 사람이 죽음을 완곡하게 이르는 말.

예) 가장 친한 친구가 병으로 내 곁을 떠났다.

곁(을) 비우다

보호하거나 지키는 사람이 없는 상태가 되게 하다.

예) 환자의 곁을 비우지 말고 잘 지켜보아라.

곁(을) 주다

다른 사람으로 하여금 자기에게 가까이 할 수 있도록 속을 터주다.

예) 그는 좀처럼 곁을 주지 않는 사람이다.

곁(이) 바르다

『북』 가까이에서 도와주거나 보호해 줄 사람이 별로 없다.

예) 어디까지나 곁 바르고 마음 붙지 않는 몹쓸 판이다.

곁(이) 비다

보호하거나 지킬 사람이 곁에 없다.

예) 환자의 곁이 비었으니 빨리 가서 돌보아라.

계란이나 달걀이나

이것이나 저것이나 다 마찬가지라는 말.

예) 어떤 길을 택하든지 계란이나 달걀이나지.

계(를) 타다

곗돈을 받게 되다.

예) 오늘은 계를 타니까 목돈이 생길 것이다.

계契를 하다

1. 계를 조직하다.

2. 계원이 되다.

계절季節을 앞당기다

해당 계절에 해야 할 일을 먼저 앞당겨 빨리 해 나감을 이르는 말.

예) 비닐하우스 덕분에 계절을 앞당겨 채소를 수확할 수 있다.

계집을 보다

여자를 사귀어 관계를 가지다.

고개가 수그러지다

존경하는 마음이 일어나다.

예) 저절로 ~.

고개를 기웃거리다

『북』 1. 곰곰이 생각하여 망설이다.

예) 갑자기 생각이 안 난다는 듯이 짐짓 고개를 기웃거렸다.

2. 믿지 아니하고 의심을 나타내다.

고개(를) 꼬다[비틀다]

1. 이리저리 생각하면서 망설이느라고 고개를 이리저리 돌리다.

예) 어머니는 고개를 꼬고 망설이기만 하며 대답하지 않았다.

2. 믿지 아니하고 의심하여 고개를 이리저리 돌리다.

예) 아무리 설득해도 고개를 꼬기만 할 뿐이었다.

고개를 끄덕이다

(어떤 사람이 다른 사람이나 그 의견, 또는 능력 따위에) 찬성하거나 승인하다. 고개를 '끄덕이다', '끄덕하다'는 한 번 앞뒤로 움직인다는 뜻이다.

고개(를) (가로) 흔들다

고개를 좌우로 움직여 부정이나 거절의 뜻을 나타내다.

예) 시험에 낙방한 형은 밥을 먹으라는 어머니 말씀에 고개를 흔들며 자기 방으로 들어갔다.

고개를 내밀다

세력, 감정 따위가 나타나거나 생기다.

예) 사회가 혼탁해지자 폭력 세력이 고개를 내밀기 시작했다.

고개(를) 돌리다

어떤 사람, 일, 상황 따위를 외면하다.

예) 그녀의 친구들도 이제는 더 도울 수 없다며 고개를 돌렸다.

고개를 들다

1. 숙였던 머리를 쳐들다.

2. 눌리거나 숨겨져 있던 일, 감정, 생각 따위가 머리에 떠오르다.

3. 세력을 얻다. 대두하다. (반)고개를 못 들다, 고개를 떨구다.

예) 소매치기들이 다시 ~.

고개(를) 묻다

활을 당길 때 화살 깃이 얼굴을 스칠 정도로 고개를 약간 앞으로 숙이다. (반)고개를 쳐들다.

예) 충분히 고개를 묻어야 활을 잘 쏠 수 있다.

고개(를) 숙이다

1. 남에게 승복하거나 아첨하거나 겸양하는 뜻으로 머리를 수그리다.

예) 처음부터 상대편의 기세에 눌려 고개를 숙이고 말았다.

2. 기세가 꺾이어 누그러지다.

예) 추수기를 맞아 고개를 숙인 쌀값.

고개를 젓다

고개를 옆으로 흔들어 부정, 거절 등을 나타내다.

고개를 쳐들다

(비)고개를 들다.

예) 고개를 쳐들기 시작하는 땅값.

고개방아(를) 찧다

『북』 긍정하는 뜻으로 고개를 끄덕끄덕하다.

고개 하나 까딱하지 않다

마음의 동요를 조금도 보임이 없이 꿈쩍도 하지 않다.

예) 아버지는 그 사업의 위험성에 대하여 누가 뭐라고 하여도 고개 하나 까딱하지 않았다.

고갯방아를 찧다

서거나 앉은 채로 잠이 와서 조느라고 무의식중에 고개를 끄덕끄덕하다.

★고갯방아 : 졸려서 방아를 찧듯이 고개를 끄덕거리는 일.

예) 졸려서 고갯방아를 찧다.

고기밥(이) 되다

물에 빠져 죽다.

예) 그 배에 타고 있던 사람들은 모두 물에 빠져 고기밥이 되었다.

고기 값을 하다

1. 지니고 있는 힘이나 체격으로 제구실을 하다.

예) 그 사람 힘쓰는 것이 고기 값이나 하겠어?

2. 억울하게 죽게 될 때 헛되이 죽지 않고 표적을 남길 만한 행동을 하다.

예) 고기 값은 하고 죽어야지 그냥 죽을 수 없다.

고까움(을) 타다

걸핏하면 고깝게 여기곤 하다.

고동을 멈추다

'죽다'를 완곡하게 이르는 말.

★고동鼓動 : 피의 순환을 위하여 뛰는 심장의 운동.

예) 끝내 그의 심장은 고동을 멈추었다.

고동을 불다[울리다]

고동 소리를 내다. (비)고동(을) 틀다.

★고동 : 신호를 하기 위하여 비교적 길게 내는 기적 따위의 소리.

예) 배가 항구에 들어오면서 고동을 불었다.

고동(을) 틀다

1. 기계를 움직이게 하는 장치를 돌리다.

예) 철컥철컥 총의 고동 트는 소리가 어둠을 뚫고 오매….

2. 『북』 (비)고동을 불다[울리다].

고동이 나다

고동 소리가 나다.

예) 조금 전에 항구 쪽에서 고동이 난 것 같다.

고동鼓動이 치다

약동하다. (비)심장이 뛰다.

고드름똥 싸겠다[싸게 춥다]

고드름처럼 뾰족한 똥을 눌 만큼 방이 몹시 춥다.

고드름 초장 같다

겉으로 보기는 그럴 듯하지만 실속은 아무것도 없는 음식, 그와 같이 실속이 없는 경우를 두고 이르는 말.

고락을 같이하다

'고락苦樂'은 괴로움과 즐거움을 뜻한다. 인생을 살다보면 괴로운 일과 즐거운 일이 번갈아 찾아온다. 그것을 함께 경험한다고 했으니, 그런 상대는 오랜 세월 동안 함께 어려움을 헤쳐 온 인생의 동료이다.

고래 등 같다

굉장히 크고 우람하다.

예) 고래 등 같은 집에서 살다.

고래(를) 잡다

'포경'에 '고래잡이'라는 뜻이 있어서 생긴 말로, 포경 수술을 함을 속되게 이르는 말.

예) 너 걸음걸이가 왜 그래? 어제 고래 잡았어.

고무신(을) 거꾸로 신다

(속되게) 여자가 사귀던 남자와 일방적으로 헤어지다.

예) 남자 친구가 군대에 가자마자 그녀는 고무신을 거꾸로 신고 다른 남자를 사귀었다.

고미(를) 누르다

고미를 만들다.

★고미古米 : 묵은쌀(수확한 지 한 해가 넘은 쌀).

고배를 들다

'고배苦杯'는 쓴 잔, 즉 '쓴맛이 나는 술잔'을 뜻하는 한자어이다. '들다'는 놓여 있는 것을 손에 쥐고 위로 올린다는 뜻이다. 잔을 드는 것은 그 내용물을 마시기 위한 동작이므로 '고배를 들다'는 '고배를 마시다'를 빗대어 이르는 말이다. 즉, 패배, 실패 따위의 쓰라린 일을 당하다. (비)고배를 마시다, 고배를 맛다.

★고배苦杯 : 마음이 괴롭고 쓰라린 경험을 비유적으로 이르는 말.

예) 시험 낙방이라는 고배를 들었다.

고삐(가) 풀리다

얽매이지 않거나 통제를 받지 않다.

★고삐 : 소의 코뚜레나 말의 재갈에 잡아매어, 몰거나 부릴 때 손에 잡고 끄는 줄.

예) 여름 방학이 되자 고삐가 풀린 아이들은 끼니도 잊은 채 산으로 놀러 다녔다.

고삐 놓은[없는/풀린] 말[망아지]

(비)굴레 벗은 말[망아지/송아지].

예) 그는 얼마나 거친지 완전히 고삐 놓은 말이다.

고삐를 늦추다

경계심이나 긴장을 누그러뜨리다.

예) 적군은 추격의 고삐를 늦추지 않았다.

고삐를 잡다

기세를 억눌러 조절하거나 제약하다.

고삐를 조이다

사태를 조금도 늦추지 않고 긴장되게 하다.

고삐를 채다[잡아채다]

사태의 긴장을 유지하도록 다그치다.

예) 이 시점에서 고삐를 잡아채야 승리를 할 수 있다.

고삐를 틀어쥐다

어떤 일을 틀어쥐고 능동적으로 힘차게 해 나가다.

예) 이 일은 지금 고삐를 틀어쥐어야 그들에게 큰소리를 칠 수 있다.

고삐 풀다

통제를 잃다.

고삐 풀린 말

지금까지 매이었던 데서 풀려나서 매우 자유스럽고 거침이 없다는 말. (비)굴레 벗은 말, 놓아먹인 말.

예) 시험이 끝난 학생들은 마치 고삐 풀린 말처럼 밤새 놀았다.

고사를 지내다

민간신앙에서는 어떤 장소나 영역마다 신령들이 살고 있어서 그곳에 들어가거나 또는 어떤 일을 시작하기에 앞서 그 신령에게 알리는告 제사를 지내어祀 신령들의 해코지를 막는다. 그러한 의식이 고사告祀이다. 이사를 하거나 개업을 하거나 출어를 할 때, 또는 집안에 우환이 끊이지 않을 때 돼지머리와 떡 등을 차리고 제사를 올린다. 실제 고사를 지낼 때도 쓰지만, 고사라도 지내야 한다고 표현함으로써 뭔가 일이 꼬일 때 답답한 마음을 표현하기 위해 쓰기도 한다.

고사리 같은 손

어린아이의 여리고 포동포동한 손을 비유적으로 이르는 말. (비)고사리밥 같은 손.

예) 영희는 그 고사리 같은 손을 귀엽게 흔들어 보이면서 "아빠 잘 다녀와." 했다.

고사리밥 같은 손

(비)고사리 같은 손.

고생苦生길로 들다(들어서다)

일단 어떤 길에 접어들면 그 길이 목적지에 닿을 때까지 한참을 걸어야 한다. '고생길'은 계속 고생이 이어지는 힘든 삶을 비유하는 말이다.

고생문이 열리다

문門은 이곳과 저곳을 가르며, 이곳에서 저곳으로 넘어갈 수 있는 수단이 된다. 문이 닫혀 있음은 출입이 허용되지 않는다는 의미이고, 문이 열려 있음은 안으로 들어갈 수 있는 가능성이나 기회가 주어졌음을 뜻한다. 그 문 안으로 들어서면 이곳과는 다른 성격이나 용도, 목적을 지닌 공간이 시작된다. '고생문'은 고생이 시작되는 계기나 시점을 비유적으로 일컫는 말이다.

고생문이 훤하다

앞으로 고생을 겪을 게 뻔하다.

예) 싹수를 보아 하니 너도 고생문이 훤하다.

고생을 사서 한다

1. 잘못 처신한 탓으로 하지 않아도 될 고생을 하게 됨을 이르는 말.

예) 고생을 사서 하는 거지 왜 두 사람 사이에서 말 전해주다가 괜한 오해를 받아?

2. 여러 가지 상황을 보고는 자신이 스스로 어려운 일을 맡아서 고생을 한다는 말.

예) 기획서 작성이 고되고 힘들지만 고생은 사서도 한다는데 그만큼 성과가 있다면 무슨 일인들 마다하겠습니까?

고생 줄을 놓다

『북』 이제부터 내내 고생을 하며 살아가는 처지나 사태를 이루다.

고양이 낯짝[이마빼기]만 하다

매우 좁음을 비유적으로 이르는 말.

예) 방구석이 고양이 낯짝만 하구나.

고양이 소리

겉으로 발라맞추는 말.

예) 듣기 좋은 고양이 소리나 하는 인간은 상종할 필요가 없다.

고양이와 개

서로 앙숙인 관계를 이르는 말.

예) 두 사람은 고양이와 개의 관계이다.

고자리(가) 먹다

고자리가 오이나 배춧잎을 쏠아 먹다.

★고자리 : 오이, 배추벌레의 유충.

고자리 쑤시듯 하다

(썩은 물건에 구더기가 구멍을 뚫듯) 함부로 쑤시다.

고지(를) 먹다[쓰다]

고지를 해 주기로 하고 삯을 미리 받아쓰다.

★고지 : 논 한 마지기에 얼마 값을 정하여 모내기에서 김매기까지 일을 해주기로 하고 미리 받아쓰는 삯.

예) 겨울 동안 고지를 먹고 사는 농군은 이자 물고 빚내어 먹고사는 폭이다. 그러나 그 고지나마 얻기 어려운 것이다.

고추 먹은 소리

못마땅하게 여겨 씁쓸해하는 말.

예) 돌아가면서도 고추 먹은 소리하는 것이 영 불만인 모양이었다.

고택골(로) 가다

'죽다'를 속되게 이르는 말.

예) 나한테 한 대 맞으면 고택골로 가니까 조심하라고 해.

고택골로 보내다

'죽이다'를 속되게 이르는 말.

★고택골 : 지금의 서울특별시 은평구 신사동에 해당하는 마을의 옛 이름.

예) 아주 고택골로 보낼까 하다가 인생이 가엾어서 잠깐 잠들게 해 놓았다.

고패를 떨어뜨리다

뜰아래에서 절하다.

예) 수통인이란 놈이 마당 귀퉁이 먼발치에 서서 완월을 하다가 제 풀에 놀라 고패를 떨어뜨렸다.

고패(를) 빼다

굴복을 하다.

★고패 : 높은 곳에 깃발이나 물건을 달아 올리거나 내리는 줄을 걸치는 도르래나 고리.

예) 형님이 잘못했다고 한번 고패만 빼면 우리들은 말할 것 없고 아주머니도 부득부득 쌈하러 덤비지 않을 거요.

고패를 숙이다[드리다]

약자가 되어 머리를 숙이다.

예) 권상철은 안승학의 큰 목소리를 틀어막기 위해서 고패를 숙이고 빌붙었다.

고패를 치다

『북』 1. (원을 그리듯이)어떤 물건이 세차게 올랐다 내렸다 하는 것을 비유적으로 이르는 말.

2. 마음이나 심정 따위가 격하여 세차게 굽이치는 것을 비유적으로 이르는 말.

고함高喊을 지르다

큰 목소리로 부르짖다.

고함을 치다

큰 소리로 세차게 소리치다.

고혈을 짜다[짜내다/빨다]

'고혈膏血'은 사람의 기름과 피를 뜻한다. '짜내다'는

'누르거나 비틀어서 물기 따위를 밖으로 빼다'를 뜻하는 '짜다'에 '밖으로 나오게 하다'를 뜻하는 '내다'가 붙어서 그 뜻을 강조한 말이다. 사람의 생명에 없어서는 안 되는 고혈을 짠다고 했으니 이는 사람에게 남아 있는 마지막 재산, 즉 사람에게서 빼앗을 수 있는 마지막 이득을 강제로 거둔다는 뜻이다. (비)피땀을 짜다[짜내다/빨다].

예) 빈부격차는 갈수록 커지는데 정부는 서민들의 고혈을 짜내어 가계 부담을 가중시키고 있다.

고황에 들다

병이 고치기 힘들게 몸속 깊이 들다.

★고황膏肓 : 심장의 아래쪽과 횡격막의 윗부분 사이. 인체의 가장 깊은 곳에 있어 병이 생기면 낫기 어렵다.

예) 병이 고황에 들다 /아까운 인물 하나가 까마귀밥이 되었구나. 고황에 든 병은 편작도 못 다스릴 터.

곡기를 끊다[놓다]

음식을 먹지 못하거나 먹지 아니하다.

예) 아씨가 염병을 앓듯이 몸이 불덩이같이 달아오르고 곡기를 끊은 채 생사지경을 헤매는 동안도 박씨는 그 희망을 버리지 않았다.

곡기를 잃다

『북』 아프거나 속상한 일이 있어 음식을 입에 대고 싶은 생각이 없어지다.

곡수曲水를 놓다

곡수(굽이굽이 휘어 흐르는 물)를 수놓다.

예) 보자기에 곡수 놓은 솜씨가 좋다.

곡수曲水를 틀다

곡수를 그리다.

곤산의 옥玉

훌륭한 사람이나 물건을 비유적으로 이르는 말.

★곤산崑山 : 중국 전설에 나오는 신성한 산.

곤장을 내다

때려 부수다.

★곤장棍杖 : 옛날에 죄인의 볼기를 치던 몽둥이를 이르는 말.

예) 깡패들이 가게를 곤장 내 버렸다.

곤장이 되다

『북』 심하게 얻어맞거나 하여 정신을 잃고 완전히 축 늘어지다.

예) 곤장이 되도록 얻어맞아 운신도 못하다.

곤죽을 먹이다

『북』 형체를 알아볼 수 없을 정도로 심하게 매질을 하다.

★곤죽 : 엉망이 되어 갈피를 잡기 어려운 상태를 가리키는 말이다.

곤히 잠들다

깊은 잠에 빠지다.

골격이 서다

어떤 일을 형성할 때 기본 줄거리와 틀이 이루어지다.

★골격骨格 : 무슨 일을 형성하는 데 있어서 기본적인 틀.

예) 그 일을 추진하기 위한 골격이 서 있나?

골로 가다

'골'은 관棺을 뜻하는 말이다. 그러므로 '골로 간다'는 말은 '관 속으로 들어간다'는 뜻이다. 오늘날 이 말은 '죽는다'는 뜻을 가진 속어로 쓰이고 있다.

예) 너 지금 골로 가고 싶어서 까부는 거야?

골로 보내다

'죽이다'를 속되게 이르는 말.

예) 너 자꾸 건방지게 굴면 골로 보내 버린다.

골머리(가) 빠지다

(속되게) 머리를 몹시 쓰거나 애를 태우다. (비)머리가 빠지다.

예) 어려운 문제를 푸느라고 골머리가 빠지겠다.

골머리(를) 썩이다

어떤 일로 몹시 애를 쓰며 생각에 몰두하다. (비)머리를 썩이다.

예) 그 문제로 골머리를 썩일 필요가 없다.

골머리(를) 앓다

'골머리'는 '머릿골'을 속되게 이르는 말이다. 머릿골은 '뇌腦', '두뇌頭腦'를 뜻하는 우리말인데, 줄여서 '골', '골치'라고도 한다. 인체에서 사고와 감각을 지배하는 기관을 가리키는 이 말은 '머리'를 낮잡아 일컫는 뜻.

골 박다

1.(사람이) 제한된 범위 밖을 나가지 못하게 하다.

예) 우두머리가 한군데에 골을 박았다.

2.(사람이) 골로써 물건의 모양을 바로잡다. (비)골(을) 치다.

예) 누나가 신발에 골을 박았다

골병을 먹이다

좀처럼 고치기 어려울 정도로 속으로 깊숙이 병들게 하다.

예) 징역살이가 골병을 먹이다.

골병(이) 들다

'골병-病'은 속으로 병이 깊이 들어서 좀체 고치기 힘든 것을 가리킨다. '(몸을 오랫동안 혹사하거나 돌보지 않아) 돌이킬 수 없을 정도로 깊은 병이 몸에 자리하다'라는 뜻이다.

예) 그는 셋 아이를 낳는 동안 산후조리를 한 번도 제대로 하지 않아 골병이 들었다고 말한다.

골수骨髓에 들다

병이 아주 깊이 들다.

예) 그의 몸은 차츰차츰 쇠약해지며 병이 골수에 들었다.

골수에 맺히다

잊지 아니하고 마음속 깊이 응어리져 있다.

예) 원한이 골수에 맺히다.

골수에 박히다[뿌리박히다]

어떤 생각이나 감정이 빠져나갈 수 없게 마음속 깊이 자리 잡히다.

예) 증오가 골수에 박히다.

골수에 사무치다

'뼈에 사무치다'를 강조하여 이르는 말로, '골수骨髓'는 뼛속을 채우고 있는 연한 조직으로 적혈구 백혈구 혈소판 등을 생성한다. 뼈는 인체에서도 깊은 곳인데, 그 뼈의 속이니 가장 깊은 곳이라고 할 수 있다. 그래서 원한과 같은 감정이 맺히는 마음 깊은 곳을 뜻하는 의미.

골수에 새기다

'가슴에 새기다.'를 강조한 말.

예) 아버지 말씀을 골수에 새겼다.

골骨(을) 내다

성을 내다.

골을 메우다

갈등을 없애다.

예) 며느리가 손자를 낳아 부모와 자식 간의 골을 메웠다.

골(을) 싸매고

(낮잡는 뜻으로) 온 힘을 다하여.

예) 그는 골을 싸매고 열심히 공부하였다.

골(을) 썩이다

(낮잡는 뜻으로) 어떤 일로 몹시 애를 쓰며 골똘히 생각하다.

예) 그런 문제로 골을 썩일 필요는 없다.

골(을) 쓰다

(낮잡는 뜻으로) 어떤 문제에 주의를 기울여 이리저리 생각하거나 애쓰다.

골(을) 앓다

(낮잡는 뜻으로) 어떻게 하여야 할지 몰라서 머리가 아플 정도로 생각에 몰두하다.

예) 그는 그 일 때문에 골을 앓고 있다.

골(을) 올리다

화가 치밀어 오르게 만들다.

예) 공연한 말을 해서 골을 올리다. /결국에 이런 꼴을 보는 것도 분한데 골을 올려 주니 눈에 불이 나는 것이다.

골(을) 지르다

밭을 세 번째 갈다.

예) 골을 지르고 나서 새참을 먹겠다.

골(을) 치다

1. 골로써 물건의 모양을 바로잡다. (비)골(을) 박다.

예) 짚신에 골을 치다.

2. 『북』 좁은 곳에 많은 사람이나 물건이 빽빽하게 들어서다.

예) 마을 청년들이 다 모이니 선전실이 빽빽하게 골을 쳤다.

골(을) 켜다

통나무를 세로로 켜서 골을 만들다.

예) 이 나무는 단단해서 골을 켜기가 어렵다.

골(을) 타다

밭에 고랑을 타다.

골이 깊(어지)다

관계가 악화되거나 멀어지다.

예) 그녀와 남편은 남편의 외도로 회복하기 어려울 정도로 골이 깊어졌다.

골(이) 나다

비위에 거슬리거나 하여 벌컥 성이 나다.

골이 돌다

『북』 (낮잡는 뜻으로) 임기응변으로 생각이 잘 떠오르거나 미치다.

예) 저 인걸이가 생기기는 족박새처럼 생겨 서두 골은 여간 잘 돌아가지 않습니다. 부처님도 말을 시킬 수 있는 사람이지요.

골이 빠지다

(낮잡는 뜻으로) 머리를 몹시 쓰거나 애를 태우다.

예) 이놈을 먹이느라고 골이 빠졌다.

골(이) 비다

1. 지각이 없다.

2. 소견이 없다.

예) 골 빈 녀석

골이 상투 끝까지 나다

매우 화가 나다.

예) 아버지는 이웃 사람들의 행동에 골이 상투 끝까지 났다.

골(이) 오르다

화가 치밀어 오르다.

예) 이야기를 듣다가 잔뜩 골이 오른 표정으로 말했다.

골(이) 저리다

찬 기운으로 뼛속까지 저리다.

예) 이곳의 추위는 골이 저릴 정도로 춥다.

골(이) 틀리다

마음에 언짢아 부아가 나다.

예) 무엇에 골이 틀린 모양인지 모르겠다.

골치(를) 앓다

어떻게 하여야 할지 몰라서 머리가 아플 정도로 생각에 몰두하다.

★골치 : '머리'나 '머릿골'을 속되게 이르는 말. (비)골머리.

예) 결혼 문제로 골치를 앓다. /공장에서는 오염 물질의 처리 때문에 골치를 앓고 있었다.

골탕(을) 먹다

한꺼번에 크게 손해를 입거나 낭패를 당하다.

★골탕 : 심하게 손해를 당하거나 낭패를 보는 일.

예) 그는 개구쟁이 동생에게 늘 골탕을 먹곤 한다.

골탕(을) 먹이다

한꺼번에 크게 손해를 입히거나 낭패를 당하게 만들다.

예) 사내아이는 일부러 골탕을 먹이려는 듯 날듯이 빨리 걷는다.

골풀이(를) 치다

『북』 1. 긴장하거나 흥분하여 가슴이 몹시 두근거리다.

2. 화풀이를 세게 하다.

★골풀이 : 화를 참지 못하고 아무에게나 함부로 풀어버림.

예) 실망하던 끝에 그는 심술이 나서 아무에게나 골풀이 쳤다.

곪으면 터지는 법

울분이나 원한이 쌓이고 쌓이면 마침내 터지고야

만다는 말.

곰팡내(가) 나다

'곰팡내'는 곰팡이의 준말인 '곰팡'과 냄새를 뜻하는 '내'가 합성된 말이다. 바람이 통하지 않는 음지에 곰팡이가 생기듯, 사람의 생각도 새로운 변화나 각성 없이 낡은 것만 고집하면 점점 더 답답하고 폐쇄적으로 변해간다. 그러한 상태를 표현하는 말이 '곰팡스럽다'이다. 즉, '행동이나 생각 따위가 케케묵어 고리타분하다'는 뜻이다. 이와 비슷한 말이 '곰팡내가 나다'이다. 이때 '곰팡내'는 낡고 고리타분한 것이나 어떤 사람의 생각에서 느껴지는 답답함을 비유하는 말이다. (비)곰팡이(가) 피다, 곰팡이(가) 슬다.

예) 요즘도 곰팡내 나는 정조관념으로 여성들을 억압하려 드는 자들이 있다.

곰팡이(가) 피다

곰팡이가 많이 나 있다. (비)곰팡이(가) 슬다, 곰팡내(가) 나다.

곱살이 끼다

남이 하는 일에 곁다리로 끼다는 뜻이다. 노름을 할 때 판돈을 대는 것을 '살 댄다'고 한다. 여기서 '살'은 노름판에 걸어놓은 몫에 덧 태워 놓는 돈이라는 뜻이다. 노름을 할 때 밑천이 짧거나 내키지 않아서 미처 끼어들지 못하고 있다가 패가 좋은 것이 나올 때 살을 댄 데다 또 살을 대고 하는 경우가 있다. 살을 댔는데 거기다 또 살을 대니까 '곱살'이 된다. 그래서 정식으로 하는 것이 아니고 남들이 하는 일에 끼어 얹혀서 하는 것을 '곱살이 끼다'라고 하게 된 것이다. 지금은 남이 하는 데에 끼어서 어떤 일을 쉽게 하려는 것을 가리키는 말이다.

예) 나는 연수네 모둠에 곱살이 끼었다.

곱지 않은 말

상대편의 비위를 거스르면서 듣기에 좋지 아니하게 하는 말.

예) 사람들과 대화할 때는 곱지 않은 말을 하여 상대편의 기분을 상하게 하지 않도록 주의해라.

공갈恐喝(을) 놓다

(속되게) 공포를 느끼도록 을러메서 무섭게 하다. (비)공갈(을) 때리다.

예) 그렇게 공갈 놓는다고 겁먹을 내가 아니다.

공갈(을) 때리다

(비)공갈(을) 놓다.

예) 공갈을 때리고 왔으니 겁 좀 먹었겠지.

공고히 하다

공 굳게 튼튼히 하다 또는 단단하고 튼튼하게 하다.

★공고鞏固히 : 흔들림이 없이 단단하고 튼튼하게.

공기가 팽팽하다

분위기가 몹시 긴장되어 있다.

공기(를) 놀다

공기놀이를 하다. (비)자갈(을) 놀다.

예) 공기 노는 아이들.

공기(를) 놀리다[놀리듯 하다]

어떤 일이나 사람을 제멋대로 수월하게 다루거나 농락하다. (비)공깃돌 놀리듯.

예) 그는 머리가 비상하여 모든 일을 공기 놀리듯 했다.

공깃돌 놀리듯

(비)공기(를) 놀리다[놀리듯 하다].

예) 도인은 도술을 부려 큰 돌을 공깃돌 놀리듯 해서 쉽게 제방을 쌓았다.

★공깃돌 : 공기놀이에 쓰이는, 크기가 작은 돌.

공든 탑이 무너지랴

힘을 다하고 정성을 다하여 한 일은 쉽게 헛되이 되지 않으며 그만한 보람이 있으리라는 말.

공밥(을) 먹다

마땅히 해야 할 일을 하지 않거나 일을 제대로 하지 못하고 보수만 받다.

★공밥 : 대가를 치르지 않거나 일을 하지 않고 공으로 먹는 밥.

예) 너는 일은 하지 않고 공밥만 먹으려고 하냐?

공성이 나다

1. 이력이 나다.

2. 길이 들다.

★공성功成 : 공이 이루어짐.

공세攻勢를 가하다

적극적으로 공격하다.

예) 새롭게 개점한 슈퍼는, 매일 싸게 팔아서 역 앞의 슈퍼에 공세를 가했다.

공수(를) 내리다

무당이 공수를 전하여 말하다.

★공수 : 무당이 죽은 사람의 뜻이라고 하여 전하는 말.

예) 무당은 굿판이 무르익자 공수를 내리기 시작했다.

공(을) 닦다

어떤 목적을 이루기 위하여 정성을 기울이다. (비)공(을) 쌓다.

공(을) 쌓다

(비)공(을) 닦다.

예) 밑천 안 드는 말로 공을 쌓는 거야 쉽고도 쉬운 일이니까.

공功이 넘어가다

결정권이 상대편이나 다른 곳으로 가다.

예) 사표 수리 문제는 이미 사장님에게 공이 넘어가서 돌이킬 수 없는 일이 되었다.

공이 놀듯 하다

『북』 공을 다루는 사람의 손에 따라 공이 움직이듯이 놀리는 대로 이리저리 마구 움직여 돌아감을 비유적으로 이르는 말.

공功(이) 들다

어떤 일을 이루는 데 정성과 노력이 많이 들다.

공중(에) 뜨다

물건의 수량 따위가 계산 결과 모자라거나 없어지다.

예) 장부를 확인해 보니 많은 물건이 공중에 떠 있었다.

공포(를) 놓다

1. 공포를 쏘다.

예) 순검을 풀어 소두를 비롯한 수십 명을 포박하고 나머지 회민들은 공포를 놓아 해산시킬 궁리를 틀었다.

2. 위협을 주거나 공갈하다.

예) 아무 데서나 공포 놓고 다니면 누가 무서워하나?

공품(을) 팔다

『북』 쓸데없는 일에 노동력을 들이다.

과거(가) 있다

어둡거나 복잡한 과거의 경험을 가지고 있다.

예) 그녀는 그 남자가 과거가 있다는 것을 알면서도 결혼을 했다.

과거科擧(를) 보다

과거에 응시하다.

과공은 비례非禮라

지나친 공손은 도리어 예의가 아니다.

★과공過恭 : 지나치게 공손함.

과년(이) 차다

여자의 나이가 혼기에 임박하다.

★과년瓜年 : 혼인하기에 적당한 여자의 나이.

예) 외동딸이 점점 과년이 차 가자 부모는 은근히 사위 볼 걱정을 하기 시작하였다.

과방(을) 보다

과방의 일을 맡아보다.

★과방果房 : 큰일을 치를 때 음식을 만들고 차려 내가는 곳.

예) 큰며느리가 이번 잔치의 음식을 차리는 과방을 보았다.

관官 물(을) 먹다

국가의 관료로 생활을 하다. (비)관청 물(을) 먹다.

예) 지난 몇 년 동안 관 물을 먹고 살았다.

관 물(이) 들다

오랜 관리 생활로 관료적인 영향을 받다.

예) 관리 생활을 오래 해서 이젠 완전히 관 물이 들었다.

관청官廳 물(을) 먹다

(비)관 물(을) 먹다.

관청에 잡혀 온 격이다

경험 없는 일을 당하여 어리둥절하다는 말.

관함을 두다

격식을 갖추려고 문서 끝에 벼슬 이름과 성명을 밝히어 쓰다.

★관함官銜 : 예전에, 관원의 직함을 이르던 말.

광대를 그리다

얼굴에 먹이나 물감 따위를 이리저리 바르다.

★광대 : 춤을 추거나 연극을 하려고 얼굴에 물감을 칠하던 일.

광(을) 치다

1. 윤기를 내다.

예) 구두에 광을 치고 다닌다.

2. 사실보다 크게 떠벌려 허풍을 치다.

예) 이야기에 대충 광을 쳐서 말했으니 모두 놀랄 거야.

괘(가) 그르다

일이 뜻대로 되지 않다.

★괘卦 : (기본의미) [민속] 《주역周易》의 기본 원리로서, 천지간의 변화를 나타내고 길흉을 판단하는 것. 한 괘에 각각 삼 효爻가 있고, 효를 음양陰陽으로 나누어서 팔괘八卦가 되고 팔괘가 거듭하여 육십사괘六十四卦가 된다.

예) "나리 나리 한 푼 주세요."하고 거듭 재우치다 그래도 괘가 그르매 "나리 그럼 사과나 좀."

괘방(을) 치다

비밀을 드러내다.

★괘방掛榜 : (기본의미) [역사] 예전에, 정령政令이나 포고布告를 써붙여 일반에게 알리는 일을 이르던 말.

예) 김 씨가 괘방을 쳐서 소문의 근원이 밝혀졌다.

괘장(을) 부치다

한번 찬성하였던 일을 갑작스럽게 반대하여 일을 안 되게 하다.

★괘장 : 처음에는 할 듯이 하다가 갑자기 딴전을 부리는 일.

예) 이웃 할아버지는 놀부 심보라 다 된 일에 괘장 부치기가 일쑤였다.

괴(를) 배다

아이를 밴 듯이 배가 부를 정도로 여자의 배 속에 병으로 덩어리가 생기다.

★괴塊 : 복부에 병으로 인해서 생긴 결괴結塊. 일정한 형태를 가지고 고정된 부위에 있으며 통증 부위가 이동하지 않는 병증.

예) 병이 없던 사람이 별안간 괴를 배었다니 그것은 상식으로 따져 본대도 종잡을 수 없는 말 같았다.

괴발개발 그리다

글씨를 함부로 갈겨쓰다.

★괴발개발 : 고양이 발과 개의 발이란 뜻으로, 글씨를 함부로 갈겨써 놓은 모양.

예) 괴발개발 그린 낙서.

교기를 부리다

남을 업신여기고 혼자 잘난 체하다. 갸기를 부리다.

★교기驕氣 : 교만한 마음으로 남을 깔보거나 잘난 체하며 뽐내는 태도.

교단敎壇에 서다

선생 생활을 하다.

예) 내가 교단에 선 지도 올해로 30년이 된다.

교단을 떠나다

선생 생활을 그만두다.

예) 교단을 떠난 지 오래건만 아직도 학생들 얼굴이 눈앞에 어른거린다.

교료(를) 놓다

교정쇄에 교정을 끝냈다는 뜻을 적거나 도장을 찍다.

★교료校了 : 인쇄물의 교정을 끝냄.

예) 교료 놓은 교정쇄를 들고 갔다.

교문校門을 나오다[나서다]

학교를 졸업하다.

예) 일단 교문을 나오게 되면 현실 사회의 실무에 얽매여 독서할 시간을 좀처럼 가지기 어렵다.

교정(을) 보다

인쇄물의 틀린 것, 빠진 것 등을 바로잡다. (비)준보다.

★교정矯正 : 틀어지거나 잘못된 것을 바로잡아 고침.

교편(을) 놓다

학교의 교사 생활을 그만두다.

예) 그는 얼마 전에 정년퇴임으로 교편을 놓았다.

교편(을) 잡다

학교에서 교사 생활을 하다.

예) 그는 한 고등학교에서 교편을 잡고 있다.

교편敎鞭을 내던지다

학교의 교사 생활을 스스로 그만두다.

예) 박 사장은 작년까지 중학교 영어 교사였으나 교편을 내던지고 사업을 시작했다.

구경(이) 나다

구경할 만한 일이 생기다.

구경도 못하다

(사람이 무엇을) 눈으로 보지 못하다.

구경(을) 가다

구경하러 가다.

구곡간장을 녹이다

몹시 놀라거나 실망하게 하거나 애를 태우게 하여 간장이 온통 녹아 없어지는 것처럼 만들다.

★구곡간장九曲肝腸 : 굽이굽이 서린 창자라는 뜻으로, 깊고 깊은 마음속을 비유적으로 이르는 말.

예) 구곡간장을 녹이는 듯한 슬픔이 복받치다.

구곡간장이 녹다

몹시 놀라거나 실망하거나 애가 타서 간장이 온통 녹아 없어지는 것 같다.

구능 놀다

구능 차림을 하고 나와서 놀아나다.

★구능 : 무당이 섬기는 신의 하나.

구더기 될 놈

매우 둔하고 어리석은 사람을 놀림조로 이르는 말.

예) 이 구더기 될 놈아, 그런 뻔한 속임수에도 속냐?

구들방아 찧다

성행위를 하다. 남녀의 성기를 방아확과 방아공이에 비유한 말.

구들장(을) 지다

구들방에 누워 있음을 속되게 이르는 말.

예) 병이 나서 밤낮 구들장을 지는 신세이다.

구듭을 치다

귀찮고 힘든 남의 뒤치다꺼리를 하다.

★구듭 : 귀찮고 힘든 남의 뒤치다꺼리.

구렁이 아래턱 같다

무척 소중하게 지키고 아끼는 물건이라는 말.

구렁이 제 몸 감추듯

자기 자랑만 지나치게 하는 경우를 이름.

구름같이 모여들다

한꺼번에 많이 모여들다.

예) 그 배우가 나타나자 광장에 사람들이 구름같이 모여들었다.

구름같이 사라지다

『북』 감쪽같이 사라지다.

예) 험한 후치령을 단숨에 넘어 구름같이 사라졌다는 것이다.

구름 걷히듯

『북』 깨끗이 사라져 없어지는 모양을 비유적으로 이르는 말.

예) 구름 걷히듯 병을 가셔 낸 보약.

구름(을) 잡다

막연하여 알 수 없다. (비)뜬구름(을) 잡다.

예) 용이는 죽을 무렵의 최치수 얼굴을 떠올려 보려 했으나 희미하여 구름 잡는 듯 종내 또렷이 기억해 낼 수 없었다.

구름(을) 잡은 것 같다

『북』 (비유적으로) 허망하고 아리송하다.

구름장에 치부하다(적어두다)

없어질 때에다 기록해 두었다가 곧 잊어버리는 것.

★구름장 : ①없어질 데다 기록해 둔 경우를 비유. ②보고 들은 것을 쉽게 잊어버림을 비유.

구름장이 비끼다

『북』 걱정스러운 기색이 어리다.

예) 구름장이 비낀 얼굴.

구린내가 나다

1. 구린 냄새를 풍기다.

2. 의심스러운 느낌이 들다.

구린 입도 안 떼다

이렇다든지 저렇다든지 무엇이든 자기 의견을 말하여야 할 사람이 입 을 다물고 있다.

구멍(이) 나다

'(일이나 계획 따위에) 도중에 까탈이 생겨 결함이나 차질이 생기다'라는 뜻이다.

구미口味가 나다

1. 입맛이 생기다. 욕심이 나다.

2. 관심이 생기다.

구미가 당기다(돌다)

1. (사람이 무엇에) 욕심이나 흥미가 생기다.

2. (어떤 일에) 흥미가 일거나 욕심이 일어나다'라는 뜻.

구미가 동하다

무엇을 차지하고 싶은 마음이 생기다.

예) 그녀는 옷값이 적당하여 구미가 동했다.

구미를 돋우다

관심을 가지게 하다.

예) 광고는 소비자의 구미를 돋운다.

구복을 달래다

먹고 싶거나 배가 고픈 것을 억지로 참다.

★구복口腹 : 입과 배를 아울러 이르는 말.

예) 그는 간신히 구복을 달래면서 잠이 들었다.

구새(가) 먹다

1. 살아 있는 나무의 속이 오래되어 저절로 썩어 구멍이 뚫리다.

★구새 : 속이 저절로 썩어서 구멍이 뚫린 통나무.

예) 봄이 되니 구새가 먹은 나무에도 새잎이 났다.

2. 속이 쓰지 못하게 되었거나 내용이 비게 되다.

구색(을) 맞추다

여러 가지가 고루 갖추어지게 하다.

★구색具色 : 여러 가지 물건이나 요소들이 서로 어울리게 고루 갖춤.

예) 구색을 맞추어 밥상을 차리다.

구색이 맞다

여러 가지가 고루 갖추어지다.

예) 자, 반주가 있으니까 노래를 해야 구색이 맞지.

구석에 몰리다

어렵거나 곤란한 처지가 되다.

예) 그는 여러 번의 사업 실패로 구석에 몰리고 있는 상황이다.

구석이 비다

1. (사람이) 일 처리가 꼼꼼하지 못하고 빈틈이 있다.

2. (말 따위가) 모순이 있고 논리적으로 명확하지 않다.

구슬려 내다

그럴 듯한 말로 꾀어내다.

구슬려 넘기다

그럴듯한 말로 은근히 달래거나 추어올리며 이것저것 갖다가 말하다.

예) 영자가 손님과 시비가 붙으면 나는 손님을 교묘한 수단으로 구슬려 넘겨 적당히 해결했다.

구슬려 대다

자꾸 구슬리다.

구슬려 삶다

그럴듯한 말로 남을 자꾸 꾀어 잘 따르게 만들다.

예) 김 과장은 부하 직원을 잘 구슬려 삶아 자기편으로 만들었다.

구슬려 세다

그럴 듯한 말로 치켜세우다.

구슬려 세우다

그럴듯한 말로 남을 치켜세우다.

구실(을) 붙이다

트집을 잡아 시비를 걸다.

구실(을) 삼다

'구실口實'은 어떤 것을 변명하거나 요구하거나 할 때 내세우는 이유나 근거, 즉 '핑계'를 뜻. 물론 어떤 자격으로서의 노릇이나 역할을 뜻하는 구실도 있다.

구역질(이) 나다

아니꼬운 생각이 일어나다. 구역질嘔逆-'은 소화기관이 불편하거나 비위가 상해 먹은 것을 토해내고 싶은 느낌을 뜻하는 '구역嘔逆'에 '짓', '노릇'을 나타내는 접미사 '-질'이 붙어 생긴 말이다. '욕지기질', '토역질'도 같은 뜻.

구유 전 뜯다

1. 구유의 가장자리 전을 뜯는다는 뜻으로, 세도勢道 있는 사람의 도움을 받는 것을 과시한다는 말.

★구유 : 마소의 먹이를 담아 두는 큰 그릇.

2. 남에게 돌보아 주기를 청하는 것을 비유적으로 이르는 말.

구정물이 튀다

화가 미치다.

예) 난민이 입성하면 필시 아무 상관없는 우리한테도 구정물이 튈 거요.

구종(을) 들다

구종이 되어 말고삐를 잡다. <u>(비)구중(을) 들다.</u>

★구종驅從 : 말을 타고 갈 때 말 앞에서 고삐를 잡고 끌거나 말 뒤에서 따르는 하인.

예) 수십 명이 악다구니를 벌이다가 종내는 행차의 구종을 든 놈들에게 욕설을 퍼부었다.

구중(을) 들다

<u>(비)구종(을) 들다.</u>

구천九天에 사무치다

원한 따위가 저승에까지 미치다.

예) 구천에 사무치는 한.

국가 밥을 먹다

『북』 나라 밥을 먹다.

국물도 없다

아무것도 돌아오는 몫이나 이득이 없다는 것을 비유적으로 이르는 말.

물기가 많은 국이나 찌개, 김치 따위의 음식에서 씹을 수 있는 건더기를 제외한 물을 '국물'이라고 한다. 고기를 푸려고 하면 자연히 국물이 따라 담기게 마련이다. 그래서 국물은 '부수적으로 생기는 약간의 이득', '부수입'을 통속적으로 이르는 말로 쓰인다. 이와 비슷한 표현이 '콩고물'이다. '부수적으로 생기는 자기 몫의 이득이 없다'라는 뜻이다.

국수(를) 먹다

결혼식 피로연에서 흔히 국수를 대접하는 데서, 결혼식을 올리는 일을 비유적으로 이르는 말. <u>(비)국수(를) 먹이다.</u>

예) 언제 국수 먹게 해 줄래?

국수(를) 먹이다

<u>(비)국수(를) 먹다.</u>

예) 언제 국수 먹여 줄래?

군눈(을) 뜨다

외도에 눈을 뜨다.

★군눈 : 아니 보아도 좋은 것을 보는 눈, 쓸데없는 짓.

예) 그는 나이가 들어서 군눈을 떠 한동안 아내 속을 썩였다.

군눈(을) 팔다

『북』 쓸데없는 일에 정신을 돌리다.

군물(이) 돌다

물기가 음식과 한데 섞이지 않고 위에 따로 돌다.

★군물 : 죽이나 미음 따위의 위에 따로 떠도는 물.

예) 커피 한 잔을 달래 놓았으나 컵에 군물이 도는 것이 구미가 당기지 않는다.

군복(을) 벗다

군에서 제대하다. <u>(반)군복을 입다.</u>

예) 그 장군은 15년 만에 군복을 벗었다.

군복軍服을 입다

군에 입대하다. <u>(반)군복을 벗다.</u>

예) 그는 군복을 입은 지 벌써 10년이다.

군불(을) 때다

1.(속되게) 담배를 피우다.

★군불 : 밥 따위를 짓기 위해서가 아니라 온돌방을 따뜻하게 데우기 위하여 때는 불.

예) 군불 때게 라이터 좀 빌려줘.

2.은어로 '성교하다'를 이르는 말.

군살을 빼다

반드시 있지 않아도 될 것을 덜어 내다.

예) 기업들이 강력한 구조 조정으로 군살을 빼 효율성과 생산성을 높이고 있다.

★군살 : 영양 과잉이나 운동 부족 따위 때문에 불필요하게 덧붙은 살.

군입을 다시다

1.무엇을 먹고 싶어서 입을 다시다.

2.끼니 밖에 군음식을 먹다.

3.아무 것도 먹지 않으면서 그냥 입을 다시다.

★군입 : 아무것도 먹지 않은 때의 맨입.

군중群衆 속에 들어가다

『북』 군중과 같이 일하고 생활하면서 군중의 요구와 감정, 정서를 이해하고 파악하다.

예) 일군들은 군중 속에 들어가 그들을 혁명 과업 수행에로 불러일으켜야 한다.

군침을 돋우다

1.식욕이 나게 하다.

★군침 : 입안에 도는 침.

예) 푸릇푸릇한 산나물은 금세 군침을 돋우어 주었다.

2.이익이나 재물에 욕심이 생기게 하다.

군침(을) 삼키다[흘리다]

1.음식 따위를 보고 먹고 싶어서 입맛을 다시다.

예) 남이 먹는 떡을 보고 나도 모르게 군침을 삼켰다.

2.이익, 재물을 보고 몹시 탐을 내다.

예) 군침을 삼킬 만큼 비싼 보석.

군침(이) 돋다

(비)군침(이) 돌다.

예) 그는 식탁 위에 봄나물무침을 보니 군침이 돋았다.

군침(이) 돌다

1.식욕이 나다.

예) 그는 갈비 얘기만 들어도 군침이 돌았다.

2.이익이나 재물에 욕심이 생기다. (비)군침(이) 돋다, 군침이 흐르다.

예) 짧은 기간에 큰돈을 만질 수 있다는 것은 정말 군침 도는 이야기였다.

군침이 흐르다

(비)군침(이) 돌다.

예) 예쁘게 장식된 케이크를 보자 나도 모르게 군침이 흘렀다.

굴뚝같다

(바라거나 그리워하는 마음이나 생각이) 매우 절실하다. (비)꿀떡 같다.

예) 며칠 잠을 못 잤더니 쉬고 싶은 마음이 굴뚝같다.

굴뚝 후비다

은어로, 담배를 피우다.

굴러 들어온 돌

외부에서 들어온 지 얼마 안 되는 사람을 낮잡아 이르는 말.

굴레(를) 벗다

구속이나 통제에서 벗어나 자유롭게 되다.

예) 그는 가문의 굴레를 벗고 자유롭게 살고 싶어 했다.

굴레(를) 쓰다

일이나 구속에 얽매여 벗어나지 못하게 되다.

예) 아들이 비록 종놈의 굴레를 쓰긴 했어도 커 갈수록 행동거지가 어긋남이 없는 것은 분명 양반의 피를 받아서 그렇거니 생각하였다.

굴레를 씌우다

자유롭게 활동하지 못하도록 구속하다, 일에 구속되어 벗어나지 못하게 하다.

굴레 벗은 말[망아지/송아지]

1.거칠게 행동하는 사람을 이르는 말.

예) 그는 외아들이라고 귀하게 자라서인지 굴레 벗은 말같이 버릇이 없다.

2.구속이나 통제에서 벗어나 몸이 자유로움을 이르는 말.

예) 그는 경찰서에서 풀려나오자 굴레 벗은 말이 된 듯한 기분이었다.

굴레 쓴 말

일이나 구속에 얽매여 벗어나지 못하는 사람을 비유적으로 이르는 말.

예) 결혼해서 이태 되는 사이에 혹 굴레 쓴 말과 같은 부자유함을 느끼는 때가 없지는 않았으나….

굽도 젖도 할 수 없다

한쪽으로 굽히지도 뒤로 젖히지도 못한다는 뜻으로, 형편이 막다른 데 이르러 어찌해 볼 도리가 없다.

예) 돈이 다 떨어져서 굽도 젖도 할 수 없다.

굽(을) 갈다

구두 따위의 굽을 새것으로 바꿔 대다.

굽(을) 갈리다

굽을 갈아 대게 하다.

굽(을) 싸다

『북』'죽다'를 비유적으로 이르는 말.

굽(을) 잡다

『북』 남의 약점이나 단점을 잡아서 기를 펴지 못하게 하다.

굽(을) 쥐이다

『북』 약점이나 단점을 잡혀 기를 펴지 못하다.

굽이 숙다

『북』 등등하던 기세가 꺾이어 수그러들다.

예) 서기표는 이쯤 위협을 해 놓으면 굽이 좀 숙을 줄 알았는데 병천이가 술기운으로 더욱 성난 말처럼 뛰어나가는 바람에 그만 겁이 났다.

굽(이) 잘리다

『북』기세가 눌리어 맥을 추지 못하다.

굽통 쑤시다

화살이 과녁을 버티고 있는 두 나무 기둥 사이의 바닥에 맞다.

★굽통 : ①화살대 아래쪽에 대통으로 싼 윗부분. ②과녁의 양쪽 가장자리에 대어 버틴 한 자 길이의 나무 기둥.

굿(을) 꾸리다

『북』 탄광이나 광산의 굴이 무너지는 위험을 막기 위하여 양쪽 벽과 천장에 기둥을 세우다.

굿(을) 보다

남의 일에 참견하지 아니하고 보기만 하다.

예) 일이야 되든 말든 굿이나 보고 앉아 있어라.

굿(을) 짓다

『북』 구덩이를 팔 때에 몸체가 들어갈 자리를 다듬어 만들다.

궁둥이가 가볍다

(비)엉덩이가 가볍다. (반)궁둥이가 무겁다.

예) 그는 궁둥이가 가벼워서 잠시도 가만히 있지 못한다.

궁둥이가 무겁다[질기다]

(비)엉덩이가 무겁다[질기다]. (반)궁둥이가 가볍다.

예) 노상 지척거리면서 태평하게 콧노래를 흥얼거리고 다니고 주막에 앉으면 궁둥이가 질기고….

궁둥이를 붙이다

1.궁둥이를 바닥에 대고 앉다.

예) 다리가 아파서 어디든 궁둥이를 붙이고 싶다.

2.앉아서 여유를 갖고 쉬다.

예) 그는 너무 바쁘게 돌아다녀 궁둥이를 붙일 시간도 없다.

3.생활할 터전을 잡아 안정하다.

예) 이 마을에 궁둥이를 붙인 것이 벌써 스무 해가 되었다.

궁둥이에 좀이 쑤시다

가만히 앉아 있지 못하고 자주 일어서거나 하다.

예) 궁둥이에 좀이 쑤시는지 자꾸 일어나서 왔다 갔다 했다.

궁상窮相을 떨다

짐짓 궁상이 드러나 보이도록 하다. ×궁떨다.

궁(이) 끼다

곤궁하게 되다.

★궁窮하다 : 부족하여 넉넉하지 못하다.

궁한 소리

사정이 어려움을 하소연하는 소리.

예) 막상 나설 때가 되니까 궁한 소리 하면서 뒤로 물러난다.

권커니 잣거니[잡거니]

술 따위를 남에게 권하기도 하고 자기도 받아 마시기도 하며 계속하여 먹는 모양.

예) 그들은 조촐한 술상을 사이에 두고 한동안은 권커니 잣거니 술만 마셨다.

궐방을 치다

꼭 해야 할 일을 못하다.

★궐방闕榜 : 마땅히 해야 할 일을 빼먹고 하지 못함.

궐(을) 잡다

제때에 제자리에 없는 것을 세어 두거나 적어 두다.

예) 속내를 훤히 알 만한 일이니 이들은 이제 소작회원이 아니거니 하고 속살로 궐을 잡을 뿐이었다.

궐(이) 나다

결원缺員이 생기다.

궤도에 들어서다(오르다)

'궤도軌道'의 '궤軌'는 원래 수레에서 두 바퀴가 벌어진 사이의 자국을 뜻하게 된다. 동양철학이나 종교에서 바퀴는 '진리', '법도'를 상징하며 이를 '법륜法輪'이라고 한다. 마찬가지로 '궤도' 역시 '수레의 바퀴자국이 나 있는 길'에서 '일정한 법칙이나 올바른 원칙에 따라 진행되는 과정으로서의 길'을 뜻하게 되었다. 또한 '궤도'는 기차나 전차 따위가 다닐 수 있도록 일정하게 마련해놓은 길을 뜻하기도 한다. 기차가 궤도에 들어서서 달리기 시작하면 다른 곳으로 빠지지 않고 정해져 있는 역들을 거쳐 운행할 수밖에 없다. 이와 같이 어떤 일이나 계획 따위가 궤도에 들어섰다고 하면, 그것이 생각하거나 계획한 대로 정상적으로 진행되기 시작함을 말한다. '(일이나 사업 따위가) 정상적으로 나아갈 방향이나 본격적인 진로를 밟기 시작하다'라는 뜻이다.

예) 우리의 기술로 만든 인공위성이 오늘 새벽 궤도에 들어서는 데 성공했다.

귀가 가렵다(간지럽다)

(사람이) 남이 제 말을 하는 느낌을 받다. 어떤 소리가 들리는 것 같을 때, 특히 그것이 자신에 관한 이야기라고 생각될 때 그 느낌을 '귀가 가렵다'라고 표현한다. 이것은 남들이 자신에 대해 흉보는 것을 경계하고 두려워하는 마음에서 비롯되었다.

귀가 나다

물건의 모서리가 반듯하지 않고 한쪽으로 실그러지다. 의논이 서로 빗나가 틀어지다.

귀가 넓다

남이 하는 말의 사실 여부를 가리지 않고 그대로 잘 듣다.

귀가 닳도록 듣다

듣기 싫은 정도로 같은 말을 여러 번 듣다. <u>(비)귀에 못이 박히다.</u>

귀(가) 따갑다

1.소리가 날카롭고 커서 듣기에 거북하다.

2.너무 여러 번 들어서 듣기가 싫다. '따갑다'는 살갗에 자극을 줄 정도로 온도가 꽤 높다는 뜻이며, 이보다 큰말은 '뜨겁다'이다. 여름 햇볕은 뜨겁고, 가을 햇살은 따갑다. 또한 '가시로 찌르는 것처럼 살갗이 따끔따끔하게 아프다'라는 뜻도 있다. '(시끄럽고 요란한 소리나 반복되는 잔소리 따위에) 귀가 세게 울려 괴롭다'라는 뜻이다. 소리가 크거나 날카로워 듣기가 괴롭다. 너무 여러 번 들어서 듣기가 싫다. 귀가 아프다. 듣고듣고 또 들은 소리, 싫증이 날정도로 들은 소리.

귀가 뚫리다

말을 알아듣게 되다.

예) 미국에서 산 지 1년 만에야 귀가 뚫렸다.

귀가 먹다

귀가 들리지 않다. 귀를 먹다. <u>(비)귀(를) 먹다.</u>

귀가 밝다

아주 조그마한 소리도 듣다. 남의 이야기를 잘 이해하다. 정보나 소식 따위를 빨리 알다. 영리하고 재주가 있다. 보거나 들은 것을 오래 기억하는 힘이 있다. (반)귀(가) 어둡다.

귀가 (번쩍) 뜨이다

(사람이 말이나 이야기에) 무척 그럴듯해 선뜻 마음이 끌리다.

귀가 솔깃하다

어떤 말이 그럴 듯하게 여기어져 마음이 끌리어 흐뭇하다. 관심이 가는 내용이 들리다.

귀가 쏠리다

물체가 기울어지면서 한쪽으로 몰리다. 마음이나 시선이 한 대상에게 집중해서 몰리다.

귀(가) 아프다

'아프다'는 '병이나 상처 따위로 몸에 괴로운 느낌이 있다'이다. 실제로 어디에 이상이 생기거나 한 것은 아닌데, 강한 충격을 받으면 쑤시는 느낌을 일시적으로 받는다. 그것 역시 '아프다'라고 말한다. 큰 소리로 인해 귀가 울리는 듯 괴롭다는 표현이 '귀가 아프다'이다. '큰 소리로 떠들어 언짢고 괴롭다', '같은 말을 자꾸 반복하여 괴로울 지경이다', '귀가 따갑다'라고 뜻이 때로는 될 수 있다.

귀가 얇다(엷다)

(사람이) 속는 줄도 모르고 남의 말을 그대로 잘 믿다. (비)귀가 엷다, 귀가 여리다.

귀(가) 어둡다

귀의 기능이 나빠서 소리를 잘 듣지 못하다. 남의 말을 잘 이해하지 못하다. 정보나 소식을 잘 모르고 있다. (반)귀(가) 밝다.

귀(가) 여리다

속는 줄도 모르고 남의 말을 그대로 믿는다. 남의 말에 잘 따르다. (비)귀가 얇다, 귀가 엷다.

귀가 열리다

세상 물정을 알게 되다.

귀(가) 울다

병적으로 귓속에서 윙윙 울리는 소리가 나다.

귀가 절벽이다

귀가 아주 들리지 아니하다.

귀(가) 질기다

1. 둔하여 남의 말을 잘 이해하지 못하다.

예) 워낙 귀가 질긴 친구라 알아듣지 못할 거다.

2. 말을 싹싹하게 잘 듣지 않고 끈덕지다.

예) 이렇게 고집만 피우다니 생각보다 귀가 질기군!

귀결歸結을 짓다

끝을 맺다. 결론을 내리다.

★귀결 : 의논이나 행동 따위가 어떤 결론이나 결과에 도달함 또는 그 도달한 결론이나 결과.

귀담아 듣다

신경을 써서 특별히 잘 듣다.

귀때기가 새파란 녀석

나이가 어린 사람을 낮잡아 이르는 말.

예) 귀때기가 새파란 녀석이 어디 어른한테 대들어?

귀(를) 기울이다

남의 이야기나 의견에 관심을 가지고 주의를 모으다. (비)귀를 재다.

예) 그는 조용히 다른 사람의 말에 귀를 기울였다.

귀(를) 뜨다

동물이나 사람이 세상에 태어나서 처음으로 소리를 알아듣게 되다.

예) 아이가 귀를 뜨다.

귀(를) 먹다

(비)귀가 먹다.

귀를 세우다

듣기 위해 신경을 곤두세우다.

예) 전화 내용에 귀를 세우고 있던 김유복 중사가 송수화기를 빼앗아 갔다.

귀를 씻다

세속의 더러운 이야기를 들은 귀를 씻는다는 뜻으로, 세상의 명리를 떠나 깨끗하게 삶을 비유적으로 이르는 말.

예) 아무도 없는 첩첩산중에 파묻혀 귀를 씻고자 하노라.

귀를 열다

들을 준비를 하다.

예) 다시 말해 줄 테니 귀를 열고 똑똑히 들어 보서.

귀를 의심하다

믿기 어려운 이야기를 들어 잘못 들은 것이 아닌가 생각하다.

예) 평생 독신으로 있겠다던 그녀가 결혼한다는 말에 귀를 의심하지 않을 수 없었다.

귀를 재다

(비)귀(를) 기울이다.

예) 그의 말에 귀를 쟀다.

귀를 재우다

말썽을 무마하여 평온하게 만들다.

예) 자네가 귀를 재워 주어야겠네.

귀(를) 주다

1. 남의 말을 엿듣다.

예) 책을 보는 체하면서 두 사람 말에 귀를 주었다.

2. 남에게 살그머니 알려 조심하게 하다.

예) 이미 누군가가 그에게 귀를 주었다.

귀를 팔다

귀를 딴 데로 돌리어 잘 듣지 않다.

예) 어디다 귀를 팔고 있기에 그런 소리도 못 듣냐?

귀먹은 욕

당사자가 듣지 못하는 데서 하는 욕.

예) 저놈들이 아무리 욕설을 퍼부어도 감영이나 조정에까지는 들리지 않으니 귀먹은 욕이요.

귀먹은 푸념

당사자가 듣지 못하는 데서 하는 불평.

★푸념 : (기본의미) 마음에 품은 불평을 말함.

예) 이렇게 귀먹은 푸념을 하면 뭐 하나.

귀문이 넓다

『북』 남의 말을 잘 곧이듣다.

귀밑머리(를) 풀다

처녀 때 땋았던 귀밑머리를 푼다는 뜻으로, 여자가 시집감을 이르는 말.

예) 그 애가 벌써 귀밑머리를 풀었다니 믿어지지 않는다.

귀밑머리 마주 풀고 만나다

예식을 갖추어 결혼하다.

예) 귀밑머리 마주 풀고 만난 때가 엊그제 같은데 벌써 손자를 보다니.

귀밑머리 풀어 얹다

여자가 귀밑머리를 풀고 쪽 찌고 시집감을 이르는 말.

예) 부모님은 그녀더러 빨리 귀밑머리 풀어 얹어야 한다고 성화이시다.

귀밑머리 풀어 준 남편

처녀로서 정식 결혼을 하여 맞은 남편.

예) 젊은 아내의 두 끼 먹는 밥도 아까워 발발 떨었다. 그러나 구두쇠 그 늙은이야말로 월선의 귀밑머리를 풀어 준 남편이 아니었던가.

귀밑에 피도 안 마른 놈

아직 어리면서 잘난 척하는 사람을 핀잔하는 말.

예) 귀밑에 피도 안 마른 놈들이 어른들을 이놈, 저놈 하고 함부로 대한다네.

귀밑이 무릎까지 닿았다

『북』 몹시 허리가 굽은 상태를 비유적으로 이르는 말.

귀밑이 빨개지다

몹시 부끄러워 얼굴이 빨개지다.

예) 초봉이는 저쪽에서 오는 소리를 듣자, 눈과 입가로 미소가 떠오르면서 금시로 귀밑이 빨개진다.

귀 바퀴나 만져 보게 되었다

『북』 일이 뜻대로 되지 아니하여서 입장이 거북하고 어색하게 되었다.

귀 밖으로 듣다

1. 남의 말을 성의 있게 듣지 않고 듣는 둥 마는 둥 하다.

예) 내 말을 귀 밖으로 듣지 마라.

2. 듣고도 못 들은 척하다.

예) 그는 다른 사람이 하는 말을 귀 밖으로 듣고 자기 일만 했다.

귀 베고 꼬리 베고

이것저것 제함을 비유적으로 이르는 말.

예) 그 적은 돈에서 귀 베고 꼬리 베고 나니 남는 게 없다.

귀싸대기를 올리다

귀싸대기를 때리다.

예) 요새 세상에 안경 끼고 절한다고 귀싸대기 올리는 양반이 어디 있냐고.

귀신鬼神도 모르다

아무도 전혀 모르거나 눈치 채지 못하다. 아주 깜쪽같이 무엇을 하다.

귀신이 곡하다

보통 '곡'은 산 사람이 죽은 자를 두고 하는 울음이다. 그런데 '귀신이 곡하다'라고 했으니 기묘한 일이다. 주로 '귀신이 곡할 ~이다'의 형태나 '귀신이 곡하겠다'와 같은 감탄의 어조로 쓰여, 도무지 알 수 없고 있을 수 없는 일에 대한 놀라움의 표현.

귀신이 들리다

사람이 영적靈的, 악귀적 존재와 통하다.

귀신이 되다

어떤 일에 기가 막히게 능하게 되다.

예) 택시 기사 생활 3년에 운전에는 귀신이 되었다.

귀신(이) 씌다

사람이 귀신에 홀려서 정신을 차리지 못하다.

예) 귀신이 씌지 않고서는 사람이 그렇게 변할 수 없다.

귀신이 씌우다

사람이 귀신에 홀리어 정신을 차리지 못하다.

귀양(을) 가다

(속되게) 높은 지위에서 낮은 지위로 떨어지다.

귀양을 보내다

귀양살이를 시키려고 보내다.

귀양을 살다

귀양살이를 하다.

귀에 거슬리다

1. 어떤 말이 자기 생각과 맞지 않아 비위가 상하다.

예) 저 녀석은 내 귀에 거슬리는 말만 골라서 한다.

2. 듣기에 좋지 못하다.

예) 너의 악쓰는 노래는 귀에 몹시 거슬린다.

귀(에) 거칠다

하는 말이 온당치 않아 듣기에 거북하다.

예) 귀에 거친 말을 자꾸 한다.

귀에 들어가다

누구에게 알려지다.

예) 식구들은 막내의 잘못이 엄한 아버지의 귀에 들어갈까 걱정하여 모두 쉬쉬 했다.

귀에 딱지가 앉다

(비)귀에 못이 박히다.

예) 며칠 동안 귀에 딱지가 앉도록 되풀이해 온 이야기를 익삼씨가 다시 길게 늘어놓으려 하자….

귀에 못이 박히다

(사람이) 같은 말을 너무나 여러 번 듣다. (비)귀가 닳도록 듣다, 귀에 딱지가 앉다.

예) 불 끄라는 소리는 귀에 못이 박히도록 들었다.

귀에 설다

들어 본 일이 별로 없다.

예) 그 이야기는 아무리 생각해도 귀에 설어.

귀에 싹이 나다

같은 말을 여러 번 듣다.

예) 매일 똑같은 소리를 얼마나 많이 들었는지 귀에 싹이 나겠다.

귀에 익다

1. 들은 기억이 있다.

2. 어떤 말이나 소리를 자주 들어 버릇이 되다.

귀와 눈이 밝다

매우 총명하다.

귀정을 짓다

사물을 옳은 길로 돌려서 끝을 내다.

★귀정歸正 : 어떤 일이 잘못되어 가다가 바른길로 돌아옴.

귀정이 나다

사물이 그릇되어 가다가 옳게 돌아와 끝나다.

귀청을 때리다

몹시 크게 들리다.

★귀청 : 외이도와 중이강의 경계에 있는, 반투명하고 타원형인 얇은 막으로 된 청각 기관의 한 가지.

예) 귀청을 때리는 소리에 깜짝 놀라 돌아보니 자동차 한 대가 담벼락을 들이박은 것이었다.

귀청을 떼다

(비)귀청(이) 떨어지다.

귀청을 째다

『북』 '귀청(이) 떨어지다'의 북한 익은말.

귀청(이) 떨어지다

소리가 몹시 크다. (비)귀청을 떼다, 귀청(이) 찢어지다, 귀청이 터지다.

예) 함성이 터지고 총소리 · 북소리 · 징 소리가 귀청 떨어져라고 낭자히 울려 퍼졌다.

귀청(이) 찢어지다

(비)귀청(이) 떨어지다.

귀청이 터지다

(비)귀청(이) 떨어지다.

예) 아이의 울음소리에 귀청이 터질 듯한 데도 방 안에서는 아무런 반응이 없었다.

귓가로 듣다

별로 관심이 없이 듣다.

예) 내 말을 귓가로 듣지 말고 새겨들어라.

귓가에 맴돌다[돌다]

귓전에서 사라지지 아니하고 들리는 듯하다. (비)귓가에 아른거리다, 귓전을 울리다.

예) 어찌나 놀랐던지 비명 소리가 아직도 귓가에 맴돈다.

귓가에 아른거리다

(비)귓가에 맴돌다[돌다].

귓구멍이 넓다[너르다/크다]

남의 말을 곧이 잘 듣다. (비)귓문이 넓다.

귓등으로 넘어가다

소리가 귀를 통하여 들어와 분명히 들리게 되다.

귓등으로도 안 듣는다

어떤 말을 마음에 새겨듣지 아니하고 들은 체 만 체 하다.

예) 그는 내 말은 귓등으로도 안 듣는다.

귓등으로 듣다

듣고도 들은 체 만 체 하다.

예) 짓궂은 기자는 노파의 이야기는 귓등으로 듣는지 딴청을 했다.

귓등으로 흘리다[흘려보내다]

귀담아 듣지 아니하고 듣는 둥 마는 둥 하다. (비)귓전으로 흘리다.

예) 어머니의 잔소리를 귓등으로 흘리며 집을 나섰다

귓문이 넓다

(비)귓구멍이 넓다[너르다/크다].

귓불만 만지다

'귓불'은 '귀의 불'이다. '불'은 남자의 생식기 '불알'에서 왔다. 즉, 귓바퀴 밑에 늘어진 살을 일컫는다. 다른 말로 '귓밥', '이타耳朶'라고도 한다. 어떤 상황에 처해서 입장이 난처하기는 한데 그 자리를 벗어날 수는 없고 할 때 어색함을 모면하기 위해 귓불을 만지는데, 그것을 옆에서 봤을 때는 답답하여 '귓불만 만지다'라고 하는 것이다.

예) 해결점이 보이지 않자 그는 귓불만 만지며 사람들이 진정하기를 기다렸다.

귓전에 맴돌다

들었던 말이 기억나거나 떠오르다. (비)귓전에 아른거리다.

예) 어머니가 한 말이 아직도 귓전에 맴돌았다.

귓전에 아른거리다

(비)귓전에 맴돌다.

예) 소리가 아직도 귓전에 아른거리네요.

귓전으로 듣다

관심을 기울이지 아니하고 건성으로 듣다.

예) 직장 일로 정신없지만 않았더라도, 배 아프다는 소리를 귓전으로 듣고 말지는 않았을 것이다.

귓전으로 흘리다

(비)귓등으로 흘리다[흘려보내다].

예) 딸 역시 자기가 그랬던 것처럼 마음속으론 엄청난 배반을 간직하고 그 소리를 귓전으로 흘렸을 것 같았다.

귓전을 때리다

'귓전'은 '귓바퀴의 가'를 뜻하며 주로 귀 가까운 곳, 귀 근방을 나타내는 표현에 쓰인다. '때리다'는 '세게 때리거나 심한 충격을 주다'이다. 어떤 소리가 너무 커서 마치 그 진동이 귓전을 때리는 듯하다고 할 때 '귓전을 때리다'라고 한다. '울리다'는 '종을 울리다'에서처럼 '소리가 퍼져 나가게 하다'이다. '귓전을 울리다'는 '귓전을 때리다'보다 그 소리의 강도가 약하고 은은함을 나타낸다. (비)귓전을 울리다, 귓가에 맴돌다.

예) 자명종 소리가 귓전을 때리는 바람에 잠이 달아났다.

귓전을 울리다

가까이에서 소리 나는 듯 들리다. (비)귓전을 때리다, 귓가에 맴돌다.

예) 난 실패할까 봐 몹시 초조했었는데, 내가 담배를 붙여 무는 순간 총성이 두 발 귓전을 울리고 지나가는 거야.

규격規格이 나다

사물, 뜻 등이 서로 잘 들어맞지 않다.

규정規定을 짓다

작정하다. 규정하다.

그건 그렇고

앞의 말을 인정하면서 화제를 바꿀 때 쓰는 말.

예) 지금은 웃으면서 얘기하지만 그때는 얼마나 무서웠던지. 그건 그렇고 앞으로 작품이 잘 안되면 어떻게 살 거냐?

그게 그거다

어떤 사실이나 일이 서로 차이가 없다.

예) 밥맛을 모르는 사람한테는 우리 쌀이나 안남미나 그게 그거다.

그 나물에 그 밥

서로 격에 어울리는 것끼리 짝이 되었을 경우를 두고 이르는 말.

그네(를) 뛰다

그네에 올라타서 앞뒤로 왔다갔다 하다.

그놈이 그놈이다

둘 이상의 사람이나 사물을 비교할 때에 서로 큰 차이가 없음을 낮잡아 이르는 말.

예) 부하 직원들이 다 그놈이 그놈이고 믿을 만한 사람이 하나도 없다.

그늘의[그늘에 자란] 밀짚 같다

『북』 몸이 약하고 호리호리하게 키만 큼을 비유적으로 이르는 말.

그늘이 지다

걱정거리가 있어 마음이 편하지 않거나 얼굴이 밝지 못하다.

예) 그녀는 가난과 고생에 찌든 그의 표정에서 마음에 그늘이 진 것을 알 수 있었다.

그다 이를 말인가

더 말할 나위 없이 옳거나 그렇다는 말.

예) "형제끼리 우애 있게 지내야지." "그 다 이를 말인가."

그도 그럴 것이

어떤 사실을 먼저 이야기하고 바로 이어서 거기에는 그럴 수밖에 없는 까닭이 있다는 말.

그득 차다

그득하게 차다.

그래 봤자

1. 일이나 행동을 해도.

2.아무리 한다고 해도.

예) 너희들이 아무리 그래 봤자, 내가 없으면 아무 소용이 없다는 걸 알아야 해.

그래 봤자 바둑, 그래도 바둑

내 바둑이니까. 내 일이니까, 내가 허락된 세상이니까… "그래봤자 바둑, 그래도 바둑"이라는 조치훈 선생의 말은 역시 진리다.

그랬다저랬다

'그리하였다가 저리하였다가'를 줄인 말이다. '(말이나 행동 따위가) 오락가락하면서 일관되지 않다'라는 뜻. (비) 이랬다저랬다.

그러거나 말거나

무엇을 하든 관계없이. '그렇게 하거나 말거나'를 축약한 것이다. '-거나 -거나'는 두 가지 이상의 행동이나 상태를 나열할 때 쓰인다. '하다'는 긍정을, '말다'는 부정을 나타낸다. 뒤에는 '상관없이', '괘념치 않고'가 생략되었다.

예) 그러거나 말거나 너는 네 일만 신경 쓰면 된다.

그러리 말리

그리하겠다느니 말겠다느니 하여 일정하지 아니하게.

예) 그러리 말리 결정을 못 하고 있다.

그러면 그렇(겠)지

어떤 일이 본래 마음먹었던 대로 되거나 생각대로 되었을 때에 자기의 짐작이 옳았다는 것을 이르는 말.

예) 그러면 그렇지, 안 올 리가 있나.

그러하고 말고

옳다고 시인할 때 쓰는 말. (비)그렇고말고.

예) 그러하고 말고 그는 정말 좋은 사람이야.

그러함에도(그럼에도) 불구하고

'불구不拘하다'는 '잡히지 않다', '구속되지 않다', '거리끼지 않다'의 뜻이다. 주로 명사나 명사형 뒤에서 '~에도 불구하고'의 형태로 쓰이거나, 용언의 위에서 '~ㄴ데도 불구하고'의 형태로 쓰인다. 어떤 불리한 조건에서 그것을 무시하거나 극복함을 나타낸다. 즉, 앞에 불리하거나 불행한 사실을 인정하고 동시에 뒤에 이어지는 그와는 모순된 결과를 강조하는 표현이다. '그럼'은 '그러함'의 준말이다. '그러하다'에 명사형을 만드는 '-ㅁ'이 붙었다. '그와 같다'의 뜻으로서 '긍정', '인정'을 나타낸다. '그러함에도 불구하고'보다 더 많이 쓰이지만, 의미는 그보다 약하다.

그런 대로

그러한 대로.

예) 고생은 되지만 그런 대로 보람은 있다.

그런 듯 만 듯

그러할 듯도 하고 그렇지 않을 듯도 하여.

그런 양으로

그러한 모양으로, 남이 다 그렇다니.

예) 나도 ~ 생각하지요.

그럴 듯한데

그럴 것 같은데.

그럼에도 불구하고

앞 내용에서 예상되는 결과와 다르거나 상반되는 내용이 뒤에 나타날 때 앞뒤 문장을 이어 주는 말.

그렇고 그렇다

1.대수롭거나 특별하지 아니하다.

예) 그렇고 그런 소설일 뿐이다.

2.관계가 특별하다.

예) 그와 그녀가 그렇고 그렇다는 소문이 돌기 시작했다.

그렇고말고

(비)그러하고 말고.

그루(를) 갖추다

벼나 보리의 이삭이 고르게 패어 가지런하다.

★그루 : 벼나 곡식 따위의 아랫부분.

그루(를) 뒤다

땅을 갈아 그루를 뒤엎다.

그루(를) 들이다

그루를 뒤엎고 곡식을 새로 심다.

그루(를) 박다

물건을 거꾸로 탁 놓다.

예) 경재는 담배 한 대를 꺼내어 가지고 손바닥에 그루를 박으며….

그루(를) 앉히다

앞으로 할 일에 대해서 터전을 바로잡아 주다.

예) 지금 조병갑이란 자가 고부 사람들을 아주 가죽을 벗기기로 작정을 하고 차근히 그루를 앉힐 참이네.

그루(를) 치다

그루를 박아 가지런하게 하다.

그루(를) 타다

한 논밭에 같은 종류의 곡식들을 연거푸 심어서 그 곡식이 잘되지 아니하다.

그릇 깨겠다

여자가 얌전하지 못하다는 말.

그림(이) 좋다

함께 있는 남녀가 잘 어울림을 비꼬아 이르는 말.

예) 불량배가 벤치에 앉아 있는 연인에게 다가가 "그림 좋은데."하며 시비를 걸었다.

그림의 떡

아무리 마음에 들어도 이용할 수 없거나 차지할 수 없는 경우를 이르는 말. (비)그림의 선녀.

예) 무일푼인 우리에게 진열장에 놓인 만두는 그림의 떡이었다.

그림의 선녀

『북』 (비)'그림의 떡'의 북한 익은말.

그림자(가) 지다

그림자는 빛으로 인해 존재하지만 빛과 달리 어둡기 때문에 어떤 밝은 것 뒤에 감추어진 어두운 심리 상태 따위를 비유해서 나타낸다. '지다'는 어떤 상태가 이루어진다는 뜻으로, '노을이 지다', '주름이 지다', '그늘이 지다'라고 한다. '(근심, 슬픔, 두려움 따위의 감정으로) 얼굴 표정이나 마음에 어두운 기색이 비치다'라는 뜻이다.

그림자도 없다

흔적이나 자취가 없다.

예) 도둑은 벌써 그림자도 없었다.

그림자를 감추다

그림자를 감추려면 그 실체에 해당하는 사물을 감추어야 한다. 사물을 어쭙잖게 감추면 그림자가 보일 수 있다. 따라서 그림자에는 '자취', '흔적'이라는 뜻도 있다. '숨거나 사라지고 나서 전혀 나타나지 않다'라는 뜻.

예) 산적 떼가 마을로 내려오자 사람이고 짐승이고 모두가 그림자를 감추었다.

그림자조차 찾을 수 없다

온데간데없어 도무지 찾을 수 없다.

예) 어디로 달아났는지 그림자조차 찾을 수 없었다.

그림자 하나 얼씬하지 않다

한 사람도 나타나지 아니하다.

예) 산자락의 외딴집은 빈집인지 그림자 하나 얼씬하지 않는다.

그물에 걸리다

꾐이나 계략에 말려들다.

그물을 던지다[치다]

남을 꾀거나 해치려고 수단을 쓰다.

예) 배후 인물을 잡기 위해 그물을 던져 놓았다.

그물을 따다

그물코에 걸린 물고기를 떼다.

그 식이 장식이다

손질하여 고친 것이 전과 변함없이 마찬가지이다.

예) 하루 온종일 부엌을 손질한다고 못 들어오게 하더니 그 식이 장식이군.

그 어떤 바람이 불어도

『북』 어떠한 어려운 시련이 닥쳐오거나 그릇된 사상의 영향이 미치더라도.

그어 주다

1. 일정한 제물이나 곡식 가운데서 얼마를 몫으로 떼어 주다.

2. (돈을) 환으로 부치다.

그저 그만이다

더 말할 나위 없이 좋다.

예) 여기는 전망도 그저 그만이군.

극과 극을 달리다

서로 완전히 다르다. 북극의 날씨는 아프리카의 날씨와 극과 극을 달린다.

극성을 떨다

(비)극성을 부리다.

★극성極盛 : 어떤 일을 하려는 마음이나 행동이 지나치게 드세거나 적극적임.

극성을 부리다

과격하거나 억세게 적극적으로 행동하다.

근사(를) 모으다

부지런히 힘을 쓰는 일을 오랫동안 계속하여 공을 들이다.

★근사勤仕 : 맡은 일에 힘씀.

예) 근사를 모은 지 이태 만에 마침내 일은 공주의 뜻대로 되었다.

근처도 못 가다

'근처近處'는 어떤 장소를 중심으로 해서 가까운 주변을 가리킨다. 그런데 근처조차 못 간다고 했으니 그 거리가 멀다. 즉, 전혀 접근할 수 없을 정도로 능력이나 상황이 맞지 않는다는 얘기다. '비교도 안 된다', '견주어볼 정도도 못 되다'라는 뜻.

글귀(가) 밝다

글을 배울 때 이해가 빠르다. (반)글귀(가) 어둡다.

★글귀 : 몇 글자나 몇 낱말로 이루어진 짧은 글.

예) 이 아이는 글귀가 밝으니 커서 훌륭한 학자가 될 것이다.

글귀(가) 어둡다

글을 배울 때 이해가 더디다. (반)글귀(가) 밝다.

예) 그는 글귀가 어두워 배운 글도 잘 이해하지 못했다.

글귀(가) 트이다

글을 배울 때 제대로 이해하게 되다.

예) 불과 일곱 살 때 글귀가 트인 그는 후에 큰 학자가 되었다.

글이 짧다

글을 모르거나 아는 것이 넉넉하지 못하다.

예) 글이 짧은 할머니는 편지가 오면 나를 찾았다.

글자 그대로

과장이나 거짓 없이. (비)말 그대로, 문자 그대로.

예) 미순이와 꼬박 같이 지낸 이 일주일 동안은 글자 그대로 오직 '노닥거린' 것뿐이었다.

긁어 부스럼

내버려두었다면 괜찮을 것을 공연히 건드려 화禍를 자초함을 비유적으로 이르는 말. (비)아무렇지도 않은 다리에 침놓기.

예) 잠자코 있으면 그냥 지나갈 일을 괜히 얘기해서 긁어 부스럼만 만들었다.

금 놓다

(사람이) 물건의 값을 부르다.

예) 과일 장수가 금을 놓았다.

금 닿다

1.(물건 값이) 사고팔 수 있는 적당한 선에 이르다.

예) 이 보석은 꽤 값이 비쌌지만 금세 금이 닿았다.

2.(물건 값이) 상당히 나가다.

예) 싸게 구입한 주식이 시간이 지나자 금이 닿았다.

금란(을) 잡다

금제禁制(어떤 일이나 행위를 하지 못하게 통제함)를 어긴 사람을 잡다.

★금란金蘭 : 친구 사이에 사귀는 정이 매우 두려운 상태를 비유적으로 이르는 말.

예) 구경꾼들을 비집고 길 소개와 장무서리가 앞으로 나가자 금란을 잡던 사령이 앞을 가로막고 섰다.

금란(을) 치다

금제禁制를 어긴 사람을 모조리 잡다.

예) 금란사령이란 것들이 눈깔에 불을 켜고 금란 치고 다닐 것이 아니요.

금란이 나다

무엇을 하지 못하도록 명령을 내리다. 금령禁令을 어긴 사람을 잡으려고 금란사령使令이 나오다.

금란(이) 잡히다

금제禁制를 어긴 사람이 잡히다.

예) 왜국의 색상들과 밀통하다 금란이 잡히면 따로 결옥이 없어도 율에 따라 참수 당한다는 것을 난들 모를 리 있겠습니까?

금박을 입히다

금박 가루로 글자나 무늬를 놓다.

★금박金箔 : 황금 또는 황금빛 물건을 두드리고 아주 얇게 늘려 종이처럼 만든 것.

금새(를) 치다

어떤 물건의 시세나 값이 얼마 정도라고 정하다.

★금새 : 물건 값, 시세.

금석金石과 같다

언약이나 사귐이 깊고 굳어서 변함이 없다.

금(을) 긋다

'금'은 일직선으로 접거나 곧게 한 줄로 뻗어 나가게 그린 자국을 뜻한다. 금을 긋는 것은 금을 기준으로 안쪽과 바깥쪽을 구별하기 위해서이다. '이쪽과 저쪽을 구별하기 위해 선을 중간에 그리다', '(관계 따위에서) 한도나 한계선을 가르다'라는 뜻.

금(을) 놓다

1. 물건을 사고팔 때에 값을 부르다.

예) 금을 놓아 보시오. 적당하면 살 테니까.

2. 어떤 대상의 수준이나 정도를 평가하여 규정하다.

예) 만약 이번 약속까지 어기면 그는 나를 허망한 청년이라고 금을 놓을지도 모른다.

금(을) 맞추다

같은 종류의 물건 값을 보아서 그 물건의 값을 정하다.

예) 금을 맞추어야 제대로 받을 수가 있다.

금(을) 보다

1. 물건의 값이 얼마나 나가는지 알아보다.

예) 소 값이 어떤지 금을 보러 우시장에 갔다.

2. 물건을 살 사람이 얼마를 주겠다고 값을 말하다.

예) 저쪽에서 금을 본 것보다 더 올려 주면 팔겠소?

금(을) 치다

1. 물건 값을 어림잡아 부르다.

예) 대략 5만 원이라고 금을 치고 반응을 기다렸다.

2. 어떤 사람이나 사물이 장차 어떻게 되리라는 것을 헤아려 판정하다.

예) 나는 그가 절대로 그럴 사람이 아니라고 믿기로 했다. 이렇게 금을 치고 나니까 마음이 한결 가벼워졌다.

금(이) 가다

서로의 사이가 벌어지거나 틀어지다.

예) 우정에 금이 가다.

금이 나다

물건의 값이 결정되다.

금줄을 쥐다

굿판에서 굿의 진행을 주관하다.

급물살을 타다

일이나 논의 따위가 빠르게 진행되다.

예) 5년을 끌어온 소송이 급물살을 타 이르면 올해 안에 판결이 날 예정이다.

급살(을) 맞다

급살急煞'은 운수가 사나운 별星을 뜻한다. 급살을 보거나 그것이 나타나거나 하면 갑자기 신변에 아주 좋지 않은 재앙이 일어난다고 믿었다. 그래서 급살은 '갑작스럽게 닥치는 재액'을 뜻하기도 한다.

급살(이) 나다

어찌할 바를 모르고 급하게 마구 덤비다.

급한 불을 끄다

우선 절박한 문제를 처리하여 해결하다.

예) 일단 급한 불을 끄고 다른 일은 나중에 생각하자.

기氣(가) 막히다

1. 숨이 제대로 통하지 못하다. 어떤 일이 놀랍거나 언짢아서 어이없다.

예) 별 기 막힌 소리를 다 듣겠네.

2. 무어라고 말할 수 없을 만큼 정도가 높다.

예) 맛이 ~.

3. 신체의 원동력인 기(氣)가 막혀서 잠시 움직일 수

가 없는 상태를 이른다. 즉, 몹시 좋은 것이나 어처구니없는 것을 보았을 때, 또는 그런 일을 당했을 때 쓰는 말이다.

기(가) 살다

의기가 소침하지 않고 기세가 오르다. (반)기(가) 죽다.

예) 그는 친구가 거드는 말에 기가 살아서 더욱 설쳤다.

기(가) 죽다

'기氣'는 모든 사람에게 존재한다. 다만 그것을 얼마나 잘 집중하여 온전하게 유지하느냐에 따라 그 사람의 힘, 성격, 운명 등이 달라진다. 유약하게 보이는 사람이 있는가 하면, 강인해서 지칠 줄 모르는 사람이 있다. 특히 활발하게 작용하는 기, 즉 왕성한 기운을 '기'라는 말로 나타내는데, 그 예가 '기가 죽다', '기가 살다'이다. 기는 생사를 초월해 있다. 다만 그 작용에 따라 삶과 죽음이 존재하는 것처럼 보일 뿐이다. (반)기(가) 살다.

기가 질리다

겁이 나서 용기가 없어지다.

기(가) 차다

하도 어이가 없어 말이 나오지 않다.

예) 그의 뻔뻔스러운 태도에 기가 차서 할 말을 잊었다.

기갈(이) 들다(들리다)

1. 몹시 굶주려서 간절히 음식을 탐내다.

★기갈飢渴 : 배고픔과 목마름을 아울러 이르는 말.

예) 승냥이는 기갈이 들어서 매우 사나워졌다.

2. 무엇을 가지고 싶어 하는 마음이 매우 간절하다.

예) 그의 본심은 돈과 명예에 기갈이 들어 있었고 T시와 T 대학 강사 자리를 지긋지긋해하고 있다.

기 구멍이 막히다

『북』 너무 어이없고 한심하다.

기구 있다

의식이 예법대로 갖추어져 있다.

★기구機構 : 어떤 목적이나 기능을 위해 구성한 조직이나 기관.

기도(를) 보다

(속되게) 극장이나 유흥업소 따위에서 출입문을 지키다.

★기도kido : 유흥업소 따위의 출입문을 지키는 일이나 그 일을 맡은 사람을 속되게 이르는 말.

예) 우리는 차에서 내려 밴드가 한창 높은 곡조로 치닫고 있는 나이트클럽으로 들어갔다. 기도 보는 씨름꾼 같은 녀석이 앞을 가로막고 정중하게 물었다.

기둥뿌리를 빼다(뽑다)

재래식 가옥을 지을 때는 우선 네 귀퉁이에 중심이 되는 기둥을 세우고 그 위에 들보와 도리를 얹는다. 그러면 벽을 올릴 수 있는 틀이 형성된다. 거기에 마룻대를 올리고 서까래를 얹으면 집의 기본 틀이 완성된다. 여기에서 알 수 있듯이 기둥은 그 집의 기본 틀에서도 가장 중심이 되는 기초이다. '기둥뿌리'는 그 기둥에서도 맨 밑에 해당한다. 기둥을 흔드는 것도 아니고 기둥뿌리를 뽑으니 그 집은 주저앉고 말 것이다.

기러기 가족

자녀들의 외국 유학이나 부모의 취업 따위의 이유로 떨어져 살고 있는 가족.

기러기 불렀다

'기러기 펄펄 날아갔다.'라는 노래를 불렀다는 뜻으로, 사람이 멀리 도망가 버렸음을 비유적으로 이르는 말.

기러기 한평생

철새처럼 떠돌아다녀 고생이 장차 끝이 없을 생애를 비유적으로 이르는 말.

예) 그는 기러기 한평생이니 어디 정착할 팔자가 아니다.

기록을 깨뜨리다(깨다)

'기록記錄'은 어떤 사실을 자료로서 남기려고 적거나 그러한 글을 뜻한다. '뛰어난 성과를 이루어 그 전까지의 기록을 무너뜨리고 새 기록을 내다'라는 뜻이다.

기(를) 살리다

'기氣'는 사람이 활동하는 힘과 그것을 떠받치는 정신을 함께 가리킨다. '억눌려 활짝 펴지 못하던 기운을 북돋우어 의욕과 용기를 갖게 하다. (반)기를 죽이다.

기(를) 쓰다

있는 힘을 다하다.

예) 그는 일등을 하기 위해 기를 쓰고 공부했다.

기(를) 펴다

억눌림이나 어려운 지경에서 벗어나 마음을 자유롭게 가지다.

예) 사람이 가난하면 기를 펴지 못하고 산다.

기름기(가) 돌다

'-기氣'는 일부 명사 뒤에 붙어서 '어떤 낌새', '다소 그런 듯한 느낌', '어떤 성분이 가미된 성질'을 나타낸다. 시장기, 바람기, 화장기, 물기, 감기기 등이 그런 예다. '기름기'라고 하면 물건이나 음식 따위에서 느껴지는 미끄럽거나 느끼한 성질을 뜻한다. 특히 고기에 있는 기름 성분을 가리키는 말로 쓰인다. '(물건 따위가) 윤기가 나고 매끄럽다', '(생활이) 넉넉하고 풍족하다'라는 뜻이다.

기름땀(을) 짜다

심하게 착취하다.

예) 악덕 지주가 가난한 농민의 기름땀을 짰다.

기름땀을 흘리다

1. 힘겨움을 무릅쓰고 갖은 애를 쓰다.

예) 그 전과자는 과거의 잘못을 속죄하는 마음으로 열심히 기름땀을 흘리고 있다.

2. 심하게 착취를 당하다.

예) 백성들이 탐관오리의 수탈에 기름땀을 흘린다.

기름밥을 먹다

공무원 생활을 하다.

예) 사장님은 20여 년 동안 기름밥을 먹은 기술자 출신이다.

기름을 끼얹다

감정이나 행동을 부추겨 정도를 심하게 만들다. (비)기름을 붓다.

예) 그녀는 화가 난 그에게 기름을 끼얹는 말만 골라서 했다.

기름(을) 먹이다

'기름'은 미끈하고 끈적끈적한 물질로서, 식물의 씨앗이나 동물의 살, 뼈, 내장이나 땅속의 광물에서 얻는다. 실온에서는 액체 상태이고 물에 용해되지 않으며 불이 잘 붙는 성질이 있다. 음식물로서 중요한 열량 공급원이 될 뿐만 아니라, 공기에 노출될 경우 산소를 빨아들여 얇은 층을 형성하는 성질이 있어 다양한 생활 용도로 쓰인다. '사람에게 어떤 종류의 기름을 주어먹게 하다', '(종이나 헝겊 따위에) 기름을 발라 배어들게 하다'라는 뜻이다.

예) 현명한 주부라면 식구들에게 정제된 기름을 먹이지는 않는다.

기름을 붓다

'기름을 끼얹다'를 강조하여 이르는 말.

예)정부가 부동산 투기에 기름을 붓고 있다.

기름(을) 짜다

1. '착취하다'를 비유적으로 이르는 말.

예) 백성의 기름을 짜는 탐관오리.

2. (속되게) 자리가 비좁다.

예) 전철 안이 기름을 짤 정도로 붐볐다.

3. (속되게) 눈물을 흘리다.

예) 재수 없으니깐 기름 짜지 마.

기름을 치다

1. 기계 등의 마찰을 덜기 위하여 윤활유 따위를 기계에 넣다.

2. (속되게) 일이 원활하게 처리되도록 하기 위하여 뇌물을 쓰다.

예) 이번 일이 성사되려면 책임자에게 기름을 쳐야 한다.

기름이 끼다

배에 기름 살이 끼어 불룩하게 나왔다는 뜻으로, 없이 지내던 사람이 생활이 넉넉해져서 호기를 부리고 떵떵거림을 비유적으로 이르는 말.

기름(이) 지다

음식물 따위가 기름기가 많다. 기름진 쌀밥, 사람, 동물 따위가 살지고 기름기가 많다. 기름진 말과 여윈 말, 땅이 매우 걸다. 기름진 논.

기름이 흐르다

윤택하고 풍부하다.

예) 그는 언제 봐도 사는 게 항상 기름이 흐른다.

기미가 끼다

얼굴에 기미가 생기다.

기미가 벗다

주근깨 따위가 얼굴에서 없어지다.

예) 그녀는 기미가 벗은 얼굴로 우리 앞에 나타났다.

기미가 통하다

(어떤 사람이 다른 사람과, 또는 둘 이상의 사람이) 생각의 지향성이나 취미 따위가 일치하거나 가까워서 은연중에 서로 이해되다.

기미를 보다

임금에게 올리는 수라나 탕제 같은 것을 상궁이 먼저 먹어 보아 독이 들어 있는지 알아보다.

기민饑民(을) 먹이다[주다]

흉년에 굶는 사람에게 국가나 개인이 곡식을 나누어 주다.

예) 흉년에 기민 먹이는 셈치고 한 끼에 세 번이고 네 번이고 여기 나온 사람들이 다 먹을 때까지 밥을 하시오.

기분氣分을 내다

남에게 한턱을 쓰다.

예) 퇴근 후 친구에게 기분을 내려고 전화했더니 친구는 전화를 받지 않았다.

기색氣色이 죽다

얼굴빛이 흐려지거나 생기가 없어지다.

예) 그는 얼마 전에 어머니가 돌아가신 후부터 계속 기색이 죽어 다녔다.

기선(은) 부지不知

그 조상과 가계를 알지 못함을 이르는 말.

예) 그와 몇 년 같이 생활했지만 기선 부지의 사람이다.

★기선機先 : 어떤 일이 일어나려고 하거나 다른 사람이 손을 대려고 할 때 약삭빠르게 먼저 하는 행동.

기선을 제압하다

'기선機先'은 어떤 일이 일어나려고 하는 바로 그 직전을 뜻한다. '제압制壓하다'는 세력이나 기세 따위를 제어하여 힘으로 억누른다는 뜻이다. '먼저 일을 일으키거나 행동에 옮겨서 자신에게 유리한 형편을 만들고 상대방의 기세를 꺾다'라는 뜻.

기세氣勢를 부리다

남에게 위협을 보이기 위하여 자기의 기세를 드러내서 행동하다. <u>(비)기세를 피우다.</u>

기수를 배설하다

궁중에서, 이부자리를 까는 것을 이르던 말.

기수(를) 채다

낌새채다.

★기수幾數 : 어떤 일을 알아차릴 수 있는 눈치.

기승氣勝을 부리다

짐짓 기승(성미가 굳세고 억척스러워 좀처럼 남에게 굽히지 아니함)스럽게 굴다. <u>(비)기승을 떨다.</u>

기억記憶에서 사라지다

머리에 기억되었던 것이 잊히다.

예) 그때 일은 이미 기억에서 사라진 지 오래다

기억을 더듬다

오래 된 일을 차례차례 기억을 되살려 생각해 내다.

기장(이) 차다

물건이 곧고 길다.

예) 기장찬 나무.

기적을 놓다(이루다)

기적奇蹟'은 사람의 능력으로 할 수 없거나 자연현상에서 벗어나서 일어나는 기이한 일을 가리킨다. 원래 '불가사의한 일이나 현상'을 뜻하지만, 몹시 놀라운 성과 또는 주어진 환경이나 상황을 고려할 때 대단히 어려워 보이는 일을 나타내기도 한다.

기지개를 켜다

(사람이) 어떤 활동을 시작하다. (일이나 현상이) 싹트다.

기차표를 떼다

『북』 1. 기차표를 사다.

2. 기차표를 팔다.

기취(를) 받들다

(겸손하게) 여자가 아내나 첩이 되다.

★**기취**既娶 : 이미 장가듦.

기틀(이) 잡히다

어떤 일의 가장 중요한 부분이 제 기능을 발휘할 수 있게 되다.

예) 새로 시작한 사업이 이제는 서서히 기틀이 잡혀 가는 것 같다.

기폭제가 되다

그것이 원점이 되어 지금까지 없었던 새로운 상태로 됨.

예) 지금까지 올림픽은 개최국의 경제발전의 기폭제가 되어왔다.

기함(을) 치다

1. 기력이 없어서 가라앉다.

예) 수술 후에 그 환자는 기함을 치고 혼수상태로 빠졌다.

2. 갑작스레 몹시 놀라거나 아프거나 하여 소리를 지르면서 넋을 잃다.

★**기함**氣陷 : 기력이 없어서 푹 가라앉음.

예) 그녀는 놀라서 기함을 치고 쓰러졌다.

긴말 할 것 없다

'길다'는 거리나 시간을 나타내는 데 쓰일 뿐만 아니라, 글이나 말 따위의 분량이나 내용이 많음을 나타내기도 한다. '긴말'이라고 하면 그다지 필요하지 않은 말을 늘어놓으며 문제의 핵심을 빙 둘러서 언급하는 것을 가리킨다. 상대방이 말을 길게 늘어놓거나 그러려는 눈치가 보일 때, 말을 중간에서 자르거나 미리 막으며 자신의 결론을 단정해서 말하는 표현.

길게 눕다

사람이 죽어 땅속에 묻히다.

예) 건강하던 사람이 저렇게 길게 누운 것을 보니 정말 인생무상이군.

길게 늘어놓다

군더더기를 덧붙이면서 오래 말하다.

예) 부디 가는 곳마다 귀인을 만나 고생 덜 하고 평양에 도착하라는 덕담까지 길게 늘어놓으면서 그들을 배웅하는 엄마를 보고….

길게 앉다

눕는 것을 완곡하게 표현한 말.

예) 어디 감히 어른 앞에서 그렇게 길게 앉아 있느냐, 얼른 일어나지 못해.

길눈(이) 밝다

한 번 가본 길을 잘 익혀두어 기억하는 눈썰미를 말한다. '한두 번 가본 길을 잊지 않고 찾아갈 만큼 길을 잘 기억하다.' (반)길눈(이) 어둡다.

길눈(이) 어둡다

가 본 길을 잘 찾아가지 못할 만큼 길을 잘 기억하지 못하다. (반)길눈(이) 밝다.

예) 길눈이 어두운 그가 이곳을 찾아오기는 어려울 것이다.

길라(를) 잡다

앞장서 길을 인도하다.

★**길라잡이** : 앞에서 길을 인도하는 사람. (비)길잡이.

예) 계집의 집이 엎어지면 코 닿을 곳에 있다 하니 반죽 떠는 것이나 보자하고 길라를 잡는 대로 따라나섰다.

길러 낸 사위

가르쳐 준 대로밖에 할 줄 모르는 융통성이 없는 사위라는 뜻으로, 독창성이 없고 어리석은 사람을 비유적으로 이르는 말.

ㄱ

길마를 지우다

길마를 말이나 소의 등에 얹다.

★길마 : 짐을 싣거나 달구지를 채울 수 있도록 말이나 소의 등에 얹는 운반구.

길마를 짓다

길마를 지우다의 예스러운 말.

길을 내다

길은 곧 문명을 뜻한다고 할 수 있다. '서로 떨어진 두 곳을 잇는 길을 새로 만들다', '(사람이나 차 따위가 지나갈 수 있게) 양옆으로 비켜서서 통로를 만들다', '마침내 어떤 문제나 일을 해결하기 위한 방도를 어렵사리 마련하거나 찾아내다'라는 뜻이다.

길(을) 들이다

물건 따위를 잘 손질하여 윤기가 나게 하거나 쓰기에 좋게 하다. 짐승을 잘 가르쳐서 부리기 좋게 만들다. 서투른 솜씨를 익숙하게 하다.

길(을) 뚫다

방도를 찾아내다.

예) 그는 살아갈 길을 뚫어 보려고 무척 애를 썼다.

길(을) 쓸다

길에 아무것도 없게 하거나 비키게 하다.

예) 날 밝기가 무섭게 콩콩이는 마치 성난 뱀이 지나가듯 쇄 하고 길을 쓸며 불국사로 뛰어온 것이었다.

길을 열다

방도를 찾아내거나 마련하다.

예) 장학 제도는 학비가 없는 학생들에게 배움의 길을 열어 주기 위한 것이다.

길을 재촉하다

1.길을 갈 때에 빨리 서둘러 가다. (비)걸음을 재촉하다, 발걸음을 재촉하다.

예) 해 뜨기 전에 산막을 나선 평산과 삼수가 얼마만큼 길을 재촉했을 때 해는 솟기 시작했다.

2.빨리 갈 것을 요구하다. (비)걸음을 재촉하다.

길(을) 죄다

목적지에 빨리 가려고 길을 빨리 걷다.

예) 약속 시간에 늦을까 봐 길을 죄었더니 오히려 시간이 남았군.

길이 나다

버릇처럼 되어 익숙하여지다. 윤기가 나거나 쓰기 좋게 되다. 내 손에 길이 난 연장, 이때의 '길'은 '길을 내다'의 '길'과 같지 않다. '물건을 자꾸 쓰면서 손질을 잘해서 윤기가 생기거나 다루기 좋게 된 상태'를 의미한다. '길(이) 들다'도 같은 표현이다. '길'은 '가축이 부리는 대로 잘 따르게 된 성질'이라는 뜻을 나타내기도 하지만, 이때에는 '나다'라는 말보다 '들다'라는 표현을 쓴다. (비)길(이) 들다.

길이 늦다

(비)길이 더디다.

예) 이렇게 자꾸 길이 늦으면 물과 식량이 모자라겠어.

길(이) 닿다

어떤 일을 하기 위한 관계가 맺어지다.

예) 이제야 그 나라와 대화를 할 수 있는 길이 닿은 셈이군.

길이 더디다

길을 떠나 목적지에 닿는 시간이 늦어지다. (비)길이 늦다.

예) 아이를 데리고 가느라 훨씬 길이 더뎠다.

길(이) 들다

물건에 손질을 잘하여 윤기가 나다. 길이 잘 든 장롱, 짐승을 잘 가르쳐서 부 리기 좋게 되거나 잘 따르게 되다. 길이 든 비둘기, 서투른 솜씨를 익숙하게 하다. 일에 길이 들어 어려움이 없다. (비)길이 나다.

길(이) 바쁘다

목적하는 곳까지 빨리 가야 할 사정이다.

예) 저는 길이 바빠서 이만 먼저 실례하겠습니다.

길이 붇다

걸음이 빨라져 지나온 거리가 부쩍 늘어나다.

길이 열리다

닫힌 것이 트여 그 너머로 통하게 되었다는 말이다.

즉, 막혔던 길이 뚫리거나 없던 길이 새로 나는 것을 의미한다. 한편 길은 '방법', '수단'을 뜻하기도 한다. 도저히 어떻게 해볼 수 없을 것 같은 상황에서 곤란을 벗어날 수 있는 방법이 생길 때 '길이 열리다'라고 한다. 길이 열렸으므로 그 너머로 희망이 보인다. '어떤 일에 대한 해결 방법이 생겨나다'라는 뜻이다.

길이 축나다

『북』 걸을 양이 줄어들다.

예) 지칠 대로 지친 그들이라 좀처럼 길이 축나지 않았다.

길품(을) 팔다

1. 심부름으로 먼 길을 다녀오고 삯을 받다.

예) 그는 가게에서 가끔 길품을 팔았다.

2. 아무 보람 없이 헛길을 걷다.

★길품 : 남이 갈 길을 대신 가고 삯을 받는 일.

김이 나가다

더운 김이나 냄새, 기운 따위가 흩어져 나가다.

김이 새다(빠지다)

1. 음식의 본래 맛이나 냄새가 없어지다.

예) 김빠진 맥주.

2. 재미나 의욕이 없어지다.

김이 식다

재미나 의욕이 없어지다.

예) 나는 그 일에 대한 김이 식어서 이제는 아무것도 하고 싶지 않다.

김칫국을 마시다

일이 일어나기도 전에 먼저 설친다.

깃발(을) 날리다

(속되게) 떵떵거리며 행세하다.

예) 사실 형님 같은 분의 수청을 든다면야 기화도 이 장안에서 깃발 날릴 터이고 큰 배에 몸 실은 듯 든든할 터이니….

깃을 다듬다

새가 부리로 제 날개의 털을 매만지다.

예)연못에서 오리가 한가로이 깃을 다듬는다.

깃을 달다

『북』 1. 먼저 한 말에 말을 덧붙여 하다.

예) 아버지의 말에 어머니가 깃을 달아 자세히 알 수 있었다.

2. 힘이나 재간을 더 보태다.

예) 재능을 키워 주고 억센 깃을 달아 주다

깃(을) 주다

1. 외양간, 마구간, 닭둥우리 따위에 짚이나 마른풀을 깔아 주다.

2. 물속에 고깃깃을 넣어 두다.

까놓고 말하다

속마음이나 실제 상황을 숨김없이 모두 털어놓고 말하다. 구어체에 쓰이는 다소 속된 표현이다.

까맣게 모르다

어떤 것에 대한 기억이나 정보가 머릿속에 전혀 없을 때 그것을 '까맣다'라는 말로 표현한다. '어떤 사실을 전혀 알지 못하다'라는 뜻이다.

깍지(를) 끼다

열 손가락을 서로 엇갈리게 바짝 맞추어 끼다.

예) 그는 깍지 낀 두 손을 베개 삼아 풀밭에 누워 하늘을 쳐다보았다.

깍지(를) 떼다

깍지를 낀 엄지손가락으로 팽팽하게 당긴 활시위를 놓다. <u>(비)깍짓손(을) 떼다.</u>

예) 그가 깍지를 떼자 화살이 휙 날아가 목표물에 명중됐다.

깍짓손(을) 떼다

<u>(비)깍지(를) 떼다.</u>

예) 깍짓손을 떼자 화살이 날아갔다.

깎은 밤 같다

젊은 남자가 말쑥하고 단정하게 차려입은 모습을 비유적으로 이르는 말.

깔종(을) 잡다

깔종을 헤아려 추측하다.

★깔종 : [공예] 일정한 무게의 금속 세공품을 만들

때, 그 재료의 무게에서 얼마나 덜어 내어야 할지 어림으로 헤아려 잡은 짐작.

예) 이 금은 얼마나 깔종을 잡아야 되나?

깜깜 오밤중이다

까맣게 모르고 있다.

깜빡 가다

(비)깜빡 죽다.

예) 그는 영화라면 깜빡 간다.

깜빡 죽다

지나치게 좋아하거나 중요하게 생각하여 사리 분별을 못하다. (비)깜빡 가다.

예) 제 친구는 우정이라면 깜빡 죽는 사람입니다.

깝대기(를) 벗기다

1. 입은 옷을 강제로 벗겨 버리다.

예) 저 녀석의 깝대기를 벗겨 혼 좀 내 주어라.

2. 가진 것을 모두 빼앗다.

예) 오늘은 그 친구 깝대기를 벗겨 먹어야지.

깡다구(가) 세다

고집하고 버티는 힘이 대단하고 악착같다.

★깡다구 : 악착같은 기질이나 힘.

깡다구(를) 부리다

악착같이 버티다.

깡통(을) 차다

빌어먹는 신세가 되다.

예) 그는 깡통을 차고 길거리에 나서는 신세가 되었다.

깨가 쏟아지다

몹시 아기자기하고 재미가 나다.

예) 깨가 쏟아지는 신혼살림.

깨소금 맛

남의 불행을 보고 몹시 통쾌하다는 뜻으로 이르는 말.

예) 잘난 척하다 선거에서 떨어졌다니 깨소금 맛이다.

깨알 같다

깨알처럼 매우 잘다.

예) 글씨가 ~.

깨어진 그릇[시루]

다시 본래대로 바로잡거나 돌이킬 수 없는 일을 비유적으로 이르는 말.

예) 우리 부부 사이는 이미 깨어진 그릇이다.

깨춤(을) 추다

몸이 작은 사람이 톡톡 까불어 대다.

★깨춤 : 체구가 작은 사람이 방정맞게 까부는 모양.

예) 황토 언덕길을 깨춤을 추듯 내려오던 팔기는…올라오는 영달이와 마주친다.

깩소리도 못하다

한 마디 반항하는 소리도 못 지르다.

깽깽이(를) 켜다

『북』 우는 소리를 하다.

예) "아니 무엇이 어떻게 됐게 그렇게 깽깽이 켜는 소리야?" 강창수가 끼어들며 물었다.

꺽짓손(이) 세다

사람을 휘어잡고 어려운 일을 해낼 만한 수단이 있다.

꺾자 놓다

(비)꺾자(를) 치다.

꺾자(를) 치다

1. 문서의 여백에 꺾자를 그리다.

예) 이 영수증에 꺾자를 쳐야지.

2. 글줄이나 글자를 지워 버리기 위해서 꺾자를 그리다.

3. (속되게) 취소해 버리다. (비)꺾자 놓다.

예) 그렇게 마음에 안 들면 꺾자를 치고 없던 일로 하지.

껌뻑 죽다

'깜빡 죽다'를 달리 이르는 말.

예) 그는 어머니가 만든 된장찌개라면 껌뻑 죽는다.

껴잡아 살다

처지가 어려운 사람을 돕기 위하여 자기 집에 들여 더불어 살다.

꼬리(가) 길다

1. 못된 짓을 오래 두고 계속하다.

예) 꼬리가 길면 잡히는 법이야.

2. 방문을 닫지 않고 드나들다.

예) 누구야, 꼬리가 긴 사람이. 아직도 문이 열려 있네.

꼬리가 드러나다

정체가 알려지거나 밝혀지다.

예) 전혀 꼬리가 드러나지 않는 사이비 교주를 무슨 수로 찾아내느냐?

꼬리가 밟히다

행적이 드러나다.

예) 꼬리가 밟혀 자기 자신이 걸려들리라고는 생각지도 못한 그였다.

꼬리가 빠지게

동물의 몸뚱이 끝에 길게 매달린 부분이 '꼬리'이다. 사람에게는 퇴화되어 흔적으로만 꼬리뼈가 남아 있다. '빠진다'는 것은 있던 자리에서 떨어져 나온다는 뜻이다. (비)꽁무니(가) 빠지게, 꽁지(가) 빠지게.

꼬리(를) 감추다

자취를 감추다. 꼬리는 동물의 몸에서 맨 뒤에 있는 부분이다. 숨었다 해도 꼬리가 보이면 잡히게 마련이니 꼬리까지 감추어야 완전히 숨었다고 할 수 있다. 꼬리를 감추게 되면 어디에 있는지 알 수 없다. '(사람이나 동물이) 어디에 있는지 전혀 알 수 없게 모습을 숨기거나 멀리 달아나다', '자취를 감추다'라는 뜻이다. (비)꼬리(를) 숨기다.

예) 범인들이 해외로 도피해서 꼬리를 감추기 전에 서둘러 출국금지를 시켰다.

꼬리(를) 내리다

상대편에게 기세가 꺾여 물러서거나 움츠러들다. (비)꽁지(를) 내리다.

예) 그 사람은 부하에게는 큰소리치면서 상관에게는 꼬리를 내린다.

꼬리(를) 달다

1. 앞뒤로 서로 이어지다.

예) 쥐 떼가 꼬리를 달고 몰려가고 있었다.

2. 어떠한 것에 보태어 말하다.

예) 나는 그때 형의 말끝에 이러쿵저러쿵 꼬리를 달지 않았다.

3. 『북』 미행하는 사람을 붙이다.

예) 수상한 자의 뒤에 꼬리를 달다.

꼬리를 대다

앞뒤로 서로 이어 대다.

예) 그에 대한 의혹이 꼬리를 대고 일어났다.

꼬리를 드러내다

꼬리는 감추어진 '정체', '본색'을 나타낸다. '감추고 있던 정체를 실수에 의해서이건 고의에 의해서이건 남들에게 알려지게 하다'라는 뜻.

예) 이번 사기 사건의 배후가 꼬리를 드러낼 날도 머지않았다.

꼬리를 맞물다

앞뒤로 서로 이어 닿다.

예) 꼬리를 맞물고 이어진 행렬.

꼬리를 물다(잇다)

어떤 물체들이 나란히 줄을 서서 끊어지지 않고 이어질 때 그것이 마치 앞에 있는 물체의 꼬리를 물고 있는 것 같이 보인다. 이때 꼬리란 물건의 뒤쪽을 뜻. (비)꼬리에 꼬리를 물다.

예) 그에 관한 소문이 꼬리를 물었다.

꼬리를 밟다

뒤를 밟다.

꼬리(를) 밟히다

꼬리를 밟히게 되면 그 자리에 멈추어 서야 한다. 그렇게 되면 그 전까지 하던 일이 탄로 나다. 현대의 법률 용어로 빗대면 현행범이다. 속담에 '꼬리가 길면 밟힌다'라는 말이 있다. '나쁜 짓은 아무리 몰래 해도 오래 하다보면 들통 나게 마련이다'라는 뜻이다. 행적을 들키다.

꼬리를 빼다

달아나거나 도망치다.

예) 내가 강하게 나가자 그는 꼬리를 빼고 말았다.

꼬리(를) 사리다

겁이 나서 슬금슬금 피하거나 움츠러들다.

예) 김 서기의 거벽스러운 서슬에 찌그리는 꼬리를

사리지 않을 수 없었다.

꼬리(를) 숨기다

(비)꼬리(를) 감추다.

예) 임원들은 비리 사실이 드러나자 꼬리를 숨기고 달아났다.

꼬리(를) 잇다

계속 이어지다.

꼬리(를) 잡다

감추고 있는 것을 알아내다.

예) 경찰은 범행 조직의 꼬리를 잡았다.

꼬리(를) 치다

(속되게) 아양을 떨다.

예) 남술의 처는 이런 호기심이 치받쳐서 유 선달을 보기만 하면 꼬리를 치고 대들었다.

꼬리(를) 흔들다

잘 보이려고 아양을 떨다.

예) 필시 그녀이 살살 꼬리를 흔들어 우리 남편을 꾀어 갔을 것이다.

꼬리에 꼬리를 물다

계속 이어지다. (비)꼬리(를) 물다.

예) 풍문은 꼬리에 꼬리를 물고 인근 사방에 전파되었다.

꼬리 자르기

구성원의 잘못으로 집단의 이미지가 실추되거나 집단이 감추고 있던 잘못 따위가 드러나 집단 전체가 위기에 처했을 때, 해당 구성원에게 모든 책임을 지워 내쫓는 것으로 위기를 모면하는 일.

예) 사건만 터지면 관련자 징계 등 꼬리 자르기에 급급했다는 비난도 받았다.

꼬리표(가) 붙다

어떤 사람에게 나쁜 평가나 평판이 내려지다. (비)꼬리표를 달다.

예) 전과자라는 꼬리표가 붙자 그 후로는 모두들 그와 어울리는 것을 꺼렸다.

꼬리표를 달다

(비)꼬리표(가) 붙다.

예) 우리나라는 물 부족 국가라는 꼬리표를 달고 있다.

꼬부랑 늙은이

허리가 꼬부라진 늙은이라는 뜻으로, 아주 나이가 많고 늙었음을 이르는 말.

예) 이웃집 할머니는 꼬부랑 늙은이가 되어서도 자식들 치다꺼리로 쉴 틈이 없다.

꼬집어 말하다

분명하게 꼭 집어서 말하다.

예) 너는 그렇게 남의 가슴 아픈 일을 꼭 꼬집어 말해야겠니?

꼭뒤(를) 누르다

세력이나 힘이 위에서 누르다. (비)꼭뒤(를) 지르다.

★꼭뒤 : 뒤통수의 한가운데.

예) 당장에라도 누가 잡아갈 듯한 강박감이 노상 꼭뒤를 누르고 있었던 것이다.

꼭뒤(를) 눌리다

세력이나 힘에 눌리다. (비)꼭뒤(를) 질리다.

꼭뒤(를) 지르다

(비)꼭뒤(를) 누르다.

예) 민홍은 언제부턴지 모르지만 꼭뒤를 지르듯 자신을 압박해 오는 벽시계의 초침 소리에 신경이 몹시 쓰이는 터였다.

2.앞질러 가로채서 말하거나 행동하다.

꼭뒤(를) 질리다

(비)꼭뒤(를) 눌리다.

꼭뒤에 피도 안 마르다

머리에 피도 안 마르다.

예) 꼭뒤에 피도 안 마른 놈이 벌써부터 담배를 피우다니.

꼭지가 무르다

기회가 완전히 무르익다.

예) 이젠 완전히 꼭지가 물렀으니 더 이상 기다릴 필요가 없다.

꼭지가 물렸다

기회가 무르익었다.

꼭지(를) 따다

처음으로 시작하다.

예) 혼례의 첫날은 지나고 부부의 생활은 꼭지를 땄던 것이다.

꼴리는 대로

제 마음 내키는 대로.

꼴(을) 먹다

『북』 남에게 반박이나 무안을 당하다.

꼴을 보다

겉모양을 살펴보다.

꼴이 박히다

어떤 모양이 제대로 이루어져 나타나다.

꼴(이) 사납다

하는 짓이나 모양이 보기에 매우 흉하거나 못마땅하다.

꼼짝 못 하다

남의 힘이나 위엄에 눌리어 조금도 기를 펴지 못하다.

예) 그는 부모님께는 꼼짝 못 하는 사람이다.

꼼짝 아니 하다[않다]

1. 조금도 활동하지 아니하거나 일하지 아니하다.

예) 그는 남의 일에는 절대 꼼짝 않는 사람이다.

2. 조금도 자기 뜻을 나타내거나 반항하지 아니하다.

예) 그는 꼼짝 아니 하고 내가 시키는 대로 일만 하였다.

꽁무니(가) 빠지게

(비)꼬리가 빠지게.

예) 아이는 마치 불에 덴 것처럼 화닥닥 놀라면서 뛰쳐 일어나더니, 그냥 문을 박차고 그냥 꽁무니가 빠지게 달아나 버립니다.

꽁무니를 따라다니다

이익을 바라고 부지런히 바싹 따라다니다.

예) 그는 여자 꽁무니를 따라다니는 바람둥이 같았다.

꽁무니(를) 빼다

슬그머니 피하여 물러나다. (비)꽁지를 빼다.

예) 내가 눈을 한번 치뜨니까 그는 꽁무니를 빼고 달아났다.

꽁무니(를) 사리다

슬그머니 피하려 하거나 달아나려 하다.

예) 그는 자신의 차례가 되자 당황해서 꽁무니를 사렸다.

꽁지(가) 빠지게

몹시 다급하게. (비)꼬리가 빠지게, 꽁무니(가) 빠지게.

예) 동호는 그 이튿날 새벽에 세수도 하지 않고 꽁지 빠지게 정거장으로 달아났다.

꽁지대가리 없다

『북』 (속되게) 앞뒤의 연관 관계가 없어 갑작스럽거나 갈피를 잡을 수 없다.

예) 그도 거리에서 소식을 듣고 꽁지대가리 없는 뜬소문을 한바탕 설레발을 치며 지껄였다.

꽁지(를) 내리다

(비)꼬리(를) 내리다, 꽁무니(를) 내리다.

예) 무식한 사람이라고 말로 회돌이 쳐 버리려고 하지 마라. 그런 말 몇 마디에 꽁지 내릴 내가 아니다.

꽁지를 빼다

용기가 나지 않고 발이 꽁꽁 얼어 차마 발이 안 떨어지는 상황. (비)꽁무니(를) 빼다.

꽃이(을) 피다(피우다)

(주로 '이야기', '웃음' 따위와 함께 쓰여서) 여러 사람이 모여서 즐겁고 화목하게 이야기나 웃음 따위를 마음껏 하다. 어떤 현상이나 일을 한껏 번성하게 하다. 무르익게 되어 번성하게 되다.

꽃자리 좁다

마음이 옹졸하다. 이때 '꽃자리'는 '꽃이 달려 있다가 떨어진 자리'의 뜻이다.

꽉 잡고 있다

주도권을 차지하고 있다.

예) 그는 이 시장의 상권을 꽉 잡고 있다.

꾀(를) 부리다

1. (속되게) 농땡이 치다.

2. 땡땡이(를) 치다.

꿀단지를 파묻어[묻어] 놓다

좋은 것을 감추어 두다.

예) 집에 꿀단지를 묻어 놓았나? 자네는 어떻게 매일같이 퇴근하자마자 집으로 직행하나?

꿀 먹은 벙어리

속에 있는 생각을 겉으로 나타내지 못하는 사람을 두고 놀림조로 이르는 말.

예) 너는 뒷자리에선 시끄럽게 잘만 떠들더니 실컷 떠들라고 자리를 마련해 주니까 왜 꿀 먹은 벙어리가 된 거야?

유래는 첫 번째는 꿀을 너무나도 좋아하는 한 벙어리에서 비롯됐다는 이야기입니다. 옛날에 어느 벙어리가 아내 몰래 꿀을 너무 많이 먹고서는 배탈이 났습니다. 배를 잡고 뒹구는 벙어리 남편에게 그의 아내가 왜 그러냐고 묻자 말 못하는 남편은 계속해서 꿀단지만 손으로 가리켰지요. 그래서 아내는 남편이 꿀이 먹고 싶어서 그러는 줄 알고 꿀물을 타 주었대요. 꿀을 많이 먹어서 배탈이 났는데 또 꿀을 먹으라니 말 못하는 벙어리 남편은 얼마나 애가 탔겠습니까. 이리하여 그 일이 있은 후 '꿀 먹은 벙어리'라는 말이 생겨났으며 즉 어떤 일을 알면서도 하고 싶은 말을 하지 못할 때 쓰는 말이 되었답니다.

두 번째는 먹을 것이 귀하던 그 옛날 가난한 시절에 생겼다는 설입니다. 지금은 먹을 것이 많지만, 그 옛날에는 먹을 것이 귀해 늘 배가 고팠습니다. 특히 단음식이 별로 없던 시절, 그 당시 달콤한 꿀은 매우 귀한 음식이었지요. 그러니까 어쩌다 꿀을 먹을 일이 생기게 되면, 오직 먹는 데만 정신이 팔려서 말을 할 시간이 없었습니다. 그래서 꿀을 먹을 때는 벙어리가 된다는 것입니다.

세 번째는 인도의 시인詩人 까비르(1440~1518)의 시詩에서 비롯되었다는 설입니다. 까비르는 그의 시詩에서 진리를 달콤한 꿀에 비유하여 "꿀을 먹은 자는 더 이상 말을 하지 않는다."라고 하였는데 거기에서 '꿀 먹은 벙어리'라는 말이 생겨났다는 것입니다.

네 번째는 꿀을 먹으면 찐득찐득 거려서 입이 잘 떨어지지 않아서 생겼다는 설입니다. 엿이나 꿀을 많이 먹으면 입속이 찐득거려서 말하기가 힘들 정도가 됩니다. 그래서 꿀만 먹으면 말을 하지 못하니까 '꿀 먹은 벙어리'라고 했다는 겁니다. '엿 먹은 벙어리'라고 할 수도 있었겠지만 '엿 먹는다'는 말이 욕 같기도 하고 자연스럽지가 않아서 '꿀 먹은 벙어리'라는 표현을 쓰게 되었다고 합니다.

꿀밤(을) 먹다(먹이다)

머리에 꿀밤을 맞다.

예) 오늘도 숙제를 못해서 선생님에게 꿀밤을 먹었다.

꿈같다

1. (무엇이) 만족스러워 기쁘고 행복하다.

예) 내가 일등을 하다니 이 모든 것이 꿈같아.

2. (세월이) 덧없이 빠르다.

예) 꿈같은 세월.

3. (무엇이) 부질없고 무의미하다.

예) 재석이는 꿈같은 이야기만 해 댔다.

꿈나라로 가다

잠이 깊이 들다.

예) 지금쯤이면 우리 아기가 꿈나라로 갔을 시간인데요.

꿈도 못 꾸다

전혀 생각도 하지 못하다.

예) 내가 그런 좋은 집에서 사는 것은 꿈도 못 꿀 일이다.

꿈도 안 꾸다

전혀 생각도 안 하다.

예) 그는 이렇게까지 일이 잘 진행되리라고는 꿈도 안 꾸고 있었다.

꿈도 야무지다

희망이 너무 커 실현 가능성이 없음을 비꼬아 이르는 말.

예) 그렇게 좋지 않은 성적으로 대학에 진학을 하겠다니, 꿈도 야무지다.

꿈 밖이다

아주 뜻밖이다.

꿈속에 들다

『북』 현실을 떠나서 허황한 꿈을 꾸고 있다는 뜻으로, 정세나 환경에 민감하지 못하고 매우 어둡게 사는 경우를 비유적으로 이르는 말.

꿈에도 생각 못하다

생각조차 해 본 적이 없다.

꿈에도 없다

전혀 생각 해 본 적이 없다.

꿈에 밟히다

잊히지 않아 꿈에 나타나다.

꿈(을) 깨다

희망을 낮추어 버리다.

예) 꿈 깨라. 세상은 그렇게 만만하지 않아.

꿈(을) 꾸다

사람은 자면서 계속 꿈을 꾼다고 한다. 그러나 그 의식의 층이 다양하기 때문에 꿈 내용을 다 기억하지는 못한다. '자면서 의식 속에서 어떤 영상을 보거나 사건에 관여하다', '(미래의 일이나 실현이 불가능해 보이는 일을) 바라거나 희망하다'라는 뜻.

꿈인지 생시인지

1. 생각지도 못한 뜻밖의 일에 부닥쳐 어찌할 바를 모를 때를 이르는 말.

2. 간절히 바라던 일이 뜻밖에 이루어져 꿈처럼 여겨지는 것을 이르는 말.

꿈자리가 사납다

몹시 불안하고 초조하여 잠조차 제대로 못 이룬다는 말.

꿈자리가 사납더니

일이 뜻대로 아니하고 방해되는 것이 끼어들 때 하는 한탄조의 말.

꿈쩍 못하다

남의 힘이나 힘에 눌리어 기를 펴지 못하다.

꿈쩍(도) 안(아니) 하다

1. 전혀 활동하거나 일하지 아니하다.

2. 남이 무어라고 하던 자기 뜻을 굽히지 아니하다.

꿍꿍이 속

도무지 모르는 수작.

꿩 대신 닭

꼭 적당한 것이 없을 때 그만은 못하지만 그와 비슷한 것으로 대신하는 경우를 비유적으로 이르는 말.

끄떡(도) 않다

조금이라도 움직이거나 동요하지 아니하고 버티다.

끈 붙다

(사람이) 붙들고 살아갈 길이 생기다.

예) 형철이는 입에 풀칠만 하다가 취직을 해서 끈이 붙었다.

끈 붙이다

(사람이) 살아갈 길을 마련하다.

예) 가족들이 끈을 붙이도록 어머니는 밤낮으로 일을 하셨다.

끈이 길다

『북』 남모르게 하는 일이 너무 오래 계속되다.

끈(이) 떨어지다

붙들고 살아가던 길이 끊어지다.

예) 병들고 직장까지 잃게 된 그는 이제 끈이 떨어진 신세이다.

끊어 맡다

일의 일부를 따로 떼어 맡다.

끊어 주다

셈을 치려 주다.

끌로 박은 듯

조금도 움직이지 않고 꼿꼿하게 서 있는 모습을 비유적으로 이르는 말.

예) 그는 정거장에서 어머니를 기다리며 몇 시간째 끌로 박은 듯 꼼짝 않고 서 있었다.

끗발(이) 세다

'끗'은 원래 접쳐서 파는 피륙의 접힌 것을 세는 단위를 뜻하는 말이었다. 노름 등에서, 재수가 좋아 높은 끗수가 잇달아 나오다. 세도나 기세가 당당 함, 끗발이 좋다. (반)끗발(이) 없다(나쁘다). (비)끗발이 좋다.

끗발(이) 좋다

(비)끗발(이) 세다.

예) 끗발이 좋아야 돈을 따지.

끙짜(를) 놓다

불쾌하게 생각하다.

★끙짜 : 강샘(상대하고 있는 이성異姓이 다른 이성을 좋아함을 지나치게 시기하는 일, 질투, 투기)를 속되게 이르는 말.

끝 간 데 없다

끝이 보이지 않을 정도로 까마득하다.

예) 그런데 어찌하여 일각이 천추이며 끝 간 데 없는 들판에 씨를 뿌리며 곡식을 거두어들이는가.

끝을 보다

일을 끝맺다.

예) 나는 일단 시작한 일은 끝을 보는 성격이다.

끝이 가도 없다

어떤 일이 갈피를 잡을 수 없을 만큼 복잡하고 많다.

예) 요즘은 성수기라서 일이 끝이 가도 없다.

끝이 보이다

일이나 관계가 끝나다.

예) 방학이 드디어 끝이 보이기 시작합니다.

끝장(을) 내다

하는 일을 다 마치다.

끝장(을) 보다

끝장이 나게 하다.

예) 그는 일을 시작하면 끝장을 보는 사람이다.

끝장(을) 쥐다

뒷일을 맡다.

예) 이번 일은 아무래도 나보다 자네가 끝장을 쥐어야 될 것 같아.

끝장이 나다

1. 하는 일이 마치어지다.

2. 파탄이 되어 본래의 상태가 무너지다.

3. 〈속〉 죽다.

예) 그 사람도 이제 끝장이 났어.

끽소리(도) 못하다

'끽'은 놀라거나 당황했을 때 힘을 다하여 내지르는 외마디소리를 나타내는 부사이다. 이보다 작은말은 '깩'이다. '끽소리'는 주로 부정어와 함께 쓰여서, 놀라도 외마디소리조차 내지 못함을 나타낸다. 즉, '어떤 불리한 상황에서 조금이라도 떠드는 소리나 반항하려는 태도'가 '끽소리'이다. 참고로 '찍소리'가 있다. 조금이라도 남에게 들리게 내는 소리가 '찍소리'이다. '찍소리도 못하다'라고 하면 '한마디도 대꾸하지 못하다'이다. 둘 다 입을 다무는 것은 같으나 그 의미에는 다소 차이가 있다.

낌새(를) 보다

낌새(어떠한 일의 미묘한 기틀이나 눈치, 기미幾微)를 살펴보다.

낌새(를) 채다

낌새를 살펴 알다. 기미채다. 기수채다.

ㄱ

나그네 노릇

떠돌이로 생활하면서 여기저기 신세 지며 사는 일을 이르는 말.

나그네 세상世上

덧없는 세상을 이르는 말.

예) 이 세상은 단지 잠시 왔다 가는 나그네 세상일 뿐, 그 이상도 그 이하도 아니네.

나라 밥을 먹다

『북』 1. 국가의 혜택으로 살다.

예) 나라와 인민을 위하여 열심히 일하는 사람만이 나라 밥을 먹을 수 있다.

2. 국가 기관에서 일하다.

나래(를) 펴다

(비)날개(를) 펴다.

예) 젊은이여, 희망의 나래를 펴라!

나 몰라라 하다

어떤 일에 무관심한 태도로 상관하지도 아니하고 간섭하지도 아니하다.

예) 사람이 다쳤는데 어떻게 나 몰라라 할 수 있니?

나무람(을) 타다

꾸짖음을 받아 언짢아하다.

★나무라다 : 지적하여 주의를 주며 알아듣도록 말하다.

나무람은 내 걱정처럼 하라

누구를 나무랄 때는 큰소리로 하는 나무람보다 내 걱정을 하듯 머리 숙여 꾸지져라는 말.

나무(를) 하다

산이나 들에 가서 땔감을 장만하다.

나발(을) 불다

1. (속되게) 당치 않은 말을 함부로 하다. (비)나팔(을) 불다.

예) 나발 불지 말고 잠자코 있어.

2. 터무니없이 과장하여 말을 하다.

예) 어디서 그런 가짜를 진짜라고 나발을 불어?

3. 술이나 음료를 병째로 마시다.

예) 그는 맥주를 병째 나발 불었다.

4. 어떤 사실을 자백하다.

예) 시치미 떼. 알겠니? 나발 불었다가는 우린 끝장이다.

5. 어린아이가 소리 내어 시끄럽게 울다.

예) 갓난아이가 아까부터 계속해서 나발을 분다.

나사가 빠지다

(비)정신이 없다.

예) 그런 실수를 하다니 그때는 나도 나사가 빠져 머리가 멍해 있었나 보다.

나사가 풀리다

정신 상태가 해이하다.

예) 그는 오랜 친구를 만나 술을 할 때마다 나사가

풀린다.

나사가 풀어지다

정신 상태가 해이해지다.

예) 금방 온 전신의 근육이 헐거워지고 정신의 어딘가에 나사가 풀어진 것처럼 이젠 아무 것도 생각할 수가 없었다.

나사(를) 죄다

해이해진 마음을 가다듬고 정신을 다잡다.

나이(가) 아깝다

1. 하는 짓이나 말이 그 나이에 어울리지 아니하게 유치하다.

예) 그것도 모르다니 나이가 아깝다.

2. 일찍 죽거나 불행을 당하여 안타깝다.

예) 새파랗게 젊은 사람이 죽다니 나이가 아깝다.

나이가 차다

혼기婚期가 되다.

나이는 못 속인다

나이를 아무리 속이려고 해도 행동의 이모저모에서 그 티가 날 수밖에 없음을 비유적으로 이르는 말.

나 죽었소 하다

있어도 없는 듯이 처신하다.

예) 그녀는 상사의 잘못을 보고도 나 죽었소 하고 침묵을 지켜야만 했다.

나지리 보다

남을 업신여겨 낮게 보다.

★**나지리** : 자기보다 능력. 품위 따위가 못하다의 뜻.

예) 그는 콧대가 높아 언제나 누구에게나 나지리 보는 게 습관이 되었다.

나팔(을) 불다

(비)나발(을) 불다.

예) 길을 잃었는지 어린애가 아까부터 길 한복판에서 나팔을 불고 있다.

낙동강 오리알

무리에서 떨어져 나오거나 홀로 소외되어 처량하게 된 신세를 비유적으로 이르는 말.

예) 주인을 잃고 낙동강 오리알 신세가 된 애견 열 마리는 다른 사람에게 분양되었다.

낙양의 지가紙價를 올리다

중국 진晉나라의 좌사左思가 지었을 때 낙양 사람이 다투어 이것을 베낀 까닭에 종이 값이 올랐다는 데서 나온 말로, 어떤 책이 매우 잘 팔림을 비유적으로 이르는 말.

★**낙양洛陽** : 현 이름. 동한 삼국 시기 위나라의 도성. 사례주 하남윤河南尹에 속했다. 그 성터는 지금의 하남성 낙양洛陽에 있다.

낚시를 던지다

남을 꾀어내기 위한 수단을 쓰다. (비)미끼(를) 던지다.

예) 우선 자백을 하면 살려 주겠다고 낚시를 던지면 어떨까요?

난다 긴다 하다

재주나 능력이 남보다 뛰어나다.

예) 이번 학술회의에는 전 세계의 난다 긴다 하는 학자가 모두 참석할 예정이다.

난든집(이) 나다

손에 익숙하여지다.

★**난든집** : 손에 익은 재주.

난蘭을 치다

동양화에서, 난초를 그리다. (비)난초를 치다.

예) 아버지는 화선지 위에 난을 쳤다.

난장(을) 맞다

1. 함부로 마구 때리다(떠들다).

2. (주로 난장을 칠 꼴로 쓰여)난장을 칠 만하다는 뜻으로, 몹시 못마땅하여 저주하는 말.

★**난장亂場** : 여러 사람들이 뒤엉켜 함부로 떠들거나 덤벼 뒤죽박죽이 된 곳.

난장을 치다

함부로 마구 떠들다.

예) 남의 일이라고 그렇게 함부로 난장을 치고 다니면 안 되지.

난전을 치다

육주비전에 속한 군졸들이 난전을 단속하여 물건을 빼앗고 사람을 잡아가다.

★난전亂廛 : 허가 없이 길에 함부로 벌여 놓은 가게.

예) 갑작스럽게 난전을 치는 바람에 많은 사람이 잡혀갔다.

난초蘭草를 치다

(비)난을 치다.

예) 붓을 잡아 난초를 쳐서, 그것을 팔아 달라고 각 대관의 집을 지근지근 찾아다니는 것이었다.

난탕(을) 치다

1. 무질서하고 난잡스럽게 마구 행동하다.

2. 일을 구체적인 타산 없이 마구잡이로 주먹치기로 하다.

3. 재물을 함부로 써서 없애거나 함부로 두들겨 부수다.

★난탕 : ①한바탕의 야단. ②칼 따위로 마구 내리 찍거나 벰.

낟알 구경을 하다

(완곡하게) 오래간만에 밥을 먹어 보다.

예) 추수 때나 돼야 겨우 낟알 구경을 할 수 있을 것 같다.

낟알을 구경을 못하다

오래도록 밥 구경을 못하다.

★낟알 : 껍질을 벗기지 않은 곡식 알맹이.

날강목치다

광물을 캤으나 얻은 것 없이 헛일만 하다. 헛수고만 하다.

★날강목 : 광석을 캐낼 때 조금도 얻는 것이 없게 된 헛일.

예) 철수 아버지는 일금탄좌 금광은 매일 날강목만 쳐서 파산의 위기까지 닥쳤다.

날개(가) 돋치다

1. 상품이 시세를 만나 빠른 속도로 팔려 나가다.

예) 이번에 내놓은 신상품은 날개 돋친 듯 팔려 나갔다.

2. 의기가 치솟다.

3. 소문 같은 것이 먼 데까지 빨리 퍼져 가다.

예) 나쁜 소문일수록 날개 돋친 듯 퍼져 나가기 마련이다.

4. 돈 같은 것이 빨리 불어나다.

예) 안 먹고 안 쓰면서 꾸준히 저축하니 점점 날개가 돋쳐 큰돈이 되었다.

날개(를) 펴다

생각, 감정, 기세 따위를 힘차게 펼치다. (비)나래(를) 펴다.

예) 조선의 천하에는 또다시 태공의 쇄국 정책이 날개를 펴게 되었다.

날 것 같다

몸이나 마음이 매우 가볍다.

예) 숙제를 끝내고 나니 기분이 날 것 같다.

날과 달을 이어

『북』 여러 날과 여러 달을 쉬지 아니하고 계속하여.

예) 날과 달을 이어 탐구를 계속하다.

날과 더불어

『북』 날이 지남에 따라.

예) 날과 더불어 우리의 생활은 더욱더 윤택해진다.

날로 먹다

힘을 들이지 아니하고 일을 해내거나 어떤 것을 차지하는 것을 낮잡아 이르는 말. (비)생으로 먹다.

예) 어디서 날로 먹으려고 해?

날 바람(이) 나다

『북』 1. 사람이 들떠서 괜히 나돌아 다니기 좋아하는 버릇이 생기다.

2. 남녀 관계에서 마음이 들떠 그릇되게 행동하는 버릇이 생기다. (비)날 바람(이) 들다.

날 바람(이) 들다

『북』 (비)날 바람(이) 나다.

예) 오금에 무슨 날 바람이 들었는지 집에도 안 들어온다고 욕을 했더니 글쎄 새 기술 혁신을 하느라고 그랬다는군요.

날 바람 잡다

바람이 들어서 함부로 헤매고 다니다.

예) 나이 쉰에 ~.

날밤 가는 줄 모르다

『북』 바빠서 날짜가 어떻게 지나가는지 알지 못하다.

★날밤 : 부질없이 새우는 밤.

날밤(을) 새우다

부질없이 괜히 자지 아니하고 밤을 새우다.

예) 당구장 주인은 카운터에다 머리를 박고 코를 골며 자고 있었다. 어제도 날밤을 새운 모양이다.

날벼락(을) 맞다

'날벼락'은 '벼락'에 접두사 '날-'이 붙어서 '뜻밖에 떨어지는 벼락'을 뜻한다. '벼락'은 '호된 꾸지람이나 나무람'을 뜻하기도 하므로 '날벼락'은 '잘못도 없이 뜻밖에 당하는 꾸지람이나 나무람', 더 나아가 '뜻밖에 당하는 재난이나 불행'을 의미하기도 한다. '마른 하늘에 날벼락'이라 한다. 맑은 하늘에 갑자기 벼락이 치는 것에 비유하여 전혀 뜻하지 않은 재앙이나 불행이 갑자기 닥치게 됨을 이르는 말이다.

날아 놓다

여러 사람이 낼 돈의 수를 조정하다.

날(을) 가리다

혼인, 장례, 이사 따위를 할 때에 길일을 가려잡다.

예) 예로부터 관혼상제의 일은 날을 가려서 하는 법이다.

날(을) 받다

1. 결혼식 날짜를 정하다. (비)날을 잡다.

예) 만혼인데 왜 그리 늘어지게 날을 받았소?

2. 어떤 일에 대비하여 미리 날을 정하다.

예) 그는 마치 큰 잔치나 배설하려는 것처럼 날을 받아 놓고 제관 준비에 바빴다.

날(을) 세우다

1. 연장의 날을 날카롭게 하다.

예) 풀을 베기 전에 숫돌에 낫을 갈아 무뎌진 날을 세웠다.

2. 정신을 집중하다.

예) 겉으로는 상대편의 말을 경청하고 있는 것 같았으나 조준구의 심중을 헤아려 보려고 평산은 신경의 날을 세우고 사방에다 촉수를 펴며 더듬는 것이었다.

날(을) 잡다

(비)날(을) 받다.

예) 자네 친구가 장가간다는 소식을 들었는데 언제로 날을 잡았다고 하던가?

날을 지우다

어떤 일을 하며 하루를 보내다.

예) 책을 읽는 것으로 날을 지우는 수밖에 없었다.

날(이) 들다

(날씨가) 비나 눈이 그치고 날이 개다.

예) 오후에는 날이 들 테니 빨래를 밖에 내다 놓아라.

날(이) 서다

1. 연장의 날이 날카로워지다.

예) 숫돌에 갈아 날이 선 칼.

2. 성격이나 표현, 판단력 따위가 날카롭다.

예) 그의 말은 날이 서고 조리가 분명하다.

3. 바람 따위의 기세가 세차다.

예) 겨울이라 그런지 바람에 날이 섰다.

날(이) 새다

일을 이룰 시기가 이미 지나 가망이 없다.

예) 그건 이미 날 샌 일이니 더 이상 생각하지도 마라.

날이면 날마다

매일매일의 모든 날에.

예) 형님은 몰라서 이러시오? 몰라서 날이면 날마다 이 소동이냐 말입니다.

날 작정 달 작정

어느 날을 일할 것을 정하고, 어느 달을 일할 것을 정하는 것.

날 잡아 잡수 하다

1. 하고 싶은 대로 해 보라고 상대방에게 제 몸을 내놓음을 비유적으로 이르는 말.

예) 아는 사람도 없는 타지에서 혼자 어리바리한 모

습으로 돌아다니는 건 날 잡아 잡수 하는 거나 다름 없어.

2. 무슨 말인지 못 알아들은 것처럼 딴청을 피우면서 말없이 반항함을 이르는 말.

예) 내가 따져 묻는 말을 듣고도 무표정한 얼굴로 날 잡아 잡수 하고 있는 그녀를 보니 몹시 화가 났다.

날탕(을) 치다

1. 일을 구체적인 타산이 없이 마구잡이나 주먹치기로 하다.

2. 재물을 함부로 써서 없애거나 함부로 두들겨 부수다.

★**날탕** : 아무 것도 가진 것이 없음 또는 그런 사람.

날품(을) 팔다

하루하루 품삯을 받고 일하다.

예) 날품을 팔아 생계를 유지하다.

남대문 구멍 같다

(비유적으로) 구멍이 매우 크다.

예) 어미 년이 화냥질하다 부족해서 자식 년까지 시키면서 그런 소리를 어디서 벌리고 하니. 아가리가 남대문 구멍 같더라도 못하겠다.

남대문(이) 열리다

(비유적으로) 남자 바지의 앞쪽 지퍼나 단추가 채워지지 아니하고 열려 있다.

남북(이) 나다

머리통의 앞뒤가 쑥 나오다.

남상(을) 지르다

여자가 남자 얼굴처럼 생기다.

★**남상**男像 : 그림이나 조각 따위에서 남자의 형상.

남에게 멱살을 쥐다

『북』 가장 긴요하거나 절박한 부분을 남에게 잡히다.

예) 경제적으로 남에게 멱살을 쥐면 자주적인 정치도 할 수 없고 바른말도 할 수 없다.

남에 없는

남다르게 아주 특별하거나 극심한.

예) 그는 외아들로 어머니에게 남에 없는 귀여움을 받았다.

남의 나이

환갑 지나서 먹는 나이.

남의 나이를 먹다

제 나이를 다 살고 남의 나이로 살아간다는 뜻으로, 늙은이가 오래 삶을 비유적으로 이르는 말.

남의 눈

여러 사람의 시선.

남의 달 잡다

아이를 해산할 달의 다음 달에 낳게 되다.

남의 등(을) 쳐 먹다

악독하고 교활한 짓으로 남의 것을 빼앗다.

예) 남의 등 쳐 먹기로 생활을 삼는 위인이니까 자네 어르신네와 수원 집을 좌우로 끼고 안팎벽을 치는 것인가.

남의 말(을) 하다

이러쿵저러쿵 남에 대하여 뒷말을 하거나 시비하다.

예) 남 말하기 좋아 순산이지 몇 번이나 죽을 뻔했는지 아십니까?

남의 밑에 들다

남보다 뒤떨어지다.

예) 아무쪼록 열심히 하여 남의 밑에 들지 말고 우등으로 졸업한 후, 여자 사회의 괴수가 되어 국민의 큰 의무를 다하라고….

남의 밑에 들어가다

남에게 부림을 당하면서 일하다.

예) 이제 남의 밑에 들어가 매 맞아 가며 심부름이나 할 수는 없지 않은가.

남의 손을 빌리다

남의 도움을 받다.

남의 집(을) 살다

남의 집에서 먹고 자면서 일을 해 주다.

예) 그가 어려서부터 남의 집을 살며 별별 모욕을 받다 못해서 이 다리까지 부러졌지만….

남 좋은 일을 하다[시키다]

일을 한 결과가 자기에게는 아무 이득이 없고 남에

게만 이롭게 하다.

예) 사업 계획서 만드느라 그렇게 고생하더니만 결국엔 남 좋은 일을 했군.

납덩이같다

1.(사람이 몸이) 몹시 피곤하여 아주 나른하다.

2.(기본의미) (사람의 얼굴이) 핏기가 없어 납덩이의 빛깔과 같다.

3.(주위 분위기가) 어두워 밝지 못하다.

납작코가 되다

체면, 자존심 따위가 손상되다.

예) 점원이 주인 행세를 하려다가 들통이 나서 납작코가 되었다.

낫기는 개 코가 나아

조금도 나을 것이 없음을 속되게 이르는 말.

★**낫다** : 질이나 수준 등의 정도에서 더 좋거나 앞서 있다.

예) 뭐 이 물건이 가장 나은 물건이라고? 낫기는 개 코가 나아.

낫살이나 건사하다

(낫잡는 뜻으로) 나이가 들다.

★**건사하다** : 거두어 보관하거나 지키다.

예) 낫살이나 건사한 사람이 어디 와서 경우 없는 짓이야.

낭패(를) 보다(당하다)

1.계획하던 것이 실패하거나 바라던 일이 뜻대로 되지 않아 매우 난감하고 곤란하게 되거나 또는 그러한 처지를 뜻한다.

2.'뜻하거나 바라던 일이 실패하거나 어그러져 난감한 처지가 되다'라는 뜻이다.

★**낭패**狼狽 : 바라던 일이 실패로 돌아가거나 기대에 어긋나 딱하게 됨.

낮과 밤을 잊다

쉬지 아니하고 일하다.

낮과 밤이 따로 없다

쉬지 않고 계속하다.

낮도깨비 같다

1.체면 없이 마구 행동하는 사람을 비유한 말.

2.낮에 나타난 도깨비.

낮이고 밤이고(낮이나 밤이나)

언제나 늘, 한결같이.

낮잠(을) 자다

1.해야 할 일을 아니하고 태평하게 있다.

2.제대로 쓰지 아니하고 내버려 두다.

낯[가죽 짝](이) 두껍다

무슨 일에나 염치없고 뻔뻔스러우며 부끄러워할 줄 모르는 사람을 이른다. (비)얼굴이 두껍다.

낯가죽(이) 얇다

부끄러움을 잘 타다.

예) 그렇게 낯가죽이 얇으면 장사를 어떻게 해.

낯도 코도 모르다

『북』 어떤 사람을 전혀 알지 못하거나 본 일이 없다.

예) 그가 무엇 때문에 낯도 코도 모르는 가난한 양반 집에 제물 부조를 해야 한단 말인가.

낯바닥이 땅 두께 같다

도무지 부끄러움을 모르고 염치가 없다.

예) 약속 시간보다 두 시간이나 늦었는데도 낯바닥이 땅 두께 같은 친구라 미안해하는 기색이 전혀 없다.

낯바닥이 홍당무[홍동지] 같다

부끄럽거나 무안하여 얼굴이 붉어져 있다.

예) 괜찮아, 뭐 그런 일로 낯바닥이 홍당무 같은 모습으로 어쩔 줄을 모르느냐?

낯설고 물설다

(비)산 설고 물설다.

예) 정든 고향 산천 버리면서까지 낯설고 물선 고장으로 이주해 갈 까닭이 있겠는가.

낯(을) 가리다

1.(어린아이가) 낯선 사람을 대하기 싫어하다.

2.(사람이) 친하고 친하지 아니함에 따라 사람을 달리 대우하다.

낯을 깎다

체면을 잃게 만들다. (비)얼굴을 깎다.

낯(을) 들다

(비)얼굴을 들다.

낯을 돌리다

상대하지 아니하고 얼굴을 돌리다.

예) 제발 무조건 낯을 돌리지 말고 내 말 좀 들어 줘.

낯(을) 못 들다

창피하여 남을 떳떳이 들지 못하다. 얼굴을 뜻하는 '낯'은 체면을 나타내는 말로도 쓰인다. 부끄러우면 상대방을 똑바로 바라보지 못한다. 너무 부끄러우면 숨고, 들키면 얼굴을 두 손으로 가린다. 그 손을 치워보면 얼굴이 붉게 물들어 있다. '낯을 못 들다'는 상대방을 똑바로 바라보지 못하는 창피하고 부끄러운 마음을 나타낸다. (비)낯(을) 들지 못하다, 낯(이) 부끄럽다, 낯(이) 뜨겁다 낯을 묻히다, 낯을 들고 다닐 수 없다.

낯을 묻히다

『북』 (비)명예를 더럽히다.

예) 순간의 잘못으로 영원히 낯을 묻히는 일이 없도록 사람은 언제나 순간순간을 보람 있게 빛나게 살아야 한다.

낯을 보다

(비)얼굴을 보다.

예) 너의 부모님 낯을 보아 이번에는 그냥 넘어가겠지만 다음에 또 이런 일을 저지를 경우에는 용서 없을 줄 알아라.

낯(을) 붉히다

부끄럽거나 성이 나서 얼굴을 붉게 물들이는 것을 말한다. (비)얼굴(을) 붉히다.

낯(을) 익히다

1. 상대방의 얼굴을 기억할 뿐만 아니라 더 이상 낯설게 느껴지지 않아야 낯을 익힌 것이 된다.

2. 얼굴이나 사물이 익도록 여러 번 대하다. (비)낯(이) 익다. (반)낯(이) 설다.

낯(이) 간지럽다

너무 보잘것없어 부끄럽거나 염치없는 짓이 되어 남 보기에 면구스럽다. (부)낯간지러이. (비)얼굴이 간지럽다.

낯이 깎이다

체면이 손상되다.

예) 점잖은 자리이니 낯이 깎일 행동을 하지 않도록 조심해라.

낯이 넓다

아는 사람이 많다.

예) 저 친구는 낯이 넓으니까 잘 따라다니면 자네에게도 도움이 될 걸세.

낯이 떳떳하다

남에게 부끄러운 점이 없다.

낯(이) 뜨겁다

매우 부끄럽다. 보기에 민망하다. (비)낯(이) 뜨듯하다.

예) 시험 볼 때 갑자기 휴대전화 벨소리가 울려서 낯 뜨거웠어요.

낯(이) 없다

너무 미안하고 부끄러워 대할 면목이 없다. (부)낯없이. (반)낯(이) 있다. (비)볼 낯이 없다, 면목이 없다, 낯을 못 들다, 얼굴을 못 들다.

낯(이) 익다

얼굴이 눈에 익다. 눈에 익어 친숙한 느낌이 있다. (반)낯설다. (비)낯(을) 익히다.

낯이 있다

안면이 있다. (반)낯이 없다.

예) 그와는 낯이 있는 사이이다.

낯짝(이) 두껍다

'낯(이) 두껍다'를 속되게 이르는 말.

예) 그가 얼마나 그런 일을 많이 했으면 낯짝이 두껍게도 모르는 척할 수가 있습니까?

낯짝이 소가죽보다 더 두껍다

부끄러움이나 염치가 전혀 없다.

예) 거짓말을 밥 먹듯 하는 걸 보니 낯짝이 소가죽보다 더 두껍구나.

낳이(를) 하다

길쌈하는 일을 하다.

★**낳이** : 피륙을 짜는 일.

내놓고 말하다

속에 가지고 있는 생각을 꺼내어 말한다는 뜻인데, 여기에는 '숨기는 것이 없다', '모든 속마음을 드러내다'라는 뜻.

예) 내놓고 말해서 그 사람이 잘난 게 뭐가 있냐?

내려 조기다

위에서 막 두들겨서 꺾어지거나 으스러지게 하다.

내 말이 그 말(이다)

상대방이 말한 견해나 제안을 찬성함을 이르는 말.

예) "그녀가 그렇게 화를 내다니 좀 지나쳤어." "내 말이 그 말이야."

내숭(을) 떨다

'내숭'은 '내흉內凶'에서 왔다. '엉큼하고 흉한 것'이 '내흉'이다. 즉, 겉으로는 얌전하거나 부드러워 보이지만 속은 엉큼한 것 또는 그러한 태도나 행동을 뜻함.

내심(이) 있다

『북』 속이 깊고 참을성이 많다.

★**내심內心** : 겉으로 드러나지 않는 실제의 마음.

내 코가 석 자

자기 일도 막막한 처지라 남의 고통이나 슬픔을 돌볼 겨를이 없음을 이르는 말, 이 말은 원래 신라시대 때부터 전래된 어떤 설화에서 유래한 것인데, 그 설화는 코가 커졌다는 얘기였지만 지금은 '코'가 아니라 '콧물'을 뜻하는 말이라고 합니다.

'나의 콧물이 석자나 나왔다'는 뜻입니다. 따라서 "내 코가 석자" 라는 말은 '내 콧물이 석자씩이나 길게 나온 것을 닦지도 못하는 판에 누구를 걱정할 수 있겠느냐'의 의미를 담고 있습니다. 즉, 내가 해결해야 할 문제가 태산 같아서 다른 데는 신경 쓸 수 없다는 뜻입니다.

낼모레 동동

준다는 약속 날짜에 주지 않고 차일피일 미루기만 한다는 말.

예) 그가 돈을 빌려 쓰고는 낼모레 동동 하면서 갚지를 않는다.

냄새(가) 나다(피우다)

냄새가 코로 느끼다. 신선하지 아니한 맛이 있다. 매우 싫증이 나다. 기미가 보이다.

냄새(를) 내다

싫증을 내다.

냄새(를) 맡다

어떤 상황이나 사태를 짐작케 하는 '낌새', '눈치'도 '냄새'라고 한다. 이때는 '상황이나 사태를 짐작할 수 있게 하는 낌새나 눈치를 알아차리다'라는 뜻. 냄새를 느끼다. 눈치를 채다.

냉갈령(을) 부리다

매정하고 쌀쌀하게 행동하다.

★**냉갈령** : 몹시 얄미울 만큼 인정이 없고 쌀쌀한 태도.

냉수冷水를 끼얹은 것 같다

순조롭게 진행되는 일을 진행되지 못하도록 방해하다.

예) 화가 난 아버지의 등장으로 갑자기 방 안은 냉수를 끼얹는 것 같았다.

냉수 맛 같다

아무 맛도 없다.

냉수 먹고 속 차려라

정신 차려라.

냉冷(을) 치다

냉병을 다스리다.

예) 의원님, 냉을 칠 좋은 약 하나만 지어 주십시오.

냉(이) 받치다

1. 몸속에서 냉기가 올라오다.

예) 이 아이 몸에서 냉이 받쳐서 안 되겠어. 어서 불을 더 때게.

2. 논바닥에 냉기가 있어 벼가 제대로 자라지 못하다.

예) 논바닥에 냉이 받쳐서 올해도 벼가 잘 자라기는 틀렸네.

너가 아니 내가 아니
너도 모르고 나도 모르다.

너구리같다
사람됨이 음흉하고 능청스럽다.

너구리(를) 잡다
1.(속되게) 불법적으로 차를 태워 주어 이익을 보다.
2.(비유적으로) 닫힌 공간에서 불을 피우거나 담배를 태워 연기를 많이 내다.
예) 마작 판이 벌어진 방은 너구리를 잡는 굴속 같았다.

너 나 할 것 없이
누구를 가릴 것 없이 모두.
예) 다행히 동네 분들이 너 나 할 것 없이 쌀과 김치를 모아 가져다주셨다.

너는 너고 나는 나다
1.너면 너고 나면 나다.
2.너는 너대로 하고 나는 나대로 한다는 뜻으로, 서로 같지 않고 자기식대로 한다는 말.
3.상대편이 나를 간섭하거나 침해하는 것을 바라지 않을 때 하는 말. (비)너면 너고 나면 나다.
예) 너는 너고 나는 나야! 괜히 내 일에 참견하지 마.

너니 내니 하다
서로 책임을 안 지려고 하다.
예) 담당이 너니 내니 하지 말고 해결 방법을 찾아보아라.

너덜(이) 나다
여러 가락으로 어지럽게 째지다. 거덜나다는 여지없이 결딴이 나다.

너도 나도
서로 뒤지거나 빠지지 않으려고 모두 마찬가지로. (비)너나없이.

너도 나도 하다
여러 사람이 저마다 앞을 다투어 나서다.

너리(가) 먹다
잇몸이 헐어 헤져 들어가다.
★너리 : 잇몸이 헐어 피나 고름이 나오는 병.

너면 너고 나면 나다
너와 나와는 관계가 없다는 뜻으로, 남에 대하여 전혀 무관심하고 자기의 이익만 채우는 이기적인 태도를 이르는 말. (비)너는 너고 나는 나다.

너스레를 놓다
'너스레'는 원래 흙구덩이나 그릇 아가리, 바닥 등에 이리저리 걸쳐놓아 그 위에 놓는 물건이 바닥에 닿지 않거나 밑으로 빠지지 않도록 하는 데 쓰는 막대기를 가리킨다. '너스레를 놓다'라고 하면 그렇게 막대기로 받침대를 만들어서 그릇이나 음식을 놓을 수 있는 자리를 마련한다는 뜻이다. 이런저런 말을 아무렇게나 하는 듯 늘어놓으면서 은연중에 상대방을 제 마음대로 휘잡거나 농락하려는 말까지 의미하게 되었다. 그러므로 어떤 일을 주선하거나 남을 농락하기 위해 말을 수다스럽게 늘어놓다 변질되었다.
예) 뒤가 켕기는 김 노인은 도로 방으로 들어가서 한참 너스레를 놓으며 자신이 한 말을 무마시키려 했다. 너스레 짓을 나타내다. 흙덩이나 그릇에 너스레를 걸치어 놓다.

너스레(를) 떨다
너스레를 늘어놓다.

너스레(를) 치다(부리다)
1.발라맞추다 말이나.
2.행동으로 비위를 맞추다.
3.어루먹이다.

너울을 쓰다
속이나 진짜 내용은 그렇지 않으면서 그럴듯하게 좋은 명색을 내걸다.
★너울 : 여자들이 얼굴을 가리기 위해 머리에 쓴 물건
예) 양반이란 너울을 쓰고 이 세상의 온갖 못된 짓들만 하는 치들이 그들 아닌가.

너 죽고 나 죽자
사생결단하고 맞서 싸울 때 하는 말.
예) 사형수들은 기왕 죽기로 되어 있는 놈들이니 너

죽고 나 죽자고 발악하는 날에는 못 할 짓이 없었다.

넉살(을) 먹다

『북』 몹시 혼이 나서 겁을 먹다.

★넉살 : 부끄러움을 타지 않고 비위 좋게 구는 짓.

예) 우리의 명중사격에 넉살을 먹은 적들은 포 한 방 못 쏘고 배 머리를 돌려 어디론가 내빼기 시작하였다.

넉살을 먹이다

『북』 몹시 혼을 내서 겁을 먹게 하다.

넉살(이) 떨어지다

『북』 몹시 혼이 나서 아예 그런 버릇이 없어지다.

예) 허 참, 지르는 길이 드는 길이라더니 한 10분 당겨 보려고 이쪽으로 접어들었다가 넉살이 떨어졌는데요.

넉살(이) 좋다

'넉살'은 수줍음이나 불쾌감을 전혀 느끼지 않고 비위 좋게 구는 짓이나 성미를 뜻한다. '넉살을 부리다', '넉살을 피우다', '넉살을 떨다'라고 말한다. '넉살이 좋다'는 '넉살스럽다'보다 그러한 경향이 완연함을 나타낸다. 상대방이 무안을 주어서 보통 사람이라면 당연히 화를 내거나 부끄러워할 일인데도 내색하지 않고 우스갯소리로 넘어간다거나, 남들은 부끄러워서 하지 못할 말이나 행동을 천연스레 하는 것을 일러 '넉살이 좋다'라고 말한다. '뻔뻔스럽다'가 부정적인 의미가 강한 데 반해 '넉살스럽다', '넉살이 좋다'는 긍정적인 표현이다. 이 말은 좀체 당황하거나 물러나지 않는 끈질긴 면이 있음을 내포한다. (비)언죽번죽하다.

넉살 탕을 먹다

『북』 넋이 나갈 정도의 호된 타격을 받다.

예) 우리 유격대 기관총 분 대원들의 맹사격에 행군의 일선에 섰던 적 토벌대들이 넉살 탕을 먹고 있었다.

넋(을) 놓다

제정신을 잃고 멍한 상태가 되다.

예) 그는 넋 놓고 혼자 멍하니 앉아 있었다. /들몰댁은 헝클어진 머리칼과 흐트러진 매무새로 넋을 놓고 서 있었다.

넋(을) 먹다

『북』 겁을 먹다.

넋(을) 잃다

1. 제정신을 잃고 멍한 상태가 되거나 정신을 잃다.

예) 누이는 매형의 사고 소식에 그만 넋을 잃고 말았다.

2. 어떤 사물을 보는 데 열중하여 정신이 없다.

예) 관객들은 모두 넋을 잃고 신기에 가까운 그의 묘기를 바라보았다.

넋(이) 나가다

아무 생각이 없거나 정신을 잃다.

예) 그는 아들의 사고 소식을 듣고 그만 넋이 나가 그 자리에 주저앉고 말았다.

넋(이) 빠지다

(사람이)갑자기 제정신이 놓이게 되다.

넋이야 신이야

신이야 넋이야.

예) 숙자는 공연히 제물에 역정이 나서 넋이야 신이야 하고 야단이다.

넋(이) 없다

1. (사람이)제정신이 없이 멍하다.

예) 그는 넋이 없는 사람처럼 먼 산만 바라보았다.

2. (사람이)어떤 일에 열중하여 정신이 없다.

넋이 오르다

홍이나 열이 오르다.

예) 넋이 오른 무당같이 두 다리를 뻗고 슬픈 울음을 운다.

넋(이) 잃다

'넋'은 다른 말로 '혼魂', '혼백魂魄'이라고 한다. 넋은 죽어야 사라지는 것이지만, 잠시 충격을 받거나 하여 제대로 생각하거나 활동하지 못할 때도 '넋을 잃다'라고 말한다.

넌더리[넌덜머리](가) 나다

넌더리'는 여러 번 겪거나 끔찍하게 당하여 다시 생각하거나 대하기도 싫을 만큼 지긋지긋한 느낌이라는 뜻이다. 줄여서 '넌덜'이라고 하며, 그것을 낮잡은 표현이 '넌덜머리'이다. 사람의 성질이나 됨됨이를 나타내는 말에 접미사 '-머리'가 붙으면 그것을 속되게 일컫는 뜻, 몹시 싫어서 진저리가 나다.

넌더리를 내다

몹시 성가시거나 싫어서 괴롭게 여기다.

★**넌더리** : 몹시 싫어서 진저리나는 생각.

넌더리(를) 대다

넌더리가 나게 굴다.

예) 그가 하도 넌더리를 대어서 할 수 없이 그의 부탁을 들어주었다.

널(을) 뛰다

'널'은 '널빤지'를 줄인 말이다. 나무를 판판하고 넓게 켠 조각이 널빤지, 다른 말로 '널판자板子', '나무판자板子', 속된 말로는 '널판때기'라고 한다. 널을 가지고 관棺을 짜기 때문에 그 기다란 나무의 형상을 상기시키는 '널'이라는 말을 '관棺', '관구棺柩', '시구屍柩' 대신에 쓰기도 한다. 또한 역사를 기록하는 사관史官들이 그 사초史草를 넣어두던 궤櫃가 관과 비슷한 크기라 하여 그 궤를 널이라 했다. 그러나 '널을 뛰다'의 '널'은 또 다른 뜻이다. 설날이나 단오, 추석과 같은 명절에 여성들이 즐겨 하는 전통놀이 중에 '널뛰기'라는 것이 있다. 이것이 바로 '널을 뛰다'에서 왔다. 이 놀이 방식을 보면 두꺼운 나무판자 가운데를 짚단이나 가마니로 괴고 양쪽에 한 사람씩 올라서서 서로 발을 굴러 공중으로 높이 솟아오르는데, 뛰었다가 내려딛는 힘의 반동으로 서로 번갈아 뛰어오른다. 널뛰기는 운동량이 많고 활달하여 옛날 여성들은 이 놀이로 씩씩한 기상을 길러왔다. 널뛰기하는 것처럼 어떤 사회 지표가 오르락내리락할 때 주로 쓰인다.

예) 요즘 주식은 널뛰기 장세다.

넘어지면 코 닿을 때

엎어지면 코 닿을 때.

넙치가 되도록 얻어맞다[맞다]

몹시 얻어맞다.

★**넙치** : 넙칫과에 속한 바닷물고기.

예) 고달근이가 씨근거리면서 거사를 일으키는데 그야말로 넙치가 되도록 얻어맞아 몰골이 배추겉절이 꼬락서니였다.

네 굽을 놓다

말이나 소 따위가 네발로 뛰다.

예) 말이 네 굽을 놓고 미친 듯이 내닫는다.

네 굽을 안고

말이나 소 따위가 매우 빨리 내닫는 것을 이르는 말.

예) 경쾌하게 달리던 말은 과연 날개라도 돋친 듯 네 굽을 안고 질주하기 시작했다.

네 굽을 치다

『북』 1. 손이나 발을 모두 놀리어 부리나케 달리다.

2. 어떤 감정으로 마음이 몹시 북받치다.

네모(가) 나다

네모가 지다

예) 네모난 색종이.

네발(을) 들다

'두 손(을) 들다'를 속되게 이르는 말.

네발(을) 타다

네발짐승의 고기를 먹으면 두드러기가 나다.

네 팔뚝 굵다

너 많이 알고 잘 안다며 비꼬는 뜻.

네 활개(를) 치다

1. 크게 팔다리를 휘저으며 걷다.

예) 그는 그길로 벌떡 일어나서 네 활개를 치고 집으로 내려왔다.

2. 의기양양하게 다니거나 행동하다.

예) 깡패들이 네 활개를 치고 다니던 시절은 이미 지났다.

녀름 외다

풍년이 들다.

★녀름 : 여름의 옛말.

노가리 까다

노가리는 본래 명태 새끼를 가리키는 말이다. 명태는 한꺼번에 많은 새끼를 까는데, 노가리가 알을 까듯이 말이 많다는 것을 나타내는 속된 표현이었는데. 지금은 말이 많거나 거짓말을 늘어놓는 것을 말한다. 말이 많아지면 자연히 허풍을 떨게 되거나 진실이 아닌 얘기도 끼어 들어가게 마련이다. 그 때문에 '노가리'가 거짓말을 늘어놓는다는 뜻까지 포함하게 된 것이다. 흔히 속된 표현으로 '노가리 푼다', '노가리 깐다'라고도 한다.

노가 실이 되도록

끈질기게 조르거나 자꾸 되풀이해서 말을 늘어놓는 모양을 비유적으로 이르는 말.

노굿이 일다

콩이나 팥 따위의 꽃이 피다.

★노굿 : 콩이나 팥 따위의 꽃.

예) 차창 밖으로는 저녁노을에 붉게 물든 강과 함께 노굿이 인 밭들이 군데군데 보였다.

노랗게 웃다

음흉스럽고 음침하게 웃다.

노래기 챗국 같이

'몹시 비위가 상하는 모양'을 나타내는 말.

★노래기 : 절지동물 배각류를 통틀어 이르는 말, 몸에는 심한 노린내가 남.

노루 꼬리만 하다

매우 짧다.

예) 노루 꼬리만 한 겨울 해가 벌써 산 너머로 지고 있다.

노루 잠자 듯

1. 깊이 잠들지 못하고 여러 번 깨어남을 비유적으로 이르는 말.

2. 조금밖에 못 잠을 비유적으로 이르는 말.

노린내(가) 나다

매우 인색하고 이해타산이 많은 사람의 태도가 나타나다.

노린내가 나도록 때리다

몹시 때리다.

예) 꼭 노린내가 나도록 때려야 말을 듣겠니?

노망이 나다

노망老妄한 증세가 나타나다.

노망이 들다

노망이 생기다.

노문(을) 놓다

1. 노문을 보내다.

★노문路文 : 조선 시대, 지방으로 나가는 관원에게 발급한 문서.

예) 옛날에는 노문을 놓지 않고 갑자기 중앙의 관리들이 감사를 내려오는 일이 많았다.

2. 미리 알리다.

예) 큰사랑 마당으로 앞서 들어가며 원주 서방님 오신다고 노문을 놓는다.

노상路上에 오르다

어떤 일의 진행 과정에 들어서다.

예) 선거 운동이 본격적으로 노상에 올랐다.

노아 가다

1. 배가 빨리 가다.

2. 말이 빨리 달려가다.

노여움(을) 사다

남을 노엽게 하여 자기가 그 영향을 받다. (비)노염(을) 사다.

예) 영술은, 자기가 예수를 믿기 때문에 절에 갈 수 없다고 바로 말했다가 또 어머니의 노여움을 살까 두려워, 이렇게 말을 돌려 대었던 것이다.

노염(을) 사다

(비)노여움(을) 사다.

예) 이런 일들로 부왕의 노염을 사서 양녕은 뜻과 같이 폐사가 된 것이다.

노염을 타다

걸핏하면 노여워하다.

노염을 풀다

노여움을 삭히어 없애다.

노적 담불에 싸이다

곡식을 많이 쌓아 두다.

★노적露積 : 곡식 따위를 한데 수북이 쌓아 둠.

★담불 : 곡식이나 나무를 높이 쌓아 놓은 무더기.

예) 그는 노적 담불에 싸이었으면서도 가난한 사람들이 도움을 청할 때 그것을 외면하였다.

노총(을) 지르다

노총을 남에게 알리다.

★노총 : 남에게 알려져서는 안 되는 일.

노파리가 나다

노파리가 신인 것과 '신이 나다'의 신이 서로 소리가 같다는 데에서, 신이 남을 비유적으로 이르는 말.

★노파리 : 삼이나 짚, 종이 따위를 꼬아 만든 가는 줄을 서로 어긋나게 맞추어 엮어 미투리처럼 만든 신. 주로 겨울에 집안에서 신는다.

예) 저 친구 노파리가 난 걸 보니 무슨 좋은 일이 있는 것이 틀림이 없군.

녹쌀(을) 내다

녹두 ,메밀, 장목수수 따위를 갈아서 쌀처럼 되게 하다.

★녹쌀 : 녹두, 메밀. 수수 따위를 맷돌에 갈아서 만든 쌀.

녹(을) 먹다

벼슬아치가 되어 녹봉祿俸을 받다.

예) 나라의 녹을 먹는 신하가 되어, 어찌 임금께 불충하리오.

녹(이) 슬다

'녹綠'은 금속이 공기 중의 산소와 수분에 의해 산화되어 표면에 붉거나 검거나 푸르게 생기는 물질을 가리킨다. 금과 같은 귀금속을 제외한 대부분의 금속에 녹이 생긴다. 한편 '(재능이나 기술 따위가) 자꾸 쓰지 않아서 이전보다 못하고 무디어지다'라는 뜻으로도 쓰인다.

예) 녹슨 톱으로는 이 나무를 벨 수 없다.

녹초(가) 되다

물건이 아주 낡고 헐어서 더 이상 못 쓰게 결딴난 상태가 '녹초'이다. 물건이 너무 낡거나 완전히 망가져서 제 모양을 잃고 못 쓰게 되다. 몹시 지치거나 기운이 빠져서 아주 맥이 풀어지고 온몸이 늘어지다.

(비)파김치가 되다.

녹초(를) 부르다

(비)녹초가 되다.

예) 어쩐지 너무 심하게 운동을 한다 싶더니 결국 녹초를 부르는 지경이 되고 말았군.

논단에 오르다

논의나 토론의 대상이 되다.

★논단論壇 : 평론하는 사람들의 사회.

예) 그 문제가 논단에 오르자 사람들은 저마다 한 마디씩 할 기세였다.

논두렁(을) 베다

빈털터리가 되어 처량하게 죽다.

예) 시키는 대로 하지 아니하는 사람은 돈 한 푼 주고 싶지도 아니하고, 빌어먹다가 논두렁을 베고 죽더라도 불쌍할 것 없어.

논두렁 죽음

의지가지없이 빈털터리가 되어 논두렁이나 베고 처참하게 객사하는 일.

예) 저렇게 노름과 술로 세월 가는 줄 모르다가 논두렁 죽음 맞기 십상이지.

논(을) 메다

논메기를 하다.

논(을/으로) 풀다

생땅이나 밭을 논으로 만들다.

놀고 앉았네

상대방을 비웃거나 상대방의 행위를 비아냥거릴 때 이르는 말.

예) 놀고 앉았네. 자기가 무슨 대장이라도 되는 줄 아나.

놀란 가슴

전에 놀란 적이 있어 별것 아닌 일에도 일어나는 두근거림. (비)놀란 혼, 놀란 흙.

예) 한번 놀란 가슴은 쉽게 진정되지 않는다.

놀란 토끼 눈을 하다

뜻밖이거나 놀라 눈을 크게 뜨다.

예) 뜻밖에 버스 정류장에서 마주쳤을 때 아들은 놀란 토끼 눈을 하고 나를 쳐다보았다.

놀란 피

매우 심하게 다쳐서 멍이 든 부위에 있는, 검게 죽은 피를 이르는 말.

예) 놀란 피를 빼야 상처가 빨리 회복된다.

놀란 흙

한 번 파서 손댄 흙. (비)놀란 가슴.

놀부 부인

얌치없는 여자를 비유적으로 이르는 말.

놀부 심사[심보]

인색하고 심술궂은 마음씨를 비유적으로 이르는 말

예) 그는 무슨 놀부 심사인지 남이 잘되는 꼴을 못 본다.

놋날(을) 드리듯

빗발이 죽죽 쏟아지는 모양을 비유적으로 이르는 말.

★놋날 : 돗자리 따위를 엮을 때 쓰는 노끈.

예) 아침부터 내리던 소나기는 점심 무렵에는 놋날을 드리듯 더욱 거세게 쏟아졌다.

농사(를) 짓다

농사農事로 업을 삼아 일을 하다.

농자 천하지대본農者天下之大本

농업은 천하의 사람들이 살아가는 큰 근본이라는 뜻으로, 농업을 장려하는 말.

높이 사다

높이 평가하다.

예) 그의 노력을 높이 사다.

놓아기른 망아지

들에 풀어놓고 기른 말 새끼 또는 그 노는 모양이라는 뜻으로, 교양이 없고 막돼먹은 사람 또는 그런 행동을 비유적으로 이르는 말. (비)놓아먹인 망아지(놀듯).

놓아먹인 망아지 (놀듯)

들에 풀어 놓고 기른 말 새끼 또는 그 노는 모양이라는 뜻으로, 교양이 없고 막돼먹은 사람 또는 그런 행동. (비)놓아기른 망아지.

예) 그는 다만 나가 있는 색시들이 놓아먹인 망아지처럼 보여서 은연중에 품행을 의심하는 탓이려니 했을 따름이었다.

놓인 소

고삐가 풀려 나대는 소.

뇌성에 벽력

불행한 일이 거듭 생김.

★뇌성雷聲 : 천둥이 칠 때 나는 소리.

★벽력霹靂 : 공중과 땅 위에 흐르는 전기 사이에 일어나는 높은 에너지의 방전 작용.

예) 먹을 식량뿐 아니라 실탄까지 떨어진 그들에게 적군의 진격 소리는 뇌성에 벽력이었다.

누구를 막론하고[물론하고]

(비)누구 할 것 없이.

예) 조 씨네 식구들이 나간 후가 아니면 누구를 막론하고 그 집에 발을 들여놓을 수 없다는 서회의 엄명이 있었던 것이다.

누구 입에 붙이겠는가

(비)누구 코에 바르겠는가[붙이겠는가].

예) 시골에서 가져온 떡과 음식이 있는데 양이 적어 그걸 누구 입에 붙이겠는가?

누구 코에 바르겠는가[붙이겠는가]

여러 사람에게 나누어 주어야 할 물건이 너무 적을 때 이르는 말. (비)누구 입에 붙이겠는가.

예) 사람이 이렇게 많은데 겨우 사과 한 개 가지고 누구 코에 바르겠는가?

누구 할 것 없다

누구라고 가려 말할 것이 없이 다 그러하다.

예) 예전에 시골에서 아이들을 많이 낳는 것은 누구

할 것 없는 일이었다.

누구 할 것 없이

누구라 가릴 것 없이 모두 다. (비)누구를 막론하고[물론하고].

누기(가) 치다

축축한 기운이 생기다.

★누기漏氣 : 눅눅하고 축축한 기운.

예) 어두운 지하 감방에 누워 있자니 금방 누기가 치는 것을 느낄 수가 있었다.

누렇게 뜨다

1. 오래 앓거나 굶주려서 얼굴빛이 누렇게 변하다.

예) 아버지는 부황이 든 사람처럼 얼굴이 누렇게 떠 부석부석했고, 어머니는 숫제 강마른 대꼬챙이였다.

2. 매우 난처한 일을 당하여 어쩔 줄 몰라 얼굴빛이 누렇게 변하다.

예) 그 아이는 얼마나 겁을 먹고 있었던지 얼굴이 누렇게 떠 있었다.

누린내가 나도록 때리다

아주 몹시 때리다.

누명을 벗다(쓰다)

누명陋名은 좋지 않은 일로 사람들 입에 오르락내리락하는 이름을 가리킨다. (반)누명을 쓰다.

누에(가) 오르다

누에가 고치를 지으려고 섶에 오르다.

예) 네 번째 잠을 자고 난 누에가 오를 때면 섶을 준비하느라고 몹시 바빴다.

눈 가다

(사람이 무엇에) 자꾸만 시선이 쏠리다.

예) 그녀는 길을 걷다가 분홍색 원피스에 눈이 갔다.

눈 가리고 아웅한다

1. 얕은수로 남을 속이려 한다는 말.

2. 실제로 보람도 없을 일을 공연히 형식적으로 하는 체하며 부질없는 짓을 함을 비유적으로 이르는 말. (비)귀 막고 아웅 한다, 눈감고 아웅 한다.

눈 가물(을) 치다

『북』 졸리거나 몹시 지쳐서 눈꺼풀이 자꾸 내려와 눈을 깜작거리다.

예) 닭은 무슨 병에 걸렸는지 세워 놔도 모로 쓰러지며 눈 가물을 치는 꼴이 아무래도 살 것 같지 않았다.

눈감아 주다

남의 허물이나 잘못을 알고도 못 본 체하여 주다.

눈과 귀가 쏠리다

마음이 끌리어 열심히 듣거나 보다.

예) 온 나라가 정부의 교육 정책 발표에 눈과 귀가 쏠리다.

눈길(을) 거두다

'눈길'은 '눈'과 '길'이 결합된 말이다. 길처럼 어느 방향으로 일정하게 뻗는 시선을 '눈길'이라 한다. '보고 있던 것을 그만 보다'라는 뜻.

눈길(을) 끌다

아름답거나 특이하거나 하여 보는 이의 시선이 쏠리게 하는 것을 말하다 시선이 향하도록 하다.

눈길(을) 모으다

여러 사람의 시선을 집중시키다.

예) 그녀의 상큼한 이미지는 사람들의 눈길을 모으는 데 안성맞춤이었다.

눈깔에 흙(이) 들어가다

(속되게) 죽어서 땅에 묻히다.

눈깔을 곤두세우다

'눈을 곤두세우다'를 속되게 이르는 말.

예) 그는 불친절한 판매원에게 눈깔을 곤두세우며 상품 반환을 요구했다.

눈깔(을) 까뒤집다

(비)눈(을) 까뒤집다.

예) 남자들이 돈을 벌려고 눈깔을 까뒤집는 것도 궁극적으로는 여자들의 밑 빠진 허영과 소비욕을 채워 주기 위해서이다.

눈깔(을) 뒤집다

'눈(을) 뒤집다'를 속되게 이르는 말.

예) 그는 노름에 눈깔을 뒤집고 덤벼들었다.

눈깔이 곤두서다

'눈이 곤두서다'를 속되게 이르는 말.

눈깔(이) 나오다

'눈(이) 나오다'를 속되게 이르는 말.

예) 손해를 배상하라니 눈깔이 나오네.

눈깔(이) 뒤집히다

'눈(이) 뒤집히다'를 속되게 이르는 말.

예) 저 녀석이 눈깔이 뒤집혀서 죽이려 드는 걸 겨우 말렸어요.

눈깔이 멀다

(속되게) 눈이 먼 것처럼 그릇된 행동을 하다.

눈깔이 벌겋다

(속되게) 무엇을 찾는 데 몹시 열중해 있다.

예) 눈깔이 벌겋게 돼 가지고 무엇을 찾고 있냐?

눈깔(이) 붉다

(속되게) 눈에 핏발이 벌겋게 설 정도로 흥분하여 기를 쓰고 덤비다.

예) 하루 종일 굶었더니 먹을 것을 보자 눈깔이 붉어진다.

눈깔(이) 삐다

'눈(이) 삐다'를 속되게 이르는 말.

예) 그놈들은 모두 백 번 죽을 걸 하느님 눈깔이 삐어서 죽지 않고 살아남은 놈들이지.

눈 깜짝할 사이

매우 짧은 순간.

예) 눈 깜짝할 사이에 십 년의 세월이 흘렀다.

눈꺼풀이 씌다

사랑이나 좋아하는 감정에 빠져 이성적으로 판단하지 못하다.

예) 그녀는 눈꺼풀이 씌었는지 약혼자의 단점을 보지 못한다.

눈꼴(이) 사납다(시다)

보기에 아니꼬워 비위가 거스르게 밉고 생김새가 험하고 무섭다.

눈도 거들떠보지 않다

낮보거나 업신여겨 쳐다보려고도 않다.

예) 그는 싸구려는 눈도 거들떠보지 않는다.

눈도 깜짝 안 하다

조금도 놀라지 않고 태연하다. (비)눈썹도 까딱하지 않다.

예) 그는 사람들의 세찬 비난에도 눈도 깜짝 안 하였다.

눈독(을) 들이다[쏘다/올리다]

욕심을 내어 눈여겨보다.

예) 친구의 비싼 시계에 눈독을 들이다. /벌써 이태 동안이나 눈독을 들여 온 곰에 관한 얘기였다. /개평꾼들은 노름판을 욱여싸고 눈독을 쏜다.

눈독(이) 들다[오르다]

욕심이 나서 눈여겨보다.

예) 비녀에 눈독이 들어 있는 시어머니는 대번에 숙근의 남자를 쳐다보고….

눈동냥 귀동냥

주위나 곁에서 지식 따위를 얻어 보고, 얻어 들어 갖게 되는 일.

눈동자가 눈썹에 매달리다

눈을 치켜뜨다.

눈동자와 같이 아끼고 사랑하다

『북』 매우 귀중히 아끼고 사랑하다.

눈동자와 같이 지키다

『북』 매우 귀중히 보호하고 철저히 지키다.

눈 둘 곳 모르다

어리둥절하거나 어색하여 눈길을 어디에 두어야 할지 모르다.

눈 (딱) 감다

1. 더 이상 다른 것을 생각하지 않는다.

2. 남의 허물 따위를 보고도 못 본 체하다.

눈 딱총(을) 놓다[쏘다]

마음에 들지 않거나 미워서 쏘아보다.

예) "남의 재미있게 노는 걸 훼방 치면 좋으냐? 무얼! 그때 갔어 봐. 속으로 눈 딱총을 놓았을 것이…."

눈 뜨고 도둑맞는다

번번이 알면서도 속거나 손해를 보다.

눈 뜨고 볼 수 없다

눈앞의 광경이 참혹하거나 민망할 정도로 아니꼬워 참아볼 수 없다. '(어떤 광경이) 너무 슬프거나 끔찍해서 차마 똑바로 바라볼 수 없을 지경이다'라는 뜻이다. 한편 '(행동 따위가) 시기심을 일으킬 만큼 밉상이거나 우스울 정도로 가당치 않아서 더는 보고 싶지 않다'라는 뜻으로도 쓰인다. (비)눈 뜨고(는) 못 보다.

예) 며느리가 시어머니에게 대드는 꼴은 눈뜨고 볼 수 없다.

눈 뜨고 봉사 질 한다

뻔히 알면서도 속거나 손해를 보다.

눈 뜨고(는) 못 보다

(비)눈 뜨고 볼 수 없다.

예) 자식을 먼저 보내고 오열하는 어머니의 모습은 눈 뜨고는 못 볼 지경이었다.

눈 뜨고 못 보는 세상世上

『북』 눈을 뜨고 뻔히 보면서도 못 본 체해야 하는 세상이라는 뜻으로, 현실을 보고 사실 그대로 말할 수 없는 자유롭지 못한 암담한 사회를 비유적으로 이르는 말.

눈 뜨고 절명絕命한다

『북』 (비유적으로) 몹시 마음에 걸려 못 잊어 하면서 죽다.

눈만 뜨면

깨어 있을 때면 항상.

예) 아이는 비디오를 좋아해서 눈만 뜨면 틀어 달라고 조른다.

눈먼 돈

1. 임자 없는 돈.

예) 주식 시장에 눈먼 돈은 없습니다. 오히려 기본도 모르고 투자하는 사람들의 돈이 눈먼 돈일 것입니다.

2. 우연히 생긴 공돈.

예) 이게 웬 눈먼 돈이냐?

눈물(을) 거두다

울음을 그치다.

예) 그 아이는 울어야 쓸데없는 일이라는 것을 알고는 눈물을 거두었다.

눈물(을) 머금다

1. 눈에 눈물이 글썽글썽해지다.

2. 슬픔이나 고통 따위를 억지로 참으려고 애를 쓰다.

눈물을 삼키다

나오려는 눈물을 꾹 참다.

눈물(을) 짓다(지다)

눈물을 눈가에 비치거나 뺨에 흘리는 것을 말한다.

눈물(을) 짜다

1. 눈물을 질금질금 흘리며 울다.

예) 여인은 목이 부은 남편을 뚫어지게 들여다보며 질금질금 눈물을 짜고 있었다.

2. 억지로 울다.

예) 그는 나오지도 않는 눈물을 짜며 곡을 한다.

눈물(이) 나다

눈물이 나오다

눈물이 앞서다

말을 하지 못하고 눈물을 먼저 흘리다.

예) 어려서 훈이 평양으로 이사해 들어갈 때도 오작녀는 어린 마음에도 자꾸 눈물이 앞설 것만 같아서 떠나는 걸 보지 못했다.

눈물이 앞을 가리다

눈물이 자꾸 나옴을 비유적으로 이르는 말.

예) 단장의 원한을 이 글로 엮자니 흐르는 눈물이 앞을 가려 뜻대로 되지 않아 여기서 붓을 놓겠노라.

눈물(이) 어리다

눈에 눈물이 괴다.

눈물(이) 없다

동정하는 마음이 없다.

예) 너는 어쩜 그리 눈물이 없니?

눈물(이) 없이

동정하는 마음이 없이.

예) 청소년 가장들의 딱한 사정은 눈물 없이는 들을 수 없는 얘기다.

눈물이 지다

눈물이 흐르다.

예) 고향 생각에 ~.

눈물이 헤프다

걸핏하면 잘 우는 편이다.

예) 자고로 남자가 눈물이 헤프면 큰일을 못한다.

눈 밖에 나다

신임을 잃고 미움을 받게 되다. (비)눈에 나다.

예) 그는 약속을 지키지 않아 동료들의 눈 밖에 났다.

눈발을 머금다

『북』 하늘이 곧 눈을 쏟아 붓는 듯한 조짐을 보이다.

예) 잔뜩 눈발을 머금고 자욱이 흐린 날씨와 파도의 비발 때문에 모상을 똑똑히 가려볼 수 없었다.

눈발(이) 서다

눈이 곧 내릴 듯하다.

예) 끄물대는 날씨가 아무래도 눈발이 설 것 같아 자꾸 마음이 조급해 왔다.

눈 뿌리가 뜨겁다

『북』 슬프거나 깊은 감동을 받아 눈물이 핑 돌면서 가슴에 강한 자극이 일어나다.

눈 뿌리(가) 빠지게[빠지도록]

『북』 나무람이나 꾸지람을 아주 호되게.

눈 뿌리(가) 아득하다

『북』 바라보이는 거리가 아득하게 멀다.

예) 아담한 문화 주택이 늘어선 마을 앞으로는 푸르러 가는 논벌이 서해 기슭까지 눈 뿌리가 아득하게 펼쳐졌다.

눈 뿌리(가) 아찔하다

『북』 1. 매우 높거나 깊어 보기가 어지러울 정도로 까마득하다.

예) 눈 뿌리가 아찔하게 높은 벼랑.

2. 정신이 희미하다.

예) 눈 뿌리가 아찔하여 넘어지다.

눈 뿌리가 저리다

『북』 눈물이 핑 돌면서 찡한 느낌이 들다.

예) 눈 뿌리가 저리면서 가슴속으로부터 그 아픔이 눈물로 되여 솟아올랐다.

눈 뿌리를 끌다

『북』 호기심을 일으켜 마음이 쏠리게 하다.

예) 그의 손에 든 밤알을 물끄러미 들여다보았다. 무엇이 그토록 그의 눈 뿌리를 끄는 것일까.

눈 뿌리를 돌리다

『북』 관심을 다른 곳으로 바꾸다.

눈살을 찌푸리다

마음에 못마땅하여 양미간을 찡그리다. 두 눈썹 사이를 좁히면 주름이 생긴다. 그것을 '눈살' 또는 '이맛살'이라 한다. 평소에는 느껴지지 않지만 인상을 쓸 때 거기에 잡힌 주름을 보고 '살'이 있음을 알게 된다. '눈살'의 '살'은 주름살을 줄인 말이기도 하다. '(언짢거나 아프거나 할 때) 양미간을 힘을 주어 주름을 잡다', '어떤 대상에 대하여 언짢거나 못마땅한 마음을 품다'라는 뜻이다.

예) 사위의 말이 불쾌하게 들렸는지 장인은 눈살을 찌푸리며 자리에서 일어섰다.

눈살(을) 펼 새 없다

근심, 걱정이 가시지 않다.

예) 취업을 하지 못한 그는 이런저런 궁리로 눈살 펼 새 없다.

눈살이 꼿꼿하다

격분하거나 새침해서 눈을 똑바로 뜨다. (비)눈썹이 꼿꼿하다.

예) 태수가 웬 기생을 데리고 다니니 필경 부랑자이기 싫겠다 하여, 눈살이 꼿꼿하고 이마를 찡그린다.

눈심지(를) 돋우다

무언가를 찾아내거나 어떤 사실을 밝히려고 눈에 힘을 주며 번득이다.

예) 동수가 눈심지를 돋우었다. "저것이 어디서 굴러 들어온 새끼요?"

눈썹도 까딱하지 않다

눈썹은 두 눈두덩 위에 가로로 길게 모여 난 짧은 털을 가리킨다. 눈시울에 난 털을 속눈썹이라 한다. '까딱하다'는 '까딱'에서 왔다. 고개를 앞뒤로 가볍고 세게 움직이는 모양을 '까딱'이라 한다. 또한 정지해 있는 물체가 한 번 약간 움직이는 것도 '까딱'이다. '까딱이다', '까딱하다'는 그러한 동작을 나타내는 말이다. '까딱대다', '까딱거리다', '까딱까딱하다'는 자꾸 까딱인다는 뜻이다. '큰일을 당하고서도 전혀 당황하거나 동요하지 않다'라는 뜻이다. 비슷한 표현으로 '눈도 깜짝 안 하다'가 있다. (비)눈도 깜짝 안 하다.

예) 죽이겠다고 협박을 해도 눈썹도 까딱하지 않으니 아주 지독한 놈이다.

눈썹 밑에 다닫다

『북』 (비)눈썹 우에 떨어지다[드리우다].

예) 봄장마가 눈썹 밑에 다닫은 이 시각 그는 미진된 농사 차비에 해가 가는 줄도 몰랐다.

눈썹 싸움(씨름)을 하다

졸음이 오는데 자지 아니 하려고 애쓰다.

눈썹 우에 떨어지다[드리우다]

『북』 재난이나 어려운 일이 당장 급하게 들이닥치다. (비)눈썹 밑에 다닫다.

예) 지금 양기훈은 슬기막 골 근거지 일군들과 상촌 근거지 일군들을 모여 앉히고 눈썹 우에 드리운 많은 문제를 토의에 붙였다.

눈썹이 꼿꼿하다

(비)눈살이 꼿꼿하다.

눈 씻고 보려야 볼 수 없다

(무엇이) 아주 보기 어렵다

예) 그런 좋은 물건은 눈을 씻고 보려야 볼 수 없다.

눈알을 곤두세우다

(비)눈을 곤두세우다.

눈알을 까뒤집다

'눈(을) 뒤집다'를 속되게 이르는 말.

예) 원세개는 눈알을 까뒤집고 고래고래 악을 썼다.

눈알을 뒤집다

(비)눈(을) 뒤집다.

예) 아이들은 불평할 처지가 못 되었고 그나마 서로 빼앗아 먹으려고 눈알을 뒤집고 싸우는 판이었으므로….

눈알이 곤두서다

(비)눈이 곤두서다.

예) 그는 몹시 화가 나 있는 듯 눈알이 곤두서 있었다.

눈알이 까뒤집히다

'눈(이) 뒤집히다'를 속되게 이르는 말.

눈알이 꼿꼿하다

『북』 '눈살이 꼿꼿하다'의 북한 익은말.

예) 방안에서는 싸늘한 기운이 떠돌았다. 그 까닭은 경찰관 주재소 소장이 표표한 얼굴에 눈알이 꼿꼿해 있기 때문이었다.

눈알이 나오다(빠지다)

놀라서 눈을 크게 뜨고 보다. 새나 물고기 따위의 새끼가 될 물질이 껍질에 싸여 있는 것을 '알'이라 한다. '눈알'은 알처럼 생겨서 눈구멍 안쪽에 있는 시력기관의 주된 부분을 가리킨다. '눈망울', '안구眼球'도 같은 뜻이다.

예) 눈알이 빠지게 혼이 나봐야 정신을 차리겠느냐?

눈알이 돋다

『북』 격분하여 눈에 성난 기색이 나타나다.

예) "아니 소를 개인들 외양간에 끌어가다니? 그건 무슨 흉한 소린가?" 키 작은 조희보는 대뜸 눈알이 돋아서 모여 선 사람들을 언짢게 보았다.

눈알이 뒤집히다

(비)눈(이) 뒤집히다.

예) 그들은 재물에 눈알이 뒤집혀 닥치는 대로 약탈하였다.

눈알이 빠지게[빠지도록] 기다리다

(비)눈이 빠지게[빠지도록] 기다리다.

예) 그들은 버스가 오기를 눈알이 빠지도록 기다렸지만 이미 버스는 끊어진 지 오래였다.

눈알이 핑핑 돌다

눈이 핑핑 돌아가다.

예) 시장은 다시 생기를 찾고 눈알이 핑핑 도는 삶의 터전으로 돌아가기 시작했다.

눈앞에 두다

물건 따위를 바로 가까이에 놓거나 놓은 채로 간직하는 것을 말한다. 한편 '눈앞'이 공간의 개념에서 시간의 개념으로 확대되기도 한다. 즉, 곧 있으면 다가올 가까운 장래가 '눈앞'이다. 이때는 '(중요한 일정 따위를) 바로 며칠 남겨둔 상태이다'라는 뜻이다.

예) 가위를 눈앞에 두고 찾으니 안경을 하나 더 써야겠다.

눈앞에 어른거리다

(비)눈에 아른거리다.

예) 어머니는 타향으로 떠난 자식이 눈앞에 어른거려 뜬눈으로 밤을 보내셨다.

눈앞에 있다

'(목적지 따위가) 아주 가깝게 있어서 다 와 간다', '(업무나 과제 따위가) 당장 이루도록 주어져 있다', '(일정 따위가) 가까운 앞날에 예정되어 있다'라는 뜻.

눈앞이 새까맣다

'눈앞이 캄캄하다'를 강조하여 이르는 말.

예) 오장육부가 단근질을 당하는 것처럼 눈앞이 새까맣게 아팠다.

눈앞이 캄캄하다

몹시 어렵거나 뜻밖의 경우를 당하여 어찌할 바를 모르다. 앞이 막막하다. (반)눈앞이 환해지다. (비)눈앞이 새까맣다.

눈앞이 환해지다

1. 세상 사정을 똑똑히 알게 되다. (반)눈앞이 캄캄하다.

예) 너도 나이가 들어 눈앞이 환해지면 이 아빠를 매정하다고만 하지는 않게 될 거야.

2. 전망이나 앞길이 뚜렷해지다.

예) 그의 말을 듣고 솟아날 구멍이 생겼다는 사실에 눈앞이 환해졌다.

눈에 거슬리다(걸리다)

보기가 마뜩하지 아니하여 불쾌한 느낌이 있다.

눈에 거칠다

보기가 싫어 눈에 들지 아니하다.

예) 그는 항상 눈에 거친 일만 한다. /의혹을 하기 시작하면, 불관한 것까지 눈에 거칠고 심사에 틀린 것이다.

눈에 걸리다

자꾸 생각이 난다. (비)눈에 밟힌다, 시야에 밟히다.

눈에 나다.

(비)눈 밖에 나다.

예) 당신은 지난번 일로 우리 어머니 눈에 났어.

눈에 남다

『북』 이미 본 것이 없어지지 않고 방금 본 것처럼 떠오르다.

눈에 넣어도 아프지 않다

매우 귀엽다.

예) 그런데 요행 그때마다 서모가 제 편을 거들어 주고 또 때로는 눈에 넣어도 아프지 않을 듯이 자별나게 굴어 주어서 상도는 얼마큼 맘을 붙일 수 있었다.

눈에 들다

마음에 들다. 찍혔다. 마음에 들지 않는다.

눈(에) 띄다

두드러지게 드러나다.

예) 경제가 눈에 띄게 성장하였다.

눈에 모가 서다

성난 눈매로 보다.

예) 안마당까지 들어서니까 눈에 모가 선 권 생원 마누라가 내다보았다.

눈에 모를 세우다

성난 눈매로 노려보다.

예) 그는 눈에 모를 세우고 나에게 덤벼들었다.

눈에 밟히다

잊히지 않고 자꾸 눈에 떠오르다. (비)눈에 걸리다, 시야에 밟히다.

예) 그는 어머니의 모습이 눈에 밟혀 차마 발걸음을 옮길 수 없었다.

눈에 보이는 것이 없다

사리 분별을 못하다.

예) 배고플 때는 눈에 보이는 것이 없다.

눈에 불을 달다

(비)눈에 불을 켜다.

예) 그는 눈에 불을 달고 나에게 따지기 시작하였다.

눈에 불을 켜다

1.몹시 욕심을 내거나 관심을 기울이다.

예) 그는 돈이 생기는 일이라면 눈에 불을 켜고 달려든다.

2.화가 나서 눈을 부릅뜨다. (비)눈에 불을 달다.

예) 윤태는 눈에 불을 켜서 버럭 소리를 질렀다. 그러나 영실이는 지극히 냉담했다.

눈에 불이 나다

뜻밖에 몹시 화가 나는 일을 당하여 감정이 격렬해지다. 정신이 몹시 긴장하여 눈에서 불이 이는 듯하다. (비)눈에 불이 일다.

눈에 삼삼 귀에 쟁쟁

『북』 인상 깊게 남아 있던 어떤 사람의 모습과 목소리가 매우 생생하게 떠오르는 것을 이르는 말.

눈에서 딱정벌레가 왔다 갔다 하다

어지러워서 갑자기 정신이 혼미해질 때 눈이 아찔아찔함을 비유적으로 이르는 말.

예) 나이가 들어서 그런지 요즘은 가끔씩 눈에서 딱정벌레가 왔다 갔다 할 때가 있다.

눈에서 번개가 번쩍 나다

뺨이나 머리 따위를 강하게 맞았을 때 눈앞이 갑자기 캄캄해지며 일순간 빛이 떠올랐다가 사라지다.

예) 얼굴을 맞는 순간 눈에서 번개가 번쩍 났다.

눈에서 벗어나다

감시나 구속에서 자유롭게 되다.

예) 그는 간수들의 눈에서 벗어나게 될 때마다 탈출구를 파고 있었다.

눈에서 황이 나다

몹시 억울하거나 질투가 날 때 이르는 말.

예) 남편이 다른 여자를 만나는 것을 본 그녀는 눈에서 황이 났다.

눈에 선하다

지난 일이나 물건의 모양이 눈앞에 보이는 듯 기억이 생생하다.

눈에 쌍심지가 나다[돋다/뻗치다/서다/솟다/오르다]

(비)눈에 쌍심지를 켜다[돋우다/세우다/올리다].

예) 슬쩍 던진 농담에 그는 눈에 쌍심지가 나서 소리쳤다. /참말이지 눈에 쌍심지가 돋아서 아무래도 못 살겠습니다.

눈에 쌍심지를 켜다[돋우다/세우다/올리다]

몹시 화가 나서 눈을 부릅뜨다. (비)눈에 쌍심지가 나다[돋다/뻗치다/서다/솟다/오르다].

예) 그는 눈에 쌍심지를 켜고 대들었다./그는 눈에 쌍심지를 켜고 말했다.

눈에 쌍초롱[쌍불]을 켜 달다

『북』 무엇을 찾거나 밝혀내려고 두 눈을 긴장하여 크게 뜨다.

눈에 아른거리다

어떤 사람이나 일 따위에 관한 기억이 떠오르다. (비)눈앞에 어른거리다.

예) 아직도 아이들 뛰어노는 모습이 눈에 아른거립니다.

눈에 안경眼鏡

제 눈에 안경.

예) 저렇게 못생긴 사람도 예쁘다니 눈에 안경이지.

눈(에) 어리다

어떤 모습이 잊히지 않고 머릿속에 뚜렷하게 떠오르다.

예) 자식들의 모습이 눈에 어리다. /10년 전에 떠나온 고향 마을이 아직도 눈에 어린다.

눈에 없다

관심도 없다.

눈에 이슬이 맺히다

(비유적으로) 소리 없는 눈물이 눈에 맺히다. 눈물을 흘리다.

눈에 익다

여러 번 보아서 익숙하다.

예) 눈에 익은 얼굴/눈에 익은 거리,

눈에 잘 보이다

인정을 받다.

예) 지주의 눈에 잘 보여서 마름을 오래 하지.

눈에 차다

흡족하게 마음에 들다.

예) 눈에 차는 물건이 없으니 다른 곳으로 가 보자.

눈에 천불이 나다

열기가 날 정도로 몹시 눈에 거슬리거나 화가 나다.

★천天불 : 하늘이 내린 불이라는 뜻으로, 저절로 일어난 불을 이르는 말. (비)천화天火.

눈에 칼날이 서다

(비)눈에 칼을 세우다.

예) 그분은 남성 제일주의인데 여성들 눈에 칼날이 설까 봐 겁이 났던 모양이에요.

눈에 칼을 세우다

표독스럽게 눈을 번쩍이고 노려보다. (비)눈에 칼날이 서다.

예) 매일 복녀는 눈에 칼을 세워 가지고 남편을 채근하였지만, 그의 게으른 버릇은 개를 줄 수는 없었다.

눈에 콩깍지가 씌다

(사람이) 어떤 사람이나 대상을 몹시 좋아하게 되어 다른 것은 신경 쓰지 않다.

눈에 풀칠하다

감은 눈으로 보듯 사물을 잘못 본다는 말.

예) 이 간판이 어떻게 '해성'으로 보이냐, '혜성'이지. 눈에 풀칠했냐?

눈에 핏발을 세우다

눈에 피가 어릴 정도로 화를 내거나 흥분하다.

예) 모욕적인 말에 몇몇 단원은 눈에 핏발을 세우기도 했다.

눈에 핏발이 서다

화가 나서 벼르거나 흥분하다.

예) 눈에 핏발이 선 사람들은 전봉준이 나오라고 소리를 지르며 선화당 마당을 가득 메웠다.

눈에 헛 거미가 잡히다

1. 굶어서 기운이 빠져 눈앞이 아물거리다.

예) 며칠 굶었더니 눈에 헛 거미가 잡힌다.

2. 욕심에 눈이 어두워 사물을 바로 보지 못하다.

예) 네 녀석이 눈에 헛 거미가 잡혀서 그러는구나. 적당히 욕심을 부려야지.

눈에 화등잔을 켜다

『북』 무엇을 찾아내겠다고 두 눈에 온 정신을 집중하여 살피다.

★화등잔火燈盞 : 기름을 담아서 등불을 켜는 그릇.

눈에 황달이 떴다

『북』 한 가지 일에 너무 열중하다 보니 모든 것이 다 그처럼 보이는 것을 비유적으로 이르는 말.

★황달黃疸 : 혈액 속의 담즙 색소가 비정상적으로 증가하여 피부나 점액에 침착하여 노랗게 염색된 상태.

눈에 흙이 들어가다[덮이다]

죽어 땅에 묻히다.

예) 내 눈에 흙이 들어가기 전에는 너희 결혼을 허락할 수 없다.

눈웃음(을) 짓다

살며시 눈으로만 웃음을 짓다.

눈웃음(을) 치다

남의 마음을 사려고 짐짓 눈으로만 살짝살짝 웃다.

눈 위에 서리 친다

불행하거나 곤란한 일에 또 그런 일이 겹친다는 말.

(비)설상가상雪上加霜, 엎친 데 덮친다, 외눈에 안질, 흉년에 윤달, 전호후랑前虎後狼.

눈 위에 혹

몹시 미워 눈에 거슬리는 사람을 비유적으로 이르는 말.

예) 눈 위에 혹 같은 저 녀석을 없앨 좋은 방법이 없겠나?

눈(을) 감다

1. 눈꺼풀을 내려 볼 수 없게 눈을 닫는 것을 말한다. 한편 '(비유적인 표현으로 쓰여) 사람이 죽다.'

2. '남의 잘못이나 위반을 알고도 봐주거나 모른 체하다'라는 뜻으로도 쓰인다.

눈을 거치다

글 따위를 검토하거나 분별하다.

예) 위작은 대부분 여러 사람의 눈을 거치는 동안 가려지는 경우가 많다.

눈을 곤두세우다

성이 나서 눈에 독기를 띠다. (비)눈알을 곤두세우다.

예) 누가 뭐랬다고 눈을 곤두세우고 흘겨보니?

눈을 굴리다

눈동자를 이리 돌렸다 저리 돌렸다 하다.

예) 그는 눈을 굴리며 방 안을 살펴보았다.

눈(을) 까뒤집다

'눈(을) 뒤집다'를 강조하여 속되게 이르는 말. (비)눈(깔)알[을] 까뒤집다.

예) 영감이 죽은 뒤에는 이 바느질이 본업이 되어서… 눈을 까뒤집고 덤빌 때는 하루에 둘은 넉넉히 지어 냈다.

눈을 꺼지다

남이 보는 것을 좋아하지 않거나 두려워하다.

눈을 끌다

1. 호기심을 일으켜 보게 하다.

예) 그 여자의 미모가 참석자의 눈을 끌었다.

2. 마음이 쏠리다.

예) 백화점 안을 둘러보다가 눈을 끄는 가방을 발견하였다.

눈(을) 돌리다

관심을 돌리다.

예) 이번에는 교육 환경 문제로 눈을 돌려 생각해 봅시다.

눈(을) 뒤집다

주로 좋지 않은 일에 열중하여 제정신을 잃다. (비)눈(깔)알을 뒤집다.

예) 돌쇠도 눈을 뒤집고 다시 노름판으로 쫓아다니지 않으면 안 되었다.

눈(을) 똑바로 뜨다

정신을 차리고 주의를 기울이다.

예) 다시는 실수하지 않도록 눈 똑바로 뜨고 일해야 한다.

눈(을) 뜨다

감았던 눈을 열거나 잠에서 깨는 것을 말한다. 한편 '(장님이) 안 보이던 것이 보이게 되다', '글을 알게 되거나 무식에서 벗어나다', '(특정 분야에 대해) 본능이나 깨달음을 통한 안목이 생기다'라는 뜻으로도 쓰인다.

눈(을) 맞추다

서로 시선을 마주 보는 것을 말한다. 한편 '서로 눈짓을 보내 의향을 주고받다', '(남녀가) 서로 사랑하는 마음을 눈치로 보이다'라는 뜻으로도 쓰인다.

눈(을) 밝히다

무엇을 찾으려고 신경을 집중하거나 힘을 넣다.

예) 그는 눈을 밝히며 가출한 아들을 찾으러 다녔다.

눈(을) 붙이다

'감다'라는 행위와 같으나, '붙이다'는 어느 정도 지속적으로 감고 있는 것을 뜻한다. '잠깐 휴식을 취하기 위해 잠을 자다'라는 뜻이다.

눈(을) 속이다

남을 속일 때는 주로 남이 보이지 않는 곳에서 일을 꾸미고 그 사람 앞에서는 거짓말을 하거나 거짓 행세를 한다. 그런데 번연히 두 눈을 뜨고 있는 앞에서 감쪽같이 속이는 경우가 있다. '눈의 착시 현상이나 빠른 손놀림을 이용하여 상대방을 사실과는 다르게 보도록 유도하다'라는 뜻이다.

예) 그는 부모님의 눈을 속여 가며 미술을 공부하였다.

눈(을) 씻고 보다

정신을 바짝 차리고 집중하여 보다.

예) 눈을 씻고 보아도 사람 그림자도 보이지 않는다.

눈(을) 씻고 보려야 볼 수 없다

아주 드물어 찾기 어렵다.

예) 그런 좋은 물건은 눈을 씻고 보려야 볼 수 없다.

눈을 의심疑心하다

잘못 보지 않았나 하여 믿지 않고 이상하게 생각하다.

예) 하루가 멀다 하고 성장하는 그의 무예 솜씨에 내 눈을 의심할 수밖에 없었다.

눈(을) 주다

'눈을 주다'는 '안구를 기증하다'라는 뜻이 아니다. 이때 '눈'은 '시선', '바라보는 눈길'을 뜻한다. 누군가를 바라본다는 것은 관심을 보내는 것이므로 '주다'라고 말한다. '눈길을 돌려서 보다', '그쪽을 쳐다보다', '가만히 시선을 보내어 어떤 뜻을 전하다'라는 뜻이다.

예) 첼로를 들고 길을 건너는 남자에게 전화를 받고 있던 영숙이 눈을 주었다.

눈을 크게 뜨다

정신을 바짝 차리고 주의를 기울이다.

예) 옆에 있던 사람들은 모두 눈을 크게 뜨고 그를 주시했다.

눈을 틔워 주다

1. 글자를 가르쳐 알게 하다.

예) 아이에게 눈을 틔워 주어 책을 읽게 하다.

2. 진리나 현실을 깨닫도록 일깨워 주다.

예) 사람들의 눈을 틔워 주는 것은 교육자의 책임이다.

눈(을) 피하다

남이 보는 것을 피하다.

예) 남의 눈을 피해 새벽에 도망가다.

눈(이) 가다

보는 눈이 향하여지다.

눈이 가매지게[가매지도록]

몹시 기다리는 모양을 비유적으로 이르는 말.

예) 눈이 가매지도록 기다렸지만 아무도 오지 않았다.

눈(이) 거칠다

하는 짓이 보기에 싫고 마음에 들지 아니하다.

눈이 곤두서다

화가 나서 눈에 독기가 오르다. (비)눈알이 곤두서다.

예) 형님은 친구가 비웃는 소리를 하자 눈이 곤두섰다.

눈이 까뒤집히다

'눈(이) 뒤집히다'를 강조하여 이르는 말.

예) 그들은 눈이 까뒤집혀서 그들의 정체를 폭로한 사내를 찾고 있었다.

눈(이) 꺼지다

『북』 '죽다'를 완곡하게 이르는 말.

눈(이) 나오다

몹시 놀라다. (비)눈(깔)알[이] 나오다.

예) 그녀는 비싼 가격을 확인하고 눈이 나왔다.

눈이 낮다

보는 수준이 높지 아니하다. (반)눈이 높다.

예) 난 눈이 낮은 편인지 웬만한 여자는 다 예뻐 보인다.

눈(이) 높다

1. 정도 이상의 좋은 것만 찾는 버릇이 있다. (반)눈이 낮다.

예) 그 여자는 눈이 높아 웬만한 남자는 거들떠보지도 않는다.

2. 안목이 높다.

예) 부인은 눈이 높으시군요. 그럼 한번 괜찮은 것을 보여 드리지요.

눈(이) 돌아가다

1. 놀라거나 격분하여 사리 분별을 못하다.

예) 그는 헤어지자는 그녀의 말에 눈이 돌아갔다. / 선생은 적이 제자를 죽였기 때문에 눈이 돌아가 있는 상태였다.

2.관심을 가지고 주의를 모으다.

예) 아름다운 이성이 지나가면 자신도 모르게 눈이 돌아가려 한다.

눈이 동그래지다

몹시 놀라거나 의아하여 눈을 크게 뜨다.

예) 연락도 없이 돌아온 아들을 본 어머니는 눈이 동그래지셨다.

눈(이) 뒤집히다

충격적인 일을 당하거나 어떤 일에 집착하여 이성을 잃다. (비)눈깔(알)이 (까)뒤집히다.

예) 그는 집 나간 아들을 찾아다니기에 눈이 뒤집혔다.

눈이 등잔만 하다

놀라거나 두려워 눈이 휘둥그레지다.

★등잔燈盞 : 기름을 붓고 심지를 꽂아 불을 붙이도록 만든 작은 그릇.

예) 그는 눈이 등잔만 해져서 그 광경을 보았다.

눈이 뚫어지게[뚫어지도록]

꼼짝 않고 한 곳을 응시하는 모양을 이르는 말.

예) 그는 눈이 뚫어지게 바라보다가 드디어 입을 열었다.

눈(이) 많다

보는 사람이 많다.

예) 이렇게 눈이 많은 곳에서 무슨 짓이에요?

눈(이) 맞다

1.(사람이 일에) 두 사람의 마음이나 눈치가 서로 통하다.

예) 그들이 새로운 계획에 눈이 맞아 곧 사업을 확장시켰다.

2.(남자가 여자와, 또는 남녀가) 사랑하는 뜻이 통하다.

예) 옆집 홀아비는 그 과부와 눈이 맞았다.

눈(이) 멀다

'멀다'는 '눈'과 함께 쓰여 '눈이 보이지 않게 되다'를 뜻한다. 한편 '(주로 '~에 눈(이) 멀다'의 형태로 쓰여) 어떤 것에 너무 반하거나 집착하여 맹목적으로 되다', '정확히 목표물을 겨냥하지 못하고 아무렇게나 함부로 하다'라는 뜻.

눈이 무디다

사물을 보고 깨닫는 힘이 약하다.

★무디다 : (사실을 감지感知하는 신경이) 둔하고 더디다.

예) 이 사람은 눈이 무뎌서 봐도 잘 모른다.

눈이 무섭다

어떤 떳떳하지 못한 일을 할 때에 다른 사람이 보는 것이 무섭다.

눈이 바로[똑바로] 배기다

『북』 사물이나 현상을 바로 보고 판단하는 능력을 가지다.

예) 하기야 눈이 똑바로 배긴 직장장이라면 이런 좋은 기회를 왜 어물어물 놓쳐 버리겠는가.

눈(이) 벌겋다

자기 잇속만 찾는 데에 몹시 열중하다.

예) 토반들까지도 제각기 양반 값을 해 보겠노라고 죄 없는 상사람들을 잡아다가 꿇리고 생트집을 잡기에 눈이 벌겋다.

눈이 번쩍 뜨이다

정신이 갑자기 들다.

예) 그녀는 자다가도 눈이 번쩍 뜨일 만큼 생선회를 좋아한다.

눈이 빠지게

사람을 기다리면서 그가 오는지 바라볼 때, 기다리는 마음이 간절하거나 그 기다리는 시간이 길면 애가 탄다. 그것을 '눈이 빠지다'라고 표현한다. (비)목이 빠지게.

눈이 빠지게[빠지도록] 기다리다

몹시 애타게 오랫동안 기다리다. (비)눈알이 빠지게[빠지도록] 기다리다.

예) 눈이 빠지도록 기다렸지만 구조대는 오지 않았다.

눈(이) 삐다

뻔한 것을 잘못 보고 있을 때 비난조로 이르는 말.

(비)눈깔(이) 삐다.

예) 눈이 삐었어? 그런 남자를 남편감으로 고르게?

눈이 산 밖에 비어지다

지나치게 흥분하고 격노하여 이성을 잃을 지경에 이르다.

예) 방가는 눈이 산 밖에 비어져 돌놈의 가슴을 가로타고 앉아서….

눈이 시뻘겋다

'눈(이) 벌겋다'를 강조하여 이르는 말.

예) 자기 잇속을 차리기에 눈이 시뻘게진 장사꾼들이 서로 싸우고 있다.

눈(이) 시다

하는 짓이 거슬려 보기에 아니꼽다.

예) 정말 눈이 시어서 못 봐 주겠네.

눈이 시퍼렇게 살아 있다

멀쩡하게 살아 있다.

예) 눈이 시퍼렇게 살아 있는 어 부인은 어떡하고 새장가입니까?

눈이 십 리만큼 들어가다

몹시 앓거나 굶주려서 눈이 움푹 들어가다.

눈(이) 어둡다

'어둡다'는 '밝다'의 반대말이다. 빛이 없어서 앞이 보이지 않는 상태에 있는 것이 '어둡다'이다. 빛은 있지만 눈이 잘 보이지 않으면 시야가 흐릿하다. 어둡다는 것은 분명하게 지각할 수 없는 답답한 마음 상태를 가리킨다. 보이는 것뿐만 아니라 들리는 것도 희미하면 '어둡다'라고 말한다. '(보통 노인이) 시력이 약해 잘 보이지 않다', '(주로 '~에 눈이 어둡다'의 형태로 쓰여) 재물이나 욕심 따위에 너무 마음을 빼앗겨 사리를 분별하지 못하다'라는 뜻이다. 글을 읽지 못한다. (반)눈이 밝다.

눈이 여리다

감정이 모질지 못하여 눈물을 잘 보이다.

예) 그녀는 눈이 여려서 조그만 일에도 운다.

눈이 열리다

이해하는 안목이 생기다.

예) 비록 늦게 배우는 글이긴 했지만 또박또박 극성스럽게 익힌 보람으로 해가 지나자 제법 눈이 열리고 귀가 트여 하는 말마다 홍 거사를 깜짝깜짝 놀라게 하였다.

눈이 오나 비가 오나

자연과 더불어 사는 생활에서 날씨는 중요한 조건이다. '-나 -나'는 '어느 경우를 막론하고 다', '항상'을 뜻하는 표현이다. '자나 깨나', '괴로우나 즐거우나'라고 말한다. '눈이 오나 비가 오나'는 '눈이 오든지 비가 오든지 상관하지 않고 언제나'를 뜻한다. 여기에 한 가지를 더하여 '눈이 오나 비가 오나 바람이 부나'가 있다. '아무리 불리하고 힘든 조건이어도 가리지 않고 한결같이'라는 뜻이다.

눈이 캄캄하다

1. 정신이 아찔하고 생각이 콱 막힌 상태이다.

예) 앞으로 빚쟁이들이 몰려올 것을 생각하니 눈이 캄캄하고 정신이 아뜩해졌다.

2. 글자를 아는 것이 없다.

예) 그는 눈이 캄캄해서 신문을 못 읽는다.

눈이 트이다

사물이나 현상을 판단할 줄 알게 되다.

예) 이제 세상에 눈이 트인 그는 점점 옛날의 순수함을 잃어 갔다.

눈이 핑핑 돌아가다

1. 의식이 따라가지 못할 만큼 바쁘거나 빠름을 비유적으로 이르는 말. (비)눈알이 핑핑 돌다.

2. 행동거지가 제멋대로인 사람의 비유.

예) 눈이 핑핑 돌아가는 이 세상에 아직도 희망은 있는가?

눈이 화등잔 같다

1. 눈이 동그랗게 큰 것을 비유적으로 이르는 말.

★화등잔火燈盞 : 기름을 담아서 등불을 켜는 그릇.

예) 대원위 대감의 두 눈이 화등잔 같고 게다가 국상 도감까지 차린 터에 말일세.

2. 놀라거나 두려워 눈이 커지다.

눈이 휘둥그레지다

몹시 놀라거나 두렵거나 믿어지지 않는 일을 당하여 눈이 커지다.

눈자리가 나도록 보다

1. 한곳을 뚫어지게 보는 것을 비유적으로 이르는 말.

2. 실컷 보는 것을 비유적으로 이르는 말. 북한 속담이란 곳도 있음.

눈자위(가) 꺼지다

사람이 죽다.

예)그들은 눈 속에서 이미 눈자위가 꺼진 사람 둘을 끌어내었다.

눈 점을 치다

『북』 눈으로 살펴 상대편의 기분이나 생각을 알아맞히다.

예) "꼬락서니를 보니 재에서 일을 벌일 잡도리는 아닌 것 같기도 한데 이놈이 무슨 꿍꿍일까?" 놉쇠는 옆에서 걷는 윤 서방의 음충한 얼굴을 곁눈으로 살피며 눈 점을 쳤다.

눈짓을 주다

가만히 약속의 뜻을 보여 눈짓하다.

눈총(을) 맞다(받다)

어떤 사람이 밉거나 못마땅할 때 눈에 독기를 담아 쏘아보는 시선이 '눈총'이다. '총을 쏘다', '총을 맞다'라고 말하는 것과 마찬가지로 '눈총을 쏘다', '눈총을 맞다'라고 말한다. 그 외에도 '눈총을 받다', '눈총을 주다', '눈총을 피하다'라는 식으로 사용된다. '(주로 '~의(에게) 눈총을 맞다'의 형태로 쓰여) 염치없는 행동 따위로 어떤 사람의 미움을 몹시 받다'라는 뜻이다. 남의 미움을 받다.

눈총(을) 쏘다

몹시 쏘아보거나 노려보다.

예) 그녀는 얼결에 따귀를 얻어맞고는 기가 막힌 듯이 한동안 그에게 눈총을 쏘았다.

눈총을 주다

독기 어린 눈으로 쏘아 보다.

눈치(가) 다르다

태도나 하는 짓이 이상스럽다.

예) 그 녀석이 어제는 어째 눈치가 다르더라.

눈치(가) 보이다

남의 마음과 태도를 살피게 되다.

예) 남편은 처음엔 노모와 조강지처의 눈치가 보여 조금씩 팔아 가던 땅을 겁 없이 없애기 시작했다.

눈치(가) 빠르다

남의 마음을 남다르게 빨리 알아채다. <u>(비)촉기(가) 빠르다.</u>

예) 이 기자가 눈에 불을 켜며 은근한 태도로 물었다. 귀신같이 눈치가 빠른 작자였다.

눈치(를) 보다

남의 마음과 태도를 살피다.

예) 날이 더워 갈수록 그들은 일거리가 밀려서 차차 상사의 눈치를 보게 되었다.

눈치(를) 살피다

남의 눈치를 엿보다.

예) 비록 구걸을 다닐 적에는 비굴하고 남의 눈치를 살피게 되지만….

눈치를 채다

남의 속마음을 알아채다.

눈치코치 다 알다

온갖 눈치를 다 짐작하여 안다. <u>(반)눈치코치도 모르다.</u>

예) 눈치코치 다 아는 애가 왜 그런 말을 하니?

눈치코치도 모르다[눈치코치(가) 없다]

도무지 남의 생각이나 태도를 알아차리지 못하다. <u>(반)눈치코치 다 알다.</u>

예) 나라고 눈치코치도 모를까 봐.

눈칫밥(을) 먹다

다른 사람의 눈치를 살피면서 기를 펴지 못하고 불편하게 생활하다.

★눈칫밥 : 마음을 편하게 가지지 못하는 상황이나

상태.

예) 가난한 이모 치마폭에 가려 눈칫밥 먹고 살아가는 두 아들 때문에 이러지도 저러지도 못하고 매어 있는 것이 아닌가.

눈코 뜰 사이[새(가)] 없다

정신 못 차리게 몹시 바쁘다.

예) 요즘 농촌 사람들은 모내기를 하느라 눈코 뜰 사이 없다.

눈코 사이

썩 가까운 거리.

예) 너희 집에서 학교까지는 눈코 사이인데 왜 매일 늦니?

눈 팔아 먹다

바느질 따위의 밝은 눈을 필요로 하는 일에 종사하다.

눈표(가) 나다

눈에 잘 띄다.

예) 신발을 눈표 나는 곳에 두었다.

눈 하나 깜짝 안 하다

태도나 기색이 아무렇지도 않은 듯이 예사롭게 굴다.

예) 너는 어쩌면 눈 하나 깜짝 안 하고 그런 거짓말을 할 수 있니?

눈 허리(가) 시다

『북』 깊은 감동을 받아 눈물이 쏟아질 지경이다.

눈 확이 꺼지다

『북』 피곤하거나 먹지 못하여 눈이 쑥 들어가다.

예) 한결같이 눈 확들이 꺼지고 볼 편이 홀쭉해지고 입술이 터실터실 튼 온 식구의 몰골은 아버지로 하여금 차마 그대로 보고 같이 누워 있을 수 없게 했던 모양이다.

눈 흘기다

(사람이) 원망하거나 나무라는 뜻으로 눈을 옆으로 노려 뜨다.

예) 여자 친구가 아직 화가 덜 풀렸는지 눈을 흘겼다.

뉘 골라내듯

많은 것들 중에서 꼼꼼히 골라내다.

★뉘 : 찧지 않아서 겉껍질이 벗겨지지 않은 채, 쌀 속에 섞여 있는 벼 알갱이.

느루 가다 한다

양식이 일정한 예정보다 더 오래가다.

★느루 : 한꺼번에 몰아치지 않고 길게 늘여서.

예) 죽을 쑤었으면 좀 느루 가겠지만 우리는 더럽게 그런 짓은 안 한다.

느루 먹다

양식을 절약하여 예정보다 더 오랫동안 먹다.

예) 쌀을 느루 먹기 위하여 보리를 많이 섞어서 밥을 지었다.

느루 잡다

1. 손에 잡은 것을 느슨하게 가지다.

예) 우리는 가랫줄을 느루 잡고 당겼다.

2. 시일이나 날짜를 느직하게 예정하다.

예) 나는 출발 날짜를 사흘 뒤로 느루 잡았다.

3. 『북』 물건의 양 따위를 넉넉히 마련하다.

예) 느루 잡아서, 사탕 2키로그램 정도면 되겠지요.

느루 재다

1. 하기 싫어서 억지로 느리게 행동하다.

2. 빨리 결정을 하지 아니하고 우물쭈물 미루어 가다.

늑줄(을) 주다

엄한 감독을 느슨하게 하여 조금 자유롭게 하다.

★늑줄 : 동여매었으나 좀 느슨해진 줄.

예) 기동 훈련 출동 시간이 훨씬 지났는데도 늑줄을 주는 참인지 집합 명령이 없었다.

늘고 줄고 하다

융통성이 있다는 말.

늘어지게 자다

피로가 풀리도록 실컷 자다.

예) 한잠 늘어지게 자고 일어났더니 몸이 가뿐하다.

늙은이 뱃가죽 같다

물건이 쭈글쭈글하다.

예) 늙은이 뱃가죽 같은 피부.

능구렁이 같다

흔히 좀처럼 속내를 드러내지 않으면서도 자기 잇속은 다 챙기는 사람을 보고 이르는 말.

능라도 수박 같다

맛없는 음식을 비유적으로 이르는 말.

★능라도綾羅島 : 평안남도 평양시 대동강에 있는 섬.

능지(가) 되다

매를 몹시 맞아 몸을 가눌 수 없게 되다.

★능지陵遲 : 예전에, 대역죄를 지은 죄인을 머리, 몸뚱이, 팔, 다리를 토막 쳐서 죽이는 극형을 이르던 말.

예) 그는 송 첨지 큰아들 치백이한테 은가락지를 얻어 낀 것이 탄로 나서 남술이한테 능지가 되도록 뚜드려 맞았다.

능청(을) 떨다

엉큼한 속마음을 감추고 겉으로는 천연스럽게 꾸미는 태도가 '능청'이다. '시치미'는 전혀 그렇지 않은 척 꾸미는 태도를 말하고, '능청'은 능글맞고 천연덕스럽게 꾸미는 태도를 말한다. '능청스럽다', '능청맞다'는 그러한 태도가 있다는 뜻이다, 능청맞게 속이거나 아무 일 없다는 듯이 딴청을 부리다.

예) 음흉하게 ~.

능청(을) 피우다

행동에 능청스러움을 나타내다. 괜히 능청 피우지 말고 솔직히 털어 놓게.

늦바람(이) 나다

나이가 들어 뒤늦게 바람이 나다.

늦줄(을) 놓다

『북』 긴장을 풀어 늦추다.

★늦줄 : 늑줄(동여매었으나 좀 느슨해진 줄)의 북한어.

늦줄(을) 주다

『북』 '늑줄(을) 주다'의 북한 익은말.

ㄷ

다락같다

(물건 값이) 매우 비싸다.

★다락 : 집의 천장과 지붕 사이에 있는 공간을 이용하여 물건을 두거나 사람이 쉬도록 꾸민 곳.

다람쥐 밤 까먹듯

욕심스럽게 잘 먹는 모양.

다랑귀(를) 떼다

(비)다랑귀(를) 뛰다.

★다랑귀 : 두 손으로 붙잡고 매달리는 짓.

다랑귀(를) 뛰다

1. 두 손으로 붙잡고 매달리며 놓지 아니하려 하다.

예) 아이는 오랜만에 만난 어미에게 달려들어 다랑귀 뛰며 떨어지지 않으려 했다.

2. 몹시 매달리며 간절히 조르다. (비)다랑귀(를) 떼다.

다른 게 아니라

(비)다름(이) 아니라.

예) 오늘 아주머니를 좀 오십사고 청한 것은 다른 게 아니라, 대내 안 일에 대해서 조용히 말씀할 중요한 일이 있기에 잠깐 여쭌 것입니다.

다름 아닌

다른 것이 아니라 바로.

예) 알고 보니 그는 다름 아닌 우리 반 학생이었다.

다름(이) 아니라

"딴 까닭은 없고"의 뜻으로 쓰이는 말, '다르다'는 '같지 않다', '특별하거나 예사롭지 않은 데가 있다'라는 뜻이다. '다름이 아니다'는 '무슨 특별한 것이 있는 것이 아니다'를 뜻한다. (비)다른 게 아니라.

다리가 길다

음식 먹는 자리에 우연히 가게 되어 먹을 복이 있다. (반)다리가 짧다.

예) 뭐 먹을 때마다 부르지도 않았는데 오는 것을 보면 저 친구 참 다리가 길지.

다리가 밭다

『북』 먹는 자리에 남들이 다 먹은 뒤에 나타나 먹을 복이 없다. (비)다리가 짧다. (반)다리가 길다.

★밭다 : 발이 짧다.

예) 허성욱이 그 장소에 당도하니 사람들은 벌써 떠나고 없었다. "늘 봐야 다리가 밭거든." 이렇게 중얼거리며 그는 서둘러 길을 떠났다.

다리가 짧다

1. (비)다리가 밭다. (반)다리가 길다.

2. 흠이 있거나 지체가 낮다.

다리(를) 건너다[넘다]

말이나 물건 따위가 어떤 한 사람을 거쳐 다른 사람에게 넘어가다.

예) 그 물건은 여러 다리 건너서 내 손에 들어왔다.

다리(를) 놓다

물이나 벼랑이 가로놓여 건너갈 수 없거나 건너가

기 불편한 곳을 갈 수 있도록 사람이 위로 걸쳐서 만든 길이 '다리'이다. 바닥에 돌이나 나무 따위를 놓아 다리를 만들므로 '다리를 놓다'라고 말한다. 다리는 가까이 있어도 서로 연결되어 있지 않은 두 곳을 이어주는 구실을 한다. 한편 사람 사이에 관계를 이어주는 역할도 '다리'라고 한다. 다리는 건너갈 사람이 놓는 것이므로 일의 당사자가 중간에 고리 역할을 하는 사람을 두는 것을 일러 '다리를 놓다'라고 말한다. 당사자가 다른 사람을 거쳐 일을 성사시킨다는 표현으로 쓰이는 '다리를 놓다'가 제삼자가 둘 사이에 관계를 맺어주어 일을 성사시킨다는 뜻으로 쓰이게 되었다. 즉, '모르는 사람들이나 관계가 소원해진 사람들 사이에 관계를 지어주다'이다 상대방과 관련을 짓기 위하여 중간에 다른 사람을 넣다.

다리를 들리다

미리 손쓸 기회를 빼앗기다.

예) 내 자리를 그가 먼저 차지하고 있으니, 니야말로 다리를 들린 셈이군.

다리(를) 뻗고[펴고] 자다

마음 놓고 편히 자다. (비)발(을) 뻗고[펴고] 자다.

예) 고민이 해결되었으니 이제 다리 뻗고 잘 수 있겠다.

다리를 잇다

끊어진 관계를 다시 맺어 통하게 되다.

예) 남북 간에 끊어진 다리를 잇는 일이 시급하다.

다리를 절다

『북』 어느 한 측면에 결함이 있거나 갖출 것을 다 갖추지 못하고 빠진 부분이 있어 온전하지 못함을 비유적으로 이르는 말.

다리 아랫 소리

머리를 다리 아래까지 숙여 내는 소리라는 뜻으로, 남에게 동정이나 도움을 받으려고 굽실거리거나 애걸하며 하는 말을 이르는 말. (비)각하성脚下聲.

예) 급박한 상황 때문에 친구에게 다리아랫소리를 하지 않을 수 없었다.

다리야 날 살려라

(비)걸음아 날 살려라.

예) 참외를 서리하던 아이들은 주인이 나타나자 다리야 날 살려라 도망을 쳤다.

다리품(을) 팔다

1. 길을 많이 걷다.

예) 배달부는 다리품을 덜 팔게 된 것이 다행인 것처럼 희색이 만면해서 편지를 내던지며 빨리 돌아선다.

2. 남에게 품삯을 받고 먼 길을 걸어서 다녀오다.

다림(을) 보다

1. 어떠한 것을 겨냥 대고 살펴보다.

2. 이해관계를 노리어 살펴보다.

★다림 : 수평으로 반듯한지 수직으로 곧추섰는지 헤아려 보는 일.

다릿골(이) 빠지다

길을 많이 걸어서 다리가 몹시 피로해지다.

예) 그 편지나 내놓으세요. 그것 때문에 오늘 온종일 다릿골만 빠지고 저 댁에서 쫓겨나게 되고….

다시 말하면

앞에서 말한 것을 풀어서 말하면.

예) 하기는 묘한 일이 한 가지 있었는데 독고민이 초등학교 일 학년 때 그는 급장이었다. 다시 말하면 공부를 썩 잘한 것이다.

다시 말해

앞에서 말한 것에 대하여 풀어서 말하여.

예) 만우씨는 문득 우리말에는 형용사도 아니고 동사도 아닌, 다시 말해 형용사도 되고 동사도 되는 중간 형태의 단어들이 있지 않은가 하는 생각이 들었다.

다시 못 올 길 가다

저 세상으로 가다. 죽다.

다음 가다

포준 삼는 것의 바로 다음 자리를 차지하다. (비)버

금 가다.

다짐(을) 놓다

다짐을 하도록 억지로 요구하다.

예) "너 그 말 틀림없지?" 강차석이 다짐을 놓았다.

다짐(을) 두다

틀림이 없도록 다짐을 하다.

예) 그는 아침 기상 시간만은 꼭 지켜야 되겠다고 다짐을 두었다.

단골이 배기다

『북』 어떤 일에 늘 버릇처럼 부딪히게 되거나 또는 어떤 일을 늘 버릇처럼 하다.

예) 소설 보는 데는 아주 단골이 배긴 친구야.

단근질(을) 참듯

매우 참기 어려운 것을 참는 경우에 이르는 말.

★단근질 : 예전에, 불에 달군 쇠로 몸을 지지는 형벌을 이르던 말.

예) 들이어 주신 사람을 내 자의로 내쫓기가 어려워서 단근질 참듯 참았어요.

단 꿀 같이 쓰이다

『북』 아주 요긴하게 쓰이다.

단내(가) 나다

몸에 열이 몹시 나다.

★단내 : 몸의 열이 높을 때 입이나 코 안에서 나는 냄새.

단두대에 오르다

사형을 당하게 되거나 저지른 죄의 심판을 받게 되다.

★단두대斷頭臺 : 사형수의 목을 자르는 형틀.

예) 공직을 이용하여 많은 죄를 지은 그가 드디어 단두대에 오르게 되었다.

단두대의 이슬로 사라지다

사형대에서 처형되어 죽다.

예) 역사 속의 많은 영웅들이 단두대의 이슬로 사라지는 비참한 최후를 맞이하였다.

단락(을) 짓다

일의 끝을 맺다.

단배 곯리다

음식을 달게 먹을 수 있게 배를 고프게 하다.

★단배 : 음식을 많이 먹을 수 있는 배.

단불에 나비 죽듯[잡듯]

맥없이 스러지듯 죽어 가는 것을 비유적으로 이르는 말.

★단불 : 한창 괄게 타오르는 불.

단수段數**가 높다**

(사람이) 수술에 능하다.

예) 성엽이는 사람을 즐겁게 하는 단수가 높아서 여학생들 사이에 인기가 많아.

단 숨을 식히다

『북』 1.무기나 기계 따위가 과도하게 작동하여 열이 매우 높아졌을 때 멈춰 세워 열을 식히다.

예) 열차는 단 숨을 식히고 나서 남쪽으로, 남쪽으로 길을 다그쳤다.

2.몹시 긴장하여 일을 한 후 힘들 때 잠깐 동안 쉬어 피곤을 풀다.

단풍이 들다

식물의 잎이 가을에 붉거나 누른빛으로 변하다.

단풍이 지다

단풍이 들다. 단풍잎이 떨어지다.

달걀가리를 쌓았다 무너뜨렸다 하다

달걀로는 가리를 쌓을 수 없다는 뜻으로, '쓸데없는 공상을 하다'를 비유하는 말.

달게 굴다

붙잡고 매달려 몹시 조르다.

예) 그가 매일처럼 고된 몸도 돌아보지 않고 달게 구는 것이 그렇도록 싫던 쌍네로서….

달게 받다

꿀이나 설탕과 같은 당분이 들어간 음식의 맛을 '달다'라고 말한다. 조미를 하지 않은 상태에서 자연 그대로 단맛이 나는 음식은 맛있게 느껴진다. 따라서 '달다'에는 '맛이 좋다', '흡족하여 기분이 좋다'라는 뜻도 있다. '달게 먹다', '달게 자다'가 그렇다. 전혀 유쾌하지 않은 비난이나 꾸지람, 벌 따위를 '달게 받다'라고 하면 '기분 좋은 마음으로 기꺼이 받다'를 뜻한다. 즉, 불평이나 불만 없이 주는 대로 받겠다는 뜻이다.

예) 그런 짓을 저지른 게 그라면 어떤 벌이라도 달게 받아야겠지만, 그에게는 아무 잘못이 없다.

달고 쓴 맛을 보다[겪다]

생활의 좋은 일, 나쁜 일, 즐거운 일, 괴로운 일을 다 겪다.

달다 쓰다 말(이) 없다

아무런 반응도 나타내지 않다.

예) 어른 앞이라 어려워서 그랬는지 조카며느리는 입을 꾹 다물고 달다 쓰다 말이 없었다.

달달 볶다

1. 콩, 깨 따위를 휘저으며 볶다.

2. 사람을 몹시 들볶다.

예) 돈을 내라고 ~.

달月도 부끄러워하는 꽃

『북』 매우 아름다운 여자를 비유적으로 이르는 말.

달면 삼키고 쓰면 뱉는다

옳고 그름이나 신의를 돌보지 않고 자신의 이익만 찾는다는 말.

달밤에 체조하다

격에 맞지 않은 짓을 함을 핀잔하는 말. 예) 잠을 청하다 말고 구구단을 외우는 내 모습이 달밤에 체조하는 것 같았다.

달아 보다

1. 저울로 무게를 달아보다.

2. 사람의 드레와 능력 등을 시험해 보다.

달음박질(을) 치다

힘차게 달음박질을 하다.

달음질을 치다

힘차게 달음질하다.

달月(이) 가시다

사람이 죽어서 부정不淨하다고 생각되는 달이 지나가다.

예) 마님은 기어이 상을 당하시고 달 가신 후 돌아오셨사와요.

달(이) 차다

'달이 차다'는 '달이 초승달에서 상현달을 거쳐 보름달의 온전한 모양으로 변해가는 도중이다' 또는 '그러한 시기를 거쳐 보름달이 되다'라는 뜻이다. 상대되는 표현은 '달이 기울다'이다. 달이 보름달에서 하현달을 거쳐 그믐달로 점점 작아지는 도중이라는 뜻을 가리킨다. '한 달을 기준으로 무엇인가를 셈할 때 그 마감 날짜가 돌아오다', '(인간이나 짐승이 임신하여) 이제 출산할 달이 되다'라는 뜻이다.

달팽이 눈이 되다

(비유적으로) 핀잔을 받거나 겁이 날 때에 움찔하고 기운을 펴지 못하다.

예) 지각을 한 학생들이 선생님 앞에서 달팽이 눈이 되어서 혼나고 있었다.

달팽이 뚜껑 덮는다

(비유적으로) 입을 꾹 다문 채 좀처럼 말을 하지 않다.

예) 정말 달팽이 뚜껑 덮은 것처럼 아무 말도 하지 않을래?

달풀이

1월에서 12월까지 월별로 노래로 지어 부르는 것.

달품(을) 팔다

한 달 동안 일한 다음 달삯을 받기로 하고 품을 팔다.

예) 그는 직장을 그만두고 달품을 팔아 생활한다.

닭똥 같은 눈물

고개를 숙인 채 눈물을 흘리면 눈물이 흐르지 않고 눈가에 고여 있다가 뚝뚝 방울져 떨어진다. 몹시 서러워서 눈물이 많이 나오면 눈물방울이 클 것이다. 얼마나 큰지 '닭똥'에 비유한다.

예) 자신의 잘못을 깨우친 아이는 엄마 앞에서 닭똥 같은 눈물을 떨구었다.

닭 물 먹듯

무슨 일이든 그 내용도 모르고 건성으로 넘기는 모

양을 비유적으로 이르는 말.

닭 발 그리듯

글을 쓰거나 그림을 그리는 솜씨가 매우 서툴고 어색함을 비유적으로 이르는 말.

예) 그 아이는 엄마에게 쪼르르 달려가더니 닭 발 그리듯 그린 엉성한 그림을 자랑스럽게 펼쳐 보였다.

닭 싸우듯

크게 으르지도 못하고, 서로 엇바꾸어 가며 상대를 치고받고 싸우는 모습을 비유적으로 이르는 말.

예) 그는 언제나 이 사람 저 사람 집적거리며 닭 싸우듯 싸우고 다닌다.

닭(이) 잦추다

닭이 새벽에 잦추어 울다.

★잦추다 : (사람이 어떤 일이나 동작을)자꾸 재촉하여 빨리하도록 하다.

닭이 헤집어 놓은 것 같다

(비유적으로) 몹시 어지럽고 무질서하게 널려 있다.

닳고 닳다

세상일에 시달려 약아빠지다.

예) 사람은 누구나 나이가 들면 세상일에 닳고 닳아서 순진함을 자꾸만 잃어버리게 된다.

담 구멍을 뚫다

도둑질을 하다.

예) 나는 이때까지 담 구멍을 뚫는 짓으로 먹고산 것을 후회한다.

담쌓고 벽 친다

서로 잘 지내던 사이를 끊고 지내다.

담을 지다

1. 서로 사귀던 사이를 끊다.

예) 그만한 일로 동료들과 담을 지고 지내는 것은 좀 너무하지 않나?

2. 어떤 일에 전혀 관계하지 않다.

예) 그는 요즈음 일이 바빠 취미 생활과는 담을 지고 산다.

담이 결리다

담이 들어 몸의 어떤 부분이 뜨끔뜨끔 아프거나 뻐근한 느낌이 들다.

담이(를) 씌우다

『북』 제가 담당할 책임을 남에게 넘겨씌우다.

담(이) 차다

담대膽大(겁이 없고 용감함)하다.

담치기를 놓다

질서 없이 함부로 덤벼들다.

★담치기 : 섣달 그믐날 밤에 하는 어린이 놀이.

담타기(를) 쓰다

남의 허물이나 걱정거리를 넘겨받다.

★담타기 : 남에게서 억지로 떠맡게 되는 억울한 누명이나 큰 걱정거리.

답답한 송사다

답답하기가 곧 해결되지 않는 송사와 같다는 뜻으로, 어떤 일이 몹시 답답함을 이르는 말.

예) 아프다고 한 달이 넘게 누워 있으니 그야말로 답답한 송사다.

답이 안 나오다

해결 방법이 마련되거나 떠오르지 아니하다.

예) 제가 프로그램을 짜 봤는데 답이 안 나오네요.

답치기(를) 놓다

질서 없이 함부로 덤벼들다.

★답치기 : ①질서 없이 함부로 덤비는 짓. ②생각 없이 덮어놓고 하는 짓.

예) 그렇게 답치기를 놓으면 될 일도 안 되는 법이야. 좀 신중하게 일을 처리하게.

당금 같다

매우 훌륭하고 귀하다.

★당금唐錦 : 예전에, 중국에서 만든 비단을 이르던 말.

당나발(을) 불다

터무니없는 거짓말을 하다.

당채련 바지저고리

지저분하고 더러운 헌 옷을 비유적으로 이르는 말.

★당채련 : 중국에서 다루어 만든, 나귀의 가죽.

닻을 감다

하던 일을 걷어치우고 단념하다.

닻을 올리다

어떤 일을 시작하거나 시작하려 하다.

예) 우리는 이제 막 닻을 올린 무역 회사에서 근무합니다.

닻(을) 주다

1. 닻줄을 풀어 닻을 물속에 넣다.

예) 배가 닻을 주어 넓은 바다에 서 있다.

2. (비유적으로) 일정한 곳에 머물다.

예) 평양은 일정한 곳이 아니라 기 씨가 닻 주고 한데가 다 평양이 아닐까요?

대가리(가) 굵다

(비)대가리(가) 크다.

대가리가 메주덩이 같다

『북』 (비유적으로) 머리가 몹시 둔하다.

대가리가 비다

'머리가 비다'를 속되게 이르는 말.

예) 넌 대가리가 비었니? 그것도 모르게.

대가리(가) 크다

'머리(가) 크다'를 속되게 이르는 말. (비)대가리(가) 굵다.

예) 대가리 큰 놈을 매일 야단칠 수도 없고. /이제 대가리가 컸다고 부모한테 꼬박꼬박 말대답까지 하는구나.

대가리가 터지도록[터지게] 싸우다

몹시 심하게 치고 때리면서 싸우다.

예) 그래, 어디 한번 대가리가 터지도록 싸워 봐라. 그러면 결판이 나겠지.

대가리(를) 굴리다

'머리(를) 굴리다'를 속되게 이르는 말.

예) 대가리 굴리지 말고 일이나 해.

대가리를 싸고 덤비다

모든 힘을 다하여 덤비다.

예) 너희들이 아무리 대가리를 싸고 덤벼도 그놈을 당해 내기 어려울 것이다.

대가리에 피도 안 마르다

'머리에 피도 안 마르다'를 속되게 이르는 말. (비)대가리의 물도 안 마르다.

예) 대가리에 피도 안 마른 녀석이 어른 흉내를 내려 하냐.

대가리의 물도 안 마르다

(비)대가리에 피도 안 마르다.

대각선으로 보다

『북』 책을 건성건성 훑어보다.

대관절이고 참대 마디고

『북』 이러고저러고 시비를 가릴 것 없이.

★대관절大關節 : 여러 말 할 것 없이 요점만 말하여.

★참대 : 볏과에 속한 대의 하나.

대꼬챙이로 째는 소리를 한다

유난히 날카로운 소리를 지르다.

예) 여기가 어떤 곳인데 그렇게 대꼬챙이로 째는 소리를 하고 그래?

대돈변을 내서라도

무슨 변통을 해서라도.

★대돈변 : 돈 한 냥에 대하여 매달 한 돈씩 느는 변리.

예) 너무 걱정하지 말게. 내가 대돈변을 내서라도 자네를 빼 주겠네.

대(를) 물리다

'대代'는 처음 조상부터 시작하여 아버지에서 아들로 이어 내려오는 가계를 뜻한다. '세대世代'를 줄인 말이기도 하다. 대를 이을 자손이 없으면 대가 끊긴다. 앞 세대 사람이 다음 세대 사람에게 재산이나 지위 따위를 넘겨주는 것도 '물리다'라고 한다. '아들이나 손자에게 재산이나 지위 따위를 넘겨주어 그 내려온 역사가 계속 이어지게 한다'라는 뜻이다.

대립각을 세우다

갈등이 깊어져서 대립각만 예리해지고 있다. 첨예하게 대립하고 있는 상황이나 사태를 표현하는 말로 보이는데, '대립'과 '각'은 각각의 단어이므로, '대립 각'과 같이 띄어 적어야 합니다.

★대립각對立角 : 의견이나 처지, 속성 등이 서로 맞서거나 반대되어서 생긴 감정을 비유적으로 이르는 말.

대매에 때려죽일 놈

크게 잘못한 사람을 욕하는 말.

★대매 : 단 한 번 때리는 매.

대못을 박다

'못(을) 박다'를 강조하여 이르는 말.

예)남의 가슴에 대못을 박고 좋아하는 나쁜 놈들.

대문大門을 닫아 매다

『북』 1. 정치, 경제, 문화 따위의 여러 분야에서 외부와의 관계를 가지지 않다.

2. 일정한 조직에 새로 성원을 받아들이지 않다.

대문을 열다

1. 정치, 경제, 문화 따위의 여러 분야에서 외부와의 관계를 가지다.

2. 일정한 조직에 새로 성원을 받아들이다.

대반 앉다

대반의 역할을 하다.

★대반對盤 : 전통 혼례에서, 신랑, 신부나 후행 온 사람을 옆에서 접대하는 일.

대봉(을) 치다

다른 것으로 대신 채우다.

★대봉代捧 : 꾸어 준 돈이나 물건을 다른 것으로 대신해서 받음.

예) 그는 빌려준 돈 대신 쌀을 대봉 쳐서 받기로 했다.

대우(를) 파다[내다/치다]

다른 작물을 심은 밭이랑에 콩이나 팥 따위를 심다.

★대우 : 이른 봄에 보리, 밀, 조 따위를 심은 밭이랑에 콩이나 팥 따위를 드문드문 심는 일.

대운大運(이) 트이다

대운이 닥치다.

대중大衆과 같이 숨 쉬다

대중 속에 들어가 그들과 같이 일하고 생활하여 같이 생각하고 행동하다.

대중(을) 삼다

어림짐작의 표준으로 삼다.

★대중 : 대강의 짐작.

예) 손 뼘을 대중 삼아서 재어 보니 적어도 다섯 자는 될 것 같다.

대중(을) 잡다

어림으로 헤아려 짐작하다.

대중(을) 치다

어림짐작으로 셈 치다.

예) 이 논은 대중을 쳐도 쌀 열 가마는 충분히 수확할 수 있겠다.

대추나무에 연 걸리듯

여기저기에 빚이 많이 있음을 비유한 말.

대포(를) 놓다

허풍을 치거나 터무니없는 거짓말을 하다.

예) 그는 멀쩡한 건물이 무너졌다고 대포를 놓고 다녔다.

대한의 운예

대한에 비가 올 징조를 기대한다는 뜻으로, 어떤 일이 일어나기를 갈망함을 이르는 말.

★운예雲霓 : 구름과 무지개.

더럼을 타다

쉽게 더러움을 타다.

★더럼 : 더러움의 준말.

더운 피

의로운 일을 위하여 바치는 피.

예) 아직도 우리 속에는 조국을 위해 목숨을 바쳤던 독립 운동가들의 더운 피가 흐르고 있다.

더웠다 식었다 한다

『북』 일하는 것이나 성미가 한결같지 않고 변화가 심하다.

ㄷ

더위(가) 들다

(비)더위(를) 먹다(타다).

예) 너무 뙤약볕에 오래 서 있지 마라. 더위 들면 큰일 난다.

더위(를) 먹다

여름철의 더운 기운이 '더위'이다. '서기暑氣', '서열暑熱'이라고도 하며, 반대말은 '추위'이다. '무더위', '불볕더위', '땡볕더위', '삼복더위', '찜통더위', '한더위' 등으로 더위의 종류를 구분하기도 한다. 또한 한의학에서는 여름철 더위를 이기지 못하여 생기는 병을 뜻하는 말로 '서기暑氣', '서증暑症' 대신에 '더위'라고 말하기도 한다. 신체는 항상 일정한 평형 상태를 유지하게 되어 있다. 체온 역시 마찬가지다. 너무 더우면 땀을 흘려 열을 내보내고, 너무 추우면 단백질을 지방으로 전환하여 열을 발생시키면서 동시에 열의 손실을 막는다. 모든 병은 신체의 평형 상태가 깨어졌을 때 나타난다. 몸에서 열기를 내보내는 기능이 제대로 작동하지 않거나 역부족일 때 기운이 떨어지면서 모든 기능이 마비된다. 더운 열기가 몸 안으로 들어와 나가지 않는 것이므로 이렇게 표현한다. (비)더위(가) 들다.

더위(를) 사다

정월 보름날에 행해지는 더위팔기 풍습에서 나온 말로, 남이 자기의 이름을 불렀을 때 대답을 하면 그 사람의 더위까지 가지게 되어 한여름에 더위를 먹게 됨을 이르는 말.

예) 아침에 누구한테 더위를 사고 분해서 "깩! 깩!" 울고 들어온 적도 있었다. (비)더위(가) 들다.

더위(를) 타다

더위를 견디기 어려워하다. 몹시 더워하다.

더위(를) 팔다

음력 1월 15일 정월대보름은 중요 명절 중 하나이다. 이 시기는 농경사회에서 긴 겨울을 보내고 농사철로 접어드는 때이므로, 한 해가 본격적으로 시작되는 때이기도 하다. 그래서 정월대보름에 행하는 세시풍속으로는 그해의 풍년과 안녕을 기원하거나 점치는 것들이 많다. 그중 하나가 여름에 더위를 먹지 않기 위해 다른 사람에게 자신이 겪을 더위를 미리 파는 것이다. 아침 일찍 일어나서 이웃이나 친구를 찾아가 이름을 부르며 '내 더위 사가라' 또는 '내 더위'라고 말한다. 그래서 대보름날 아침에는 자신의 이름을 부르는 소리가 들려도 냉큼 대답하지 않는다. 먼저 '내 더위 사가라'라고 말하는 쪽이 더위를 파는 것이므로 서로 상대방의 틈을 노린다. 더위는 한 번 팔면 되지만, 아이들은 장난으로 여러 사람에게 더위를 팔기도 한다. 여기에서 '더위팔기'라는 말이 나왔다. 가축에게도 더위를 물리쳐주기 위해 소나 돼지의 경우 왼쪽으로 꼰 새끼를 목에 걸어주거나 동쪽으로 뻗은 복숭아나무 가지를 꺾어 둥글게 걸어준다.

더할 나위 없다

(무엇이) 아주 좋거나 완전하여 그 이상 더 말할 것이 없다.

덕(을) 보다

'덕德'이란 사람이 지닐 수 있는 고매하고 너그러운 성품을 뜻한다. 덕이 있는 사람 곁에 있으면 그 혜택을 눈에 보이건 보이지 않건 입게 마련이다. 인색하지 않고 잘 베풀기 때문에 물질을 받게 되거나 인격에 감화를 받는다. 그래서 '덕'에는 '고마운 베풂', '은혜'라는 뜻도 있다. 이때는 '덕분德分'의 준말이 된다. 덕은 옆에서 베풀어지는 것을 보는 것만으로 혜택을 입는 것이 성립되므로 '보다'라고 말한다.

덕(이) 되다

이익이나 도움이 되다.

예) 나 같은 사람도 너에게 덕이 된다면 기쁘겠다.

덜렁 수캐처럼 싸다닌다

『북』 한곳에 듬직이 있지 못하고 자꾸 돌아다니거나 또는 그렇게 하기 좋아하는 사람을 비웃는 말.

덜미가 나다

『북』 덜미가 삐져나온 것이 징그럽다는 데서, 몹시 진절머리가 남을 이르는 말. (비)뒷덜미, 목덜미.

★덜미 : 목의 뒷부분.

덜미가 잡히다

죄가 드러나다.

예) 수표 위조범은 은행원의 신고로 덜미가 잡혔다.

덜미를 나꿔채다

『북』 상대편의 약점이나 중요한 곳을 거머쥐고 힘껏 잡아채다.

덜미를 넘겨짚다

남의 속을 떠보다.

예) 우선 그의 덜미를 넘겨짚고 나서 결정을 내리도록 합시다.

덜미를 누르다

몹시 재촉하거나 몰아세우다.

예) 그는 나의 약점을 파고들면서 계속해서 덜미를 눌렀다.

덜미를 눌러놓다

상대편의 약점을 잡아서 꼼짝 못 하게 하다.

예) 올챙이는 역시 윤직원 영감의 배짱을 아는 터라, 마침내 이렇게 슬그머니 한 번 덜미를 눌러놓습니다.

덜미를 잡다[쥐다]

꼼짝 못 하게 하다.

예) 너의 방탕한 생활이 네 덜미를 잡을 것이다.

덜미[목덜미](를) 잡히다

뒷덜미를 잡히어 행동의 자유를 잃다. 못 된 일 따위를 꾸미다가 발각되다. 쉽게 보든 일이 뜻밖의 어려움 따위로 제대로 안 풀리다.

덜미(를) 짚다

1. 덜미잡이를 하다.

예) 아버지가 아들의 덜미를 짚고 집으로 데려갔다.

2. 덜미를 잡아 누르듯이 몹시 재촉하다.

예) 그 사람이 얼마나 덜미를 짚는지 옴짝달싹하지 못했다.

덜미(를) 치다

약점이나 제일 중요한 곳에 공격을 하거나 타격을 가하다.

예) 여러 노신들의 거병 논의는 활발하게 진행되고, 적도가 너무 멀리 가기 전에 그 덜미를 치자는 데 대체적인 합의를 보았다.

덤터기를 쓰다

'덤터기'는 남에게 넘겨씌우거나 남에게서 넘겨 맡은 큰 걱정거리나 허물 따위를 뜻하며, 작은말은 '덤타기'이다. 흔히 쓰는 '덤테기'는 틀린 말이다.

덤터기(를) 씌우다

남에게 걱정거리를 넘겨 맡게 하다.

예) 제가 잘못해 놓고 비열하게 친구에게 ~.

덧낚시를 걸다

『북』 음흉한 목적을 이루기 위하여 이미 계획한 속임수에 덧붙여서 속임수를 더 쓰다.

★덧낚시 : 낚시에서, 자기 세력권 안에 다른 언어가 침입하면 사납에 공격하는 은어의 습성을 이용하여 미끼용 은어를 꿰어 다른 언어로 낚는 일.

덧두리(를) 치다

덧두리를 가로채다.

★덧두리 : 정해 놓은 액수 외에 얼마만큼 더 보태는 돈.

예) 여기서는 중간 상인이 덧두리를 치는 일이 없어서 물건 값이 싸다.

덧짐(을) 치다

『북』 이미 있는 일이나 말에 다른 일이나 말이 겹치거나 잇따라 진행되다.

예) 그때 같아선 아들을 잃은 슬픔 위에 며느리를 잃은 슬픔을 덧짐 칠 것만 같았다.

덩굴을 올리다

『북』 이야기가 시간이 지남에 따라 자꾸 뒤엉키면서 늘어나다.

예) 이야기는 가지를 뻗고 덩굴을 올려서 두 사람이 다 밤 가는 줄 몰랐다.

덩더꿍이 소출所出

먹고 살아갈 일정한 재산이 없는 사람이 돈이 생기면 생긴 대로 흥청망청 쓰고, 없으면 어렵게 지냄을 비유적으로 이르는 말.

★덩더꿍이 : '덩더꿍이 장단'의 비표준어.

덩칫값을 하다

'덩치'는 사람이나 동물의 몸이 이루는 부피를 뜻하는 말로 '덩지'라고도 한다. 그에 반해 '덩저리'라 하면 뭉쳐서 쌓인 물건의 부피를 뜻한다. 그런데 두 말이 구별 없이 혼용되어 '덩치'를 사물의 부피라는 뜻으로 쓰기도 하고, '덩저리'를 몸집을 낮잡아 이르는 말로 쓰기도 한다. 비슷한 말로 '덩어리'가 있다. '뭉쳐서 크게 이루어진 것'이라는 뜻이다. '값'은 물건의 '가치', '가격'을 뜻한다. 그 물건의 상태만큼 값이 정해지므로 신분이나 외모에 어울리는 구실이나 됨됨이를 '값'이라고도 한다. '나잇값', '얼굴값', '사람값'이 그렇다. '덩칫값'은 몸의 크기에 어울리는 말이나 행동을 뜻한다. 흔히 몸집이 큰 사람은 몸집이 작은 사람에 비해 힘이 세거나 용기가 있을 것으로 생각된다. 그런 기대에 맞는 행동을 하는 것을 일컬어 '덩칫값을 하다'라고 말한다. 주로 몸집이 큰 사람에게 쓰는 말이다.

덫 안에 든 쥐

독 안에 든 쥐.

★덫 : 짐승을 꾀어 잡는 도구의 일종.

덴 가슴

어떤 일에 한번 몹시 혼난 일이 있는 사람이 걸핏하면 병적으로 가슴을 두근거리며 겁냄을 비유적으로 이르는 말.

★데다 : (사람이 무엇에) 고통이나 피해를 받아 진저리가 나다.

예) 옥심이는 실상은 옷을 갈아입으려고 온 것이지만, 그렇지 않아도 덴 가슴에 되레 겁만 더 먹고는, 그만 입은 그대로 안을 따라 도망 길을 나섰다.

도가(가) 뜨다

도가를 하려고 관원이 나오다.

도가 지나치다

'도度'는 '한도', '정도'를 뜻한다. 각角의 정도, 온도의 정도, 알코올 함량의 정도, 음정의 정도를 나타내기 위해 숫자를 나타내는 말과 함께 '도'를 쓴다. 단독으로 쓰일 때 '도'는 행동이나 상황의 적절한 수준, 심한 정도를 나타낸다. '도가 지나치다'는 '적절하게 생각되는 정도를 넘어서다', '심한 정도가 받아들일 수 있는 수준을 넘다'라는 뜻. <u>(비)도를 넘다.</u>

예) 장난도 좋지만 도가 지나치면 그것은 더 이상 장난이 아니다.

도깨비 같은 소리

『북』 전혀 이치에 닿지 않는 허황된 소리.

도깨비 살림

있다가도 별안간 없어지는 불안정한 살림살이.

도깨비에 홀린 것 같다

일의 내막을 알 수 없어 무슨 영문인지 정신을 차리지 못하다.

예) 조금 전까지만 해도 서랍에 있었던 물건이 없어졌다. 도깨비에 홀린 것 같은 생각이 들었다.

도깨비장난 같다

하는 짓이 분명하지 않아서 갈피를 잡을 수 없다.

예) 이랬다저랬다 하니 무슨 도깨비장난 같다.

도낏자루를 쥐다

<u>(비)칼자루(를) 잡다[쥐다].</u>

예) 이 일에 도낏자루를 쥔 사람은 부장이 아니라 사장이다.

도남의 날개

남쪽을 향하여 벌리려는 대붕의 날개라는 뜻으로, 어느 곳에 가서 큰 사업을 하여 보겠다는 계획을 비유적으로 이르는 말.

도둑을 맞다

도둑에게 물건을 잃거나 빼앗기다.

도련을 치다

종이 따위의 가장자리를 가지런하게 베어 내다.

★도련刀鍊 : 종이 따위의 가장자리를 가지런하게 베어 냄.

도련님 천량

아껴서 모은 오붓한 돈.

도령(을) 들다

무당이 지노귀를 할 때에 문을 세우고 돌아다니다.

★도령 : 무당이 지노귀를 할 때, 문을 세워 놓고 돌아다니며 굿하는 의식.

도로 아미타불(이라)

중이 평생을 두고 아미타불을 외우지만 아무 효과도 없다는 뜻으로, 고생만 하고 아무 소득이 없게 됨을 비유적으로 이르는 말.

예) 몇 달 동안 고생한 것이 하루아침에 도로 아미타불이 되었다.

도를 닦다

'도道'는 원래 길을 뜻하는 말이다. 사람이 걸어가야 할 길, 살아가야 할 길이 '도'이다. 즉, 따르며 살아야 할 도리를 뜻한다. 또한 종교에서 깊이 깨달은 경지나 이치를 '도'라고 하기도 한다. 과거에 무술은 종교나 정신수양과 떼놓을 수 없는 관계를 이루었다. 그래서 무술이나 기예를 행하는 방법을 '도'라고 하기도 한다. '영적인 깨달음을 얻기 위해 수행하다', '어떤 분야에서 뛰어난 경지에 이르기 위해 노력하다'라는 뜻이다.

도리도리 죔죔

아이가 손을 쥐었다 폈다하는 동작.

도마 위에 오르다

어떤 사물이 비판의 대상이 되다.

예) 비판의 도마 위에 오르다/그가 저지른 비리가 여론의 도마 위에 올랐다.

도마 위에 올려놓다

어떤 사물을 문제 삼아 비판하거나 논하다.

예) 홍성숙과 임명희를 도마 위에 올려놓고 품평에 열을 올리는가 하면….

도망(을) 가다

도망치다.

예) 산속으로 ~.

도부(를) 치다

장사치가 물건을 가지고 이리저리 팔러 다니다.

★도부到付 : 상인이 물건을 가지고 이리저리 돌아다니며 팖.

도붓장수 개 후리듯

마구 후려치는 모양을 비유적으로 이르는 말.

★도붓장수 : 이리저리 떠돌아다니며 물건을 파는 사람.

예) 그가 도붓장수 개 후리듯 자기 자식을 마구 때리는 것을 보니 아무래도 제정신이 아닌 듯 싶었다.

도선이 불여악不如惡

도선은 악만 못하다는 뜻으로 도선을 비웃는 말.

★도선導善 : ①조선 시대, 종실의 자제를 교육하던 종학의 정사품 벼슬. ②대한제국, 왕족의 자제를 가르치던 종인학교의 벼슬.

도와주고 붙잡아 준다

힘이 부족한 사람을 도와주고 인도하여 준다는 말.

예) 지금 우리가 서로를 도와주고 붙잡아 주지 않는다면 누가 우리를 도와주겠소?

도장을 누르다

1.(비)도장을 찍다.

예) 몇몇 사람은 그들의 협박이 두려워 그 문종이로 된 책에다 이름을 올리고 떨리는 손으로 도장을 눌렀다고 했다.

2.『북』어떤 일을 하라고 승인하거나 그렇게 하라고 다짐하다.

도장(을) 찍다

1.문서에 도장을 찍어 약조를 맺다.

2.제 것으로 만들다. (비)인을 치다, 도장을 누르다.

예) 이 물건은 내가 도장 찍어 놓았으니까 아무도 건드리지 마.

도장(이) 찍히다

어떤 사실이나 흔적이 뚜렷이 드러나다.

예) 이미 자기네는 도장 찍힌 깡패이고 빠져나갈 구멍이란 형무소 정문밖에는 없는 것이다.

도적놈의 발 같다

발이 매우 크다.

예) 키는 작은 녀석이 발은 꼭 도적놈의 발 같구나.

도지개를 틀다

얌전히 앉아 있지 못하고 몸을 이리저리 꼬며 움직이다.

★도지개 : 틈이 가거나 뒤틀린 활을 바로잡는 틀.

예) 아버지가 훈계하시는 동안 내내 아들 녀석은 가만히 있질 못하고 도지개를 틀고 하품을 하고 난리를 쳤다.

도침(을) 맞다

다듬이질로 종이나 피륙 따위가 윤기가 나고 매끄럽게 되다.

★도침搗砧 : 구김이 없이 반드러워지도록 옷감 따위를 방망이로 두드림.

예) 옛날에는 도침을 맞아 반드럽게 된 기저귀가 늘 아이 방의 한 편에 놓여 있었다.

독선생獨先生을 앉히다

집에 독선생을 두다.

예) 돈푼이나 있는 덕택에 독선생을 앉혀서, 글을 배우기는 했습니다.

독선을 잡다

배를 혼자 타려고 세를 주고 빌리다.

★독선獨船 : 여럿이 타지 않고 혼자 타기 위하여 세를 내고 빌린 배.

독수리 날리듯

『북』 낳아서 별로 정을 들여 보지 못하고 자식을 슬하에서 떠나보내는 모양을 비유적으로 이르는 말.

독 안에 든 쥐

궁지에서 벗어날 수 없는 처지를 비유적으로 이르는 말. (비)덫 안에 든 쥐, 푸줏간에 든 소.

예) 화개에서 악양 쪽을 향해 달아나는 것을 본 나카노는 이제 그들은 독 안에 든 쥐라 생각했다.

독 안에 들다

'독'은 입구가 바닥보다 넓고 배가 볼록하며 양옆에 손잡이가 달린 오지그릇이나 질그릇을 말한다. 주로 장을 담그는 데 쓰인다. '독 안에 든 쥐'라는 말이 있다. 쥐가 실수로 독 안에 빠지면 그곳에서 빠져나올 수 없다. 이와 마찬가지로 '어떤 포위망이나 함정 따위에서 아무리 벗어나려 해도 벗어날 수 없는, 영락없이 붙잡히게 된 처지'를 일컬을 때 이 말을 한다.

독(을) 들이다

『북』 어떤 목적을 실현하려고 독한 마음을 먹다.

독(을) 올리다

1. 독에 감염이 되도록 하다.

2. 독살이 생기도록 만들다.

예) 내가 반항을 하든지 해야 저도 독을 올려서 욕설을 하고….

독(이) 오르다

독살毒煞이 치밀다.

예) 독 오른 뱀.

독장(을) 치다

판을 혼자서 휩쓸다. 독판치다. (준)장치다.

★독장獨場 : 혼자서 유난히 두드러지게 활동을 하는 자리.

독장수 구구셈

실현성이 전혀 없는 셈.

돈 낟가리를 쌓다

『북』 도저히 실현될 수 없는 재물을 꿈꾸는 공상을 하다.

★낟가리 : ①낟알이 붙은 곡식을 쌓은 더미. ②나무, 풀, 짚 따위를 쌓은 더미의 총칭.

돈 낟가리에 앉다

『북』 '돈더미에 올라앉다'의 북한 관용구.

돈더미에 깔리다

(속되게) 매우 많은 돈을 벌게 되다.

예) 그는 주식이 올라 돈더미에 깔리게 되었다.

돈더미에 올라앉다

갑자기 많은 돈을 벌어 부자가 되다.

예) 부동산 투기로 ~.

돈 때가 오르다

『북』 돈에 대한 욕심이 생기다.

돈방석에 앉다

썩 많은 돈을 가져 안락한 처지가 되다.

예) 올림픽에서 금메달을 딴 선수는 명예와 함께 돈방석에 앉았다.

돈벼락을 맞다

'갑자기 한꺼번에 생기는 많은 돈'을 '돈벼락'이라 한다. '벼락을 맞다'는 '벼락이라는 재난을 당하다'이다. 돈벼락을 맞는 것은 재난이 아닌 엄청난 행운으로 간주되는데, '벼락'의 어감 때문에 그 의미가 한층 강조되고 때로는 역설적인 의미까지 지닌다. 갑자기 너무나 많은 돈이 생기다.

돈에 팔리다

돈에 팔려서는 안 되는 대상이 돈에 거래되어 다른 곳으로 넘어감을 뜻한다. 이때 '돈에'는 '강조', '한탄'의 어감이 담긴다. '(사람이) 돈에 거래되어 어떤 곳으로 가다', '(사람이) 돈이나 물질에 심하게 집착하여 마음이 흐리다'라는 뜻이다.

돈(을) 굴리다

돈을 여기저기 빌려주어 이익을 늘리다.

예) 어머니는 이리저리 돈을 굴려 목돈을 만들었다.

돈을 만지다

어떤 일을 하여 돈을 벌다.

예) 그는 새로운 상품의 개발로 돈을 만지게 되었다.

돈을 먹다

(속되게) 뇌물을 받다.

예) 그렇게 기업가의 돈을 먹고서도 자네가 양심 있는 사람이라고 할 수 있나?

돈을 물 쓰듯 하다

(사람이) 돈을 흥청망청 마음껏 쓰다. 어떤 것을 귀하게 여기지 않고 함부로 마구 쓴다는 뜻.

돈을 뿌리다

(사람이) 돈을 아낌없이 마구 쓰다. 돈을 마구 쓰다.

돈을 새기다

『북』 돈을 들이밀거나 쓰다.

돈(을) 주다

돈치기에서, 판에 던진 돈 가운데 맞힐 것을 손가락으로 가리키다.

돈을 찌르다

남모르게 뇌물을 먹이다.

예) 그는 일을 잘 보아 달라고 담당자의 호주머니에 얼마간의 돈을 찔러 넣었다.

돈(을) 치다

돈치기에서, 던진 돈을 목대로 맞히다.

예) 투전판도 벌어졌고 여기저기서 돈을 치고 있었다.

돈주머니(를) 털어 내다

있는 돈을 몽땅 꺼내 쓰게 하거나 빼앗아 내다.

예) 우리는 선배의 돈주머니를 털어 내어 밥을 얻어먹었다.

돈짝만 하다

마음이 허황하게 부풀어 세상이 조그마하게 보이다.

돈키가 높다

『북』 1. 어떤 물건의 값이 매우 높다.

★돈키 : 돈의 키라는 뜻으로, 돈의 크기를 이르는 말.

예) 그렇게 누울 때에도 할 수 없어 팔아먹었던 것인데 이제는 돈키가 높아서 우리 손에 도로 넣기는 힘들겠어요.

2. 빚진 돈의 양이 매우 많다.

돌개바람에 먼지 날리듯

갑자기 모두 없어지는 것을 비유적으로 이르는 말.

예) 많던 사람들이 돌개바람에 먼지 날리듯 사라졌다.

돌림방을 놓다

(속되게) 윤간輪姦을 하다.

★돌림빵 : '한 여자를 여러 남자가 돌려가며 하는 강간'의 속된 말.

돌(을) 던지다

1. 남의 잘못을 비난하다.

예) 최선을 다한 너에게 돌을 던질 사람은 아무도 없을 것이다.

2. 바둑을 두는 도중에 자기가 졌음을 인정하고 그만두다.

예) 흑은 20 수정도 더 두다가 돌을 던졌다.

돌(을) 뜨다

바위에서 석재를 만들어 내다.

예) 석수장이들이 산에서 돌을 떠서 내려와 철쇄에 매어 달돌들을 다듬고 구멍을 뚫느라고 부산하다

돌을 잡히다

아이의 첫돌을 즐겨 그날에 여러 가지 먹을 것과 물건을 차려 놓고 그 아이로 하여금 마음대로 집게 하다.

예) 철원 집은 '첫애'라는 말에 입이 뒤둥그러졌지마는 요전에 돌을 잡혔다는 말에는 목구멍이 콱 막혀서 꼭 닫힌 문전만 흘겨보다가….

돌(이) 잡히다

『북』 돌이 되는 달에 이르다.

돌 총(을) 놓다[쏘다]

『북』 무엇을 때리거나 깨기 위하여 돌을 마구 내던지다.

예) 주재소에 몰려간 농민들은 돌 총도 놓고 몽둥이를 휘둘러 창문을 깨고 벽을 부셨다.

돌파구를 열다

'어떤 일에 있어 발전을 가로막는 장애를 극복하고 계속 전진할 수 있는 길을 마련하다'라는 뜻이다.

★돌파구突破口 : 곤란한 문제 따위를 해결하는 실마리.

돗자리 말듯 하다

무슨 일을 시원스럽게 해치우다.

★돗자리 : 왕골 · 골풀 줄기를 잘게 쪼개서 만든 자리.

동강(을) 치다

동강이 나게 자르다.

예) 생선을 여러 토막으로 동강을 치다,

동강(이) 나다

'동강'은 긴 물건이 잘려지거나 쓰고 남아 짤막하게 된 부분을 일컫는다. 또한 짤막하게 된 물건을 세는 단위로도 쓰여 '연필 두 동강'하는 식으로 쓰인다. '동강이'라고도 한다. 무릎까지 오는 길이의 치마를 '동강치마'라고 한다. 비슷한 말로 '도막', '토막'이 있다. '도막'은 작고 짧은 동강을 뜻하고, '토막'은 잘려진 하나하나의 부분을 가리킨다. '긴 물건이 잘라져서 두 개 이상의 것으로 나누어지다', '마땅히 하나로 있어야 할 것이 둘로 갈라지다', '(말 따위가) 도중에 멈추어 끊어지다'라는 뜻이다.

동곳(을) 빼다

(어떤 사람이 다른 사람이나 힘에) 머리를 풀어 항복을 표시 한다는 뜻으로, 주장이나 뜻을 굽히고 복종하다. (비유적으로) 힘이 모자라서 복종하다.

★동곳 : 상투를 튼 후에 상투가 풀어지지 않게 꽂는 물건.

예) 말솜씨로도 이론으로도 당할 길이 없어 그는 동곳을 빼고 말았다.

동관東觀 삼월이라

차림새가 누추하고 지저분한 사람에게 하는 말.

동냥(을) 가다[보내다]

(귀, 눈, 손 따위의 말과 함께 흔히 의문문으로 쓰여) 제대로 듣고 보지 못하거나 손을 놀리기 싫어하는 사람을 타박하는 말.

예) 아무리 불러도 대답하지 않는 걸 보니 그 아이는 귀를 동냥 보낸 모양이다.

동네북 치듯 하다

이 사람 저 사람이 달려들어 마구 때리다.

예) 흥분한 사람들은 범인이 나타나자 동네북 치듯 하였다.

동 대다

1. (무엇이) 도중에 떨어지지 않게 계속 잇대다.

예) 우리 집에는 김치가 올겨울과 내년 봄까지 동을 대어 먹을 만큼 많다.

2.(사람이) 말 따위를 조리에 맞게 하다.

예) 재민이가 많은 반대를 잠재우기 위해 동을 댔다.

동떨어진 소리

높임말도 반말도 아닌, 갈피를 잡을 수 없는 어중간한 말씨, '동떨어지다'는 '사이가 멀리 벌어져서 거리가 멀다', '다른 것들로부터 분리되어 홀로 멀리 있다'라는 뜻이다. 또한 '둘 사이에 관계를 지을 수 없을 만큼 서로 아주 다르고 유사점이 전혀 없다'라는 의미로 쓰이기도 한다. '앞뒤가 맞지 않고 황당한 말', '상대방에게 낮춤말도 아니고 높임말도 아닌 식으로 건네는 어정쩡한 말투'를 가리킨다.

예) 그 친구는 가끔 이야기 중에 동떨어진 소리를 해서 듣는 사람들을 김빠지게 한다.

동록(이) 오르다

동록이 생겨서 퍼렇게 되다.

★동록銅綠 : 구리나 구리 합금의 표면에 녹이 슬어서 생기는 푸른빛의 물질.

예) 구리 반지에 동록이 올라서 이제는 끼지 못하겠다.

동무[친구](를) 하다

'동무'는 서로 어울려 가깝게 지내는 사람, 즉 '벗', '친구'를 일컫는 말이다. '동무를 하다'라고 하면 '친구로 사귀다'이다. '서로 짝이 되어 어울리며 일이나 행동을 함께하다'라는 뜻.

동부노굿 일다

동부의 꽃이 피다.

★동부 : 콩과에 속한 한해살이 덩굴 식물.

동살(이) 잡히다

동이 터서 훤한 햇살이 비치기 시작하다.

★동살 : 새벽에 동이 트면서 환하게 비치는 햇살.

예) 동쪽 하늘에 부옇게 동살이 잡혀 오고 있었다.

동서東西를 모르다

아주 쉬운 일이나 기본적인 사물의 이치조차 분간할 줄 모르다.

동안(이) 뜨다

1.동안이 오래다.

★동안 : ①두 사람 사이의 떨어진 촌수. ②어느 때부터 어느 때까지의 사이.

예) 날짜는 잘 알 수 없으나 꽤 동안이 뜬 뒤에 다음과 같은 기사가 난 듯하다.

2.거리가 멀다.

예) 응석 피듯 대답 안 되는 대답을 한마디 하고 주만은 어머니와 동안이 뜨게 주저앉았다.

동에 번쩍 서에 번쩍

정처가 없고 종적을 걷잡을 수 없을 만큼 이곳저곳에 출몰하는 모양을 이르는 말.

예) 그는 동에 번쩍 서에 번쩍하는 것이 마치 옛날의 길동 선생과 같다고 합니다.

동(을) 달다

말을 덧붙여서 시작하다.

★동同 : 앞에서 말한 것과 같은.

예) 낮에 하던 이야기에 동을 달아 이야기를 다시 이어 갔다.

동(을) 자르다

1.관계를 끊다.

2.길게 토막을 내서 끊다.

동을 터치다

『북』 큰 둑이 터지듯 참았던 눈물이 줄줄 쏟아지다.

★동垌 : 크게 쌓은 둑.

동(이) 끊기다

뒤가 계속되지 못하고 끊어지다.

예) 말에 동이 끊겼던 두 사람은 잠깐 앉았다가 영식이가 파혼하고 싶어 하는 이유가 무어냐고 묻는 마님의 말에 대답이 없으니까….

동이 닿다

1.차례가 잘 이어지다.

2.조리條理가 서다.

동이 막히다

『북』 너무 놀랍거나 엄청난 일을 당하여 가슴이 꽉 막히다.

예) 금실이는 가슴속에 동이 막혔던 억울하고 야속한 정을 비로소 터뜨렸다.

동(이) 서다

동이 꼿꼿이 자라다.

★동 : 상치 따위의 꽃이 피는 줄기.

동(이) 트다

새벽에 동쪽 하늘이 훤하게 밝아오다.

동태가 되다

추위로 몹시 얼다.

예) 그는 홑몸도 아닌 며느리가 동태가 되지 않았는가 싶어 걱정이 되었다.

★**동태** : 얼린 명태.

동티(가) 나다

재앙이 일어나다. 공연히 건드려 일이 잘못되다.

★**동티** : 공연히 건드려서 스스로 걱정이나 해를 입음.

돼먹지 않다[못하다]

사람이 말이나 행동이 사리에 어긋난 데가 있다.

예) 버릇없는 녀석, 돼먹지 않은 짓만 골라서 하는구나.

돼지꿈을 꾸다

꿈에 어떤 사물이나 사람을 보면 장차 좋은 일이 생긴다 하여 길몽吉夢으로 여긴다. 그중 하나가 돼지이다. 돼지를 한자로 쓰면 돈豚이다. 재물을 뜻하는 '돈'과 음이 같기 때문에 이런 속설이 생겼다. 게다가 돼지는 왕성한 번식력과 생장 속도로 다산과 풍요를 상징한다. 그래서 '돼지꿈'을 꾸면 '장차 행운이 올 것을 알리는 좋은 꿈'이라 생각하고 사람들은 복권을 사거나 한다. 아주 큰 횡재나 경사를 맞이하여 그 기쁨이나 놀라움을 빗대어 표현할 때 쓰는 말이다.

돼지 멱따는 소리

아주 듣기 싫도록 꽥꽥 지르는 소리.

예) 그렇게 돼지 멱따는 소리를 해 대면서 무슨 합창 대회에 나간다는 게냐?

되들고 되나다

많은 사람이 뒤를 이어 들고 나다.

예) 상이 난 그 집에 많은 사람들이 하루 종일 되들고 되났다.

되로 주고 말로 받는다

1. 남을 조금 건드렸다가 큰 되갚음을 당한다는 말. <u>(비)방망이로 맞고 홍두깨로 때린다.</u>

예) 되로 주고 말로 받는다고, 친구의 등을 장난으로 한 대 때렸다가 화가 난 그 친구에게 호되게 맞았다.

2. 조금 주고 그 대가를 많이 받는다는 말.

예) 영호는 이사 떡을 돌린 다음날 굴비 한 두름을 답례로 가지고 온 이웃을 보며 되로 주고 말로 받는다고 기뻐했다.

되잡아 흥

나무람을 들을 사람이 도리어 남을 나무라다. <u>(비)되짚어 흥.</u>

예) 되잡아 흥이라더니, 잘못을 했으면 잘못했다고 시인을 해야지.

되지도 않는 소리

1. 전혀 이치에 닿지 아니한 말.

예) 되지도 않는 소리 하지 말고 일이나 열심히 해라.

2. 전혀 실현 가능성이 없는 의견.

예) 네가 이 물건을 하루에 다 갖다 팔 수 있다고? 되지도 않는 소리는 아예 하지를 마라.

되지 못하다

언행이 옳지 못하다.

예) 되지 못하게 어디다 반말을 하는 거야?

되짚어 흥

<u>(비)되잡아 흥.</u>

예) 되짚어 흥이라고 잘못을 하고도 사과하지 않는 사람은 상대할 필요가 없으니 그냥 네가 참아라.

된똥 싸다

몹시 혼나다.

된방망이를 맞다

몹시 심한 타격을 받다.

예) 그 회사가 부도가 나서 우리까지 된방망이를 맞게 되었다.

된 벼락을[된 벼락이] 내리다

『북』 몹시 호된 타격을 가하거나 그런 타격이 가해지다. (비)된 벼락을 안기다.

예) "그래 그놈들을 가만두었답니까?" "왜? 가만두긴, 섬을 지키던 우리 군사들이 된 벼락을 내려쫓아버렸지."

된 벼락(을) 맞다

『북』 몹시 호된 타격을 받다.

된 벼락을 안기다

『북』 (비)된 벼락을[된 벼락이] 내리다.

된불(을) 맞다

바로 급소에 총알을 맞다. 심한 타격을 입다.

★된불 : 급소를 맞히는 총알.

된서리(를) 맞다

'된서리'는 늦가을에 아주 되게 내리는 서리를 말하는데, 논밭에 심어놓은 작물들이 이 서리를 맞으면 풀이 죽어서 못쓰게 되거나 금방 죽어버린다. 바뀐 뜻은 어떤 기구나 사람이 존립 기반이 무너질 정도로 큰 타격이나 모진 억압을 당하는 경우를 일컫는 말이다.

예) 겁 없이 까불다가 ~.

된서리를 치다

『북』 되살아나거나 회복하기 힘들 정도로 모진 타격을 가하다.

예) 무엇 때문에 오빠는 별로 요란스러울 것도 없는 이 작은 생활마저 눈에 가시와도 같이 생각하며 된서리를 치는 것일까?

된서방에 걸리다

(비)된서방(을) 맞다[만나다].

예) 그녀는 까다로운 작업반장을 만나 된서방에 걸렸다고 생각했다.

된서방(을) 맞다[만나다]

몹시 어렵고 까다로운 일을 당하다. (비)된서방에 걸리다.

예) 집주인의 심한 잔소리를 듣고 있자니 꼭 된서방을 맞은 것처럼 마음이 스산했다.

된 주먹을 안기다

『북』 몹시 호된 타격을 가하다.

된 코를 싸리다

『북』 몹시 호되게 치다.

된 코에 걸리다

『북』 매우 어렵거나 매우 호되게 혼날 처지에 놓이다.

예) "허 참 오늘 된 코에 걸렸군. 철호 동무와 같은 센 반장을 만났으니…." 그는 농 섞인 말로 인사를 나누며 작업 현장으로 갔다.

된통(을) 겪다

'된통'은 '통'에 접두사 '된-'이 붙어서 된 말이다. '장마 통에 물난리를 당하다'에서처럼 '통'은 어떤 일이 벌어진 판국이나 그로 인한 기회를 뜻한다. '된-'은 '몹시 심한'이다. 따라서 '된통'은 어떤 일이 아주 심하게 일어나서 힘든 판국을 나타내며, 부사로서 '되우', '되게', '아주 몹시'를 뜻하기도 한다.

될 수 있는 대로

가능한 한 최대로.

예) 선생님께서는 일을 될 수 있는 대로 빨리 처리하라고 말씀하셨다.

될 수 있으면

가능한 한.

예) 그녀는 될 수 있으면 오늘 중으로 일을 마무리할 것을 부탁했다.

두각을 나타내다

'두각頭角'은 '머리의 끝'이다. 키 큰 사람은 군중 속에서도 머리의 끝이 드러나게 마련이다. 여기에서 학식이나 재능 따위가 남들보다 훨씬 뛰어나서 두드러진 모습을 뜻함.

두고 보다

어떤 결과가 될지를 일정 기간 동안 살펴보다.

예) 어디, 잘되는지 한번 두고 보자.

두 길마(를)[길(을)] 보다

어느 한쪽이 잘못되더라도 자기에게 불리하게 되지 아니하도록 두 쪽에 다 관계를 가지고 살펴보다.

★길마 : 짐을 실으려고 말, 소의 등에 얹은 안장.

예) 어지간히 곧은 사람이 아니고는 이쪽저쪽 다림보아 두 길마 보자고 지주 쪽에 속 다리 걸치고 나오는 사람이 없으란 법도 없거든.

두꺼비씨름 같다

1. 승부가 나지 아니 하다.

2. 누가 옳고 그름이 없이 서로 마찬가지다.

두 눈에서 불이 번쩍 나게

두 눈에서 불이 일도록 날래거나 예리하게.

예) 별안간에 머리채를 꺼들어 쥐고 이 뺨 저 뺨을 두 눈에 불이 번쩍 나게 때리며 "이놈 바로 말해라."

두 눈이 꿀단지 같다

『북』 매우 놀랄 만한 것을 보거나 긴장하여 두 눈이 커지다.

두 다리를 걸치다

(비)양다리(를) 걸치다[걸다].

예) 양쪽 가계에 두 다리를 걸친 채 그 아이는 두 가족을 결합시킨 상징적인 존재로 태어날 것이다.

두 다리(를) 뻗다[펴다]

(비)발(을) 뻗다[펴다].

예) 오래간만에 두 다리를 뻗고 마음 놓고 아이들을 놀리며 앉았으니, 가슴이 후련하면서도 한 귀퉁이가 막히는 듯하다.

두 동(이) 싸다

이럴까 저럴까 하고 망설여 확고한 결심이 없다.

예) "옮겨도 좋고 안 옮겨도 좋소." 유 도사가 두 동 싸게 대답한즉 군수는 옮기라고 더 권하지 않고….

두 동(이) 지다

서로 모순이 되어 앞뒤가 맞지 않다. (비)모순이 되다.

예) 장교의 말대꾸가 두 동 지고 졸가리가 없어 곡절부터 알고 나서 피신을 하든지 난리를 일으키든지 해야겠다고….

두레(를) 먹다

1. 여러 사람이 둘러앉아 먹다.

예) 두레를 먹는 사람들의 얼굴은 햇빛에 까맣게 그을려 있었다.

2. 농민들이 음식을 장만하여 모여 놀다.

★두레 : 농촌에서 농사일을 공동으로 하기 위하여 마을, 부락 단위로 둔 조직.

예) 올해는 언제 두레를 먹을까?

두루미 꽁지 같다

머리카락이나 수염이 숱이 많고 짧으며 더부룩하다.

두말 다시 했다간

(비)두말만 하면.

예) 두말 다시 했다간 가만 두지 않겠다.

두말만 하면

조금이라도 다른 말을 한다면. (비)두말 다시 했다간.

예) 두말만 하면 더 이상 가만히 있지 않을 테니 알아서 해.

두말 말고

이러니저러니 여러 말 하지 말고.

예) 자네 탓이니 ~ 잠자코 있게나.

두말 말다

이러니저러니 여러 말 하지 말라.

예) 다시는 두말 말아라.

두말(을) 못하다(않다)

'두말'의 '두'는 '둘'을 뜻한다. 이랬다저랬다 하는 말, 이러니저러니 따지거나 늘어놓는 여러 말이 '두말'이다. '두말(을) 못하다'는 '다시 이러니저러니 말하지 못하다'라는 뜻이다. 이러쿵저러쿵 불평을 하거나 반대를 하던 사람이 기가 죽어 더 이상 따지지 못한다는 의미를 나타낸다.

두말(을) 하다

'두말'은 한자로 '이언二言', 즉 '일구이언一口二言'의 준말이다. 한 입으로 하는 두 가지 말, 이랬다저랬다 변덕스럽게 바뀌는 말이나 약속을 '두말'이라 한다. '자기가 한 약속과 어긋나는 말을 하다', '이러니저러니 하며 반대나 불만의 뜻을 나타내다'라는 뜻이다. 참고로 '두말하면 잔소리'는 여러 말 할 필요가 없을 정도로 당연할 경우에 쓰는 말이다.

두말(을) 할 것 없이

'~할 것 없다'는 '~할 필요가 없다'이다. '두말(을) 할 것 없다'의 '두말'은 '이러니저러니 하는 여러 말'이란 뜻이다. 일구이언은 당연히 할 필요가 없는 것이기 때문이다. 즉, '이러니저러니 여러 말을 할 필요가 없다'라는 뜻이다. '두말(을) 할 것 없이'는 명령이나 요구를 나타내는 문장을 이끌어, 상대방의 반대나 불평 따위를 제지하는 표현이 된다. 즉, '이러니저러니 여러 말하지 말고'를 뜻한다. 다시 말해 '아주 당연히', '논의하거나 더 생각할 필요 없이'라는 뜻으로, 주로 형용사 앞에서 의미를 강조하거나, 주장이나 사실을 나타내는 문장 앞에서 그 내용이 당연하다는 것을 나타낸다.

두말(이) 없이

이때 '두말'은 이러니저러니 하는 여러 말을 의미한다. '이러니저러니 하는 여러 말이 없이' '질문이나 반대 의견 없이' 순순히 고분고분하게란 뜻이다. 한마디로 즉각 딱 잘라라는 뜻.

예) 그들은 이것이 유일한 길임을 알기에 두말없이 동의했다.

두말하면 잔소리[숨차기/여담]

이미 말한 내용이 틀림없으므로 더 말할 필요가 없음을 강조하여 이르는 말. (비)두 번 물어보면 편지 문안.

예) 그 영화 재미있냐고? 두말하면 잔소리지!

두말할 나위(가) 없다

너무나 자명하여 군말을 더 보탤 여지가 없다.

예) 범죄자가 처벌을 받게 될 것은 두말할 나위가 없는 일이다.

두미가 없다

말의 조리가 서지 아니 하다. (비)두서가 없다.

★두미頭尾 : 머리와 꼬리를 아울러 이르는 말.

두 번 물어보면 편지 문안

『북』 '두말하면 잔소리[숨차기/여담]'의 북한 익은말.

두부모(를) 베듯[자르듯]

1.어떤 요구를 여지없이 거절함을 비유적으로 이르는 말.

예) 삼촌은 나의 부탁을 두부모를 베듯이 거절하였다.

2.모가 나게 자신의 입장이나 태도를 밝힘을 비유적으로 이르는 말.

예) 그는 그 문제에 대해 두부모 베듯이 명백히 자기 입장을 밝히었다.

두부모 잘리듯

『북』 1.어떤 요구가 여지없이 거절당함을 비유적으로 이르는 말.

2.모가 나게 딱 잘리거나 갈라짐을 비유적으로 이르는 말.

예) 기대 운전공이 조종 발판을 누를 때마다 상당히 두텁게 겹쌓인 책들이 순식간에 두부모 잘리듯 하였다.

두서(가) 없다

말의 조리가 닿지 아니 하다. (비)두미(가) 없다.

★두서頭緖 : 일의 앞뒤가 드러나는 차례나 구별되는 갈피.

예) 두서없는 말을 지껄이다.

두 선線을 틀어쥐다

『북』 일을 해 나가는 데 있어서 중요한 두 고리를 어느 하나도 놓치지 아니하고 함께 풀어 나가다.

두 손 두 발 (다) 들다

'두 손(을) 들다.'를 강조하여 이르는 말.

예) 사람들은 한여름 더위에 두 손 두 발 다 들었다.

두 손 맞잡고 앉다

아무 일도 하지 아니하고 가만히 있다.

예) 그렇게 하고많은 날 두 손 맞잡고 앉아 있으면 쌀이 나오냐 돈이 나오냐?

두 손 마무리

ㄷ

어떤 일을 함부로 거칠게 버무려 냄을 일컫는 말.

두 손 버무리

『북』 다급한 경우이거나 또는 성질이 거칠어서 함부로 아무렇게나 일을 처리함.

★버무리 : 여러 가지 재료를 한데 뒤섞어 만든 음식.

두 손(을) 들다

1. 자기 능력에서 벗어나 그만두다. (비)네발(을) 들다.

예) 너에게 두 손 들었으니 네 요청을 받아 주마.

2. 전적으로 환영하거나 찬성하다.

예) 저희 집을 방문하신다면 두 손을 들어 반기겠습니다.

두 손의 떡

두 가지 일이 똑같이 있는데 어느 것부터 먼저 해야 할지 모름을 비유적으로 이르는 말. (비)양손의 떡.

두 손 털고 나서다

가진 것을 다 잃고 남은 것이 없이 물러나다.

예) 그는 노름판에서 두 손 털고 나서게 되었다.

두 수(를) 보다

1. 장기나 바둑에서, 한 번 수를 쓸 때 두 번 써서 얻는 수數를 내다보다.

예) 장기는 두 수를 보는 정도는 돼야 잘 둔다고 할 수 있다.

2. 하나를 통하여 두 곳에서 이익을 보거나 잇따라 두 번 이익을 보다.

예) 이 집을 사시면 교통도 좋고 집도 싸니 두 수를 보는 것이나 다름없습니다.

두 어깨가 낮아지다

『북』 매우 풀이 죽고 기가 꺾이다.

예) 과연 사고가 어디서 났단 말인가. 정국이는 두 어깨가 낮아져 공장 문을 나섰다.

두 어깨를 들이밀다

『북』 어떤 일에 몸을 아끼지 아니하고 뛰어들다.

두엄의 버섯 같다

『북』 생겨난 지 얼마 안 되어서 이내 시들어 없어지는 모양을 비유적으로 이르는 말.

★두엄 : 구덩이를 파서 풀이나 짚, 낙엽, 쓰레기와 동물의 배설물 따위를 모아 썩혀 만든 거름.

두 주머니(를) 차다

본래의 목적대로 쓸 돈에서 개인적으로 쓸 돈을 몰래 빼서 각각 보관하다.

두통頭痛을 앓다

골칫거리가 있어서 생각이 복잡하고 괴롭다.

예) 아버지는 밤낮으로 사고를 치고 다니는 동생 때문에 두통을 앓고 계시다.

두 판(을) 치다

『북』 한쪽이 잘못되어도 다른 한쪽은 괜찮게 하기 위하여 서로 다른 두 가지 또는 두 곳의 대상과 관계를 가지다.

예) 두 판을 치는 약은 수.

두 활개를 펴다

의기양양하여 혼자 마음대로 놀다.

예) 돈을 많이 벌더니 두 활개를 펴고 제 세상 만난 듯 다닌다.

둘도 없다

오직 하나뿐이고 더 이상은 없다.

예) 천하에 둘도 없는 악당/너처럼 욕심이 많은 놈은 이 세상에 둘도 없을 거야.

둘러치나 메치나(메어치나)

'둘러치다'는 '두르다'의 '둘러'와 '치다'가 결합된 말이다. 둘러치든지 메어치든지 상대방을 바닥에 넘어뜨리는 것은 같다. 방법만 다를 뿐 결과는 똑같다는 표현으로 이 말을 쓴다. '이렇게 하나 저렇게 하나 수단이나 방법만 다를 뿐 결과는 마찬가지'를 이르는 말이다. (비)엎치나 덮치나.

예) 둘러치나 메치나 매일반이니 알아서들 해라.

둘째가라면 서럽다[섧다]

자타가 공인하는 첫째다.

예) 그는 우리 마을에서 둘째가라면 서러울 정도로 똑똑하다.

둘째(로) 치다

부차적인 것으로 돌리거나 대수롭지 않은 것으로 여기다.

예) 쇼핑은 둘째로 치고 당장 배가 고프니 식사부터 하는 것이 어떻겠는가?

둘째로 치더라도

대상이나 고려의 범위에서 빼더라도.

예) 내가 겪은 설움은 둘째로 치더라도 어머니가 평생 가슴앓이 한 것은 어쩌란 말인가.

둥덩산 같다

1.물건이 많이 쌓여 수북하다.

2.아이 밴 부인의 배를 두고 이르는 말.

★둥덩산 : 무엇이 수북이 쌓임.

둥둥 떠다니다

1.'공중이나 물 위에 떠서 오고 가고 하다'가 '떠다니다'이다. '둥둥'은 제법 부피가 나가는 물건이 떠서 움직이는 모양을 나타낸다. 작은말은 '동동'이다. 비슷한 표현이 '둥실둥실', '동실동실'이다. 이 두 가지는 앞의 것보다 움직이는 정도가 더 큰 것을 일컫는다. 안착하지 못하고 일정한 목적이 없이 들떠 돌아다니다.

예) 그녀는 현실에 적응하지 못하고 부초처럼 둥둥 떠다니고 있다.

2.『북』 아래의 구체적인 실정을 모르고 쓸데없이 이리저리 돌아다니다.

둥둥 떠 있다

1.마음이 안정되지 못하고 들떠 있다.

예) 어미한테까지 차례가 오는 추석빔을 장만한 딸을 두었대서 지왓골댁은 시방 방구들과 천정 사이에 둥둥 떠 있는 판이었다.

2.일자리나 살 곳이 정해지지 못한 상태에 있다.

3.사람들 속에 깊이 들어가지 못한 상태에 있다.

예) 지금 천하 민심이 우리 편으로 기운 것 같습니다마는 민심은 뜬구름 같은 것이라 아직도 둥둥 떠 있습니다.

둥둥이(를) 치다

『북』 어린아이를 둥개둥개 어르다.

★둥둥이 : 어린아이를 안거나 쳐들고 어를 때에, '어린아이'를 귀엽게 이르는 말.

둥지(를) 치다[틀다]

보금자리를 만들다.

예) 봄이면 제비는 논의 흙을 물어 와 처마 밑에 둥지를 치고 새끼를 기른다.

뒤(가) 구리다

숨겨 둔 약점이나 잘못이 있다. (비)밑(이) 구리다.

예) 나를 보고 피하는 걸 보니 뒤가 구린 모양이다.

뒤가 깨끗하다

1.숨겨 둔 약점이나 잘못이 없다.

예) 저 사람은 뒤가 깨끗한 사람이야.

2.술을 마신 뒤에 속이 쓰리거나 머리가 아프지 않고 맑다.

예) 좋은 술을 마셔야 뒤가 깨끗하다.

뒤가 꿀리다

자신의 약점 때문에 떳떳하지 못하고 마음이 켕기다.

예) 막상 큰소리를 치긴 했어도 뒤가 꿀리지 않는 바도 아니었다.

뒤(가) 나다

자기의 잘못이나 약점으로 뒤에 가서 좋지 않은 일이 생길 것 같아 마음이 놓이지 않다.

예) 물건을 빼앗기는 것도 아깝거니와 헌 옷가지라고 거짓말한 것이 뒤가 나서 속으로 조급하였다.

뒤가 늘어지다

1.한번 앉으면 좀처럼 일어나지 않다.

예) 저 사람은 또 뒤가 늘어지게 생겼으니 우리라도 서둘러서 빨리 떠나도록 하자.

2.끝을 맺는 것이 느리다.

예) 그렇게 뒤가 늘어져서야 뭘 믿고 일을 맡기겠니?

뒤가 달리다

『북』 1.뒤를 댈 힘이 없어지다.

예) 뒤가 달려 더 이상 너를 도와줄 수 없을 것 같다.

2. 어떤 사람을 감시하거나 잡을 목적으로 뒤를 따라다니는 사람이 있다.

예) 내겐 뒤가 달렸지……그래서 종리 원장 어른 댁에 한 시간이라도 더 지체할 수 없었소다.

뒤가 드러나다

비밀로 하거나 숨긴 일이 나타나거나 알려지다.

예) 그의 위선적인 행동은 결국 뒤가 드러나 만천하에 알려졌다.

뒤가 든든하다

1. 먹은 것이 있어서 허전하지 않고 힘이 있다.

예) 더 먹어라. 뒤가 든든해야 잘 걸을 수 있다.

2. 뒤에서 받쳐 주는 세력이나 사람이 있다.

예) 군대를 풀어 쳐들어온다면 우리 이웃 고을 사람들부터 결단코 가만히 있지 않을 것입니다. 여러분들은 뒤가 든든합니다.

뒤가 들리다

1. 밑천이 다 떨어지다.

예) 뒤가 들려 장사를 그만두게 되었다.

2. 비밀로 하거나 숨긴 일이 나타나거나 알려지다.

예) 뒤가 들려 망신을 당했다.

뒤(가) 딸리다

뒤를 댈 힘이 없어지다.

뒤가 몰리다

『북』 1. '뒤가 켕기다'의 북한 익은말.

예) 방앗간 돈을 200원이나 쓰고서 뒤가 몰리니까 도망을 갔다던데.

2. 추궁이나 쫓김을 당하여 참아내지 못하고 곤란을 받다.

뒤가 무겁다

1. 똥이 잘 나오지 않아 답답한 느낌이 있다.

예) 며칠째 화장실을 못 갔더니 뒤가 무거워 기분이 별로 좋지 않다.

2. 병을 앓고 난 뒤끝이 거뜬하지 아니하다.

예) 병은 다 나은 것 같은데 아직 뒤가 무거워 몸조리를 더 해야 한다.

뒤가 무사하다

어떤 일의 뒤끝에 대하여 걱정할 만한 것이 전혀 없거나 걱정을 하지 않아도 되다.

예) 그놈을 건드려 놓고도 뒤가 무사할 수 있을까?

뒤가 저리다

자기가 한 말이나 행동이 나중에 잘못될까 봐 마음이 조마조마하거나 두려운 느낌이 있다.

예) 내가 한 말로 나는 뒤가 저려 안절부절못했다.

뒤(가) 켕기다

자신의 약점이나 잘못 때문에 좋지 못한 일이 있을 것 같아 겁이 나거나 걱정이 되다. '켕기다'는 '팽팽하게 되다.' <u>(비)뒤가 몰리다.</u>

뒤가 풀리다[풀어지다]

『북』 맺혔던 감정이 누그러지거나 없어지다.

예) 작두날에라도 올라설 만큼 성미가 강하지만 그 대신 뒤는 가볍게 풀어진다.

뒤꼬리(를) 따르다

뒤떨어져서 소극적이며 피동적으로 움직이다.

예) 그 사람은 남의 뒤꼬리를 따르며 의뢰심이 많다.

뒤꽁무니(를) 빼다

달아나거나 도망치다.

예) 도둑이 제 발 저리다고, 그는 경찰을 보자마자 겁이 나서 뒤꽁무니를 빼었다.

뒤끝(을) 보다

일이 진행되어 가는 결과를 보다.

예) 그는 모든 것을 참아 가며 뒤끝을 보기로 결심하였다.

뒤끝(이) 흐리다

어떤 일의 끝맺음이 확실하지 않다.

예) 너희 형들처럼 계집 일로 뒤끝 흐리게 굴면 못쓴다.

뒤로 돌리다

중요하게 다루지 아니하다.

예) 남의 이익을 소중히 여기고 자기 일은 뒤로 돌려라.

뒤로 물러나다
직임이나 사회 활동에서 은퇴하다. (비)뒤로 빠지다.
예) 그 선수는 마흔 살이 넘어서도 뒤로 물러나지 않고 계속 선수 생활을 했다.

뒤로 빠지다
(비)뒤로 물러나다.
예) 그는 30년간 해 오던 일에서 손을 놓고 뒤로 빠졌다.

뒤를 거두다
뒷일을 수습하다.
예) 너는 일을 저지르고 나는 그 뒤를 거두란 말이냐?

뒤를 꼬다
『북』 1. 어떤 일을 성공적으로 마무리하거나 처리하다.
2. 뒤를 틀다. (비)뒤를 틀다.

뒤를 꽂다
『북』 윷놀이에서 말을 뒷밭에 놓다.

뒤를 꾸리다
말썽이 없게 일의 뒤끝을 단단히 다지다. 총, 대포가 발사 후의 반동으로 움직이거나 물러나다.

뒤를 노리다
남의 말과 행동을 자세히 보아 결함이나 약점을 찾아내려고 기회를 엿보다.
예) 네 뒤를 노리는 놈이 많으니 조심하도록 해라.

뒤를 누르다
뒷일을 걱정하여 미리 다짐받다.
예) 혹시 동생이 엄마에게 이를까 봐 그는 단단히 뒤를 눌러 놓았다.

뒤를 다지다
뒷일이 잘못되지 않게 하기 위하여 미리 다짐받다.
예) 단단히 뒤를 다져 놓아야 한다.

뒤를 달다
앞에서 한 말에 뒤를 이어서 보충하여 말하다.
예) 아들 녀석이 아버지께서 하신 말씀에 꼭 뒤를 단다.

뒤를 두다
1. 뒷일을 생각하여 당장 결말을 짓지 않고 여유를 남겨 두다.
예) 뒤를 두고 말하다.
2. 어떤 좋지 않은 감정이나 느낌 따위를 버리지 않고 계속 품고 있다.

뒤를 맑히다
일의 뒤끝을 깨끗이 정리하거나 처리하다.
예) 아무리 바빠도 자기가 벌여 놓은 일은 뒤를 맑혀 놓고 놀아야 하지 않겠니?

뒤를 맡기다
(비)뒷일을 맡기다.
예) 너에게 뒤를 맡길 테니 잘 부탁한다.

뒤를 묻어가다
『북』 뒤를 이어 따라가다.
예) 두 번 세 번 작별의 인사를 거듭하였건만 떨어지려야 떨어질 수 없는 정에 끌리어 13 도구 거리의 인민들도 그냥 유격대원들의 뒤를 묻어간다.

뒤를 물다
뒤가 계속 이어지다.
예) 뒤를 물고 찾아오는 손님들.

뒤를 뭉개다
1. 행동을 빨리빨리 하지 못하고 늘어지다.
예) 뒤를 뭉개지 말고 잽싸게 좀 해 봐라.
2. 앉아서 일어나지 않고 꾸물거리다.
예) 그렇게 뒤를 뭉개고 있지만 말고 빨리 일을 시작하자.

뒤를 밀다
앞으로 전진 하거나 빨리 발전하도록 지지하여 주거나 도와주다.
예) 과장이 네 이력서에다 점을 찍어 놨다니까 이제 조금만 뒤를 밀면 될 것 같다만.

뒤를 박다
『북』 '뒤를 누르다'의 북한 익은말.
예) 말이 나면 큰 창피를 볼가 봐 본의 아닌 소리로

뒤를 박아 놓는다.

뒤를 받들다

1. 어떤 일을 지지하여 주거나 도와주다.

예) 그분이 하시는 일의 뒤를 받들겠습니다.

2. 존경하는 사람의 위업을 따르며 이어받다.

예) 선열들의 뒤를 받들어 이 조국을 굳건하게 지킵시다.

뒤를 받치다

어떤 일을 뒷받침해 주다.

예) 먼저 선발대로 이세적이 요동성을 향하여 떠나가고 당 태종은 그 뒤를 받치어 천천히 요택에 이르렀다.

뒤(를) 밟다

어떤 사람이 앞서 걸어간 발자국을 밟고 그 뒤를 따라가는 것을 말한다. '어떤 사람의 행동이나 그 주변 상황을 살피기 위해 몰래 뒤쫓아 가다', '미행하다'라는 뜻이다.

뒤를 방이다

윷놀이에서 말을 뒷밭을 거쳐 윷판의 한가운데 밭에 놓다.

뒤를 빼다

1. 어떤 자리를 피하여 벗어나다.

예) 그는 술자리라면 항상 뒤를 뺀다.

2. 발뺌을 하다.

예) 이제 와서 뒤를 빼 보아야 아무 소용도 없다.

뒤를 사리다

뒷일이 잘못될까 보아 미리 발뺌을 하거나 조심하다.

예) 그렇게 뒤를 사릴 사람이 일은 무엇 때문에 벌여 놓았나?

뒤를 싸 주다

보호하거나 두둔하여 주다.

뒤를 잇다

(사람이 가문의 대나 직위의) 뒤를 이어나가다.

뒤를 재다

1. 어떤 일의 결과를 걱정하면서 이것저것 타산을 맞추어 보다.

예) 뒤를 재지 말고 좀 대담하게 일해 봐라.

2.『북』어떤 대상의 행동을 살피거나 감시하기 위하여 몰래 따라가다.

뒤를 조이다

『북』1. 상대가 다 털어놓도록 연방 들이대다.

예) 검사는 무섭게 뒤를 조이며 반말질을 했다.

2. 미처 말을 못 하게 또는 말이 끝나기도 전에 급히 연방 들이대다.

예) 장손이가 너무 어처구니없어 제 김에 중얼거리자 안달이 난 룡덕이가 또 뒤를 죄였다.

3. 뒤를 따라다녀 꼼짝 못 하게 하다.

예) 그러고 보니 틀림없이 강문호의 뒤를 조이고 있는 놈들이다.

뒤를 캐다

드러나지 않은 속이나 행동을 알아내려고 은밀히 뒷조사를 하다.

예) 나에 대해 속속들이 잘 아는 걸로 보아 이미 나의 뒤를 캔 게 분명하다.

뒤를 틀다

『북』1. 일이 잘 풀리도록 손을 써 단속을 하다. (비)뒤를 꼬다.

예) 글쎄라니요? 형수님이 똑똑히 정신 차리고 딸의 장래를 망치지 않게 뒤를 틀어야 해요.

2. 일이 되지 않게 훼방을 놓다.

예) 이제 와서 그렇게 뒤를 틀면 어떻게 하느냐?

뒤를 풀다

맺힌 감정을 누그러지게 하거나 없어지게 하다.

예) 모친은…심하게 말한 것이, 혜숙이에게 미안해서 이렇게 좋은 낯으로 뒤를 풀어 주는 것이었다.

뒤주(를) 앉히다

『북』강에서 떼목이 잘 흘러내리도록 강기슭이나 여울목, 굽이도는 곳 따위에 통나무로 귀틀을 쌓고 돌을 채워 넣다.

★**뒤주** : 곡식을 담는 나무로 만든 궤짝.

뒤집고 홅다

속속들이 자세히 알다.

예) 이 고장에서 오래 사신 우리 할아버지는 마을 사람들의 생활 형편을 뒤집고 훑았다.

뒤쪽(을) 파다

『북』 비뚤어져 엇나가다.

뒤채를 잡다

『북』 일을 바로 할 수 있도록 뒤를 보아주다.

★뒤채 : 한 울타리 안에서, 주가 되는 집채의 뒤쪽에 있는 집채.

예) 내가 보건댄 지금 부위원장 동무는 팔을 휘둘러 대며 잘못 나가는 것 같은데 위원장 동무가 너무 얌전하게 앉아 있지만 말고 그 일은 그렇게 하면 되겠다, 안 되겠다 하며 뒤채를 잡으시오.

뒤축을 물다(물리다)

『북』 꼼짝 못 하게 중요한 곳을 잡다.

뒤턱(을) 놓다[보다]

노름판에서 남에게 붙어 돈을 걸다.

예) 그는 노름판에 낄 자신이 없어 믿음이 가는 친구에게 붙어 뒤턱을 놓았다.

뒤통수를 때리다

1. (무엇이 사람의) 뜻대로 되지 않아 실망하다.

2. (사람이) 신체적이나 정신적으로 예상치 못할 공격을 가하다.

뒤통수(를) 맞다

배신이나 배반을 당하다.

예) 동업하던 친구에게 뒤통수를 맞아 아버지는 끝내 파산하고 말았다.

뒤통수(를) 치다

뜻을 이루지 못하여 매우 낙심하다.

뒷걸음질[걸음](을) 치다

'뒷걸음질(을) 하다'라고 하면 '뒷걸음치는 짓을 하다', 즉 '뒷걸음을 치다'가 된다. '하다' 대신 '치다'를 쓰면 동작을 힘주어 함을 나타낸다. 그러므로 '뒷걸음질(을) 치다'는 결국 '뒷걸음(을) 치다'와 같다.

뒷구멍으로 들어가다

비정상적인 방법으로 구성원이 되다.

예) 그녀는 아버지의 힘을 이용하여 대기업에 뒷구멍으로 들어갔다.

뒷구멍을 캐다[파다]

남의 허물을 찾아내다.

예) 저 사람의 뒷구멍을 캐면 온갖 부정 축재의 사실이 드러날 것이다.

뒷귀(가) 먹다

어리석어서 사물을 잘 이해하지 못하다.

★뒷귀 : 사리나 말귀를 알아채는 힘.

뒷귀(가) 밝다

사물에 대한 이해력이 빠르다. (반)뒷귀(가) 어둡다.

뒷귀(가) 어둡다

사물에 대한 이해력이 무디다. (반)뒷귀(가) 밝다.

뒷길(을) 두다

빠져나갈 수 있는 여지를 남겨 두다.

예) 사람은 무슨 일이든지 뒷길을 두어야 하는 법이다.

뒷다리(를) 긁다

다 끝난 말을 다시 하여 되통스럽게 굴다.

예)이야기할 때 뭘 하고 이제야 뒷다리 긁니

뒷다리를 잡다

벗어나지 못하도록 상대방의 약점을 잡다.

뒷다리(가/를) 잡히다

상대편에게 약점이 잡혀 벗어나지 못하게 되다.

예) 나는 그에게 뒷다리를 잡혀 어쩔 수가 없었다.

뒷덜미를 잡히다

꼼짝 못 하고 잡히다.

예) 그럴 경우 더 큰 번뇌에 뒷덜미를 잡히게 될지도 모른다는 두려움으로 결행을 못하는 것이었다.

뒷맛이 쓰다

어떤 일이 끝난 다음에 남은 느낌이 좋지 않다.

예) 그에게 농담 삼아 한마디 던지긴 했지만 뒷맛이 쓰다.

뒷문으로 드나들다

사람들이 모르게 은밀히 드나들다.

예) 그들은 밤마다 뒷문으로 드나들며 마을 회관에서 밀담을 나누었다.

뒷배(를) 보다

(어떤 사람이 다른 사람의) 일을 드러나지 않게 남의 뒤에서 일을 보살펴 주다.

★뒷배 : 겉으로 나서지 않고 뒤에서 드러나지 않게 보살펴 주는 일.

예) 김 부장은 언제나 신입 사원들의 뒷배를 봐 주는 마음씨 좋은 사람이다.

뒷북(을) 치다

'어떤 일이 이미 끝난 뒤에 뒤늦게 쓸데없이 수선을 피우다'라는 의미. (비)행차 뒤의 나발.

뒷손(을) 벌리다

겉으로는 사양한 체하면서 뒤로 슬그머니 손을 내밀다. (비)뒷손을 내밀다.

뒷손(을) 보다

뒤치다꺼리하는 잔손질을 하다. 뒷손을 보면 쓸 만한 물건이 되겠다.

뒷손(을) 쓰다

은밀히 대책을 강구하거나 뒷수습을 하다.

예) 먼저 뒷손을 써 놓고 일을 시작합시다.

뒷손(이) 가다

뒤치다꺼리하는 잔손질이 들다.

뒷손(이) 없다

일의 뒤끝을 마무르는 성질이 없다.

뒷심이 좋다

1. 남이 뒤에서 도와주는 힘,

예) ~이 든든하다.

2. 끝판에 가서 회복하는 힘,

예) 그 장사는 ~이 좋다.

뒷일(을) 맡기다

일의 뒤끝을 깨끗이 정리하거나 처리하다. (비)뒤를 맡기다.

예) 너에게 뒤를 맡길 테니 잘 부탁한다.

뒷전에 물러앉다

맡은 역할이나 하던 일을 내놓다.

예) 그의 아들이 회장직을 승계하고 그는 명예 회장으로 물러앉았다.

뒷전에 앉다

'뒷전'이라 함은 무당들이 벌이는 열두 굿거리 가운데 마지막 거리로서, 이때는 굿을 시작할 때 불러들인 잡귀들에게 밥과 술을 대접하여 물러가게 하는 마지막 절차가 남아 있다. 인간에게 해를 끼친다는 잡귀들은 정식 무속의 신으로 대접받지 못하여 이렇게 맨 나중에 음식을 대접받는 것으로 만족하고 물러가게 된다. '사람들이 모여 있거나 활동하고 있는 중심 공간 뒤쪽에 물러나 앉아 있다'라는 뜻이다.

뒷짐(을) 지다[짚다]

어떤 일에 자신은 전혀 상관없는 것처럼 구경만 하고 있다.

예) 우리는 뒷짐 지고 지켜볼 테니 너희들끼리 알아서 해결하렴.

뒷짐(을) 지우다

두 손을 등 뒤로 젖히고 묶다.

뒷짐(을) 짚다

어떤 일에 자신은 전혀 상관없는 것처럼 구경만 하다.

드나 놓으나 하나뿐이다

오직 하나뿐이다.

예) 우리 남편은 드나 놓으나 하나뿐인 내 사랑이다.

드난살다

드난살이하다.

★드난 : 임시로 남의 집 행랑에 붙어 지내며 주인집 일을 도와주는 고용살이.

드렁조로 듣다

남의 말을 나와는 전혀 상관없다는 듯이 건성으로 듣다.

★드렁조 : 판소리에서 쓰이는 조의 하나.

든 버릇 난 버릇

후천적 습관이 선천적 성격처럼 되어 가는 것을 이르는 말.

듣거니 맺거니

눈물 따위가 글썽글썽하여 방울방울 떨어지거니 맺히거니.

예) 털이는 입을 삐쭉삐쭉하며 눈물이 듣거니 맺거니 한다.

듣기 좋다

'듣기 좋다'는 것은 들어서 기분이 유쾌하여 계속 듣고 싶은 마음이 일어나는 것을 말한다. '아부하거나 칭찬하는 뜻이 담겨 있어 우쭐하는 마음이 들게 하다'라는 뜻이다.

듣다 처음[첫 소리]

지금까지 들어 보지 못하던 내용의 말을 처음으로 듣게 되었음을 이르는 말. (비)듣다 초문.

예) 그런 희한한 일은 듣다 처음이야. /그런 말은 내 듣다 첫 소리이다.

듣다 초문初聞

『북』 '듣다 처음[첫 소리]'의 북한 익은말.

듣도 보도 못하다

'듣도 보도 못하다'는 '듣지도 보지도 못하다'를 줄인 말이다. 어떤 것에 대해서 듣지도 보지도 못했다는 것은 '전혀 알지 못하다'라는 뜻이다.

예) 어디서 듣도 보고 못한 약을 사가지고 와서 먹으라고 내밀어.

듣 잘 것 없다

듣자고 할 만한 것이 못 된다.

들 데 놓을 데를 안다

『북』 어떤 일에서나 경우 바르게 처신하다.

들들 볶다

1. 콩, 깨 등을 이리저리 휘저어 가며 볶다.

2. 사람을 몹시 들볶다.

들러리(를) 서다

'어떤 사람이 주도하는 일에서 비굴하게 도와주는 대수롭지 않은 역할을 맡다', '본의 아니게 그 사람을 더욱 빛나게 해주는 구실을 하다'라는 뜻이다. 즉, 들러리 노릇을 하다. 남의 곁다리 노릇을 하다.

들머리판(을) 내다

가진 것을 모두 들어먹고 끝장을 내다.

★들머리판 : 가진 것을 모두 들어먹고 끝장나는 판. (준)들판.

들숨 날숨 없다

꼼짝달싹할 수 없는 지경이나 형편에 처하여 있다.

예) 그 상황에선 너라도 들숨 날숨 없을 것이다.

들었다 놓다

1. (소리 따위가 어디를) 몹시 시끄럽게 하다.

2. (사람이 기관이나 단체를) 몹시 큰 영향을 미치다.

3. (사람이 어디를) 몹시 분주하게 굴거나 부산을 피우다.

예) 아이들이 철이 없어서 떠들고 노느라 집안을 들었다 놓는다.

들었다 봤다 하고

『북』 어떤 일에 대하여 이미 듣기도 하고 보기도 한 것으로 친다는 뜻으로, 이야기되는 내용을 벌써부터 다 알고 시인하는 경우에 이르는 말.

들은귀가 밝다

귀가 초롱같다.(들은귀 : 이로운 말을 듣고 그 기회를 놓치지 않으려는 것).

들통(이) 나다

숨긴 일이 드러나다.

들판(을) 내다

들머리판을 내다.

등골(을) 빨아먹다[빼먹다]

남의 재물을 착취하거나 농락하며 빼앗아 먹다.

예) 열 사내의 등골을 수없이 빨아먹었을 테니 그런 죄악이 없지 않으냐.

등골(을) 뽑다

1. 노는 계집이 오입쟁이의 재물을 훑어 먹거나 남을 몹시 고생스럽게 하다.

2. 남의재물을 훑어 먹거나 남을 몹시 고생스럽게

하다.

예) 늙은 서방 등골을 뽑아서 얼른 죽게 해야 집 한 채라도 어서 생기겠다는 거지?

등골(을) 우리다

달래거나 위협하여 남의 재물을 억지로 빼앗다.

예) 생각 있는 사람 같으면 갖은 세금, 잡색 추렴해서 고만치 등골을 우려먹었으면 게서 그칠 일이거든….

등골(이) 빠지다

'등골'이란 말에 쓰이는 '골'은 뼛속에 가득 차 있는 부드러운 신경조직을 가리키는 말이다. 그러므로 이런 경우에 쓰이는 등골이란 등뼈 자체를 가리키는 말이 아니라 뇌와 연결되는 신경중추를 가리키는 말이다. 이 신경중추에 손상이 올 경우 디스크 및 운동신경 마비 등의 여러 가지 신체적인 고통을 당하게 된다. 견디기 힘들 만큼 몹시 힘이 든다는 말이다.

예) 등골이 빠지게 일해 봤자 남는 게 뭐가 있니?

등골[등짝(이)] 서늘하다(서늘해지다)

'등골'의 '골'은 '골수骨髓'를 뜻한다. 뼛속을 채우고 있는 조직이 골수이다. 따라서 등골은 등뼈 속에 있는 골수를 가리키는 말이다. 척추동물의 경우 몸통을 지탱하는 기둥과 같은 뼈가 등마루에 길게 연이어 나 있다. 사람에게는 목 부위에 7개, 가슴에 12개, 허리에 5개, 엉덩이에 5개, 꽁무니에 3~5개, 모두 합쳐 32~34개이다. 등뼈를 다른 말로 '등골뼈', 줄여서 '등골', '척골脊骨', '추골椎骨', '척추골脊椎骨'이라고도 한다. 그 낱낱의 등골뼈가 합쳐져서 이루어진 것이 척추脊椎이다. 이 등뼈 안에 있는 골수가 등골이다. 여기에 신경 기능을 담당하는 중추가 들어 있다. '등골이 빠지다'라고 하면 등뼈 속의 골수가 빠져나갈 정도로 몹시 힘이 들고 고되다는 뜻이다. '등골이 서늘하다'의 '등골'은 '등골뼈'를 가리킨다. 무서워서 놀라면 등골에 차가운 기운이 스치듯 지나간다. 그 느낌을 '등골이 서늘하다'라고 표현한다. (비)등골이 오싹하다.

예) 속절없이 죽음을 기다리기나 할 따름일 나 자신의 그림자를 환상할 적마다 나는 등골이 서늘함을 금치 못하였다.

등골[등짝(이)] 오싹하다

등골에 소름이 끼칠 정도로 매우 놀라거나 두렵다. (비)등골(이) 서늘하다(서늘해지다).

예) 교통사고 장면은 생각만 해도 등골이 오싹하다.

등 깝대기를 발라내다

『북』 '등껍질(을) 벗기다'의 북한 익은말.

등 깝대기를 벗기다

『북』 '등껍질(을) 벗기다'의 북한 익은말.

등껍질만 남다

살이 빠져 몹시 여위다.

등껍질(을) 벗기다

심하게 닦달하다. (비)등 깝대기를 발라내다(벗기다).

예) 선대가 물려준 농토나 타고 앉아 소작인들의 등껍질이나 벗기려는 포악한 지주도 아니었다.

등 달다

일이 뜻대로 안 되어 안타까워지다.

예) 정수는 빨리 집에 가려는 생각에 등이 달았다.

등 닿다

(어떤 사람이 다른 사람에게) 뒤로 의지할 수 있게 되다.

예) 그는 판사에게 등이 닿은 덕에 일을 잘 처리할 수 있었다.

등 대다

(대상이 세력이나 힘에) 뒷받침을 받거나 의존하다

등 떠밀다

일을 억지로 시키거나 부추기다

등살을 벗기다

심하게 닦달하다.

★등살 : 목덜미나 등, 허리 부위의 근육을 통틀어

이르는 말.

등살이 꽂꽂하다

일이 매우 거북하거나 고되어 꼼짝달싹할 수가 없다.

예) 죽을밖에 별도리 없다. 등살이 꽂꽂하였다.

등살(이) 달다

일이 뜻대로 되지 않아 몹시 안타까워하다.

등살(이) 바르다

등의 힘살이 뻣뻣하여 굽혔다 폈다 하기에 거북하다.

예) 처음으로 공사판에서 질통을 졌더니 이튿날 등살이 발라 허리를 잘 쓰지 못했다.

등세를 타다

『북』 남의 힘이나 세력에 의지하다.

★등세等勢 : 서로 같거나 엇비슷한 세력.

등쌀(을) 대다

남을 지겹도록 몹시 귀찮게 하다.

★등쌀 : 몹시 귀찮게 구는 짓.

예) 자꾸 등쌀을 대야 해요. 나도 한번 가서 야단을 치고 와야 할 텐데 틈이 있어야지.

등에 날이 나다

『북』 매우 날카롭거나 악착스럽다.

예) 등에 날이 난 민가가 땅을 어떻게 팔아먹었는지는 알 수 없으나 받아먹은 땅값이 고작 빗값 정도에 머무를 리는 없는 것이다.

등에 업다

'(어떤 사람을) 의지하고 그 힘에 기대어 비겁하게 자기 이익을 꾀하거나 자기 세력을 과시하다'라는 뜻이다. 즉, 남의 세력에 의지하다.

등에 찬물을 끼얹는 듯

정신이 아찔하고 몹시 긴장됨을 비유적으로 이르는 말.

예) 그가 죽었다는 말을 듣는 순간 등에 찬물을 끼얹는 듯 정신이 번쩍 들었다.

등으로 먹고 배로 먹는다

『북』 이모저모로 다 이익을 얻다.

등을 긁어먹다[갉아먹다]

음흉하고 교활하게 남의 재물을 빼앗다.

예) 나머지 사백만은 농민의 등을 긁어먹고 사는 사람들이고….

등(을) 돌리다

'등'은 사람이나 동물의 몸통에서 가슴과 배의 반대쪽 부분을 가리킨다. 마주 보던 사람이 몸을 돌려서 뒤를 바라보는 것이 '등을 돌리다'이다. 등의 방향이 반대편으로 바뀌었기 때문이다. '이해관계가 서로 어긋나거나 원한이 생겨 배신을 하거나 관계를 끊다'라는 뜻이다.

등(을) 떠밀다

일을 억지로 시키거나 부추기다.

예) 가게 주인은 손님이 담배를 피우려고 하면 밖으로 나가라고 등을 떠밀 수밖에 없다.

등(을) 벗겨 먹다

옳지 못한 방법으로 남의 재물을 빼앗는다는 말.

등(을) 쳐 먹다

'위협하여 다른 사람의 재물을 빼앗다', '돌봐주는 척하며 다른 사람에게 기생하여 필요한 돈이나 물자 따위를 얻다'라는 뜻을 나타낸다. '등을 쳐 먹다'는 '등을 치다'를 강조하는 의미에서 속되게 이르는 말이다.

등(을) 타다

산등성이로 따라 가다.

예) 여기서 등을 타고 계속 가면 정상에 오를 수 있다.

등(이) 달다

마음대로 되지 아니하여 몹시 안타까워하다.

예) 아까 자기의 말을 아무리 곧이 안 들은 채련이라도 지금쯤은 등이 달아서 앉았으려니 생각하니….

등이 닿다

소나 말 따위의 등이 안장에 닿아 가죽이 벗겨지다.

등(이) 따스우면 배부르다

옷을 잘 입고 있으면 먹지 않아도 배고픈 줄 모른다는 말.

등자(를) 치다

어떤 글을 대조하여 볼 때 맞다는 뜻으로, 글의 첫 머리에 '△' 표를 하다.

예) 그는 등자를 치면서 꼼꼼히 교정을 보았다.

등 진 가재

남의 세력에 의지하고 있는 사람을 비유적으로 이르는 말.

등쳐먹다

악독하고 교활한 짓으로 남의 재물을 갉아먹다.

등통이 달다

(속되게) 마음대로 되지 않아 몹시 안타까워지다.

★등통鄧筩 : 불을 켜는 등을 넣거나 놓는 통.

따니(를) 치다

따니(돈치기의 하나)의 내기를 하다.

따리(를) 붙이다

남의 마음을 사려고 아첨하다.

★따리 : 남의 마음을 사려고 비위를 맞추거나 알랑거리는 말.

예) 돈이 있는 것을 어떻게 알았는지 그가 갑자기 따리를 붙이며 친한 척을 한다.

딱 부러지게

아주 단호하게. (비)딱 잘라.

예) 딱 부러지게 거절하다 /싫으면 싫다고 처음부터 딱 부러지게 이야기해라.

딱 잘라

(비)딱 부러지게.

예) 친구는 나의 부탁을 딱 잘라 거절했다

딱지가 덜 떨어지다

아직 어린 아기의 쇠딱지가 머리에서 다 떨어지지 못하였다는 뜻으로, 치기稚氣를 벗어나지 못한 상태를 이르는 말.

예) 아직 딱지가 덜 떨어진 주제에 나에게 이래라 저래라 웬 참견이냐?

딱지(를) 떼다

개시하다. 사용하기 시작하다. 교통순경이 빨간딱지를 발행하다.

딱지(를) 맞다

퇴짜를 맞다.

딱지를 붙이다

딱지란 좋지 않은 평가나 이름을 뜻한다. 주로 '~라는 딱지를 붙이다'의 형태로 쓰여, '사람이나 단체에게 ~라는 좋지 않은 평가나 이름을 매기다'를 나타낸다. '~라는 딱지가 붙다'에서 왔다.

딱지(를) 치다

딱지치기를 하다.

딴가마를 걸다

『북』 한집에서 같이 살던 가족이 다른 집에 세간나서 갈라 살다. (비)딴가마 밥을 먹다.

★가마 : 가마솥의 준말.

딴가마 밥을 먹다

『북』 1.'딴가마를 걸다.'의 북한 익은말.

2.군중과 휩쓸리지 않고 따로 떨어져 생활하다.

딴 게 아니라

다름(이) 아니라.

예) 오늘 너를 보자고 한 것은 딴 게 아니라 꼭 할 말이 있어서야.

딴사람(이) 되다

신분이 달라지다.

딴숨(을) 쉬다

『북』 겉으로는 함께 행동하는 것처럼 하면서 속으로는 딴생각을 하거나 뒤에 가서 딴 짓을 하는 것을 이르는 말.

★딴숨 : 『북』 집단의 의사와는 다르게 사고하고 행동하는 것.

딴 주머니를 차다

1.다른 속셈을 가지거나 일을 꾀하다.

2.돈을 빼서 따로 보관하다.

예) 맏며느리가 딴 주머니 차는 집안이 안 망하고 배겨.

딴죽(을) 걸다

상대방의 다리에 발을 걸어 당기다.

★딴죽 : 씨름에서 발로 상대편의 다리를 차거나 당겨 넘어뜨리는 짓.

딴죽(을) 치다

발로 남의 다리를 후려치다. 동의同意하였든 일을 딴전을 부려 어기다.

예) 철석같이 약속해 놓고 ~.

딸 없는 사위

인연이나 관계가 끊어져서 정이 멀어짐. 쓸모없이 된 것.

땀으로 미역을 감다

'미역'은 냇물이나 강물에 들어가서 몸을 씻거나 헤엄치는 것을 일컫는다. '미역(을) 감다'라고 하면 그 동작을 표현한다. 덥거나 힘든 일을 할 때 땀을 흘린다. 그러나 아무리 땀을 많이 흘려도 미역을 감기에는 부족하다. 그만큼 땀을 많이 흘린다는 뜻,

땀을 들이다

1. 몸을 시원하게 하여 땀을 없애다.

예) 나무 그늘에서 땀을 들이다.

2. 잠시 휴식하다.

예) 새참 동안 땀을 들이다 /바위 그늘에 앉아 잠시 땀을 들인 갑례는 다시 자루를 이고 산길을 오르기 시작했다.

땀(을) 빼다

몹시 힘들거나 어려운 고비를 겪느라고 크게 혼이 나다.

예) 우는 아기를 달래느라고 땀을 뺐다.

땀(을) 흘리다

힘이나 노력을 많이 들이다.

예) 땀 흘린 보람 /땀 흘려 돈을 모으다

땀이 빠지다

몹시 힘들거나 애가 쓰이다.

예) 땀이 빠지게 해야 할 일.

땅내(를) 맡다

1. 옮겨 심은 식물이 새로운 땅에 뿌리를 내려 생기 있는 상태가 되다.

예) 텃논에 심은 모종은 벌써 새까맣게 땅내를 맡고 커 오른다.

2. 동물이 그 땅에서 생명을 얻다.

땅 딛고 헤엄치기

쉽고 안전하여 실패할 염려가 없다.

땅띔(도) 못 하다

1. 오래지 않아 죽게 될 것이거나 죽고 싶은 생각이 든다는 말.

2. 조금도 알아내지 못하다.

예) 보통 사람들은 땅띔도 못 할 글을 읽고 있었다.

3. 감히 생각조차 못 하다.

예) 글 뜻은 별로 모를 것이 없지만 유서로는 뜻을 땅띔도 못 하겠소.

땅(바닥)에 떨어지다

땅바닥에 물건이 떨어지면 먼지나 오물이 묻어서 더러워진다. 게다가 땅바닥이란 더 이상 떨어질 데가 없는 가장 밑바닥이다. '(세력이나 위신, 체면 같은 것이) 더는 내려갈 데가 없을 정도로 형편없게 되다'라는 뜻이다.

예) 신용이 ~.

땅방울같이 으르다

몹시 심하게 위협하다.

예) 땅방울같이 으르는 바람에 죄인들은 없는 죄까지 만들어 고해바쳐야 했다.

땅 벼락 같이 벼르다

『북』 몹시 심하게 벼르다.

예) 문초를 다시 받는다면 땅 벼락 같이 벼르는 집장사령의 손에 치도곤을 되게 맞을 염려가 없지 않았다.

땅을 칠 노릇

몹시 분하고 애통함을 이르는 말.

예) 내가 쓰지도 않은 돈을 나더러 물어 놓으라니 땅을 칠 노릇이었다.

땅을 파다

(속되게) 농사를 짓다.

예) 산지기 내외는 월급 생활보다 땅을 파서 먹는 것이 더 귀하다고 하면서….

땅(이) 꺼지게[꺼지도록]

한숨을 쉴 때 몹시 깊고도 크게.

예) 젊은 아이가 왜 그리 땅이 꺼지게 한숨을 쉬니?

때(가) 묻다

'때가 끼다'라고 하면 '묻다'보다 더 오랫동안 오물이 계속 쌓여서 잘 떨어지지 않을 정도로 엉겨 붙는 것을 말한다. '(비유적인 표현으로 쓰여) 사람이나 양심, 생활 따위가 타락하여 순수하지 않다'라는 뜻.

때를 놓치다

'때'는 시간을 나타내는 단어로서, 어떤 일을 하는 시점을 가리킨다. 이 말은 '기회', '경우', '시대', '계절' 등 다양한 의미로 쓰인다. 시간을 나타내는 표현과 함께 쓰이면, 어떤 일을 하기에 알맞은 시기를 지나쳐 그 일을 하지 못함을 나타낸다. '꼭 그 계절에 해야 하는 일이 있는데 제철을 지나치다', '어떤 일을 하는 데 적당한 기회를 지나쳐버리다'라는 뜻이다.

때(를) 벗다

'잘못한 것도 없이 입은 누명을 깨끗하게 씻어 떳떳해지다', '살아온 환경으로부터 어쩔 수 없이 받게 되는 영향이나 흔적을 지워 세련되어지다', '말이나 행동, 차림새 따위가 촌스럽거나 어색한 데가 없이 훤해지다'라는 뜻이다.

예) 끝까지 자신의 결백을 주장한 나머지 그는 마침내 도둑이라는 때를 벗었다.

때 빼고 광내다

몸치장을 하고 멋을 내다.

예) 오늘은 선보는 날이어서 오랜만에 때 빼고 광냈다.

때 식을 잃다

『북』 일에 너무 열중하여 식사를 하는 것조차 잊어버리다.

예) 때 식을 잃고 공부하다.

때 아닌 밤중에(아닌 밤중에)

'때 아닌'은 '적절한 시기가 아닌', '제철이 아닌', '예상하지 못한', '뜻하지 않은'을 의미한다. '밤중에, 그것도 뜻하지 않게', '느닷없이 한밤중에'라는 뜻,

땜 때는 식

『북』 1. 어떤 일을 그때그때 처리해 나가는 생활 방식.

예) 하루하루 땜 때는 식으로 살다.

2. 어떤 결함이나 결점을 전반적으로 뜯어고치지 않고 어느 일부분만을 고치는 방식.

예) 땜 때는 식으로 논문을 수정하다.

땡땡이(를) 치다

〈속된 말로〉(사람이)수업이나 작업 따위의 해야 할 일을 하지 않고 놀다. 〈속된 말로〉(사람이 해야 할 일을)하지 않고 놀다. 꾀를 부려서 일이나 공부 따위를 열심히 하지 않다.

땡을 잡다

'땡'은 '땡땡구리'의 준말이다. 골패나 투전 따위의 노름에서 같은 짝을 뽑아 높은 끗수를 잡는 일을 가리키는 말이나. 여기에서 '뜻밖에 생긴 좋은 운이나 우연히 찾아온 복'을 의미.

땡전 한 푼 없다

사전적인 의미로 땡-전-錢이란! 아주 적은 돈을 이르는 말.

이 말의 발생 시기는 조선말 즉, 개화(1894년)를 한 세대 앞둔 1866년(고종 3년)의 일이므로 역사가 그리 오래된 말은 아니다.
1866년에 홍선 대원군이 임진왜란 때 소실 된 체 274년간 방치된 경복궁을 중건하고자 당백전當百錢을 주조했는데 이 당백전은 3년간 통용되었지만, 법정 가치는 상평통보의 1백 배였으나, 실제 가치는 5 내지 6배에 지나지 않는 악질 화폐였다.
그 결과 1866년 11월부터 금위영禁衛營에서 당백전을 주조하기 시작해, 이듬해 4월까지 6개월여 동안 1,600만 냥이라는 거액을 주조하였다. 당시 전국에 유통되는 상평통보는 약 1천만 냥 정도였다고 하니깐 상평통보로 환산하면 개수로는 1억6천만 개가

되겠지요.

1량=10전 =100문 상평통보1개는 1문의 가치였음.

하여튼 간에 당백전이라는 신 화폐에 100배의 명목 가치를 부여한 화폐를 다량으로 주조·발행함으로써 일시적으로는 거액의 이득을 취해 응급한 국가 재정 수요에 충당할 수 있었다.

그러나 당백전을 발행한 정부는 당백전을 물품 구입의 수단으로만 사용하였을 뿐 공과수납公課收納에서는 받아들이지 않아서 당백전의 화폐로서의 공신력을 추락시키는 결과를 가져왔고 또 통용이 금지된 당백전을 환수할 때 중국 동전淸錢 또는 상평통보를 대신 지급하고, 환수된 당백전을 고철鐵로 사용하게 하는 등 공신력을 실추시켰다.

단시일 내 그처럼 다량의 악화가 시중에 나돌게 되자, 화폐 유통 질서가 큰 혼란에 빠져 버렸다. 상평통보를 가진 자는 당백전과의 교환을 기피해 상평통보를 시중에 내놓지 않았다. 또, 시중에서는 상인들이 당백전의 사용을 꺼려 일시적으로 물물교환의 형세가 나타났고, 화폐가치의 하락에 따라 물가는 폭등하였다.

2년 뒤의 물가는 7~8배가 뛰었고 당백전은 돈의 부족과 물가 앙등으로 화폐의 구실을 못하게 되어 그 주조를 중지했으며, 1867년 청나라의 화폐를 수입함에 따라 거세되었다. 이러한 대혼란은 여론을 비등하게 하였고, 이듬해 10월 장령掌令 최익현崔益鉉의 상소를 계기로 유통까지도 금지하기에 이르렀다. 이 때문에 사람들이 고철로 전락해버린 당백전의 '당'을 되게 발음하여 '땅돈'이 되었고 다시 '땡전'이라고 변형되어서 무일푼의 신세를 비웃는 말로 의미가 바뀌었다고 합니다.

떠오르는 달

인물이 훤하고 아름다움을 비유적으로 이르는 말.

예) 저 규수의 용모는 그야말로 떠오르는 달이라 그 동네 모든 총각의 마음을 들쑤셨다.

떠오르는 별

어떤 분야에 새로이 등장하여 두각을 나타내는 사람을 비유적으로 이르는 말.

예) 그는 연극계의 떠오르는 별이다.

떡같이 믿다

『북』 사람이나 어떤 일에 대하여 아주 믿다.

예) 혼사가 빨리 성사되기를 떡같이 믿다.

떡국을 먹다

설을 쇠어서 나이를 한 살 더 먹다.

예) 네가 떡국을 먹으면 올해 몇 살이 되는 거지?

떡 대가리 같은 소리

『북』 이치에 맞지 않는 허황된 소리를 속되게 이르는 말.

★떡 대가리 : 하찮게 여기는 것을 낮잡아 이르는 말.

떡두꺼비 같다

아기가 보기에 탐스럽고 허여멀거며 실팍하게 생기다.

떡 먹듯

예사로 쉽게.

예) 그는 거짓말을 떡 먹듯 한다.

떡 벌어지다

여러 가지 좋은 먹을거리로 번듯하게 차려지다.

떡심(이) 좋다

몹시 끈기 있게 질기도록 비위가 좋다.

예) 저 사람 떡심이 좋은 것이 내 맘에 쏙 든다.

떡심(이) 풀리다

낙담하여 맥이 풀리다.

★떡심 : 억세고 질긴 힘줄.

예) 떡심이 풀려서 지금은 아무 일도 하고 싶지 않다.

떡(을) 먹은 값을 하다

『북』 나잇값을 하다.

떡을 치다

1. 양이나 정도가 충분하다.

예) 이만큼이면 우리 식구 모두가 다 먹고도 떡을 치겠다.

2. (속되게) 남녀가 성교하다.

ㄷ

예) 마누라가 있어야 안방에서 떡을 치죠.

3. 어떤 일을 망치다.

예) 내 살림 내가 떡을 치는데 말할 사람이 어디 있겠소.

떡을 할

못마땅함을 나타내거나 아무 생각이 없이 하는 말.

떡(이) 되다

크게 곤욕을 당하거나 매를 많이 맞다.

예) 그는 밤늦게 돌아다니다 깡패들에게 떡이 되도록 맞았다.

떡이 생기다

뜻밖에 이익이 생기다.

예) 떡이 생기는 일이라면 뭐든 하겠다.

떡 주무르듯 하다

저 하고 싶은 대로 마음대로 다루다.

예) 인사 관계를 떡 주무르듯 하다.

떡 쥐여 주듯

『북』 어떤 것을 마음 내키는 대로 내주는 모양.

떡함지가 되다

『북』 너무 좋아서 입을 다물 줄 모르다.

★떡함지 : 떡을 담은, 나무로 짠 그릇.

예) 시물시물 웃고 있는 원섭이와 손등으로 입을 가리고 웃음을 참느라고 애쓰는 순애를 본 그의 입은 대번 떡함지가 되었다.

떡함지에 엎어지다

『북』 1. 지나치게 심술이 사나운 행동을 비난조로 이르는 말.

예) 떡함지에 엎어지게 놀다.

2. 어떤 일이 매우 잘되다.

예) 이제 땅 두 타게 될 테지, 잔치도 해서 사위까지 보게 됐지, 떡함지에 엎어진 셈이거든.

떡 해먹을 집안

서로 마음이 맞지 않아 분란이 끊이지 않는 집안.

떨어지지 않는 발길

떠나고 싶지 않거나 내키지 않는 발길.

예) 예정된 시간이 다 되었으므로 떨어지지 않는 발길을 돌려 관광버스에 올랐다.

떼를 쓰다

억지로 무엇을 요구하거나 이치에 맞지 않는 주장을 고집하는 것이 '떼'이다. '윗사람에게 부당한 요구나 주장을 내세우며 귀찮게 하다'라는 뜻.

떼(를) 짓다

불량배가 떼를 지어 설치고 다닌다.

똥구멍(이) 찢어지다[째지다]

(비)가랑이(가) 찢어지다[째지다].

예) 눈을 뜨기가 무섭게 호미 자루를 들고 땀을 흘렸지만 그들은 예나 이제나 똥구멍 째지게 가난했다.

똥끝(이) 타다

'똥끝'은 대변을 볼 때 항문에서 처음 나오는 똥자루의 앞부분이다. 어떤 일을 하는 데 몹시 힘을 주어서 똥이 굳어지고 까맣게 되었음을 의미한다. '몹시 애를 태우며 근심하다'라는 뜻이다. (비)똥줄(이) 타다.

똥넉가래 내세우듯

대단하지도 않은 일을 걸핏하면 들먹여 내세우는 모양.

★똥넉가래 : 똥을 치는 데 쓰는, 넉가래 비슷한 나무 기구.

예) 그는 사람만 모였다 하면 똥넉가래 내세우듯 그 이야기를 꺼냈다.

똥물에 튀할 놈

지지리 못나서 아무짝에도 쓸모없는 사람을 속되게 이르는 말.

예) 이 똥물에 튀할 놈아, 잘 먹고 잘 살아라.

똥바가지를 쓰다

1. 인격이 몹시 떨어지게 망신을 당하다.

예) 노인은 깡패에게 훈계를 했다가는 똥바가지를 쓸지 모른다는 생각에 말없이 지나갔다.

2. 남이 져야 할 책임을 억울하게 맡아 지게 되다.

예) 너는 그 유순한 성격 때문에 늘 똥바가지를 쓰

는 거야.

똥 밸을 쓰다

『북』(속되게) 합당한 이유 없이 성미나 배짱을 부리다.

똥오줌을 가리다

어린아이가 더 이상 기저귀를 쓰지 않아도 되는 상태를 일컬어 '똥오줌을 가린다'라고 한다. 노망이 들 정도의 연로한 노인에게도 이러한 표현을 쓸 수 있는데, 이때는 '대소변을 가리다'라고 예의를 갖추어 말하기도 한다. 그 반대가 '똥오줌을 못 가리다'이다. '(속된 표현으로 쓰여) 사태를 분별하지 못해 갈팡질팡하다'라는 뜻이다. (반)똥오줌을 못 가리다.

똥(을) 뀌다

(낮잡는 뜻으로) 방귀를 뀌다.

예) 남 앞에서 똥을 뀌는 것은 예의가 없는 짓이다.

똥(을) 밟다

재수가 없다.

예) 자네 아침부터 그런 일을 당하다니 괜찮은가? 똥 밟았다고 생각하게.

똥(을) 싸다

똥이 나오려는 욕구를 느끼고 밖으로 내보내는 것을 말한다. 사람이나 동물이 몹시 긴장하거나 힘에 벅차면 자기도 모르게 배설을 하게 된다. '(속된 표현으로 쓰여) 몹시 힘들어 애를 먹다'라는 뜻.

똥(이) 되다

체면, 면목 따위가 형편없이 되다.

예) 그 일로 내 얼굴이 똥이 되고 말았다.

똥줄(이) 나게(빠지게)

1. 혼이 나서 매우 급하게.

2. 몹시 힘들어.

똥줄(이) 당기다

몹시 마음을 졸이거나 두려워 겁을 내다.

예) 밤늦게까지 공부하는 것을 보면 그도 시험 날짜가 다가오니까 똥줄이 당기는 모양이다.

똥줄(이) 빠지다

'똥줄'은 급히 대변을 볼 때 길게 나오는 똥의 줄기를 뜻한다. 아랫배에 힘을 주지 않았는데도 똥줄이 빠질 지경이라면 어떤 충격으로 똥을 쌀 지경이라는 뜻이다. '(주로 '똥줄이 빠지게'의 형태로 쓰여) 몹시 놀라거나 겁을 먹어 급하게 달아나다', '고된 일 따위로 몹시 혼이 나다'라는 뜻이다.

똥줄(이) 타다

몹시 힘이 들거나 마음을 졸이다. (비)똥끝(이) 타다.

예) 시간은 없지, 아직 풀어야 할 문제는 많지, 그때는 정말 똥줄이 탔었다.

똥집(이) 무겁다[질기다]

'엉덩이가 무겁다[질기다]'를 속되게 이르는 말.

예) 그는 어찌나 똥집이 무거운지 자리를 뜰 생각을 하지 않는다.

똥차가 밀리다

(속되게) 위로 결혼하지 않은 형이나 언니가 있어 그 동생들이 결혼하지 못하다.

예) 그는 무척이나 결혼하고 싶어 했지만 똥차가 밀려 있어 그것은 희망 사항에 불과했다.

똥창(이) 맞다

(속되게) 뜻이 서로 맞다.

★똥창 : 항문 부분을 속되게 이르는 말.

예) 그와 나는 서로 똥창이 맞는 사이다.

똥탈(이) 나다

1. (사람이나 동물이) 똥탈이 생기다.

예) 이번 일은 똥탈이 나서 모든 것이 뒤죽박죽되었다.

2. (사람이나 동물이) 급한 탈이 생기다.

뚜껑을 덮다

하던 말이나 일을 그만두다.

예) 천남석에 관한 일은 그쯤에서 아예 뚜껑을 덮어 버리려는 눈치였다.

뚜껑(을) 열다

사물의 내용이나 결과 따위를 보다.

예) 막상 뚜껑을 열고 보니 투표 결과가 예상과는

ㄷ

달랐다.

뚜껑이 열리다

1.사물의 내용이나 결과 따위가 드러나다.

예) 이번 수상자는 뚜껑이 열려야 알 수 있다.

2.(속되게) 화가 나다.

예) 심판의 편파 판정으로 우리들은 뚜껑이 열렸다.

뚱딴지같다

뚱딴지는 본래 돼지감자를 가리키는 말이다. 생김새나 성품이 돼지감자처럼 '완고하고 우둔하며 무뚝뚝한 사람'을 비웃어서 가리키는 말이다. 지금은 상황이나 이치에 맞지 않게 엉뚱한 행동이나 말을 하는 것을 가리킨다.

뚱딴지같은 소리

말이나 행동이나 사고방식이 엉뚱하다는 뜻으로 하는 말입니다. 즉, 사리에 맞지 않는 엉뚱한 말.

★뚱딴지 : 엉뚱한 행동이나 생각.

뛰지도 걷지도 못하다

이러지도 저러지도 못하는 매우 난처한 처지에 빠져 옴짝달싹 못하다.

예) 뛰지도 걷지도 못하게 되었으니 어떻게 해야 좋담?

뜨거운 감자

중요한 문제이지만 쉽게 다루기 어려운 문제를 비유적으로 이르는 말.

뜨거운 맛을 보다

호된 고통이나 어려움을 겪다.

예) 그래 뜨거운 맛을 봐야만 정신을 차리겠단 말이지.

뜬구름(을) 잡다

1.(무엇이) 뚜렷하지 않고 막연하여 알 수 없다.

2.(사람이) 허황된 일을 하다. (비)구름(을) 잡다.

예) 뜬구름을 잡겠다고 어려서부터 객지로만 떠돌며 보낸 지난 세월의 덧없음이 불현듯 그의 가슴을 때렸다.

뜸(을) 들이다(들다)

1.(사람이)어떤 일이나 말을 얼른 하지 않고 사이를 두거나 머뭇거리다.

2.(사람이 어느 정도 찌거나 삶은 음식을)열을 약하게 하여 그대로 얼마쯤 두어서 속속들이 잘 익게 하다.

3.(사람이 어떤 일을)절로 무르익도록 서두르지 않고 한동안 가만히 두다.

★뜸 : 열을 흠씬 가하여 찌거나 익힌 것을 얼마동안 그대로 두어 속속들이 익히는 일.

뜸(을) 뜨다

약쑥을 비비어 살의 어느 혈에 놓고 불을 붙이다.

★뜸 : 병을 고치기 위해 약쑥을 비벼서 자질구레 빚어 살 위의 혈에 놓고 불을 붙이어 살을 뜨는 일.

뜻(을) 받다

남의 뜻을 이어받아서 그대로 따라 하다.

예) 아버지의 뜻을 받아 가업을 물려받다.

뜻(을) 세우다

장래의 목표를 마음에 품고 결심하다.

예) 그는 대학 졸업 후에 판사가 될 뜻을 세우고 열심히 공부했다.

뜻(이) 맞다

1.서로 생각이 같다.

예) 뜻이 맞는 사람들이 모여 함께 일하다.

2.서로 마음에 들다.

예) 언제 시부모를 보고 시집갔던? 너희들만 뜻 맞아 살면 그만이지.

띠를 풀어 놓다

『북』 마음을 푹 놓다.

예) 띠를 풀어 놓고 이야기하다.

ㅁ

마가 끼다(들다)

'마魔'는 산스크리트어 '마라(Mara)'를 한역한 것魔羅의 준말이다. 마라는 불교에서 깨달음의 길을 방해하는 모든 장애물을 통칭해서 가리키는 용어이다. '마'는 또한 마음을 어지럽히는 내면 갈등도 지칭하고 있다. 어떤 일이건 그것에 방해를 놓는 것이 있다고 느껴지면 '마'라고 부른다. '까닭을 알 수 없게 자꾸 일에 장애가 생긴다'라는 뜻이다.

마각을 드러내다

말의 다리로 분장한 사람이 자기 모습을 드러낸다는 뜻으로, 숨기고 있던 일이나 정체를 드러냄을 이르는 말.

★마각馬脚 : 말의 다리.

예) 8월 말로 접어들자 그들은 차츰 흉악한 마각을 드러내기 시작했다.

마각이 드러나다

숨기고 있던 일이나 정체가 드러나다.

예) 차라리 그 재주 가지고 칩거하여 문학이나 할 일이지 능도 없으면서 운동은 무슨 놈의 운동이오. 그러니까 마각이 드러나지.

마당(을) 빌리다

신랑이 신부의 집에 가서 초례식을 지내다.

마른나무 꺾듯 한다

일을 단번에 쉽게 해치운다는 말.

마른벼락을 맞다

갑자기 뜻밖의 재난을 당하다. (비)마른벼락이 떨어지다[내리다].

예) 지주의 토지를 몰수해 버린다니 그런 무지몽매한 놈의 법이 어디 있나? 모조리 마른벼락을 맞아 죽을 놈들이지….

마른벼락이 떨어지다[내리다]

(비)마른벼락을 맞다.

마른이 죽이듯

무슨 일이든지 곰상스럽게 함을 비유.

마른침을 삼키다

몹시 긴장하거나 초조해하다.

예) 애가 탄 철수는 자꾸 마른침을 삼키고 있었다.

마마 그릇되듯

좋지 않은 징조가 보임을 이르는 말.

★마마媽媽 : 제4군 전염병의 하나이다. 천연두天然痘·손님·마마媽媽·포창疱瘡·호역戶疫 등 많은 병명으로 불리었다. 증세는 중한 전신증상(오한·발열두통·요통 등)과 피부 및 점막粘膜에 구진丘疹·수포水疱·농포膿疱·가피痂皮의 순서로 규칙적으로 변화하는 발진發疹이 나타나고 예방접종을 하지 않은 사람에게서는 10~14일에 딱지가 떨어지는落痂 급성 전염병이다.

마마 손님 배송하듯

행여나 가지 아니할까 염려하여 그저 달래고 얼러서 잘 보내기만 함을 이르는 말.

마수(를) 걸다

'마수'는 영업을 처음으로 개시하거나 그날 장사를 시작하여 처음 손님에게 물건을 파는 것을 의미한다. '마수걸이'라고도 한다. 이것이 잘돼야 앞으로의 영업이나 그날의 장사가 잘된다는 속설이 있어서 상인들은 첫 손님을 신중하게 상대하곤 한다.

예) 오늘 처녀에게 마수를 걸었으니 장사가 잘되겠다며 생선 장수는 아침부터 기분이 들떴다.

마술(을) 걸다

마술魔術을 써서 상대편의 판단을 흐리게 하여 정신을 빼앗다.

마을을 가다

이웃에 놀러 가다.

마음속에 그리다

마음속으로 생각하다(상상하다).

마음(에) 두다

잊지 아니하고 마음속에 새겨 두다.

예) 어제 그 일은 마음에 두지도 마라. /저는 마음에 두고 있는 처자가 있으니 선보라는 말씀은 마세요.

마음에 들다

(무엇이 사람의) 마음이나 감정에 좋게 여겨지다.

마음에 붙다

직업이나 생활 따위가 마음에 맞아 마음이 들뜨거나 불만스러워하지 아니하고 안착되다.

예) 이제는 고향이 마음에 붙는 모양이지. 마을 사람들은 조롱도 아니요 치사도 아닌 이런 말을 던지게 되었고….

마음(에) 싸다

『북』 어떤 것이 마음이나 감정에 좋게 여겨지다.

예) 모자가 비둘기 살림을 하는 세철이네와 혼사를 치른다는 것이 은근히 마음에 싸지 않아서 찌뿌둥해 있던 차에 인택이를 만났다.

마음에 씌우다

『북』 어떤 문제에 대하여 자꾸 생각이 가다.

예) 전복녀가 이렇게 늦어질 때면 무슨 일이 있는 것같이 마음에 씌우게 되는 군요.

마음에 없다

무엇을 하거나 가지고 싶은 생각이 없다. <u>(반)마음에 있다.</u>

예) 마음에 없는 말을 하자니 입이 잘 떨어지지 않았다.

마음에 있다

무엇을 하거나 가지고 싶은 생각이 있다. <u>(반)마음에 없다.</u>

예) 이 인형이 마음에 있으면 하나 사구려.

마음에 차다

마음에 흡족하게 여기다.

예) 마음에 차는 며느리, /이 책을 손에 넣으니 이제 마음에 차냐?

마음은[마음만] 살다

『북』 1. 육체적으로는 노쇠하였으나 정신만은 젊은 상태에 있다.

예) 이젠 마음만 살았지 손발이 말을 들어주지 않는다.

2. 처지가 원래보다 못하여졌으나 생각만은 원래의 상태에 있다.

예) 그놈이 아직은 그래도 마음은 살아서 큰소리를 친단 말이야.

마음(을) 놓다

안심을 하다. 걱정하지 않다.

마음(을) 돌리다

'마음'이란 생각과 관련된 모든 사고 기능을 가리키며 심지어 감정까지도 이른다. '노여움이나 서운함 따위를 품고 돌아섰던 마음을 풀어 다시 원래대로 하다'라는 뜻.

마음(을) 먹다

(사람이) 무엇을 하려고 마음속으로 작정하다.

예) 결혼하기로 ~.

마음(을) 붙이다

어떤 것에 마음을 자리 잡게 하거나 전념하다.

예) 홀어머니가 된 엄마는 자식 교육에 마음을 붙이고 지금껏 살아오셨다.

마음(을) 사다

관심을 가지게 하다. 호감을 가지게 하다.

예) 여자의 ~.

마음을 삭이다

맺히거나 격한 감정을 가라앉히다.

예) 남몰래 분한 마음을 삭이다.

마음을 썩이다

몹시 괴로워하다.

예) 어머니는 아들의 가출로 마음을 썩이고 있다.

마음(을) 쓰다(마음이 쓰이다)

'마음을 쓴다'면 고려하거나 배려한다는 뜻일 것이다. '어떤 일에 대하여 생각을 골똘히 하면서 걱정하다', '남들을 배려하는 마음으로 돈을 쓰거나 물품을 베풀다'라는 뜻 마음을 어떤 대상에 기울이다.

마음(을) 잡다(잡히다)

잡념을 없애고 안정을 되찾다.

예) 이젠 마음을 잡은 모양이지.

마음(을) 졸이다

'졸이다'는 뜨거운 불에 액체가 끓다 못해 바짝바짝 마르듯 증발하는 것을 이른다. '불안과 근심으로 속이 타들어가듯이 조바심이 생기고 안절부절못하다'라는 뜻.

마음(을) 주다

'주다'는 상대방이 가지도록 무엇을 건넨다는 의미다. 이때 마음은 '가슴', '진심'에 해당한다. '모든 것을 터놓고 거리낌 없이 진심으로 대하다'라는 뜻이다.

예) 두 내외가 사랑을 아낌없이 쏟아 붓자 그제야 입양된 막내아들은 마음을 주었다.

마음을 틀어쥐다[틀어잡다]

『북』 오직 하나의 생각으로 꽉 들어차게 하다.

마음을(화를) 풀다

긴장하였던 마음을 늦추다.

예) 그동안 긴장했던 마음을 풀고 휴가를 즐겼다.

마음의 탕개를 조이다

『북』 정신 상태의 긴장을 강화하다.

★**탕개** : 물건을 감거나 묶은 줄을 죄는 장치. 줄의 중간에 비녀장을 질러 틀면 줄이 죄어들게 된다.

마음의 탕개를 풀다

동인 물건을 탕개로 팽팽하게 하다. 즉, 정신 상태의 긴장을 늦추다.

예) 마음의 탕개를 풀고 생활하다.

마음이 가라앉다

'가라앉는다'는 것은 물 위에 떠 있던 것이 밑으로 내려앉는다는 말이며, 어떤 활동이 잠잠해지거나 수그러든다고 할 때도 사용한다. '화나 흥분 등으로 격렬하게 일어서던 마음이 차분하게 진정되다'라는 뜻.

마음이 굴뚝같다

바라거나 그리워하는 마음이 몹시 간절하다.

예) 그 일을 하고 싶은 마음이 굴뚝같다.

마음이 내려가지 않다

『북』 마음에 걸린 것이 풀리지 아니하다.

마음(이) 내키다

하고 싶은 생각이 내키다.

마음(이) 달다

마음이 몹시 조급하여 타다.

마음이 돌아서다

1. 가졌던 마음이 아주 달라지다.

예) 마음이 돌아섰는지 거기에 가자고 조르지를 않는다.

2. 틀어졌던 마음이 정상적인 상태로 되다.

예) 남편의 마음이 돌아서서 부부는 다시 사이가 좋아졌다.

마음(이) 붙다

『북』 1. 마음이 안착되다.

예) 영식이는 우리 공장에 마음이 붙어 일을 잘하고 있다.

2. 어떤 것이나 일에 재미가 들다.

마음이 삭다

맺히거나 격한 감정이 가라앉다.

예) 아직 마음이 삭지 못해서 씩씩대고 있다.

마음이 아리다

상사병에 걸렸을 때나 마음의 상처를 받았을 때의 표현.

마음(이) 아프다

'아프다'는 것은 몸에 어떤 이상이 생겨 통증을 느낀다는 말이다. '슬프거나 딱한 사정으로 해서 가슴에 상처가 난 것처럼 괴로움을 느끼다'라는 뜻.

마음이 용하다

『북』 성품이 착하고 순하다.

마음이 콩알만 하다[해지다]

『북』 '가슴이 콩알만 하다[해지다]'의 북한 익은말.

마음이 통하다

서로 생각이 같아 이해가 잘되다.

예) 그와 나는 마음이 통하는 사이다.

마음이 풀리다

1. 마음속에 맺히거나 틀어졌던 것이 없어지다.

예) 나의 사과를 받고 친구의 마음이 풀리자 우리들은 다시 예전처럼 친하게 되었다.

2. 긴장하였던 마음이 누그러지다.

예) 입학시험이 끝나고 마음이 풀려서인지 나는 감기에 걸렸다.

마음이 한 줌만 해지다

『북』 몹시 불안하거나 초조하여 마음이 자꾸 죄어들다.

예) 이번 경기의 결과가 어떨는지 하여 그는 마음이 한 줌만 해져 있었다.

마음 죄이다

마음에 무척 걱정이 되어 조마조마하다.

마침표를 찍다

어떤 일이 끝장이 나거나 끝장을 내다. <u>(비)종지부(를) 찍다.</u>

예) 그 일은 어제로 마침표를 찍었다.

막다른 골목[골]

더는 어떻게 할 수 없는 절박한 경우를 비유적으로 이르는 말.

예) 다시는 돌이킬 수 없는 막다른 골목으로 그녀를 몰아넣은 사람이 바로 당신들이란 말입니다.

막다른 골목에 들어서다

'골목'이라 하면 큰길에서 주택가로 들어선 좁은 길을 가리키는데, 거기다 '막다른 골목'이라 했으니 길이 끊어지고 앞이 막힌 것이다. 만약 누군가에게 쫓기고 있다면 앞으로 나아가지도 못하고 뒤로 물러서지도 못한 채 애를 태울 것이다. '더는 어떻게 할 수 없는 어려운 궁지에 빠져서 헤어 나오지 못하는 처지가 되다'라는 뜻이다.

예) 자신의 인생 전부를 걸고 재기에 나선 그가 이번에 실패하자 막다른 골목에 들어섰다.

막 베어 먹다

본디 가졌던 물건, 밑천을 함부로 잘라 쓰다.

★막 : 앞뒤를 가리지 않고 함부로.

막幕을 내리다(닫다)

공연에서 막 사이마다, 또한 공연이 끝날 때 올린 막을 내려서 무대를 가린다는 뜻을 나타낸다. 무대에서 그날 공연을 끝내거나 장기 공연인 경우에는 전체 공연을 다 마치고 완전히 그 무대에서 물러난다는 뜻이 있다. '어떤 일이나 행사 따위를 끝내다'라는 뜻이다. 한편 인생의 좋은 시절은 다 지나고 별 볼일 없게 되었다고 느낄 때 자조하듯 내뱉는 표현이기도 하다. <u>(반)막을 올리다.</u>

막을 열다[올리다]

무대의 공연이나 어떤 행사를 시작하다. <u>(반)막을 내리다(닫다).</u>

예) 팡파르 소리와 함께 대회의 막을 열다.

막이 오르다

무대의 공연이나 어떤 행사가 시작되다.

예) 예술제의 막이 오르다.

막차를 타다

끝나갈 무렵에 뒤늦게 뛰어들다.

예) 그 회사는 호황 때 막차를 타는 바람에 지금은 자금이 묶여 어려움을 겪고 있다.

막하(를) 잡다

주장主將이 자기가 거느릴 막하를 선택하다.

★막하幕下 : 주장이 거느리는 장교와 종사관.

만광(을) 트다

광주가 광산을 직접 경영하지 아니하고 덕대에게 채굴권을 허락하다.

★만광 : 광산의 임자가 덕대에게 채굴권을 빌려주고, 나중에 생산물의 일부를 받아들이는 방식으로 경영함.

만년萬年 먹기

『북』대를 이어 오래오래 쓸 수 있는 설비나 시설물을 의미.

만부하(를) 걸다

있는 마력을 다 내어서 조금도 쉴 새 없이 긴장해서 일에 전념하다.

★만부하滿負荷 : 기계가 자기의 성능이나 능력을 완전히 내는 상태.

만사萬事를 불구하고

모든 일을 다 제쳐 놓고.

예) 만사를 불구하고 친구가 입원한 병원에 가 보았다.

만萬에 하나

아주 매우 드묾을 이르는 말.

예) 그럴 리는 없겠지만 만에 하나 시간이 남는다면 우리는 여행을 가겠다.

말 같지 않다

(주로 상대를 나무랄 때 쓰여) 이치에 맞지 않고 허무맹랑한 소리를 두고 하는 말.

말곁(을) 달다

남이 말하는 가운데서 어떤 말을 꼬투리로 삼아 말참견하다.

★말곁 : 남이 말하는 옆에서 덩달아 참견하는 일. ×말것.

예) 버릇없이 말곁을 달지 마라.

말곁(을) 채다

남이 말하는 가운데서 어떤 말을 꼬투리로 삼아 말하다.

예) 그는 남의 말곁을 채서 따지기 좋아한다.

말고기 자반

얼굴이 붉게 된 사람을 놀림조로 이르는 말.

★자반 : 고등어나 굴비 따위의 생선을 소금에 절인 반찬감.

예) 버썩 무안당한 김 군수는 얼굴이 말고기 자반 같이 벌겋게 달아 있었다.

말 그대로

말한 사실과 다름없이. (비)문자 그대로, 글자 그대로.

말길(이) 되다

남에게 소개하는 의논의 길이 트이다.

★말길 : 말할 수 있는 기회나 실마리.

예) 몇 달 만에야 말길이 되어 겨우 만나 보았다.

말꼬리(를) 물고 늘어지다

남의 말 가운데서 꼬투리를 잡아 꼬치꼬치 따지고 들다.

★말꼬리 : 말의 뒷부분. (반)말머리(를) 돌리다. (비)말끝[말끄트머리](을) 물고 늘어지다.

예) 한 번만 더 말꼬리를 물고 늘어지면 가만히 안 두겠어.

말꼬리를 물다

남의 말이 끝나자마자 이어 말하다.

예) 그는 내 말꼬리를 물어 계속 설명해 나갔다.

말꼬리를 붙이다

말이 끊어지지 않게 잇다.

예) 그의 어머니가 말꼬리를 붙여서, "그래, 창하에게 갔나 보다. 서울 오면 그 집밖에 가는 곳이 없으니까……."

말꼬리(를) 잡다

남의 말 가운데서 잘못 표현된 부분을 가지고 약점을 잡다.

말끝(을) 달다

(사람이 끝난 말에) 덧붙여 말하다.

예) 범수가 아버지의 말씀에 말끝을 달았다.

말끝(을) 잡다

(어떤 사람이 다른 사람의) 말의 약점을 문제 삼다.

(비)말꼬리(를) 물다, 말꼬리(를) 잡다.

예) 민지는 항상 상대방의 말끝을 잡는 버릇이 있어 사람들 사이에서 평판이 좋지 않다.

말끝을 흐리다

'흐리다'는 '맑지 못하게 흐트러뜨리다', '명료하지 않게 하다'라는 의미를 지닌다. '자기 말에 확신이 없거나 목이 메거나 하여 하던 말을 끝까지 맺지 못하고 멈추거나 대충 얼버무리다'라는 뜻.

말(도)[말을] 마라(말게)

상대방이 하는 소리를 그 뜻이 맘에 맞지 않거나 그르다고 생각되어서 아예 막아버릴 때 쓰는 표현이다. 말도 꺼내지 마라. [부사] 말할 것도 없이. [동사] 제기하지(도) 마라. 말하지(도) 마라.

예) 말도 마라 백날 가도 콩 한 쪽 얻어먹을 성싶으냐?

말도 안 되다

실현 가능성이 없거나 이치에 맞지 않다.

예) 돈이 전혀 없던 그가 3년 만에 200억 원을 저축한 것은 말도 안 된다.

말뚝(을) 박다

1. 어떤 지위에 오랫동안 머무르다.

예) 선배 같은 사람이 높은 자리에 말뚝을 박고 있으니 우리 같은 후배들이야 어디 진급하기가 쉽겠어요.

2. (속되게) 의무병으로 입대한 군인이 복무 기한을 마치고도 계속 남아서 직업 군인이 되다.

예) 영만이는 말뚝 박고 군대 생활을 할 셈인지 제대할 생각을 않고 있다던 것이었다.

말마디나 하다

'말마디'는 말이 중간에서 끊어지는 도막을 가리킨다. '-나'는 여러 수량을 나타낸다. 즉, 길지는 않게 잠시 말을 이어 한다는 의미다. '상대방의 기분을 상하지 않게 하는 범위 안에서 좋게 나무라다', '곧잘 조리 있게 이야기하는 언변이 있다'라는 뜻.

말만 귀양 보내다

말해서 아무런 보람을 얻지 못하다.

말만 앞세우다

말만 앞질러 하고 실천은 하지 않다.

예) 말만 앞세우지 말고 행동으로 좀 보여 줘 봐.

말머리를 돌리다

'말머리'는 말馬의 대가리가 아니라 말語의 처음 부분을 가리킨다. 방금 전까지의 이야기를 피하고 싶거나 거론하기 싫을 때 갑자기 화제를 바꾸어 다른 이야기를 끄집어내다.

말머리를 자르다

(비)말허리를 자르다.

말문(을) 막다

말을 하지 못하게 하다.

예) 그가 나의 말문을 막았다.

말문(을) 열다

입을 열어 말을 시작하다.

예) 그는 평소에는 말이 없지만 일단 말문을 열면 청산유수다.

말문이 떨어지다

(비)입이 떨어지다.

예) 선생님을 보고 반가운 마음에 인사를 하려 했으나 말문이 떨어지지 않았다.

말문이 막히다

(할 말이 없거나 너무 당황하거나 해서) 입이 저절로 다물어지고 하려던 말이 뜻대로 나오지 않거나 무슨 말을 해야 할지 모르겠다. 즉, 말이 입 밖으로 나오지 않게 되다.

말문이 열리다

입을 열어 말을 하게 되다.

예) 아내는 시간이 흐르면 남편의 말문이 열릴 것이라고 믿었다.

말발을 세우다

주장을 굽히지 않다.

예) 죽을 각오로 말발을 세우는 자는 아무리 소수라 해도 두려운 법이다.

말발(이) 서다

'-발'이란 길게 아래위로 내뻗은 선 또는 그렇게 이어진 기운을 의미한다. '핏발', '빗발', '서릿발' 등이 그렇다. '말발'이라 하면, 듣는 사람이 그 말에 담긴 명령의 뜻을 새겨 그대로 이행하게 하는 말에 담긴 힘, 즉 말하는 이의 권위와 실력을 나타낸다. '서다'는 그것으로 해서 체면을 유지할 만큼 제 기능을 다한다는 뜻이다. '아랫사람에게 명령을 내리면 그것이 제때에 뜻한 바대로 온전히 이행되어서 말한 사람의 권위가 제대로 발휘되다'라는 뜻이다.

말밥에 얹다

좋지 아니한 화제의 대상으로 삼다.

★말밥 : 좋지 않은 이야기의 대상.

예) 그 사람이 무슨 잘못이 있다고 말밥에 얹어 헐뜯느냐?

말밥에 오르다

좋지 아니한 화제의 대상으로 되다.

예) 점잖은 사람을 남의 말밥에 오르게 하지 마시오.

말부리를 따다

(속되게) 입을 열어 말을 시작하다.

★말부리 : '말문'을 속되게 이르는 말.

예) 날씨 이야기로 말부리를 따 놓으니 다음 말이 자연스럽게 흘러나왔다.

말부리를 헐다

입을 열어 말을 시작하다.

예) 그는 장내의 소란이 진정되자 "여러분!"하고 말부리를 헐었다.

말살에 쇠살

전혀 사리에 맞지 아니함을 일컫는 말.

★말살抹殺 : 존재하는 사실이나 사물 따위를 아주 없애 버림.

★쇠살 : 쇠로 만든 활촉을 꽂은 화살.

말소리를 입에 넣다

다른 사람에게 들리지 아니하도록 중얼중얼 낮은 목소리로 말하다.

말씨(를) 뿌리다

『북』 어떤 사실에 대하여 일정한 사람에게 말함으로써 그 말이 널리 퍼지게 하다.

★말씨 : 말을 하는 버릇이나 태도.

예) 누가 먼저 말씨를 뿌렸는지 회의장에는 이 사람의 입에서 저 사람의 귀로 기쁜 소식이 소곤소곤 퍼져 갔다.

말 아닌 말

이치나 경우에 닿지 않는 말을 비유적으로 이르는 말.

말 안 하면 귀신도 모른다

하고 싶은 말은 마음속으로만 애태울 것이 아니라 시원스럽게 해야 함을 비유적으로 이르는 말.

말 없는 말

『북』 1. 실제 말을 통하여서가 아니라 표정 · 행동 따위를 통하여 나타내는 뜻을 이르는 말.

2. 분위기 · 주위 환경 따위를 통하여 느껴지는 어떤 느낌이나 뜻을 이르는 말.

말(을) 내다

1. 어떤 이야기로 말을 시작하다.

예) 뭘로 말을 내 보지?

2. 비밀스러운 일을 다른 사람에게 말하다.

예) 누가 말을 냈는지는 모르지만 아무 근거 없는 이야기다.

말을 놓다

존대하든 말을 반말 또는 하게, 해라로 고치어서 말하다.

말(을) 돌리다

『북』 어떤 말을 이 사람 저 사람에게 옮기다.

말(을) 듣다

1. 꾸지람을 듣거나 시비의 대상이 되다.

예) 그런 일로 남의 말을 들어서야 되겠느냐?

2. 기계, 도구 따위가 다루는 사람의 뜻대로 움직이다.

예) 손잡이가 녹이 슬었는지 도무지 말을 듣지 않았다.

말(을) 떼다

말을 하기 시작하다.

예)우리 아기가 어제 드디어 말을 뗐다.

말을 맞추다

진술할 때 미리 서로 짜고 할 말을 준비하다.

예) 피의자들은 말을 맞추어 범행을 부인했다.

말을 먹다

『북』 '말(이) 굳다.'의 북한 익은말.

말(을)[말(도)] 못 하다

매우 심하여 말로는 차마 나타내어 설명할 수 없다.

예) 그는 어렸을 때 사고로 부모님이 돌아가서서 말도 못 할 정도로 고생을 했다.

말을 바꾸어 타다

사람, 일 따위를 바꾸거나 변경하다.

예) 그는 한번 시작한 일은 마무리될 때까지 말을 바꾸어 타지 않는다.

말(을) 삼키다

하려던 말을 그만두다.

예) 큰놈은 말을 하다가 엄마의 눈치를 보고 꿀꺽 말을 삼켰던 것이다.

말을 잃다

놀라거나 어이가 없어 말이 나오지 않다.

예)그의 태도가 너무 뜻밖이어서 나는 잠시 말을 잃은 채 우두커니 서 있었다.

말(을) 하자면

말로 나타내기로 하면, 이를 테면.

말을 헛씹다

『북』 허튼소리를 함부로 하다.

예) 네 이놈, 말만 헛 씹어 보아라. 당장 내 손에 죽고 남지 못하리라.

말(이) 굳다

1. 말이 더듬더듬 막히다. (비)말을 먹다.

예) 무슨 잘못을 했는지 말이 굳어 있었다.

2. 말의 내용이나 표현이 부드럽지 못하고 거칠다.

예) 너무 말이 굳어서 옆에서 듣기가 민망할 정도였다.

말이 꺾이다

『북』 1. 도중에 가로막아서 할 말을 못 하게 되다.

2. 답할 말이 없게 되다.

예) 안묵 선생도 길림에 와서 저 학생한테 말이 꺾여서 연설을 못 했답니다.

말(이) 나다

1. 어떤 이야기가 시작되다.

예) 말이 난 김에 얘기하는데 말이지 너 그러면 못 쓴다.

2. 비밀스러운 일이 다른 사람의 입에 오르내리게 되다.

예) 그 일은 이미 말이 나 버렸다.

말(이) 되다

1. 말하는 것이 이치에 맞다.

예) 말이 되는 소리를 해.

2. 어떤 사실에 대하여 서로 간에 말이 이루어지다.

예) 이번 주말에 양가의 부모님이 만나기로 말이 되어 있었다.

말이 떨어지다

승낙, 명령 따위의 말이 나오다. 말이 떨어지자마자 달려갔다.

말(이)[말(도)] 아니다

1. 말이 이치에 맞지 아니하다.

예) 말이 아닌 소리는 하지도 마라.

2. 사정 · 형편 따위가 몹시 어렵거나 딱하다.

예) 그도 사는 형편이 말이 아니지 뭐야.

말(이) 많다

1. 매우 수다스럽다.

예) 남자가 말이 많으면 못쓴다.

2. 논란이 많다. (반)말이 적다.

예) 이번 일을 추진하는 데도 말이 많았다.

말이 모자라다

1. 어떤 말에 대응할 말이 없다.

예) 어떤 경우에도 말이 모자라 못한 적이 없는 그녀였지만 말문이 꽉 막히고 콧날만 시큰했다.

2. 『북』 더 할 말이 없다.

예) "여긴 이야기판이 아니라 하루 일을 총할하는 마당이란 걸 잊지 마시오." 이쯤한 말에 말이 모자라서 가만있을 서춘삼이 아니었다.

말(이) 못 되다

사정 · 형편 따위가 말로 나타낼 수 없을 정도로 좋지 아니하다.

예) 그는 교통이 말이 못 되게 불편한 이 산골에 오던 그날부터 그만 진저리가 나서….

말이 무겁다

함부로 경솔하게 말하지 아니하고 신중하다.

예) 남자는 말이 무거워야 한다.

말이 물 흐르듯 하다

말이 거침없이 술술 잘 나오다.

예) 저 강사는 말솜씨가 좋아서 말이 물 흐르듯 한다.

말이 새다

비밀이 남에게 알려 지다.

예) 말이 새지 않도록 입 조심하라.

말(이) 아니다

논리적으로 말이 성립되지 않음을 가리킨다. 하는 말이 도무지 의치에 맞지 않고 의미가 현실에 닫지 않다. 어떤 사정이나 모습 따위가 차마 말로 표현할 수 없을 정도로 딱하거나 형편없다는 뜻이다.

예) 그들을 탓하지 말아라 네가 말이 아닌 소리를 하니까 콧등으로 듣고 무시하는 거야.

말이야 바른대로 말이지

사실대로 솔직히 말해서.

예) 말이야 바른대로 말이지 그가 잘한 게 뭐가 있니?

말(이) 없다

말수가 아주 적다.

예) 그는 말이 없는 편이다.

말이 있다

어떤 말이 상정되거나 토론이 되다.

예) 이미 다 말이 있어서 그러는 건데 너 혼자만 반대하는 근거는 무엇이냐?

말 주머니를 거두다

『북』 이야깃거리를 꺼내어 말하다가 그만두다.

말 주머니를 터뜨리다

『북』 (비)말 주머니를 펼쳐 놓다.

말 주머니를 펼쳐 놓다

『북』 길거나 많은 이야기를 꺼내 말하기 시작하다. (비)말 주머니를 터뜨리다.

말짱 도루묵

아무 소득이 없는 헛된 일이나 헛수고를 속되게 이르는 말.

★말짱 : (주로 부정어와 함께 쓰여) 속속들이 모두.

예) 넌 종교 문제에 제법 관심이 있는 척하더니 말짱 도루묵이었구나.

말판(을) 쓰다

말판에 말을 놓다.

★말판 : 윷이나 고누, 쌍륙 따위의 놀이에서, 말이 가는 길을 그린 판.

예) 우리 집에서는 막내가 말판 쓰기를 가장 잘한다.

말할 것도 없다

당연한 일이라 굳이 말할 필요도 없다. 어떤 것에 대하여 왈가왈부 논의할 사항이 없는 것을 말한다. '어떤 사실이 더 이상 논의할 필요가 없을 정도로 아주 명백하고 지당하다'라는 뜻이다.

예) 그 친구 사람 좋은 것은 말할 것도 없다.

말할 것도 없이

너무 당연한 일이라 일부러 말할 필요도 없이.

예) 말할 것도 없이 그가 옳다.

말할 수 없다

말로 표현할 수 없다.

예) 잡혀 온 짐승처럼 을생을 쳐다보는 여자의 눈에는 말할 수 없는 애처로움과 공포가 외롭게 가라앉아 있었다.

말허리를(말을) 끊다

'허리'는 몸통의 중간에 해당한다. 그래서 말허리는 말하고 있는 도중, 하고 있는 말의 중간을 의미한다. '다른 사람의 말이 채 끝나지 않았는데 중간에 나서서 가로막다'라는 뜻.

말허리를 자르다

상대방이 말하는 도중에 말을 중지시키다. (비)말머리를 자르다.

예) 경애는 몇 마디 듣기도 전에 그렇게 말허리를 자르고 돌아섰다.

맛깔이 나다

맛깔스러운 느낌이 들다.

★맛깔 : 음식의 맛에서 느껴지는 성질.

맛(을) 들이다

'들이다'는 '들다'의 사동으로 '들게 하다', 즉 '안으로 들어오게 하다', '어떤 기미를 띠게 하다'를 의미한다. 그러므로 음식 따위에 맛이 들게 하거나, 충분한 시간이나 열을 가해 음식 속으로 맛이 스며들게 함을 나타낸다. 한편 '들이다'에는 익숙하게 한다는 의미도 포함된다. '길을 들이다'와 같은 것이 그 예이다. '어떤 음식을 자주 먹거나 좋아하여 그것이 지닌 독특한 미감을 즐기게 되다', '어떤 운동이나 오락에 재미를 느껴서 취미로 자주 하다'라는 뜻이다.

맛(을) 보다

(사람이 무엇의) 느낌 따위를 경험하다. '보다'는 '눈으로 물체의 형태나 색을 느끼다'에서 '알아보다', '살피다'를 뜻하게 되었다. 따라서 '맛을 본다'고 하면 음식 따위를 그 맛이 어떤지 알아보기 위해 조금 먹어본다는 의미를 나타낸다. '어떤 시련이나 기쁨 따위를 직접 느끼거나 경험 따위를 몸소 겪다', '크게 혼나거나 당하다'라는 뜻이다.

맛(을) 붙이다

마음에 당겨 재미를 붙이다.

예) 그는 요즘 등산에 맛을 붙여 매주 일요일마다 등산을 한다.

맛(이) 가다

(속되게) 어떤 사람이 정상이 아닌 듯하다. 예) 여러 번 시험에 떨어지더니 요즘 그가 약간 맛이 간 것 같다.

맛(이) 들다

좋아지거나 즐거워지다.

예) 새 한 마리가 들어와서 당장 팔백 환으로 바꾸어 자기가 내어놓아야 할 아이들 학비가 되었다는 것에 맛이 들어서 큰마음 먹고 새장까지 사들이게 되었는데….

맛(이) 붙다

마음에 좋게 느껴져 재미가 나다.

예) 등산에 맛이 붙다.

맛(이) 없다

'무미無味', 즉 '아무런 맛이 느껴지지 않는다'는 뜻이다. 이때 '없다'는 존재하지 않는다는 뜻이 아니라 제대로 갖추지 않았거나, 바라는 만큼 충분하지 않다는 의미다. 따라서 '맛(이) 없다'는 것은 '좋은 맛이 없다', '먹기에 좋은 맛이 아니다'라는 뜻이다. 한편 '~한', '~다운 맛이 없다'로 쓰여 '그런 신분이나 자격으로서 찾아볼 수 있는 매력이 없다', '~다운 특징이 제대로 갖추어져 있지 않다'라는 의미를 나타내기도 한다. (반)맛(이) 있다.

맛(이) 좋다

음식의 맛이 보통 이상으로 아주 맛있다는 말입니다. 아주 맛있다는 뜻입니다. 맛에는 酸(신맛) · 苦(쓴맛) · 甘(단맛) · 辛(매운맛) · 鹹(짠맛). 5가지를 주요 맛으로 삼습니다. 이를 기본으로 하여 조화된 여러 맛들이 나옵니다. 즉 맛이 좋다는 5가지를 각각 나누어서 말합니다. 미각味覺이 좋다는 것으로 판단 하나, 각자의 맛은 사람에 따라 다릅니다.

그리고 '음식의 맛이 좋다.'라는 뜻을 나타낼 때 '맛있다', '맛이 있다'와 같이 쓸 수 있습니다. '맛있다/맛없다'가 '음식의 맛이 좋다./음식의 맛이 나지 아니하거나 좋지 아니하다.'를 뜻하고, '멋있다/멋없다'가 '보기에 썩 좋거나 훌륭하다./격에 어울리지 않아 싱겁다.'를 뜻하는 것에서도 알 수 있듯이, '맛', '멋' 등 뒤에 쓰인 '있다'와 '없다'의 뜻은 '실제로 존재하다./실제로 존재하지 아니하다'라는 뜻에 국한되지 않는다는 것을 알 수 있습니다.

망령이 들다

'망령妄靈'은 사람이 늙거나 정신이 흐려서 말하고 행동하는 것이 정상적인 상태를 벗어난 것을 가리킨다. 뇌세포가 기능을 잃는 뇌질환이다. '주로 나이가 들어서 정신에 이상이 생겨 이상한 말이나 행동을 하다'라는 뜻이다. 또한 이상한 말이나 행동을 하는 사람을 보고 핀잔을 줄 때도 '망령 들었는가?'라는 표현을 쓴다.

망신살이 뻗치다

'살煞'은 원래 '유성流星'이란 뜻으로, 미신에서 사람을 해치거나 물건을 깨치는 나쁜 기운을 일컫는다. 그중 하나인 '망신살亡身煞'은 일명 '파군살破軍殺'이라고도 하는데, 글자 그대로 망신을 당한다는 살이다. 이는 주로 실패, 허언, 도난, 사기, 주색잡기로 망신을 당함을 암시한다. 하지만 망신살은 차차 12신 살의 하나로서 쓰이기보다 일반적인 의미로서 망신을 당하는 봉변이나 운수를 뜻하게 되었다. 즉, '몸을 다치거나 체면을 깎일 사나운 운수'이다. '뻗치다'는 그 기운의 작용이 강함을 나타낸다. 조소가 담긴 표현으로 쓰여, '참으로 부끄러운 일이다', '그 사람이 망신을 톡톡히 당한다'라는 뜻이다.

예) "망신살이 뻗치지 않고서야 애들 모인 데에서 그게 무슨 주정이요?"

망에 들다[돌다]

후보자로 지목되어 삼망三望 안에 끼이다.

★망望 : 물망物望(여러 사람이 우러르는 명망)을 이름.

망(을) 보다

'망望'은 멀찍이 떨어져서 바라보는 것을 뜻한다. 주로 은밀하고 긴박한 일을 무사히 끝마칠 수 있도록 그 주변에 따로 떨어져서 방해 세력이 있는지 없는지, 있다면 어떻게 움직이는지 사정을 살피는 것을 나타낸다.

망(을) 서다

일정한 곳에서 동정을 살피다.

예) 오늘 밤에는 네가 망을 서는 것이 좋겠다.

망조가 들다

망해 가는 징조가 생기거나 보이다.

★망조亡兆 : 실패하거나 망할 조짐.

예) 집안에 망조가 들어서 그런지 하는 일마다 실패만 본다.

맞방망이를 대다

상대가 되어 감당해 내다.

예) 그는 화술이 매우 능란해서 이 중에는 그에게 맞방망이를 댈 만한 사람이 없을 것 같다.

맞방아를 찧다

남의 말에 그렇다고 덩달아 호응하거나 편들다.

예) 우리는 둘이서 서로 맞방아를 찧어 가며 즐겁게 이야기를 나누었다.

맞불을 놓다

'맞-'은 '마주하고', '대립하여', '정면으로 맞서서'라는 뜻을 지닌 접두사이다. '산불 따위를 진압하기 위해 불길이 번지는 맞은편에 불을 지르다', '적의 총질에 대항하여 함께 총질을 하다', '상대방의 공격에 맞서 적극적인 공격으로 대항하다'라는 뜻이다.

예) 적의 숫자가 너무 많아 맞불을 놓는 데에도 한계가 있었다.

맞아 떨어지다

셈이 어떤 표준에 꼭 맞아서 남는 것이 없게 되다.

맞장구(를) 치다

'장구'는 전통악기의 하나로 한자로는 '장고杖鼓'라고 하는데서 나온 말로서, '맞장구(를) 친다'고 하면, '서로 장구를 호응하며 치다'라는 뜻이다. '어떤 사람과 마음이 맞아서 그 사람이 하는 말이 옳다고 지지하거나 더 하라고 부추기거나 잘한다고 추켜세우다'라는 뜻이다.

맞장(을) 뜨다(붙다)

(속되게)일대일로 맞서 싸우다.

★맞장 : '뜨다', '붙다' 등의 말과 함께 쓰여, 일대일의 싸움을 속되게 이르는 말.

예) 야! 맞장 뜨게 이따 수업 끝나고 옥상으로 올라와.

맡아 놓고

연이어 도맡아서.

예) 그의 일은 내가 맡아 놓고 해 준다.

매개(를) 보다

일이 되어 가는 형편을 살피다.

★매개 : 일이 되어가는 형편.

매대기를 치다

진흙, 똥 따위를 함부로 아무 데나 뒤바르다. 정신 잃고 함부로 몸짓하다.

★매대기 : ①진흙, 똥 따위를 아무 데나 뒤바르는 짓. ②정신을 잃고 아무 데나 하는 몸짓.

매듭(을) 짓다

1. 매듭을 만들다.

2. 일을 마무리 짓다.

★매듭 : 어떤 일과 일 사이의 마무리. 또는 어떤 일의 결말.

매듭을 풀다

1. 일의 어려운 고비나 부분.

예) 일의 매듭이 풀리자 그 다음은 순조롭게 되어 나갔다.

2. 어떤 일과 다른 일과의 사이에 짓는 구별이나 마무리.

예) 일마다 매듭을 분명히 짓고 넘어가다.

3. 끈이나 실을 소재로 하여 엇걸어 마디를 짓거나 고를 내거나 하여 여러 가지 무늬를 만드는 일, 또는 그렇게 만든 장식품.

매(를) 들다

회초리나 몽둥이 따위로 때리다.

예) 내가 잘못을 할 때마다 어머니는 매를 드셨다.

매복이 좋다

(놀림조로) 매를 자꾸 맞다.

매암(을) 돌다

제자리에서 뺑뺑 돌다. 원을 그리면서 빙빙 돌다. 어떤 테두리 안에서 되풀이 하다. (준)맴돌다.

★매암 : 제자리에서 뺑뺑 돌리는 장난. (준)맴.

매암(을) 돌리다

남의 몸을 제자리에서 뺑뺑 돌아가게 하다. 남을 여러 곳에 돌아다니게 하다. (준)맴돌리다.

매인 목숨

어떤 것에 눌리거나 구속받는 사람의 신세.

예) 우리도 직장에 매인 목숨이니 어쩔 도리가 없지요.

매장(을) 치다

장날마다 장 보러 다니다.

★매장每場 : 하나하나의 장날마다.

매품(을) 팔다

삯을 받고 남을 대신하여 매를 맞다.

★매품 : 예전에, 관가에 가서 남의 매를 대신 맞고 그 대가를 받는 일을 이르던 말. 또는 그 대가를 이르던 말. (비)매품팔이.

예) 그는 마치 매품을 팔러 온 홍부의 심정이 되어 조심스럽게 요릿집 안으로 들어서서….

매화(를) 보다

똥을 누다.

★매화 : 예전에, 궁중에서 왕의 똥을 이르던 말.

맥(도) 모르다

내막이나 까닭 따위를 알지도 못하다.

예) 초대를 하기에 맥도 모르고 갔더니 그 친구 생

일이다.

맥박(이) 치다

1. 맥박脈搏이 뛰다.

예) 그녀의 분홍 저고리 깃 속으로 조금 들여다보이는 파란 목 힘줄이 팔락팔락 맥박 치고 있었다.

2. 힘이나 기세가 세차게 용솟음치다.

예) 운동장에 나선 선수들은 반드시 이겨야겠다는 불굴의 투지로 맥박 치고 있었다.

맥(을) 놓다

'맥脈'의 기본적인 뜻은 하나의 일관된 기운을 지니고 통하여 뻗어 내려가는 주된 줄기, 즉 '맥락脈絡'을 뜻한다. 산이면 산맥山脈이고, 물이면 수맥水脈, 광산이면 광맥鑛脈이고, 인체라면 혈맥血脈이 될 것이다. 특히 풍수지리에서 산맥이나 지세의 정기가 흐르는 줄기를 '맥'이라 한다. '맥'은 또한 '맥박脈搏'을 줄인 말이기도 하고, 사람이 평소에 활동하는 기운이나 힘을 뜻하기도 한다. '놓다'는 '잡고 있던 것을 풀다', '긴장 상태의 것을 없애다'는 뜻. (비)맥(을) 못 추다.

맥(을) 못 추다

피곤하거나 허약하거나 기가 꺾여 기운이나 힘을 못 쓴다는 뜻이다. '어떤 계기로 인하여 긴장을 갑자기 빠져나가게 하다', '정신이 멍해지고 기운이 없게 되다'라는 뜻. (비)맥(을) 놓다.

맥(을) 보다

1. 맥박의 빠르고 느림을 살펴보다.

예) 손목을 잡고 맥을 보다.

2. 남의 눈치나 뜻을 살펴보다.

예) 가만히 맥을 보니 남편은 싸웠는지 적삼이 찢어지고 얼굴에 상처가 있었다.

맥을 쓰다

효력을 나타내다.

맥을 짚다

'맥'은 '맥박脈搏'이라는 뜻과 함께 신체에서 맥박이 뛰는 자리를 뜻하기도 한다. 주로 한의원이 환자의 병을 진찰하기 위해 손목 부위 등에 손가락을 대고 맥박을 관찰한다는 뜻을 나타낸다. '진맥診脈' 또는 '맥진脈診'이라고도 한다. '짚다' 대신 '보다'를 쓰기도 한다. 맥을 짚는 것은 겉으로는 알 수 없는 오장육부를 진단하여 사람의 속마음을 헤아리는 것도 맥을 짚는다고 표현한다.

맥(이) 나다

힘이 빠지거나 의욕이 떨어지다.

예) 한 삼십 리 걸으니 맥이 난다./맥이 나서 앉아 있을 힘이 없었다.

맥(이) 빠지다

'빠지다'는 안에 들어 있는 것이 밖으로 새어 나가거나 흘러 나감을 의미한다. '맥이 풀린다'고 할 때는 '원래대로 돌아간다', '덧없어진다'는 어감이 느껴지지만, '맥이 빠진다'고 할 때는 '없어지다', '부족하다'는 상실감이 느껴진다. '기운을 다 소모하거나 의욕이 상실되어 남아 있는 힘이 없게 되다', '활기차지 않고 열정이나 의욕이 부족하게 되다'라는 뜻.

맥(이) 풀리다

기운이나 긴장이 풀어지다.

예) 시험을 보고 나니 온몸에 맥이 풀리고 잠이 왔다.

맨발(을) 벗고 나서다

(비)발을 벗고 나서다.

예) 그는 친구 일이라면 맨발을 벗고 나서는 사람이다.

맵고 차다

성질이 모질고 냉혹하다.

예) 그 여자의 맵고 찬 마음.

맷돌(을) 쬐다

맷돌이나 매통의 닳은 이를 쪼아 날카롭게 만들다.

★맷돌 : 곡식을 가는 데 쓰는 도구.

맷집(이) 좋다

'맷집'은 '매'와 '집'이 합쳐진 말이다. '몸집', '살집'에서처럼 '-집'은 '덩치', '부피'를 가리킨다. 따라서 '맷집'이라고 하면 '매를 맞고 잘 견디는 덩치'를 뜻한다. '매나 주먹질 따위에 오기 있게 잘 버티다', '(조롱하는 의미로 쓰여) 살이 쪄서 매를 때릴 만한 데가 많다'라는 뜻이다.

맹세(를) 치다

맹세盟誓를 함을 강조하여 이르는 말.

예) 천지신명 앞에 맹세를 치고 맹세 친 표로 내 옷 고름에 매듭을 맺어 주시구려.

맺거니 듣거니

눈물 따위가 글썽글썽하여 맺히거니 떨어지거니.

예) 가만히 고개만 숙이고 있다가 남편을 바라보는 아내의 두 눈에는 벌써 눈물이 맺거니 듣거니 하였다.

맺고 끊다

사리가 분명하여 일의 처리를 야무지게 하다.

예) 사내란 맺고 끊는 것이 확실해야겠지만 멀리서나마 잘되기를 바라는 맘까지 끊어서야 안 되지요.

맺고 끊은 듯하다

어떤 일이나 행동이 사리가 분명하고 빈틈이 없다.

예) 일을 맺고 끊은 듯하게 처리해 나가다.

맺힌 데가 없다

1. 성격이 꽁하지 않다.

예) 이 사내로부터 두서너 걸음 뒤져 걷고 있는 사내는 멀쑥한 키에 언뜻 보아 맺힌 데 없다는 인상을 주면서도 앞선 쪽에 비해 그 걸음걸이는 한결 정확했다.

2. 사람 됨됨이가 꽉 짜인 데가 없다. <u>(반)맺힌 데가 있다.</u>

예) 사람이 물러서 맺힌 데가 없다.

3. 맺힌 데가 없이 성격이 꽁한 데가 없이.

예) 언니는 맺힌 데가 없이 싹싹하고 활발해서 어디를 가나 인기가 좋았다.

맺힌 데가 있다

사람 됨됨이가 꽉 짜인 데가 있다. <u>(반)맺힌 데가 없다.</u>

예) 그는 워낙 야무지고 맺힌 데가 있어서 만만치 않았다.

머리가 가볍다

(사람이) 마음이나 몸의 상태가 개운하고 상쾌하다. 기분이 상쾌하다. <u>(반)머리가 무겁다.</u>

머리(가) 굳다

1. 사고방식이나 사상 따위가 완고하다.

예) 내가 너무 머리가 굳어서 그런지 젊은 너를 이해할 수가 없다.

2. 기억력 따위가 무디다.

예) 오십이 넘으니 머리가 굳어서 어제 일도 잘 생각나지 않는다.

머리(가) 굵다

<u>(비)머리(가) 크다.</u>

예) 학생들이 머리가 굵어서 말도 잘 안 듣는다.

머리[가(를)] 깨다

뒤떨어진 생각에서 벗어나다.

머리가 돌다

'돌다'는 '회전하다', '작동하다'를 뜻한다. 그러나 지나치게 회전하면 안에 담긴 내용물이 모두 엉키고 엉망이 된다. 이때 머리는 '두뇌 작용'을 의미한다. '어떤 문제나 사안에 대해 두뇌가 제 기능을 발휘하여 필요한 생각이 번뜩번뜩 떠오르다', '두뇌에 이상이 생겨 정신이 온전하지 않고 미치다'라는 뜻이다. 생각이 많고 복잡하여 답답한 느낌이 들다.

머리가 무겁다

기분이 좋지 아니하거나 골이 띵하다. <u>(반)머리가 가볍다.</u>

예) 신경을 많이 썼더니 ~.

머리가 복잡하다

고민이 많다.

예) 창업을 준비하는 그는 요즘 시장 조사다 자금 조달이다 입지 선정이다 머리가 복잡하다.

머리가 비다

지각이나 소견이 없다. <u>(비)머릿속이 비다.</u>

예) 나 그런 속물들 경멸한단 말야. 머리가 비었거든.

머리가 빠지다

일이 복잡하거나 어려워 신경이 쓰이다. (비)골머리가 빠지다.

예) 일이 너무 많고 어려워서 머리가 빠지겠다.

머리(가) 세다

복잡하거나 안타까운 일에 너무 골몰하거나 걱정하다.

예) 너무 신경 쓰지 마라. 그러다가 머리가 세겠다

머리가 수그러지다

존경하는 마음이 일어나다.

예) 그의 봉사정신에 절로 ~.

머리(가) 썩다

사고방식이나 사상 따위가 낡아서 쓰지 못하게 되다.

예) 오랫동안 절에서 고시 공부만 한 나는 머리가 썩어서 사회에 적응하기가 힘들었다.

머리(가) 아프다

'두통 따위로 머리에 통증이 느껴져서 괴롭다', '복잡하거나 성가신 일 때문에 마음이 어수선하다'라는 뜻.

머리가 (잘) 돌아가다

임기응변으로 생각이 잘 떠오르거나 미치다.

예) 김 과장이 급한 일을 척척 처리하는 것을 보면 그가 머리가 잘 돌아감을 알 수 있다.

머리가 젖다

어떤 사상이나 인습 따위에 물들다. 생각이 거기에 쏠려있다.

머리(가) 크다

어른처럼 생각하거나 판단하게 되다. (비)머리(가) 굵다, 대가리(가) 크다.

예) 아들은 머리가 컸다고 의논도 하지 않고 모든 일을 혼자 결정하려고 한다.

머리꼬리 없이

『북』 까닭 모를 말이나 앞뒤의 연관 관계가 없는 말을 불쑥 꺼내어 갑작스럽거나 갈피를 잡을 수 없음을 이르는 말.

머리 꼭대기에 앉다

상대방의 생각이나 행동을 꿰뚫다.

머리끝에서 발끝까지

몸 전체를 이르는 말, '하나도 빼놓지 않고 철저히', '빈틈없이 완벽히'라는 뜻이다.

예) ~ 귀금속으로 장식하다.

머리끝이 쭈뼛쭈뼛하다

두려움 또는 추위로 인하여 머리털이 곤두서다.

머리(를) 굴리다

머리를 써서 해결 방안을 생각해 내다. (비)대가리(를) 굴리다.

예) 자동차가 고장이 났는데 어떻게 하면 고칠 수 있는지 네가 좀 머리를 굴려 봐라.

머리(를) 굽히다

굴복하거나 저자세를 보이다. (비)머리(를) 숙이다.

예) 아쉬운 쪽이 머리를 굽히고 들어가는 법이다.

머리(를) 긁다

수줍거나 무안해서 어쩔 줄 모를 때 그 어색함을 무마시키려고 머리를 긁적이다.

예) 그는 자기의 실수를 깨달았는지 머리를 긁으며 겸연쩍어했다.

머리(를) 깎다

1. 승려가 되다.

예) 머리를 깎고 절에 들어가다.

2. 교도소에 복역하다.

예) 그 사건으로 머리를 깎은 지도 벌써 삼 년이 지났구나!

머리(를) 깎이다

남에게 강제로 어떤 일을 당하다.

머리(를) 내밀다

어떤 자리에 모습을 나타내다.

예) 회의장에 머리를 내밀다.

머리를 돌려 세우다

『북』 이미 가졌던 생각을 되돌리다.

예)우선 사람들의 머리를 돌려 세웁시다.

머리(를) 들다

눌려 있거나 숨겨 온 생각 · 세력 따위가 겉으로 나타나다. (비)머리를 쳐들다. (반)머리를 못 들다.

예) 사치 풍조가 머리를 들다.

머리(를) 맞대다

어떤 일을 의논하거나 결정하기 위하여 서로 마주 대하다.

예) 머리를 맞대고 대책을 강구하다.

머리(를) 모으다

1. 중요한 이야기를 하기 위하여 서로 바투 모이다.

예) 머리를 모으고 숙의에 숙의를 거듭하다.

2. 여러 사람의 의견을 종합하다.

예) 아무래도 머리를 모아 결정하는 것이 더 좋지 않겠어?

머리를 빠뜨리다

몹시 실망하거나 낙담하다.

예) 그나마 일표를 얻지 못한 노동자들은 실망을 하고 그들을 부럽게 바라보면서 머리를 빠뜨리고 돌아신다.

머리를 삶으면 귀까지 익는다

가장 중요한 부분을 차지하고 나면 나머진 저절로 해결이 된다.

머리(를) 숙이다

1. (비)머리(를) 굽히다.

예) 할 수 있니? 아쉬운 네가 머리를 숙이고 들어가야지.

2. 마음속으로 탄복하여 수긍하거나 경의를 표하다.

예) 그의 뒤늦은 향학열에는 머리를 숙일 수밖에 없다.

머리(를) 식히다

흥분되거나 긴장된 마음을 가라앉히다.

예) 교외에 나가 머리를 식히다.

머리(를) 싸고

있는 힘과 마음을 다하여.

예) 머리 싸고 공부하다.

머리(를) 싸매다

있는 힘을 다하여 노력하다.

예) 나는 머리를 싸매고 시험 준비를 했다.

머리를 썩이다

골머리(를) 썩이다. (비)골머리를 썩이다.

예) 정치 문제에 흥미가 없는 나는 그런 문제로 머리를 썩여 본 일이 거의 없었다 하여도 가할 만큼 정신이 마비되었었다.

머리(를) 쓰다

몹시 애를 써서 궁리하다. 이때 '쓰다'는 '사용하다', '돌아가게 하다'라는 의미다. 그리고 '짜다'는 '비틀거나 누르거나 해서 힘으로 물기를 빼내다'라는 뜻이다. '어떤 문제나 사안에 대해 그것을 풀기 위하여 골똘히 생각하거나 궁리하다'라는 뜻이다.

머리(를) 얹다

'머리'는 '머리카락'을 뜻한다. '얹다'는 '어떤 물건을 다른 물건 위에 올려놓다'이다. '머리를 올리다'와 같은 뜻이나 다소 격식을 차린 표현이다. 여자들이 긴 머리카락을 땋거나 그냥 말아서 뒤통수에 고정시키는 것을 말한다. 과거에 여자들이 비녀를 이용하여 머리를 얹는 것을 '쪽(을) 찌다'라고 했다. 이것은 혼인을 올린 부녀자들에게만 허용되는 관습이어서 처녀와 구별하는 표시로 삼았다. 긴 머리를 땋아 댕기를 드리우던 처녀가 시집을 가면 혼례식 때 처음으로 쪽을 찌는 것이다. 따라서 '머리를 얹는다'고 하면 '처녀가 시집을 간다'라는 의미를 빗대어 표현한 말이 된다. 한편 요즘에는 골프에서 첫 라운딩에 나서는 것을 '머리를 얹는다'로 표현하기도 한다. (비)머리(를) 올리다.

머리(를) 얹히다

1. 어린 기생과 관계를 맺어 그 머리를 얹어 주다.

예) 기생 머리 얹히는 것도 한량들 간에는 구실의 하나가 될 수 있어….

2. 처녀를 시집보내다.

예) 이젠 그 애도 머리를 얹혀 줄 나이가 되지 않았어?

머리(를) 올리다

(비)머리(를) 얹다.

예) 용모가 아름답다거나 그렇지 못하다거나 그런 점에선 별 흥미가 없지만 머리를 올린 것을 봐서는 분명 처녀는 아닐 터인데….

머리를 쥐어짜다

몹시 애를 써서 궁리하다.

예) 아무리 머리를 쥐어짜도 별 뾰족한 수가 나오지 않았다.

머리를 짓누르다

정신적으로 강한 자극이 오다.

예) 머리를 짓누르는 자책.

머리(를) 짜다

몹시 애를 써서 궁리하다.

머리를 쳐들다

세력 따위가 겉으로 나타나다. (비)머리(를) 들다.

머리(를) 풀다

상을 당하여 틀었던 머리를 풀다.

예) 노비 서모를 어머니라 부르며 그 초상에 머리를 풀고 상주 노릇을 해야 한다니

머리(를) 흔들다

강한 거부의 의사를 표현하거나 진저리를 치다.

예) 남편은 내가 친구 얘기를 꺼내자 머리를 흔들며 못마땅해 하는 표정을 지었다.

머리악을 쓰다

(속되게) 기를 쓰다.

★머리악 : '기'를 속되게 이르는 말.

예) 말똥구리 굴러가는 것도 구경이라고, 구경이라면 머리악을 쓰고 덤벼드는 여편네들은, 정각 전부터 예배당 마당이 빽빽하도록 모여들었다.

머리에 그려 넣다

(비)머리에 새겨 넣다.

머리에 녹이[쉬가] 쓸다

『북』 사상이 변질되어 건전하지 못하게 되다.

머리에 맴돌다

분명하지 않은 생각이 계속 떠오르다.

예) 그렇게도 나의 머리에 맴돌기만 하던 창문의 이미지가 문득 머리에 떠올랐다.

머리에 병이 들다

『북』 낡은 사상이나 생활 방식에 젖어 정신적으로 건전하지 못하게 되다.

예) 산만 무질서 하고 부패한 생활은…사람의 마음을 흐리게 하고 머리에 병이 들게 한다.

머리에 새겨 넣다

어떤 대상이나 사실을 단단히 기억해 두다. (비)머리에 그려 넣다.

예) 그는 아버지의 유언을 머리에 새겨 넣었다.

머리에 서리가 앉다

머리가 희끗희끗하게 세다. 또는 늙다.

예) 머리에 서리가 앉은 어머니의 모습을 보니 가슴이 아팠다.

머리에 쥐가 나다

싫고 두려운 상황에서 의욕이나 생각이 없어지다.

예) 그 화가는 꼬박 13시간을 그림을 그리더니 물감만 봐도 머리에 쥐가 난다고 말했다.

머리에 털 나고

태어나서. (비)머리통에 털 나고.

예) 나는 머리에 털 나고 지금까지 손목시계를 찬 적이 없었다.

머리에 피도 안 마르다

아직 어른이 되려면 멀었다. 또는 나이가 어리다. (비)꼭뒤에 피도 안 마르다, 이마에 피도 안 마르다, 대가리의 물(피)도 안 마르다.

예) 저런, 머리에 피도 안 마른 녀석이 어른한테 대드는 것 좀 보게.

머리 위에[꼭대기에] 앉다[올라앉다]

1. 상대방의 생각이나 행동을 꿰뚫다.

예) 적은 아군의 머리 위에 올라앉아 전술을 펼쳤다.

2. 잘난 체하며 남을 업신여기다.

예) 이건 뭐 사환이 아니고 선생들 머리 꼭대기에 앉은 상전이지 뭐예요, 글쎄.

머리칼이 곤두서다

(비)머리털이 곤두서다.

예) 밤늦게 공동묘지 옆을 지나자니 얼마나 무서웠던지 머리칼이 곤두섰다.

머리카락이 서다

몹시 놀라거나 공포감을 느끼다.

머리털이 곤두서다

무섭거나 놀라서 날카롭게 신경이 긴장되다. (비)머리칼이 곤두서다.

예) 어둠 속에서 갑자기 한 사람이 튀어나오는 바람에 머리털이 곤두설 정도로 놀랐다.

머리통에 털 나고

'머리에 털 나고'를 낮잡아 이르는 말.

예) 친구는 제주도에 머리통에 털 나고 처음 가 본다고 들떠 있었다.

머리 회전이 빠르다

생각이나 판단력이 분명하고 똑똑하다.

예) 그는 머리 회전이 빨라 무슨 일이 벌어지면 사태 파악이 정확했고 계수에도 밝았다.

머릿발(이) 서다

몹시 화가 나서 머리털이 곤두서다.

★머릿발 : 길게 늘어뜨린 머리카락.

머릿살(을) 앓다

(속되게) 골치를 앓다.

★머릿살 : 머릿속에 있는 신경의 줄.

예) 지금 그는 빚을 청산하는 일로 머릿살을 앓고 있는 중이다.

머릿살(이) 아프다

1.(속되게) 골치가 아프다. (비)머릿살(이) 어지럽다.

예) 머릿살이 아프니까 만사가 다 귀찮아진다.

2. 머릿살(이) 어지럽다.

예) 나는 머릿살이 아파서 어떻게 해야 할지 모르겠다.

머릿살(이) 어지럽다

마음이 어수선하다. (비)머릿살(이) 아프다.

예) 그 일을 생각하면 할수록 머릿살만 어지럽고 심란해진다.

머릿속에 그리다

마음속으로 생각하다.

예) 제 꿈은 가수인데 꿈을 이룰 날을 날마다 머릿속에 그려 봅니다.

머릿속이 비다

(비)머리가 비다.

머슴(을) 살다

머슴 노릇을 하다.

예) 그가 우리 집에 들어와 머슴을 산지도 올해로 삼 년째다.

먹고 닮다

너무 비슷하게 닮다.

예) 그들 둘은 정말 먹고 닮았다.

먹고 들어가다

어떤 일을 할 때 이로운 짐을 미리 얻고서 관계하다.

예) 부모님의 유산으로 사업을 시작하니 내가 너보다는 한 수 먹고 들어가는 셈이지.

먹고 떨어지다

어떤 일에서 노력하지 않고도 확실한 이득이나 성과가 있다.

예) 내가 시키는 대로만 하면 적어도 천만 원은 먹고 떨어질 수 있을 거야.

먹물(을) 먹다

'먹'은 기름이나 송진을 태워서 나오는 그을음을 접착성 물질과 함께 반죽하여 그것을 막대처럼 단단하게 굳힌 것으로서, 종이 · 붓 · 벼루와 더불어 문방사우文房四友가 된다. 이는 지난날 서재에 꼭 갖추어야 할 도구로서 넷이 붙어 다닌다 하여 붙여진 이름이다. 다시 말해 먹물은 지난날 글공부를 할 때 반드시 필요한 것이었다. 이때 '먹다'는 것은 '어떤 것을 꽤 다루어 사용하다', '그런 환경에서 살다'라는 의미다. '(속된 표현으로 쓰여) 글공부를 하여 지식을 얻다', '무식하지 않을 만큼 어느 정도 공부하다'라는 뜻이다. (비)먹물(이) 들다.

먹물을 뿌린 듯

매우 시커멓거나 깜깜한 상태를 비유적으로 이르는 말.

예) 그럼에도 처음의 그 굉장했던, 먹물을 뿌린 듯이 새까맣게 어군의 기록이 나오지 않는 것이다.

먹물(이) 들다

(비)먹물(을) 먹다.

예) 볼모 된 조선 민족이 저들의 패망 과정에서 어떠한 환난을 겪게 될지 모른다는 것도 먹물 들고 의식 있는 사람이면 대개 해 보는 걱정이다.

먹실(을) 넣다

먹실을 꿴 바늘로 살갗을 뜨고 먹을 살 속에 넣어 문신 따위를 새기다.

예) 대규모로 백 년 낭군이란 말과 김상열이란 성명 석 자를 제 팔뚝에 먹실을 넣기로 결심하였다.

먹여 살리다

생계를 유지할 수 있도록 돌보아 주다.

예) 처자식을 먹여 살리다.

먹(을) 놓다

집을 짓거나 가구를 만들 때 정확한 치수를 나타내기 위해 나무나 돌 따위에 먹으로 금을 그었는데 그 행위를 '먹을 놓는다'라고 했다. 하지만 굳이 먹으로 하지 않아도 어떤 것의 치수를 나타내기 위해 그 재료에 연필이나 분필 등을 이용하여 금을 긋는 것을 '먹(을) 놓는다'라고 일컫는다.

먹장(을) 갈아 부은 듯하다

(비유적으로) 빛이 매우 시커멓고 짙다.

★먹장 : 먹의 조각.

예) 먹장을 갈아 부은 듯한 검은 구름.

먹줄을 때리다

『북』'먹줄을 긋다'의 북한 익은말.

예) 강명수와 탁수일이가 채마밭 머리에 일판을 차리고 재목에 먹줄을 때리고 떵떵 치목을 하였다.

먹줄 친 듯하다

한결같이 곧고 바르다.

먼눈(을) 팔다

정신을 놓고 먼 데를 바라보다.

먼데(를) 보다

(완곡한 표현으로) 뒷간에 가거나 뒤를 보다.

★먼데 : 뒷간을 완곡하게 이르는 말.

먼동(이) 트다

날이 새어 먼동이 밝아오다.

★먼동 : 날이 밝아 올 무렵의 동쪽.

먼전으로 돌다

어떤 일에 직접 관계하지 아니하고 멀리 대하다.

★먼전 : 눈앞의 사물이 있는 쪽이 아닌, 멀리 떨어져 있는 쪽.

멀미(가) 나다

'멀미'는 배, 자동차, 비행기 등을 탔을 때 그 흔들림을 받아 머리가 어지럽고 구역질이 날 것 같은 증세를 말한다. 이는 일정한 간격으로 반복되는 가속으로 인해 평형감각에 이상이 생겨 발생한다. 한편 '원래 달갑지 않은 일인데 그것이 자꾸 반복되어서 이제는 생각만 하여도 끔찍하게 싫다는 느낌이다'라는 뜻으로도 쓰인다.

멀쩡한 거짓말

'멀쩡하다'는 것은 '상한 데가 없이 온전하다'라는 뜻이다. 행동에 비해 사람은 온전할 때 그를 가리켜 '멀쩡한 놈'이라고 한다. '뻔뻔스러운 사람'이라는 뜻이다. 뻔뻔하게 속이 훤히 들여다보이고 터무니없을 때를 두고 하는 말이다. 일종의 반어적 표현인 셈이다.

멋도 모르다

영문도 모르고 주제넘다. '멋도 모르게'라면 영문도 모르게 주제넘게.

멋 부리다

(사람이) 멋있게 보이도록 꾸미거나 행동하다.

멋(을) 모르다

이때 '멋'은 두 가지로 해석된다. 첫 번째는 '아름다움', '운취'를 뜻하는 '멋'이다. 이 '멋'은 여러 용언들과 결합하여 다양한 의미의 '멋'을 나타낸다. '멋들다', '멋들어지다', '멋없다', '멋질리다', '멋쩍다' 따위가 그것이다. '멋모르다'는 까닭이나 영문, 내막 따위를 잘 알지 못하여 격에 어울리지 않다는 뜻이 된다. 두 번째는 '멋'을 '무엇'의 줄임인 '뭣'의 변형으로 보는 것이다. '뭣 모르다'가 '멋모르다'이다. 이 설명을 뒷받침하는 것이 '뭣하다'와 '멋하다'가 뜻이 같다는 점이다. 어느 해석을 따르든 '멋(을) 모르다'의 의미는 매한가지이다. '그 속사정이나 자세한 내막은 알지 못하다'라는 뜻이다.

멋쩍게 웃다

어색하고 쑥스럽게 웃다 의미합니다.

멍군 장군

(비)장군 멍군, 멍이야 장이야.

멍석말이 하다

멍석에 말아 놓고 뭇매를 치다.

★**멍석말이** : 예전에, 권세가에서 사람을 멍석에 말아 놓고 뭇매를 치던 형벌.

멍석을 깔다[펴다]

하고 싶은 대로 할 기회를 주거나 마련하다.

예) 뒷말을 하는 사람들은 정작 멍석을 깔아 주면 입을 다물기 마련이다.

멍에(를) 메다(쓰다)

말이나 소 등 가축에게 짐을 운반하거나 논밭을 갈 수 있게 달구지나 쟁기를 붙들어 매는 기구를 통틀어 '멍에'라고 한다. 우리나라에서는 특히 소의 목에 가로로 걸어 달구지나 쟁기를 끌 수 있게 하는 나무로 만든 구부정한 막대를 가리킨다. 이제는 박물관에서나 볼 수 있는 사라진 농기구가 되었다. 소나 말에게는 '멍에를 씌우다(메우다)'라고 한다. 물론 소나 말의 입장에서는 '멍에를 쓰다(메다)'가 될 것이다. 그러나 사람을 주어로 해서 사용하면 '(비유적인 표현으로 쓰여) 어떤 것에 의해 자유롭게 활동할 수 없도록 얽매이다'라는 뜻이 된다.

멍울이 서다

몸에 멍울(망울)이 생기다.

멍(이) 들다

무엇으로 세게 맞거나 부딪쳤을 때 그 부위의 피가 더 이상 생리적 기능을 하지 못하고 이른바 죽어서 퍼렇거나 뻘겋게 굳어진 자국이 생기는데 이것을 '멍'이라 한다. 그래서 '멍이 든다'고 하면, '넘어지거나 부딪치거나 하여 몸에 퍼런 자국이 생긴다'는 뜻이다. 한편 '어떤 부정적인 요인이나 사건으로 해서 내부에 탈이 생기거나 심각한 타격을 받다', '(주로 '가슴에 멍(이) 들다'로 쓰여) 큰 슬픔이나 충격으로 마음에 지울 수 없는 고통의 흔적이 남다'라는 뜻으로도 쓰인다.

멍(이) 지다

1. 일이 속으로 탈이 생기다.

2. 마음속에 쓰라린 고통의 흔적이 남다.

멍이야 장이야

(비)장군 멍군, 멍군 장군.

메가폰을 잡다

영화 따위의 감독을 맡다.

★**메가폰**megaphone : 음성이 멀리까지 들리도록 입에 대고 말하는 도구.

예) 이번에 그가 기획한 영화는 출연진도 훌륭하지만 무엇보다도 김 감독이 메가폰을 잡게 되어 벌써부터 기대가 된다.

메기 등에 뱀장어 넘어가듯

슬그머니 얼버무려 넘어가는 모습을 비유적으로 이르는 말. (비)구렁이 담 넘어가듯 한다, 괴 다리에 기름 바르듯 한다.

메기(를/만) 잡다

1. 예상이나 기대와는 다르게 허탕을 치다.

예) 참 재수도 없지. 우리는 늘 메기만 잡는다니까.

2. 메기를 잡노라면 옷이 젖고 진흙투성이가 된다는 점에서, 물에 빠지거나 비를 맞아 흠뻑 젖음을 비유

적으로 이르는 말.

예) 어디서 메기를 잡았느냐? 옷이 그 지경이 되어 돌아오게.

메기 침만큼

이주 적은 분량을 비유적으로 이르는 말.

메밀꽃(이) 일다

1. 메밀꽃이 피다.

예) 메밀꽃이 이는 계절의 농촌 풍경은 참 아름답다.

2. (비유적으로) 물보라가 하얗게 부서지면서 파도가 일다.

예) 우리는 메밀꽃이 이는 걸 보려고 바닷가에 갔다.

메밀 벌 같다

남의 뒤를 졸졸 따라다니는 면이 있다.

메스(를) 가하다

'메스mes'는 외과 수술이나 해부에 사용되는 작은 칼로서, 조직을 끊거나 자르는 데 사용된다. 수술용 메스는 '수술도手術刀', '외과도外科刀'라고도 불린다. 원래 네덜란드어인 이 말은 '칼', '해부도'를 뜻하여, 네덜란드에서부터 해부가 발전되었음을 알 수 있다. 칼을 잡고 수술이나 해부를 하는 것을 '집도執刀'라고 한다. 메스를 들고 절개를 행하다, 즉 '수술을 한다'는 말이다. 이와 같은 수술의 의미가 비유적으로 확대되어, '잘못된 일을 뿌리 뽑기 위해 단호하게 조처하다', '어떤 사태를 철저하게 따져서 문제점을 비판하다'라는 뜻을 나타내기도 한다.

메주(를) 먹다

『북』 창피나 꾸지람을 당하여 톡톡히 망신을 당하다.

메주 밟듯

여러 곳을 빠짐없이 골고루 돌아다님을 비유적으로 이르는 말.

예) 팔도강산을 메주 밟듯 돌아다니다.

메지(가) 나다

한 가지 일이 끝나다.

★**메지** : 일의 한 가지가 끝나는 단락段落.

메지(를) 내다

한 가지 일을 끝내다.

메지(를) 짓다

일의 한 단락을 짓다.

메태기(를) 치다

몹시 세게 태기를 치다. <u>(비)패대기치다(거칠고 빠르게 팽개친다).</u>

★**메태기** : 팽개치다(마음에 못마땅하여 세차게 집어 내던지다)의 비표준어.

멱따는 소리

듣기 싫게 꽥꽥 지르는 소리.

★**멱** : 멱의 앞쪽.

예) 그가 멱따는 소리로 노래를 불러 대자 한두 명씩 자리를 빠져나가기 시작했다.

멱살(을) 들다

멱살을 추켜잡다.

★**멱살** : 사람의 멱이 닿는 부분의 옷깃.

예) 나는 그의 멱살을 들어 내팽개쳤다.

멱살(을) 잡다

'멱'은 목의 앞쪽을 가리키는 말이다. 그러므로 멱살이라 하면 목의 앞쪽 살을 말한다. 흔히 싸움이나 시비가 붙을 때 상대방 윗옷의 깃을 잡을 때 '멱살을 잡는다'고 한다. 멱살이 본래는 목의 앞쪽 살을 가리키는 신체부위였는데, 세월이 흐르면서 멱이 닿는 부분의 옷깃을 가리키는 말로 변했다.

멱살을 틀어쥐다

『북』 멱(을) 틀어쥐다.

멱(을) 감다

냇물 따위에 몸을 담그고 씻다.

멱(을) 틀어쥐다

『북』 가장 중요한 대목을 잡아 꼼짝 못 하게 하다. <u>(비)멱살을 틀어쥐다.</u>

예) 이런 양반들이 나라의 정사를 맡아 한다면 세상도 달라지구 왜놈들이 꼼짝달싹 못 하도록 멱을 틀어쥘 수 있다는 말두 옳은 말인 것 같구….

면목을 내다

마음이나 쓰는 듯이 생색을 내다.

★**면목**面目 : 남을 대하기에 번듯한 도리.

면목(을) 익히다

자주 대하여 얼굴을 잘 알 수 있게 하다.

면목(이) 없다

(어떤 사람이 다른 사람에게) 부끄러워서 대할 낯이 없다. '스스로 자기 잘못을 뉘우쳐 사람다움을 지켜나가다'라는 뜻이다. (반)면목(이) 있다. (비)볼 낯이 없다, 낯을 못 들다, 얼굴을 못 들다.

면목이 익다

얼굴 생김새가 눈에 익어서 알 수 있다.

예) 저 사람을 처음 볼 텐데도 어딘가 면목이 익은 듯하다.

면목이 있다

서로 만나면 인사나 할 정도로 알고 있다.

예) 그와는 같은 지역 출신으로 어릴 때부터 다소 면목이 있다. (반)면목이 없다.

면박(을) 주다(당하다)

'핀잔을 주다'의 흔히들 속어로, 남의 말이나 행동을 비웃는 것,

★**면박**面駁 : 면전에서 꾸짖어 나무람.

면피가 두껍다

1. 부끄러움을 모르고 염치가 없다.

2. 얼굴이 두껍다.

★**면피**免避 : 잘못이나 책임 따위를 면하여 피함.

명맥(을) 붙이다

무엇에 의지하여 간신히 목숨을 잇다.

예) 그는 집안이 망하고 병까지 들어 사촌에게 명맥을 붙였다.

명맥을 잇다

'명맥命脈'은 목숨의 줄기, 즉 '혈맥', '맥박'을 가리킨다. 사람이 목숨을 유지하는 데 가장 근본이 되는 것이다. 그것을 '잇는다'는 것은 '끊어지지 않을 만큼 간신히 유지한다'라는 뜻이 담겼다. 따라서 명맥을 잇는다는 것은 변변치 않은 것에 의지하여 간신히 죽지 않고 목숨을 유지한다는 말이다. '(비유적인 표현으로 쓰여) 과거부터 계속 이어지던 어떤 분야나 일에서 지금은 그것이 쇠퇴하여 겨우 사라지지 않을 정도로 간신히 유지하다'라는 뜻이다.

명문命門**(이) 막히다**

1. 의리를 저버리거나 법을 어기기 일쑤인 사람을 비난조로 이르는 말.

2. 갑작스러운 충격으로 가슴이 미어지다.

예) 그는 너무 놀라운 소식을 듣고 갑자기 명문이 막혀 말도 하지 못했다.

명命 **붙이다**

1. 목숨을 잇다.

예) 그는 명 붙이기 위해서 시키는 온갖 일을 마다하지 않고 다 하였다.

2. 자신의 몸을 남에게 의지하다.

명색(이) 좋다

실질은 없고 이름만 듣기 좋다.

★**명색**名色 : 내용이나 실속은 그 이름에 걸맞지 않지만 그러한 부류에 속한다고 내세우는 이름이나 지위.

예) 명색이 좋아 며느리지 상일꾼에 불과하다.

명예를 더럽히다

물건은 말할 것도 없고, 몸과 마음과 행실도 깨끗하지 못하면 더러운 것이다. 더러워진 물과 공기로 걱정이고, 욕심과 짓거리들 때문에 세상이 어지럽다. 또 일이 더럽게 안 될 때가 있고, 더러워서 못 해 먹겠다던 월급쟁이도 이제는 없어서 못 한다. '더럽다'가 쓰인 표현들을 찾아보면 대략 대여섯 가지가 넘는 쓰임새로 나타난다.

그래서 '더럽다'에는 한자말 뿌리에 뒷가지 '하다'를 붙인 불결하다, 누추하다, 추하다, 추잡하다, 추접하다, 비루하다, 부정하다(부정한 행실/부정한 곳), 불순하다(불순한 물) 따위의 뜻이 두루 들어 있다. 이런 한자말들 대신 '더럽다'를 써서 대부분 표현할

수가 있다. 하나의 낱말이 여러 뜻을 나타냄은 한 낱말이 그만큼 많은 표현력을 가졌음을 뜻한다. 꼭 어휘가 많아야 표현력이 푸진 것만은 아니다.

북에는 '더럽다'와 비슷한 말로 '어지럽다, 께끈하다'를, '더러워지다'와 비슷한 말로 '검다, 더럽다, 덞다'를 두루 쓴다. '덜 검는 옷', '옷이 더러운 줄도 모르고'라 하고, '어지러운/덞은 옷'을 빨며, '덞을 대로 덞은 양심'을 지적한다. '덞다'는 '물들다'에 해당하는 옛말이었다. 또 '더럽히다'는'덞이다 · 마치다'로도 쓴다. '새 옷을 덞이지 않도록 하고', '흙물에 마친 옷을 빤다'고 한다. 특히, '명예名譽를 더럽히다'를 은유적으로 '낯을 묻히다'로 쓰기도 한다.

<u>(비)『북』 낯을 묻히다.</u>

명일(을) 쇠다

명절을 기념하고 지내다.

★**명일**名日 : 명절과 국경일을 통틀어 이르는 말.

명주 고름 같다

더 이상 할 수 없는 한도에 이르다.

명命줄을 걸다

살아가거나 목숨을 잇기 위하여 어떤 것에 의지하거나 매달리다.

예) 예전에는 많은 어부들이 한강에 명줄을 걸고 살아갔다.

명줄을 쥐다

어떤 것의 목숨을 제 마음대로 할 수 있는 권한을 가지다.

예) 나를 잡아 온 산적 두목이 나의 명줄을 쥐고 있다.

명토(를) 박다

누구 또는 무엇이라고 이름을 대거나 지목하다.

★**명**名**토** : 누구 또는 무엇이라고 꼭 집어서 구체적으로 하는 지적.

예) 옆에서 순애가 어떻게 듣거나 말거나 영애는 어머니라고 분명히 명토를 박아서 정진이에게 소개하였다.

명하도 못 들다

수준, 정도 차이가 심하여 견줄 바가 못 되다.

★**명하**名下 : 사람이나 사물, 개인 혹은 단체에 공식적으로 붙이는 일정한 칭호.

명함名銜도 못 들이다

수준이나 정도 차이가 심하여 도저히 견줄 바가 못 되다.

예) 문제를 해결하기 위해 현장 경험이 없는 작자가 왔다가 명함도 못 들이고 갔다.

명함을 내밀다

존재를 드러내어 보이다.

예) 학계에 처음으로 명함을 내밀다.

모(가) 나다

'모'는 '뾰족한 모서리', '각角'을 의미한다. 그래서 '모가 나다'라고 하면 사물이 둥글게 원만히 생기지 않고 울퉁불퉁하니 거칠게 생긴 것을 나타낸다. '사람의 성질이나 행동 따위가 원만하지 않고 어느 한 면이 부조화를 이루며 두드러지다', '일 따위가 순조롭게 진행되지 못하고 걸리는 데가 많다'라는 뜻이다.

모가지(를) 날리다

모가지를 자르다.

★**모가지** : '목'을 비속하게 이르는 말.

예) 조 사장 건강 회복해서 나오면 몇 놈 모가지 날리겠군.

모가지가 날아가다

'목이 날아가다[달아나다]'를 속되게 이르는 말.

예) 벌써 자기한테는 행군 대죄의 조처가 내려진데다가 민가들의 권력까지 흔들리고 있다면 자칫하다가는 모가지가 날아가도 몇 개가 날아갈지 모를 일이었다.

모가지가 떨어지다

'모가지'는 신체의 '목'을 속되게 일컫는 말이다. 목은 '목구멍이 포도청이다'의 '목구멍'을 뜻하기도 한다. 이렇듯 생계와 밀접하게 관련된 의미로 자주 쓰인다. '생계를 이을 수단이 잘려 떨어지다', 즉 해

고됨을 나타낸다. 이렇듯 모가지 또는 목은 '해고', '파면'을 속되게 일컫는 의미로 자주 쓰인다. 비슷한 의미로는 '모가지가 날아가다(달아나다)'가 있고, 해고한다는 것은 '목을 자르다'라고 표현한다. '목'이라는 말보다 '모가지'라고 하면 좀 더 애틋한 서민의 정서가 전달되는 듯하다.

모가지를 자르다

(속되게) 직장에서 쫓아내다. (비)모가지(를) 날리다.

예) 저런 사람은 반드시 모가지를 잘라야 해.

모가지(가) 잘리다

'목(이) 잘리다'를 속되게 이르는 말.

예) 그는 무능력한 데다 결근까지 하는 바람에 모가지가 잘렸다.

모골이 송연하다

끔찍스러워서 몸이 으쓱하고 털끝이 쭈뼛해지다.

★모골毛骨 : 털과 뼈를 아울러 이르는 말.

★송연竦然하다 : 두렵거나 놀라서 몸에 오싹 소름이 돋는 것 같다.

예) 모골이 송연한 내전 학살극의 참상!, 지금 생각하니 그 무심히 한 말이 그 계집애에게 치명상을 줄 줄을 누가 알았으랴. 지금도 생각만 하면 모골이 송연하다.

모과나무 심사

모과나무처럼 뒤틀려서 심술궂고 순순하지 못한 마음씨를 이르는 말.

★심사心思 : 남을 괴롭히려는 고약하고 심술궂은 마음.

예) 저렇게 지독한 모과나무 심사를 가진 놈은 처음 보겠네.

모군(을) 서다

모군이 되어 일을 하다.

★모군募軍 : 공사판 따위에서 삯을 받고 품을 파는 사람.

예) 그들은 지쳤던 몸을 미처 쉴 새도 없이 다시 품팔이의 모군을 섰다.

모기 다리에서 피 뺀다

모진 착취를 이르는 말.

모기도 모이면 천둥소리 난다

힘을 합하면 할 수 있다는 뜻.

모꼬지 되다

놀이, 잔치와 같은 일로 여러 사람이 모여 들다.

★모꼬지 : 놀이, 잔치와 같은 일로 여러 사람이 모임.

모닥불을 뒤집어쓰다

'뒤집어쓴다'는 것은 어떤 것으로 몸을 온통 덮는다는 것을 의미한다. '(주로 '얼굴에 모닥불을 뒤집어쓴 것 같이'라는 식으로 쓰여) 심한 모욕이나 무안을 당하여 얼굴이 벌겋게 상기되다'라는 뜻이다.

모로 꺾다

몸을 약간 옆으로 향하다.

예) 유복이가 바라지 앞으로 모 꺾어 앉으며 옆에 자리를 남기어 오주에게 내주었다.

모르면 몰라도

반드시 그러하다고 말할 수는 없지만 십중팔구는.

예) 모르면 몰라도 그 사람은 백만장자일 것이다.

모르쇠(를) 놓다

『북』 '모르쇠(를) 잡다[대다]'의 북한 익은말.

★모르쇠 : 아는 것이나 모르는 것이나 다 모른다고만 하는 것.

모르쇠(를) 잡다[대다]

아무것도 모르는 체하거나 모른다고 잡아떼다. (비)모르쇠(를) 놓다.

예) 그는 이번 교내에서 일어난 사건에 대해 아는 바가 없다고 모르쇠를 잡았다.

모(를) 붓다

못자리를 만들어 씨를 뿌리다.

예) 적절한 시기에 모를 붓는 것이 논농사를 잘하는 지름길이다.

모 아니면 도

선택의 결과가 매우 좋을 수도 있고 아주 나쁠 수도

있으나 좋을 것이라는 데 기대를 걸고 과감하게 내리는 결정.

해마다 설이 되면 가족이나 친척들과 함께 둘러앉아 윷놀이 한판을 벌리곤 한다. 남녀노소 가리지 않고 누구든지 쉽게 즐길 수 있는 윷놀이나 팽이치기, 연날리기 등의 민속놀이에도 과학적 원리가 숨어 있다. 단순히 명절 때 즐겁게 시간을 보내기 위한 놀이를 넘어서서 사시사철 다양하면서도 과학을 적용한 조상들의 지혜는 결코 우연이 아닐 것이다. 윷놀이는 역사적 기록에 따르면 삼국 시대 이전부터 행해오던 우리나라 전통 민속놀이로, 조상들이 집에서 기르던 동물들의 이름을 붙여 도는 돼지, 개는 개, 걸은 양, 윷은 소, 모는 말을 가리킨다. 또한 윷판에서 자리의 순서도 각 동물의 속력에 비유된 것이다. 머릿속에 해당 동물들이 뛰는 걸 떠올려보면 정말 그럴 듯하다. 무엇보다 흥미로운 것은 윷놀이에 로또보다 재미있는 확률의 원리가 있다는 점이다. 윷을 던져서 나오는 확률을 '어떤 사건이 일어날 확률, 어떤 사건이 일어날 수 있는 경우의 수, 일어날 수 있는 모든 경우의 수'로 계산해 보면 도와 걸이 4/16, 윷과 모가 1/16, 개가 6/16이 된다. 윷을 던졌을 때 개가 나올 확률이 가장 높은 것이다.

예) 그는 모 아니면 도라는 심정으로 전 재산을 투자하여 사업을 벌이기로 했다.

모야간에

이슥한 밤중에.

모양模樣을 내다

꾸미어 맵시를 내다.

모양(을) 차리다

1. 꾸미어 맵시를 내다.

예) 오늘은 중요한 날이니 모양을 차려 입어라.

2. 일정한 격식이나 형식을 갖추다.

예) 정식으로 발령을 받아 모양을 차려서 일하는 것이 좋지 않겠니?

모양(이) 사납다

'사납다'는 원래 성질이나 행동이 거칠고 난폭하다는 의미를 나타낸다. 그것이 모습이나 생김새 따위와 같이 쓰이면 '보기 흉하다', '고약하다', '비위에 거슬리다'라는 의미가 된다. 즉, '외관이 보기 흉하다'라는 뜻이다. '남을 대하기가 떳떳하지 못하고 창피하다'라는 뜻이다.

모양(이) 아니다

모양이 안 되어서 차마 볼 수가 없다.

예) 자네, 며칠을 앓았다더니 도무지 얼굴이 모양이 아니네.

모양(이) 있다

보기에 좋다.

예) 모양 있게 꾸민 집. /음식을 하는 것보다 음식을 모양 있게 담는 일이 더 어렵다.

모자(를) 벗기다

『북』 억울하게 뒤집어쓴 누명을 벗기다. (반)모자(를) 씌우다.

모자(를) 씌우다

『북』 억울하게 누명을 뒤집어씌우다. (반)모자(를) 벗기다.

모 재다

(사람이) 모퉁이를 깎아 내다.

예) 삼촌이 나무로 만든 상의 모를 재고 있었다.

모질음을 쓰다

어떠한 고통을 견디어 내려고 모질게 힘을 쓰다.

★모질음 : 어떠한 고통을 견디어 내려고 모질게 쓰는 힘. ×모지름.

모토(를) 뽑다

무덤의 모토를 깎아 내다.

★모토母土 : 묘를 쓸 때 관이 들어가 놓일 구덩이를 만들기 위해 깎아 낸 흙.

모함(을) 잡다

어떤 구실을 잡아 남을 모함하다.

★모함謀陷 : 나쁜 꾀를 써서 남을 어려움에 빠뜨

림.

예) 그는 속으로 슬그머니 그녀를 모함 잡을 흑심을 품게 되었다.

목구멍까지 차오르다[치밀어 오르다]

분노, 욕망, 충동 따위가 참을 수 없는 지경이 되다.

예) 그는 목구멍까지 차오르는 분노를 꾹 참았다.

목구멍에 풀칠하다

굶지 않고 겨우 살아가다.

예) 그는 얼마 안 되는 월급으로 겨우 목구멍에 풀칠하며 산다.

목구멍의 때(를) 벗기다

배부르게 먹다.

예) 동료들은 갑부인 친구의 생일날 오래간만에 목구멍의 때를 벗겼다.

목구멍이 크다

1. 양이 커서 많이 먹다.

예) 그 사람은 목구멍이 크니 밥을 많이 퍼 주어라.

2. 욕심이 매우 많다.

예) 그 아이는 목구멍이 커서 이것저것 자기 앞에만 갖다 놓고 남에게 주질 않는다.

목대(가) 세다

『북』 고집이나 주견이 세다.

★목대 : '목'을 속되게 이르는 말.

예) 그때 최진국은 그것을 어떤 물리학의 사건이라고 우겨댔다. 어떻게 목대가 세게 우겨댔던지 어떤 학생은 그런가 하고 속기도 했다.

목대를 세우다

『북』 몹시 노하거나 흥분하다.

예) 갑판이 떠나가게 떠들썩 웃고 갈갬질을 하고 하다못해 목대를 세워 언쟁이라도 하고 싶었다.

목대(를) 잡다

여러 사람을 거느리고 일을 시키다.

예) 인부들의 여러 가지 사정을 고려해야 하므로 현장에서 목대를 잡기란 쉽지가 않다.

목덜미를 잡히다

1. 어떤 약점이나 중요한 곳을 잡히다.

★목덜미 : 목의 뒤쪽 부분과 그 아래 근처.

예) 형은 목덜미를 잡혔는지 형수에게는 꼼짝 못한다.

2. 피할 수 없이 죄가 드러나게 되다.

예) 사기 행각에 목덜미를 잡히다.

목돈을 찌르다

많은 뇌물을 남모르게 먹이다.

예) 공무원에게 목돈을 찌르고 어떤 이득을 얻으려는 짓은 옳지 않다.

목말(을) 타다

남의 어깨 위에 올라가다.

★목말 : 남의 어깨 위에 두 다리를 벌리고 올라타는 짓, 목말(을) 태우다.

목말(을) 태우다

목말을 타게 하다.

목소리를 곤두세우다

신경질이 나서 목소리를 크게 하여 소리치다.

예) 목소리를 곤두세우고 싸움을 하다.

목숨을 거두다

'목숨'이란 모든 살아 있는 것이 숨을 쉬며 존재를 지탱하는 것, 즉 '생명'이다. 동물이나 인간의 생명 활동 중에서 가장 두드러진 것이 숨을 쉬는 것이다. '목'을 통해서 '숨'을 쉬어야 비로소 살아 있다고 말할 수 있다. '거두다'는 '흩어졌거나 내보낸 것을 도로 모아들이다'라는 뜻이다. 수확하는 것을 일러 '곡식을 거두다'라고 말하고, 잘 보살피고 돌보는 것도 '거두다'로써 표현한다. '목숨을 거두다'는 '죽는다'는 뜻이다. 그것은 왔던 곳으로 돌아가는 것이며, 한번 내보낸 것을 도로 불러들이는 것이고, 그 살아 있는 동안 수확한 생명의 재산을 함께 가져가는 것이며, 자신에게 잠시 맡겨진 생명뿐만 아니라 다른 이들의 생명까지 잘 보살피고 아끼는 것이다. 그래서 '거두다'라고 말한다. '(주로 사람에게 쓰여) 죽다'라는 의미다.

목숨을 걸다

어떤 일을 기필코 이루기 위하여 필사적인 마음으로 죽을 각오를 하다. (비)목을 걸다.

예) 목숨을 걸고 도전한다.

목숨(을) 끊다

스스로 죽거나 남을 죽이다. (비)숨(을) 끊다.

예) 어떤 이유로든 스스로 목숨을 끊는 것은 바람직하지 않다.

목숨을 도모하다

죽을 지경에서 살길을 찾으려 하다.

예) 이런 상황일수록 자포자기 할 것이 아니라 목숨을 도모하셔야지요.

목숨(을) 바치다

어떤 대상을 위하여 생명을 걸고 일하다.

예) 조국을 위하여 목숨을 바쳐 일하다.

목숨을 버리다

1. 스스로 죽다.

예) 내가 그 참담한 형상 중에도 목숨을 버리지 않고 살아남은 것은 오로지 종부였기 때문이었느니라.

2. 죽을 각오를 하거나 죽는 셈 치고 열심히 일하다.

예) 저는 그 일을 위해 목숨을 버릴 작정을 했습니다.

목숨을 잃다

'죽다'를 완곡하게 이르는 말.

예) 그 전쟁에서 수많은 사람들이 목숨을 잃었다.

목숨이 왔다 갔다 하다

매우 위험한 고비에 처하다.

예) 사람 목숨이 왔다 갔다 하는 판에 그깟 돈이 대수냐?

목 안의 소리

들릴 듯 말 듯 한 작은 소리.

예) 목 안의 소리로 중얼거리다.

목에 거미줄 치다

곤궁하여 아무것도 먹지 못하는 처지가 되다.

예) 이렇게 장사가 안 되다가는 목에 거미줄 치게 되는 건 아닌지 몰라.

목에 걸리다

(사람이) 마음이 편하지 않고 걱정이 되다. 선생님은 어제 그 학생을 심하게 야단친 것이 목에 걸렸다. (일이나 계획이) 잘 진척되지 않고 막히다. 내일까지 편집 마감이 목에 걸려서 모두 철야 작업을 했다. (음식이) 목구멍으로 잘 넘어가지 않다.

목에서 겻불내가 나다

『북』 몹시 숨차거나 속이 달아서 목 안이 확확 달아오르다.

★겻불내 : '겨가 탈 때 나는 매캐한 냄새'의 북한어.

예) 목에서 겻불내가 나도록 달리고 또 달렸다.

목에 칼이 들어와도

죽음을 각오하고서라도 필사적으로 의지를 굽히지 않겠다는 뜻으로, 무슨 일이 있더라도 끝까지 버틴다는 말.

예) 목에 칼이 들어와도 비밀은 지키겠다.

목에 핏대를 올리다(세우다)

'핏대'는 '피의 대', 즉 '핏줄'을 의미한다. '대'는 막대와 같이 가늘고 긴 물건을 통칭하는 말이다. 따라서 핏대는 핏줄에서도 다소 굵은 핏줄을 의미한다. 사람이 몹시 화가 나서 흥분하면 관자놀이고 목이고 굵은 힘줄이 불거져 나온다. 그래서 '화가 몹시 났다'라는 표현을 '핏대'를 이용하여 표현하곤 하는 것이다. 그 예로, '핏대를 올리다'가 있다. 이 뜻은 '얼굴을 붉히고 성을 내다'라는 말이다. 사람이 잔뜩 화가 나서 상대방에게 덤비듯 말할 때 보면, 목의 힘줄이 불거져 있을 뿐만 아니라 혈압으로 곤두서 있음을 알 수 있다. 이것을 '목에 핏대를 세운다'라고 한다. 이 말은 그런 상태를 의미하기도 하고, 그런 상태에서 말한다는 의미를 나타내기도 한다.

목에 힘을 주다

거드름을 피우거나 남을 깔보는 듯한 태도를 취하다.

예) 그는 시의원이 되더니 목에 힘을 주고 다닌다.

목에 힘이 들어가다

자신의 권위나 능력 따위를 뽐내다.

예) 이 책에서 저자는 목에 힘이 들어가 있지 않으

면서도 호소력 있게 자신의 주장을 펼친다.

목을 걸다

예전에는 죄인이나 원수의 목을 칼로 베어서 참수斬首를 시켰다. 사람 머리는 그 사람의 명예를 상징한다고 여겨졌으며, 영혼은 사람 머리에 깃들어 있다는 믿음이 일반적이었다. 그러므로 '목을 걸다'는 '목을 담보로 내놓다', 즉 '목숨을 건다'라는 뜻이다. 무슨 일이 있어도 죽기를 각오하고 반드시 이루겠다는 비장함을 강조할 때 이런 표현을 쓴다.

예) 내 목을 걸고서라도 그들을 가만 놔두지 않을 것이다. 반드시 죄 값을 치르게 하겠다.

목(을) 내대다[내놓다]

『북』 '목을 걸다.'의 북한 익은말.

예) 아니 거짓말이요? 만일 거짓말이라면 내 목을 내댑시다.

목(을) 놓아(놓고) 울다

'목놓다'는 '목을 놓다'에서 왔다. '놓다'는 '손을 놓다', '밧줄을 놓다'에서처럼 '힘을 주었던 어떤 것을 느슨하게 하여 풀어주다', '억제하던 것을 자유롭게 하다'라는 의미가 있다. 흥미롭게도 정작 울거나 부르짖을 때는 목에 힘이 들어가게 되는 것이 이치이지만, 그럼에도 불구하고 여기에서는 감정의 '놓음'을 목의 '놓음'으로 대치하여 표현하고 있다. '참거나 눈치 보지 않고 소리 내어 한스럽게 울다'라는 뜻이다. 예) 남편 장례식에서 아내는 목 놓아 울다가 급기야 실신했다. (비)청 놓아[놓고].

목을 떼다[따다]

목(을) 자르다.

목(을) 베다

(비)목(을) 자르다, 목을 떼다(따다), 목을 치다.

예) 이 직장에서 목을 베어 버린다고 해도 이젠 어쩔 수 없다.

목을 세우다

몹시 노하거나 흥분하다.

예) 목을 세워 말하다.

목(을) 자르다

직장에서 쫓아내다. (비)목을 떼다[따다], 목(을) 베다, 목을 치다.

예) 사장은 직무 태만이라는 이유로 과장의 목을 잘랐다.

목을 조이다[죄다]

고통스럽게 하여 망하게 하거나 못살게 하다.

예) 시시각각 목을 조여 오는 놈의 정체를 모르겠다.

목을 지르다

『북』 목을 지키고 무엇이 가거나 오지 못하게 하거나 차단물을 설치하다.

목(을) 축이다

'목을 축이다'라는 것은 '목을 축축하게 하다', 즉 '물이나 술 따위를 마셔서 칼칼한 목을 적당히 달래다'라는 의미다. 간신히 갈증을 해소할 정도가 될 때는 '입을 축이다'라고 한다.

목을 치다

목(을) 자르다.

예) 인사과장은 불필요한 업무를 담당하는 사람들의 목을 치기 위해 사전 조사를 하고 있다.

목(을) 파다

칼 따위로 목을 찌르다.

예) 한 번만 더 나를 건드렸다간 네 목을 파서 죽여 버리고 말 테니까 알아서 해.

목을 풀다

창, 노래, 연설 따위를 하기에 앞서 목소리를 가다듬다.

예) 창자는 본격적인 소리를 시작하기 전에 우선 목을 풀기 위해서 단가를 부른다.

목이 간들거리다

1. 죽을 고비에 직면하다.

예) 산적에게 붙들려 목이 간들거리는 처지가 되었다.

2. 직장에서 쫓겨날 형편에 처하다.

예) 목이 간들거리던 차에 딴 직장이나 구해야겠다.

목이 곧다

남에게 호락호락 굽히지 아니하며 억지가 세다.

예) 그는 목이 곧아 누구 말도 듣지 않는다.

목이 날아가다[달아나다]

'목이 없어지다', 즉 목이 잘려서 죽거나 또는 목이 잘리지 않았어도 전쟁터나 난리에서 끔찍한 죽음을 당하는 것을 말한다. 그러나 이 표현은 과거 시대에나 적합한 말이다. 한마디로, '해고되다'라는 뜻이다. '목이 날아가다', '목이 떨어지다'도 같은 표현이다. 즉, 죽임을 당하다.

예) 이순신 장군이 이끄는 군사들의 맹렬한 공격으로 수많은 왜병들의 목이 달아났다. 또 직장에서 쫓겨나게 되다. (비)모가지가 날아가다.

예) 당신같이 유능한 사람의 목이 날아가게 되다니 우리 회사도 이젠 끝이군.

목이 달랑달랑하다

지위에서 밀려날 형편에 놓이다.

예) 김 감독은 지난 대회의 참패로 인해 목이 달랑달랑하는 실정이다.

목이 떨어지다

1. 죽임을 당하다.

예) 적의 손에 의해 목이 떨어지다.

2. 어떤 직위를 그만두게 되다.

예) 이번에 김 이사님의 목이 떨어졌다고 하던데 그게 사실이니?

목(이) 마르게

몹시 애타게.

예) 가출한 아들이 돌아오기를 목이 마르게 기다리다.

목(이) 마르다

물기가 다 사라져서 축축한 기운이 없는 것, 입 안에 침이 줄어들어서 갈증이 나는 것을 '마르다'라고 한다. 따라서 '목(이) 마르다'라고 할 때는 오랫동안 물을 먹지 않아서 입 안이 타는 듯 갈증이 나다, 즉 '마실 것이 필요하다'는 뜻이다. 한편 '(주로 '목(이) 마르게'의 형태로 쓰여) 무엇을 기다리거나 갈구하는 것이 몹시 간절하고 애타다'라는 뜻으로도 쓰인다.

목(이) 막히다

설움이 북받치다.

예) 어머님이 돌아가셨다는 소식에 목이 막혀 말을 할 수가 없었다.

목(이) 메다

'메다'는 '구멍 따위가 가득 차거나 막히다'라는 의미다. 이때 '목'은 '목구멍'을 뜻한다. 무엇을 잘못 먹어 사레가 들리거나 연기 따위로 숨이 막힐 것 같을 때 '목이 메다'라고 한다. 한편 '슬픈 감정이 갑자기 복받쳐서 말을 하지 못하거나 울음이 질식할 듯 터져 나오다'라는 뜻으로도 쓰인다.

목이 빠지게 기다리다

몹시 안타깝게 기다리다.

목이 빠지다

오래 오래 기다렸다.

목이 빠지도록(빠지게)

어린아이가 외출한 어머니를 기다릴 때는 대문 앞을 서성거리며 멀리 고개를 빼서 가까이 왔는지 살피며 목이 한 뼘은 더 길어진 것 같다. 그만큼 이제나저제나 어머니가 오기를 기다린 것이다. '(주로 '기다리다'라는 표현과 함께 쓰여) 몹시 애타고 간절하게'라는 뜻이다. '목이 빠지게 기다리다'는 게 몹시 안타깝게 기다리다 바로 그것이다.

목이 붙어 있다

1. 살아남아 있다.

예) 이런 자동차 사고에도 목이 붙어 있을 수 있다니 정말 놀랍다.

2. 어떤 직위에 간신히 머물러 있다.

예) 이번 감원 바람에도 내 목이 붙어 있을지 몰라.

목(이) 쉬다

'쉬다'는 '목청에 이상이 생겨 목소리가 잘 나오지 않고 거칠어지다'라는 의미를 나타낸다. '잠기다'는 '사람의 목이 닫히거나 목청이 봉해진 듯이 소리가 정상이 아니다'라는 이야기이다. '피곤하거나 앓아 눕거나 소리를 크게 질러 평소의 목소리가 아닌 가

ㅁ

라앉은 목소리로 잠시 바뀌다'라는 뜻. (비)목(이) 잠기다.

목(이) 잘리다

직장에서 쫓겨나다. (비)모가지를 잘리다.

예) 내가 20년 동안 근속한 직장에서 목이 잘린 것은 너 때문이었다.

목(이) 잠기다

목이 쉬어 소리가 잘 나오지 아니 하다. (비)목(이) 쉬다.

목이 찢어지게[찢어지도록]

있는 목소리를 다하여.

예) 목이 찢어지게 고함을 지르다.

목이 타다

심하게 갈증을 느끼다.

예) 땀을 많이 흘렸더니 목이 탄다.

목자(가) 사납다

눈매가 심술궂고 매섭게 생기다.

★목자目子 : '눈'을 속되게 이르는 말.

예) 그는 목자가 사나운 인상을 지녔다. /대불이를 쏘아보는 그의 목자가 사납게 움직였다.

목젖이 간질간질하다

말을 하고 싶어 조바심이 나다.

목젖이 내리다

감기나 과로 따위로 목젖이 붓다.

예) 목젖이 내려 말을 못 하다.

목젖이 닳다

(비)목젖(이) 떨어지다.

목젖(이) 떨어지다

너무 먹고 싶어 하다. (비)목젖이 닳다.

예) 얼마 전까지만 해도 목젖이 떨어지도록 군침을 삼켜 대던 분이와 만석이는 그예 하나 얻어먹지도 못하고, 어느새 곯아떨어져 있다.

목젖이 방아를 찧다

『북』 군침을 삼킬 때마다 목젖이 오르내릴 정도로 몹시 먹고 싶어 하다.

목젖이 타는 것 같다

긴장하여 마음을 졸이다.

예) 그는 시험 시작을 알리는 종이 울리자 불안하여 목젖이 타는 것 같았다.

목청을 돋우다

'목청'은 목의 중간쯤 되는 높이에 있는 소리를 내는 기관, 달리 말하면 '울대', '성대'라고 하는 것이다. 또한 '목청에서 울려 나오는 소리'를 뜻하기도 한다. '돋우다'는 '위로 솟도록 올리다', '어떤 정도를 높이다'이다. 그러므로 '성대를 자극하여 목소리를 한층 높아지게 하다'라는 뜻이다. 이는 소리를 버럭 지르는 것이 아니라, 다소 목소리를 가다듬으면서 크게 낸다는 의미가 담겨 있다.

목청을 뽑다

큰 목소리로 노래를 부르다.

예) 한 가락 멋지게 목청을 뽑아 보아라.

몰골(이) 사납다

겉으로 드러난 모습이 흉하고 험하여 무섭다.

★몰골 : 사람의 볼품없는 모습이나 얼굴.

몰 몰아

모두 몰아서.

예) ~ 쓸어버리다.

몰 밀어

모두 밀어.

몸 둘 곳을(바를) 모르다

'어떤 잘못으로 인해 너무 부끄럽거나 신세를 많이 져서 황송하거나 하여 고개를 제대로 들 수 없고 어떻게 해야 할지를 모르다'라는 뜻이다.

예) 번번이 선생님께 실망을 안겨드리게 되어 제가 몸 둘 곳을 모르겠습니다.

몸부림(을) 치다

'몸부림'의 '부림'은 '부리다'에서 왔다. '말을 부리다', '부하를 부리다', '욕심을 부리다'에서처럼 '자기 마음대로 움직이게 하다', '실컷 이용하다'라는 뜻이다. 따라서 몸부림은 '몸을 제 마음대로 이리저리 움직이다', 즉 '있는 힘을 다해 몸을 발광하듯 뒤흔들다'라는 뜻이다. 이 말에는 '저항', '고통'의 의미가 내포된다. 너무 괴롭거나 발악을 하거나 심지어 요란하게 춤을 출 때, 남을 염두에 두지 않고 있는 힘을 다해 온몸을 뒤흔드는 것을 일컫는다. 한편 '잠을 자면서 가만히 있지 않고 몸을 이리저리 뒤척거리다', '(주로 '~하려고', '~하기 위하여'와 함께 쓰여) 안 되는 일 또는 쉽지 않은 일을 온갖 수단을 써 가며 고통스럽게 애쓰다'라는 뜻으로도 쓰인다.

몸살(이) 나다

'몸살이 나다'는 '몸살 증세가 있다', '몸살 증세로 앓아눕다'의 뜻이 된다. 한편 어떤 것이 너무 하고 싶거나 궁금하거나 하면 몸이 근질근질하고 안절부절못하며 끙끙거리듯 보채게 된다. 이 역시 몸살이 나는 것으로 비유해서 표현하기도 한다. 즉, '하고 싶은 것을 제때에 하지 못해서 애가 타고 초조하고 견디지 못하다'라는 뜻이다. 참고로, '도로가 쓰레기로 몸살을 앓다'에서처럼 '몸살'이 사물과 함께 쓰여 '~로 몹시 시달리다', '~때문에 큰 문제가 생기다'라는 표현을 나타내기도 한다.

몸살 차살 하다

가만있지 못하고 몸살이 나서 몹시 성가시게 굶을 비유적으로 이르는 말.

몸서리(를) 치다

'몸서리'는 '몸'과 '서리'가 합쳐진 말이다. 몸서리란 어떤 이유로 하여 진저리치듯 몸이 떨리는 것이 된다. '어떤 것이 생각만 해도 온몸이 덜덜 떨려올 정도로 끔찍하게 무섭거나 분통이 터지거나 몹시 지겨워서 싫은 느낌이 들다'라는 뜻이다. <u>(비)몸서리(가) 나다.</u>

몸에 배다[익다]

여러 번 겪거나 치러서 아주 익숙해지다.

예) 나는 시내 운전이 몸에 밸 때까지는 3년 정도 걸린다고 생각한다.

몸으로 뛰다

몸을 움직여 일이나 행동을 하다.

예) 그는 말만 하고 몸으로 뛰지 않기 때문에 언제 취업을 할지 모른다.

몸을 가지다

1.아이를 배다.

예) 귀인 조 씨가 그 다음에 즉시 몸을 가졌다. 낳아 보니 아들이었다.

2.월경을 하다.

몸을 꼬다

'꼬다'는 '새끼를 꼬다'에서처럼 기다란 것을 여러 개 서로 틀듯이 합쳐서 한 줄로 만드는 것을 말한다. 또한 그런 식으로 비트는 것도 '꼬다'라고 한다. 그래서 '몸을 꼬다'라고 하면 몸을 한쪽으로 비튼 자세를 가리킬 때 쓴다. 한편 사람이 심심하거나 지루할 때 몸을 가만히 놔두지 못하고 이리저리 뒤트는 경우가 있다. 이 역시 '몸을 꼬다'라고 하는데, 주로 '몸을 비비 꼰다'라는 식으로 말한다. 즉, '무료함으로 가만히 있지 못하고 뭔가를 하고 싶어 하다'라는 뜻이다. 아울러 주로 여자가 좋아하는 남자 앞에서 애교를 부릴 때, 몸을 이리저리 비틀면서 마치 새끼를 꼬듯이 팔다리를 흐느적거린다. 이때도 '몸을 꼰다'라는 표현을 쓴다.

몸을 닦다

마음을 수양하다.

예) 몸을 닦고 가정을 돌본 연후에야 나라를 다스리고 천하를 평정한다 했소.

몸을 더럽히다

'몸을 더럽히다'라는 표현은 미혼 여성이 남자와 성관계를 갖거나, 기혼 여성이 남편이 아닌 남자와 성관계를 가져서 정절을 잃을 때 사용했다. 지금도 이 표현법은 남아서, 특히 약혼자나 남편이 부정한 상대에게 경멸의 의미를 나타낼 때 사용되지만, 그때나 지금이나 남성들에게는 사용하지 않는다. 한편 '몸을 버리다'는 '건강을 해치다', '여성이 지켜야 할 정조를 더럽히다'라는 의미.

몸을 던지다

온갖 정열을 다하여 어떤 일에 열중하다.

예)시아버지는 나이를 생각하지 않고 농사일에 몸을 던졌을 뿐만 아니라 깊은 마음으로 자신을 감싸 주었다.

몸(을) 두다

일정한 곳에 몸을 의지하고 일을 하거나 살아가다.

예) 경상도에서는 이놈이 몸 둘 곳이 없습니다.

몸을 망치다

순결을 잃다. (비)몸을 버리다.

예) 밀정의 앞잡이보다 여자로서 몸을 망쳤을 것이 더 충격적인 공 노인은 역시 구세대의 사람이다.

몸(을) 바치다

'몸'이 '목숨'을 의미하여, 주로 어떤 정의로운 일에 아낌없이 목숨을 희생한다는 뜻을 나타낸다. 아울러 '어떤 봉사나 공익사업 따위에 자신의 몸과 마음을 희생하여 열심히 전념하다', '(지난 시절에) 여성이 소중히 간직하던 정절을 자기 의지에 따라 허물고 어떤 남성과 성관계를 하다'라는 뜻.

몸(을) 받다

아랫사람이 윗사람을 대신하여 일을 하다.

몸을 버리다

1. 여자가 정조를 더럽히다. (비)몸을 망치다.

예) 무슨 몸을 버려서 타락이란 말이 아니라, 마음의 타락, 심령의 타락이란 말이오.

2. 건강을 해치다.

예) 동생은 과로와 과음으로 몸을 버리고 폐인이 되었다.

몸(을) 붙이다

어떤 곳에 몸을 의지하여 생활을 하다.

예)내가 사십팔 년 전에 망명 중에 석 달이나 몸을 붙여 있던 곳이오.

몸을 빌다

고향에 돌아가 쉴 수 있도록 벼슬에서 몸을 놓아줄 것을 빈다는 뜻으로, 임금에게 벼슬에서 물러날 것을 청원하다.

몸(을) 빼다

바쁜 가운데서 시간을 따로 내다. (비)몸(을) 뽑다.

예) 전에는 더러 갔지마는 요새는 그 애 혼사 때문에 어디 몸 뺄 틈이나 있어야지요.

몸(을) 뽑다

『북』 '몸(을) 빼다'의 북한 익은말.

몸을 사리다

'몸을 다른 사람들이 보지 못하도록 움츠리거나 감추다', '위험이나 어려운 일이 닥쳤을 때 맞닥뜨리지 않고 살살 빠져나갈 구석을 찾으며 몸을 아끼다'라는 뜻.

몸을 섞다

성행위를 하다.

예) 상철이가 결혼한 몸이라는 걸 안 건 둘이서 몇 번이나 몸을 섞고 나서였다.

몸(을) 쓰다

몸으로 재주를 부리다.

예) 날쌘 두 사람은 어느 틈에 꽁무니에서 육모 방치를 꺼내들자 비호처럼 몸을 쓰며 마부 잡색 교군꾼들을 함부로 두들겨 준다.

몸(을) 아끼다

힘껏 일하지 않다.

예) 남의 집 종살이를 할 때도 이렇게 몸을 아끼지 않고 일을 하던 사람이라….

몸을 잠그다

어떤 일을 하기 위하여 거기에 전적으로 달라붙다.

예) 현실 사회에 몸을 잠그고 부대끼기 시작하면서부터, 차츰 무슨 일에나 시들해지기 시작하더니….

몸을 잡다

몸이 몹시 상하거나 못쓰게 되다. (비)몸을 잡치다.

예) 너무 과로하지 마라. 그렇게 일하다가 몸을 잡게 생겼구나.

몸을 잡치다

(비)몸을 잡다.

예) 병치레가 잦던 지왓골 댁은 금순이 하나를 낳고는 몸을 잡쳐 버려서 애가 들어설 적마다 앞으로 고꾸라지면서 지우고….

몸을 적시다

『북』 어떤 일에 몸을 아끼지 않고 들이밀다.

예) 그는 생산 조건 보장을 위해서는 팔소매를 걷어붙이고 몸을 푹 적시는 사람이다.

몸(을) 주다

여자가 남자에게 몸을 허락하여 성적 관계를 맺다.

예) 몸 주고 마음 주고 모두 다 주었건만 이제 와 나를 떠난다니!

몸을 팔다

이때의 '몸'은 여성의 '정조'를 가리킨다. '돈을 받는 대가로 이성과 성관계를 하다', '성관계를 해서 돈을 벌다'라는 뜻.

몸(을) 풀다

'풀다'는 엉키거나 단단해진 것을 느슨하게 해쳐서 매듭이 없게 한다는 뜻이다. '어떤 활동을 본격적으로 시작하기 전에 몸이 잘 돌아가도록 조금씩 몸을 움직이다'라는 뜻이다. 특히 몸싸움을 하기에 앞서 이것은 준비 운동에 불과하다는 의미로 상대방에게 겁을 줄 때 이 말을 쓰는 경우가 있다. 한편 '몸이 여기저기 맺힌 듯 뻣뻣하고 무거운 것을 풀다, 즉 피로를 풀다', '열 달 동안 뱃속에 들어 있던 아이를 해산하다'라는 뜻으로도 쓰인다.

몸을 하다

경도기 나오다. 월경을 치르다.

몸을 허락하다[허하다]

여자가 남자에게 관계를 가지는 것을 승낙하다.

예) 만일 술김이 아니었다면 남의 아내인 정선이가 오류장에서 갑진에게 몸을 허락하지도 아니하였을 것이다.

몸(이) 나다

살이 올라 몸이 뚱뚱해지다. <u>(비)몸집(이) 나다.</u>

예) 먹고 자기만 하니 몸이 날 수밖에 없지 뭐.

몸(이) 달다

마음이 조급하여 안타까워하다.

예) 몸이 달아 안절부절못하다.

몸(이) 비지 않다

(완곡하게) 아이를 배다.

예) 오죽 먹고 싶었으면, 오죽 배고팠으면 길바닥에 내던진 귤껍질을 주워 먹을까! 더욱 몸 비잖은 그가!

몸집(이) 나다

<u>(비)몸(이) 나다.</u>

예) 뒷집 김 도령 몸집이 나더니 울 밑에 개구멍 전보다 커졌네….

못 말리다

일이나 상황이 너무 뜻밖이어서 기가 막히다.

예) 우리 엄마는 못 말린다는 눈초리로 바라보며 저희끼리 킬킬거리곤 했다.

못 먹어도 고

화투 놀이인 고스톱에서 나온 말로, 실패가 있더라도 강행한다는 뜻으로 이르는 말.

예) 애초에 가진 게 없어 내 인생은 항상 못 먹어도 고였습니다.

못(을) 박다

1. 다른 사람에게 원통한 생각을 마음속 깊이 맺히게 하다. <u>(비)대못(을) 박다, 못이 박히다.</u>

예) 그는 부모님 가슴에 못을 박는 불효를 저질렀다.

2. 어떤 사실을 꼭 집어 분명하게 하다.

예) 그녀는 이번 일을 할 수 없다고 한마디로 못을 박아 이야기하였다.

못 이기는 척[체]

마지못한 듯이.

예) 못 이기는 척 부모는 아이 손을 잡았다.

못(이) 박히다

1. 원통한 생각이 마음속 깊이 맺히다. <u>(비)못(을) 박다.</u>

예) 아버지께서는 부모의 가슴에 못이 박히게 만드

는 자식이 어디에 있냐고 호통을 치셨다.

2.(주로 '못 박힌 듯' 꼴로 쓰여) 한자리에 굳어 버린 것처럼 꼼짝 않고 서 있다.

예) 놀란 나머지 못 박힌 듯 서 있었다.

3.한곳을 뚫어지게 쳐다보다.

예) 그의 시선은 어군 탐지기 쪽으로 못 박혀 있었다.

못하는 소리가 없다

(사람이) 때와 장소를 가리지 않고 아무 말이나 막 하다. 어린 녀석이 어른들 앞에서 못하는 소리가 없구나. (어린아이가) 말을 아주 잘하다. '모든 소리를 할 줄 안다', '모든 말을 할 줄 안다'라는 뜻이다. 꾸짖는 말로서, 장소나 상황을 고려하지 않고 아무 말이나 막 하는 것을 가리킨다. 한편 무례하거나 주제넘은 말을 하는 사람에게도 이 표현을 쓴다. 보통 감탄하는 투로 말하며, 그 뜻은 '어린아이가 모르는 것이 없는 것처럼 말을 잘하다'라는 뜻이다.

못 하는 소리가 없이

어린아이가 하는 말이 거침이 없이.

예) 그 녀석 벌써부터 못 하는 소리가 없이 다 하네.

몽니(가) 궂다(나다)

몽니가 심하다.

예) 저 사람은 몽니가 궂어서 상대하기가 쉽지 않을걸.

몽니(가) 사납다

몽니가 매우 세다. <u>(비)몽 사납다.</u>

예) 몽니 사납게 굴지 마. 벌 받아.

몽[니](를) 부리다

'몽니'란 '음흉하고 심술궂게 욕심을 내는 성질'을 뜻하는 말로서, 줄여서 '몽'이라고 한다. 주로 약자가 강자에게 떳떳하지 못한 행위로 떼를 쓴다고 할 때 쓰는 말이다. '몽니쟁이'라고 하면 자주 몽니를 내는 사람을 일컫는다. '몽니 나다', '몽니 사납다', '몽니 궂다'라는 말도 있다. '몽니'에는 '투정', '심술', '훼방', '트집', '욕심' 따위의 뜻이 내포된다. '부리다'는 '어떤 성질이나 행동을 짐짓 나타내다'이다. '심술궂고 사납게 자기 욕심을 내세우며 떼를 쓰다'라는 뜻이다. 줄여서 '몽(을) 부리다'라고 한다.

몽 사납다

<u>(비)몽니(가) 사납다.</u>

몽짜(를) 치다

겉으론 어리석은 체하고 속으론 자기 할 일을 다 하다.

★몽짜 : 음흉하고 심술궂게 욕심을 부리는 짓.

뫼(를) 쓰다

사람이 죽었을 때에 그 묏자리를 잡아서 송장을 묻다.

★뫼 : 사람의 무덤.

예) 평양서 시체를 모셔다가 뫼를 쓰고 일 년 상을 치른 뒤, 문서를 추려 들고….

묘혈을 파다

스스로 파멸의 길로 나아가다.

예) 일제는 그 탐욕 때문에 스스로의 묘혈을 파고 있다.

★묘혈墓穴 : 털이 나는 작은 구멍.

무게(를) 잡다

점잖은 척하며 분위기를 무겁게 만들다.

예) 그는 보통 때와는 달리 무게를 잡고 이야기를 시작했다.

무관의 제왕

왕관이 없는 임금이라는 뜻으로, '언론인'을 달리 이르는 말.

★무관無冠 : 왕관이 없는 임금.

★제왕帝王 : 흔히 황제나 국왕을 아우르는 호칭으로, 군주를 가리킨다.

무늬(를) 놓다

무늬를 그리거나 수놓다.

★무늬 : 옷감이나 조각품을 장식하기 위한 여러 가지 모양.

무대舞臺를 밟다

경기나 공연에 참가하다.

예) 그 선수는 처음으로 올림픽 결승 무대를 밟아 금메달을 노리게 됐다.

무대에 서다

공연에 참가하다. (비)무대에 오르다.

예) 학생들이 예술가들과 함께 준비한 후 직접 무대에 서는 프로그램을 운영하고 있다.

무대에 오르다

1. 공연이 되다.

예) 작년에는 무려 5편의 악극이 무대에 오르기도 했다.

2. (비)무대에 서다.

예) 그녀는 유명한 선배들과 함께 무대에 오르는 행운이 주어졌다고 기뻐했다.

무대에 올리다

1. 공연을 하다.

예) 이번에 우리 극단은 셰익스피어의 작품을 무대에 올린다.

2. 『북』 비판의 대상으로 내세우다.

무덤을 파다

파멸을 자초하다.

★무덤 : 송장이나 유골을 묻은 곳.

예) 우리는 스스로 폐쇄적인 인간관계라는 무덤을 파고 있지 않나?

무동(을) 서다

남의 어깨 위에 올라서다.

★무동舞童 : 남의 어깨 위에 두 발로 딛고 올라서거나 두 다리를 벌려 목 뒤로 걸터앉는 일. 즉, 목말.

예) 무동을 서서 장롱 위의 상자를 꺼냈다.

무릎을 꿇다

'무릎을 꿇는다'는 것은 여러 문화적 상징을 나타낸다. 우리는 기도를 할 때 신 앞에 무릎을 꿇는다. 큰 죄를 짓고 용서를 구할 때 역시 무릎을 꿇는다. 또한 존경하는 분 앞에 앉을 때도 무릎을 꿇는 것이 예의이다. 존경이나 애원의 의미를 상대방에게 나타내기 위해 무릎을 땅에 대고 앉는 것이 '무릎을 꿇다'이다. 아울러 무릎을 꿇는 동작과는 상관없이 '자신의 실패를 인정하고 굴복하다', '항복하다', '투항하다'라는 뜻으로도 쓰인다.

무릎(을) 꿇리다

항복하거나 굴복하게 하다.

예) 그들이 우리를 추켜세움은 보다 철저하게 우리를 무릎 꿇리기 위한 말장난일 뿐이었습니다.

무릎을 쓰다

힘들고 어려움을 참고 견디다. 뒤집어서 머리에 덮어쓰다.

무릎을 마주하다(같이 하다, 맞대다)

'마주한다'는 것은 서로를 바라볼 수 있게 방향을 그쪽으로 향한다는 뜻이다. 온돌방 문화에서는 바닥에 앉는 것이 일반적이다. 손님이 와도 방석은 내놓을지언정 바닥에 앉는다. 이때 손님과 마주 바라보고 앉게 되면 당연히 무릎이 서로에게 가장 가깝다. 만약 오늘날로 바꾸어 생각한다 해도 역시 마찬가지다. 의자에 마주 앉아 있을 때도 무릎이 가장 가깝다. 무릎이 밖을 향한 채 서로 마주 보는 자세가 되는 것이다. 이때 '무릎을 마주한다'는 것은 얼굴을 마주한다, 즉 '얼굴을 마주 본다'는 것을 빗대어 표현한 말이다. '의논 사항이 있거나 하여 서로 가까이 마주 바라보며 앉는다'라는 뜻이다.

무릎(을) 치다

갑자기 어떤 놀라운 사실을 알게 되었거나 희미한 기억이 되살아날 때, 또는 몹시 기쁠 때 무릎을 탁 치다.

예) 선생님은 내 대답에 "그래, 바로 그거야!" 하며 무릎을 치셨다.

무리매에 들다

『북』 여럿이 무리를 지어 달려들어 때리는 매를 맞는 상태에 놓이다.

★무리매 : 뭇매(여러 사람이 한꺼번에 덤벼서 때리는 매)의 북한어.

예) 지주 놈은 이날 격분한 농민들의 무리매에 들어 가까스로 도망질을 하였다.

무섬(을) 타다

무서움을 잘 느끼다.

★무섬 : 위험이나 위협에 처해 마음에 두렵고 불안한 느낌이 드는 것. (본)무서움.

무수기를 보다

조수 간만의 차를 헤아려 보다.

★무수기 : 썰물 때와 밀물 때의 물 높이의 차.

무슨 놈의

뒤에 오는 말이 못마땅하여 낮잡거나 욕하는 뜻으로 이르는 말.

예) 혁신은 무슨 놈의 혁신 행복? 웃기지 마라. 내 평생에 무슨 놈의 행복이 있었다고.

무슨 바람이 불어서

인간의 마음을 움직이는 것도 바람이다. 개인의 마음을 움직이는 것이 작은 바람이라면, 집단의 마음을 움직이는 것은 큰 바람이다. '처녀가 바람이 들었다'라고 말하기도 하고, '중산층에 조기 유학 바람이 불었다'라고 말하기도 한다. 어떤 사람이 평소에는 잘하지 않는 행동을 할 때 가볍게 놀라기나 빈정거리는 뜻으로 하는 말이다. '마음에 무슨 변화가 생겨서', '어쩐 일로', '무슨 일이 있기에'라는 뜻이다. 예) 무슨 바람이 불어서 코빼기도 내비치지 않던 자네가 여기까지 왕림했는가?

무슨 뾰족한 수 있나

별로 신통한 수가 없다는 말.

예) 이 어려움을 해결할 무슨 뾰족한 수가 있나?

무안(을) 주다

'무안無顔'을 한자말 그대로 풀이하면 '낯이 없다'이다. 이는 그대로 우리말에도 있어서 '낯이 없다'는 '면목이 없다', '볼 낯이 없다', 즉 '부끄럽다'라는 뜻이다. '무안(을) 주다'는 '무안하게 하다', '약점을 건드리거나 부끄러움을 느끼게 하는 말이나 행동을 하여 다른 사람들의 얼굴을 쳐다보기가 겸연쩍게 하다'라는 뜻이다.

무안(을) 타다

몹시 무안해하다.

예) 월숙이는 그때 자기 말에 무안을 타서 머리가 숙여졌다.

무어니 무어니(뭐니 뭐니) 해도

이러쿵저러쿵 말해 보아도, 어떤 것에 대해 사람들이 이렇게 말하고 저렇게 말하고 여러 가지로 말해도 과연, 다음에 할 말을 강조 할 때 쓰는 말.

예) ~ 모성애만큼 강한 것이 없다.

묵사발(을) 먹이다

묵은 성질상 썰어놓으면 흐물흐물하고 퍼져서 모양이 없다. 그래서 원래 모양을 알아볼 수 없을 정도로 깨지고 뭉개진 상태를 묵사발이라고 속되게 표현하기도 한다. 형편없이 얻어맞은 얼굴이나 여지없이 깨어져서 패한 상태가 그것이다. '묵사발이 되다', '묵사발을 만들다'라고 말한다. '묵사발을 먹이다'라고 하면 '상대방을 몹시 심하게 때려서 얼굴을 알아볼 수 없을 정도로 깨어지고 뭉개지게 하다'라는 뜻이다. (비)묵사발(을)만들다, 묵사발(이) 되다.

예) 한 마디만 더 했어도 내가 묵사발을 먹이려고 했는데, 그놈들이 운이 좋았지.

묵은 때

1. 어떤 상태가 오래 지속된 탓에 신선함이 사라지고 진부해짐을 비유적으로 이르는 말.

2. 옷이나 몸, 물건이나 건물의 표면 따위에 아주 오랫동안 묻어 있던 때.

묵주머니(를) 만들다

1. 물건을 뭉개어 망가뜨리거나 일을 망치다.

★묵주머니 : 마구 뭉개어져서 못 쓰게 된 물건을 비유적으로 이르는 말.

예) 이번 일이 그 계집의 잔꾀라면 어떻게든지 묵주머니를 만들어 버리겠다.

2. 싸움을 말리고 잘 조정하다.

3. 『북』 사람을 함부로 주무르고 다루어 꼼짝 못 하게 만들다.

묵화를 치다

묵화를 그리다.

★묵화墨畵 : 먹이나 먹물을 이용하여 그린 그림.

문고리를 쥐다.

'고리'는 무엇을 걸 수 있게 동그랗게 만들어진 것을 통칭해서 말한다. '귀고리', '열쇠고리' 등이 그러하다. '어떤 문제를 해결할 수 있는 방법을 찾아내다'라는 뜻이다.

예) 일단 문고리를 쥐는 것이 어렵지, 막상 쥐고 나면 일은 자연스럽게 풀린다.

문리(가) 나다(트다)

'문리文理'란 글에서 끌어낼 수 있는 이치에 맞고 체계가 선 뜻, 또는 그런 뜻을 파악할 수 있는 능력을 말한다. '문리가 통하지 않는 글', '문리가 전혀 없어 알아듣지를 못한다'라는 식으로 쓰인다. 또한 글과는 상관없이 세상사의 경험을 통해 자연스럽게 사물의 이치를 터득하게 되는 능력을 나타내기도 한다. '문리가 훤하다', '문리가 트였다' 등이 그렇다. '글이 나타내는 이치를 터득하여 그 뜻을 알게 되다', '사물의 이치를 깨달아 알다'라는 뜻이다.

예) 서당 개 3년이면 풍월을 읊는다고 하더니 이제는 문리가 나서 제법 잘한다.

문맥이 닿다

문장의 앞뒤 관계가 잘 이해되다.

★문맥文脈 : 문장과 문장이 이어지면서 전달되는 중심적인 의미나 논리적 연관 관계.

예) 이 글은 문맥이 닿지 않아 이해하기가 쉽지 않다.

문맥이 통하다

'맥脈'이란 기운이 뻗어 나가는 줄기, 즉 '산맥', '혈맥' 등을 말한다. 글에도 어떤 흐름이 있어서 문장들은 그 흐름을 따라 유기적으로 구성되어야지 좋은 글이라고 할 수 있다. '통하다'라는 것은 '막힘이 없이 서로 원활하게 오가다'라는 뜻이다. '글을 구성하는 문장들이 서로 앞뒤가 맞고 모순되지 않으며 의미 전달이 분명하다'라는 뜻이다.

문명文明의 이기

현대 기술 문명에 의하여 만들어진 편리한 생활 수단이나 기구.

★이기利器 : 실생활을 편리하게 하는 이로운 기구나 기계.

예) 자동차라는 문명의 이기가 항상 인류를 편하게만 하는 것은 아니다.

문밖에서 돌다

『북』 1. 글의 본질적 내용을 깊이 파고들지 않고 형식적으로 배우다.

2. 군중 속이나 생산 현장에 깊이 들어가지 않고 바깥에서 겉돌다.

3. 어떤 일에 직접 관계하지 않고 주위에서 돌다.

문서文書에 매달리다

『북』 사무실에 앉아 문서만 가지고 사업을 하다.

문서에 파묻히다

『북』 1. 문서를 처리하는 사무가 너무 많아 꼼짝 못하다.

2. 문서만 너무 많이 취급하다 보니 실태를 구체적으로 잘 파악하지 못하다.

문안(이) 계시다

궁중에서, 왕 · 왕후 · 왕자 등이 병이 들어 몸이 편찮음을 이르던 말.

★문안問安 : 예전에, 궁중에서 '병환病患'을 이르던 말.

문어 고쟁이

전통 복식에서, 여자 속옷의 하나.

★고쟁이 : 가랑이 통이 넓은 여자의 속옷의 하나.

문어 대가리

대머리를 낮잡아 이르는 말.

문(을) 닫다

열려진 문을 더 이상 출입할 수 없게 도로 닫는 것을 말한다. 한편 '장사하던 가게를 비우고 영업을 그만두다', '가게에서 문 닫을 시간이 되거나 휴일 등의 이유로 영업을 일시 중단하다'라는 뜻으로도 쓰인다.

문(을) 열다

1. 영업 따위를 시작하다.

예) 저 옷 가게는 처음 문을 열었을 때부터 손님이 북적대었다.

2. 문호를 개방하다.

예) 우리나라가 일찍이 외국 열강에게 문을 열었다고 하더라도 현재와 별 차이가 없었을 것이다.

3. 어떤 조직에서 장벽을 두지 아니하고 사람을 받아들이다.

예) 우리 등산모임은 희망자 모두에게 문을 열어 놓고 있다.

4. 어떤 일이 장애로 막히거나 중단되었던 것을 터놓다.

예) 이제 마음의 문을 열고 사람을 대하기로 결심하였다.

문자文字 그대로

조금도 과장 없이 사실 그대로. (비)글자 그대로, 말 그대로.

예) 우리 팀은 문자 그대로 연전연승을 하였다.

문자(를) 쓰다

(낮잡는 뜻으로) 어려운 한자로 된 숙어나 성구成句 또는 문장을 섞어 말하다.

예) 쉽게 할 말을 유식한 체하며 문자 쓰고 있네.

문제(를) 세우다

『북』 1. 해결하여야 할 문제問題를 토론의 대상으로 삼다.

2. 비판의 대상으로 삼다.

예) 책임 비서 동무는 지배인 동무가 건강관리를 잘하지 않는 데 대해서 당적으로 단단히 문제를 세워야 하겠소.

문지방을 넘다

(비)문턱을 넘다.

문지방이 닳다

(비)문턱이 닳다.

문지방이 닳도록 드나들다

(비)문턱이 닳도록 드나들다.

예) 무슨 일이기에 그토록 문지방이 닳도록 드나드니?

문턱 드나들 듯

어떤 곳에 매우 쉽게 잘 드나들다.

예) 형은 결혼 전부터 처가를 제집 문턱 드나들듯 하였다.

문턱을 낮추다

쉽고 편하게 접할 수 있게 만들다.

예) 일반인에게 낯설기만 한 법원의 문턱을 낮추는 것도 새로 부임한 법원장에게 주어진 과제다.

문턱을 넘다

(대상이) 경계나 고비를 넘기다.

예) 러시아가 8강의 문턱을 넘은 것에 대해 사람들은 기적이라 칭한다.

문턱을 넘어서다

어떤 환경이나 상태에서 벗어나다.

예) 오랜 가난의 문턱을 넘어서다.

문턱이 높다

들어가거나 상대하기가 어렵다.

예) 회사의 문턱이 높다.

문턱을 높이다

접근하기 어렵게 만들다.

예) 각 나라는 불법 이민을 막기 위하여 갈수록 문턱을 높이고 있다.

문턱이 닳다

빈번하게 드나들다.

문턱이 닳도록 드나들다

매우 자주 빈번하게 드나들다. (비)문지방이 닳도록 드나들다.

예) 원님 아들은 기방에 문턱이 닳도록 드나들더니 과거에 낙방하고 말았다.

문필이 똑똑하다

글을 짓고 글씨를 쓰는 솜씨가 보통 이상으로 뛰어나다.

★문필文筆 : 글을 쓰는 일.

예) 네가 문필이 똑똑하다니 나와 글 이야기나 좀 해 보려느냐.

문필이 있다

글을 짓거나 글을 쓰는 재간이 있다.

예) 서림이는 문필도 있고 언변도 좋고 남의 뜻을 짐작도 잘하고 맞추기도 잘하였다.

물거품으로 돌아가다(물거품이 되다)

허무하고 덧없는 것을 비유하는 말로 동서고금을 막론하고 물거품을 꼽는다. 같은 말로 '수포水泡로 돌아가다'가 있다.

물 건너가다

일의 상황이 끝나 어떠한 조치를 할 수 없다.

예) 그 문제는 이미 물 건너간 일이다.

물 건너 불 보듯

『북』 벌어지는 일이 잘되건 못되건 직접 관계하지 않고 방관하는 입장에서 무관심한 태도를 취하는 것을 비유적으로 이르는 말.

물 건너 온 범

한풀 꺾인 사람을 이르는 말.

물결(을) 타다

시대의 풍조나 형세에 맞게 처신하다.

예) 대학도 세계화의 물결을 타고 변하기 시작하였다.

물결 것

헝겊을 호아서 지은 겹옷.

물고(가) 나다

'죽다'를 속되게 이르는 말.

★물고物故 : ①유명한 사람이 죽음. ②[역사] 예전에, 죄인이 죽임을 당하는 일이나 죄인을 죽이는 일을 이르던 말.

예) 물고 날 일 있나, 그런 위험한 일을 하게.

물고기(의) 밥이 되다

물에 빠져서 죽다.

예) 이런 험한 날씨에 배를 타다니 물고기 밥이 되고 싶은 것이냐?

물고 늘어지다

1.(어떤 사람이 다른 사람을) 꼬투리나 말끝을 잡아 자꾸 캐어묻거나 덤비다.

예) 지수는 혼자 혼이 나기 싫어서 친구를 물고 늘어졌다.

2.(사람이 무엇을) 진득하게 붙잡고 놓아주지 아니하다.

예) 김 대리가 사소한 문제점을 끝까지 물고 늘어졌다.

3.(어떤 대상이 다른 대상을) 입에 물고 놓지 아니하다.

예) 불도그가 다른 개의 목덜미를 물고 늘어졌다.

물고 뜯다

1.서로 맞붙어 물거니 뜯거니 하며 싸우다.

예) 외출하고 집에 돌아와 보니 아들 두 녀석이 장난감을 놓고 서로 물고 뜯고 난리를 치고 있었다.

2.악랄한 수단과 방법으로 남을 헐뜯다.

예) 당선을 위하여 그들은 서로를 물고 뜯는 일을 거침없이 자행했다.

물고(를) 내다

'죽이다'를 속되게 이르는 말.

예) 말을 안 들으면 물고를 내겠다. /저런, 죽일 놈이……내 당장에 찾아가 물고를 내리라.

물고(를) 올리다

명령에 따라 죄인을 죽이다.

예) 고놈 어린놈이라고 그대로 두어선 안 되겠다. 지금 당장 물고를 올려 버려라.

물고 뽑은 듯하다

생김새나 됨됨이가 훤하고 깨끗하다.

예) 금년에 새로 들어온 사원들은 미끈하게 생긴 것이 하나같이 모두 물고 뽑은 듯하였다.

물꼬를 트다

논배미에 물이 넘어 흐르게 만들어 놓은 어귀를 뜻하는 '물꼬' 그것을 튼다는 의미에서 '물꼬를 트다'라고 해야 맞다. '어떤 일의 시작' 또는 '막히거나 끊어진 관계를 열거나 잇는 실마리를 뜬다'를 비유하

ㅁ

는 말로 쓰인다.

예) 사람들은 괭이나 삽을 들고 논으로 나가 물꼬를 트고 있었다.

물과 고기

『북』 떨어질 수 없는 관계를 비유적으로 이르는 말.

예) 사람의 정이라는 것이 깊어지고 가까워지면 물과 고기처럼 되는 게야. 그래서 천 리가 가깝다는 말도 생기는 게 아닌가.

물과 기름

(비)물 위의 기름.

예) 그들 둘은 물과 기름처럼 서로 어울리지 못했다.

물과 불

서로 용납하지 못하거나 맞서는 상태. 또는 그런 상태의 물건.

예) 그 둘은 성격이 판이해서 물과 불이다.

물귀신 같다

다른 사람들까지 자기가 빠진 궁지로 잡아끄는 것을 두고 하는 말.

물귀신(이) 되다

물에 빠져서 죽다.

예) 자네들이나 나나 언제 물귀신이 될지도 모르는데….

물귀신 심사心思

자기가 궁지에 빠졌을 때 다른 사람까지 끌고 들어가려는 고약한 마음보.

예) 같이 망하자는 심보로 그런 행동을 하니 그게 물귀신 심사지 뭐야.

물 끓듯 하다

여러 사람이 몹시 술렁거리다.

예) 인기 연예인이 차에서 내리자 방송국 입구는 삽시간에 기자들과 열성 팬들로 물 끓듯 하였다.

물똥을 튀기다

물을 쳐서 멀리 튀게 하다.

물로 보다

(어떤 사람이 다른 사람을) 하찮게 보거나 쉽게 생각하다.

예) 덕수는 힘이 세다고 다른 사람들을 물로 봤다.

물 만난[얻은] 고기

어려운 지경에서 벗어나 크게 활약할 판을 만난 처지를 이르는 말.

예) 떠나기 직전 갈승환 씨는 물 만난 고기처럼 희색이 만면하여 설치어 대었다.

물만밥이 목이 메다

밥을 물에 말아 먹어도 잘 넘어가지 않을 정도로 심한 슬픔에 잠겨 있다는 말.

물망에 오르다

'물망物望'의 '물物'은 만물을 뜻하고, '망望'은 바란다는 뜻이다. 글자 그대로 '모두가 바라다'이다. 물망은 많은 사람들이 인정하거나 우러러보는 명망이나 또는 그러한 사람을 일컫는 말로서, '물망이 높다'라고 하면 '여러 사람들에게 큰 존경을 받다'라는 뜻이다. 그러나 지금은 '어떤 지위에 대한 후보', '어떤 분야에 인재로서 적당하다고 추천되는 인물'이라는 뜻으로 더 많이 쓰인다.

물먹은 담장[담벽/성벽]

『북』 어느 순간에 허물어질지 모르는 매우 위태로운 상태를 비유적으로 이르는 말.

물 못나게

부득부득 조르는 모양.

물벼락(을) 맞다

남이 실수로 쏟거나 폐수로 버리는 물을 그 밑에 있다가 얼떨결에 흠뻑 뒤집어쓰는 것을 '물벼락(을) 맞다'라고 한다. 같은 표현으로 '물세례를 받다'가 있다.

물보라가 치다

물보라가 생기다.

★물보라 : 물결이 바위 등에 부딪쳐 안개 모양으로 흩어지는 잔 물방울.

물보 샐 틈 없다

『북』 조금도 빈틈이 없이 믿음성이 있다.

예) 물보 샐 틈 없는 셋의 두텁던 우정은 영애가 나를 배반하고 돈 있는 경호한테로 가던 날부터 여지없이 깨어지고 말았다.

물볼기를 치다

물볼기를 때리다.

★물볼기 : [역사] 조선 시대, 태형의 하나. 부녀자에게 곤장을 칠 때, 속옷만 남기고 그 위로 물을 끼얹어 살에 달라붙게 한 뒤에 매질을 하는 방식이다.

물불을 가리지[헤아리지] 않다

위험이나 곤란을 고려하지 않고 막무가내로 행동하다. (비)물불 가릴 처지가 아니다.

예) 일단 합의가 이루어지면 특공대가 파견되어 치밀한 사전 계획에 따라 성공적으로 수행할 때까지 물불을 가리지 않고 달려든다는 것이었다.

물 뿌린 듯이

많은 사람이 갑자기 조용해지거나 숙연해지는 모양을 비유적으로 이르는 말. (비)물을 끼얹은 듯.

예) 학생들은 선생님의 말 한마디에 갑자기 물 뿌린 듯이 잠잠해졌다.

물수제비(를) 뜨다

얇고 둥근 돌로 물위를 담방담방 뛰어가게 팔매 치다. (준)수제비 뜨다.

★물수제비 : 둥글고 얄팍한 돌을 물위로 스치듯이 튀기어 가게 던졌을 때, 그 튀기는 자리마다 생기는 물결 모양.

물 쏘듯 총 쏘듯

말이 되건 안 되건 입에서 나오는 대로 마구 떠들어 대는 것을 비유적으로 이르는 말.

예) 형은 술이 얼큰하게 취하자 물 쏘듯 총 쏘듯 지껄이기 시작했다.

물 쓰듯

물건을 헤프게 쓰거나, 돈 따위를 흥청망청 낭비하다.

예) 축제 기분에 들뜬 그들이 돈을 물 쓰듯 쓰는 것도 이상할 건 없었다.

물알(이) 들다

곡식에 물알이 생기다.

★물알 : 아직 덜 여물어서 물기가 많고 말랑한 곡식알.

예) 사립문 가에 예닐곱 살짜리 사내애가 배꼽을 드러내 놓고 물알 든 옥수수를 뜯어먹고 있었다.

물 얻은 고기

어려운 지경을 벗어나 크게 활약할 판을 만난 처지.

물에 물 탄 듯 술에 술 탄 듯

말이나 행동이 분명하지 않고 우유부단한 사람을 이르는 말.

예) 그 친구는 이래도 좋고 저래도 좋다며, 항상 물에 물 탄 듯 술에 술 탄 듯 넘어갔다.

물에 빠진 생쥐

물에 흠뻑 젖어 몰골이 초췌한 모양을 비유적으로 이르는 말.

예) 갑작스럽게 퍼붓는 비에 나는 완전히 물에 빠진 생쥐가 될 수밖에 없었다.

물 위의 기름

서로 어울리지 못하여 겉도는 사이. (비)물과 기름.

예) 그는 회사에서도 물 위의 기름처럼.

물을 끼얹은 듯

(비)물 뿌린 듯이.

예) 갑자기 울리는 사이렌 소리 때문에 강당의 청중은 물을 끼얹은 듯 잠시 침묵에 휩싸였다.

물(을) 내리다

한국의 전통 음식인 떡은 곡식 가루에 간을 하고 나물이나 과일 등을 섞어 시루에 찌거나 철판에 부쳐서 만든다. 만드는 과정을 보면 쌀 등 곡식을 물에 담가 불리기, 물에 불린 곡식을 가루로 빻기, 떡가루에 찬물을 치면서 엉기지 않게 성긴 체에 내리는 일명 물 내리기, 간을 맞추고 기타 재료 섞기, 떡을 찌는 용기인 시루에 준비된 것을 앉히기, 한동안 김을 올려 조리하기, 뜸들이기 등의 여러 절차를 거친다. 그러므로 떡을 만드는 과정으로서, 떡가루에 꿀물이나 찬물을 치고 그것이 덩어리지지 않게 성긴 체에 다시 내리는 것을 말한다. 한편 수세식 화장실이 발달한 현대에 들어 '물을 내리다'라고 하면 화장실에서 볼 일을 본 후에 그 마무리로 물이 씻겨 내려가게 한다는 뜻을 나타낸다.

예) 물을 내릴 때 너무 한 번에 많은 물을 끼얹지 말고 살살 뿌리듯 해야지 가루가 곱게 된단다.

물을 들이다[물(이) 들다]

'들이다'는 '들게 하다', 여기에서는 섬유 속으로 스며들어 자리 잡게 한다는 의미가 된다. '식물이나 기타 재료를 이용하여 그 색을 물건이나 신체 일부에 입히다'라는 뜻이다.

물(을) 맞다

(비)약물(을) 맞다.

예) 부스럼 병 없으라고 물을 맞는 것도 이미 때를 넘긴 일이긴 하지만….

물(을) 먹다

1.(사람이) 실패하다.

2.(사람이 어떤 분야의) 직업에 종사하다.

3.(어떤 사람이 다른 사람에게) 골탕을 먹거나 곤경에 빠지다.

물(을) 잡다

어떠한 곳에 물이 괴거나 실리도록 끌어들이다.

예) 못자리에 물을 잡다.

물(을) 차다

'물을 차다'라고 하면 새 따위가 물 위에 떠 있다가 날기 위해 발로 물을 힘차게 밀어내는 것을 가리킨다. '얕은 개울물 따위에서 물이 사방으로 튀게 첨벙첨벙 걷다'라는 뜻이다. 참고로 '물 찬 제비'라고 하면 몸매가 날씬하고 아름다운 사람을 말한다.

물(이) 가다

물에 사는 고기여서 그런지 물고기의 신선도를 '물'로 표현한다. 돼지고기가 맛이 가려고 할 때 '물이 갔다'라고 말하지는 않는다. 막 잡은 생선은 물이 좋다고 해서 사람들이 회로 먹는다. '생선이나 어패류가 잡은 지 오래되거나 변질되어서 신선하지 않고 바야흐로 상하기 직전이다'라는 뜻이다.

물이 날다

본래의 빛깔이 변하여 흐릿해지다.

예) 검은빛인지 붉은빛인지 분별할 수도 없는 때 묻고 물 날고 떨어진 댕기….

물(이) 내리다

기운이 빠지거나 뜻을 잃어서 사람이 활기가 없어지다.

물(이) 오르다

1.(여자가) 성숙해지거나 아름다워지다.

2.(재능이나 능력이) 완숙해지다.

3.'봄이 되어 나무가 다시 수분을 머금고 푸르게 생기를 띠다.'

4.'가난하게 살던 사람의 형편이 나아지다.'

5.'배우의 연기가 아주 좋아져서 실감나다.'

물(이) 잡히다

살갗에 물집이 생기다.

예) 행군 때에 신병의 발비닥 전체에 물이 잡히는 일은 예사였다.

물(이) 젖다

생활에 배도록 깊은 영향을 받다.

예) 친구는 외국 생활에 물이 젖어 식사도 외국식으로 한다.

물(이) 좋다

술집, 유흥장 따위의 분위기나 상태가 좋고 신선하다.

예) 대학가 주변 중에 어디가 물이 좋나요?

물(이) 지다

『북』 1.푸성귀나 물고기 따위가 한창 잡히거나 나오는 때가 지나다.

2.일이나 현상이 한창 진행되던 때를 넘어서다.

3.동료들과 어울리지 못했다.

물이 찌다

『북』 아이가 다루기 좋게 갓난아이의 티를 벗다.

예) 자식이란 낳은 제 아비, 에미가 거둘 게지 남에게 맡겨서 되느냐? 이젠 물이 다 쪘으니 가져가겠거든 가져가거라.

물인지 불인지 모르다

사리를 분간하지 못하거나 따져 보지 않고 함부로 행동하다.

예) 그는 물인지 불인지 모르고 그저 닥치는 대로 무조건 일을 한다.

물장구(를) 치다

1.(사람이) 헤엄을 칠 때 발등으로 물위를 치다.

★물장구 : 헤엄을 치거나 물에서 놀 때 발로 물위를 계속 치는 일.

2.[민속] (사람이) 병신굿을 할 때 물을 담은 동이에 바가지를 엎어 놓고 장단 맞추어 두드리다.

물주머니가 되다

옷이 물이나 땀에 흠뻑 젖음을 비유적으로 이르는 말.

예) 그는 갑자기 쏟아진 비를 맞아 물주머니가 되었다.

물 찬 제비

1.물을 차고 날아오른 제비처럼 몸매가 아주 매끈하여 보기 좋은 사람을 비유하여 이르는 말.

예) 신부는 얼굴이 보름달 같고 몸매는 물 찬 제비 같았다.

2.동작이 민첩하고 깔끔하여 보기 좋은 행동을 함을 비유적으로 이르는 말.

예) 물 찬 제비같이 수비수를 제치고 공을 몰다.

물 퍼붓듯

1.비가 몹시 세차게 내리다.

예) 물 퍼붓듯 하는 장맛비가 일주일 동안 내렸다.

2.말을 거침없이 내뱉다.

예) 말이 점점 극도에 달하여 확확 함부로 물 퍼붓듯 나온다.

뭉칫돈을 찌르다

많은 뇌물을 몰래 건네주다.

예) 아무리 뭉칫돈을 찌르고 별수를 다 썼지만 뜻대로 되지 않았다.

뭐니 뭐니 해도

이러쿵저러쿵 말해 보아도. 또는 누가 뭐라고 해도. (비)무어니 무어니 해도.

예) 뭐니 뭐니 해도 집 밖으로 나가면 고생이지.

뭐라 뭐라 하다

똑똑히 알 수 없게 무어라고 말하다.

예) 분명히 과장이 어제 술자리에서 계장한테 뭐라 뭐라 했는데 알아들을 수가 있어야지.

미궁에 들다(빠지다)

'미궁迷宮'은 '미로迷路'라고도 한다. 원래 고대 건축물의 일부인 이것은 통로와 방들로 어지럽게 얽혀 있는 구조물이었다. 그러던 것이 중세 유럽의 조경造景에 활용된 이후, 이제 우리의 머리에 떠오르는 것은 중심을 향해 거미줄처럼 복잡하게 얽힌 통로와 그것을 방해하기 위해 도처에서 갈라져 나가는 막다른 골목들로 이루어진 나선형 공간이다. 어쨌든 미궁은 한번 들어가면 그 복잡함 때문에 빠져나올 출구를 쉽게 찾을 수 없는 곳을 말한다. '사건 따위가 매우 복잡하게 얽혀서 좀체 해결할 수 없는 지경에 이르다'라는 뜻이다.

예) 유일한 목격자가 뇌사 상태에 빠지자 그 사건은 미궁에 들었다.

미꾸라지 같다

자기 자신에게 이롭지 않으면 요리조리 살살 피하거나 잘 빠져나가는 사람을 비유하여 이르는 말.

미끼를 던지다

(비유적인 표현으로 쓰여) 이득을 보거나 남을 꾀고자 속마음을 감추고 음흉한 수단을 쓰다. (비)낚시(를) 던지다.

미끼(로) 삼다

미끼로 이용하다.

★미끼 : 물고기를 잡으려고 낚시 끝에 꿰어 다는 물고기의 먹이. ×잇갑, 입갑.

미늘(을) 달다

기와를 비늘 모양으로 위쪽의 아래 끝이 아래쪽의 위 끝을 덮어 누르게 달다.

ㅁ

★미늘 : 낚시나 작살의 끝에 있는, 물고기가 물면 빠지지 않도록 가시처럼 만든 작은 갈고리.

미립을 깨닫다

경험에 의하여 묘한 이치를 깨닫다.

★미립 : 경험에서 얻은 묘한 이치, 요령.

미립(을) 얻다

경험에서 얻은 묘한 이치를 깨닫다.

미립(이) 나다(생기다/깨닫다)

경험에서 얻은 묘한 이치나 요령이 생기어 깨닫다.

미립이 트다

경험에 의하여 묘한 이치를 깨닫다. (비)지립이 나다[생기다/깨닫다].

미립이 트이다

경험에 의하여 묘한 이치를 깨닫게 되다.

예) 피천 백 냥에 남의 깊은 속내까지 염탐할 작정이오? 변설이 번드레하기에 세상 물정에는 웬만큼 미립이 트인 줄 알았더니마는….

미여 치나 재껴 치나 매일반

『북』 이렇게 하나 저렇게 하나 결국은 같음.

미역(을) 감다

냇물, 강물에 들어가 놀거나 몸을 씻다.

★미역 : 냇물이나 강물 등에 들어가 몸을 씻거나 노는 일.

미역국(을) 먹다

미역에는 철분이 많아서 출산으로 다량의 피를 내보낸 산모에게는 좋은 음식이 된다. 또한 미끈미끈한 성질 때문에 미처 산모의 배 안에서 빠져나오지 못한 태반이 미역처럼 쉽게 미끄러져 나오라는 의미로도 산모에게 미역국을 먹인다. 산모가 먹은 음식은 모유를 통해 아이에게 전달되므로, 세상에 나온 아이가 처음 맛보는 음식이 미역국이라고 할 수 있다. 그래서인지 생일을 맞은 사람들도 아침 식사로 미역국을 먹는다. 산모나 생일을 맞은 사람이 미역국을 먹는 것을 말한다.

한편 다른 의미로는 구한말 일제 침략자들에 의해 조선 군대가 강제로 해산되었을 때, 그 '해산解散'이라는 말이 아이를 낳는다는 뜻의 '해산解産'과 말소리가 같다고 하여 비롯된 쓰임이다. 즉, 아이를 낳고 나서 산모가 미역국을 먹듯이 군대가 해산하여 군인들이 일자리를 잃었음을 비꼬아 일컬었다. 그래서 현재는 '직장에서 해고되거나 직위에서 밀려나다'라는 일반적인 의미를 나타낸다. 아울러 미역은 미끈미끈한 촉감 때문에 시험에 착 붙어야 하는 수험생들이 시험 당일 먹지 말아야 할 음식으로 금기시된다. 그런데 그 금기를 어기고 미역국을 먹었다고 하니 불길한 결과가 예상된다. 이때에는 '(속된 표현으로 쓰여) 시험에 응시했다가 떨어지다'라는 뜻이다.

미운 정 고운 정

오래도록 가까이 지내는 동안에 티격태격하기도 했지만 이런저런 고비를 모두 잘 넘기고 깊이 든 정.

미음 돌 듯

눈물이 눈가로부터 조금씩 괴어드는 모양.

미음(이) 들다

1. 껍질과 나무속 사이에 물기가 많이 생기다.

2. (비유적으로) 눈과 눈꺼풀 사이에 눈물이 생기다.

미주알고주알

사소한 것까지 속속들이 캐어묻는 모양, 미주알고주알 꼬치꼬치 캐는 것에 대하여 미주알고주알 캔다고 한다. 이 말 속에는 조금쯤 끈질기고도 치밀한 느낌이 곁들여 있다. 하여간 뿌리를 캐도, 잔뿌리까지 깡그리 캐 버린다는 생각이다. 본디 〈미주알〉은 항문을 이루는 창자의 끝부분이다. 따라서 속 창자까지 살펴볼 정도로 꼬치꼬치 따지고 든다는 뜻이며, 고주알은 미주알과 운을 맞추기 위하여 덧붙인 말이라고 한다. 그런데 이 고주알에 대해서는, 〈고조高祖알-〉고주알〉이라고 하는 주장도 있다. 곧, 고조할아비까지 캔다는 생각에서였으리라.

예) 털이가 안 된다는 까닭을 미주알고주알 캐내서 수다 늘어놓는데 주만은 참다 못하여 소리를 빽 질렸다.

미주알고주알 캔다

일의 속사정을 자질구레한 것까지 속속들이 자세히 조사한다는 말. (비)병조적간兵曹摘奸.

예) 아버지는 큰집과 다투고 나서 완전히 발을 끊고 제사 때도 찾아가지 않으신다.

미쳐 날뛰다

미친 듯이 마구 야단을 떨다. (비)미치고 팔짝 뛰겠다.

예) 미남 배우가 나오자 여학생들이 미쳐 날뛰기 시작했다.

민주를 대다

1.(어떤 사람이 다른 사람을) 몹시 성가시게 하다.

2.넌더리가 나게 하다라는 의미의 강원도 사투리.

예) 계속 잔소리를 하면서 민주를 대는 통에 그냥 나와 버렸다.

밀고 당기다

남과 실랑이를 하다.

예) 이제 밀고 당기기는 그만하고 화해해라.

밀알(이) 지다

얼굴이 뺀뺀하게 생기다.

★밀알 : 밀의 낟알.

밑구멍에 불이 나다

몹시 조급해서 잠시도 앉아 있지 못하고 왔다 갔다 하는 상태.

밑도 끝도 모르다

어찌 된 영문인지 일의 속내를 도무지 모르다.

예) 그는 밑도 끝도 모르면서 참견한다.

밑도 끝도 없다

앞뒤의 연관 관계가 없이 말을 불쑥 꺼내어 갑작스럽거나 갈피를 잡을 수 없다.

예) "너 요즘 연애한다며?" 나는 그의 밑도 끝도 없는 질문에 당황했다.

밑도 끝도 없이

앞뒤의 연관 관계가 없는 말을 불쑥 꺼내어 갑작스럽거나 갈피를 잡을 수 없게.

예) 밑도 끝도 없이 갑자기 그게 무슨 말이야?

밑동이 잘린 나무그루

『북』 의거하고 있던 바탕이 없어져서 맥없이 쓰러지거나 주저앉게 된 대상을 비유적으로 이르는 말.

밑말을 심어 두다

『북』 미리 다짐하여 일러두다.

★밑말 : 미리 다짐하여 일러두는 말.

밑바닥에 깔리다

어떤 현상이나 사실의 바탕에 놓이다.

예) 어딘지 모르게 무엇인가를 저주하는 듯한, 소년의 날카롭고 냉랭한 심사가 글 밑바닥에 깔려 있었다.

밑바닥이(바닥이) 드러나다

사람들에게 멸시받고 천한 삶을 '밑바닥 인생'이라고 말한다. '사람이나 어떤 사태의 부정적인 모습이 그동안 숨겨져 있다가 밝혀지다'라는 뜻이다. '바닥이 드러나다'도 같은 의미를 담고 있다.

예) 사람이 어려운 상황에 닥치면 어쩔 수 없이 밑바닥이 드러나게 돼 있어.

밑 빠진 독

힘이나 비용을 들여도 보람이 없을 때를 두고 하는 말.

밑(에) 들다

연을 날릴 때에 남의 연줄에 얽혀서 눌리게 되다.

밑(이) 가볍다

한자리에 오래 있지 않고 자주 자리를 뜨다. (반)밑(이) 무겁다[질기다].

예) 사내가 그렇게 밑이 가벼워서야 뭐에 써먹겠어?

밑(이) 구리다

1.(비)뒤(가) 구리다.

예) 제 밑이 구린지 말을 하다 말고 슬금슬금 자리를 피하기 시작했다.

2.(사람이) 숨기고 있는 범죄나 과실 때문에 떳떳하지 못하다.

예) 그는 전과를 숨기고 살아가자니 늘 밑이 구렸다.

밑(이) 더럽다

행실이 바르지 못하거나 깨끗하지 못하다.

예) 자고로 계집애나 사내놈이나 밑이 더러우면 못 쓰는 법이지.

밑이 드러나다

드러나지 않던 내막이 밝혀지다.

예) 그 선수는 허풍만 치더니 이번 대회에서 밑이 드러났다.

밑(이) 무겁다

(비)엉덩이가 무겁다[질기다]. (반)밑(이) 가볍다.

예) 요즘 날씨가 추워서인지 다방에는 밑이 질긴 손님이 한둘이 아니다.

밑이 빠지다

'빠지다'는 '있어야 할 자리에서 이탈하다', '밑 부분 따위가 떨어져 없어지다'라는 뜻이 있다. 밑에 있는 구멍, 즉 '항문'이다. 치질이 심하면 안에 있는 창자가 항문 밖으로 빠져나와서 그 고통이 걸어 다닐 수 없을 정도이다. 항문은 안에 있는 내용물들이 아래로 쏟아지지 않게 단단히 조이는 역할을 해야 한다. 그런데 그 기능을 잃은 것이다. 그러므로 '밑이 빠지다'라고 하면 '치질로 인하여 탈항(脫肛)이 되다'라는 뜻으로도 쓰인다.

밑이 안 보인다

끝이 없다.

밑지는 장사

자기에게 아무 이득이 없고 손해를 보는 일.

예) 그가 얼마나 계산이 빠른 사람인데 아무렴 밑지는 장사를 하겠느냐?

밑이 질기다

어디 가서 앉으면 좀처럼 일어날 줄 모르다. (반)밑(이) 가볍다.

밑창을 보다

밑천을 다 써서 거덜이 나게 하다.

★밑창 : 신의 바닥 밑에 붙이는 창.

예) 천 원을 먹기는 고사하고 본전 육백 원이 다 달아난 판이니 깨끗이 밑창을 보게 두어둘 것이지….

밑천도 못 찾다(건지다)

'밑천'이란 어떤 일이나 장사를 시작할 때 바탕이 되는 돈이나 물건을 이르는 말이다. 요샛말로 '자본資本'이다. 또한 그 사람이 바탕으로 지니고 있는 기술이나 재주 따위를 일컫는 말로도 쓰인다. 밑천을 대는 것은 밑천을 뽑은 다음 실질적인 이익을 얻기 위해서이다. 그런데 이익은커녕 밑천에서 손해가 날 때, 즉 투자한 돈도 건지지 못할 때 '밑천도 못 찾다'라고 한다. '찾다' 대신 '건지다'를 쓰기도 한다. '어떤 일을 했다가 실패하여 도리어 손해를 보게 되다'라는 뜻이다. '본전도 못 찾다'와 같다. 한편 괜한 말을 꺼냈다가 핀잔을 들을 때도 이 표현을 사용한다. 즉, '말한 수고가 헛되어 좋은 소리는커녕 싫은 소리만 듣다'를 뜻한다. 이 역시 '본전도 못 찾다'와 같다.

밑천이 드러나다

1. 평소에 숨겨져 있던 제 바탕이나 성격이 표면에 나타나다.

예) 지식인으로 거짓 행세한 그는 자기 밑천이 드러나지 않도록 말을 삼갔다.

2. 밑천으로 쓰던 돈이나 물건이 다 없어지다.

예) 그렇게 도박을 즐기니 그의 밑천이 드러나는 것은 시간문제였다.

밑천이 떨어지다

이야깃거리가 궁해지다. (비)뒤가 들리다.

예) 옛날이야기를 하던 할아버지께서는 밑천이 떨어졌는지 빙그레 웃으셨다.

밑천이 짧다

'어떤 일을 하는 데 필요한 비용이 모자라다'라는 뜻이다. 한편 '밑천'이란 개인이 지니고 있는 기술이나 재주 따위를 뜻하기도 한다. 그래서 '가지고 있는 능력이나 재능이 부족하다'라는 뜻으로도 쓰인다.

ㅂ

바가지(를) 긁다

주로 아내가 남편에게 생활의 어려움에서 오는 불평과 잔소리를 심하게 하다.

★바가지 : 주로 물을 푸거나 물건을 담는 데 쓰는 둥그런 모양의 그릇.

예) 아침부터 아내가 바가지를 긁는 바람에 일할 기분이 나지 않았다.

바가지(를) 쓰다

어떠한 일을 한 결과 부당한 책임이나 억울한 손해를 보게 되다. 손해 보다, 피해를 당하다는 뜻으로 쓰인다. 개화기 이후에 중국에서 십인계+ㅅ라는 놀음이 들어왔다. 이 놀음은 1에서 10까지의 숫자가 적힌 바가지를 엎어 놓는다. 그리고 물주가 어느 수를 대면 그 수가 적힌 바가지에 돈을 댄 사람은 못 맞춘 사람의 돈을 모두 가지며, 손님이 못 맞출 때에는 물주가 다 가지게 된다. 이렇게 바가지에 적힌 수를 맞추지 못할 때에는 돈을 잃기 때문에 손해를 보는 것을 바가지 썼다고 하게 되었다.

예) 시세를 모르면 엄청나게 바가지를 쓴다.

바가지(를) 씌(우)다

요금이나 물건 값을 실제 가격보다 비싸게 지불하여 억울한 손해를 보다.

예) 휴가철을 맞아 장사꾼들은 피서객에게 바가지를 씌웠다.

바가지(를) 차다

(비)쪽박(을) 차다.

예) 착실하던 그가 노름에 빠져들더니 결국 바가지를 차고 말았다.

바꿔 말하면

먼저 한 말을 다른 말로 하면.

바끄러움을 타다

바끄러움을 남달리 잘 느끼다.

★바끄러움 : 부끄러움의 작은말.

바다(와) 같다

매우 넓거나 깊다는 뜻.

예) 바다 같은 은혜, /바다와 같은 어버이 사랑.

바다를 비우다

『북』 바다에 고기 잡는 배가 없이 비어 있게 한다는 뜻으로, 바다에서 고기잡이하는 일을 한동안 그만두고 자리를 뜨는 경우를 이르는 말.

바다에 뜬 섬

『북』 바다의 외진 섬같이 홀로 외롭게 떨어져 있는 존재를 비유적으로 이르는 말.

바닥(을) 긁다

1. 생계가 곤란하다.

예) 기업이 망한 후에 그들은 바닥을 긁을 정도로 어렵게 살고 있었다.

2. 무리 안의 바닥 지위에서 맴돌다.

바닥을 기다

정도나 수준이 형편없다.

예) 중학교 때는 수학 성적이 바닥을 기었는데 이제는 꽤 나아졌습니다.

바닥(을) 누르다

(비)바닥(을) 짚다.

예) 그 구덩이는 바닥을 누른 지 오래되었으니 더 이상 파 볼 필요도 없다.

바닥(을) 보다

1. 밑천이 다 없어지다.

예) 이제 곧 바닥을 보게 되는데 들어올 돈은 없고 이거 정말 큰일이군.

2. 끝장을 보다.

예) 한번 시작한 일이니 바닥을 보아야지 중도에서 그만둘 수는 없다.

바닥을 비우다

일정한 분량의 것을 남김없이 다 없애다.

예) 목이 말랐는지 물 대접의 바닥을 비웠다.

바닥(을) 짚다

광산에서 땅의 아래쪽으로 향하여 파 가다. (비)바닥(을) 누르다.

예) 이번 달의 채탄 작업은 탄맥을 따라 계속하여 바닥을 짚었다.

바닥(이) 나다

돈이나 물건이 다 소비되어 없어지다.

예) 자본이 ~.

바닥(이) 드러나다

1. 다 소비되어 없어지다.

예) 아내는 벌써부터 바닥이 드러난 쌀통을 보고 한숨지었다.

2. 숨겨져 있던 정체가 드러나다.

예) 그도 이제 슬슬 바닥이 드러나는군.

바닥(이) 질기다

증권 거래에서 떨어진 시세가 더 내리지 아니하고 오래 계속 버티다.

예) 내가 투자한 종목이 바닥이 질겨 주식을 팔 수가 없었다.

바닥 첫째

'꼴찌'를 놀림조로 이르는 말.

예) 첫째이긴 첫째인데 왜 하필이면 바닥 첫째인지 모르겠군.

바둑(을) 두다

두 사람이 바둑판에 바둑돌을 번갈아 놓아 승부를 겨루다.

★바둑 : 흑돌과 백돌을 바둑판 위에 번갈아 두며 '집'을 많이 짓도록 경쟁하는 게임.

바둑판같다

얼굴이 몹시 얽은 것을 비유하는 말.

바디(를) 치다

바디질을 하다.

★바디 : 베틀이나 방직기, 가마니틀 따위에 딸린 기구의 하나.

바람만 바람만

바라보일 만한 정도로 뒤에 멀리 떨어져 따라가는 모양.

바람맞은 병신같이

기운이 빠지고 풀기가 없어 몸을 제대로 가누지 못하는 모양을 이르는 말.

예) 그렇게 바람맞은 병신같이 졸고 있지 말고 집안일이나 도와줘.

바람에 구름 밀리듯

『북』 어떤 현상이나 사물이 삽시간에 한쪽으로 몰리거나 흩어져 없어지는 모양을 비유적으로 이르는 말.

바람(을) 내다

1. 하는 일에 한창 능률을 내다.

2. 마음을 들뜨게 하다.

바람(을) 넣다

남을 부추겨서 무슨 행동을 하려는 마음이 생기게 만들다.

예) 왜 얌전히 공부하는 아이에게 바람을 넣고 그러냐?

바람(을) 맞다

1. 풍병에 걸리다.

2. 남에게 허황된 일을 당하거나 속.

바람(을) 쐬다(쐬다)

1. 기분 전환을 위하여 바깥이나 딴 곳을 거닐거나 다니다.

예) 공부를 하다가 잠시 바람을 쐬러 나갔다.

2. 다른 곳의 분위기나 생활을 보고 듣고 하다.

예) 그는 외국 바람을 쐬기 위해 여권 신청을 했다.

바람(을) 올리다

폭풍우의 피해를 막고자 음력 이월 초하루부터 보름이나 스무날까지 밥, 나물, 떡 따위로 풍신제風神祭를 올려 영등할머니와 그 며느리에게 빌다.

예) 바람 올린 음식이 가만가만 나누어지고 마을 사람들은 금년에도 시절이 잘되기를 빌었다.

바람을 일으키다

1. 사회적으로 많은 사람에게 영향을 미치다.

예) 그의 새로운 유행어가 아이들 사이에서 바람을 일으켰다.

2. 사회적 문제를 만들거나 소란을 일으키다.

예) 복부인들은 부동산 투기 바람을 일으키고 다녔다.

3. 『북』 어떤 새로운 목표를 내세우고 그것을 이루기 위하여 사회적인 운동을 벌이다.

예) 속도전의 바람을 일으키다.

바람(을) 잡다

1. 허황된 짓을 꾀하거나 그것을 부추기다.

예) 옆에서 자꾸 바람을 잡았어도 나는 그것을 무시하고 집으로 돌아왔다.

2. 마음이 들떠서 돌아다니다.

예) 사람은 늙어 갈 줄밖에 모르는데, 바람 잡아 떠돌며 좋은 시절도 있었건만….

3. 이성에 대한 들뜬 생각을 하다.

바람(을) 차다

『북』 1. 바람을 세차게 일으키다.

예) 바람 차며 질주하는 말들의 기상.

2. 기세등등하게 행동을 하다.

예) 그는 "알았습니다."하고는 바람을 차고 되돌아섰다.

바람(을) 켜다

1. 바람 든 짓을 하다.

2. 『북』 배를 차게 하여 속에 가스가 차며 탈이 나다.

바람을 타다

'타다'는 움직이는 것에 몸을 의지하여 그것이 가는 대로 이동한다는 의미다. 즉, 바람에 실려 그것이 부는 대로 따라간다는 것을 나타낸다. 또한 '타다'에는 '추위를 타다'에서처럼 '쉽게 느끼다', '영향을 잘 받는다'라는 의미도 있다. 따라서 '바람을 타다'는 '바람의 영향을 쉽게 입다', '바람이 조금만 불어도 변화가 나타나다'를 뜻한다. 한편 바람에는 '사회적인 움직임', '풍조' 따위의 뜻도 있어서, '사회적인 영향을 받고 거기에 따라 변화하다'라는 뜻을 나타내기도 한다.

바람(을) 피우다

한 이성에만 만족하지 않고 몰래 다른 이성과 관계를 가지다. 허황된 짓을 자주 하다.

바람이 끼다

들뜬 기분이 마음속에 일어나다.

바람(이) 나가다

한창 융성한 기운이 없어지다.

예) 창립 성원이 모두 빠지자 바람 나간 모임이 되어 버렸다.

바람(이) 나다

이성 관계로 마음이 들뜨다. 하는 일에 능률이 한창 나다.

바람(이) 들다

1. 무 따위가 얼었다 녹았다 하는 바람에 물기가 빠져 푸석푸석하게 되다.

예) 바람 든 무로 깍두기를 담갔더니 제 맛이 안 난다.

ㅂ

2. 다 되어 가는 일에 탈이 생기다.

예) 이 일이 끝까지 바람 들지 않도록 모두들 각별히 주의하기 바란다.

바람이 자다

불던 바람이 그치다. 들떴던 마음이 가라앉다.

바른손(을) 들다

『북』 찬성하거나 호응하다.

바쁜 소리

몹시 급한 형편이나 딱한 사정에 처해서 하는 말.

바지까지 벗어 주다

도저히 내어 줄 수 없거나 양보할 수 없는 것까지 자신의 모든 것을 다 넘겨주다.

바지저고린 줄 아느냐

사람을 속은 없고 겉껍데기만 있는 듯이 여기느냐는 항변 무능하다고 너무 멸시당할 때 이름.

바통을 넘기다

후임자에게 인계하다.

★**바통** : 권한이나 의무, 역할 따위를 다음 사람에게 넘겨주거나 앞사람으로부터 받는 것을 비유적으로 이르는 말.

박살(을) 내다

'두드릴 박撲'에 '죽일 살殺'로 이루어진 이 말은 글자 그대로 '때려죽인다'는 뜻이다. 오늘날에는 꼭 사람이나 짐승 등 살아있는 사물에만 한정되어 쓰이는 것이 아니라, 어떤 물건을 완전히 때려 부수어 조각조각으로 만드는 일까지를 뜻하게 되었다.

예) 후세인이 이번에는 이란을 박살내겠다 그랬다며?

박(을) 타다

기대하던 일이 틀어져 낭패를 보다.

★**박** : 박과에 속하는 한해살이 식물로 열매는 여러 가지로 쓰이고 있다. 덜 익은 박을 잘라 속을 빼버리고 박고지. 김치 등 나물을 만들기도 하며, 엿에 담가 과자를 만들어 먹기도 한다. 잘 익은 박은 타거나 구멍을 파서 속을 뺀 뒤 삶아 바가지로 쓴다. 옛날에는 초가집 지붕 위에 자라는 박을 흔히 볼 수 있었는데, 지금은 초가집이 거의 사라지고 없어 그런 모습을 보기가 힘들다. 표주박 또는 호리병박은 박과 비슷하나, 열매가 박보다 작고 한가운데가 잘록한 술병같이 생겼다.

박(이) 터지다

(속되게) 일이 복잡하거나 어려워 신경이 쓰이다.

예) 너 지금 무슨 생각을 박 터지게 하는 것이냐!

박차를 가하다

말을 탈 때 구두 뒤축에 달아 뒤로 뻗치게 하는 쇠로 만든 물건을 박차拍車라 한다. 한자성어 주마가편走馬加鞭과 같은 뜻을 가지고 있는 것으로서, 달리는 말에 채찍질을 가해서 더 빨리 달리도록 하는 것과 같이 일이 빨리 성사되도록 힘과 열의를 더하는 것을 뜻한다. 일의 진행이 빠르도록 자극이나 힘을 가하다.

예) 새마을 운동에 ~.

박 패듯

마구 때리는 모양을 이르는 말.

예) 왜 죄도 없는 사람을 그렇게 박 패듯 때리는 거야?

반기를 들다

반대하여 나서다.

★**반기**反旗 : 반대의 뜻을 나타내는 행동이나 표시.

반나마 늙다

인생의 반 이상이 지나다.

★**반나마** : 반이 조금 지나게.

예) 이제 반나마 늙었으니, 남은 여생은 무엇을 하며 지낼까?

반(을) 짓다

과자나 떡 같은 것을 둥글고 얇게 조각을 내어 만들다.

예) 절편은 흰떡과 같은 방법으로 만드는데 길게 비벼 가래떡으로 하지 않고 도독하게 반을 지은 다음 떡살로 문양을 찍어서 만든다.

반半(을) 타다

쪼개어 절반으로 가르다.

예) 이 참외를 반 타서 동생과 똑같이 나눠 먹어라.

반자(를) 받다

성이 나서 펄펄 뛰다.

반죽(을) 떨다

말이나 짓으로 언죽번죽한 태도를 나타내다.

★반죽 : 노여움이나 부끄러움을 타는 일이 없이 유들유들한 성미.

반죽(이) 좋다

노여움이나 부끄러움을 타지 아니하다.

예) 그는 반죽이 좋아 웬만한 일에는 성을 내지 않는다.

받고 채기

말을 주고받거나 곁에서 채거나 하면서 농담이나 승강이질을 하는 일.

발간 거짓말

새빨간 거짓말.

예) 한 번만 더 발간 거짓말을 하면 혼내 줄 테다.

발간 상놈

더 말할 나위 없는 상놈. (비)벌건 상놈, 빨간 상놈, 뻘건 상놈.

★상常놈 : 예전에, 신분이 낮은 남자를 얕잡아 이르던 말.

발거리(를) 놓다

1.간사한 꾀로 남을 곯리다.

★발거리 : ①간사한 꾀로 남을 은근히 해치는 짓. ②남이 못된 일을 꾸밀 때 이것을 미리 다른 사람에게 알리는 짓.

2.남의 못된 일을 일러 주다.

발걸음도 끊다[안 하다]

전혀 오거나 가지 아니하다.

예) 어처구니없게도 상속 문제 때문에 동생네와 발걸음도 안 한 지 오래되었다.

발걸음을 맞추다

『북』 행동이나 마음 따위를 같은 방향으로 일치시키다.

예) 온 나라가 새로운 포부와 각오를 안고 총진군의 북소리에 발걸음을 맞추고 있다.

발걸음을 재촉하다

(비)길을 재촉하다.

예) 해가 저물자 조급한 마음에 발걸음을 재촉하였다.

발걸음이 떨어지지 않다

(비)발이 떨어지지 않다.

예) 불쌍하신 부모님을 남겨 두고 시집을 가려고 하니 발걸음이 떨어지지 않는다.

발걸음(이) 무겁다

침울하다.

발걸음이 잦다

자주 많이 드나든다는 말.

예) 정선아리랑 관광열차가 운행돼 외지인의 발걸음이 잦다.

발그림자도 끊다

(비)발(을) 끊다.

예) 이런 일이 한 번 있은 뒤로는 조저녁에 혹간 찾아오던 사람들까지도 발그림자를 끊었다.

발그림자도 들여놓지 않다

전혀 나타나지 아니하다.

예) 우리 집에 그토록 자주 드나들던 애가 요즘은 회사 일이 바쁜지 통 발그림자도 들여놓지 않는다.

발길을 끊다

사람간의 사이에 무엇인가 큰 잘못이 있어 화가나 관계를 안 하겠다는 뜻.

예) 내가 도와 달라고 그렇게 말을 했는데 안도와줬지? 그 사람과는 발길을 끊겠어.

발길(에) 채다(차이다)

'차이다'는 '차다'의 피동, 즉 '차임을 당하다'라는 뜻이다. '다른 사람이 걸어가는 진로를 방해하거나 군중 속에 있거나 하여 행인의 발에 차임을 당하다'라는 의미다. 한편 발은 신체의 가장 아래에 있기 때문에 '불결한 것', '천한 것'으로 취급된다. '짓밟다'라는 표현이 있는데, 이것은 상대방을 몹시 억압한다는 뜻이 되기도 한다. 누구를 업신여기게 되면 그 사람을 자기 발아래 두게 된다. 가난하고 약한 자들은 힘 있는 자들에게 굽신거리며 사회의 하층 계급을 형성한다. 그래서 '다른 사람들에게 업신여김을 당하고 천대받다'라는 뜻을 나타내기도 한다. 아울러 자갈밭을 걸으면 어디로 발을 내딛든 자갈을 밟게 된다는 것에서, '어떤 것이 흔할 정도로 너무 많다'는 의미로 사용될 때도 있다. (비)발에 채다[차이다].

예) 그는 어려서 집을 나와 발길에 차이는 생활을 하며 서럽게 컸다.

발길이 내키지 않다

(비)발이 내키지 않다.

예) 무슨 이유에서인지 몰라도 오늘따라 왠지 선뜻 집으로 가는 발길이 내키지 않는다.

발길이 떨어지지 않다(무겁다)

발걸음을 떼어놓을 수 없는지 그 사정에 더 관심이 많다. '마음이 안쓰럽거나 미련이 생기거나 걱정이 되어서 가야겠는데 선뜻 두고 떠날 수가 없다'라는 뜻, 가고 싶은 마음이 내키지 아니하다. (비)발이 떨어지지 않다(무겁다).

발길이 멀어지다

서로 찾아오거나 찾아가는 것이 뜸해지다.

예) 친한 친구인데도 한참을 보지 않았더니 발길이 멀어졌다.

발길이 무겁다

(비)발이 내키지 않다.

예) 그는 발길이 무거워 지도 교수님 연구실에 자주 인사하러 가지 못했다.

발꿈치를 물다

(비)발뒤축을 물다.

예) 자네의 호의에 보답해야 되는데, 고의는 아니었지만 결과적으로 오히려 발꿈치를 문 격이지 뭔가.

발꿈치를 물리다

(비)발뒤축을 물리다.

예) 그는 지금 친구를 위해 보증을 서 주다가 발꿈치를 물려 철창신세라네.

발꿈치를 접하여 일어나다

어떤 일들이 연달아 일어나다.

예) 아들의 대학 합격과 남편의 진급이 발꿈치를 접하여 일어났다.

발담을 들이다

『북』 밟다듬이(피륙, 종이 따위를 발로 밟아서 구김살이 펴지게 다듬는 일)를 하다.

발돋움(을) 하다

(사업이나 시설·규모가) 발전의 전망을 가지고 확대되다.

★발돋움 : 더 높은 단계로 노력하여 올라섬.

발동發動을 걸다

어떤 일을 할 태세를 갖추거나 어떤 일을 하도록 부추기다.

예) 그가 아직 새로운 사업에 발동을 걸지 않았는지 전혀 일이 진행되지 않고 있다.

발뒤꿈치도 따를 수 없다

상대가 너무나 뛰어나 자기와 비교도 안 될 정도다.

발뒤축을 물다

은혜를 베풀어 준 상대에게 해를 입히다. (비)발꿈치를 물다.

예) 저 사람의 평소 행동을 보면 충분히 발뒤축을 물고도 남을 사람이니 조심하게.

발뒤축을 물리다

은혜를 베풀어 준 상대로부터 뜻밖에 해를 입다. (비)발꿈치를 물리다.

발등에 불(이) 떨어지다

일이 몹시 절박하게 닥치다. (비)불똥이 떨어지다.

예) 그는 무슨 일이든 언제나 발등에 불이 떨어져야 시작한다.

발등에 오줌 누다

몹시 바쁘다.

발등(을) 디디다

남이 하려는 일을 앞질러서 먼저 하다.

예) 나는 그 일을 다 알고 있다고 먼저 발등을 디디어 그의 말문을 막아 버렸다.

발등을 밟히다

'밟히다'는 '밟다'의 피동, 즉 '밟음을 당하다'이다. 남의 발을 밟는 것은 모욕을 주는 행동으로 여겨진다. '발을 밟다'는 발가락 쪽을 조금 밟는 것이고, '발등을 밟다'는 발가락에서 더 안쪽으로 들어가서 깊숙이 밟는 것이 되니 의도한 행동이기 쉽다. '다른 사람의 발에 제 발을 밟히다'라는 뜻이다. 한편 상대가 내 발등을 밟았다면 적어도 한 걸음은 앞섰다는 말이다. 그래서 '자기가 하려고 벼르던 일을 다른 사람이 낚아채서 먼저 하다'라는 의미도 담고 있다.

예) 자네 계획은 좋았지만 실행력이 부족해서 후배에게 발등을 밟힌 것 아니겠나.제가 하려는 일을 앞지름을 당하다.

발등을 찍다

남의 일을 그르치거나 해를 주다.

발등(을) 찍히다

남에게 배신을 당하다.

예) 그는 굳게 믿었던 친구에게 결국 발등을 찍히고 말았다.

발등의 불을 끄다

눈앞에 닥친 절박한 일이나 어려운 일을 처리하거나 해결하다.

예) 그는 지금 자기 발등의 불을 끄는 데 정신이 없다.

발 디딜 틈도 없다

어떤 장소가 발을 디딜 수 없을 만큼 사람으로 꽉 찬 상태에 있다.

발매(를) 넣다

나무를 찍어 내는 일판의 발매를 시작하다.

★발매 : 나무를 가꾸는 산에서 키운 나무를 한목 베어 냄.

발매(를) 놓다

촘촘히 서 있는 나무를 한꺼번에 베어 버리다.

발목을 묶(이)다

어려운 상황이나 일에서 벗어나지 못하다.

예) 희생된 자는 정의의 시슬로 발목을 묶였던 수많은 백성이었고….

발목을 얽어매다[얽어 놓다]

『북』 제멋대로 행동하지 못하도록 구속하거나 제재를 가하다.

발목(을) 잡다

1. 어떤 일에 꽉 잡혀서 벗어나지 못하게 하다.

예) 저라도 보탬이 되고 싶은데 다른 일이 제 발목을 잡고 있습니다.

2. 남의 어떤 약점을 잡다.

예) 사장은 전과 사실을 빌미로 그의 발목을 잡고 협박을 했다.

발목(을) 잡히다

1. 어떤 일에 꽉 잡혀서 벗어나지 못하다.

예) 요즘은 어머님께서 시키신 일에 발목을 잡혀서 내 일은 전혀 못하고 있다.

2. 남에게 어떤 약점이나 단서端緖를 잡히다.

예) 그녀는 그에게 무슨 일로 발목을 잡혔는지 마냥 절절맨다.

발바닥에 불이 일다[나다]

부리나케 여기저기 돌아다니다. <u>(비)발부리에 불이 나다, 발바닥에 불이 나게 돌아다니다.</u>

예) 그녀는 요즘 딸의 혼수 준비로 발바닥에 불이 일 정도로 바쁘게 다닌다.

발바닥에 흙 안 묻히고 살다(고 싶다)

수고함이 없이 가만히 앉아서 편하게 살다.

예) 저 부인은 어려서부터 지금까지 발바닥에 흙 안 묻히고 사시는 분이지.

발바닥을 핥다

재력이나 권세가 있는 사람에게 빌붙어 너절하고 더러운 짓을 하다.

예)이제 상사 발바닥을 핥는 짓은 그만두는 게 어때?

발버둥(을)[발버둥질(을)] 치다

'버둥거리다'라는 단어가 있다. 발버둥은 발만 움직이는 것이다. 다시 말해 앉거나 누워서 두 다리를 갖고 몸부림을 치는 것으로, 주로 투정을 부리거나 억울해서 울 때 그런 동작을 취한다. 같은 말로, '발버둥이(을) 치다', '버둥질을 치다'가 있다. '어떤 것을 이루거나 살아남기 위해 온갖 노력을 기울이며 안타까울 정도로 애쓰다'라는 뜻이다.

예) 두 아이에게 남들 하는 것만큼 과외를 시키려고 부부는 야근까지 하며 발버둥을 쳤다.

발 벗고 나서다

적극적으로 나서다. (비)맨발(을) 벗고 나서다.

예) 그는 옳다고 생각하는 일이라면 항상 발 벗고 나서는 사람이다.

발 벗고 대들다

적극적으로 나서서 대들다.

예) 구경만 하던 사람들이 발 벗고 대들어 일을 도왔다.

발부리에 불이 나다

『북』 '발바닥에 불이 일다'의 북한 익은말.

★발부리 : 발끝의 뾰족한 부분.

예) 발부리에 불이 날 지경으로 뻔질나게 돌아치다.

발 뻗고 자다

곤란한 일에서 벗어나 마음 놓고 편히 자다.

예) 시험이 끝나 ~.

발쇠(를) 서다

남의 비밀을 캐내어 다른 사람에게 넌지시 알려 주다.

★발쇠 : 남의 비밀을 알아내어 다른 사람에게 넌지시 알려 주는 짓.

예) 저놈의 짐승이 우리 내막을 그 죽일 놈들한테 발쇠 섰단 말인가?

발씨(가) 설다[서투르다]

잘 다니지 아니하던 길이어서 익숙하지 못하다.

★발씨 : 길을 가는 발걸음이 그 길에 익은 정도

예) 아무리 발씨가 선 사람이라도 문 찾아 나가기는 어려울 것이 없는지라…./산골길에 높고 얕은데가 익숙하게 다니던 곳같이 발씨가 서투르지 않고….

발씨(가) 익다

(비)발이 익다.

예) 그는 이 동네에서 태어나 40년을 살아서 동네 어디든지 발씨가 익었다.

발아래로 보다

어떤 대상을 몹시 무시하고 깔보다.

예) 그는 자기보다 공부를 못하는 아이가 있으면 언제나 발아래로 보았다.

발아래에도 못 가다

비교가 안 될 만큼 보잘것없다.

예) 나의 바둑 실력이 1년 전만 해도 그 사람의 발아래에도 못 갔으나 이제 한번 겨뤄 볼 만한 정도는 되었다.

발에 채다[차이다]

여기저기 흔하게 널려 있다. (비)발길에 채다[차이다].

예) 요즘에는 발에 채는 것이 여관이요 호텔이다.

발(을) 구르다

매우 안타까워하거나 다급해하다.

예) 늦은 밤이 되어도 아이가 돌아오지 않자 어머니는 동동 발을 굴렀다./그녀는 차 시간을 대지 못해 동동 발을 구른다.

발(을) 끊다

'끊다'는 '자르다', '절단하다'의 뜻이 있기는 하다. 그러나 '발을 자른다', '절단한다'라고는 해도 같은 의미로 '발을 끊는다'라고는 하지 않는다. 그러나 '사지를 끊는다'라는 표현은 쓴다. '끊다'에는 '그만두다', '더 이상 하지 않다'라는 뜻이 있다. 이것은 칼로 자르듯이 단호하게 그만두는 것이다. 이때 발은 수족手足의 발이 아니라 '왕래', '교류'를 의미하는 발길을 나타낸다. '서로 오가며 관계를 맺던 사이에서 그 관계를 끊고 일체 접촉하지 않다'라는 뜻이다. 한편 '빼다'는 '안이나 속에 들어가 있는 것을 밖으로 끄집어내다', '원래대로 물리다'라는 의미가 있다. 그리고 '발을 들여놓다'는 뭔가를 새로 시작한다는 의미다. '집단이나 조직에 들어가다'라는 의미가 있다. (비)발을 빼다, 발그림자도 끊다. (반)발을 들여놓다.

발을 달다

끝난 말이나 이미 있는 말에 말을 덧붙이다.

예) 이것은 비단 남의 자식에게만 한한 일이 아니고 제 자식이라도 그런 일만 있으면 절대 용서 없다고 발을 달았다.

발(을) 들여놓다

(사람이 어떤 일에) 처음으로 접하거나 새로운 경험을 하다.

예) 아버지가 드디어 인터넷에 발을 들여놓으셨다.

발(을) 들여놓을 자리 하나 없다

1.사람이 너무 많이 들어서거나 들어앉아 매우 비좁다.

예) 어제 모임에는 발을 들여놓을 자리 하나 없을 정도로 많이 오셨습니다.

2.많은 물건이 질서 없이 놓여 있거나 어지럽고 지저분하다.

예) 아들이 며칠째 자기 방에서 작업을 하고 있는지는 알고 있었지만, 아들 방은 발 들여놓을 자리 하나 없을 정도였다.

발(을) 들여놓을 자리 하나 없이

1.사람이 너무 많이 들어서거나 들어앉아 매주 비좁게.

예) 묵은해를 보내려는 사람들로 광장은 발을 들여놓을 자리 하나 없이 빽빽했다.

2.많은 물건이 질서 없이 놓여 있거나 어지럽고 지저분하게.

예) 한바탕 아이들이 놀다 나간 방을 들여다보니 발 들여놓을 자리 하나 없이 엉망이었다.

발(을) 디디다

1.(일이나 분야가 어디에) 처음으로 들어오다. 천주교가 이 땅에 발을 내딛은 지 어언 200여 년이 흘렀다.

2.(사람이 어떤 분야에) 입문하거나 새롭게 경험하다.

예) 김 선생이 황무지 같던 이 분야에 처음 발을 디뎠다.

발(을) 디딜 틈이 없다

복작거리어 혼잡스럽다.

예) 버스 안은 발 디딜 틈이 없었다.

발(을) 맞추다[발(이) 맞다]

'맞추다'는 '일치시키다'라는 뜻이다. (어떤 사람이 다른 사람과, 또는 둘 이상의 사람이) 행동이나 말 따위가 같은 방향으로 되도록 서로 일치시키다.

발을 벗고 나서다

'발 벗고 나서다'라고 하면 맨발로 나선다는 얘기다. 이때 '나서다'는 '협력이 필요한 일에 가담하다', '어떤 일에 관여하다'라는 의미를 담고 있다. 수해지역에 도움을 주러 갔거나 도랑을 건너는 데 앞장선다면 아마도 발 벗고 나설 것이다. '적극적으로 가담하여 있는 힘껏 최선을 다하다'라는 뜻이다.

예) 아버지는 집안일이라면 나 몰라라 하면서도 친구 분들 일이라면 발 벗고 나서신다. (비)맨발을 벗고 나서다.

발(을) 벗다

원래는 '발에 신은 신발을 벗다', '신발을 벗다'라고 해야 옳을 것이다. '발을 벗은 상태로 만들다', 즉 '신발이나 양말을 벗다', '맨발이 되는 것'을 가리킨다. 한편 무슨 일에 전념하는 것을 강조하여 쓰기도 한다.

예) 한겨울에 발을 벗고 다니면 어떡하니?

발을 붙이다

'붙이다'는 '붙게 하다', '떨어지지 않게 하다'라는 뜻으로, 한동안 발이 떨어지지 않게 그 자리에 서 있는 것을 말한다. 한편 '어떤 위치가 되는 지점에서 떠나지 않고 머물러 정착하다', '어떤 일에 끼어들어서 관여하다'라는 뜻으로도 쓰인다.

예) 그놈이 어찌나 악랄한지 조금이라도 발붙일 틈을 주었다가는 나중에 우리가 손해를 본다.

발(을) 붙일 곳이 없다

정착할 곳이 없다.

예) 전쟁의 찌꺼기로 내던져진 고아들은 이 황량한 폐허 위에 발 붙일 곳이 없게 된다.

발(을) 빼다[씻다]

어떤 일에서 관계를 완전히 끊고 물러나다. (비)발(을) 끊다, 발그림자도 끊다.

예) 노름판에서 발을 빼고 이제는 착실히 일을 하기로 했네.

발(을) 뻗고[펴고] 자다

(비)다리(를) 뻗고[펴고] 자다.

예) 내 할 일을 다 했으니 이제 발 뻗고 잘 수 있겠다.

발(을) 뻗다[펴다]

걱정되거나 애쓰던 일이 끝나 마음을 놓다. (비)두 다리(를) 뻗다[펴다].

예) 모든 일이 해결되었으니 이젠 발을 펴고 잠을 잘 수 있겠다.

발을 뽑다

1. 관계된 일에서 물러나거나 책임을 피하여 빠져나오다.

예) 그가 손을 떼자마자 나도 합병된 회사에 정열을 쏟아 부을 의욕이 없어 발을 뽑았다.

2. 어떤 상태에서 벗어나다.

예) 이동진은 웬만한 깊이에서 발을 뽑아 버린 셈인데 그의 비판적인 정신은 다분히 문 의원과 상통하는 바가 있었다.

3. 신은 것을 벗다.

예) 성눌이도 그들과 같이 발을 뽑고 논배미로 들어섰다.

발(을) 타다

강아지 따위가 걸음을 걷기 시작하다.

예) 우리 집 강아지들이 발을 타기 시작했다.

발(이) 길다

음식 먹는 자리에 우연히 가게 되어 먹을 복이 있다. (반)발(이) 짧다.

예) 뭐 먹을 때마다 부르지도 않았는데 오는 것을 보면 저 친구 참으로 발이 길지.

발이 날개

『북』 걷는 데의 기본은 발인만큼 발의 준비 상태가 좋아야 많이 걸을 수 있다는 말.

발이 내키지 않는다

하기 싫은 일을 어쩔 수 없이 해야 하는 상황의 의미. (비)발길이 내키지 않다.

예) 이번 일은 정말 발이 내키지 않습니다.

발(이) 넓다[너르다]

사귀어 아는 사람이 많아 활동하는 범위가 넓다.

예) 그 사람은 그쪽 방면으로 발이 넓어 네가 도움을 받을 수 있을 거다.

발이 닳다

매우 분주하게 많이 다니다.

예) 뺑소니차를 목격한 사람을 발이 닳도록 찾아보았으나 성과는 없었다.

발이 떨어지지 않다

애착, 미련, 근심, 걱정 따위로 마음이 놓이지 아니하여 선뜻 떠날 수가 없다. (비)발길이 떨어지지 않다, 발걸음이 떨어지지 않다.

예) 돈을 벌기 위해서 객지로 떠나야 하는 그는 병든 아내가 걱정되어 발이 떨어지지 않았다.

발(이) 뜨다

이따금씩 다니다.

예) 예전에 그토록 우리 집에 자주 놀러 오던 그 애가 요샌 발이 떠서 얼굴 보기가 힘들다.

발이 뜸하다

자주 다니던 것이 한동안 머춤하다.

예) 평소에 자주 다니던 술집도 시험이 치러질 때면 발이 뜸해질 수밖에 없었다.

발(이) 맞다

1. 여러 사람이 걸을 때에 같은 쪽의 발이 동시에 떨

어지다.

예) 나는 국군의 날에 착착 발이 맞는 군인들의 멋진 거리 행진을 보았다.

2. 여러 사람의 말이나 행동이 같은 방향으로 일치하다.

예) 저놈들은 척척 발이 맞아 못할 일이 없을 거야!

발(이) 묶이다

몸을 움직일 수 없거나 활동할 수 없는 형편이 되다.

예) 그는 집안일에 발이 묶여 당분간은 공부를 할 수 없게 되었다.

발(이) 빠르다

알맞은 조치를 신속히 취하다.

예) 그가 발 빠르게 움직여 손실을 줄일 수 있었다.

발이 손이 되도록 빌다(손이 발이 되도록 빌다)

손만으로는 부족하여 발까지 동원할 정도로 간절히 빌다.

예) 어머니는 철없는 아들을 한 번만 용서해 달라고 경찰관에게 발이 손이 되도록 빌었다.

발이 익다

여러 번 다니어서 길에 익숙하다. <u>(비)발씨(가) 익다.</u>

예) 왠지 발이 익다 했더니, 어릴 적 술래잡기하면서 자주 다니던 골목이었다.

발이 잦다

어떤 곳에 자주 다니다.

예) 초등학교에 들어간 아이가 요즘 들어 전자오락실에 발이 잦다.

발이 저리다

지은 죄가 있어 마음이 조마조마하거나 편안치 아니하다.

예) 제 발이 저리니까 입만 벌리면 변명이구나.

발(이) 짧다

먹는 자리에 남들이 다 먹은 뒤에 나타나다. <u>(반)발(이) 길다.</u>

예) 네가 발이 짧은 것을 보니 먹을 복이 없는 거로구나.

발탄강아지 같다

일없이 이리저리 싸다니는 사람을 조롱하여 이르는 말.

★발탄강아지 : 막 걸음을 걷기 시작한 강아지라는 뜻으로, 일없이 쏘다니는 사람을 놀림조로 이르는 말.

발톱까지 무장하다

『북』 (비유적으로) 빈틈없이 무장하다.

밤낮 없이

늘, 언제나.

예) 밤낮 없이 놀기만 한다.

밤낮을 가리지 아니하다(않다)

'밤이건 낮이건 때를 상관하지 않고 아무 때나 쉬지 않고 계속하다.

예) 밤낮을 가리지 않고 공부하다.

밤낮이 따로 없다

어떤 일을 낮이나 밤이나 쉬지 않고 계속하다.

예) 그가 일을 할 때는 밤낮이 따로 없었다.

밤밥 먹었다

아무도 모르게 밤중에 달아났다.

★밤밥 : 저녁밥을 먹은 뒤에 밤늦게 또 먹는 밥.

밤볼(이) 지다

입 안에 밤을 문 것처럼 볼록하게 볼의 살이 찌다.

★밤볼 : 볼록하게 살이 찐 볼.

예) 제 어머니를 닮아 예쁘게 밤볼이 진 사촌 누이 머루같이 까만 눈에 눈물이 괴었다.

밤비에 자란 사람

깨치지 못하고 야무지지 못한 사람.

밤얽이(를) 치다

밤얽이를 매다.

★밤얽이 : 짐을 묶을 때, 한 번 묶은 위에 또 묶어 매는 매듭.

밤에 낮을 이어

『북』 밤낮을 가리지 않고 또는 조금이라도 쉬거나 중단하지 않고 계속하여.

밤(을) 대다

ㅂ

『북』 낮에 이어 밤에도 쉬지 않고 일을 하다.

밤을 돕다

밤을 이용하다.

밤을 패다

잠을 자지 않고 지새우다.

밤이 아홉이라도

어떤 일을 어느 때까지라도 반드시 끝내고야 말겠다는 뜻을 강조하여 이르는 말. (비)밤이 열이라도.

예) 자식이 아프면 밤이 아홉이라도 병원으로 뛰어간다.

밤이 열이라도

(비)밤이 아홉이라도.

예) 여러분 나는 여기서 밤이 열이라도 고주사 놈을 만나보고야 가겠소.

밤중 같은 사람

세상일에 깜깜하여 아무것도 모르는 사람.

예) 소식이 언제 온 줄도 모르는 것을 보니 완전히 밤중 같은 사람이구먼.

밥 구경(을) 하다

오래간만에 밥을 먹다.

예) 사흘 만에 밥 구경을 하니 이제야 살 것 같다.

밥 구경을 못 하다

밥을 전혀 먹지 못하고 굶다.

예) 밥 구경을 못 한 지 사흘째가 되자 하늘이 노랗게 보이기 시작했다.

밥그릇이나 축내다

하는 일 없이 그저 밥이나 먹으며 하루하루 지내다.

예) 아직도 그 사람은 직업도 없이 밥그릇이나 축내고 있어?

밥맛이 떨어지다

상대방의 말, 행동 따위가 불쾌하고 역겹다.

예) 그가 그런 추태를 보이다니 정말 밥맛이 떨어지네.

밥맛이 없다

아니꼽고 기가 차서 정이 떨어져서 입맛이 없다.

예) 밥맛이 없는 친구.

밥 먹듯 하다

예사로 자주 하다.

예) 그는 거짓말을 밥 먹듯 한다.

밥 바가지(가) 떨어지다

『북』 '밥통이 떨어지다'의 북한 익은말.

밥상(을) 차리다

밥을 먹을 수 있도록 상 위에 벌이는 것을 뜻.

밥숟가락(을) 놓다

(비)밥술(을) 놓다.

예) 김 노인이 중병으로 밥숟가락을 놓게 생겼어.

밥숟가락이나 뜨다[먹다]

밥술이나 뜨다[먹다].

예) 근근이 밥숟가락이나 뜨고 지낸다.

밥술깨나 먹다

사는 형편이 먹는 데에 크게 신경 쓰지 않아도 될 만큼 좀 넉넉하다.

예) 그들은 밥술깨나 먹는 부자들이다.

밥술(을) 놓다

(속되게) 목숨이 끊어지다. (비)밥숟가락(을) 놓다.

예) 밥술을 놓는 그날까지 자기 일에 충실해야지.

밥술을 쥐고 산다

밥은 굶지 않고 어지간히 생활을 유지하며 산다.

예) 그나마도 밥술을 쥐고 살려면 네가 알아서 처신을 잘해야 할 것이다.

밥술이나(깨나) 뜨다[먹다]

사는 형편이 쑬쑬하여 어지간히 산다.

예) 그저 밥술이나 먹는다고 거드름을 피우니, 동네 사람들에게서 손가락질을 받는 것이 당연하지.

밥술이나 먹게 생겼다

생김새가 복이 있어 보이고 잘살게 생겼다는 말.

예) 아버지는 사윗감을 보시더니 밥술이나 먹게 생겼다며 좋아하셨다.

밥알을 세다

입맛이 없거나 하여 밥을 잘 먹지 않고 깨지락거리

며 밥을 먹다.

예) 밥상에 앉아서 밥알을 세고 있는 것을 보니 꽤 나 밥맛이 없나 보다.

밥알이 곤두서다

아니꼽거나 비위에 거슬리다.

예) 그 꼴을 보니 은근히 밥알이 곤두섰다.

밥(을) 벌다

일정한 노력을 들여서 먹을 것이나 대가를 얻다.

예) 흉년에는 추수기에도 밥 벌기가 어렵다.

밥(을) 붙이다

『북』 1. 일정한 기간 동안에 식비를 내고 남의 집에서 끼니를 먹다.

예) 겨울 한동안은 이 집에서 밥을 붙이고 먹을 작정으로 집을 떠난 것이다.

2. 따로 밥을 짓지 않고 남이 짓는 밥에 쌀을 내어 껴묻혀서 짓다.

밥(을) 주다

시계가 정상적으로 작동하도록 태엽을 감아 주다.

예) 아침마다 시계에 밥을 주다.

밥줄이 끊어지다[떨어지다]

(비)밥통이 떨어지다.

예) 밥줄이 끊어질까 봐 상사에게 하고 싶은 말도 못 하겠다.

밥탁이 떨어지다

『북』 '밥줄이 끊어지다[떨어지다]'의 북한 익은말.

밥통이 떨어지다

(속되게) 일자리를 잃게 되다. (비)밥줄이 끊어지다[떨어지다].

예) 밥통이 떨어지기 전에 말썽 피우지 말고 고분고분히 말 잘 들어.

방귀(를) 뀌다

방귀를 내보내다.

방등에 불을 끄다

우선 절박한 문제를 해결하다.

★방등方等 : (불교) 기존의 부타 불교를 비판하면서 새로운 불교를 일으킨 사람들이 기존의 불교를 소승小乘으로, 자신들을 대승大乘이라고 지칭한 것.

방망이가 치밀다

『북』 몹시 성이 나서 화가 치솟다.

방망이로 맞고 홍두깨로 때린다

자기가 받은 것보다 더 심하게 앙갚음한다는 말. (비)되로 주고 말로 받는다.

방망이로 얻어맞은 놈 홍두깨로 친다

복수란 언제나 제가 받은 피해보다 더 무섭게 한다는 뜻.

방망이(를) 들다

남의 일에 끼어들어 훼방을 놓다.

예) 제가 영어 배울 마음이 있어서 내가 배우려는 것을 방망이 드는 말이지. 왜 둘은 못 가르치나?

방부(를) 들이다

다른 절의 객승이 와서 있기를 원하여 그를 받아들이다.

★방부房付 : 수행자가 절에 머물며 공부할 것을 인사드리고 허락을 구하는 일.

예) 무주사에 방부들이겠다는 것이 여간 반가운 게 아니었다.

방소(를) 꺼리다

어떠한 방위를 언짢다고 꺼리다.

★방소方所 : 동, 서, 남, 북의 네 방향을 기본으로 하여 나타내는 어느 쪽의 위치.

방아(를) 찧다

방아를 찧듯이 고개나 몸을 끄덕이다.

★방아 : 곡식을 찧거나 빻으려고 만든 기구나 시설을 통틀어 이르는 말.

예) 그는 매우 피곤한지 연방 머리로 방아를 찧으며 졸고 있다.

방안 풍수

방안에 있으면서 주제넘게 잘 알지도 못하는 바깥 이야기를 늘어놓는다는 뜻으로, 직접 겪어 보지 못했거나 잘 모르는 일에 대해 제멋대로 이러쿵저러

ㅂ

쿵 말함을 비꼬아 이르는 말. (비)방안에 앉아 한데 소리 한다.

★풍수風水 : 음양론과 오행설을 기반으로, 산수의 형세나 방위 등을 인간의 길흉화복에 연결시켜 설명하는 전통적인 이론.

방울을 굴리듯

소리나 목소리가 또랑또랑하거나 아름다움을 비유적으로 이르는 말.

예) 산새들의 울음소리가 안개 속 그 어디에선가 방울을 굴리듯 경쾌한 음향을 뿌렸다.

방(을) 놓다

'놓다'는 '시설이나 장치 따위를 마련하여 세우다', '짓다'라는 의미를 나타낸다. 다리를 놓고 보일러를 놓고 전기를 놓는다. 방房은 사람이 자거나 생활하기 위해 집안을 여럿으로 나눈 공간이다. 한국 재래식 방이라면 온돌방이다. 한편 과거 전통 흙집을 지을 때는 우선 연기가 빠져나가는 방고래를 켜고, 그 위에 평평한 돌로 구들장을 깐 뒤 흙을 발라 방바닥을 만드는 것을 '방을 놓다'라고 했다. 요즘 같은 때에는 사람이 자거나 생활할 만한 장소로 구조를 변경하는 것을 방을 놓는다고 말한다.

예)주막에 방을 놓고 객지 손님을 유숙하게 하면 지금보다 형편이 나을 것 아닌가?

방을 따다

윷놀이에서, 말을 첫 밭에 놓다.

방이 나다

지난날 사용되던 용어인 '방榜'은 두 가지 의미를 지닌다. 첫 번째는 벼슬아치를 뽑던 시험인 과거科擧에 합격한 사람들의 성과 이름을 적은 책이라는 방목榜目이고, 두 번째는 사람들에게 널리 알리는 글로서 길거리에 붙인 방문榜文이다. 두 번째 의미일 때는 '방이 나다'라는 표현을 쓰지 않고 '방이 붙다', '방을 붙이다'라고 말한다. 요즘말로 하면 '광고하다', '선언문을 발표하다', '게시판에 내걸다' 따위다. 한편 '방이 나다'의 '방'은 방목을 가리킨다. 과거에 합격한 사람들의 이름을 요즘 몇 차 사법고시 합격하는 식으로 그 이름을 모아 책으로 발표했고, 각 개인에게는 합격 통지서에 해당하는 '교지'를 내렸다. 즉, '과거에 급제한 사람들의 이름이 발표되다'라는 뜻이다. 아울러 국가나 기업에서 치르는 대규모 시험에서 합격자 명단이 발표될 때도 이 표현을 쓰기도 한다. 그러나 이와는 전혀 달리 부동산 중개 시장에서 '빈방이 났다'라는 뜻으로 쓰이는 경우가 많다. 물론 한자가 다르다.

예) 신문에 방이 났으니 합격했는지 어서 확인해봐.

방점을 찍다

1. (무엇이 어떤 점에) 관심을 집중하다.

★방점傍點 : 글을 읽는 사람의 주의를 집중시키기 위하여 낱말의 옆이나 위에 찍는 점.

2. (무엇이 어떤 분야에) 두드러진 흔적을 남길 만큼 새롭거나 뛰어나다.

예) 그 영화는 액션 장르에 방점을 찍었다는 평가를 듣는다.

방정(을) 떨다

말이나 행동을 수선스럽고 가볍게 하는 모습을 자꾸 보이다. '방정맞다', '방정스럽다'라고 말한다. '떨다'는 요란스러운 짓을 신중하지 않게 자꾸 드러내는 것을 나타낸다. '말이나 행동을 수선스럽고 가볍게 하는 모습을 자꾸 보이다'라는 뜻이다.

예) 여자가 집집마다 돌아다니며 방정을 떠니 그 남편이 동네에서 얼굴을 들지 못했다.

방해(를) 놓다

남에게 방해가 되는 짓을 하다.

밭이 다르다

아버지는 같고 어머니는 다르다, 아버지가 다른 경우에는 '씨가 다르다'는 표현을 쓴다.

배가 남산만 하다

1.배가 많이 나왔다는 뜻으로, 임신부의 배가 부름을 비유적으로 이르는 말.

2.몹시 살이 찜을 비유적으로 이르는 말.

3. 되지못하게 거만하고 떵떵거림을 놀림조로 이르는 말.

배(가) 다르다

과거에 남성이 본부인 외에 첩을 들이거나 여자와 관계를 하여 아이가 생기면 그 아이를 '서자庶子' 또는 '사생아私生兒'라고 하여, 본부인 소생인 적출자嫡出子와는 차별을 두었다. 즉, 아버지는 동일한 사람이나 어머니가 다른 것을 가리키는데, 이러한 형제를 '이복異腹형제'라고 말한다. '밭이 다르다'도 같은 뜻이다. 아버지가 다를 경우에는 '씨가 다르다'는 표현을 쓴다.

예) 어쩌나 형제간에 우애가 깍듯한지, 형이 배다른 동생을 제 살보다도 더 아낀다.

배가 등에 붙다

(사람이)먹은 것이 없어서 배가 홀쭉하고 몹시 허기지다. (비)뱃가죽이 등에 붙다.

예) 주호는 산행 중에 길을 잃고 하루 종일 아무것도 먹지 못해 배가 등에 붙었다.

배(가) 맞다

1. 주로 부정한 관계의 남녀 사이에서 남모르게 마음이 맞아 서로 몸을 허락하다.

예) 며느리 년은 서방이 군대 나간 사이에 어느 놈하고 배가 맞아 도망갔다.

2. 옳지 못하거나 떳떳하지 못한 일을 하는 데 있어 서로의 뜻이 통하다.

예) 그들 둘은 군대에서부터 배가 맞더니 사회에 나와서 못된 짓만 하면서 어울려 다닌다.

배(가) 부르다

'부르다'는 안쪽에서 바깥쪽으로 완만한 곡선을 이루며 볼록하게 솟은 모양을 나타낼 때 쓰는 말이다. '먹을 것을 양껏 먹어서 배가 가득하다', '배가 뚱뚱하여 앞으로 나오다', '여자가 임신을 하여 배가 나오다' 등을 가리킨다. 한편 실컷 먹고 배가 부르면 자연히 사람이 여유가 생기고 든든해진다. 이때는 '(비유적인 표현으로 쓰여) 어떤 일로 하여 넉넉하고 아쉬울 것이 없어서 느긋하고 든든하다'라는 뜻이다. 그래서 '배부른 흥정'이라고 하면 되도 그만 안 되도 그만인 식으로 배짱 좋게 하는 흥정을 말한다. 아울러 '배'가 사물에게 쓰일 때는 가운데 부분을 가리킨다. 이때는 '그 부분의 둘레가 다른 데보다 굵다'라는 의미다.

배(가) 아프다

남이 잘되어 심술이 나다.

예) 그는 남 잘되는 걸 보고 무척이나 배 아팠다.

배꼽도 덜 떨어지다

탯줄 끊은 자국도 채 떨어지지 않은 어린애이다.

배꼽 밑에 털 나다

자라서 어른이 되다.

예) 배꼽 밑에 털 난 지가 언제인데 아직도 그 모양이냐?

배꼽에서 떨어지다

『북』 이 세상에 태어나다.

예) 나는 그 녀석이 제 어미 배꼽에서 떨어졌을 때 범처럼 용맹하라고 호남이라고 이름을 지었지.

배꼽을 맞추다

남녀가 정을 통하다.

예) 쯧쯧 말세다 말세야, 만난 지 하루 만에 배꼽을 맞추다니.

배꼽(을) 빼다

배꼽은 '뱃복'에서 온 순우리말로서 '배腹의 복판'을 의미한다. '배꼽노리'는 배꼽이 있는 언저리나 그 부근을 뜻한다. 배꼽이 유난히 크게 튀어나온 사람을 '배꼽쟁이'라고도 놀린다. 한편 '배꼽을 쥐다'는 '너무 우스운 나머지 배를 움켜잡고 크게 웃다'라는 뜻이다. '배꼽을 빼다'와 '배꼽이 빠지다'는 같은 말이다. 몹시 우습다는 뜻이다. 그와 달리 '배꼽이 웃다'는 하는 짓이 하도 어이가 없거나 어린아이 장난같이 가소롭다는 뜻으로 쓰인다. 즉, '배꼽(을) 빼다'라고 하면 '(어떤 몸짓이나 이야기 따위가) 배꼽이 빠질 정도로 웃게 만들다'라는 뜻이다. (비)배꼽

(이) 빠지다.

배꼽(을) 쥐다[잡다]

웃음을 참지 못하여 배를 움켜잡고 크게 웃다.

예) 그 얘기를 듣자 모두 배꼽을 쥐었다.

배꼽(이) 빠지다

(비)배꼽(을) 빼다.

예) 배꼽이 빠지게 우스운 이야기.

배꼽(이) 웃다

하는 짓이 하도 어이가 없거나 어린아이의 장난 같아서 가소롭기 짝이 없다.

예) 배꼽 웃을 얘기 하지도 마시오.

배 내밀다

익은 벼는 고개를 숙인다고 했던가. 사람 역시 속이 여물면 자연히 몸이 유연해지게 되어 있어서 허리도 잘 숙이는 법이다. 하지만 '배를 내민다'라는 것은 그 반대되는 모습이다. 흔히 거만하거나 권세를 쥔 사람들은 배를 내밀고 고개를 뒤로 뺀 모습으로 희화된다. '남에게 아쉽게 굴거나 하지 않고, 또는 남의 요구에 응하지 않고 버티면서 배짱을 부리다'라는 뜻이다.

예) 배를 내밀고 딱 버티고 선 폼이 아무도 들여보내지 않을 눈치였어.

배동(이) 서다

배동이 되다.

★배동 : 벼가 알을 배 이삭이 나오려고 대가 볼록하여지는 현상.

배때가 벗다

1. 행동이나 말이 아주 거만하고 건방지다.

예) 흥, 계집년이 배때가 벗어서 말쑥한 서방님만 어르더라. 어디 두고 보자. 너도 깩소리 못하고 한번 당해야 할 걸.

2. 『북』 낡고 촌스러운 티를 벗다.

예) 메 부엉이 치구는 멀끔하게 배때가 벗었구나. 너 이름이 뭐냐?

배(를) 곯다

'곯다'에는 '썩다', '상하다'라는 뜻도 있지만, 여기에서는 '먹은 것이 충분하지 않아서 허기를 느끼거나 아예 먹은 것 없이 굶다'라는 뜻을 나타낸다.

배(를) 내밀다

1. 남의 요구에 응하지 아니하고 버티다. (비)배짱(을) 내밀다, 배(를) 퉁기다.

예) 글쎄 뻔뻔스럽게도 못 들은 척 배만 내밀고 있잖아.

2. 자기밖에 없는 듯 몹시 우쭐거리다.

예) 그는 승진을 하더니 거들먹거리며 배를 내밀고 다닌다.

배(를) 두드리다

생활이 풍족하거나 살림살이가 윤택하여 안락하게 지내다.

예) 그도 이제는 가난한 시절 다 보내고 배를 두드리며 세월 좋게 산다.

배(를) 불리다(채우다)

'불리다'는 '부르다'의 사동, 즉 '부르게 하다'를 뜻한다. 자기 배를 부르게 하는 것을 말한다. 흔히 '배'는 욕심을 나타내는 말로 쓰인다. '채우다'는 '차다'의 사동, 즉 '차게 하다'이다. 자기 배를 가득 차게 하는 것을 말한다. 한편 '(주로 부당한 방법으로 재물이나 이득을 차지하여) 자기 욕심을 채우다', '이기적이다'라는 비난의 뜻이 내포되어 있기도 하다.

배(를) 앓다

'아프다'는 단순히 통증을 느낀다는 뜻이지만, '앓다'는 아파서 끙끙대며 괴로워함을 나타낸다. 배가 아픈 것보다는 배를 앓는 경우가 더 고통스럽다. 배에 탈이 생겨서 통증으로 괴로워하는 것을 말한다. 한편 '남이 잘되는 것에 샘이 나고 언짢아서 이리저리 안달하다'라는 뜻으로도 쓰인다.

배(를) 퉁기다

제 배심만 부리고 남의 말에 따르지 않다, 배 퉁기고 뻗댄다. (비)배짱(을) 내밀다, 배를 내밀다.

배배 꼬다

여러 번 배틀어서 단단히 꼬다.

배배 꼬이다

여러 번 배틀어서 단단히 꼬이다.

배배 틀다

여러 번 배틀다

배배 틀리다

여러 번 배틀리다.

배부른 흥정興定

되면 좋고 안 돼도 크게 아쉽다거나 안타까울 것이 없는 흥정.

예) 한밑천 잡고 나서 배부른 흥정만을 하니 가게를 찾는 손님이 점차로 줄었다.

배송(을) 내다

1. 쫓아내다.

★배송拜送 : 해로움이나 괴로움을 끼치는 사람을 조심스럽게 내보냄.

예) 그러기에 내가 차지를 하자면 저 들여놓은 돈을 얼른 빼내 주어서 배송을 내자는 거지.

2. 호구별성을 떠나보내는 푸닥거리를 하다.

배심(을) 대다

거리낌 없이 뱃심을 부리다.

배심(이) 무던하다

『북』 뱃심이 어지간히 든든하다.

배알을 빼앗기다

정조를 유린당하다.

★배알 : 창자, 마음.

배알이 곤두서다

신경에 거슬리다.

배알이 꼴리다[꼬이다/뒤틀리다]

비위에 거슬려 아니꼽다. (비)밸이 꼴리다[뒤틀리다].

예) 그가 빈정대던 소리를 생각하면 할수록 배알이 꼴리고 열이 올랐다.

배알이 세다

『북』 (속되게) 배짱이 세다. (비)밸이 세다.

배알이 없다

배알은 명사 '창자'를 속되게 이르는 말, 속마음을 낮잡아 이르는 말로 "배알도 없다"함은 "창자도 없다" 다시 말해 "속도 없다" "간 쓸개 다 빼놨다"라는 의미와 부합되게 사용하는 것임.

배에 기름이 끼다

(비)배에 기름이 오르다.

예) 이놈의 집구석 장사가 되나 보군, 배에 기름이 끼었어.

배에 기름이 오르다

살림이 넉넉하여지다. (비)배에 기름이 끼다.

예) 그는 신도시 개발로 부자가 되어 배에 기름이 올랐는지 씀씀이가 점점 헤퍼지기 시작했다.

배에 기름이 지다

잘 먹어 몸에 살이 오르다.

예) 군대에서 휴가 나와 며칠 잘 먹고 푹 쉬었더니 배에 기름이 진 것 같다.

배운 도둑질

어떤 일이 버릇이 되어 자꾸 하게 된다는 말.

배운 지랄

『북』 지랄병에 걸린 사람은 지랄밖에 아는 것이 없다는 뜻으로, 주로 어떤 일을 놓고 배운 것이 그것뿐이라 어쩔 수 없이 그 일을 하게 됨을 이르는 말.

배의 때를 벗다

형편이 나아져서 주리던 배를 채울 수 있게 되다.

예) 이제 가난에서 벗어나 배의 때를 벗으니 얼굴까지 환하게 피었다.

배 지나간 자리

아무 흔적도 남지 아니한 상태를 비유적으로 이르는 말.

예) 이제 와서 증거를 찾아봐야 이미 배 지나간 자리일 뿐이다.

배짱(을) 내밀다

배짱 있는 태도를 취하다. (비)배를 퉁기다, 배를 내밀다.

예) 배짱 내밀어 봤자지. 누가 급한데. 어떻습니까?

더 끌고 다녀 보셔야 무겁기나 할 뿐일 거요.

배짱을 대다

배짱을 드러내어 굽히지 아니하고 버티어 나가다.

배짱(을) 부리다(세다)

'배짱'이란 '마음속으로 다져 먹은 생각이나 태도' 또는 '조금도 굽히지 않고 버텨나가는 성품이나 태도'를 의미한다. 여기에서는 두 번째 뜻으로 쓰였다. 한편 때로는 '뻔뻔함', '무모함'을 나타내기도 한다. '배짱을 내밀다'라고 하면 '배짱 있는 태도를 취하다'이다. '마음속에 믿는 것이 있거나 성품이 담대해서 어떤 일에 조금도 굽히지 않고 당당하게 또는 뻔뻔스럽게 버티다'라는 뜻.

배짱(을) 퉁기다

자기의 주장을 양보하지 아니하고 뻗대다.

예) 마음대로 하라며 ~.

배짱(이) 맞다

여기에서 배짱은 '마음에 품은 속셈', '담고 있는 생각'을 뜻한다. '네 배짱대로 해봐라'라고 하면 품고 있는 생각이 무엇이건 간에 그대로 한번 일을 추진해보라는 뜻이 된다. '서로 마음이 맞고 뜻이 통하다'를 낮잡아 일컫는 말.

예) 배짱이 맞는지 둘이 잘 어울린다.

배코(를) 치다

1. 상투밑의 머리털을 돌려 깎다.

★**배코** : 상투가 앉은 자리, 머리 꼭대기.

예) 배코를 친 머리.

2. 머리를 면도하듯이 빡빡 밀어 깎다. (비)상투밑(을) 치다.

예) 그의 머리는 배코를 쳐 빤들거렸다.

배탈(이) 나다

배탈이 생기다.

배 퉁기다

(사람이) 남의 요구에 응하지 않고 고자세로 버티다. (비)배(를) 내밀다.

배틀걸음(을) 치다

몹시 배틀거리며 걷다.

예) 그는 앓는 사람처럼 항상 비실비실하고 배틀걸음 쳤다.

배포가 느긋하다

『북』 '배포(가) 유柔하다'의 북한 익은말.

★**배포**排布 : 마음속에 품고 있는 생각.

예) 그는 인젠 사등 뼈가 부러지게 쳐도 제가 맞을 매는 아니고 곁에 앉아 있는 관리 위원장이 맞을 매라는 생각이 들어 좀 배포가 느긋해졌다.

배포(가) 유柔하다

서두르거나 조급하게 굴지 않고 성미가 유들유들하다. (비)배포가 느긋하다.

예) 그 집에 든 첫날 나는 내 마지막 돈으로 숙박비를 치르고, 술까지 청해 거나하게 마신 후 배포 유하게 잠이 들었다.

배포가 크다

도량과 담력이 크다.

배포(를) 부리다

조급하게 굴지 않고 늘쩡거리다.

백결(이) 치다

흰옷을 입은, 수없이 많은 군중이 모여들어 웅성거리다.

★**백**白**결** : 흰 물결.

예) 구경꾼이 백결 치듯 하는데 거의 오륙십 명이나 됨 직한, 올망졸망한 아이들이 여선생의 인솔로 큰 대문 안으로 들어온다.

백구의 향연

화려하게 펼쳐지는 큰 야구 시합이나 배구 시합.

★**백구**白球 : 야구나 골프, 배구 따위에서 사용하는 흰 공.

★**향연**饗宴 : 매우 성대하게 벌어지는 잔치.

백기(를) 들다

굴복하거나 항복하다.

★**백기**白旗 : 전쟁, 싸움, 또는 경쟁 등에서 적군이나 상대방에게 사자를 보내거나 항복의 뜻을 표시

하기 위하여 쓰이는 흰 기.

예) 백기를 들고 투항하다.

백날(이) 가도

'백百'은 10의 열 배를 나타내는 숫자이다. 그것이 '많다'라는 의미를 나타내기도 하고, 거기에서 더 나아가 '무수히 많은', '진력나게 많은'이라는 의미를 나타내기도 한다. 한편 '백'은 '완전함', '온전함', '성숙함'의 상징이 되기도 한다. '백전백승百戰百勝', '백발백중百發百中', '백배사죄百拜謝罪', '백약무효百藥無效'가 그렇다. 인간이 누릴 수 있는 백 년이라는 세월 속에서 '백날'은 단순히 10의 열 배에 달하는 수만큼의 날들을 의미하지는 않는다. 그것은 백일과 마찬가지로 백 년을 축소한 시간이다. 그러므로 '백날(이) 가도'라고 하면 살아생전 많은 날들이 가도, 즉 '아무리 많은 날들이 지나가더라도'라는 뜻이다.

예) 백날이 가도 제가 당신을 사랑하는 마음에는 전혀 변함이 없을 것입니다.

백납(이) 먹다

살가죽에 허옇게 어루러기가 생기다.

★백납 : 살가죽에 허옇게 어루러기가 생겨 점점 퍼지는 병.

예) 그녀는 살가죽이 온통 하얗게 백납이 먹는 피부병에 걸려 고생하고 있다.

백百에 하나

매우 희귀함을 비유적으로 이르는 말.

백(을) 뽑다

(속되게) 마음속의 생각을 다 털어놓다.

백(을) 삭이다

(속되게) 부아가 난 것을 가라앉히거나 풀어 없애다.

백(을) 쓰다

(속되게) 배짱을 부리다. 성미를 부리다.

백의白衣의 천사

간호사를 미화하여 이르는 말.

예) 백의의 천사가 되어 전선에 나가서 부상병을 돌보는 것도 애국하는 길이라오.

백지장 같다

얼굴빛이 핏기가 조금도 없이 창백하다.

백지 한 장의 차이

아주 근소한 차이를 비유적으로 이르는 말.

예) 천재와 바보는 백지 한 장의 차이이다.

백차일 치듯

흰옷 입은 사람들이 매우 많이 모인 모양을 이르는 말.

★백차일白遮日 : 흰 빛깔의 차일.

예) 신랑의 학식을 시험하느라 사람은 백차일 치듯 마루와 뜰 안에 둘러섰다.

밴댕이 소갈머리

아주 좁고 얕은 심지心志를 비유적으로 이르는 말.

★밴댕이 : 청어과에 속한 바닷물고기.

예) 밴댕이 소갈머리 같기는, 걸핏하면 토라지고.

밸(을) 뽑다

(속되게) 마음속의 생각을 다 털어놓다.

★밸 : 배알(창자, 마음)을 속되게 이르는 말.

예) 상산 계집을 밸 뽑아 보니, 처염한 웃음과 잔인한 보복 수단이 진정으로 본남편을 저주하고 미워하는 것 같았다.

밸을 삭이다

(속되게) 부아가 난 것을 가라앉히거나 풀어 없애다.

밸을 쓰다

(속되게) 1. 배짱을 부리다.

2. 성미를 부리다.

밸이 곤두서다

『북』 비위에 거슬려 몹시 성이 나다.

예) 밸이 곤두서는 것을 꾹 참다.

밸이 꼴리다(뒤틀리다)

'꼴리다'는 남성에게 쓰여, 생식기가 성욕으로 흥분되는 것을 나타내는 속된 표현이다. 그와 같이 마음이 불끈 하는 것도 '꼴리다'라고 한다. 즉, 어떤 일이 마음에 들지 않아서 성이 몹시 치민다는 뜻을 나타낸다. '뒤틀리다'는 하나로 곧게 뻗지 못하고 이리저리 비틀려서 꼬여 있는 것을 가리킨다. 또한 굳이 장이 뒤틀리지 않아도 배가 몹시 아플 때 그 아픔을 나타내기 위한 말로 '뒤틀리다'라는 말을 쓰기도 한다. '어떤 일이 아주 비위에 거슬려서 참을 수 없을 만큼 부아가 나다'라는 뜻이다. (비)배알이 꼴리다[꼬이다/뒤틀리다].

예) 여기 붙었다 저기 붙었다 하는 놈들을 보면 밸이 뒤틀려서 상대하기도 싫다.

밸이 나다(꼬이다)

'밸'은 창자를 뜻하는 '배알'의 준말이다. '배알'은 '배'와 '알'의 합성어로서 '뱃속의 알맹이', 즉 '창자'를 가리킨다. 그러나 창자를 지칭하는 경우는 거의 드물고 '부아', '배짱'을 뜻하는 비유적인 의미로 쓰인다. '배알' 또는 '밸'은 주로 '꼴리다', '틀리다', '뒤틀리다', '돋다' 따위와 함께 쓰인다. 여기에서 '밸'은 '부아', 즉 '기분이 몹시 상하고 울화가 치미는 상태'이다. '꼬이다'는 '꼬다'의 피동, 즉 '새끼를 꼬듯이 하여 모양이 잉키게 되다'라는 뜻이다. '(속된 표현으로 쓰여) 노엽거나 분한 감정이 일어나다'라는 의미다. 비슷한 말로 '부아가 나다'가 있다.

밸(이) 사납다

『북』 배짱이 센 정도가 심하다.

밸이 세다

『북』 '배알이 세다.'의 북한 익은말.

뱀 기어간[지나간] 자리

『북』 '배 지나간 자리'의 북한 익은말.

뱀 발을 붙이다

글을 쓰거나 말을 할 때 필요 이상의 말을 보태다.

뱀 본 새 짖어 대듯

몹시 시끄럽게 떠드는 모양을 이르는 말.

뱀을 보다[잡다]

잘못 대하다가 크게 봉변을 당하다.

예) 뱀을 본 것은 이들 인텔리다. 부르주아지의 모든 기관이 포화 상태가 되어 더 수요가 아니 되니 그들은 결국 꼬임을 받아 나무에 올라갔다가 흔들리는 셈이다.

뱃가죽이 두껍다

염치가 없어 뻔뻔스럽거나 배짱이 세다.

예) 한산도의 왜적 사백여 명을 그대로 일시에 놓쳐 버렸으니, 아무리 뱃가죽이 두꺼운 원균이라 하나 얼굴이 무안에 취하지 않을 수 없었다.

뱃가죽이 등에 붙다

'배가 등에 붙다'를 속되게 이르는 말.

뱃놈 배 둘러대듯

뱃사공이 뱃머리를 아무 쪽으로나 쉽게 돌려 대듯이 상황에 따라 이리저리 말을 잘 둘러대는 모양을 비유적으로 이르는 말.

뱃덧이 나다

뱃덧이 생기다.

★뱃덧 : 먹은 것에 체하여 음식이 잘 받지 않는 증세. ×뱃덕.

뱃속을 들여다보다

속마음을 환히 꿰뚫이 보다.

예) 거짓말하지 말고 솔직히 말해 봐. 이 엄마는 너의 뱃속을 들여다보니까.

뱃속을 채우다

염치없이 자기 욕심만 차리다.

예) 모두가 힘들어하는 상황에서도 그는 제 뱃속을 채우는 데 급급하다.

뱃속이 검다

마음보가 더럽고 음흉하다.

예) 그 사람 얼굴은 신사 같아도 뱃속은 검으니 조심하는 게 좋을걸.

뱃심을 부리다

뱃심이 있는 태도를 드러내다.

★뱃심 : ①(기본의미) 조금도 굽히지 않고 제 고집대로 버티어 내는 힘. ②마음속으로 다지는 속셈. ③배에서 우러나오는 힘.

뱃심(이) 좋다

염치나 두려움이 없이 제 고집대로 하는 비위가 좋다.

예) 뱃심 좋은 청년/그런 험한 일은 뱃심이 좋기로 소문난 그 사람이나 할 수 있을 것이다.

뱃집이 크다

『북』 먹는 양이 많다.

★뱃집 : 사람의 배의 부피나 크기.

뱐덕(을) 떨다

몹시 변덕스러운 말과 행동을 하다.

★뱐덕 : 변덕의 작은말.

뱐덕(을)부리다

짐짓 변덕스러운 짓을 하다.

버금(이) 가다

서열이나 차례에서 첫째의 다음이 되다.

★버금 : (서열 등의 차례에서) '으뜸' 또는 '첫째'의 다음.

버럭(을) 입다

(사람이) 하늘이나 신령의 벌을 받다.

★버럭 : 화가 나서 갑자기 기를 쓰거나 소리를 지르는 모양. (작)바락.

예) 그 사람은 평소에 나쁜 짓만 일삼더니 마침내 버럭을 입었다.

버릇(을) 가르치다

'버릇'은 '습관'이라는 의미도 있지만, 어른이나 상사를 대하는 예절을 나타내기도 한다. '저놈 버릇 봐라!' 하고 소리치면 예의가 매우 없다는 뜻이다. 여기에서 '버릇을 가르치다'도 습관이라는 의미가 아닌 예절이라는 뜻으로 쓰였다. 보통 습관을 가르친다고 하지 그런 뜻으로 버릇을 가르친다고는 말하지 않는다. '무례하고 예의가 없는 사람에게 다시는 그러지 못하도록 혼쭐을 내거나 엄하게 다스리다'라는 뜻이다. 주로 무시당한 사람에게 단단히 복수하겠다는 의미로 속되게 쓰인다.

버릇(을) 떼 놓다[주다]

나쁜 버릇을 비판하거나 혼내어 고치게 하다.

예) 사람은 버릇 떼 놓으면 남는 것은 백골뿐이야.

버릇(이) 없다

이때 '버릇'은 윗사람을 대하는 공손한 태도, 즉 '예의'를 말한다. '자기보다 어른이나 상사에게 마땅히 보여야 할 예의를 차리지 않고 무례하고 건방지다'라는 뜻이다.

예) 요사이 젊은이는 버릇이 없어.

번개가 치다

번개가 치면 눈이 번쩍하고 정신이 번쩍한다. '생각 따위가 머리에 순간적으로 번뜩 떠오르다'라는 뜻으로도 쓰인다.

번개 같다

동작이 매우 빠르다.

번데기 앞에서 주름잡다

지식이 부족한 사람이 가소롭게도 자기보다 유식한 사람 앞에서 아는 체함을 이르는 말.

★번데기 : 누에의 번데기.

번을 나다

번을 치르고 나오다.

예) 번을 난 지가 꽤 오래된 것 같은데 이제 곧 집으로 돌아오겠지?

번을 나들다

1. 번차례로 번서는 곳을 들고 나고 하다.

2. 차례를 바꾸어 들고 나고 하다.

★번番 : 차례.

번을 들다

번의 차례가 되어 번서는 곳으로 들어가다.

예) 다음에 내가 번을 들면 조심하도록 하겠네.

번지수番地數가 틀리다[다르다]

어떤 일에 들어맞지 않거나 엉뚱한 데를 잘못 짚다.

예) 부품을 번지수가 틀리게 조립했으니 기계가 멈추는 것이 당연하다.

번지수를 잘못 찾다[짚다]

생각을 잘못 짚어 엉뚱한 방향으로 나가다.

예) 번지수를 잘못 찾아도 유분수지, 어떻게 그렇게 생각할 수가 있어?

벌건 거짓말

새빨간 거짓말.

벌건 상놈

발간 상놈.

예) 하는 짓을 보니 벌건 상놈이네 그려.

벌 둥지를 쑤셔 놓은 것 같다

『북』 '벌집 쑤시어 놓은 것 같다'의 북한 익은말.

벌리나 오므리나

이렇게 하나 저렇게 하나.

예) 벌리나 오므리나 일만 잘 마치면 된다.

벌린 입을 다물지 못하다

1. 몹시 감탄하거나 어이없어하다.

예) 하는 짓거리를 보니 정말 기가 막혀서 벌린 입을 다물지 못하겠다.

2. 한번 시작한 이야기를 그치지 못하다.

예) 그는 이야기를 한번 시작하면 벌린 입을 다물지 못한다.

벌여 놓은 굿판

이미 시작한 일이라 중간에 그만둘 수 없는 처지의 일을 이르는 말.

예) 이미 벌여 놓은 굿판이니까 열심히 하는 수밖에 딴 도리가 없지.

벌罰을 씌우다

벌을 받게 하다.

예) 당장 걱정이 담임선생이 남아 있으라고 했는데 무슨 벌을 씌울 일이 있는 것도 아닐 것이요 집에 같이 가자고 할 것인데….

벌이줄(을) 잡다

연에 벌이줄을 매다.

★벌이줄 : 물건이 버티도록 이리저리 얽어매는 줄.

벌집 쑤시어 놓은 것 같다

벌통을 건드려서 벌들이 있는 대로 몰려나와 쏘아 대듯이 온통 난장판이 되어 매우 어수선함을 비유적으로 이르는 말. (비)벌통 쑤신 것 같다, 벌 둥지를 쑤셔 놓은 것 같다.

예) 조용하기만 하던 집안은 벌집을 쑤셔 놓은 것 같았다.

벌집을 건드리다[쑤시다]

건드려서는 안 될 것을 공연히 건드려 큰 화근을 만들다.

예) 괜히 벌집을 건드려서 이 난리야. 그냥 내버려 두면 제풀에 꺾일 텐데.

벌통 쑤신 것 같다

벌집 쑤시어 놓은 것 같다. (비)벌 둥지를 쑤셔 놓은 것 같다, 벌집 쑤시어 놓은 것 같다.

예) 싸움이 난 시장 안은 갑자기 어수선하고 벌통 쑤신 것 같았다.

범 으르듯

『북』 몹시 성이 나서 무섭게.

예) 그래, 조합엔 낯도 안 돌리겠다구 범 으르듯 한다더니 진심은 그렇지 않았던 게지.

범의 아가리

매우 위태한 지경을 비유적으로 이르는 말.

예) 김광국은 한편 화나기도 하고 또 한편으로는 한심스럽기도 했지만 웃는 낯으로 황제를 달래는 수밖에 없었다. 한시바삐 범의 아가리 같은 소련군 진영을 벗어나기 위해서였다.

범의 아가리를[입을] 벗어나다

매우 위급한 경우를 벗어나다.

예) 아군은 많은 희생자를 내며 겨우 범의 아가리를 벗어났다.

범의 어금니

없어서는 안 될 매우 요긴한 것.

범의 차반

범의 먹잇감이라는 뜻으로, 범은 먹을 것이 생기면 실컷 먹으나 먹을 것이 없으면 쫄쫄 굶는다는 데서 무엇이 생기면 아껴 쓰며 모아 둘 생각은 없이 생기는 대로 다 써 버림을 비유적으로 이르는 말.

★차반 : 맛있게 잘 차린 음식.

범 잡은 상

『북』 몹시 신이 나거나 신이 나서 우쭐대는 기세.

예) 아니 왜 일들은 안하구 그렇게 범 잡은 상들을 해 가지 구 뻗친 구 서 있나.

범한테 쫓긴 사람

무엇인가에 혼쭐이 나서 겁을 먹고 조급하게 서두르거나 안절부절 못하는 사람.

법석구니를 놓다

『북』 매우 소란스럽게 떠들다.

★법석구니 : 소란스럽게 떠드는 짓. '법석'을 강조하여 이르는 말이다.

예) 여러 사람들이 한참 법석구니를 놓자 그는 얼굴도 들지 못하고 달아났다.

법석이 일다

소란스럽게 떠드는 현상이 생기다.

★법석 : 어수선하고 시끌시끌하게 떠들어 대는 일.

예) 학생들에게 감정적으로 손찌검을 하면 금세 법석이 일 테니 항상 조심해야 하네.

법法 없이 살다

마음이 곧고 착하여 법의 규제가 없어도 나쁜 짓을 하지 아니하다.

예) 그 사람 의심하지 마. 법 없이 살 사람이야.

벗바리(가) 좋다

뒷배를 보아 주는 사람이 많다.

★벗바리 : 겉으로 드러나지 않고 뒤에서 보살펴 주는 사람.

예) 그는 어찌나 벗바리가 좋은지 근무 태도가 좋지 않은데도 아무도 내칠 수가 없었다.

벗을 트다

서로 쓰던 경어를 그만두고 터놓고 사귀기 시작하다.

벙어리 재판裁判

시비를 가리기 어려움.

베개를 높이 베다[하다]

안심하고 편안하게 푹 자거나 태평스럽게 지내다.

예) 이제 나이 든 막내딸을 시집보냈으니 베개를 높이 베겠구나.

베이스(를) 넣다

옆에서 남의 말을 거들어 주다.

★베이스base : 야구에서, 내야의 네 귀퉁이에 있는 방석같이 생긴 물건.

베틀에 북 나들듯

부리나케 자주 드나드는 모양을 비유적으로 이르는 말. (비)북(이) 나들 듯.

★베틀 : 삼베, 명주, 무명 따위의 피륙을 짜는 틀.

예) 그는 무슨 일인지 베틀에 북 나들듯 사장실을 들락거렸다.

벼락같다

일이나 동작이 몹시 빠르다.

벼락 맞을 소리

천벌을 받아 마땅할 만큼 당찮은 말.

예) 말 한마디에 천 냥 빚을 갚는다는데 하필이면 벼락 맞을 소리만 골라서 하니?

벼락불 치듯

매우 빠르거나 세게 치는 모양을 이르는 말.

예) 도둑이 나타나자 아내는 야구 방망이로 도둑의 뒤통수를 벼락불 치듯 후려 갈겼다.

벼락 치듯

1. 아주 빠르게.

예) 벼락 치듯 일을 다 결정지은 뒤에 수양은 그날 밤 집에서 한명회, 권남 등 몇몇 친구를 모아 가지고….

2. 갑자기 아주 요란한 소리로.

예) 아버지께서는 벼락 치듯 고함을 치셨다.

벼락(을) 맞다

1. 아주 못된 짓을 하여 큰 벌을 받다.

예) 남의 눈에 피눈물 나게 하다가는 벼락을 맞지.

2. 심하게 꾸중을 듣다.

예) 커닝을 하다가 선생님으로부터 벼락을 맞았다.

벼락(이) 내리다[떨어지다]

1. 큰 변變이 생기다.

예) 이러다간 정말 큰 벼락이 내리겠는데.

2. 몹시 무서운 꾸지람이나 나무람을 받게 되다.

예) 이틀이나 외박을 하고 들어온 내게 아버지로부터 벼락이 내렸다. /돈을 쓸 때는 일 원짜리 한 장 만져도 못 봤지만 벼락은 초시에게 떨어졌다.

벼락(이) 치다

벼락이 떨어져 땅 위에 있는 물건을 치다.

벼랑에 몰리다

위험한 상황에 직면하게 되다. (비)벼랑에 서다.

★**벼랑** : 깎아지른 듯 높이 서 있는 가파른 지형.

예) 시간이 흐름에 따라 상황은 호전되어 벼랑에 몰리는 일은 발생하지 않는다.

벼랑에 서다

(비)벼랑에 몰리다.

예) 그 회사는 자금 문제로 벼랑에 서 있다.

벼룩의 불알만 하다

매우 작다.

예) 벼룩의 불알만 한 녀석이 싸움은 신통하게 잘 한다.

벼슬길에 오르다

'벼슬길'이라면 '벼슬'과 '길'이 만났다. 벼슬로 나아가는 길, 즉 벼슬아치가 되는 방면을 뜻한다. 탄탄대로이다. 그래서 '오르다'라고 했다. '나랏일을 맡아보는 벼슬아치가 되어 벼슬살이를 시작하다'라는 뜻이다. 오늘날에도 고급 관리가 되었음을 다소 익살스럽게 표현하는 말로 쓰인다.

벼슬(을) 살다

벼슬을 지내다.

벽력 같다

목소리가 매우 크고 우렁차다.

벽에 뭐 칠할 때까지

나이가 많이 들도록.

★**벽**壁 : 방이나 집 등의 둘레를 막은 수직 건조물.

예) 나는 벽에 뭐 칠할 때까지 오래 살면서 그림을 그릴 것이다.

벽에 부딪치다

어떤 장애물에 가로막히다.

예) 정국의 혼란으로 신문 발간은 벽에 부딪쳤었다.

벽(을) 쌓다

서로 사귀던 관계를 끊다.

예) 그는 친척들과 벽을 쌓고 지낸 지가 꽤 오래되었다.

벽을 안다

1. 두 손으로 벽을 짚다.

예) 벽을 안고 서다.

2. 벽을 향하여 가까이하다.

예) 벽을 안고 잠을 청했으나 임 생각에 잠이 오지 않았다.

변덕을 부리다

변덕스러운 말이나 짓을 하다.

★**변덕**變德 : 이랬다저랬다 변하기 잘하는 성질이나 태도.

예) 이랬다저랬다 ~.

변덕이 죽 끓듯 하다

말이나 행동을 몹시 이랬다저랬다 하다.

예) 그는 한익의 눈에는 변덕이 죽 끓듯 하는 믿을 수 없는 인물이었다.

변두(가) 치다

『북』 편두통이 일어나 매우 아프다.

★**변두**邊頭 : 한쪽 머리.

변두(를) 놓다

편두통을 고치기 위하여 침을 놓다.

변두(를) 맞다

편두통을 고치기 위하여 침을 맞다.

예) 머리가 아파서 읍내에서 용하다는 침쟁이에게 변두를 맞았다.

변죽(을) 넘다

화살이 과녁의 변죽을 맞고 밖으로 튀겨 나가다.

변죽(을) 울리다

'변죽邊-'은 가장자리를 뜻하는 한자어 '변邊'에 같은 뜻을 지닌 순우리말 '죽'이 합쳐진 말이다. 그릇이나 세간, 과녁 따위의 가장자리를 뜻하기도 하고,

재목의 가나 모서리에 남아 있는 나무껍질 부분을 일컫기도 한다. '(비유적인 표현으로 쓰여) 핵심이 되는 내용을 비켜서 말하여 본질적인 뜻을 바로 알아들을 수 없게 하다'라는 뜻을 나타내게 되었다. '넌지시 일러도 바로 알아듣다', '살짝만 암시해도 바로 통한다'라는 뜻이다. (비)변죽을 치다.

예) 몇 시간째 변죽만 울리니, 이제 딱 부러지게 용건을 말하시오.

변죽을 치다

1.(비)변죽(을) 울리다.

예) 그렇게 변죽을 치지 말고 바른대로 말해.

2.(비)변죽 치고 넘다.

변죽 치고 넘다

화살이 과녁의 변죽을 맞고 밖으로 튕겨 나가다. (비)변죽을 치다.

별 겯듯

별이 총총 박히듯.

예) 별 겯듯 빽빽이 서 있는 나무숲 속도 훤히 밝았다.

별반 거조를 내다

따로 달리 조치를 취하다.

★별반別般 : 보통의 것과 특별히 다르게.

★거조擧措 : 큰일을 저지르는 것.

별 볼 일 없다

대단하지 않고 하찮다.

예) 나는 나이만 많을 뿐이지 별 볼 일 없는 사람입니다.

별 볼 일 있다

보통과 구별되게 다르다.

예) 기계가 오래되었는데 전문가가 와야 별 볼 일 있겠어?

별이 보이다

충격을 받아서 갑자기 정신이 아득하고 어지럽다.

예) 집안이 망했다는 소식을 듣고 별이 보이더니 정신이 없었다.

별찌 가듯 하다

『북』 매우 날쌔고 빨리 가다.

★별찌 : 매우 빨리 지나가거나 떨어지거나 흐르는 불빛을 비유적으로 이르는 말.

예) 지금 무장대 조직을 앞두고 별-찌 가듯 해야 할 통신이 늦어지면 큰일이다.

병나발(을) 불다

나발을 불듯이 병을 거꾸로 입에 대고 병 속에 든 액체를 들이켜다.

예) 그는 맥주든 소주든 잡히는 대로 병나발을 불기 시작하였다.

병신(이) 육갑하다

되지못한 자가 엉뚱한 짓을 하다.

★육갑六甲하다 : 경망스러운 말이나 행동을 하다.

예) 병신病身이 육갑六甲하는 것도 분수가 있지.

병아리 눈물만큼

1. 병아리가 자라서 처음으로 홰를 칠 때도 날을 가린다는 뜻으로, 무슨 일이든 새로 벌일 때는 날을 잘 잡아야 함을 비유적으로 이르는 말.

2. 되지 못한 자가 엉뚱한 짓을 하다.

3. 매우 적은 수량을 비유적으로 이르는 말.

예) 비가 병아리 눈물만큼 찔끔찔끔 온다.

병아리(를) 본 솔개

병아리를 노리는 솔개처럼 기다리던 때나 사물을 차지하려고 기회를 노리는 사람을 비유적으로 이르는 말.

예) 할멈은 일부러 장쇠네 집만 쏙 빼놓고서 미륵동 아랫마을을 이 집 저 집 드나들며 입방아만 찧어댄다. 병아리를 본 솔개가 겉도는 것과도 같았다.

병아리 오줌

정신이 희미하고 고리타분한 사람을 비유적으로 이르는 말.

병(이) 나다(들다)

'병病'은 몸에 이상이 생겨 일시적으로 건강하지 않게 되는 것을 말한다. '나다'는 '생기다', '나타나다'의 뜻이다. '사람이나 동물이 몸에 이상이 생겨 아프다', '사물에 고장이 나다'라는 의미다. '들다'는 안이나 속으로 들어오는 것을 말한다.

병자년 방죽이다

'건방지다'를 달리 이르는 말. 조선 시대 고종 13년(1876) 병자년에 큰 가뭄으로 방죽이 말라붙어 건乾방죽이라고 하였는데, 그 발음이 '건방지다'와 비슷하여서 생긴 말이다.

병 주고 약 준다

해를 입힌 뒤에 달래거나 감싸 주는 것을 비유적으로 이르는 말. (비)술 먹여 놓고 해장 가자 부른다.

예) 병 주고 약 준다더니 이놈의 회사는 휴가를 미뤄 놓고도 위로 차 회식만 시켜 주면 다 되는 줄 알더라.

병 주둥이가 되다

『북』 몹시 불만스럽거나 의견이 있는 표정이 드러나다.

병줄을 놓다

오랜 병에서 벗어나 몸이 회복되다.

병집을 뿌리 뽑다[빼다]

『북』 속에 깊이 박혀 있는 결함의 근원을 없애다.

예) 사상적 병집을 뿌리 뽑다.

보금자리(를) 치다

1. 보금자리를 만들다.

예) 까치가 고목에 보금자리를 쳤다.

2. 소굴을 만들다.

예) 건달들이 종로 뒷골목에 보금자리를 치고 행동의 근거지로 삼았다.

보기 좋게

남이 낭패 본 것을 고소해하며 비꼬아 이르는 말.

예) 그녀는 이번 시험에서 보기 좋게 떨어졌다.

보나 마나

직접 보지 않아도 일의 내용을 훤히 알 수 있는 경우를 이르는 말.

보는 눈이 있다

사람이나 일 따위를 평가하는 능력이 있다.

예) 김 군은 사람을 보는 눈이 있습니다.

보다 못해

어떠한 일을 보고 참다가 더 참을 수 없어서.

보따리(를) 싸다

관계하던 일이나 다니던 직장을 완전히 그만두다.

예) 그가 회사에서 보따리를 싸고 나와 장사를 시작한 지도 벌써 한 달이 되었다.

보따리(를) 풀다

1. 숨은 사실을 폭로하다.

예) 그는 그동안 숨겼던 일에 대해서 보따리를 풀기 시작했다.

2. 계획했던 일을 실제로 하기 시작하다.

예) 막상 보따리를 풀긴 했지만 생각대로 되는 일은 하나도 없었다.

보란 듯이

남에게 멸시를 당하다가 그것을 면하게 될 때 보라고 하는 것처럼 자랑삼아 드러내 보임을 가리키는 말. (큰)봐란 듯이.

보람이 뵈다

무슨 사물의 표적이 약간 들어나 보이다.

보람이 없다

어떤 일을 한 데 대한 결과가 좋지 못하거나 드러나지 않다.

★보람 : 한 일에 대하여 돌아오는 좋은 결과 또는 그로 인한 정신적 만족감, 또는 자랑스러움이나 자부심을 갖게 해 주는 일의 가치. 효력.

보리(를) 타다

(속되게) 매를 맞다.

예) 경후는 그들이 싸우는 것을 보고 처음에는 윤수가 보리를 탈까 무서워서 김 서방을 뜯어말려 보았다.

보쌈에 넣다

꾀를 써서 남을 걸려들게 하다.

예) 그를 보쌈에 넣어 골탕 좀 먹여야겠다.

보쌈에 들다

남의 꾀에 걸려들다.

★**보쌈** : 지금은 상추에 싸서 먹는 여러 음식(특히 돼지고기)에 주로 쓰이고 있다. 그러나 옛날에는 약탈혼의 일종으로 처녀 액땜을 위하여 밤에 외간 남자를 보褓에 싸서 잡아다가 강제로 동침시키던 일이 시작으로 과부 업어가기까지 하여 정조관념 및 과부의 수절을 강조한 전통사회의 문화적 풍토 속에서 음성적으로 행해졌다는 점에 주목할 필요가 있다. 그렇기 때문에 여러 가지 부작용도 많아서 혹시 수절을 결심한 열녀가 이러한 일을 당하면 자살 및 살인의 비극도 적지 않았던 것 같다. 그것이 변질되어 우리가 먹는 음식에 사용되는 보쌈으로 바뀌었다.

예) 그놈들이 농간을 부린 줄 모르고 보쌈에 들어 아주 혼이 났다.

보아란 듯이

(자랑 삼아 의식적으로 드러내어) 이것 좀 보라는 태도로.

보아 하니

1. 외모를 살펴보니.

2. 보아 짐작하건데.

예) ~ 나이도 어린데. (준)봐하니.

보자보자 하다

[주로 '하니', '했더니', '하니까'의 꼴로 쓰여] (사람이)마음에 들지 않지만 참고 견디려 하다.

보조步調를 맞추다

'걷는 속도를 같게 일치시키다'라는 뜻.

보증(을) 서다

남의 채무나 신원에 대하여 보증하여 주다. (비)보保 서다.

★**보증保證** : 사람의 신용이나 사물의 품질 등에 대하여, 틀림이 없이 믿을 만함을 책임지고 증명함.

보통(이) 아니다

평범하지 아니하고 솜씨가 특별하거나 뛰어나다.

예) 그는 장사 수완이 보통이 아니다.

보호색을 쓰다

『북』 일정한 임무 수행을 위하여 정체를 숨기고 남을 속이려고 거짓으로 꾸미다.

★**보호색保護色** : 다른 동물로부터 위치나 정체, 동작 따위를 숨기기 위하여 몸의 빛깔을 주위의 빛깔과 비슷하게 만드는 색.

예) 적 기관에 들어가 보호색을 쓰고 사업할 데 대한 기술 문제를 가르쳐 주던 영숙이를 늘 생각하군 하였다.

복福가마(를) 타다

뜻하지 않은 행복을 얻다.

예) 그는 작년에 떼돈을 벌었으니 복가마를 탄 거나 마찬가지지 뭔가?

복福을 받다

선한 행위나 말, 아름다운 마음씨는 나중에 그에 따른 결과를 낳는데, 세속적인 의미에서의 좋은 결과를 흔히 복이라고 한다. 반대로 악한 행위나 말, 고약한 마음씨는 고통스러운 결과를 가져오는데, 그것이 화禍이다. 일반적으로 복이라고 하면 행복이나 길운吉運을 말한다. '과거에 선한 원인을 지어 그 결과로 재물이나 장수, 명예, 안녕 등을 받다', '남이 부러워할 만큼 행복하고 만족한 생활을 누리다'라는 뜻이다.

복(을) 벗다

복제服制에 따라 첫 1년 동안 상복을 입도록 되어 있는 기간이 지나가다.

예) 그 해 여름 다산은 아버지의 복을 벗고 10월에는 홍문관 교리를 제수 받았다가….

복(을) 입다

복제에 따라 첫 1년 동안 입도록 되어 있는 상복을 입다.

예) 내 생전에 상부 삼년상만으로는 모자라서, 거푸 삼 년을 또 이어 복을 입고 보니, 죄 많아 여자로 난다는 말도 호강으로 들립디다.

복의 배

1. 배가 나온 사람을 놀림조로 이르는 말.

예) 그 사람은 중년에 접어들더니 복의 배가 되어 모양새가 우습다.

2. 재산이 많은 사람을 놀림조로 이르는 말.

복이야 명命이야 하다

뜻밖에 좋은 수가 나서 어쩔 줄을 모르고 기뻐하다.

복장(을) 긁다

성이 나게 하다. (비)복장(을) 뒤집다.

★복장腹臟 : ①가슴 한복판. ②속으로 품고 있는 생각.

예) 괜히 그 영감님 복장을 긁어서 아까운 숙련공 하나 놓치고 싶지는 않으니까요.

복장(을) 뒤집다

(비)복장(을) 긁다.

예) 그는 평소에 어머니가 하지 말라는 일만 골라 해 어머니의 복장을 뒤집어 놓았다.

복장을 짓찧다

마음에 몹시 심한 고통을 주다.

예) 교통사고로 아들이 죽었다는 소식을 접한 그는 복장을 짓찧는 슬픔에 몸을 가누기가 힘들었다.

복장(이) 뒤집히다

성이 나다.

예) 그는 애써서 이룬 결과가 남 좋은 일을 한 꼴이 되자 복장이 뒤집혔다.

복장(이) 타다

걱정이 되거나 안타까워 마음이 몹시 달다.

예) 복장이 타서 더 이상은 못 기다리겠다.

복장(이) 터지다

몹시 마음에 답답함을 느끼다.

예) 그의 답답한 언행에 복장이 터지는 것 같았다.

복정(을) 씌우다

(비)복정(을) 안기다.

★복정卜定 : 조선 시대, 상급 관아에서 하급 관아로 하여금 규정된 공물 이외의 그 지방의 토산물을 강제로 바치게 하던 일을 이두식으로 이르던 말.

복정(을) 안기다

남에게 억지로 부담을 지우다. (비)복정(을) 씌우다.

예) 길에 오는 동안 조석들은 큰 동네를 골라 들어가서 그 동네 견디는 사람에게 복정을 안겨 시켜 먹었었다.

복정(을) 안다

억지로 맡아 부담하다.

복학(을) 잡다

복학을 완전히 낫게 하다.

★복학腹瘧 : 지라가 부어 배 안에 자라 모양의 멍울이 생기고, 열이 몹시 올랐다 내렸다 하는 어린아이의 병.

볶아 대다

자꾸 성가시게 굴다. 겉으로 드러내며 짜증을 내고 있는 것이 아니라. 마음속으로 짜증을 내고 있다.

예) 빚 갚으라고 몹시 ~.

본데(가) 없다

보고 배운 것이 없다. (부)본데없이. (반)본데(가) 있다.

★본데 : 보고 배운 예의범절 솜씨, 지식.

예) 본데없는 후레아들.

본데(가) 있다

보고 배운 바가 있다. 또는 예의범절을 차릴 줄 안다. (부)본데-있게. (반)본데(가) 없다.

예) 그는 본데가 있는 집안에서 자라서 모든 사람에게 칭송이 자자하다.

본때가 있다

1. 본보기로 할 만한 데가 있다.

★본때 : 본보기가 될 만한 것. 또는 그런 행동.

예) 본때 있는 집안.

2. 멋이 있다.

예) 일을 본때 있게 해 치우다.

본때를 보이다

1. 잘못을 다시는 저지르지 아니하거나 교육이 되도록 따끔한 맛을 보이다.

2. 본보기로 혼을 내주다.

예) 자 매맛이 어떤지 본때를 보여 주겠다.

본말이 전도顚倒되다

중요한 것과 중요하지 않은 것이 구별되지 않거나 일의 순서가 잘못 바뀐 상태가 되다.

★본말本末 : ①사물의 근간(根幹)이 되는 부분과 지엽적枝葉的인 부분. ②일의 처음과 끝.

★전도顚倒 : ①위치나 차례가 거꾸로 뒤바뀜. ②엎어져서 넘어짐. ③번뇌 때문에 잘못된 생각을 하거나 현실을 잘못 파악함.

예) 담당 관청은 문제 해결은 외면한 채 주동자 색출에만 매달려 본말이 전도되었다는 지적을 받고 있다.

본보기를 내다[본보기(가) 되다]

1. 본보기가 될 만한 물건을 만들다.

★본보기 : 어떤 사실이나 현상을 설명해 주거나 증명해 주는 대표적인 것.

2. 여러 사람을 경계하기 위하여 잘못한 사람을 징계하여 그에 준하는 사례를 남기게 하다.

예) 이번 기회에 무거운 처벌로 본보기를 내면 다른 사람들에게도 교훈이 될 것입니다.

본本(을) 따다

'어떤 점이나 내용에서 필요한 것을 뽑아 취하다'라는 뜻을 나타내게 되었고, 더 나아가 '그와 같게 하다'라는 뜻.

본(을) 뜨다

똑같이 그리는 것을 가리킨다. '어떤 사람이나 사물을 본보기로 하여 자기가 필요한 부분을 그대로 따라 하거나 모방하다'라는 뜻.

본의(가) 아니다

'본의本意'는 '본래 품은 뜻', '생각', '의도'를 가리킨다. 어떤 일을 하려고 마음먹을 때나 어떤 계획을 세울 때 처음부터 어떻게 하겠다고 마음먹은 생각을 말한다. '어떤 말이나 행동이 원래 그렇게 하려고 한 것이 아닌데 그렇게 되었다'라는 뜻이다. 상대방이 불쾌하게 여기는 말이나 행동을 하고 나서 그것이 실수에서 비롯되었음을 사과하는 말로 쓰인다.

예) 저 때문에 아이가 넘어져서 정말 죄송합니다. 본의가 아니었어요.

본전도 못 찾다

일한 결과가 좋기는커녕 오히려 하지 아니한 것만도 못하다.

예) 나는 괜히 서투른 솜씨에 도와준다고 달려들었다가 본전도 못 찾고 욕만 먹었다.

볼기(를) 맞다

(형벌 또는 꾸지람으로) 볼기를 두들겨 맞다.

볼기(를) 치다

형벌로 볼기를 때리다.

볼꼴이 사납다

꼴이 보기 흉하다. 볼꼴이 사납게 파자마 바람으로 돌아다니느냐?

볼꼴(이) 없다

『북』 흉하거나 망측하여 볼 나위가 없다.

★볼꼴 : 남의 눈에 비치는 겉모양.

볼꼴 좋다

(놀림조로) 꼴이 보기에 흉하다.

예) 선을 안 보겠다고 징징 우는 딸을 억지로 화장을 시키니 볼꼴 좋을 수밖에 없었다.

볼 낯(이) 없다

체면이 없다', 즉 '너무 미안하거나 죄송스러워 얼굴 보기가 창피하다'라는 뜻. <u>(비)낯이 없다, 면목이 없다, 낯을 못 들다, 얼굴을 못 들다.</u>

볼모로 앉다

일을 아니하고 앉아만 있다.

★볼모 : 약속을 지키는 것에 대한 담보가 되어 상대편에게 억류된 사람.

볼모(를) 잡다

볼모로 잡다.

볼모 잡히다

ㅂ

1. 볼모로 잡히다.

2. 볼모를 잡게 하다.

볼썽(이) 사납다

'볼썽'은 동사 '보다'에서 온 '보-'와 모습을 뜻하는 한자어 '상(相)'이 결합된 말이다. 그 사이에 발음을 부드럽게 하기 위한 받침 'ㄹ'이 삽입되었다. '남에게 보이는 체면이나 태도'를 뜻한다. '볼썽없다'라고 하면 어떤 사물이나 사람의 모습이 보기에 역겹고 보잘것없다는 뜻이 된다. 주로 '볼썽없이'라는 부사 형태로 쓰인다. 한편 '보다'와 '모양', '생김새'를 뜻하는 '꼴'이 만나서 이루어진 것이 '볼꼴'이다. '보이는 꼬락서니', '남의 눈에 뜨이는 모양'이란 뜻이다. 성질이나 행동이 난폭하고 거친 것을 '사납다'라고도 하지만 보기에 흉한 것 역시 '사납다'는 말로 표현한다. '모습 따위가 체면이나 예의를 차리지 못하여 남 보기에 창피하고 언짢다'라는 뜻이다. 즉, 체면이나 외모가 없어서 남 보기 언짢다.

예) 볼썽사나운 옷차림.

볼에 밤을 물다

<u>(비)볼(이) 붓다.</u>

예) 사 달라는 장난감을 안 사 주자 아들은 볼에 밤을 물었는지 아무 말도 없었다.

볼(을) 맞추다

『북』 차이나 층하가 없이 서로 걸맞게 하다.

볼을 적시다

눈물을 흘리다.

예) 그 영화의 내용이 너무 슬퍼서 나도 모르게 볼을 적셨다.

볼(이) 붓다

못마땅하여 뾰로통하게 성이 나다. <u>(비)볼에 밤을 물다.</u>

예) 약속 시간이 한참 지나도록 나타나지 않자 그 친구는 잔뜩 볼이 부어서 씩씩거렸다.

볼 장(을) 다 보다

일이 더 손댈 것도 없이 틀어지다.

예) 아들이 도박에 빠져 그 집은 볼 장 다 보게 되었다.

볼 장 보다

1. 해야 할 일을 알아서 하다.

예) 그는 이제 볼 장 볼 줄 아는 성인이 되었다.

2. 하고자 하는 바를 이루다.

예) 우리는 우리 볼 장 봤으니 그만 가자.

볼품(이) 사납다

겉으로 드러난 모습이 흉하고 험하여 무섭다.

★볼품 : 겉으로 드러나 보이는 모양새.

볼품(이) 없다

겉으로 보기에 초라하다.

봄내 여름내 사등 뼈가 휘다

『북』 일 년 내내 등골뼈가 휘도록 고된 노동에 시달리다.

★사등 뼈 : 척추(脊椎)뼈(척추동물의 척추를 이루는 뼈)의 북한어.

봄눈 슬듯[녹듯]

1. 무엇이 빨리 슬어 없어지는 모양을 비유적으로 이르는 말.

예) 막상 춘외춘을 대하고 보니 곤장 때려 매질하려던 생각은 어느덧 계집의 교태에 봄눈 슬듯 슬어져 버린다.

2. 먹은 것이 금방 소화됨을 비유적으로 이르는 말.

예) 밥 대신 죽을 먹었더니 봄눈 슬듯 내려가 버렸다.

봄(을) 타다

1. 봄철에 입맛이 없어지거나 몸이 나른해지고 파리해지다.

예) 처음 한두 번은 봄을 타는가 여겨 대수롭지 않게 넘기던 그 아버지도 사흘째가 되자 근심이 되어 원인을 물었다.

2. 봄기운 때문에 마음을 안정하지 못하여 기분이 들뜨다.

예) 아씨, 나리 마님도 봄을 타셔서 싱숭생숭하신가 봐요.

봄풀 자라듯

걱정, 공상 따위가 꼬리를 물고 자꾸 일어나는 모양을 비유적으로 이르는 말.

예) 아들을 군대로 보낸 어머니는 자식에 대한 걱정이 봄풀 자라듯 계속 일어나서 잠을 이룰 수가 없었다.

봇짐 싸 가지고 말리다

일부러 멀리 찾아가서까지 못하게 말리다.

예) 내 자식이 나중에 정치가가 되겠다고 한다면 나는 봇짐 싸 가지고 말리겠네.

봇짐을 바꿔지다

『북』 한 부담으로부터 다른 부담을 걸머지다.

★**봇褓짐** : 물건을 보자기에 싸서 꾸린 짐.

봇짐을 싸다

살던 곳이나 일하던 곳을 옮기기 위하여 짐을 꾸리다.

예) 옆집 아저씨께서 직장을 잃더니만 어제는 봇짐을 쌀 생각을 하시는 것 같던데.

봇짐을 지다

필요한 물건이나 살림살이를 꾸려서 이사를 가거나 길을 떠나다.

예) 그는 그 마을에서 일 년도 못 살고 다시 봇짐을 졌다.

봇짐을 풀다

거처하여 살기 시작하다.

예) 더 이상 나그네로 떠돌지만 말고 이곳에서 아예 봇짐을 푸는 것이 어때?

봉(을) 잡다

우리말 중에 봉을 잡다 혹은 봉 잡다는 말이 있다. 이 말은 됨됨이가 어수룩하여 속이거나 이용해 먹기 좋은 사람을 잡는 것을 말함인데 다음과 같은 뜻이 담겨있다. 여기서 봉은 봉황을 이르는 말인데 봉황은 중국의 전설에 나오는 상서러운 새로 오직 오동나무에만 집을 지으며 먹이로는 대나무 열매만을 먹고 영천靈泉의 물을 마시며 산다고 하는 새로서 이 땅에서 이 새를 볼 수 있는 것은 성천자聖天子 가 하강할 때 그 일을 알리려고 봉황이 미리 내려와 인간 세상에 알린다고 전해진다. 오로지 이때만이 이새를 볼 수가 있다고 한다.

봉황의 암컷은 황 수컷은 봉이라 하는데 그중에서도 봉을 더욱 상서로운 새로 생각을 하였다 그러므로 봉황은 귀중하고 상서로움은 물론 값이 엄청 나가는 새로 만일 그 새를 잡는다면 큰 횡재를 하는 것이다 즉 생각지도 않은 재물을 얻는다는 것인데 여기에 빗대어 됨됨이가 어수룩하여 남의 말에 잘 속아 넘어가거나 이용해먹기 좋은 사람을 잡아 큰 이익을 챙기는 것을 비유하여 봉 잡다고 일컫는 말이 되었다.

즉 봉을 잡아 큰 횡재를 하듯 어수룩하고 속여먹기 좋은 사람을 잡아 큰 이익을 얻어낸다는 뜻으로 그 사람을 큰 이익을 갖다 주는 봉에다 빗대어 봉 잡다는 말로 부른 것이다.

상상 속에서만 존재하는 진귀한 봉황을 잡는다는 뜻으로, 매우 귀하고 훌륭한 사람이나 일을 얻음을 비유적으로 이르는 말.

예) 그렇게 좋은 일을 네가 맡게 되었다고? 넌 이제 봉을 잡은 거야.

봉죽(을) 들다

남의 일을 거들어서 도와주다.

★**봉죽** : 일을 책임지고 맡아 하는 사람을 곁에서 도와줌.

예) 잔치 음식 마련에 ~.

봉화(를) 들다

1. 봉홧불을 켜서 높이 올리다.

★**봉화烽火** : 예전에, 나라의 큰 난리가 있을 때, 신호로 올리는 불을 이르던 말.

예) 외적의 침입을 알리는 봉화를 올렸다.

2. (비유적으로) 어떤 일이나 운동을 맨 앞에서 선구적으로 시작하다. (비)봉화를 일으키다, 봉화(를) 올리다.

예) 의병들은 우리 민족의 독립 운동을 위한 봉화를 들고 독립군을 조직하여 일본군과 싸웠다.

봉화를 일으키다

(비)봉화(를) 들다[올리다].

부끄럼(을) 타다

부끄럼을 남달리 쉽게 느끼다.

부담負擔을 느낀다

압박감이 생긴다(느낀다).

부들이를 뽑다

처마 쪽 서까래를 위로 휘어 오른 듯하게 깎다.

★부들이 : 서까래의 끝부분을 위로 휘어 오른 듯하게 깎은 부분.

부레가 끓다

몹시 성나다.

★부레 : 물고기의 뱃속에 있는 공기주머니.

예)억지로 참자니 속에서 부레가 끓었다.

부루 나가다

일정한 가한 안에 사용하여서 없어질 양의 물건이 그 기한이 지나도록 조금 남아 있다.

부룩(을) 박다[치다]

곡식이나 채소 따위를 심은 밭의 사이사이에 다른 농작물을 심다.

★부룩 : 곡식이나 채소를 심을 밭두둑 사이나 빈자리에 다른 작물을 듬성듬성 더 심는 일.

예) 콩밭 가장자리에 부룩 박은 옥수수가 많이 자랐다.

부르느니 말하지

1.가까운 거리에 있으면서 불러오라고 시키는 것보다는 마주 대고 말을 하는 것이 더 빠름을 이르는 말.

2.『북』 멀리 간 뒤에 부르지 말고 가까이 있을 때 직접 말하라는 뜻으로, 가까이 있으면서도 말을 직접 하지 못하는 사람의 행동을 편잔하는 말.

부르는 게[것이] 값(이다)

물건을 파는 사람이 마음대로 값을 매긴다는 뜻으로, 값이 일정하지 아니하고 그때그때 달라짐을 이르는 말.

예) 부자들한테는 그런 물건이 부르는 게 값이라고 하니 큰 이익을 남기기가 쉬운 장사입죠.

부리가 잡히다

종기가 곪느라고 한가운데가 뾰족해지다.

예) 이제야 종기가 부리가 잡혔으니 곪은 것을 짜내야겠다.

부리를 까다

(속되게) 말로만 잘 지껄이거나 말대꾸를 잘하다.

★부리 : 새나 짐승의 주둥이.

예) 그는 부리를 깔 뿐 무엇 하나 제대로 하는 것이 없었다.

부리를 따다[떼다]

이야기나 일을 시작하거나 손을 대다. (비)부리를 헐다.

예) 영감은 숟가락을 탕 내던지고 부리만 딴 밥그릇 앞에서 물러나 앉았다.

부리를 헐다

(비)부리를 따다[떼다].

예) 백손이는 저의 밥을 다 먹고 부족하여 부리만 헐다 만 어머니의 대궁까지 마저 다 먹었다.

부리 세다

그 집의 귀신이 드세다.

예) 옆집은 부리 센 집인지 비명에 간 사람이 모두 셋이나 되어 푸닥거리라도 할 모양이야.

부모는 차례 걸음이라

『북』 부모를 잃은 사람에게, 나이가 많아서 돌아가실 차례라 어찌할 수 없으니 그만 진정하라는 말.

부시(를) 치다

부싯돌에 부싯깃을 놓고 부시로 쳐서 불을 일으키다.

★부시 : 부싯돌을 쳐서 불이 일어나게 하는 쇳조각

예) 사내는 부시를 쳐 곰방대에 불을 붙이고 나서 수인사를 청했다.

부아(가) 나다(난다)

'허파'의 옛말이 '부화'이다. 이것이 '부하'로 바뀌고 다시 '부아'로 바뀌어서 오늘에 이르렀다. '부아'에는 '폐肺'라는 뜻 외에 '분하거나 노여운 감정'이라는 뜻도 있다. 호흡과 분노는 밀접한 관련이 있어 분노가 일면 호흡이 거칠어진다. 호흡을 안정되게 조절함으로써 분노를 가라앉힐 수 있다. 여기에서 부아는 두 번째 뜻이다. '나다'는 '생기어 나타나다'이다. '부아(가) 나다'에서 '부아를 내다'가 왔다. 그 외에도 '부아를 돋우다', '부아가 치밀다' 등의 표현이 있다.

'억울하거나 뜻대로 되지 않은 일 등을 당하여 분하거나 노여운 감정이 생기다'라는 뜻이다. '부아가 돋다', '부아가 동하다' '부아가 끓다' '부아통이 터지다' 역시 같은 의미다.

예) 하지도 않은 일을 나보고 했다고 덮어씌우니 부아가 나서 더는 들을 수가 없다.

부아가 뒤집히다

『북』 분한 마음이 강하게 일어나다.

예) 김진구는 공손히 자기 잘못을 시인했건만 태수 영감은 이 말에 부아가 뒤집히고 말았다.

부아가 상투 끝까지 치밀어 오르다

부아가 몹시 치밀다.

부아가 치밀다

분한 마음이 울컥 솟아 일어나다.

부아통(이) 터지다

몹시 부아가 나다.

부엉이 방귀 같다

부엉이는 자기가 뀐 방귀에도 놀란다는 뜻으로, 사소한 일에도 잘 놀란다는 말.

부엉이 살림

자기도 모르는 사이에 부쩍부쩍 느는 살림.

부월을 잡다

『북』 1.무기를 잡는다는 뜻으로, 군사軍事에 복무함을 이르는 말.

2.장수로서 임금의 신표를 받다.

★**부월**斧鉞 : 예전에, 살생권의 상징으로 주는 작은 도끼와 큰 도끼를 이르던 말.

부전조개 이 맞듯

1.사물이 서로 빈틈없이 꼭 들어맞음을 이르는 말.

★**부전조개** : 계집아이의 노리개의 하나.

2.서로 의가 좋음을 이르는 말.

<u>(비)부절을 맞춘 듯하다, 사기전에 종짓굽 맞추듯, 장기짝 맞듯 한다, 흰떡 집에 산병 맞추듯.</u>

부절을 맞춘 듯하다

1.사물이 빈틈없이 서로 꼭 들어맞음을 비유적으로 이르는 말.

★**부절**符節 : 돌이나 대나무, 옥 따위로 만든 물건에 글자를 새겨 다른 사람과 나눠 가졌다가 나중에 다시 맞추어 증거로 삼는 물건.

2.서로 친해져 정이 깊은 모습을 비유적으로 이르는 말. <u>(비)부전조개 이 맞듯, 사기전에 종짓굽 맞추듯, 장기짝 맞듯 한다, 흰떡 집에 산병 맞추듯.</u>

부접(을) 못 하다

한곳에 붙어 배기거나 견디어 내지 못하다.

★**부접**附接 : 다른 사람이 따를 만한 성질이나 태도.

예) 그는 성질이 급해서 한곳에 부접을 못 한다.

부정不正**(을) 보다**

1.꺼리거나 피하는 몸으로 부정한 일을 하다.

2.『북』 민속에서, 꺼려 피하는 부정한 일이 눈에 띄다.

부정(을) 치다

부정풀이를 할 때, 무당이 부정한 일을 물리쳐 버리다.

부정(을) 타다

부정한 일로 해를 입다.

예) 박 선생의 집은 흉가라는 소문이 떠돌았고, 그 집을 출입하면 부정을 탄다는 말이 장터거리에 짜하게 퍼져 있었다.

부정을 풀다

무당의 굿은 여러 대목으로 나누어진다. 그 첫 거리에서 그동안 불길하게 일어난 일들을 물리치는 굿이 벌어지는데, 이를 두고 '부정(을) 풀다', '부정(을) 치다'라고 한다. '부정풀이'는 첫 거리굿을 가리키는 말이다. '무당이 첫 거리굿으로 부정한 일을

ㅂ

물리치다'라는 뜻이다.

부정(이) 나다

부정한 일이 생기다.

부황이 나다

오래 굶주려 살가죽이 들떠서 붓고 누러지다.

★부황付黃 : 오래 굶어 살가죽이 들떠서 붓고 누렇게 되는 병.

북망산 가다

북망산北邙山은 중국 하남성 낙양 땅에 있는 산 이름이다. 후한後漢시대 이래 이곳에 무덤이 많았기 때문에 '북망산 간다'는 말이 곧 죽는 것을 대신하게 되었다.

북새(를) 놀다[놓다]

여러 사람이 부산하게 법석이다.

★북새 : 많은 사람이 야단스럽게 부산을 떨며 법석이는 일.

예) 아이들이 놀러 와서 북새를 노는 바람에 공부는커녕 아무것도 못했다.

북어 껍질 오그라들 듯

재산 같은 것이 점점 줄어드는 모양.

북(이) 나들듯

<u>(비)베틀에 북 나들듯.</u>

예) 무슨 일이기에 형사가 저 집에 북 나들듯 하지?

북을 돋구다

『북』 1. 기운이나 기세 또는 어떤 마음이 더욱 세차게 일어나도록 자극하다.

2. 이미 진행된 행동이나 말을 덧보태어 정도가 더 하게 하다.

예) 정석근의 말에 중학 기성회 회장 박일수가 북을 돋구었다. 그 바람에 한덕삼이가 자리에서 벌떡 일어섰다.

북(을) 주다

흙으로 식물의 뿌리를 덮어주다.

예) 어머니는 감자밭에서 북을 주며 풀을 뽑고 있었다.

북장단을 치다[추다/맞추다]

(비유적으로) 정황에 따라 일을 줏대 있게 잘 처리하다.

★북장단 : 북소리로 맞추는 장단.

예) 모든 일에 북장단을 치는 그는 믿음직하다.

북치고 장구 치고

다른 사람 의사 의견을 무시하고 자기 혼자 해치움을 뜻이다.

징과 꽹과리보다 시대적으로 북과 장구가 오래 되었습니다, 아마 나무와 가죽으로 된 북과 장구가 더 오래 전부터 사용되었으리라 생각됩니다. 황동으로 된 징이나 꽹과리는 그 뒤에 만들어졌겠지요. 그래서 북이나 장구가 징이나 꽹과리보다는 더 친숙한 말이 되었다고 생각합니다. 북과 장구는 음악을 주도하는 악기입니다. 북이나 장구만 가지고도 노래나 음악의 반주에 훌륭히 사용됩니다. 장구는 여러 음악의 반주에 쓰이고, 북은 민요나 판소리의 반주에 쓰이지요. 그러나 징이나 꽹과리는 비교적 제한된 범위에서 사용됩니다. 풍물이나 사물에서만 쓰이죠.

그래서 징치고 꽹과리 치는 것은 일부이지만, 북치고 장구 치는 것은 음악을 혼자 다 이끌어간다는 뜻에서 어떤 일을 혼자 다 이끌어 가는 상태를 의미하는 말로 의미가 바뀌었다고 생각됩니다. 즉, 이일 저 일을 혼자서 하는 것을 말합니다. 그만큼 유능하고 다재다능하단 말도 됩니다. <u>(비)차 뜨고 포 뜨고.</u>

예) 난 꿈에도 없는데 자기 혼자서 북치고 장구 치고 다 하는구먼.

북 치듯

무엇을 함부로 때리거나 두드리다.

예) 아내는 무엇이 불만인지 빨랫방망이로 빨래를 북 치듯 두드렸다.

북통 같다

배가 몹시 불러 둥그렇다.

북통(을) 지다

경을 읽는 동안에 병자가 죽었을 때, 경쟁이가 북을 지고 쫓겨나다.

북통(을) 지우다

경을 읽는 동안에 병자가 죽었을 때, 경쟁이에게 북을 지워 쫓아내다.

분개分槪 없다

사리事理를 분별하여 헤아릴 줄 모르다.

분紛결 같다

살결이 희고 곱다.

분대질(을) 치다

몹시 분대질하다.

★분대질 : 수선스러운 짓으로 남을 괴롭게 하는 짓.

분수(가) 없다[분수(를) 모르다]

'분수에 맞지 않는다'라고 할 때 '분수分數'는 자기 신분이나 형편에 알맞은 한도를 말한다. 그러나 '분수'에는 또 다른 뜻이 있다. 우선 '사물을 분별하거나 헤아리는 능력'이 그것이다. 다음으로 '어디까지 미치는 한계'라는 뜻도 있어서, '참는 것도 분수가 있지'라는 식으로 쓰인다. 여기에서는 두 번째 의미다. '(주로 사람에게 쓰여) 사물을 분별할 만한 슬기가 없다' 또는 '(행동 따위에 쓰여) 어떤 요량이나 대중이 없다'라는 뜻이다.

분에 넘치다

여기에서 '분分'은 '분수分數'의 준말로서, 자기 신분이나 처지에 알맞은 한도를 뜻한다. 세상에서 나에게 분배된 몫을 바로 알아 거기에 합당한 생활을 하며 만족하는 것이 행복으로 향하는 길이다. '칭찬이나 상, 대가 따위들이 자기가 한 일이나 자기가 놓인 처지에 비해 훨씬 많거나 크다'라는 뜻이다.

분위기雰圍氣 있다

그윽하거나 멋있는 기운이 감돌다.

예) 분위기 있는 사람/ 분위기 있는 찻집/ 분위기 있는 목소리.

분憤을 삭이다

분한 마음을 누그러뜨리어 가라앉히다.

분憤을 풀다

앙갚음을 하여 분한 마음을 없애다.

분의를 따다

자신의 분수에 알맞은 정당한 도리를 저버리다.

★분의分義 : 분수에 맞게 지키는 도리.

예) 그동안 쌓아 온 정분이 있는데 이제 와서 분의를 딸 수는 없는 것이다.

분憤이 꼭두까지 나다[올라오다]

분한 마음이 몹시 일어나다.

예) 분이 꼭두까지 난 막봉이가 "이놈은 또 웬 놈이야?" 하고 주먹으로 그 사람을 치려고 하니….

분憤이 나다

분한 마음이 일어나다.

분초分秒를 다투다

(사건이나 상황이) 매우 급하다. '분초分秒'는 시각을 나타내는 단위인 '분'과 '초'를 말한다. 일상에서 쓰이는 가장 짧은 시간 단위인 셈이다. 그래서 '아주 짧은 시간'을 의미하기도 한다. '다투다'는 어떤 것을 차지하거나 이기려고 서로 맞서서 애를 쓰는 것을 말한다. '분과 초를 자기 것으로 하기 위해 애를 쓰다', 즉 '모든 시간을 낭비하지 않고 아주 짧은 순간이라도 아껴가며 급하게 서두르다'라는 뜻이다. 아울러 어떤 일 따위가 분초를 다툰다고 할 때는 '상황이 시시각각 급변할 수 있어서 아주 위험하고 다급하다'는 것을 나타낸다.

분초를 아끼다

시간을 헛됨이 없이 효과적으로 쓰다.

예) 그는 분초를 아끼며 공부를 해서 수석으로 합격하였다.

분통 같다

도배를 새로 하여 깨끗하다.

예) 분통같은 새색시 방.

★분통粉桶 : 분을 담아 두는 통.

분통이 터지다

분한 마음이 치밀어 오르다.

ㅂ

★분통憤痛 : 분하고 억울해서 마음이 쓰리고 아픔.

분필粉筆 가루를 먹다

(속되게) 가르치는 일을 직업으로 하다.

예) 아직도 분필 가루를 먹고 지내나?/나는 분필 가루를 먹는 이 직업을 천직으로 알고 일했다.

분한(이) 있다

1. 많은 것 같아도 실상은 그리 많지 않다.

★분한分限 : 실용 가치가 있는 일정한 한도.

2. 얼마 안 되는 듯 하여도 늘려 쓸 수가 있다.

예) 도토리 가루는 분한 있어서 묵을 쑤면 양이 다섯 배 내지 여섯 배로 늘어난다.

불감청不敢請 고소원固所願 이라

차마 말은 하지 않았지만 예전부터 진실로 바라던 말이다.

불구경 가는 게사니 걸음

『북』 비쭉거리며 급히 걸어가는 모양을 비유적으로 이르는 말.

★게사니 : '거위'의 비표준어.

불 구뎅이에 들어앉다

『북』 몹시 위험하고 고통스러운 처지에 빠지다.

불 구름을 몰아오다

『북』 침략 전쟁 준비를 다그치다.

예) 전쟁의 불 구름을 몰아오기 위한… 범죄적 책동은 더욱 노골화되고 있다.

불꽃 같다

사물이 일어나는 형세가 왕성하다.

불꽃(을) 날리다

『북』 매우 활기 있고 빠르게 일을 해 젖히다.

예) 가공들은 물고기 더미를 마주하고 일손에 불꽃을 날린다.

불꽃(이) 튀다

1. 겨루는 모양이 치열하다.

예) 불꽃 튀는 경쟁을 치르다.

2. 격한 감정이 눈에 내비치다.

예) 그는 화가 머리끝까지 올라 눈에서 불꽃이 튀었다.

불낸 놈이 불이야 한다

도둑이 포도청 간다.

불똥이 튀다

사건이나 말썽의 꼬투리가 엉뚱한 사람에게 미쳐 화를 입히다. '다급하게 조처해야 할 일이 생기다'라는 뜻으로 이 표현을 쓴다. 한편 불똥이 튀면 그 불의 여파가 튄 곳까지 확대된다. 여기에서 '(비유적인 표현으로 쓰여) 어떤 좋지 않은 일이 처음에 일어난 곳에서 끝나지 않고 그 여파가 다른 곳으로 옮겨가서 화가 미치다'라는 뜻으로도 쓰인다.

불똥이 떨어지다

1. (비)발등에 불(이) 떨어지다.

2. 꾸지람을 듣거나 벌을 받다.

예) 오늘도 그냥 돌아가면 불똥이 떨어진다니까요.

불문에 부치다

'불문不問'은 한자말 그대로 풀이하면 '묻지 않음'을 뜻한다. '편지를 부치다'의 '부치다'는 '심의에 부치다'에서처럼 '심의하는 자리에 내놓다'라는 뜻으로도 쓰인다. 그렇다면 불문에 부치고, 의문에 부치고, 비밀에 부치면 어떻게 될까? 결국 그대로 내버려둔다는 뜻이다. '책임을 따지지 않고 모르는 척 넘어가다'라는 의미다.

예) 학교 측에서는 이번 사건을 불문에 부치는 대신 이와 같은 일이 다시는 벌어지지 않게 학생들에게 단단히 주의를 주도록 학부모들에게 당부했다.

불벼락을 퍼붓다

'불벼락'은 말 그대로 번갯불이다. 또한 '윗사람으로부터 갑자기 듣게 되는 심한 꾸지람', '뜻하지 않게 당하게 되는 심한 공격이나 타격'을 뜻하기도 한다.

불사不死(가) 세다

토속 신앙에서, 조상 가운데 불사가 된 사람이 있어서 자손을 기르기에 힘이 든다.

불에 덴 상처가 아리다

상처가 찌르는 것처럼 아프다.

불(을) 까다

여기에서 '불'은 포유류 수컷의 생식기에 해당하는 것으로 흔히 '불알', '고환睾丸'이라고도 하며, 때론 그것을 감싸고 있는 주머니 모양의 살을 '불'이라고도 부른다. '까다'는 '껍질 따위를 벗기다', '안의 것을 밖으로 드러나게 하다'라는 의미가 있다. 과거에는 사람의 고환을 잘라냄으로써 그를 환관 또는 내시로 삼았다. 이런 시술을 거세去勢라고 하는데, 오늘날에는 동물들에게 이 방법이 사용되고 있다. 말은 거세하면 난폭한 성격이 누그러져서 다루기가 쉽고, 닭, 양, 돼지 등은 거세하면 고기가 연해진다고 하며, 아울러 번식을 막기 위해서도 행해지고 있다.

불을 끄다

급한 일을 처리하다.

예) 미안해. 급한 일이 갑자기 생겨서 그 불을 끄느라고 좀 늦었어.

불(을) 넣다

방에 난방을 하다의 뜻.

불(을) 놓다

광산에서 폭약을 터뜨리려고 도화선에 불을 붙이다.

예) 도화선에 불을 놓고 우리는 모두 안전지대로 피신하여 몸을 숙였다.

불(을) 맞다

1. 탄알에 맞다.

예) 불 맞은 곰.

2. 『북』 불에 직접 닿아 데거나 타다.

예) 왜놈의 더러운 개 장기덕은 검붉은 피를 콘크리트 바닥에 뿌리며 불 맞은 송충이처럼 두어 바퀴 뒹굴더니 차츰 사지를 뻣뻣하게 내뻗쳤다.

불(을) 받다

남에게 큰 모욕을 당하거나 재해를 입다.

예) 그러게 남한테 불 받을 짓을 왜 하느냐?

불(을) 보듯 뻔하다[훤하다]

앞으로 일어날 일이 의심할 여지가 없이 아주 명백하다.

예) 그렇게 공부를 안 하니 시험에 떨어질 것이 불 보듯 뻔하다.

불을 뿜다(토하다)

'뿜다'는 속에 있는 것을 세차게 밖으로 밀어낸다는 뜻이다. 생각이나 감정 따위를 말이나 소리 따위로 드러낸다는 뜻을 나타낸다. '기염을 토하다', '울분을 토하다', '열변을 토하다'가 그것이다. '뿜다'와 함께 쓰일 때 의미는 주로 '탄알'이다. 탄알이 발사될 때 불꽃이 발생하기 때문이다. 특히 초기에 화약을 장전해 쓰던 총은 실제로 불을 뿜었다. 그 후에는 용과 같이 실제로 불을 토하는 화염방사기가 만들어졌다. '(비유적인 표현으로 쓰여) 기운이나 정열을 세차게 내보내다'라는 뜻으로도 쓰인다.

불(을) 주다

남에게 큰 곤욕이나 해를 입히다.

예) 그것은 본의 아니게 남을 도우려다 오히려 불을 준 행위였다.

불(을) 지르다

어떤 장소나 물체에 불을 붙여서 그 불이 주위로 뻗어 나가게 하는 것을 말한다. 이는 범죄행위를 나타내는 말이다. '불을 내다'도 비슷한 표현이지만 이것은 보다 의미가 가벼워서 굳이 범죄행위를 가리키지는 않는다. 한편 '어떤 현상이나 운동이 활발하게 일어나도록 작용을 하거나 강한 충격을 주다', '(주로 '가슴에 불을 지르다'의 형태로 쓰여) 이성에게 사랑하는 마음이 강하게 일어나게 하거나 몹시 성이 나게 하다'라는 뜻으로도 쓰인다.

불(이) 나다

1. 몹시 긴장하거나 머리를 얻어맞거나 하여 눈에 불이 이는 듯하다.

2. 뜻밖에 몹시 화가 나는 일을 당하여 감정이 격렬해지다. '나다'는 '생기다', '일어나다'라는 의미다. '고장이 나다', '전쟁이 나다'가 그렇다. 이때 불은 화재를 뜻한다. '화재가 발생하다', '어디에 불이 붙어 꺼지지 않고 타다'라는 뜻이다. 한편 '붙다'는 '어

디에 닿거나 떨어지지 않게 되다', '바로 가까이 있다'라는 의미다. 이때는 '(주로 '불(이) 나게'의 형태로 쓰여) 몹시 다급하게 다그치거나 서두르는 모양'을 나타낸다. (비)불이 붙다, 불이 일다.

불이 일다

1. (비)불이 나다.(붙다)

예) 병사들은 그 처참한 광경을 보자 눈에 불이 일었다.

2. 『북』 매우 기운차고 빠르게 일이 진행되다.

예) 리도윤이가 책임진 제관 현장은 도면이 나오는 대로 작업에 불이 일고 있었다.

불(이) 일 듯 (하다)

어떤 형세가 빠르고 성하다.

불이 타다

불이 붙어 타는 것을 말한다. 한편 '어떤 감정이나 열정 따위가 한창 강렬하게 일다'라는 의미도 담고 있다. 이때는 주로 '의협심(정의감, 질투심, 투지)에 불타다'의 형태로 쓰인다.

불 주머니를 터뜨리다

『북』 잘 참아 오던 성을 버럭 내다.

불집을 건드리다[내다]

말썽이나 위험을 스스로 불러들이다.

★**불집** : 아주 위험성이 있는 곳.

예) 쓸데없이 고이 자는 아이는 깨워 가지고 불집을 건드리고 그래!

불집을 일으키다

말썽을 일으키다.

예) 혹 제가 들어 일이 풀릴 단서가 잡힌다 하더라도 또 그런 엉뚱한 불집을 일으키면 제 노력은 물거품이 될 것입니다.

불찌가 튀다

『북』 1. 재앙이나 화가 미치다.

★**불찌** : 불티나 불똥을 이르는 말.

2. 격한 감정이 눈에 내비치다.

불티가 날아오다[튀다]

『북』 화나 화가 될 요소가 번져서 딴 곳에 미치어 오다.

★**불티** : 타는 불에서 튀는, 재가 되기 전의 작은 불똥.

불티를 날리다

『북』 화나 화가 될 요소가 번져서 딴 곳에 미치게 하다.

예) 날탕 패의 습성대로 공술을 실컷 먹고 그대로 달아나려다가 두 놈 중 한 놈이 주인에게 붙잡혀서 술집의 뒷배를 보아주는 포교 놈들에게 끌려간 것이 그만 동소문 안 류순정의 집까지 불티를 날린 꼴이었다.

불행不幸 중 다행多幸

불행 가운데서 그나마 그만하면 다행.

예) 일이 비록 늦게나마 되었다니 불행 중 다행이다.

불호령이 떨어지다(내리다/을 받다)

꾸중을 듣다, 크게 야단을 맞다는 표현입니다.

★**불호령號令** : 무척 노한 상태에서 내리는 호되고 급한 명령이나 꾸짖음.

붉덩물 지다

붉덩물이 흐르다.

★**붉덩물** : 붉은 황토가 섞이어 탁하게 흐르는 큰 물.

붉은발(이) 서다

붉은발이 나타나다.

★**붉은발** : 부스럼의 독기로 그 언저리에 나타나는 붉은빛의 핏줄.

붓방아 찧다

계속 붓방아질을 하다.

★**붓방아** : 글을 쓸 때 미처 생각이 나지 않아 붓대만 돌리고 있는 짓.

붓을 꺾다[던지다]

1. 문필 활동을 그만두다. (비)붓을 놓다.

예) 그는 이 소설을 마지막으로 붓을 꺾어 버리었다.

2. 글을 쓰는 문필 활동에 관한 희망을 버리고 다른 일을 하다.

예) 전란이 일어나자, 많은 인재가 붓을 던지고 칼

을 잡았다.

붓을 놓다

1. 글을 매듭짓고 그만 쓰다. (비)붓을 꺾다[던지다].

예) 한결 깊은 축복이 스스로 깃들이기를 마음속으로 적이 빌며 이 붓을 놓는다.

붓을 대다

글이나 글씨를 쓰다.

예) 그는 밤새 붓을 대지도 않고 생각만 하였다.

붓을 들다

1. 글을 쓰기 시작하다.

예) 그는 밤새 무엇을 쓸까 고민하다가 날이 밝아서야 붓을 들었다.

2. 문필 활동을 시작하다.

예) 주위 사람들은 그가 다시 붓을 들기를 원했다.

붓이 가볍다

짓는 글이 막히지 않고 순조롭게 잘 써지다.

붓이 나가다

짓는 글이 순조롭게 되어 가다.

예) 오늘은 붓이 잘 나가지 않아 쉬기로 했다.

붙박이 놓다

한 곳에 꽉 고정하여 놓다.

비雨가 긋다

('긋다'는 자동사) '비가 잠시 그치다'란 뜻.

예) 비가 긋는 것도 잠깐이었다.

비(가) 묻다

비가 내릴 수 있는 눅눅한 기운을 품다.

예) 저 건너 갈미봉에 비가 묻어 들어온다.

비가 오나 눈이 오나

아무리 어려움이 있어도 언제나 한결같이.

예) 어머니는 비가 오나 눈이 오나 자식 걱정뿐이다.

비가 올 듯하다

비가 올 듯싶다.

비교도 되지 않다

어느 것이 월등하게 뛰어나 다른 것이 견줄 만한 가치도 없다.

예) 부모의 자식 사랑은 자식의 부모 사랑과는 비교도 되지 않을 만큼 크다.

비단 방석에 앉다

매우 훌륭하고 보람 있는 지위나 자리를 차지하다.

★비단緋緞 : 명주실로 광택이 나게 짠 피륙을 통틀어 이르는 말.

예) 말단 사원에서 사장으로 승진했으니 그도 이제는 비단 방석에 앉았다고 모두들 부러워한다.

비단보를 씌우다

(비)비단 보자기를 씌우다.

비단 보자기를 씌우다

속은 보잘것없는데 겉만 아름답게 보이게 하다. (비)비단보를 씌우다.

예) 그것은 오히려 달콤하고 새로 알게 된 곡절을 노리개 삼아 다루면서, 쉬운 일을 어렵게 짠, 말의 비단 보자기를 씌워 보는 셈이다.

비라리(를) 치다

구구한 말을 하여 가며 남에게 무엇을 청하다.

★비라리 : 구구한 말을 하면서 남에게 무엇을 청하는 짓.

비(를) 긋다

('긋다'는 타동사) 비를 잠시 피하여 그치기를 '기다린다'는 의미.

비린내(가) 나다

(비)젖비린내가 나다.

예) 비린내 나는 애송이가 겁 없이 까분다.

비명悲鳴을 올리다

어려운 지경에 빠져 견디다 못해 외마디 소리를 지르거나 허약한 소리를 내다.

비비 꼬다

1. 여러 번 비틀어 꼬다.

2. 반어를 써서 빈정거리다.

예) 왜 말을 비비꼬느냐?

비비 꼬이다

1. 여러 번 비틀어서 단단히 꼬이다.

2. 일이 잘 되지 아니하고 어그러지다.

예) 처음부터 일이 ~.

비비 틀다

여러 번 비틀다. 단단히 비틀다.

비비 틀리다

여러 번 비틀리다. 단단히 비틀리다.

비빌 언덕

보살펴 주고 이끌어 주는 미더운 대상.

★**비비다** : 서로 맞대어 여러 번 마찰시키다.

예) 비빌 언덕이 있어야 기대지.

비상 국으로 안다

어떤 것을 한사코 꺼리며 피하려 듦을 비유적으로 이르는 말.

★**비상**非常 : 평상시와 다르거나 일상적이지 않아 특별함.

비쌔구 더 쌔다

『북』 1. 마음에 있으면서도 극구 사양하다.

★**비쌔다** : 마음은 있으면서 안 그런 체하다.

★**쌔다** : ①(무엇이) 쌓여 있을 만큼 퍽 흔하게 있다. ②(기본의미) 겹겹이 포개져서 놓이다.

2. 이러쿵저러쿵 흠집을 잡으면서 나서지 아니하거나 응하지 아니하다.

비양을 치다

빗대어 놓고 빈정거리다.

★**비양** : 남에게 약이 오르도록 조롱함.

비 오듯 (한다)

1. 화살, 총알 따위가 많이 날아오거나 떨어지다.

예) 도망을 치려해도 앞에는 화살이 비 오듯 쏟아지고, 뒤에는 푸른 강이 가로질러 막았으니 뒤로 물러날 수도 없었다.

2. 눈물이나 땀 따위가 줄줄 많이 쏟아지다.

예) 슬픔이 치밀어 오르더니 눈물이 비 오듯 흘렀다.

비위(가/에) 거슬리다

마음에 언짢다.

★**비위**脾胃 : 일이나 사물에 대하여 무엇을 하고 싶은 기분이나 생각.

비위(가) 사납다

마음에 거슬리어 아니꼽다.

예) 비위 사납게 만들어 놓고, 그는 사과 한 마디 없다.

비위(가) 상하다[뒤집히다]

1. 비위가 좋지 않아 금방 게울 듯하여지다.

예) 남상이는 우선 자욱한 연기와 느글느글한 고등어 냄새에 비위가 상해 얼굴을 찡그렸다.

2. 마음에 거슬리어 아니꼽고 속이 상하다.

예) 그 모임에 가면 비위 상하는 일이 한두 가지가 아니다.

비위(가) 좋다

아니꼽거나 싫은 일을 잘 견디는 힘이 있다.

예) 창피한 줄도 모르고 비위 좋게 앉아 있다.

비위(가) 틀리다

마음에 맞지 않아 기분이 틀어지다.

비위(를) 건드리다

남의 마음을 상하게 하다.

비위(를) 뒤집다

1. 비위를 상하게 하여 금방 게울 듯하게 하다.

예) 화장터 화덕에선…비위 뒤집는 냄새가 코를 쏘고 있었지만….

2. 말 따위로 아니꼽게 하거나 속을 상하게 하다.

예) 너는 왜 비위를 뒤집는 소리를 하냐?

비위(를) 맞추다

소화액을 분비하는 비장脾臟과 음식물을 소화시키는 위장胃臟을 합쳐서 비위라고 한다. 비위를 맞춘다는 것은 곧 속에서 어떤 음식을 무리 없이 받아들일 수 있는 조건을 갖추는 것을 말한다. 즉, 어떤 일이나 상황을 남의 마음에 들게 해주는 것을 가리킨다.

비위(를) 쓰다

비위 좋게도 아니꼽고 싫은 일을 일부러 하다.

예) 그는 속으로는 하고 싶지 않았지만, 얼굴에 거짓 웃음을 지으며 비위를 썼다.

비위(를) 팔다

마음에 거슬리는 것을 꾹 참다.

예) 정 첨지 아들은 놀라서 일어서고 부끄러워서 고개 숙이다가 골이 나서 아내를 흘겨보며 비위를 팔았다.

비접 나가다

병중에 요양하려고 자리를 옮기다.

★**비접** : 앓는 사람이 거처를 옮겨 요양하는 일.

비점을 찍다

골라서 뽑다.

★**비점批點** : 시나 문장을 평가할 때, 썩 잘된 곳에 찍던 둥근 점.

비판대에 오르다[서다]

『북』 비판의 대상이 되어 비판을 받다.

비판批判의 날을 세우다

『북』 원칙적이면서도 날카롭게 비판하는 기풍을 세우다.

비比할 바 없다

차이가 너무 커서 비길 데가 없다.

예) 백자의 정결하고 투명한 빛깔과 곡선의 아름다움은 비할 바 없다.

비할 바 없이

차이가 너무 커서 비길 데가 없이.

예) 설악산의 단풍은 비할 바 없이 아름답다.

비행기(를) 태우다

1. 남을 지나치게 칭찬하거나 높이 추어올려 주다.

예) 당연한 일을 했을 뿐이니 공연히 비행기 태우지 마라.

2. 비행기고문으로 고문하다.

예) 일제의 경찰들은 독립 운동가들을 비행기 태우는 악랄한 고문을 스스럼없이 자행했다.

빅장(을) 부르다

장기를 비기도록 장군을 부르다.

★**빅장** : 장기에서 대궁이 된 때나 비김수로 장군을 불러서 비기게 되는 장군.

빈대 붙다

(속되게) 남에게 빌붙어서 득을 보다.

예) 그는 서울에 올라와서 친구에게 빈대 붙어 살고 있다.

빈손으로 나앉다

들인 노력이 허사로 되어 아무것도 얻은 것이 없이 하던 일에서 물러나다.

예) 삼촌의 사업이 망해 작은집 식구들은 빈손으로 나앉게 되었다.

빈손 털다

1. 들인 재물이나 노력이 허사로 되어 아무것도 얻은 것이 없이 되다.

예) 참외가 오이 값이 되고 수박이 호박 값으로 뒹굴어 다니니 결국은 서로가 빈손 털고 주저앉을 수밖에….

2. 가지고 있던 것을 몽땅 털어 내다.

빈주먹만 들다

어떤 일을 시작할 때에 아무것도 가진 것이 없다.

예) 나는 돈 한 푼 없이 빈주먹만 들고 이렇게 성공했다.

빈축을 사다

못마땅하여 눈을 찡그리는 것이 빈嚬이고, 몸을 움츠리거나 얼굴을 쭈그리는 것은 축蹙이다. 못마땅한 사람을 비난하거나 미워하는 표정을 가리키는데, 곧 누군가를 못마땅하게 생각한다는 뜻이다. '빈축을 산다'고 표현한다.

(유래) 서시西施는 월越나라의 저라산 근처에서 가난한 나무꾼의 딸로 태어났다.
이때 월나라 대부 범려는 여러 차례 오왕 부차에게 미녀를 선사하였음에도 그 효과가 나타나지 않자 직접 전국 각지를 돌면서 절색의 미녀를 찾아 나섰다. 하루는 범려가 저라산苧蘿山 기슭에 이르렀는데, 약야계若耶溪라고 하는 곳에 두 명의 미녀가 있다는 소문을 들었다. 그 두 미녀는 바로 서시西施와 정단鄭旦이었다. 범려는 그녀들의 자태를 보자마자 아름다움에 도취되어 자신도 모르게 이렇게 말했다. "조금만 더 다듬는다면 세상에 보기 드문 보물이 되어 반드시 오왕 부차의 환심을 살 수 있을 것이다. 월나라의 미래는 저 여인들에게 달려 있도다!" 범려는 그녀들을 만난 다음 자기의 신분을 밝히고 그가 오게 된 이유를 설명하였다. 서시와 정단은 무릎을 꿇어 절을 올리고, 연약한 시골 여자의 몸으로 이렇게 중요한 국가의 대사를 맡게 될 줄 몰랐다면서, 조국을 위해 모든 것을 바칠 것을 다짐한다. 이에 범려는 회계산 부근에 교육 장소를 마련하여 미인계를 성공시킬 계책을 준비해나갔다. 교육 내용은 먼저 임금에게 충성하고 나라를 사랑하는 사상교육을 실시한 후, 그 다음으로 일반적인 지식을 전수하였다. 특히 가무歌舞, 몸가짐, 예절과 사람을 유혹하는 기교 등을 중점적으로 지도하였으며, 정보수집 지식과 기술도 필수과목이었다. 이러한 집중적인 교육을 통하여 단기간에 그녀들은 충성심과 고귀한 품성을 갖춘 공작요원으로 양성되었다. 현대적 의미로 스파이였던 것이다.

그녀는 빼어난 용모 때문에 오吳나라와의 전쟁에서 패한 충신 범려가 서시를 데려다가 미인계를 쓰려고 호색가인 오나라 왕 부차에게 바쳐졌고, 부차는 첫눈에 서시의 미색에 완전히 반해버렸다.

그런데 서시는 어릴 적부터 가슴앓이라는 지병이 있어서 아플 때마다 본능적으로 눈살을 몹시 찡그렸다.

그런데 그녀의 찡그리는 모습은 웃는 모습보다 오히려 형용할 수 없을 만큼의 아름다운 자태로 나타나서 부차도 그 모습 빈축嚬蹙에 완전히 넋이 나갈 정도였다.

이 소문이 전국에 널리 퍼지자 어느 시골의 아주 못생긴 여인이 자기도 눈살을 찌푸리면 남에게 예쁘다는 말을 들을까 하여 항상 눈살을 몹시 찌푸리고 다녔다. 그러자 주위 사람들이 못생긴 여인의 찌푸린 모습이 더욱 추해보여서 모두 이사를 가버릴 정도였다고 한다.

그로부터 함부로 남의 흉내를 내는 것을 '효빈效嚬'이라 하고, 자기의 잘못된 말이나 행동 때문에 남들로 부터 비난이나 미움을 받는 것을 '빈축嚬蹙을 산다'라고 말하게 되었다.

빈틈(을) 노리다

빈틈이 생기기를 엿본다는 의미.

빈틈을 타다

'타다'는 '말을 타다', '기차를 타다'에서처럼 탈것에 몸을 올려놓는 것을 말한다. 바람을 타면 바람에 실리는 것이고, 기회를 타면 기회를 이용하는 것이다. '빈틈'이란 비어 있는 틈, 즉 '사이가 벌어지거나 채워지지 않아서 비어 있는 부분'을 말한다. 아울러 '흠이 잡힐 만한 약점이나 경계가 소홀한 사이'를 가리키기도 한다.

빈틈이 없다

사람이 아주 야무지고 치밀하다는 뜻.

빌미를 잡다

(사람이 일을)변고나 탈이 생기는 원인으로 삼다.

★빌미 : 재앙이나 병 따위의 불행이 생기는 원인.

빗살 치듯 다니다

『북』 이곳저곳 빠짐없이 샅샅이 돌아다니다.

빗장을 지르다

1.마음속의 생각을 남에게 드러내지 아니하고 굳게 감추다.

★빗장 : 여닫이문을 잠그기 위하여 안으로 가로질러 잠그는 막대기나 쇠장대.

예) 그녀는 마음의 문에 굳게 빗장을 질렀다.

2.『북』 더 나아가거나 발전을 못하게 가로막다.

예) 학문 연구에 빗장을 지르는 행동.

빙산(氷山)의 일각

대부분이 숨겨져 있고 외부로 나타나 있는 것은 극히 일부분에 지나지 아니함을 비유적으로 이르는 말.

★일각一角 : 한 귀퉁이 또는 한 부분.

예) 우리가 그 사람에 대해 알고 있는 건 빙산의 일

각이야.

빚(을) 내다(지다)

'내다'는 '나다'의 사동, 즉 '나게 하다'이다. '빚(을) 내다'는 '빚이 나게 하다', '빚이 생기게 하다'라는 뜻이다. 한편 '지다'는 '짐을 지다', '책임을 지다'에서처럼 자신이 감당해야 하는 것, 또는 의무가 되는 것을 가리키기 위해 쓰는 말이다. 그래서 '빚(을) 내다'는 '돈이 급하거나 없어서 이자를 물기로 하고 남에게서 돈을 꾸다'라는 뜻이다.

빚(을) 놓다

여러 사람에게 빚을 주다.

예) 기만이가 형이 술에 취해서 자는 사이에, 빚을 놓아먹이려고 금융 조합에서 찾아온 돈을 5백 원이나 훔쳐 가지고….

빚(을) 주다

이자를 받기로 하고 돈을 꾸어 주다.

예) 김 씨는 박 씨에게 연 10% 이자로 빚을 주기로 했다.

빛을 발하다

제 능력이나 값어치를 드러내다.

예) 밑천이 잡히자 그의 잠자던 이재 수완이 비로소 빛을 발하기 시작해서….

빛을 보다

업적이나 보람 따위가 드러나다.

예) 그의 재능이 빛을 보게 된 것은 훌륭한 선생님을 만났기 때문이다.

빛(이) 없다

'빛(이) 없다'라고 하면 사람에게 쓰일 때는 '어떤 일을 해놓고 이렇다 할 면목이나 생색이 서지 않다', 즉 '보람이 없음'을 뜻한다. 그리고 사물에게 쓰일 때는 '공을 들인 그것이 보람 있게 드러나지 않다'라는 뜻이다.

빨간 거짓말

<u>(비)새빨간 거짓말.</u>

빨간 상놈

<u>(비)발간 상놈.</u>

빳빳이 굶다

먹을 것이 없거나 먹고 싶지 않아 아주 굶다.

★**빳빳하다** : (근육이나 물건이) 휘어지거나 굽어지지 않을 정도로 단단하게 굳어 있다.

예) 차라리 앉아서 빳빳이 굶어 죽는 한이 있다 하더라도 이제 그 일을 당하고서는 김가네 땅을 부칠 수가 없다.

빵꾸(가) 나다

1. 튜브가 터져 구멍이 뚫리다.

★**빵구** : 펑크puncture(고무 튜브 따위에 구멍이 뚫리는 것)의 비표준어.

2. 계획이 틀어지다.

빼다(가) 박다

모양이나 상황 따위가 비슷하다.

★**빼다** : (사람이 무엇의 일부를, 또는 사람이 무엇에서 그 일부를) 제외하거나 뽑아내다.

예) 그녀는 자신의 어머니를 빼다가 박았습니다.

빼도 박도 못하다

일이 몹시 난처하게 되어 그대로 할 수도 그만둘 수도 없다.

예) 한 번 두 번 도박을 하다 보면 거기에 미쳐서 빼도 박도 못하게 되기 쉽다.

빵대쑥 밭이 되었다

집터 따위가 폐허로 되어 빈터만 남았다.

★**빵대쑥** : 국화과에 속한 여러해살이풀.

예) 전쟁이 할퀴고 지나간 자리는 예외 없이 빵대쑥 밭이 되었다.

뺑소니를 치다

몸을 빼서 급히 도망하다.

★**뺑소니**hit and run : 교통사고 후에 도주하는 것을 일컫는다.

뺑줄(을) 맞다

남에게 뺑줄을 당하다.

★**뺑줄** : 남이 날리는 연줄을 긴 장대나 돌멩이를

맨 실로 걸어 당겨서 빼앗는 짓.

빵줄(을) 치다

1. 빵줄을 던져서 남의 연을 낚아채다.

예) 돌멩이에 실을 매달아 하늘 높이 던져서, 엉킨 연줄을 당겨 연을 빼앗는 빵줄 치기를 하지 않고서는 마음이 근질근질한 심술을 참지 못하는 그였지만….

2. 남의 물건을 중간에서 가로채다.

뻔질(이/찔이) 나다

드나드는 것이 매우 잦다. 주살나다.

★뻔질 : 어떤 모양이 자주 일어나는 모양.

뻔히 떴다

끊이지 않고 잇대어 늘어서다시피 되다.

★뻔히 : 굳이 확인해 보거나 경험해 보지 않아도 알 수 있을 만큼 명확하게.

뻘건 거짓말

(비)새빨간 거짓말.

예) 동생은 뻘건 거짓말을 해 놓고도 시치미를 뚝 떼고 있다.

뻘건 상놈

(비)발간 상놈.

예) 족보 사서 제사 지낸다고 뻘건 상놈이 양반이 되나.

뼈가(잔뼈가) 굵다

오랜 기간 일정한 곳이나 직장에서 일을 하여 그 일에 익숙하다.

뼈가 녹다[녹아나다]

어렵거나 고된 일로 고생하다.

예) 아버지는 여름 내내 뼈가 녹도록 일을 하셨다.

뼈(가) 빠지게

(비)뼈가 휘도록.

예) 아침부터 저녁까지 뼈가 빠지게 일해도 먹고살기 어려운 시절이 있었다.

뼈(가) 빠지다

'빠지다'는 있던 자리에서 떨어져 나가는 것이다. 뼈가 빠지는 것을 '탈골'이라고 한다. 강한 충격이나 습관 등으로 인해 턱이나 어깨의 뼈가 빠지는 경우가 있다. '휘다'는 어떤 무리한 힘에 의해 꼿꼿하던 물체가 구부러지는 것을 가리킨다. 이때 뼈는 주로 등뼈를 연상하게 된다. 육체노동을 심하게 하면 몸의 뼈마디들이 시리고 떨어져 나갈 것처럼 아픈 경험을 하게 된다. 이처럼 '오랫동안 고통을 참으면서 힘든 일을 하다'라는 뜻으로 이런 말을 쓴다. (비)뼈가 휘도록.

뼈가 휘도록

오랫동안 육체적 고통을 견디어 내면서 힘겨운 일을 치러 나가는 것을 비유적으로 이르는 말. (비)뼈(가) 빠지게.

예) 뼈가 휘도록 일해도 손에 들어오는 건 쥐꼬리만 한 월급뿐이다.

뼈다귀(를) 녹이다

1. 마음을 황홀하게 만들다.

예) 부장은 아부를 너무 잘해서 무뚝뚝한 사장의 뼈다귀를 녹일 정도다.

2. 뼈 없는 사람처럼 몸이나 마음을 가눌 수 없게 만들다.

뼈대가 굵어지다

자라서 성년이 되다.

예) 이미 뼈대가 굵어진 자식들인데 이래라저래라 간섭을 할 수도 없고 마냥 두고 볼 수도 없으니 큰 문제다.

뼈대가 있는 집안

문벌이 좋은 집안, 심지가 굳고 줏대가 있는 집안.

뼈대(가) 있다

1. 문벌이 좋다.

예) 아내는 뼈대 있는 집안에서 자랐다.

2. 심지가 굳고 줏대가 있다.

예) 의병 나간 그의 부친은 뼈대 있는 사람이었다고 한다.

뼈대도 추지 못하다

『북』 1. 죽은 흔적도 남지 아니하다.

2.다시는 살아나지 못할 정도로 망해 버리다. (비)뼈도 못 추리다.

뼈도 못 추리다

죽은 뒤에 추릴 뼈조차 없을 만큼 상대와 싸움의 적수가 안 되어 손실만 보고 전혀 남는 것이 없다. (비)뼈대도 못 추리다.

예) 더 이상 까불면 뼈도 못 추릴 줄 알아라.

뼈를 긁어내다

마음속의 고통 따위가 몹시 심하다.

예) 주검을 묻는 것이 첫 경험인 학수에게는 그것이 너무도 끔찍한 짓같이 생각되어 뼈를 긁어내는 듯도 한 느낌이었다.

뼈를 깎다[갈다]

몹시 견디기 어려울 정도로 고통스럽다.

예) 사랑은 뼈를 깎는 희생을 통해서 완성된다.

뼈를 묻다

단체나 조직에 평생토록 헌신하다.

예) 그는 이 회사에 뼈를 묻을 작정이다.

뼈를 아끼다

『북』 몸을 놀리고 힘들이는 것을 아끼다.

예) 싸움 길에 오른 아버지의 얼굴도 모르고 자라는 아들애를 남루하게 입히지 않자는 데야 왜 뼈를 아끼겠는가.

뼈만 남다

못 먹거나 심하게 앓거나 하여 지나치게 여위다. (비)뼈만 앙상하다.

예) 할머니는 병으로 오래 고생하신 듯 뼈만 남아 있었다.

뼈만 앙상하다

(비)뼈만 남다.

예) 며칠을 굶어 뼈만 앙상해진 사람들은 식량 구호만을 기다리고 있었다.

뼈에 사무치다

원한이나 고통 따위가 뼛속에 파고들 정도로 깊고 강하다.

뼈에 새기다

"가슴에 새기다"를 강조하는 말.

(비)골수에 새기다, 심장에 새기다, 폐부에 새기다.

뼈와 살로 만들다

경험, 사상, 이론 따위를 자기의 확고한 신념으로 만들다.

뼈와 살이 되다

정신적으로 도움이 되다.

뼛골(에) 사무치다

고통이나 원한 따위가 마음속 깊이 강렬하게 느껴지다.

★뼛골 : 뼈의 내강이나 해면질의 소강을 채우고 있는 세포와 혈관이 풍부한 연한 조직.

뼛골(을) 빼다

원기가 탈진하여 힘이 모두 없어지게 하다.

뼛골(이) 빠지다

육체적으로 매우 힘든 일을 해 나가다. 뼈 빠지다.

뼛골(이) 아프다

뼛속까지 아플 정도로 고통이 심하다.

뿌리(가) 깊다

뿌리가 깊이 박혀 있다. 사물의 연유하는 바가 오래다.

예) 뿌리 깊은 전통을 살리다.

뿌리(가) 빠지다

근원까지 없어져 아무것도 남는 것이 없게 되다.

예) 아마도 우리나라를 송두리째 달라든지, 백 년 오백 년을 두고 뿌리가 빠지도록 빚을 갚으라고 할 것이다.

뿌리(를) 박다

나무 등이 뿌리를 박고 살다. 모태를 안정하다.

예) 농촌에서 뿌리를 박고 살다.

뿌리(를) 뽑다

어떤 것이 생겨나고 자랄 수 있는 근원을 없애 버리다.

예) 부정부패를 뿌리 뽑자!

뿌리(를) 뽑히다

ㅂ

어떤 것이 생겨나고 자랄 수 있는 근원이 없어지다.

예) 굵직한 두목들이 잡혀 들어가서 범죄 조직은 이미 뿌리 뽑힌 거나 다름없었다.

뿐만 아니라

'그러할 뿐만 아니다'라는 말.

뿔다귀(가) 나다

화가 나다.

뿔을 세우다

『북』 몹시 고집을 부리다.

★뿔 : 소, 염소, 사슴 같은 짐승의 머리에 난, 단단하고 뾰족한 물질.

예) 그러나 금녀의 옹고집이 이렇게까지 뿔을 세우고 일어날 줄은 몰랐다.

뿔이 나다

{속된 말로} (사람이) 성이 나다.

예) 네가 자꾸 깐죽거리니까 내가 뿔이 날 수밖에 없지!

뿔(이) 솟다

『북』 화가 난 것을 비유적으로 이르는 말.

예) 동북 변으로 따라가겠다고 떼를 쓰다가 거절을 당한 놉쇠가 뿔이 솟아 내빼 버리는 통에 할 수 없이 명록이를 대신 섬에 데리고 갔던 것이었다.

ㅅ

사개(가) 맞다

말이나 사리의 앞뒤 관계가 빈틈없이 딱 들어맞다.

★사개 : 상자 따위의 네 모서리를 요철형으로 만들어 끼워 맞추게 된 부분.

예) 그 판사의 판결은 언제나 사개가 맞아 원고와 피고 모두가 동의하지 않을 수 없게 만든다.

사개(를) 물리다

『북』 말이나 사리의 앞뒤 관계가 빈틈없이 딱 맞아떨어지게 하다.

예) 오랜 연공인 희수 아버지는 용광로 조립도 기막히게 잘할 뿐 아니라 무슨 얘기나 사개를 잘 물리여 젊은이들도 혀를 차곤 한다.

사관(을) 트다

사관에 침을 놓다.

★사관四關 : 곽란 등과 같이 급하거나 중한 병일 때 통기를 위하여 침을 놓는 손과 발의 네 관절에 있는 혈을 이르는 말.

예) 체하였을 때는 사관을 트고 중완 침을 놓으면 한결 나아진다.

사기전에 종짓굽 맞추듯

사기그릇을 파는 가게에서 종지의 굽이 들락날락하지 않고 잘 맞추어져 있듯이, 틀림없고 영락없는 모양을 비유적으로 이르는 말.

(비)부전조개 이 맞듯, 부절을 맞춘 듯하다, 장기짝 맞듯 한다, 흰떡 집에 산병 맞추듯.

★사기전沙器廛 : 사기그릇을 파는 가게.

★종짓굽 : 쟁기의 한마루 아래 끝에 턱 모양으로 내민 부분.

사나운 암캐같이 앙앙 한다

(속되게) 부녀자들이 듣기 싫게 앙앙거리다.

사달이 나다

『북』 사고나 탈이 생기다'라는 의미.

★사달 : 대단찮은 사고나 탈.

사돈査頓의 팔촌八寸

남이나 다름없는 먼 친척.

예) 사돈의 팔촌도 안 되면서 왜 남의 일에 쓸데없이 참견하는 겁니까?

사람값에 가다

사람으로 쳐줄 만한 가치를 지니다.

예) 그 녀석 사람값엔 가지도 못 한다니까 그러. 억지로 치자면 건달이지.

사람값에 들다

사람이라고 이를 만한 가치를 지니다.

예)뒤로는 뇌물을 받아먹으면서 말만 잘한다고 사람값에 들까?

사람값에 들지 못하다

사람으로 쳐줄 만한 가치에서 크게 벗어나다.

사람 같지 않다

사람으로서 마땅히 지녀야 할 품행이나 덕성이 없다, '사람은 만물의 영장靈長'이라는 말이 있듯이, 동물에게서는 찾아볼 수 없는 특성과 기질을 가지고 태어난다. 그것들을 어떻게 이용하느냐에 따라 그 사람의 인생은 그만큼의 값어치를 지닌다고 할 수 있다. '사람으로서 마땅히 갖추어야 할 도리나 품위를 지키지 않으며 살아가다'라는 뜻이다. 아주 막된 사람을 비난하거나, 살아가는 조건이 형편없을 때 주로 쓰인다.

예) 더 이상 사람 같지 않은 놈하고 상종해봤자 내 입만 아프니 이쯤해서 관두겠다.

사람 살려

생명에 위험을 느낄 만큼 위급한 상황에 처하였을 때 외치는 소리.

예) 사람 살려, 누가 좀 도와주세요.

사람(을) 버리다

보호해야 할 사람을 나 몰라라 하고 내다 버리는 것을 말한다. 법률 용어로는 '유기遺棄하다'이다. 사람을 내다 버려야만 꼭 버리는 것이 아니라, 그 사람의 인성이나 품성을 망칠 때도 버리는 것과 진배없다. 그래서 '좋지 못한 습관 따위로 사람을 버릇없게 만들거나 나쁜 상태가 되게 하다'라는 뜻.

사람(을) 잡다

1.(사람이) 살인하다.

예) 그 남자가 전문적으로 돈을 받고 사람을 잡았다.

2.(사람이) 상대방을 극심한 곤경으로 몰아넣다.

예) 아내는 남편이 바람피우는 것으로 오해를 해서 아주 사람을 잡았다.

3.(무엇이) 사람의 마음을 황홀하게 하거나 녹여 주다.

예) 그녀의 섹시한 춤이 여러 사람을 잡았다.

사람이 되다

1.(사람이) 됨됨이나 성질이 온전하고 바른 상태에 있다. 아니, 네가 빌려간 돈을 갚다니 이제 사람 됐네.

2.주로 '사람 된'의 꼴로 쓰여, '사람으로서 마땅히 지녀야 하는'의 뜻을 이르는 말.

예) 너를 키워 주신 이모를 외면하는 것은 사람 된 도리가 아니다.

사람(이) 좋다

사람됨이나 성질이 무던하다.

예) 사람이 너무 좋다 보니 맺고 끊는 데가 없다.

사람 죽이다

1.너무 힘겨운 경우를 당하여 매우 힘들고 고달프다.

예) 전셋돈 마련할 길은 막막한데 주인집에서는 돈 없으면 나가라고 난리고, 정말 돈이 사람 죽이는구나!

2.사람을 어이없게 만들다.

예) 서 씬 사람 죽이겠네요, 세상에 그런 오해를 하다니….

3.사람의 마음을 황홀하게 하거나 녹이다.

예) 이 김치 맛 사람 죽이는데.

사랑을 나누다

성관계를 맺다.

사랑을 속삭이다

1.이성 간에 사랑의 말을 주고받다.

예) 밤이 되자 해변에는 젊은이들이 삼삼오오 짝을 이루어 서로의 어깨를 기댄 채 사랑을 속삭이고 있었다.

2.이성 간에 애정 관계를 맺고 사귀다.

예) 만난 지 얼마 안 되어 그들은 사랑을 속삭이는 사이가 되었다.

사랑의 보금자리

서로 사랑하는 사람끼리 만드는 새 가정을 이르는 말.

★**보금자리** : 살기에 편안하고 아늑한 곳을 비유적으로 이르는 말.

예) 그들은 조그만 전세방을 얻어 사랑의 보금자리를 꾸몄다.

사레(가) 들리다

음식물이 넘어가면 기도는 바로 열린다. 그런데 만약 후두개가 기도를 막기 전에 음식물이나 침이 기도로 들어가면 기도 점막이 자극을 받아 바로 재채기가 나온다. 이것은 이물질을 기도에서 빼내기 위한 반사작용이다. 이러한 재채기나 또는 그와 같이 재채기가 뿜어져 나오는 현상을 '사레'라고 한다.

사를 놓다

『북』 죄인의 죄를 용서하여 놓아주다.

사私를 보다[두다]

일 처리에서 어떤 사람에게 이롭도록 안면을 보거나 정실情實에 흐르다.

예) 정말 사를 두었다가는 제가 대신 볼기뿐이 아니라 초주검이 되게 맞을 것이기는 하지마는 그래도 사를 좀 둘 수도 있지 않을까?

사私를 쓰다

일 처리에서 공정하지 못하게 안면이나 정실情實 관계를 이용하다.

예) 사를 써 주고도 뒷길로 딴 수입을 보고 하는 것은 마땅히 군자의 할 도리가 아니었다.

사리분별을 못하다

1. 고집이 세어 말이 통하지 않다.

★**사리분별**事理分別 : 일의 이치를 구별하여 가르는 일.

2. 눈에 보이는 게 없다.

사무事務(를) 보다

사무를 맡아 처리하다.

사색(이) 없다

1. 사복시의 물 긷는 여자 하인처럼 시끄럽게 떠든다는 뜻으로, 상말을 마구 지절거리는 경우를 비난조로 이르는 말.

2. 태연하여 말과 얼굴빛에 변함이 없다.

예) 눈물은커녕 얼굴빛 하나 사색이 없다

사서 고생(을) 하다

고생苦生하지 아니하여도 될 일을 제 스스로 만들어 고생하다.

예) 편안한 집 놔두고 왜 여기까지 와서 궂은일 해 가며 사서 고생을 하느냐?

사성(을) 받다

혼담이 결정되어 사주단자를 받다.

★**사성**四星 : 정혼한 뒤, 신부집에 보내는 신랑의 생년월일시.

사성(을) 보내다

혼담이 결정되어 사주단자를 적어 보내다.

예) 신부 집으로 사성을 보냈으니 곧 결혼 날을 받겠지?

사성(이) 가다

혼담이 결정되어 사주단자를 가지고 가다.

사성(이) 오다

혼담이 결정되어 사주단자가 오다.

예) 혼담은 그쪽으로 무르익어 사성이 오고 추석 며칠 뒤로 혼사 날까지 났다는 소문이었다.

사시나무 떨 듯 한다

'사시나무 떨듯'은 사시나무가 작은 바람에도 쉬지 않고 잎사귀를 떨 듯 사람이 두려움 따위로 몸을 몹시 떠는 모습을 두고 이르는 말.

사射에서 덕德을 본다

사射에는 사수의 성격이 그대로 나타나는 것이다.

사이(가) 뜨다

사람 사이의 관계가 친밀하지 않거나 벌어지다.

예) 이런 일로 이웃 간에 사이가 떠서야 되겠나.

사이가 좋다

(어떤 사람이 다른 사람과, 또는 여러 사람이)서로 정답고 친밀하다.

사이(를) 먹다

<u>(비)곁두리를 먹다.</u>

★**곁두리** : 힘든 일을 할 때, 농부나 일꾼이 일정한 시간에 먹는 끼니 외에 참참이 먹는 음식.

사정事情 없다

남의 사정을 돌봄이 없이 무자비하다.

사정(을) 두다

남의 형편을 헤아려 생각하다.

예) 그렇게 모진 매는 처음이다 싶게 사정 두지 않는 사매질은 계속됐다.

ㅅ

사족(을) 못 쓰다

1.무슨 일에 반하거나 혹하여 꼼짝 못 하다.

★사족四足 : 사람의 팔과 다리를 속되게 이르는 말.

2.무엇에 반하여 어쩔 줄을 모르다. (비)사지를 못 쓰다.

예) 그는 친구의 말이라면 사족을 못 쓴다.

사주(가) 세다

타고난 나쁜 운수 때문에 살아가는 데에 파란곡절이 많다.

★사주四住 : 사람이 태어난 연월일시의 네 가지 간지.

예) 젊은 신랑 죽고 얼마 안 돼서 아기마저 죽다니, 그 여자도 어지간히 사주가 센가 봐.

사주(를) 보다

사주를 가지고 사람의 운수를 점치다.

사지를 못 쓰다

'사족을 못 쓰다'에서 '사족'은 (짐승의) 네 발을 의미하는 '사지'와 같은 말입니다. '사족을 못 쓰다'라는 것은 '사지를 못 쓰다'는 의미로 '좋아하는 어떤 것으로 인해 꼼짝하지 않는다'는 의미를 나타냅니다. 어떤 대상을 아주 좋아할 때 사용하는 표현입니다. 따라서 '아주 좋아하다'는 의미를 가진 표현은 '사족을 못 쓰다'의 의미로 활용할 수 있습니다.

사지를 펴다

근심이나 걱정 없이 마음을 놓다.

예) 오늘의 검사로 진찰은 끝이라던 말에 그래도 시름이 놓여 오랜만에 몇 곳 다방도 들여다보고, 사지를 폈다.

사출 나다

조사를 당하여 드러나다.

★사출查出 : 조사하여 드러내다.

사춤(을) 치다

담이나 벽 따위의 벌어진 틈을 진흙 따위로 메우다.

★사춤 : 담이나 벽 따위의 벌어지거나 갈라진 틈.

예) 고콜불에서 나는 연기로 천장의 서까래와 가시새며 사춤 친 흙이 온통 시커멓게 그을려 있었고….

사타구니를 긁다

알랑거리며 남에게 아첨하다.

예) 일이 꼬일 것을 직감한 대리는 담당 과장의 사타구니를 긁을 계획을 세우고 있었다.

사흘이 멀다 하고

일의 횟수가 매우 잦게.

예) 그는 사흘이 멀다 하고 집을 떠나 여행을 한다.

삭 베먹다

조금도 남기지 않고 모조리 사그라뜨리어 베어 먹다.

삭정이 꺾듯

『북』 힘들이지 않고 단순하고 쉽게.

★삭정이 : 산 나무에 붙어 있는, 말라 죽은 가지.

예) 명진은 지주를 거꾸러뜨리고 땅을 빼앗아 내는 일이 삭정이 꺾듯 쉬운 일이 아니며 토지 개혁을 단행하기까지에는 아직도 해야 할 일들이 엄청나게 많다는 것을 깨달았다.

삯(을) 내다

1.삯을 주어 일을 시키다.

★삯 : 일한 데 대하여 보수로 주는 돈이나 물건.

예) 난방관이 터졌는데 어디가 터진지를 몰라 삯 내어 찾아야 할 판이다.

2.세를 내다.

예) 돈이 궁해진 그는 방 한 칸 삯을 냈다.

산算 놓다

(사람이) 산가지나 주판 따위를 놓아 셈하다.

예) 수경이가 아직 초등학교 입학도 하기 전인데 산을 놓는 솜씨가 제법 훌륭했다.

산算도 못 놓다

수량이 지나치게 적어 셈할 수도 없다.

산매(가) 들리다

요사스러운 산귀신이 몸에 붙다.

★산매山魅 : 산속에서 산다는 요사스러운 괴물.

산 설고 물설다

타향이라서 모든 것이 매우 낯설고 서먹서먹하다.

(비)낯설고 물설다.

예) 산 설고 물 선 곳에 와서 장사를 하려니 힘든 점이 한두 가지가 아니다.

산소를 모시다

사람의 무덤을 가리키는 말로는 '뫼', '산소山所', '묘墓', '분墳', '총塚', '영塋', '능陵' 등 다양하다. 그중에서도 특히 '산소'는 '선산先山'과 함께 조상의 무덤을 지칭하는 일반적인 말이다. '조상의 시신을 일정한 예를 갖추어 산에 있는 묏자리에 묻다'라는 뜻이다.

산으로 들어가다

1. 비합법적인 투쟁이나 유격전을 하기 위하여 산속으로 몸을 피하다.

예) 국권 강탈 이후에 많은 청년이 일제와 싸우기 위하여 총을 메고 산으로 들어갔다.

2. 승려가 되다.

예) 소자는 머리를 깎고 산으로 들어갈까 하옵니다

산은 구름을 탓하지 않는다

아무 자취도 남기지 않는 발걸음으로 걸어가라 닥치는 모든 일에 대해 어느 것 하나라도 마다하지 않고 긍정하는 대장부가 되어라, 무엇을 구한다, 버린다 하는 마음이 아니라 오는 인연 막지 않고 가는 인연 붙잡지 않는 대 수용의 대장부가 되어라.

산을 벗다

산에 있는 나무를 다 베어 내다.

산(을) 보다

천신굿에서, 무당이 그릇에 대추알이나 잣알 따위를 놓고 흔들어서 떨어지는 수효로 점을 치다.

산이라도 떠 옮길[떠밀] 듯

『북』 기세가 몹시 드세고 힘이 넘치는 듯함을 이르는 말.

산자(를) 받다

산자를 엮어서 깔다.

★**산자**橵子 : 지붕 서까래 위나 고물 위에 흙을 받쳐 기와를 잇기 위하여 싸릿개비, 나뭇개비 또는 수수깡 따위를 가로 펴서 가는 새끼로 엮어 댄 것

예) 산자를 받고 흙을 올려야 천장에서 흙이 떨어지지 않는다.

산통(을) 깨다

어떤 일을 이루지 못하도록 뒤틀다. 길이 10cm 가량의 향목香木이나 금속 혹은 대나무를 베어 괘卦를 새긴 것을 산가지 또는 산대라고 한다. 그리고 이 산대를 넣는 통을 산통이라고 한다. 점을 칠 때 산통을 대여섯 번 흔든 다음 산통을 거꾸로 들면 그 구멍으로 산가지가 나온다. 이 산가지의 괘로 점을 치는 것을 산통점이라고 한다. 이 때 산가지를 집어넣는 산통을 깨 버린다는 것이므로 어떤 일을 이루지 못하게 뒤틀어 버린다는 뜻으로 쓰게 되었다.

예) 이런 식으로 정신이 흐트러지기로 하면 큰일이 이런 작은 일에서 산통이 깨집니다.

산통이 깨지다

다 잘되어 가던 일이 뒤틀리다.

살 구멍(을) 뚫다

살아갈 길을 찾아내다.

예) 남편이 실직했으면 자네라도 어떻게 해서든 살 구멍을 뚫어 봐야 하지 않겠나?

살기(를) 띠다

무섭고 거친 기운을 띠다.

★**살기**殺氣 : 독살스러운 기운.

살기(가) 차다

무섭고 독살스러운 기운이 꽉 차다.

살려 내다

죽게 된 것을 살게 하다.

살려 두다

죽일 것을 죽이지 않고 살도록 내버려 두다.

살려 주다

죽은 목숨을 용서하여 살게 해 주다.

살로 가다

먹은 것이 살이 되다.

★**살** : 사람이나 동물의 뼈와 신경 따위를 싸고 있

ㅅ

는 부드러운 물질을 이르는 말.

예) 우리 선생님은 너무 바빠서 먹어도 살로 갈 새가 없을 것 같다.

살림(을) 나다

따로 살림을 차리기 위하여 갈라져 나가다.

★살림 : 한집안이나 국가, 단체 따위를 이루어 살아가는 일.

살림(을) 맡다

집안 살림을 도맡아 처리하다.

살림(이) 꿀리다

살림이 몹시 쪼들리다.

살맛(이) 나다

사는 보람과 재미를 느끼다.

★살맛 : 세상을 살아가는 재미나 느낌.

예) 기쁜 일이 자꾸 생겨 살맛이 난다.

살살 기다

두려워 행동을 자유로이 하지 못하다.

★살살 : 심하지 않게 가만가만 가볍게 문지르거나 긁거나 쓰다듬는 모양을 나타내는 말.

예) 그는 상관 앞에서는 고양이 앞의 쥐처럼 살살 긴다.

살손(을) 붙이다

정성을 다하여 힘껏 하다.

★살손 : 어떤 일을 할 때 연장 따위를 쓰지 않고 직접 대서 만지는 손.

예) 살손을 붙여도 어려운 형편에 그렇게 대충대충 해서 될지 모르겠군.

살얼음을 밟다

위태위태하여 마음이 몹시 불안하다.

예) 소문이 나도 덤턱스러운 소문이 나는 바람에 모두 살얼음을 밟고 있는 기분들입니다.

살얼음 위를 걷다

위태하고 불안한 일을 하다.

살얼음을 밟듯이

겁이 나서 매우 조심스럽게.

예) 조련사는 성난 사자에게 살얼음을 밟듯이 조심스럽게 다가갔다.

살얼음(이) 잡히다

살얼음이 얼다.

살얼음 판(이다)

매우 위태한 지경을 말할 때를 두고 하는 말.

살을 깎고 뼈를 갈다

몸이 야윌 만큼 몹시 고생하며 애쓰다.

예) 살을 깎고 뼈를 가는 노력 없이 큰일을 이룰 수 없다.

살을 떨다

몹시 무섭거나 격분하여 온몸을 떨다.

예) 그는 참을 수 없는 배신감에 살을 떨었다.

살(을) 맞다

초상집, 제삿집, 혼인집 등에 갔다가 탈이 난 경우에 악귀의 침범을 받다는 뜻으로 이르는 말.

★살煞 : ①사람이나 물건 따위를 해치는 독하고 모진 기운. ②친족 사이의 사나운 띠앗.

살을 먹이다

화살을 활시위에 대고 활을 당기다.

★살 : 활시위에 오늬를 메워서 당겨 쏘는 기구. 가는 대로 줄기를 삼고 아래 끝에는 쇠붙이로 만든 촉을 꽂으며 위쪽에는 새의 깃을 세 줄로 붙여 만든다.

예) 활잡이는 활에 살을 먹였다.

살(을) 박다

1. 흰떡 따위에 떡살로 무늬를 박다.

★살 : 떡살로 찍은 무늬.

2. 유달리 정성을 들이다.

예) 어머니는 병약한 나를 위해서는 무엇이나 살을 박았다.

살(을) 박아 치다

매우 세차게 때리다.

★살 : 사람이나 동물의 뼈와 신경 따위를 싸고 있는 부드러운 물질을 이르는 말.

예) 아버지는 제 친구에게 살을 박아 치고 달아나

는 장난꾸러기 아들을 야단쳤다.

살을 베여[떼여] 줄 것 같다

『북』 흔히 아부하는 태도가 자기의 살이라도 아까워하지 않고 베어 줄 것같이 사근사근하다.

살(을) 붙이다

바탕에 여러 가지를 덧붙여 보태다.

예) 그는 떠도는 이야기에 살을 붙여 드라마 극본을 썼는데, 드라마가 그 이야기보다 더 유명해지고 말았다.

살을 붙이고 살다

어떤 곳을 근거지로 삼아 눌러 살다.

예) 그 고장은 은퇴 후에 살을 붙이고 살고 싶을 만큼 평온한 곳이다.

살(을) 섞다

남녀가 성교性交하다.

예) 나는 혼자의 외로움에 한 사람과 살을 섞음으로써 그 외로움을 잊어 보려 했다.

살을 에고 소금 치는 소리

따끔하고 신랄한 말.

예) 하나밖에 없는 귀한 자식이라지만 자기 부모를 친구처럼 대하다니 살을 에고 소금 치는 소리라도 들어야겠군.

살을 에이다(에다)

'에이다' 또는 '에다'는 칼 따위로 도려내는 듯이 자르는 것을 말한다. 주로 비유적인 의미로 쓰여 칼로 베듯이 아프게 하다는 의미를 나타낸다. '(주로 '살을 에(이)는 듯한'의 형태로 쓰여) 슬픔이나 고통 따위가 몹시 심하다'라는 뜻이다.

살煞(을) 잡다

기울어진 집 따위를 바로잡아 세우다.

예) 무너진 토담은 진흙으로 메우고 기울어진 기둥은 살을 잡아 바로 세웠다.

살煞(이) 가다

대수롭지 않게 건드렸는데도 공교롭게도 상하거나 깨질 경우에 악귀의 침범이 있다는 뜻.

예) 살이 가서 안경테가 부러졌나 보다

살(이) 깊다

몸의 어떤 부분에 살이 많이 붙어 있어서 살이 두껍다.

예) 창에 찔렸지만 다행히도 살이 깊어 크게 다치지 않았다.

살煞이 끼다

1. 사람이나 물건 따위를 해치는 불길한 기운이 들러붙다. <u>(비)살(이) 붙다, 살이 뻗치다, 살이 서다, 살(이) 오르다.</u>

★살煞 : ①사람이나 물건 따위를 해치는 독하고 모진 기운. ②친족 사이의 사나운 띠앗.

예) 이번 달에는 큰 재난이 많으니, 이달에 살이 끼었나 보다.

2. 띠앗 없게 하는 기운이 들러붙다. <u>(비)살(이) 붙다, 살이 뻗치다, 살이 서다, 살(이) 오르다.</u>

예) 만나기만 하면 싸우는 형제지간을 보고 어머니는 전생에 살이 끼었다고 했다.

3. 『북』 몹시 독살이 나다.

살煞(이) 나가다

사람을 해치거나 물건을 깨치는 독살 궂은 기운이나 악한 귀신의 짓이 떨어져 나가다.

살煞(이) 내리다

1. 사람이나 물건 따위를 해치는 불길한 기운이 떨어져 나가다.

예) 작년에는 하는 일마다 실패하더니 올해는 일마다 다 잘되어 가니 이제야 살이 내린 것 같다.

2. 띠앗 없게 하는 기운이 떨어져 나가다. <u>(비)살(이) 나가다.</u>

예) 그 형제는 유산 때문에 십 년째 재판을 받고 있으니 언제 살이 내리려나.

살煞(이) 돋다

독살이 나다.

예) 그 죄수는 언론의 오도에 살이 돋아 꼬박 일주일 동안 밥을 먹지 않았다.

살이라도 베어 먹이다

ㅅ

제 몸의 살까지도 베어 먹일 만큼 알뜰히 보살펴 주다.

예) 그 아이는 비록 남의 아이지만 내 살이라도 베어 먹이고 싶을 정도로 예쁜 짓만 골라 한다.

살煞(이) 박히다

독살毒殺이 나타나다.

예) 옛날 애인이 불쑥 나타나서는 내 아내를 살이 박힌 눈빛으로 쏘아본다.

살煞(이) 붙다

(비)살이 끼다.

예) 혼사 치르는 날은 살이 붙은 날인지 아닌지 잘 가려서 잡아야 해.

살(이) 빠지다

살이 내리다.

살煞이 뻗치다

(비)살이 끼다.

예) 오늘은 무슨 살이 뻗쳤는지 접시를 두 개나 깼다.

살煞이 서다

(비)살이 끼다.

예) 하는 사업마다 다 망하니 그 집은 전생에 살이 섰나 보다.

살煞(이) 세다

1. 일가친척 사이에 띠앗이 없다.

2. 운수가 나쁘다.

예) 결혼한 남자마다 단명을 하니 참으로 살이 센 여자다.

살煞(이) 오르다

(비)살이 끼다.

예) 그 물건 너무 좋아하지 마라, 귀신이 시샘해서 살 오를라.

살(이) 잡히다

1. 구김살이 지다.

★살 : 다듬이질이나 다리미질을 하여 옷감에 생기는 풀기나 윤기. 또는 구김살.

예) 옷을 아무렇게나 두었더니 살이 잡히었다.

2. 살얼음이 얼다.

★살 : 빛이나 흐르는 물 따위의 내뻗치는 기운을 나타내는 말.

예) 마을 개구쟁이들은 냇가에 살이 잡히는 것만 보고도 썰매 탈 생각에 마음이 들뜬다.

살인(이) 나다

살인殺人 사건이 생기다.

살인(을) 내다

살인을 저지르다.

살판(이) 나다

(사람이)좋은 일이나 재물이 생겨 살기가 넉넉해지다. (사람이)기를 펴고 살 수 있게 되다. 본뜻은 남사당의 땅재주 놀음 중에 살판이라고 있다. 이들의 놀이는 매우 격렬하고 홍겹기 때문에 재주꾼들이 살판을 놀면 매우 볼만했다. 지금의 뜻은 살판놀이가 워낙 홍겹기 때문에 '살판나다'는 재물이나 좋은 일이 생겨 생활이 좋아진다는 뜻으로 옮겨왔다.

삼 꺼풀이 되다

『북』 쪄낸 심대에서 벗긴 심 꺼풀처럼 맥없이 후줄근하게 늘어지다.

★삼 : 대마.

예) 놈들은 유격대의 유인 전술에 끌려 다니다 나니 삼 꺼풀이 되고 말았다.

삼단 같은 머리

숱이 많고 긴 머리.

예) 물소 뿔 빗치개가 공주의 코허리를 지나가 삼단 같은 머리를 양편으로 갈라 놨다.

삼단 같은 불길

위로 솟구치며 세차게 활활 타는 불길.

예) 꽝 하는 소리와 함께 삼단 같은 불길이 보였다.

삼대 구 년 만에

매우 오랜만에.

★삼대三代 : 아버지와 아들과 손자의 세 대代.

예) 삼대 구 년 만에 먹어 보는 음식인데도 늘 먹는 국처럼 입에 익었다.

삼대 들어서듯

곧고 긴 물건이 빽빽이 모여 선 모양을 비유적으로 이르는 말.

★삼대 : 삼의 줄기.

삼대 베듯

『북』 무더기로 쓸어 눕히는 모양을 비유적으로 이르는 말.

예) 하루에 천 리를 내달으며 왜놈들 베기를 삼대 베듯이 해서 원수의 주검이 낙엽 구을 듯이 한다고 소문이 자자합니다.

삼대 쓰러지듯

무더기로 쓰러지는 모양을 비유적으로 이르는 말.

예) 양응록이 1백여 명의 의병들과 함께 화살을 쏘아 대니 일본군들이 삼대 쓰러지듯 하였다.

삼동이 맞다

『북』 머리, 몸, 팔다리의 세 부분이 균형이 잘 잡혀서 어울리다.

예) 철식이는 그렇게 양복을 잘해서 입으니 삼동이 맞아 체격이 아주 끌끌하다.

삼동이 쪽 빠지다

『북』 인물이 잘나다.

예) 그는 40이 넘었건만 아직도 피부가 곱고 삼동이 쪽 빠진 게 옛날 미인의 전형이 남아 있다

삼문(을) 잡다

삼문을 열다.

★삼문三門 : 대궐이나 관청, 사당 등의 앞에 세운 세 문.

예) 원님은 어디로 도망하고 화적의 괴수가 삼문 잡고 관가로 들어갔답디다.

삼사월三四月 긴긴 해

음력 삼사월의 몹시 길고 지루한 낮.

예) 삼사월 긴긴 해도 벌써 다 지고 달빛이 생기었다.

삼수갑산(을) 가다

매우 힘들고 험난한 곳으로 가거나 어려운 지경에 이르다'라는 뜻이다. 삼수는 함경남도 북서쪽에 있는 고장으로 대륙성 기후의 영향으로 국내에서 가장 추운 지대에 속한다. 또한 교통이 불편하여 옛날에는 유배지로 유명했다. 갑산은 함경남도 북동쪽에 있는 고장으로 삼수와 마찬가지로 매우 춥고 교통이 불편한 지역이다. 두 지역 모두 지형이 험한데다 유배지로 이름이 나서 사람들이 가기를 꺼려하는 곳이다. 이러한 사정으로 인해 삼수갑산을 가다고 하면 아주 멀고 험한 곳으로 가거나 아니면 매우 어려운 지경에 이른다는 뜻을 나타내게 되었다.

예) 삼수갑산을 가더라도 꼭 그 일을 하고야 말겠다.

삼십三十 리 강짜

(속되게) 매우 심한 시기나 질투.

★강짜 : '강샘(상대하고 있는 이성(異姓)이 다른 이성을 좋아함을 지나치게 시기하는 일, 질투, 투기, ×강새암)'을 속되게 이르는 말.

예) 그야말로 삼십 리 강짤세. 누가 눈독을 들이는 거라고 내가 손가락인들 대겠나.

삼십육계(를) 놓다[부르다/찾다]

급하게 도망을 치다.

★삼십육계三十六計 : 《자치통감》 41권 남사의 에 나오는, 형편이 불리할 때는 달아나는 것이 상책이란 말로 뺑소니치는 일을 이르는 말.

예) 나쁜 짓을 하던 학생은 선생님을 보자 삼십육계를 놓았다.

삼십육계 줄행랑을 놓다[부르다/치다]

매우 급하게 도망을 치다.

예) 호랑이를 본 아낙은 제 보따리도 버리고 삼십육계 줄행랑을 놓았다. /도둑들은 혼비백산이 되어 삼십육계 줄행랑을 불러 서로들 짓밟으며 달아난다.

삼(을) 가르다

아이를 낳은 뒤에 탯줄을 끊다.

★삼 : 태아를 싸고 있는 막과 태반.

예) 산파는 삼을 가르고 아이를 씻겨 주었다.

삼(이) 서다

(사람이) 눈에 삼이 생기다.

★삼 : 눈동자에 좁쌀만 하게 생기는 희거나 붉은 점.

예) 그 환자가 어제부터 삼이 서기 시작했다.

삼일三日 안 새색시

결혼한 지 삼 일도 안 된 새색시.

삼정승 육판서

삼정승과 육조 판서를 통틀어 이르는 말로, 모든 벼슬아치를 이르는 말.

★**삼정승**三政丞 : 영의정과 좌의정, 우의정의 세 정승.

★**육판서**六判書 : 고려와 조선 시대, 여섯 중앙 관청의 판서를 이르는 말.

삼천갑자 동방삭

중국 전한前漢의 동방삭이 갑자년甲子年을 삼천 번 겪으며 18만 살이나 살았다는 데서, 장수하는 사람을 비유적으로 이르는 말.

★**삼천갑자**三千甲子 : 육십갑자의 삼천 배.

★**동박삭**東方朔 : 중국 전한의 문인.

삼천포三千浦로 빠지다

(이야기가) 정상적이거나 일반적인 과정에서 전혀 엉뚱한 방향으로 진행되다. 삼천포는 경상남도 진주 밑에 있는 작은 항구도시인데 이 도시 이름이 우리말 속담에 등장하게 된 유래가 재미있다. 옛날에 어떤 장사꾼이 장사가 잘 되는 진주로 가려다가 길을 잘못 들어서 장사가 안 되는 삼천포로 가는 바람에 장사를 망쳤다는 데서 나온 말이라고 한다. 또 다른 유래는 부산을 출발하여 진주로 가는 기차가 계양역에서 진주행과 삼천포행으로 갈라지는데 이때 객차를 잘못 갈아타서 진주로 갈 사람이 삼천포로 가는 기차를 타는 수가 종종 있는 데서 나온 말이라고도 한다.

삼추 같다

기다리는 시간이 매우 지루하고 싫증이 나다.

★**삼추**三秋 : 가을의 석 달.

예) 일각一刻이 ~.

삼칠일三七日 금기

아이를 낳은 지 세이레동안 지키는 여러 가지 금기.

★**금기**禁忌 : 마음에 꺼려서 싫어하거나 금함.

삿갓(을) 씌우다

손해를 입히거나 책임을 지우다.

★**삿갓** : 대오리나 갈대로 거칠게 엮어서 비나 볕을 피하기 위하여 쓰는 갓.

예) 그렇게 착해 보이는 사람이 이웃에게 삿갓 씌울 줄을 누가 짐작이나 했겠소?

상床다리가 부러지다[휘어지다]

상에 음식을 매우 많이 차려 놓다.

예) 차린 것이 별로 없다더니만 이거 상다리가 부러지겠습니다.

상당머리(가) 사납다

성질이나 행동이 모질고 억세다. '심술궂다'의 평북 방언.

상배(를) 보다

음식상을 차리다.

★**상배**床排 : 음식상을 차리는 일.

상사(를) 치다

기둥이나 책상의 모서리를 오목한 줄이 지게 파내다.

★**상사** : 화살대 아래의 대통으로 싼 부분.

상승 가도를 달리다

상승하는 기세를 몰아 계속 나아가다.

★**상승**常勝 : 늘 이김.

예) 우리 팀은 개막전에서 승리한 후 계속 상승 가도를 달리고 있다.

상(을) 보이다[뵈다]

앞날의 길흉화복을 알기 위하여 남에게 관상을 보여 주다.

★**상**相 : 관상에서, 얼굴이나 체격의 됨됨이를 이르는 말.

예) 하숙집 아주머니는 시험에서 계속 낙방한 아들을 위해 앞집 점쟁이에게 한 번쯤 상을 보일 생각을 하고 있었다.

상床이 어둡다

상에 차린 음식이 가득하다.

예) 꺽정이는 막봉이와 같이 먹고 능통이는 이방과 같이 먹는데 아침 점심에 없던 반찬이 많아서 상이 어두웠다.

상처傷處가 생기다.

원통한 일로 혼자 속을 썩이다.

상침(을) 놓다

박아서 지은 겹옷이나 보료, 방석 따위에 상침질하다.

★**상침**上針 : 박아서 지은 겹옷이나 보료, 방석 따위의 가장자리를 실밥이 겉으로 드러나도록 꿰맴.

예) 보료에 상침을 놓아야지, 박음질만 하면 어떡하니.

상투(를) 잡다

(속되게) 가장 높은 시세에 주식을 매입하다.

★**상투** : 예전에, 성인 남자의 머리털을 끌어올려 정수리 위에 삐쭉하게 틀어 감아 맨 것을 이르던 말.

예) 상투를 잡는 바람에 손해 봤다.

상투(를) 틀다

총각이 장가들어 어른이 되다.

예) 최 마름은 아직 상투 안 튼 자식이 다섯에 수염 자란 사위가 셋이나 되었고….

상투밑(을) 치다

(비)배코(를) 치다.

예) 시험에 낙방한 친구는 한동안 방황하더니만 상투밑을 치고 다시 시험 준비를 하기 시작했다.

상피(가) 나다

상피 붙은 일이 생기다.

★**상피**相避 : 가까운 친척의 남녀가 성적으로 관계를 맺는 일.

상피(를) 붙다

유복친有服親 사이의 남녀가 육체관계를 가지다.

샅-짬에 끼우다

『북』(속되게) 두 사람 사이에서 매우 난처한 처지가 되다.

★**샅-짬** : 샅(두 다리가 갈라진 사이의 허벅지 이름)의 짬 사이.

예) 다 늙어 된 서방을 만난다더니 이건 꼼짝 못 하구 샅-짬에 끼우게 됐어.

새(가) 뜨다

1. 사이가 멀다.

2. 동안이 오래다.

3. 관계가 서먹하게 되다.

'새'는 '사이'를 줄인 말이다. 두 물체가 떨어져 있는 간격을 말한다. '뜨다'는 비행기가 공중에 뜨는 것과 같이 장판이나 벽지 따위가 착 달라붙지 않고 중간에 틈이 생겨 일어나는 것을 가리킨다. 한편 '두 사람의 관계가 멀어져서 서먹하게 되다'라는 뜻으로도 이 말을 쓴다.

예) 장롱 문짝의 새가 떠서 꼭 닫히지 않는다.

새까맣게 되다

불안, 초조, 근심 따위로 속이 몹시 타다.

예) 네 걱정으로 내 속이 다 새까맣게 되었다.

새끼(를) 치다

'새끼'는 동물의 어린것을 가리키며, 사람의 자식을 홀하게 부를 때도 이 말을 쓴다. '치다'는 '가축 따위를 기르다'라는 뜻도 있고, 여기에서처럼 짐승이 새끼를 낳아 번식할 때도 '치다'라고 한다. 특히 가축이 새끼를 칠 경우에는 재산이 불어남을 의미한다. 그래서 '어떤 것에서 시작되어 점점 양이나 수가 많아지다'라는 뜻으로도 쓰인다.

새끼에 맨 돌

1. 서로 떨어지지 않고 언제나 같이 행동함을 이르는 말.

2. 주견 없이 남이 하자는 대로 따라 하는 사람을 비꼬아 이르는 말.

새鳥(를) 보다

곡식밭이나 곡식 널어놓은 곳 따위에서 새를 쫓기 위하여 살펴보며 지키다.

예) 한 아낙이 지붕에 곡식을 널어놓고 아들한테 새를 보게 했다.

새빨간 거짓말

ㅅ

뻔히 드러날 만큼 터무니없는 거짓말. (비)발간 거짓말, 벌건 거짓말, 빨간 거짓말, 뻘건 거짓말.

예) 그가 어제 일찍 들어왔다는 것은 새빨간 거짓말이다.

새치미(를) 떼다[따다]

쌀쌀맞게 자기가 하고도 아니 한 체, 알고도 모르는 체 하다. (비)새침을 떼다[따다].

★새치미 : 새침(시치미를 떼듯 좀 쌀쌀맞거나 냉정한 데가 있음)의 비표준어.

예) 그녀는 자기가 유리창을 깨고서는 새치미를 뗀다.

새침을 떼다[따다]

(비)새치미(를) 떼다[따다].

예) 알면서 모르는 척 새침을 떼고 있자니 마음이 영 찜찜하다.

새퉁이 부리다

밉살스럽게 경망한 짓을 하다.

★새퉁이 : 얄밉고 방정맞은 짓.

새파랗게 젊다

'새파랗다'는 '아주 파랗다'는 뜻이다. 접두사 '새-'는 색깔을 나타내는 단어 앞에 붙어서 그 빛깔이 산뜻하게 짙음을 표현한다. 보다 센말은 '샛파랗다'이다. 젊음이란 한창 피어나는 그 생명력으로 인해 나무의 푸르름을 연상케 한다. '아주 젊다'라는 뜻이다.

새파랗게 질리다

겁이 나거나 추워서 얼굴이나 입술에 핏기가 가시다.

색色(을) 갈다

이것저것 색다르게 바꾸다.

예) 이 가게는 수시로 색을 갈아도 매상에는 별 차이가 없었다.

색(을) 먹다[머금다]

노여운 생각이 들어서 정색을 하다.

예) 가진 돈이 없다고 하자 깡패 녀석은 색을 먹은 얼굴로 나를 노려보았다.

색안경을 끼고 보다

주관이나 선입견에 얽매여 좋지 아니하게 보다.

예) 세상은 색안경을 끼고 보면 아무리 좋은 것도 다 나빠 보인다.

색안경色眼鏡을 끼다

색안경을 끼고 보면 세상은 안경 색깔대로 보이게 마련이다. 사람이 어떤 편견이나 선입견으로 세상을 보면 역시 제대로 볼 수 없다. 모든 것이 그 비뚤어진 시각으로 굴절되고 왜곡되어 나타난다. 색안경은 이렇듯 심리적인 의미로도 쓰인다. '사람을 대하거나 할 때 좋지 않은 편견이나 선입견을 가지다'라는 뜻이다.

색안경(을) 쓰다

좋지 아니한 감정이나 주관적인 선입관을 가지다. (비)안경(을) 쓰다.

예) 그러고 보니 모든 사람이 한결같이 색안경을 쓰고 자기를 대하는 것 같고….

색色에 밭다

여색, 색사 따위에 빠지는 정도가 심하다.

예) 유부남이 색에 밭더니 결국 패가망신하고 말았다.

색色을 쓰다

1. 남녀가 육체적으로 교접하다.

2. (속되게) 성적 교태를 부리다.

샐(이) 나다

탈이 나다.

★샐 : 사레(잘못 삼킨 음식물이 숨구멍 쪽으로 들어갈 때 갑자기 재채기처럼 뿜어 나오는 기운)의 비표준어.

샘(이) 솟다

'힘이나 감정, 눈물 따위가 그치지 않고 세차게 계속 나오다'라는 뜻.

샛길로 빠지다

엉뚱한 곳으로 가거나 정도에서 벗어난 일을 하다. (비)샛길로 새다.

예) 얘기 잘 하다가 갑자기 샛길로 빠지고 그래?

샛길로 새다

(비)샛길로 빠지다.

예) 철수 자리에 없니? 이 녀석 또 샛길로 샜군.

생生가슴(을) 뜯다

무리하거나 공연한 일로 속을 태우다.

생가슴(을) 앓다

마음을 태우다.

생生가죽(을) 벗기다

갖은 수단으로 모두 빼앗다.

예) 그놈들이 아무리 악랄해도 설마 생가죽을 벗기겠어?

생각生角다 못하여

아무리 생각하여도 별로 신통한 수가 없어서.

생각이 꿀떡 같다

무엇을 하고 싶은 생각이 매우 간절하다.

예) 아침을 굶었더니 점심시간이 아직 멀었는데도 밥 생각이 꿀떡 같다.

생각(이) 돌다

그때그때마다 생각이 잘 되거나 잘 떠오르다.

예) 그는 생각이 돌지 않을 때 손가락으로 책상을 두드리는 버릇이 있다.

생각이 팔자八字

늘 원하고 골똘히 생각하는 대로 운명이 결정된다는 말.

생生나무 꺾듯

아무 고려도 없이 어떤 말이나 의견을 잘라 버림을 비유적으로 이르는 말.

예) 사장은 새로운 사업에 대한 전무의 반대 의견을 생나무 꺾듯 하더니 결국 큰 실패를 맛보았다.

생난리를 겪다

까닭 없이 몹시 시끄럽게 들볶는 판국.

★**생난리**生亂離 : 별다른 까닭도 없이 몹시 시끄럽고 수선스럽게 들볶아 대는 판국.

생生눈깔(을) 뽑다

'생눈(을) 뽑다.'을 속되게 이르는 말.

생눈(을) 뽑다

1.사람을 꾀어서 재물을 빼앗다. (비)생눈깔(을) 뽑다.

예) 어느 때는 손님인 체 들어왔다가 방방이 털어가질 않나, 몰래 들어와 투전판을 벌여서는 시골 사람들 생눈을 뽑지 않나, 거참 봉변일세.

2.당치도 아니한 허물을 억지로 덮어씌우다.

생떼거리(를) 쓰다

당차지 않는 일을 억지로 하려는 고집.

★**생떼거리** : 당찮은 일을 억지로 하려는 고집. (준)생떼.

생률을 치다

껍질을 벗긴 날 밤을 나부죽하게 쳐서 깎다.

★**생률**生栗 : 날것 그대로의 밤.

생명生命(을) 걸다

목숨을 걸다.

예) 생명生命을 걸고 맹세를 하다.

생生배(를) 앓다

까닭 없이 생으로 배를 앓다. 남이 잘 되는 것을 시기하다.

예) 사돈이 논을 산 다니까 생배를 앓는다.

생벼락(을) 맞다

아무런 잘못도 없이 뜻밖에 재앙을 당하다.

생生사람(을) 잡다

아무 허물이나 관계가 없는 사람에게 허물을 씌우다. '생고생', '생야단', '생트집'과 같이 접두사 '생生-'이 붙어서 '공연히', '까닭 없이 당하는'이라는 뜻을 나타내기도 한다. '생사람'도 이에 해당한다. 잘못이나 책임이 없는 사람, 어떤 일에 아무 관련이 없는 사람이 생사람이다. 또한 '생초상', '생죽음'에서처럼 멀쩡한 사람이 갑자기 죽었을 때 '생사람'이라는 표현을 쓴다. '생사람을 잡다'라고 했으니 아무 관련도 없는 멀쩡한 사람을 잡는다는 뜻이다. 한편 '방금 전까지만 해도 건강하던 사람을 아무 잘못도 없는데 죽이다'라는 뜻으로도 쓰인다.

생색(을) 내다

1. 체면을 서게 하다.

2. 낯을 내다.

★**생색**生色 : 다른 사람들 앞에 떳떳이 나설 수 있는 체면.

생색을 쓰다

생색내는 행동을 하다.

생색(이) 나다

1. 체면이 서다.

2. 낯나다.

생억지(를) 쓰다

생판으로 억지를 쓰다.

★**생**生**억지** : 터무니없이 무리하게 쓰는 억지.

생生**으로 먹다**

(비)날로 먹다.

생재기(가) 미다

생재기가 뚫어지거나 찢어져 구멍이 나다.

★**생재기** : 종이나 피륙 따위의 성한 곳.

생전生前 **가도[가야]**

아주 오랜 시간이 흘러도.

예) 아빠는 생전 가도 엄마한테 지난 일을 물어보는 법이 없었죠.

생트집(을) 잡다

아무 까닭도 없이 일부러 트집을 잡다. 억지로 남의 결점을 꼬치꼬치 찾아내다.

★**생트집** : 아무 까닭도 없이 억지로 흠을 잡음. 또는 그러한 트집.

생혼(이) 나다

죽을 뻔하게 몹시 혼나다.

★**생혼**生魂 : 사람의 혼백.

서낭당 같다

번듯하고 훤한 곳을 이르는 말.

★**서낭당** : [민속] 서낭신을 모시고 제사를 지내는 집.

서낭에 나다

1. 어떤 물건으로 인하여 재앙이 생기다.

★**서낭** : ①[민속] 서낭신이 붙어 있다는 나무. ②[민속] 토지와 마을을 지켜 준다는 신. (원)서낭신神.

2. 물건 값이 어처구니없이 싸다.

서두를 놓다

본론으로 들어가기 전에 어떤 말이나 글을 시작하다.

★**서두**序頭 : 어떤 글의 첫머리.

예) 의사는 무슨 끔찍한 이야기를 하려는지 사람은 누구나 죽는 법이라는 말로 서두를 놓았다.

서리 같은 칼[칼날]

찬 서리같이 흰 빛이 번뜩이는 날카로운 칼.

예) 낯을 가린 뻣뻣한 장정이 서리 같은 칼을 들고 나타났다.

서리를(가) 내리다(앉다)

(비)서리(를) 이다.

예) 사십 대에 접어드니 내 머리에도 서리가 내리기 시작했다. /서리가 앉은 노인의 머리가 애처로워 보였다.

서리(를) 맞다

1. 물건 위에 서리가 내리다.

2. 시들시들 힘이 풀리다.

3. 권력이나 난폭한 힘 따위에 의하여 큰 타격이나 피해를 입다.

예) 이번 세무 감사로 그 회사는 크게 서리를 맞았다.

4. 서리꾼에게 도난을 당하여 피해를 입다.

서리(를) 이다

머리카락이 하얗게 세다. (비)서리(가) 내리다[앉다], 서릿발(을) 이다.

예) 타지로 떠났던 아들이 돌아왔을 때 어머니는 이미 머리에 하얗게 서리를 이고 계셨다.

서리(를) 치다

『북』 큰 타격을 주어 풀이 몹시 죽게 하다.

예) 처음 시집올 때는 그렇게도 꽃 같더니 한 해 동안에 온통 서리를 쳐서 사람을 그렇게 만들었지요.

서릿발 같다

위엄에 찬 호령이나 형벌 따위가 매우 무섭고 준엄

함을 이르는 말.

예) 아버지 분부가 ~.

서릿발(을) 맞다

(사람이나 단체가) 권력 따위에 의하여 피해를 입다.

서릿발(을) 이다

(비)서리(를) 이다.

예) 유학을 마치고 돌아와 보니 부모님은 어느새 머리에 서릿발을 이고 계셨다.

서릿발이 서다

1. 땅거죽에 가늘고 긴 얼음 줄기의 묶음이 생기다.

예) 마당에 서릿발이 선 것을 보니 날이 춥겠군.

2. 서릿발처럼 준엄하고 매서운 기운이 있다.

예) 서릿발이 서서 호통을 치다. / 갑자기 그의 얼굴에 핏기가 가시고 서릿발이 섰다.

서릿발(이) 치다

1. 서릿발이 생기다.

예) 날이 몹시 추워서 물로 닦은 창문에 서릿발이 쳤다.

2. 기세가 매우 매섭고 준엄하다.

예) 서릿발 치는 기세로 적을 물리치는 장군.

서막을 올리다

어떤 일이 시작되다.

★서막序幕 : 연극 따위에서 처음 여는 막.

예)그 집회는 전국적인 환경 운동의 서막을 올린 사건이었다.

서방(을) 맞다

'서방書房'은 원래 고려시대 최씨 무신 정권이 설치한 정치기구를 뜻하는 말이었다. 최충헌은 도방都房이라는 무사들의 모임을 만들어 통치했는데, 그의 아들 최우는 정권 안정을 위해 문사들까지 끌어들일 요량으로 그들의 모임인 정방政房과 서방書房을 만들어 문신들에게서 자문을 구했다. 물론 서방은 무신 정권과 함께 사라졌다. 그러나 조선시대에 들어오면서 문신 위주의 사회가 되었고 글을 읽는 사람들이 존경을 받게 되자, '서방에서 글을 읽는 사람'이라는 뜻으로 벼슬이 없는 선비를 서방이라는 존칭으로써 부르게 되었다.

그 후에는 자신의 남편이나 결혼하지 않은 시동생까지 서방이라는 호칭으로 불렀다. 사위를 부를 때도 성 뒤에 서방을 붙이는데, 이때 서방西房은 한자가 다르다. 조선 초기 서거정이 편찬한 『태평한화골계전太平閑話滑稽傳』이란 책을 보면 '세속에서 말하기를 사위를 서방西房이라고 하는데, 대개 서쪽 방에 기거하기 때문이다'라고 했다. 주인은 동쪽 방에 머물고, 백년손님인 사위는 서쪽 방에 머물게 하기 때문이었다. 사위뿐만 아니라 매제, 아래 동서 등을 부를 때도 '김서방', '이서방'하는 식으로 부른다. '서방을 맞다'에서 '서방'은 '남편'을 낮추어 이르는 말이다. '(속된 표현으로 쓰여) 남편을 얻다'라는 뜻으로 지난날 많이 쓰였지만, 요즘도 간혹 쓰인다.

예) 서방을 맞았으면 거기에 맞게 처신해야지 처녀 때처럼 굴면 안 된다.

서슬을 돋구다

『북』 매섭고 날카로운 기세를 더 높이다.

★서슬 : 언행이 날카로운 기세.

예) 저녁이 되면서 추위는 더 한층 서슬을 돋우고 바람은 거세여 코가 쩌릿쩌릿 저리였다.

서슬이 딩딩하다[댕댕하다]

『북』 '서슬이 시퍼렇다'의 북한 익은말.

예) 그는 무어라고 혼자 투덜대며 서슬이 딩딩하여… 앞장서 걸었다.

서슬이 (시)퍼렇다

권세나 기세 따위가 아주 대단하다. (비)서슬(이) 푸르다[퍼렇다], 서슬이 딩딩하다[댕댕하다].

예) 외할머니는 또다시 서슬이 시퍼래서 딸의 역성을 든다.

서슬이 오르다

『북』 매섭고 날카로운 기운이 일어나거나 더하여지다.

예) 사람들이 인젠 서슬이 올라서 펄펄 뛰였다.

서슬이 퍼렇다

'서슬'은 칼날 따위의 날카로운 부분을 가리킨다. 또한 그와 같이 날카로운 기세도 서슬이라고 한다. '시퍼렇다'는 '아주 퍼렇다'라는 뜻이다. '서슬이 푸르다(퍼렇다)'를 강조한 표현이 '서슬이 시퍼렇다'이다. '권세나 기세 따위가 느껴지는 것이 무서우리만큼 드높다'라는 뜻이다. (비)서슬이 딩딩하다[댕댕하다], 서슬이 시퍼렇다.

서울이 낭이다

서울 인심이 몹시 사납다는 말.

서쪽에서 해가 뜨다

전혀 예상 밖의 일이나 절대로 있을 수 없는 희한한 일을 하려고 하거나 하였을 경우를 비유적으로 이르는 말. (비)해가 서쪽에서 뜨다.

예) 게으른 네가 새벽부터 일어나 공부를 한다니 서쪽에서 해가 뜰 일이다.

석벌의 집

1. 몹시 잉성한 물건을 비유적으로 이르는 말.

★석石벌 : 바위틈에 집을 짓고 사는 벌. (참)석청石淸.

2. 바위틈에 지은 벌의 집, 석청石淸.

석 자 세 치 발감개를 하다

상일로 생계를 삼다.

★발감개 : 먼 길을 가는 사람이나 막일을 하는 사람들이 버선이나 양말 대신에 발에 감던 좁고 긴 무명.

섰(이) 삭다

1. 불끈 일어난 노여움이 풀리다.

★섰 : 서슬에 불끈 일어나는 감정.

2. 의심하는 마음이 풀어지다.

선문(을) 놓다

미리 알리다.

★선문先聞 : 일이 있기 전에 먼저 퍼지는 소문.

선바람(을) 쐬다

낯선 지방을 돌아다니다.

★선바람 : 차리고 나선 그대로의 차림새.

선반(을) 놓다

일터에서 일꾼에게 식사 시간을 주다.

★선반宣飯 : 예전에, 관아에서 관리들에게 아침이나 점심 끼니때 제공하던 식사.

선불(을) 걸다(지르다)

1. (사람이) 섣불리 건드리다.

예) 도전자는 기세를 제압하기 위해 상대에게 공연히 선불을 걸었다.

2. (사람이) 관계없는 일에 참견하여 해를 입다.

선불(을) 놓다

어설픈 타격을 주다.

★선불 : 급소에 맞지 않고 설맞은 총알.

예) 영수는 친구들 일에 선불을 놓다.

선불(을) 맞다

어설픈 타격을 받다.

예) 죽은 송장은 처치하게 하고 선불 맞고 죽지 않은 사람은 구호하게 하였다.

선손(을) 걸다

(비)선수(를) 걸다.

★선先손 : 남이 하기 전에 앞질러 하는 행동.

예) 문자의 말을 들으면 사내를 둘씩이나 선손을 걸었다가 걷어차고 나중에는 시집도 못 가고 동경으로 피해 왔다고 하면서….

선손을 떼우다

『북』 남보다 앞질러 행동하려던 것을 상대편에게 빼앗기다. (비)선코를 떼우다.

선손(을) 쓰다

(비)선수(를) 쓰다.

예) 어쩌면 이쪽의 계략을 미리감치 눈치 챈 나머지 당분간은 조심하자고 저쪽에서 선손을 쓰는지도 모르는 노릇이었다.

선수先手(를) 걸다

1. 먼저 손찌검을 하다.

2. 남이 하기 전에 먼저 상대에게 행동하여 나서다. (비)선손(을) 걸다.

예) 최달은 기왕 죽는 판에 사내가 비겁하게 죽을 것은 없다 하여 유신 장군보다 무엇이나 선수를 걸고 나아갔다.

선수(를) 당하다

자신보다 먼저 다른 사람이 어떤 일을 행함.

예) A사는 X의 매수를 검토하고 있었지만, B사에 선수를 당해 X사를 매수당했다.

선수(를) 쓰다

1. 남보다 먼저 착수하다. (비)선손(을) 쓰다, 선수(를) 치다.

예) 내 말은 우습게 되기 전에 선수를 쓰는 것이 좋겠다는 것이오.

2. 자기에게 이롭게 행동하여 나서다.

선수(를) 치다

(비)선수(를) 쓰다.

예) 싸움엔 선수를 쳐서 상대를 기습하는 자가 이기는 법이오.

선심(을) 쓰다

'선심善心'은 '착한 마음', '너그러운 마음'을 가리킨다. '친절하게 도움을 제공하거나 물자 따위를 베풀다'라는 뜻이다. 주로 일회적이거나 변덕스러운 호의에 이 표현을 쓴다.

선線을 긋다

어떤 대상이나 사물을 무엇과 구별하여 이것과 저것으로 가르다.

선線을 대다

어떤 인물이나 단체와 관계를 가지다.

예) 그는 회사의 고위층에 선을 대어서 취직을 했다.

선先(을) 보다

장차 신랑이나 신부 될 사람을 정하기 위해 미리 그 인물을 만나보는 것이 '선'이다. 부모가 먼저 그 인물을 만나볼 수 있고, '맞선'처럼 당사자들이 바로 만날 수도 있다. '결혼할 상대를 정하기 위해 예비 후보를 만나서 적당한지 여부를 판단하다'라는 뜻이다.

선先(을) 보이다

'선을 보게 하다'라는 의미로서 이는 결혼 대상자뿐만 아니라 사물에게도 쓰여 '여러 사람 앞에 처음으로 공개하다'라는 뜻을 나타낸다.

선線이 가늘다

(사람이) 생김새가 연약하고 섬세하다. 선은 사물의 윤곽이나 거기에서 받는 느낌을 뜻하기도 한다. 그어놓은 선이 굵지 않고 그 폭이 좁은 것을 말한다. 한편 '사람의 외모나 생김새가 여리게 보이고 섬세하다', '성격이 대범하지 못하고 다소 가벼운 데가 있으며 꼼꼼하다', '일 따위가 진행되는 흐름이 뚜렷하지 않고 약하다'라는 뜻으로도 쓰인다.

예) 그 사람은 선이 가늘어서 큰일은 못 맡기나 실수가 없다. (반)선이 굵다.

선線이 굵다

'사람의 외모나 생김새가 큼직큼직하고 강한 인상을 줄 만큼 뚜렷하다', '성격이 좀스럽지 않고 대범하며 마음 씀이 크다', '동작 따위가 크고 대범하며 막힘이 없이 시원스럽다', '일 따위가 진행되는 흐름이 거침이 없고 뚜렷하며 강하다'라는 뜻으로도 쓰인다. (반)선(이) 가늘다.

예) 그 배우는 선이 굵은 연기로 시청자들의 마음을 시원하게 한다.

선줄(을) 긋다

『북』 1. 어떤 일을 남보다 먼저 시작하여 다른 사람들이 뒤따라 하게 하다.

★선줄 : 앞서서 먼저 긋는 줄.

예) 누구인가 선줄을 그어 노래를 불렀다.

2. 선창을 부르다.

선코(를) 떼다

『북』 어떤 일을 여럿 가운데서 남보다 먼저 시작하다. (비)선손을 떼우다.

★선코 : 선손(남이 하기 전에 앞질러 하는 행동)의 비표준어.

예) 형님, 어째서나 형님이 선코를 잘 떼구 또 잘 끌

ㅅ

고 나가야 하겠어요.

선코를 떼우다

『북』 '선손을 떼우다.'의 북한 익은말.

선코(를) 차다

『북』어떤 행동을 가장 먼저 하다.

예) 그들은 괴로운 생각 같아서는 당장 밖으로 뛰어나가고 싶었으나 선코를 차는 것이 후에 말썽이 될 가 두려워서 참았다.

설대 같다

대나무 같이 똑바로 곧다.

★설대 : 담배통과 물부리 사이에 끼워 맞추는 가느다란 대통.

설 땅을[자리를] 잃다

존재 기반이 없어지다.

예) 경기 침체에도 불구하고 유지비가 싼 경차는 오히려 설 땅을 잃고 있다.

설 땅이[자리가] 없다

존재 근거가 없다.

예) 부패 사범이 더 이상 설 땅이 없음을 법원이 판결로 보여 준 것이다.

설레발(을) 치다(놓다)

(사람이)몹시 서두르며 부산하게 굴다. '설레발'은 '설레발이'가 줄어서 된 말이다. 설레발이는 집 안에서 흔히 볼 수 있는 벌레로서, 어둡고 습기 찬 곳에 살며 몸길이는 25밀리미터 정도, 어두운 황갈색에 얼룩무늬가 있고, 몸통은 19개의 마디로 되어 있으며 각 마디에는 두 개씩 발이 달렸다. 이 벌레가 기어가는 모양을 보면 많은 발을 움직이기 때문에 몹시 어수선하고 부산해 보인다. 이 설레발이의 몸짓처럼 사람이 지나치게 나대고 소란을 떠는 것을 '설레발(을) 치다'라고 말한다. '몹시 서두르며 부산하게 구는 행동'을 가리키는 말이다.

예) 손님이 들이닥칠 시간이 되자 여자는 설레발을 치며 이리저리 뛰어다녔다.

설마하니(한들)

아무리 그러하다 하더라도.

설설 기다

남 앞에서 기가 죽어 행동을 자유로이 못하고 순종만 하다.

예) 그는 아랫사람들 앞에서는 큰소리치지만 윗사람 앞에서는 설설 긴다.

설(을) 쇠다

설을 지내다. 즉, '설'은 음력으로 한 해가 시작되는 첫날인 1월 1일을 명절로 기리는 날이다. '설'은 '사리다', '삼가다'를 뜻하는 옛말에서 유래되었다고 한다. 한 해가 시작되는 첫날이므로 행동을 조심스럽게 삼감으로써 1년 내내 아무 탈이 없기를 기원한다는 의미에서였다. 따라서 이날은 '근신하여 경거망동을 삼가다'라는 글자인 '신愼'을 써서 '신일愼日'이라고도 부른다. 그밖에도 '원단元旦', '세수歲首', '연수年首' 따위의 명칭이 있다. '새해의 첫날이나 연이은 휴일을 가족들과 함께 보내다'라는 뜻.

성금을 세우다

명령 따위의 효력이 나다.

★성금 : 꼭 지켜야 할 명령.

예) 시신은 자기 한 사람의 말로만 성금이 서지 않을 것을 알자 얼른 재상 유탁에게 이 일을 알렸다.

성금(이) 세다(서다)

명령 따위의 효력效力이 나게 하다.

예) 순사 부장은 부하가 보는 데라고, 성금을 세우려고 이렇게 소리를 버럭 질렀으나….

성미가 가시다

성미에 거슬려 일어났던 불쾌한 감정이 가라앉다.

★성미性味 : 사람이 가지고 있는 본연의 성품이나 비위.

예) 홀어머니는 잘못한 아들을 심하게 꾸짖고도 성미가 가시지 않는 듯 울고 계셨다.

성미(가) 마르다

도량이 좁고 성질이 급하다.

예) 성미가 마르긴, 그것도 못 참아!

성(에/이) 차다

흡족하게 여기다.

★성 : 노하거나 언짢아서 치밀어 오르는 울컥하는 감정.

예) 아이는 우유만으로는 성이 차지 않았는지 계속 울어 댔다.

성(을) 가시다

자꾸 들볶거나 번거롭게 굴어 괴롭고 귀찮다.

예) 할머니 편찮으신데 성가시게 굴지 마라라.

성(을) 갈다

'성姓'은 특정 인물을 시조로 하여 부계 혈통을 중심으로 후손들이 대대로 물려받은 칭호이다. 하지만 성만으로는 혈족을 표시할 수 없고, 시조의 발상지를 나타내는 본관인 안동김씨安東金氏, 김해김씨金海金氏, 하는 식으로 성과 나란히 쓰여야 비로소 가문을 나타낼 수 있다. 이름으로는 항렬을 써서 가문의 대수를 나타내지만, 지금은 한글 이름이 많이 보급되면서 굳이 항렬자를 쓰지 않는 경우가 많다. '(주로 '~하면(하지 않으면) (내) 성을 갈겠다'라는 식으로 쓰여) 결단코 ~하지 않겠다'라는 맹세를 강조하거나 어떤 사실이 틀림없이 자신이 말한 대로임을 단언하는 뜻을 표현한다.

성이 독같이 오르다

『북』 '성이 머리끝까지 나다'의 북한 익은말.

성이 만장같이 나다

『북』 '성이 머리끝까지 나다'의 북한 익은말.

성이 머리끝까지 나다

성이 몹시 치밀다. (비)성이 독같이 오르다.

예) 그는 성이 머리끝까지 나서 가방을 내던지고 밖으로 나가 버렸다.

성주(를) 받다

1. 성주받이를 하다.

예) 어물전 젊은 주인에게 말하여 집안 우환을 핑계 삼고 불시에 성주를 받게 하였다.

2. 『북』 몹시 노엽거나 언짢은 감정이 나다.

예) 나도 불떡 성품이 나서 "그렇게까지 지독하게 굴 게 있어요?"하고 대답했다.

성주받이를 하다

[민속] (사람이) 집을 새로 짓거나 이사한 뒤에 성주를 받아들이는 굿을 하다. (비)성주(를) 받다.

★성주받이 : 집을 새로 짓거나 이사를 한 뒤에, 집안을 지키는 신 중 맨 윗자리인 성주를 받아들인다 하여 베푸는 굿.

성화 같다

(주로 독촉이) 매우 심하고 다급하다.

★성화成火 : 매우 귀찮게 졸라 댐.

예) 빚 독촉이 ~.

성화(를) 대다

자꾸 몹시 귀찮게 굴다.

예) 딸아이가 놀자고 성화 대었더라면 아마 나는 밤을 꼬박 새웠을 것이다.

성화를 먹이다

(대상이) 몹시 귀찮게 굴어 속이 타게 하다. (비)성화(를) 시키다.

예) 부러 성화를 먹이기 위해 내일도 집을 비우지 않는다고 해서 우격다짐으로 내쫓을 수도 없는 노릇이 아닌가?

성화(를) 시키다

자꾸 몹시 귀찮게 굴어 속 타게 하다. (비)성화를 먹이다.

예) 이제 와서 너희하고 무슨 상관이 있기에 쫓아다니면서 남까지 성화를 시키는 거야?

세간(을) 나다

함께 살던 사람이 따로 살림을 차리다. 분가하다.

★세간 : 집안 살림에 쓰이는 온갖 물건.

세간(을) 내다

함께 살던 사람을 내보내어 따로 살림을 하게 하다.

식을 올리는 대로 세간을 낼 작정이다.

세도勢道가 빨랫줄이다

지위나 권세가 든든하고 길다.

세도(를) 부리다

'세도勢道'란 세력을 마음대로 쓸 수 있는 사회적 지위나 권세, 특히 정치적 권세를 뜻한다. '세도가'라고 하면, 그 시대에 중심 권력과 밀접하게 닿아 있는 자를 가리킨다. 그런 자에 의해 통치되는 정치를 '세도정치'라고 한다. '(사회적 지위나 권세가 높은 사람이) 부당하게 자기 세력을 과시하며 함부로 하다'라는 뜻이다.

세貰(를) 내다

'내다'는 '돈 따위를 주다'라는 뜻이 있으며, 또한 '나오게 하다', '차리다', '내어 쓰다'라는 뜻도 있다. '돈을 주고 집이나 방, 물건 따위를 일정 기간 빌려 쓰다'라는 뜻이다. (반)세(을) 놓다.

세(를) 놓다

'세貰'는 일정한 돈을 받고 집이나 방, 차 따위를 빌려주는 일 또는 그 돈을 말한다. '놓다'라고 했으니, '벌리다', '베풀다', '있게 하다'라는 뜻이 된다. 즉, '돈을 받고 집이나 방, 물건 따위를 일정 기간 빌려주다'라는 뜻이다. (반)세(를) 내다.

세말에 팔리다

세말 아니면 기를 펴지 못한다는 뜻으로 가는 곳마다 욕을 먹거나 누구 에게나 좋지 않는 감정을 산다는 말.

세물전 영감이다

아는 것이 매우 많다.

★세물전貰物廛 : 예전에, 혼인이나 장사 때에 쓰는 물건을 돈을 받고 빌려주던 가게.

세상世上없어도(천하天下없어도)

어떠한 일이 생기더라도 반드시, 만물은 세상世上을 딛고 그 안에서 존재한다. 세상이 없다면 어떤 존재도 있을 수 없으며 어떤 행위도 가능하지 않다. 그런데도 '세상없어도'라고 했다. 그것은 가정할 수 있는 상황 중에서 가장 최악의 것이다. 그만큼 반드시 해내겠다는 각오와 무슨 일이 있어도 기필코 이것만은 이루어져야 한다는 절박성을 나타낸다. '비록 세상이 없어지더라도 이것만은 꼭'이라는 뜻.

세상에 서다

세상에 나가 제구실을 톡톡히 해내거나 상당한 지위에 올라서다.

예) 학교 다닐 적에 말썽을 피워 선생님의 속을 썩이던 녀석이 이제는 세상에 서서 선생님을 찾아왔다.

세상(에) 없는[천하(에) 없는]

'천하(에) 없는'도 같은 뜻이다. '(주로 '세상(에) 없는 ~이라도'의 형태로 쓰여) 세상에 다시없는 ~이라도 반드시'라는 뜻이다.

예) 세상없는 일이 있어도 오늘은 돈을 받아내고야 말겠다.

세상(을) 등지다

세상世上 아닌 곳이 어디 있을까. 그러나 이 말은 문맥에 따라 다양한 뜻을 나타낸다. 즉, 그 구성원에 따라 그들이 이루는 '공동체', '범위' 등을 가리키기도 한다. 따라서 세상은 다시 무한한 세상으로 나뉘는 셈이다. '등지다'는 어떤 것을 등 뒤쪽에 두는 것을 뜻하며, 여기에서 확대되어 어떤 것으로부터 멀어지거나 떠나갈 때 이 표현을 쓰기도 한다.

세상은 인간들이 모여 사는 곳, 즉 '속세'를 뜻하여서 '세상을 등지다'라고 하면 사람이 없는 깊은 산속 같은 데 들어가 '사회와 교류를 끊고 산다'라는 뜻을 나타낸다. 한편 이승과 저승을 구별하는 의미에서 산 자들이 모여 사는 이곳을 세상이라고도 한다. 이 경우 '세상을 등지다'라는 표현은 '이승을 떠나서 저승으로 가다. 즉, 죽다'를 의미한다. '등지다'라는 어감이 있기 때문에, 이렇게 말하면 이승에 대한 원망이나 한의 정서가 전달된다. (비)세상(을) 버리다.

세상(을) 떠나다[뜨다]

'죽다'를 완곡하게 이르는 말. (비)세상을 등지다, 세상(을) 버리다, 세상을 하직하다.

예) 작년에는 자네 아버지가 세상 떠나고 올해는 또 생각지 않았던 일이 생기는 것 봐서, 삼재라도 들었는지 몰라.

세상(을) 모르다

세상 물정에 어두워 일상생활에서 일어나는 일을 잘 모르다. 의식하지 못 할 정도로 깊은 잠에 빠져 아무것도 모르다.

세상(을) 버리다

(비)세상을 등지다.

예) 네가 티끌세상을 버리고 산속으로 들어오겠다 하니 반드시 느낀 바가 있으리라.

세상을 하직하다

(비)세상(을) 떠나다[뜨다].

예) 내가 돌아왔을 때에 아버지는 이미 세상을 하직하신 후였다.

★하직下直 : 먼 길을 떠날 때 웃어른에게 작별을 아룀.

세상이 바뀌다

사회의 제도, 구조, 조직, 관계 따위가 근본적으로 달라지다.

예) 아무리 세상이 바뀐다 해도 우리의 우정은 변함이 없을 것이다.

세상 천지에

어떤 형편이 더 할 나위 없음을 나타내는 말.

예) 세상 천지에 저런 효자가 없다.

세월歲月 없이

언제 끝날지 알 수 없을 만큼 오래,

예) ~ 노닥거리고만 있다.

세월歲月은 사람을 기다려 주지 않는다

무슨 일을 하든지 시간을 부지런히 힘써야지 꾸물거리다가는 하여야 할 일을 못하고 만다는 말.

세월을 만나다

좋은 때를 만나 활개 치다.

예) 요즘 영어 회화 학원이 세월을 만나서 아주 잘 된다.

세월을 앞당기다

『북』 많은 시간이 걸려야 될 수 있는 일을 짧은 시간에 해내거나 빠르게 발전시키다. (비)세월을 주름잡다.

예) 세월을 앞당겨 질풍 같은 속도로 내달리다.

세월을 주름잡다

『북』 '세월을 앞당기다.'의 북한 익은말.

세월이 나다

제때를 만나서 돈벌이가 잘되다.

세월(이) 없다

언제 끝날지 짐작이 가지 아니할 정도로 더디다. 벌이가 잘 되지 아니하다. 일의 진행이 너무 더디어 언제 끝날지 알 수 없다.

세월이 좀먹다

세월이 가지 아니하다.

예) 아무리 세월이 좀먹는다 하여도 그날은 반드시 오고야 말 것이다.

세찬 가다

세찬을 보내다.

★세찬歲饌 : 세배를 하러 온 사람에게 대접하는 음식.

셀 수 없다

매우 많다.

예) 그동안 내가 한 고생은 셀 수 없었다.

셀 수 없을 만큼

(비)셀 수 없이.

예) 그는 지칠 줄 모르고 돈을 벌었고, 용수산도 셀 수 없을 만큼 여러 번 넘나들었다.

셀 수 없이

매우 많이 혹은 무수히. (비)셀 수 없을 만큼.

예) 셀 수 없이 많은 말들이 마당에 들어서 있었습니다.

셈(에) 들다

어떤 차례나 범위 안에 있다.

★셈 : 사물을 분별하는 슬기.

셈(을) 끌다

셈을 쳐서 갚을 돈을 갚지 않고 뒷날로 미루다.

★셈 : 주고받을 돈이나 물건 따위를 서로 따져 밝힘. 또는 그 돈이나 물건.

셈(을) 놓다

'셈'은 수를 세고 따져서 계산하는 일 전부를 가리킨다. 과거에는 나뭇가지나 가는 뼈 따위를 땅에 놓아가며 수를 세었기 때문에 계산을 한다는 표현에는 '놓다'를 쓰게 되었다. '산가지를 놓다', '주판을 놓다'가 다 그것이다. '수를 세거나 따지어 맞추어보다'라는 뜻이다.

셈(을) 차리다

앞뒷일을 잘 생각하여 점잖게 행동하다. (비)헴(을) 차리다.

★셈 : 사물을 분별하는 슬기.

셈(을) 치다[잡다]

셈을 하다.

★셈 : 주고받을 돈이나 물건 따위를 서로 따져 밝힘. 또는 그 돈이나 물건.

예) 그 이자를 윌 일 할로 셈을 치더라도 가을 추수기에는 곱에 가깝게 늘어난 볏섬이 곳간으로 들어오게 마련이었다.

셈(이) 나다

사물을 잘 분별하는 슬기가 생겨나다.

★셈 : 사물을 분별하는 슬기.

셈이 질기다

품삯 따위의 셈을 하지 아니하고 미룬 지가 오래이다.

★셈 : 주고받을 돈이나 물건 따위를 서로 따져 밝힘. 또는 그 돈이나 물건.

셈평(이) 좋다

『북』 태도가 넉살스럽고 태평하다는 뜻의 북한 익은말.

예) 셈평 좋게 앉아 있는 철수.

셈평(이) 펴지다

생활이 좀 넉넉해져서 부족을 느끼지 아니하게 되다. (준)셈 펴지다.

★셈평 : ①이득을 따지는 셈. ②생활의 형편.

소가 뜨물 켜듯이

물 같은 것을 한꺼번에 많은 량을 들이키는 모양.

소가지를 내다

(속된 말로)성내다.

★소가지 : 심성心性(본디부터 타고난 마음씨)의 비표준어.

소牛가 짖다

너무도 어처구니없는 일이라 소까지 비웃는다.

소(가) 푸주에 들어가듯

무척이나 가기 싫어하는 모양.

★푸주 : 푸줏간(소고기 돼지고기를 파는 가게).

소갈머리가 없다

소갈머리란 마음이나 마음속에 가진 생각을 속되게 이르는 말로 속마음이란 뜻입니다.

"소갈머리"에서 〈소갈〉은 속마음이라는 뜻입니다. 부정적으로는 소가지라고 표현합니다. 그리고 〈머리〉는 말 뒤에 붙어서 앞에 있는 말을 속되게 표현하는 역할을 하는 단어입니다. 예를 들어 인정머리, 버르장머리, 채신머리, 같은 것도 마찬가지입니다 즉 소갈머리는 소가지를 가볍게 표현하는 말입니다, 젓갈로 유명한 밴댕이는 성격이 급하여 잡히자마자 죽어 어부말로는 살아있는 것을 보지 못한다고 합니다. 그래서 성격이 급한 사람을 나무라는 말로 "밴댕이 소갈머리"라고 합니다. 밴댕이 소갈머리'라 부르는 것도 밴댕이의 특성을 잘 말해 주는 것입니다. '밴댕이 소갈머리'라고 하면 '속이 좁고 너그럽지 못한 심성을 비유적으로 이르는 말'입니다. 이처럼 〈밴댕이 소갈머리〉란 〈밴댕이 속마음〉이란 뜻을 속되게 표현하는 것입니다. 밴댕이처럼 성격이 급한 사람을 밴댕이 속마음하고 똑같다고 하는 것입니다.

소 같이 먹다

엄청나게 많이 먹다.

소금 들고 덤비다

부정不淨한 것을 대하듯 하다.

소금을 굽다

아주 찬 방 따위에서 매우 춥게 자다.

예) 어젯밤 소금을 굽고 났더니 감기가 심하게 걸렸다.

소금(을) 뿌리다

잘되어 가는 일을 망치다.

소름(을) 짓다

『북』 추위나 공포, 또는 충격 따위로 피부에 소름이 생기게 하다.

★소름 : 춥거나 무섭거나 징그러울 때, 살갗이 오그라들며 겉에 좁쌀 같은 것이 도톨도톨하게 돋는 것.

예) 죽음의 무서움에 소름 짓고 있는 양을 눈앞에 그려 봤다.

소름(이) 끼치다

(사람이) 공포나 충격 따위로 섬뜩하다.

소리(를) 내며 크다

『북』 아주 기운차게 빨리 자라다.

예) 소리를 내며 크는 나이 /물만 잘 대 주면 남새가 소리를 내며 큰다.

소리를 먹이다

일을 할 때에 상대편과 소리를 주고받다.

소리(를) 지르다

목소리를 크게 내다.

예) 화를 내며 버럭 소리를 지르다.

소리(를) 치다

1. 소리를 지르다

2. 소릿바람을 내다.

소리 소문도 없이

드러남이 없이 슬그머니.

예) 사건의 용의자는 소리 소문도 없이 어딘가로 사라졌다가 일이 잠잠해지자 다시 나타났다.

소마를 보다

오줌을 누다.

★소마 : 오줌을 점잖게 이르는 말.

소망(을) 보다

심마니들의 은어로, 산삼을 캐다.

소매를 걷고 나서다

상체에 걸치는 저고리나 외투 중에서 팔을 덮는 부분을 '소매'라고 한다. 전통 한복은 저고리의 폭이 넓어서 어떤 일을 작심하고 하려면 소매를 위로 접어 올려야 했다. 지금도 저돌적이거나 적극적인 자세를 보일 때 소매를 걷어붙이는 것부터 시작하는 사람들이 있다. 그만큼 기가 상체로 오른다는 의미다. '어떤 일에 앞장서서 적극적으로 하려 하다'라는 뜻이다. 굳이 소매를 걷어붙이지 않아도 적극적인 자세를 이 표현으로 나타낼 수 있다

예) 남을 돕는 일이라면~.

소매를 걷다

어떤 일에 아주 적극적인 태도를 취하다. <u>(비)소매(를) 걷어붙이다.</u>

예) 친구의 사업에서 재미를 본 그는 다니던 직장을 그만두더니 소매를 걷고 사업에만 매달렸다.

소매(를) 걷어붙이다

<u>(비)소매를 걷다.</u>

소매를 두르다

아무것도 가진 것이 없다.

소매 속에서 놀다

손으로 하는 동작이나 행위가 남의 눈에 띄지 않게 몰래 이루어지다.

소牛 먹듯 하다

소같이 먹다.

예) 점심때 소 먹듯 했더니 사람들이 아침 안 먹었느냐고 묻는다.

소문(을)내다

소문을 퍼뜨리다.

★소문所聞 : 여러 사람의 입에 오르내리며 세상에 떠도는 소식.

소문을 놓다

소문이 떠돌게 하다.

예) 그의 정적들은 거짓 소문을 놓아 그를 정계에

서 물러나게 하려고 했다.

소문(이) 나다

소문이 퍼지다.

소문이 사납다

돌고 있는 소문이 매우 나쁘다.

소박(을) 맞다

남편에게 소박(아내나 첩을 학대함)을 당하다. '소박疏薄'은 남편이 아내를 멀리하고 좋게 대하지 않는 것을 뜻한다. 그러다 지난날 남편들은 아내를 친정으로 내쫓았다. 과거 유교 사회에서는 칠거지악七去之惡이라 하여 아내를 내쫓을 수 있는 일곱 가지 허물을 정했다. 즉, 시부모에게 공손하지 않은 것, 자식을 낳지 못하는 것, 음탕한 것, 질투하는 것, 나쁜 병이 있는 것, 말썽이 많은 것, 도둑질하는 것이 그것이다. 그러나 칠거지악을 어긴 아내라 해도 부모의 삼년상을 같이 치렀거나, 장가들기 전에 가난했다가 뒤에 귀하게 되었거나, 내쫓긴 아내가 돌아가서 의지할 곳이 없을 경우에는 삼불거三不去라 하여 내치지 않았다. '아내가 남편에게 미움을 당하다'라는 뜻으로서, 지난날 많이 쓰였던 표현이다. 하지만 지금은 다소 가볍게 조롱하거나 농을 치는 표현으로 쓰인다.

소설小說(을) 쓰다

지어내어 말하거나 거짓말을 하다.

예) 수사관은 범인에게 소설 쓰지 말고 사실대로 말하라고 으름장을 놓았다.

소식消息이 깡통

소식을 전혀 모름을 속되게 이르는 말.

예) 누가 대통령이 되었는지도 모르다니, 소식이 깡통이구나.

소용돌이(를) 치다

'소용돌이'는 물이 아래로 빠지는 곳을 중심으로 주위의 물이 나선형으로 돌며 거세게 흐르는 현상이나 그러한 기점, 또는 불길이나 바람 따위가 그러한 모양으로 거세게 일어나는 것을 가리킨다. 이 의미가 비유적으로 확대되어서 어떤 일, 생각, 감정 따위가 매우 격렬한 기세로 일어나는 것 역시 소용돌이라고 한다.

소용(에) 닿다

젊었을 때에 무슨 큰일이나 치른 것처럼 희떱게 제 자랑을 늘어놓음을 핀잔하는 말.

★소용小勇 : ①한 사람을 대적할 만한 정도의 용맹. ②젊은 혈기에서 나오는 쓸데없는 용기.

소작(을) 주다

소작료를 받고 토지를 빌려주다.

★소작小作 : 일정한 대가를 지불하고, 남의 땅을 빌려서 농사를 지음.

예) 혼자 힘으로 농사짓기가 벅차 텃밭만 남기고 나머지는 남에게 소작을 주었다.

소牛 잡아먹다

아주 음흉한 일을 하다.

예) 소 잡아먹었냐, 뭘 그렇게 놀라냐.

소주(를) 내리다

익은 술을 고아 소줏고리에서 소주를 받다.

예) 우리 고향은 예나 지금이나 논이 적어 쌀로 빚은 술은 드물고 밭곡식인 좁쌀로 소주를 내렸다.

소牛죽은 귀신

몹시 고집이 세고 질긴 사람.

소지(를) 올리다

신령 앞에서 흰 얇은 종이를 공중으로 불 태워 올리면서 소원을 비는 민속 풍습.

★소지燒紙 : 부정을 없애고 신에게 소원을 빌기 위하여 희고 얇은 종이를 불살라 공중으로 올림.

소태 같다

(맛이) 몹시 쓰다.

★소태 : [식물] 소태나무의 껍질. 약으로 쓰이며, 맛이 쓰다.

예) 입맛이 몹시 ~.

소牛한테 물리다

뜻밖에 상대방에게 해를 입다.

속결(을) 짓다

『북』 빨리 결정하거나 마무리하여 끝을 맺다.

★속결速決 : 신속하게 결정하거나 끝을 맺음.

예) 공사장에 속결을 지을 문제가 생기다.

속골(이) 아프다

『북』 걱정 따위로 마음이나 머리가 아프다.

예) 속골이 아픈 문제가 나서다.

속곳 바람

치마 없이 속곳만 입은 차림새.

예) 속곳 바람으로 황급히 뛰어나오다.

속긋(을) 넣다

속긋을 그어 주다. 속긋은, 덮어 쓰면서 연습할 수 있도록 본을 그려 주는 것입니다. 그렇게 속긋을 그려 주는 것을 '속긋을 긋다.' 사람이 더러 있는데, 밑글은 '밑천이 되는 글'을 뜻하는 말이므로 구별해서 써야 합니다.

속눈(을) 뜨다

겉으로 감은 척하면서 살짝 뜨고 있는 눈을 '속눈' 또는 '샛눈'이라고 한다. 참고로 '실눈'은 째려보거나 의심을 하거나 하여 가늘게 뜬 눈을 말한다.

예) 어린 나는 속눈을 뜨고 등잔 불빛을 받으며 심각하게 말씀하시는 어머니의 모습을 보았다.

속니(를) 갈다

마음속으로 몹시 분해하다.

★속니 : '어금니'를 달리 이르는 말.

속머리(가) 아프다

『북』 걱정 따위로 마음이나 머리가 아프다.

속모 가다

윷놀이에서, 말이 속모에 가다.

★속모 : (민속)윷놀이에서, 앞밭으로부터 안으로 꺾인 다섯째 밭.

예) 이번에 속모 가면 승산이 있다.

속모(를) 보내다

윷놀이에서, 말을 속모에 옮기다.

속살(이) 찌다

속살이 올라 똥똥해지다. 겉으로는 들어나지 않게 실속 있게 되다.

속셈(을) 잡다

마음속으로 셈을 헤아려 보다.

★속셈 : 연필이나 계산기, 주판 등을 쓰지 않고 머릿속으로 하는 셈.

예) 주인이 열심히 계산기를 두드리는 동안 나도 속셈을 잡고 있었다.

속에(서) 방망이가 치밀다

분한 마음이 복받쳐 오르다.

예) 그의 괘씸한 언사를 생각하면 속에서 방망이가 치밀어 잠이 오질 않는다.

속에 얹히다

마음에 걸리는 일이 있어 언짢다.

예) 생일날 아침상을 차려 주지 못한 것이 내내 속에 얹힌다.

속에 없는 말[소리]

속마음과 다르게 하는 말.

예) 괜히 속에 없는 말을 하지 말고 본심을 털어놓게.

속(을) 긁다

남의 속이 뒤집히게 비위를 살살 건드리다.

예) 아내는 아침부터 속 긁는 소리를 해 댔다.

속(을) 끓이다(썩이다/태우다/타)

마음을 태우다. '끓이다'는 '끓다'의 사동, 즉 '끓게 하다'이다. '속을 태우다'와 비슷한 뜻이지만, 그보다는 수그러든 표현이다. 마치 '타다'와 '끓다'의 차이점과 같다. '속을 끓인다'라고 하면, 저 혼자 근심하며 다른 사람에게 속사정을 털어놓지 못한다는 의미를 함축한다. 한편 '썩이다'는 '썩다'의 사동, 즉 '썩게 하다'이다. 주로 부모나 상사와의 관계에서 자식이나 부하가 말을 제대로 듣지 않고 순종하지 않음을 나타낼 때 쓰인다.

속을 달래다

좋지 아니한 위장의 상태를 좀 편안하게 만들다.

예) 해장국으로 속을 달래다.

속을 뒤집다

성이 나게 하다. 복장을 뒤집다

예) 누구 때문에 우리가 이 꼴이 됐는데 뭘 잘했다고 사람 속을 뒤집냔 말이야!

속(을) 뜨다[떠보다]

남의 마음을 알려고 넘겨짚다.

예) 속을 떠보려는 수작 /넌지시 속을 떠보다.

속을 말리다

남을 매우 초조하고 안타깝게 하다.

속贖(을) 바치다

속전贖錢을 내다.

속(을) 빼놓다

줏대나 감정을 억제하다.

예) 속을 빼놓고 살아야지 제대로 정신 차리고는 살 수 없는 세상이야.

속(을) 빼다

한 논을 두 번째 갈다.

속(을) 뽑다

일부러 남의 마음을 떠보고 그 속내를 드러나게 하다.

예) 술 몇 잔으로 그의 속을 뽑으려 했다.

속(을) 상우다

마음에 쓰라린 일이 있어 정신에 고통을 주다.

속(을) 썩이다

뜻대로 되지 아니하거나 좋지 못한 일로 몹시 괴로워하다.

예) 벙어리 냉가슴 앓듯 혼자 속을 썩였다.

속을 쓰다

1. 걱정하거나 염려하다.

예) 하나 있는 자식 놈을 위해 속을 쓰는 것도 이제는 지쳤다.

2. 남을 돌보거나 좋은 마음을 베풀다.

속(을) 주다[터놓다]

마음속에 있는 것을 숨김없이 드러내 보이다.

예) 그는 사람들과 원만하게 지냈지만 사실은 누구에게도 속을 주지는 않았다. /그와 나는 속을 터놓고 지내는 사이다.

속(을) 차리다

지각 있게 처신하다. 자기의 실속을 꾸리다. '속'은 안에 있는 것을 포괄적으로 지칭하는 말이다. 사물의 안을 의미하기도 하고, 사람의 안을 의미하기도 한다. 여기에서는 사람의 안, 즉 '마음이나 생각'을 가리킨다. '이전에는 신중하지 못하고 분별력이 없던 사람이 마음을 가다듬고 자기 처지를 올바로 깨닫다'라는 뜻이다. 한편 '속'은 '뱃속'이라는 의미도 있다. 여기에서 발전하여 개인적인 이익을 따지는 마음이라는 뜻을 나타낸다. 이때는 '자기 이익을 따져 그것을 채우다'라는 뜻이다.

속(을) 태우다

몹시 걱정이 되어 마음을 졸이다.

예) 씨 뿌릴 철인데 비가 내리지 않아 농민들이 한창 속을 태우고 있다.

속(을) 터놓다

이때 '속'은 '마음'을 뜻한다. 즉, 아주 가깝게 허물없이 지내는 관계라는 뜻이다. 한편 '생각하고 있는 것을 숨김없이 드러내다'라는 뜻으로도 쓰인다. 이 경우는 '속'이 마음속에 품은 구체적인 생각을 뜻한다.

속이 깜깜하다

『북』 아무 생각도 떠오르지 아니하거나 무엇을 전혀 모르다.

예) 택근이는 속이 깜깜해서 대답은 못하고 얼굴이 붉어지게 되였다.

속이 꼬이다

『북』 마음이 틀어지다.

속이 꼴리다

『북』 맞갖지 아니한 일을 당하여 몹시 부아가 나다.

속이 꿈틀거리다

『북』 매우 맞갖지 아니하거나 몹시 성이 나다.

예) 어지간히 속이 꿈틀거렸으나 그런대로 참고 목소리를 낮추었다.

속이 끓다

1. 화가 나거나 억울한 일을 당하여 격한 마음이 속에서 치밀어 오르다. (비)속이 뒤집다.

예) 누명을 쓴 아버지는 속이 끓어 잠을 못 주무셨다.

2. 『북』 흥분하여 마음이 몹시 설레다.

속이 내려가다

(비)속(이) 풀리다.

속(이) 달다

마음이 죄이고 안타까워지다.

속이 떨리다

마음속으로 몹시 겁이 나다. (비)간이 떨리다.

예) 너무 두려워 속이 떨린다.

속이 뒤집히다

'뒤집히다'는 '뒤집다'의 피동, 즉 '뒤집힘을 당하다'이다. '뒤집다'는 원래의 형태나 위치에서 그 반대가 되게 바꾸는 것이다. 안이 겉이 되고 겉이 안이 되게 한다거나, 아래와 위를 바꾼다거나 하는 것이 모두 '뒤집다'이다. '비위에 맞지 않는 음식이나 냄새, 장면 등으로 해서 몹시 불쾌하여 구역질이 날 것 같다', '마음이나 성미에 맞지 않은 일로 하여 당장 어떻게 하고 싶을 만큼 화가 나다'라는 뜻이다. (비)속이 끓다.

속(이) 들다

『북』 철이 들거나 실속을 차리게 되다.

속이 들썩하다

『북』 마음이 진정되지 않고 어수선하다.

예) 성님, 나도 속이 들썩해서 흰소리를 한번 해 봤수다.

속(이) 마르다

1. 성격이 꼬장꼬장하다.

2. 생각하는 것이 답답하고 너그럽지 못하다.

속(이) 보이다

엉큼한 마음이 들여다보이다.

예) 빤히 속이 보이는 소리를 하다.

속이 부글부글 괴다

화가 나거나 억울하거나 하여 속이 끓는 듯하다.

속(이) 살다

겉으로는 수그러진 듯하나 속에는 반항하는 마음이 있다.

예) 원체 싹싹하고 가벼운 사람이기는 하지만 속이 살고 악지가 센 품으로 보아서는 이렇게 그 자리에서 머리를 숙이고 잘못했다고 빌 줄은 몰랐다.

속(이) 상하다

'상(傷)하다'는 '못 쓰게 되다', '해를 입다', '변질되다'를 뜻한다. 그리고 '썩다'는 '변질되어 부패함'을 나타내는 것으로, 이는 하루아침에 이루어지는 현상이 아니라 어느 정도 시간이 걸리는 과정이다. '일이 뜻대로 되지 않거나 불만이 있거나 하여 마음이 언짢고 괴롭다'라는 뜻이다.

속(이) 시원하다

좋은 일이 생기거나 나쁜 일이 없어져서 마음이 상쾌하다.

예) 내 속을 태워야 속이 시워하겠니? /그 말을 들으니 삼 년 묵은 체증이 내려간 듯 속이 시원했다.

속(이) 썩다

마음이 몹시 상하다.

속이 시커멓다

마음이 깨끗하지 아니하고 엉큼하거나 음흉하다.

예) 그는 속이 시커먼 녀석이라 무슨 생각을 하는지 알 수 없다.

속(이) 없다

생각이 줏대가 없다. 배추는 속이 차야 어느 정도 익은 배추라 할 수 있다. 흔히 '속 빈 강정'이라고 말한다. 강정처럼 속은 비고 겉만 그럴듯한 것을 가리키는 말이다. 이렇듯 '속'은 '알맹이', '실속', '중심', 사람으로 말하면 '줏대' 등을 의미하기도 한다. '화낼 때 화내지 않고 웃는 사람', '다른 사람의 주장에 끌려 다니는 사람', '주책스러운 사람' 등에게 이 말을 쓴다.

속이 열리다

『북』 1. 적이 안심이 되다.

ㅅ

예) 분위기가 안온해지자 그는 은근히 속이 열렸다.

2. 마음속에 답답하게 맺혔던 것이 풀려 환하여지다.

속이 오르다

푸성귀의 속대가 점점 자라서 커지다.

속이 치밀다

기분이 언짢아 분한 마음이 복받쳐 오르다.

예) 전에는 은근히 선정적으로 느껴지기까지 하던 것이었으나, 명훈은 그걸 읽자 울컥 속이 치밀었다.

속(이) 타다

걱정이 되어 마음이 달다.

예) 남은 속이 타는 줄 모르고 유유자적이다.

속(이) 트이다

마음이 넓고 언행이 대범하다.

예) 그는 속이 트인 사람이니까 내가 사죄를 하면 용서해 줄 것이다.

속(이) 풀리다

1. 화를 냈거나 토라졌던 감정이 누그러지다. (비) 속이 내려가다.

예) 실컷 패 주어도 속이 풀릴 것 같지 않다.

2. 거북하던 배 속이 가라앉다.

예) 콩나물국을 먹었더니 속이 풀렸다.

속이 한 줌만 하다[해지다]

『북』 몹시 걱정스럽거나 송구스러워 기를 펼 수 없고 마음이 조마조마하다.

예) 그가 알고 말하는 것만 같아 속이 한 줌만 해진다.

속이 환해지다

『북』 근심이 없어져 가슴이 시원해지다.

예) 속이 환해진 한 씨는 달구지 옆에 붙어 서서 소를 몰아주었다.

속통이 넓다

『북』 (속되게) 마음이 넓다.

속통이 좁다

『북』 (속되게) 마음이 좁다.

속통이 크다

『북』 (속되게) 마음이 크다.

손가락도 길고 짧다(같은 손가락에도 길고 짧음이 있다)

아무리 같은 조건에 있다고 하더라도 조금씩은 서로 차이가 있게 마련이란 것에 비유.

손가락 안에 꼽히다[들다]

어떤 단체나 무리 중에서 몇 되지 아니하게 특별하다.

예) 그는 작곡뿐 아니라 기타 연주에서도 손가락 안에 꼽히는 재주꾼이다.

손가락(손바닥, 손톱)에 장을 지지겠다

1. 상대편이 어떤 일을 하는 것에 대하여 도저히 할 수 없는 것이라고 장담할 때 하는 말.

2. 자기가 주장하는 것이 틀림없다고 장담하는 말.

손가락으로 헤아릴 정도

수효가 매우 적음을 이르는 말.

예) 그녀의 연주회에는 손가락으로 헤아릴 정도의 관중만이 왔다.

손가락(을) 걸다

서로 약속하다.

손가락(을) 꼽다

(사람이 무엇을, 또는 사람이 어찌하기를) 간절히 기다리다.

손가락(을) 빨다

옆에서 구경만 하다. 손가락은 젓가락의 대용이 되기도 한다. '손가락으로 집어먹다'가 그것이다. '빨다'는 안에 담긴 것이나 배어 있는 것이 입 안으로 들어오게 힘을 주는 행위를 일컫는 말이다. 갓난아기들의 경우 손가락을 빠는 모습을 쉽게 볼 수 있다. 엄마의 젖이 먹고 싶은데 먹을 수 없을 때 그 본능을 달래느라고 무의식중에 손가락을 빠는 것이다. 한편 어른에게 이 말을 쓸 때는 더 이상 먹을 것이 없음을 뜻한다. 이때는 '(속된 표현으로 쓰여) 생활이 궁핍하다'라는 뜻이다.

손가락질(을) 받다(하다)

남에게 얕보이거나 비웃음을 당하다. '손가락질'은 손가락을 치켜들어 사물이나 사람을 가리키는 것을 말한다. '-질'이란 접미사로 알 수 있듯이, 이는 그다지 예의바른 행동은 아니다.

어떤 사람이 여러 사람의 손가락질을 자주 받는다는 것은 그가 공동체에서 눈에 벗어났음을 뜻한다. 그래서 손가락질에는 '얕보거나 흉보는 짓', '남들에게 당하는 비웃음이나 업신여김'이라는 뜻도 있다. 이때는 주로 '~에게(를) 손가락질하다'의 형태로 많이 쓰인다. 여러 사람이 한 사람을 놓고 비공식적으로 조롱하거나 흉을 볼 때 이 표현을 쓰며, 여기에는 강한 수치심과 모욕의 뜻이 나타난다. '받다'는 '주는 것을 들여 가지다'이다. 따라서 '당하다'에 해당한다.

손가락(끝/톱) 하나 까딱 않다

아무 일도 안 하고 뻔뻔하게 놀고만 있음을 비난조로 이르는 말. <u>(비)손끝 하나 까딱 안 하다, 손톱 하나 까딱하지 않다.</u>

예) 그녀는 모두 제사 준비에 바쁜데도 손가락 하나 까딱 않고 누워 있는 시누이가 그렇게 미울 수가 없었다.

손가락 하나도 움직이지 못하다

몹시 아프거나 기운이 없어 아무것도 할 수 없다.

예) 하루 종일 돌아다닌 탓에 너무 피곤해서 이젠 손가락 하나도 움직이지 못하겠다.

손금(을) 보다

화투, 골패, 투전 따위 패를 손바닥에 들고 보는 노름을 하다.

★손금 : 손바닥의 살갗에 난, 줄무늬를 이룬 잔금.

예) 어른들은 아마 집 안에서 새끼를 꼬거나, 손금을 보고 있는지, 골목에는 애들뿐이었다.

손금(을) 보듯(이) 하다(훤하다)

낱낱이 다 알다. 현장에는 없었지만 마치 있었던 사람처럼 훤히 꿰뚫고 있을 때 이 표현을 쓴다. 주로 뒤에는 '알다'라는 뜻을 나타내는 단어가 이어져서, '어떤 사실이나 내용에 대해 하나도 빠놓지 않고 자세히 직접 보듯이'라는 뜻이다. <u>(비)손금(을) 보듯 하다.</u>

예) 선생님은 우리가 어제 방과 후 무엇을 했는지 손금 보듯 훤히 꿰뚫고 있었다.

손길(을) 뻗다

의도적으로 남에게 어떤 영향을 미치게 하다. <u>(비)손을 뻗다.</u>

★손길 : 내밀거나 잡거나 만지거나 할 때의 손.

예) 경찰은 그 사건과 관련 있는 조직폭력배에게 수사의 손길을 뻗었다.

손길(을) 뻗치다

적극적인 도움, 요구, 침략, 간섭 따위의 행위가 미치다.

예) 단속의 손길을 뻗치다/침략의 손길을 뻗치다.

손길(을) 잡다

1. 두 손을 펴서 서로 잡다.

예) 그들 모자는 다정하게 손길을 잡고 오솔길을 걸으며 많은 이야기를 나누었다.

2. 『북』 어떤 일을 함께 하다.

손꼽아 기다리다

기대에 차 있거나 안타까운 마음으로 날짜를 꼽으며 기다리다. 일상생활에서 수를 세는 역할은 여전히 손가락에 댈 만한 것이 없다. '꼽다'는 수를 세기 위해 손가락을 차례로 꼬부리는 동작을 가리킨다. '손꼽다'의 '손'은 '손가락'을 줄인 말로서, '손꼽다'는 '손가락 꼽다'와 같은 뜻이다. 한편 '손꼽다'에는 두 가지 의미가 있다. 수를 셀 때 손가락으로 헤아려 보는 것 외에도, 어떤 분야에서 특출 나게 뛰어나서 적어도 열 번째 내외에 든다는 의미를 나타내기도 한다. 여기에서는 첫 번째 의미다. '날짜가 얼마나 남았는지 세어가며 간절히 기다리다'라는 뜻이다.

손끝(에) 물이 오르다

1. 구차하던 살림이 점차 부유해지다.

2. 점차 부유해지다.

예) 아버지가 돌아가신 후 어머니의 노력으로 집안은 점점 손끝에 물이 올랐다.

손끝(을) 맺다

할 일이 있는데도 아무 일도 안 하다.

예) 자신이 없다고 지레 겁을 먹고 손끝을 맺어서야 되겠니?

손끝(이) 맵다

(비)손(이) 맵다.

예) 어찌나 손끝이 매운지 한 대만 맞아도 얼굴에 빨갛게 자국이 남는다.

손끝(이) 야무지다

(비)손(이) 여물다.

예) 그는 눈썰미 좋고 손끝이 야무지기로 소문이 났다.

손끝(이) 여물다[야물다]

(비)손(이) 야무지다.

예) 자네 부인 될 사람, 손끝이 여물어서 살림을 아주 잘할 걸세.

손끝 하나 까딱 안 하다

아무 일도 안 하고 뻔뻔하게 놀고만 있음을 비난조로 이르는 말. (비)손가락 하나 까딱 않다, 손톱 하나 까딱하지 않다.

예) 그는 모든 일이 마무리될 때까지 손끝 하나 까딱 안 했다.

손끝 하나 못 대다

어떤 대상이나 일에 대하여 전혀 관여할 수 없다.

예) 비록 아버지라 하지만 아들에 대해 손끝 하나 못 댈 형편이었다.

손手 넘기다

1.(사람이) 물건을 셀 때 그 번수를 잘못 계산하여 더하거나 덜하다.

예) 야바위꾼이 지폐 뭉치를 세면서 금액을 속이려고 손을 넘겼다.

2.(어떤 일이) 제 시기를 놓치다.

예) 금년 모내기가 가뭄으로 인해 손을 넘겼다.

손대 내리다

무당 따위가 경문을 외어 귀신이 내림대에 내리는 것을 이르는 말.

★손대 : 굿할 때나 경문을 읽을 때, 무당이 신을 내리기 위하여 쓰는 소나무나 대나무의 가지.

손도(를) 맞다

패륜 행위를 하여 그 지방에서 쫓겨나다. 남에게 배척을 당하다.

★손도損徒 : 패륜 행위를 한 자를 동네에서 쫓아냄.

손독(을) 올리다[들이다]

『북』 1. 때리려고 단단히 벼르다.

★손독毒 : 가려운 곳을 손으로 긁거나 헌 살에 손을 대어서 생긴 독기.

예) 불의의 짓을 보면 누구의 일이건 관계없이 참지 못하는 개불이가 술값이고 뭐고 서방님이라는 작자의 멱살을 끄잡아… 한창 손독을 올릴 때였다.

2. 무엇을 차지하려는 나쁜 마음을 가지고 손을 뻗치려 하다.

손독(이) 오르다

손독이 나타나다.

손때(가) 맵다

(비)손(이) 맵다.

예) 그 여자는 손때가 매워 살짝만 쳐도 아프다.

손때(가) 먹다

(그릇, 기구 따위에)손이 많이 가서 길이 들다.

★손때 : 물건을 오래 쓰거나 다루어 길이 들어 묻은 때.

손때(를) 먹이다

1. 광이 나게 하다. (비)손때가 오르다.

예) 보관해 두었던 은수저를 꺼내 손때를 먹이자 새것처럼 반짝반짝해졌다.

2. 길들여서 쓰다.

예) 10년을 손때 먹인 쟁기를 버리자니 허전하다.

3. 어루만지어 기르다.

예) 할머니는 당신이 손때 먹여 키운 손자의 결혼식을 성대하게 해 주고 싶어 했다.

손때(가) 묻다

오랜 세월을 사용하여 손으로 만진 때가 끼어 있다.

'손때'는 손에 낀 때나 손으로 만져서 생긴 더러운 자국을 의미한다. 물건에 손으로 만진 더러운 자국이 나 있다는 말이다. 한편 '물건 따위를 오래 쓰거나 다루어서 길이 들다'라는 뜻으로도 쓰인다. 이 표현을 쓰면 그 물건이 아주 소중하고 정겹다는 의미가 내포된다. (비)손때가 오르다.

손때가 오르다

(비)손때(가) 묻다[먹이다].

예) 아무리 낡고 쓸모없어졌지만 할머니의 손때가 오른 것이라 버릴 수가 없다.

손맥(을) 놓다

『북』 실패하거나 실망하여 사기나 의욕을 떨어뜨리고 긴장을 풀다.

★손맥損脈 : 정기가 손상되어 병이 위중할 때 나타나는 매우 느린 맥. 지맥遲脈이나 결맥結脈이 있다.

손맥(이) 풀리다

『북』 실패하거나 실망하여 사기나 의욕이 떨어진 채 기운이 빠지다.

예) 조그마한 난관 앞에서 손맥이 풀려서야 되겠소.

손목(을) 잡고 말리다

기어코 못하게 말리다.

예) 누구든지 여학도 며느리를 얻는다는 사람이 있으면 손목 잡고 말리겠습니다.

손바닥(을) 뒤집듯 (하다)

1. 태도를 갑자기 또는 노골적으로 바꾸기를 아주 쉽게.

예) 그는 말을 손바닥 뒤집듯이 해서 믿을 수가 없다.

2. 일하기를 매우 쉽게.

예) 너의 능력으로는 그 일도 손바닥 뒤집듯 할 거야.

손바닥을 맞추다

뜻을 같이하다.

예) 양조장 사업이 또 얼마나 꿀맛인지는 익히 알고 있는 터였다. 그래서 두 사람은 여지없이 손바닥을 맞췄고, 국회의원의 힘이 그까짓 양조장 허가 하나 내는 것쯤 선하품 하기였다.

손발 벗고 나서다

『북』 몹시 적극적으로 나서다.

예) 쇠돌 어머니는 동네 뉘 집에 큰일 작은 일이 생기기만 하면 손발 벗고 나선다.

손발(을) 걷다

사람이 죽은 뒤 몸이 굳어지기 전에 팔과 다리를 거두어 놓다.

예) 중환자실의 환자가 숨진 것을 확인한 간호사는 곧바로 손발을 걷었다.

손발을 맞추다

함께 일을 하는 데에 마음이나 의견, 행동 방식 따위를 서로 맞게 하다.

예) 회사의 모든 부서들이 서로 손발을 맞출 때 회사가 발전할 수 있다.

손발(을) 얽어매다[묶어 놓다/얽어 놓다]

『북』 활동을 구속하거나 제재를 가하다.

예) 발붙이고 있는 모든 곳에서 놈들이 함부로 날뛰지 못하게 손발을 얽어매 놓아야 한다.

손발(을) 치다

자기가 발견한 것을 여러 사람에게 외쳐 말하다.

예) 앞서 가던 그는 숲 속에서 오래된 유적을 발견하고 뒤따라오는 사람들에게 손발을 쳤다.

손발이 가루가 되다

『북』 일을 너무 많이 하다.

손발이 닳도록 빌다

잘못이나 허물을 용서해 달라고 몹시 빌다.

예) 나는 너무 무서워서 살려 달라고 손발이 닳도록 빌었다.

손발이 되다

손과 발같이 어떤 사람의 의사대로 움직이다. '손발'은 도구를 활용하는 인간에게는 중요한 신체 부위이다. 이는 과거에는 생계를 이어가는 직접적인 수단이 되었지만 현대문명이 발달하면서 손발을 대신하는 도구들이 점점 더 많아지고 있다. 그러므로 '연장'은 소위 손발의 '연장(延長)'이라 할 수 있

ㅅ

다. '어떤 물건이나 짐승 따위가 손과 발의 역할을 대신하다', '어떤 사람이 다른 사람의 뜻에 따라 움직여서 도움을 주거나 앞잡이 역할을 하다'라는 뜻이다.

손발이 따로 놀다

함께 일을 하는 데에 마음이나 의견, 행동 방식 따위가 서로 맞지 않다.

예) 이번 극에서 연출과 연기자가 손발이 따로 놀아 공연할 때 실수가 많았다.

손발(이) 맞다

여기에서 '손발'은 '서로의 손발'을 가리킨다. 손이 움직일 때 같이 손이 움직이고, 발이 움직일 때 같이 발이 움직여야 함께 일을 할 수가 있다는 데에서 온 말이다. (비)손발이 척척 맞다.

예) 두 형제는 손발이 맞아서 일 같지도 않게 오전 작업을 일찌감치 끝내고 돌아갔다.

손버릇(이) 사납다

남의 물건을 훔치거나 망가뜨리거나 남을 때리는 버릇이 있다.

예) 손버릇이 사나워 갖고 싶은 물건만 보면 무작정 훔친다.

손부리가 영글다

『북』 일에 단련되어 일하는 솜씨가 매우 익숙하다.

★손부리 : 손가락의 끝을 비유적으로 이르는 말.

예) 부엌일에서는 손부리가 영근 봉회를 따를 사람이 없다.

손뼉(을) 치다

손바닥과 손바닥을 마주칠 때 서로 합쳐진 바닥이 '손뼉'이다. 제법 큰 소리가 나기 때문에 손뼉을 치는 동작은 상대방의 주의를 이쪽으로 끌 수가 있고, 놀이에서 흥을 돋우며, 춤출 때나 노래 부를 때는 박자를 맞추는 데도 적당하다. 사람들은 기분이 좋을 때는 손뼉을 치며 환호한다. 참고로, '박수'는 여러 사람이 동시에 환영이나 환호의 뜻으로 손뼉을 연달아 여러 번 치는 것을 말한다. '찬성하거나 좋아하여 고개를 끄덕이면서 손바닥을 마주 치다'라는 뜻이다.

손사래(를) 치다

거절이나 부인의 뜻으로 손을 펴서 마구 휘젓다. '손사래'는 손바닥이 바깥쪽을 향하게 한 상태에서 양손 또는 한 손을 좌우로 여러 번 흔드는 동작을 가리키는 말이다. 줄여서 '손살'이라고 한다. 주로 상대방의 말을 부인하거나 거절할 때 또는 조용히 하라는 의미에서 이런 몸짓을 보인다. '손사랫짓'은 '손사래를 치는 짓'을 뜻하며, '손사랫짓하다'는 '손사래(를) 치다'와 같다. '손사래'는 '손'에 '사래'가 결합된 말이다. 여기에서 '사래'는 '사래질'의 '사래'와 같다. '사래질'이란 키 따위에 곡식 같은 것을 넣고 사르는 일이다. '사래'의 어원이 '사르다'이다. '사르다'는 키로 곡식 같은 것을 까부른 뒤에 못 쓸 것을 따로 떨어버린다는 뜻이다. 손을 휘젓는 모양이 사래질과 비슷해서 손사래라 한 것으로 짐작된다.

손 싸다

(사람이) 일하는 손놀림이 몹시 빠르다. (비)손(이) 빠르다.

예) 새로 온 아주머니가 무척 손이 쌌다.

손아귀(가) 세다

『북』 어떤 대상을 제 마음대로 다룰 수 있는 힘이 세다. (비)손탁(이) 세다.

예) 손아귀가 센 제대 군인.

손아귀에 넣다

'아귀'란 물건이 크게 갈라진 곳을 말한다. 손을 펴보면 엄지손가락과 다른 네 손가락들이 나뭇가지가 벌어지듯이 그렇게 서로 양쪽으로 갈라진 것을 볼 수 있다. 이것을 '손아귀'라고 한다. 즉, 엄지손가락과 다른 네 손가락과의 사이를 뜻한다. 손아귀가 크고 작음에 따라 손으로 쥐는 힘이 결정된다. 그래서 손아귀에는 '손으로 쥐는 힘'이라는 뜻도 있다. 어떤 물건이나 세력, 사람 등을 손아귀에 넣는다고 하면 우선 그것을 손에 쥔다는 의미다. 또한 그것을 꽉 쥐고 있다는 뜻도 포함된다. '완전히 자기의 것으로 만들거나 꼼짝 못하게 지배하다'라는 뜻이다. (비)손-탁에 넣다.

손안에(손에) 넣다

무엇을 자기의 것으로 만들거나 세력 범위 또는 지배 아래 두다. '손안'이란 손의 안, 즉 '수중(手中)'이다. '수중에 놓다'라고도 하고, '손에 넣다'라고도 한다. 강조를 위해 비슷한 의미를 나타내는 '넣다'와 '-안'이 중첩되고 있다. '어떤 작은 물건이 완전히 들어가도록 손에 쥐다'라는 뜻이다. 한편 비유적인 의미로 쓰일 때는, '어떤 물건이나 세력 따위를 자기 것으로 하다', '어떤 사람을 자기 세력 범위 내에 끌어들여 지배하다'라는 뜻이다.

손안에 놓인 듯

썩 가까이 접근해 있는 것처럼 뚜렷하게.

예) 맑은 가을에 남산에 오르니 저 아래에 있는 초등학교가 손안에 놓인 듯 뚜렷이 보인다.

손안에서 주무르다

어떤 대상이나 사람을 제 마음대로 움직이다.

예) 그는 컴퓨터를 손안에서 주무를 정도로 잘한다.

손안에 있다

(어떤 사람, 일이나 상황 따위가 다른 사람이나 무엇의) 힘 따위에 영향을 받아 좌우되다. 어떤 물건이 손에 쥐어져 있다는 말이다. 자기가 마음대로 할 수 있다는 뜻이다. 어떤 것이 손안에 쥐어져 있다면 그것을 어떻게 처리해야 할지는 쥐고 있는 사람에게 달렸다. 그래서 '어떤 일이나 사람 따위가 자신의 마음대로 움직이거나 처리될 수 있는 상태'라는 뜻으로도 쓰인다.

손 없는 날

손을 타지 않는 길일吉日을 가리키는 말이다. 이사를 하거나 무슨 큰 행사가 있을 때, 어른들이 손 없는 날을 골라야 한다고 말하는 것을 자주 들을 수 있다. 여기서 손은 날수日數에 따라 4방위로 돌아다니며 사람의 활동을 방해한다는 귀신을 일컫는 말이다. 손은 음력으로 1이나 2가 들어가는 날은 동쪽에 있고, 3이나 4가 들어가는 날은 서쪽에 있다. 그리고 5나 6이 들어가는 날은 남쪽에 있고, 7이나 8이 들어가는 날은 북쪽에 있다. 9와 10이 들어가는 날은 하늘로 올라가 있으므로 귀신의 방해를 받지 않는다고 한다. 때문에 아무 손도 타지 않는다는 9일과 10일이 길일이 되는 것이다.

예) 할머니께서는 손 없는 날 이사를 해야 별 탈이 없다고 하셨다.

손에 걸리다

1. 어떤 사람의 손아귀에 잡혀 들다.

예) 날 배신하고 도망을 하다니, 언제라도 내 손에 걸리기만 하면 가만두지 않겠다.

2. 너무 흔하여 어디나 다 있다.

예) 돈을 홍청망청 쓰는 저 집은 돈이 손에 걸리나 보다.

3. 손에 잡히다.

예) 아이가 입원해 있는 동안에는 일이 전혀 손에 걸리지 않았다.

손에 넘어가다

소유가 되다.

손(에) 넣다

무엇을 자기의 것으로 만들거나 세력 범위 또는 지배 아래 두다.

손에 달리다

일정한 사람에게 매이거나 의존하여 좌우되다.

손에 들다

지배에 들어가다.

손에 땀을 쥐다(땀나다)

사람이 너무 긴장하거나 흥분하면 자기도 모르게 주먹을 불끈 쥐고 그 사이로 땀이 흘러서 손바닥이 젖게 되는 일이 있다. 그 상황을 표현한 말이다. '위기 상황이 아슬아슬한 영화나 이야기, 경기 따위를 보고나 듣는 동안 너무 흥분하여 마음이 조마조마하고 긴장되다'라는 뜻이다.

예) 아슬아슬한 곡예를 보고 있노라니 나도 모르게 손에 땀을 쥐게 되었다.

손에 떨어지다

어떤 세력 범위나 지배에 들어가다. 또는 그 소유가 되다.

손에 물 한 방울 묻히지 않고 살다

여자가 힘든 일을 하지 아니하고 호강하며 편히 살다.

예) 그 친구는 부잣집에 시집가서 손에 물 한 방울 묻히지 않고 산다.

손에 붙다

1. 능숙해져서 의욕과 능률이 오르다.

예) 경력 3년이 되자 일이 슬슬 손에 붙기 시작하였다.

2. 손에 잡히다.

예) 그녀는 새 구두를 사 준다는 말에 신바람이 나고 일도 손에 붙는 모양이다.

손에 손을 잡다

다정하게 서로 힘을 합쳐 협력하다. '-에'는 조사이지만 여기에서는 그 기능이 접속사와 같다. 즉, 여러 가지를 나열할 때 쓰인다. '손에 손을 잡다'라고 하면 손을 잡은 사람이 단지 두 사람만이 아님을 나타낸다. 여러 사람이 나란히 손을 잡고 있는 것이다. 한편 이 말은 '집단이나 단체 등이 단합된 마음을 갖고 힘을 합하여 발전을 향해 나아가다'라는 뜻으로도 쓰인다.

손에 오르다

(비)손(에) 익다.

예) 어느 정도 손에 오르자 일도 훨씬 수월해지고 여가도 좀 생긴다.

손에 익다

'익다'는 '익숙하다'와 같은 뜻이다. 여러 번 겪어서 서투르지 않다는 말이다. 또한 '눈에 익다', '귀에 익다'에서처럼 감각기관 따위에 여러 번 접촉이 되어서 낯설지 않고 친근한 느낌이라는 뜻을 나타내기도 한다. '여러 번 손으로 만지거나 다루어서 촉감이 낯설지 않고 편안하다'라는 뜻이다. (비)손에 오르다.

손에 잡히다

차분하게 마음을 가라앉히어 일 할 수 있게 되다. '잡히다'는 '잡다'의 피동, 즉 '잡게 하다'이다. '어떤 물건이나 사람이 손안에 잡힘을 당하다'라는 뜻이다. 특히 혼내주려고 벼르는 사람을 찾을 수 없을 때 이 표현을 쓴다. 한편 '일할 의욕이 나서 일손이 움직여지다'라는 뜻으로도 쓰인다. 이때는 주로 부정문이나 의문문에 쓰여, 마음이 산란하여 일할 의욕이 없음을 나타낸다. (비)손에 잡힐 듯(이) 하다.

손에 잡힐 듯(이) 하다

1. 매우 가깝게 또는 또렷하게 보이다.

2. 원하는 것이 바로 눈앞에 있다.

3. 눈에는 보이지만 잡지는 않은. 잡기 직전의 상태를 의미한다.

예) 가을 하늘에 떠 있는 뭉게구름이 손에 잡힐 듯이 하여 나는 괜스레 손을 뻗어본다.

손에 장을 지지다

어떤 사실이나 사건 따위를 전혀 믿을 수가 없다.

손에 쥐다

어떤 것을 자기 소유로 만들다.

예) 부귀와 명예를 함께 ~.

손에 쥐일 듯하다

『북』 '손에 잡힐 듯(이) 하다'의 북한 익은말.

손을 거치다

1. (무엇이) 다른 사람의 소유로 있다.

예) 그 책이 내게 돌아오기까지 여러 사람의 손을 거쳤다.

2. (무엇이 사람의) 노력으로 손질되다.

예) 고장 났던 자전거가 영호의 손을 거쳐서 고쳐졌다.

손(을) 겪다

손님을 대접하다.

★손 : 손님(남의 집을 방문한 사람을 높여 이르는 말)의 준말.

손(을) 꼽다

'손꼽다'는 '손가락 꼽다'와 같은 뜻이다. '꼽다'는 수를 세기 위해 손가락을 차례대로 구부리는 동작이다. 한편 어떤 분야에서 열 손가락 안에 들 만큼, 즉 '열 번째 순위 안에 들 만큼 특출 나게 뛰어나다'라는 뜻으로도 쓰인다.

손(을) 끊다

'끊다'는 '자르다', '단절하다', '그만두다'를 뜻한다. 이 말 속에는 그 전까지 연결되거나 계속되고 있던 어떤 것이 전제되어 있다. 이것이 '손'을 통해 업무나 거래 따위의 비사교적인 일일 것이라고 짐작할 수 있다. '어떤 사람과 거래나 동업하던 관계를 중지하다'라는 뜻이다. 주로 정당하지 않거나 불법적인 일에 쓰인다. 한편 '떼다'는 '붙어 있는 것을 떨어뜨리다', '분리시키다'를 뜻한다. '손을 떼다'는 '손을 대다'의 반대말이다. 더 이상 관계하지 않는다는 말이다. '빼다'는 안에 들어가 있는 것이나 걸려 있는 것 따위를 밖으로 나오게 함을 뜻한다. '놓다'는 물건 따위를 내려놓는다는 의미로도 쓰이지만, 들이고 있던 힘을 뺀다는 의미로도 쓰인다. '씻다'는 깨끗이 한다는 의미다. 이것은 눈에 보이는 것뿐만 아니라 눈에 보이지 않는 것까지 상징하는 경우가 많다. 종교적인 의식에는 항상 씻는 행위가 관련되어 있다. (비)손(을) 떼다, 손(을) 빼다, 손(을) 놓다, 손(을) 씻다.

손(을) 나누다

1. 서로 헤어지다.

예) 어느덧 갈림길에 당도하자 그들은 손을 나누었다.

2. 일을 여럿이 나누어 하다.

예) 손을 나누어 하면 많은 일도 빨리 할 수 있다.

손(을) 내밀다(잡다)

'내밀다'는 바깥쪽을 향해 힘주어 뻗거나 물건 따위를 건네는 것을 말한다. 손으로 무엇을 받거나 건넬 때 하는 동작이다. 손을 보여주기 위해서나 어떤 것을 건네거나 받기 위해 팔꿈치 아래 부분을 앞쪽으로 조금 뻗는 것, 또는 도움을 달라고 애원하거나 구걸하는 것을 가리킨다. '손을 잡는 것'은 서로를 연결하는 고리를 지었다는 의미다. 인간이 서로 공격할 의사가 없음을 나타낼 때 아무런 무기도 들리지 않은 손을 서로 붙잡아 악수를 나눈다. 악수는 '호의', '친선', '화해'를 뜻. (비)손(을) 벌리다.

손(을) 넘기다

1. 물건을 셀 때 그 번수를 잘못 계산하여 실제보다 더 많거나 적게 되다.

예) 은행원들은 특히 바쁜 월말에 실수로 손을 넘기는 경우가 간혹 있다.

2. 제 시기를 놓치다.

예) 계속되는 냉해로 올해 벼 수확은 손을 넘길 것 같다.

손을 놓다

하던 일을 그만두거나 잠시 멈추다.

예) 어물 장사마저 손을 놓았으므로 이웃의 도움이 아니었다면 세 식구가 벌써 굶어 죽었을 것이다.

손을 늦추다

긴장을 풀고 일을 더디게 하다.

예) 쓰고 있는 원고의 마감이 내일이라서 손을 늦출 수가 없다.

손(을) 대다

'손(을) 대다'는 어떤 것을 가져가 그것으로 건드린다는 의미다. 즉, 손으로 어떤 물건을 만지거나 건드린다는 뜻이다. 사람에게 손을 댄다고 하면 손찌검을 한다는 의미다. 이때는 주로 연약하거나 어린 사람을 때린다는 뜻으로 쓰여서, 부당함이나 죄책감 따위를 내포하는 경우가 많다. 아울러 어떤 직업이나 분야에 손을 댄다고 하면 그것에 일시적으로 종사하다는 뜻이고, 어떤 사건이나 벌어지고 있는 일에 손을 댄다고 하면 거기에 관계하거나 간섭하다는 뜻이며, 부정이나 비리 따위에 손을 댄다고 하면 그것을 다스리거나 처리하다는 뜻이고, 고쳐야 할 물건이나 원고 따위에 손을 댄다고 하면 손질하여 고친다는 뜻이며, 남의 소유물에 손을 댄다고 하면 그것을 훔치거나 몰래 쓴다는 말이 된다.

예) 이 신제품은 손을 대면 자동으로 꺼지게 되어 있습니다.

손(을) 떼다

1. 하던 일을 그만두다.

예) 그는 사업에서 손을 뗀 지 오래라 그 회사의 부도와는 아무 관계가 없다.

2. 하던 일을 끝마치고 다시 손대지 않다.

예) 이 정도의 능률이 계속 유지되어 가기만 한다면 예정한 제 날짜로 손을 뗄 수 있지 않겠나 바라보이기도 했다.

손을 (맞)잡다

서로 뜻을 같이 하여 긴밀하게 협력하다.

예) 경찰과 교사들은 손을 맞잡고 온 힘을 다해 학원 폭력을 줄이기로 했다.

손(을) 맺다

할 일이 있는데도 아무 일도 안 하고 그냥 있다.

예) 할 일이 태산같이 많은데 손을 맺고 있으면서 저절로 되기를 바라는 거니?

손(을) 멈추다

하던 동작을 잠깐 그만두다.

예) 새벽부터 손을 멈추지 않고 계속 일을 했는데도 제 시간에 일을 다 끝내지 못했다.

손(을) 벌리다

(비)손(을) 내밀다(잡다).

예) 거두어야 할 식구가 많아 하는 수 없이 이웃집에 손을 벌리기까지 했다.

손(을) 보다

손을 보이게 하다, 즉 어떤 물건에 손이 가서 닿게 한다는 뜻이다. 이때 손은 '손질'을 뜻한다. 혼내주겠다.

손(을) 붙이다

1. 어떤 일을 시작하다.

예) 이것저것 손을 붙여 보았지만 되는 일이라고는 하나도 없었다.

2. 모자란 일손을 채우거나 노력을 들여 일하다.

예) 이번만은 우리 모두 손을 붙여 제대로 한번 해 보자.

3. 『북』 손찌검을 하다.

예) 함부로 동무에게 손을 붙이는 버릇을 떼 주다.

손(을) 비비다

'비비다'는 두 물체를 맞대어 서로 문지르는 것을 가리킨다. 여기에서 손은 양손을 뜻한다. 사람이 살려달라고 애원하거나 용서를 크게 빌 때면 손을 비비는 동작을 취한다. 원래는 기도와 같이 두 손을 맞대는 동작이었을 것이나 다급한 마음을 가누지 못해서 양손을 비비게 되었을 것이다. 또한 아첨하거나 뭔가 어색한 부탁이 있을 때도 손을 비비는 것을 볼 수 있다. 이때는 다소 느리게 적은 횟수로 손을 비빈다.

손(을) 빌리다

무슨 일을 하는데 남의 도움을 받다.

손(을) 빼다

하고 있던 일에서 빠져나오다.

예) 그는 사업에서 하루빨리 손을 빼고 싶었지만 여건이 허락하지 않았다.

손(을) 뻗(치)다

1. 이제까지 하지 않던 일을 해 보다. 또는 세력을 넓히다.

2. 적극적인 도움, 요구, 침략, 간섭 따위의 행위가 멀리까지 미치게 하다.

3. 멀리 떨어져 있는 것을 잡거나 집기 위해서 손을 힘껏 길게 뻗는 것.

손(을) 쓰다

어떤 일에 손을 이용한다는 말이다. '쓰다'는 일회성을 의미한다. 즉, 손을 한 번만 이용하면 될 일임을 가리킨다. 한편 '다급하거나 잘못될 일에 필요한 조치를 하여 위기를 모면하거나 잘되게 하다', '자신의 재물로 인심을 쓰거나 한턱내다'라는 뜻으로도 쓰인다.

손(을) 씻다

1. 부정적인 일이나 찜찜한 일에 대하여 관계를 청산하다.

예) 그는 불교에 귀의한 뒤로 범죄 조직에서 손을 씻고 착실히 살아가고 있다.

2. 본전을 모두 잃다.

예) 그날 밤에는 일류 도박사 때문에 마을 청년들이 모두 손을 씻고 나앉아야 했다.

손을 잠그다

(비)손을 적시다.

예) 그는 처가의 일이라면 궂은일도 가리지 않고 손을 잠그려 한다.

손을 적시다

1. 나쁜 일에 발을 들여놓다.

예) 감방에서 나온 게 언제라고 벌써 그런 일에 다시 손을 적시려 하는지 모르겠군.

2. 어떤 일에 참여하다. (비)손을 잠그다.

손(을) 젓다

(손을 가로 저어서)거절이나 거절의 뜻을 나타내다.

손(을) 주다

손을 실제로 줄 수는 없는 노릇이다. 여기에서는 붙잡고 오를 수 있게 하거나 의지하여 지탱할 수 있도록 손을 내민다는 뜻이다. '붙잡으라고 상대방에게 손을 내밀다', '손을 내밀라고 강요하는 사람에게 손을 뻗어주다'라는 뜻이다. 한편 손이 비유적인 의미로 쓰일 때는 '도움'을 나타낸다. 이때는 '도와주려고 손길을 뻗치다', '도와주겠다고 하는 사람이나 권유하는 사람에게 응하여 나서다'라는 뜻으로도 쓰인다. 아울러 '덩굴식물이 타고 오를 수 있는 의지처로서 막대기나 줄 같은 것을 마련해주다'라는 뜻을 지니기도 한다.

손을 쳐다보다

『북』 무엇을 도와주지 아니할까 하고 기대하다.

손(을) 치다

오라는 표시로 손짓을 하다.

손(을) 치르다

큰일에 여러 손님을 대접하다.

예) 제삿날 손을 치르고 나면 온몸이 쑤시고 아프다.

손(을/이) 타다

물건의 일부가 자주 없어지다. 도둑을 맞다. '타다'는 '추위를 타다', '부정을 타다'에서처럼 어떤 영향을 받아 상태가 나빠지거나 해를 입는다는 뜻이다. 물건 따위가 남의 손길이 닿아서 없어지는 것을 이렇게 표현한다. 손은 또한 얼굴이 드러나지 않고 그 행동의 결과만 남아 있을 경우 익명성을 상징하기도 한다.

손(을) 털다

손에 묻은 먼지나 흙 따위를 떨어뜨리기 위해 양손을 마주 치며 흔들어대는 것을 '손을 털다'라고 말한다. 밭일을 하다가 새참이나 점심을 먹을 때 손을 탁탁 털며 두렁으로 나아간다. '잠시 동안이라도 그 일에서 물러나다'라는 뜻이다. 한편 '하던 일을 완전히 그만두다' 또는 '노름판 같은 데서 본전까지 전부 잃다', '손에 더 이상 쥐고 있는 것이 없다'라는 뜻으로도 쓰인다.

손(을) 펴다

세력이나 사업 범위 따위를 뻗치다.

손(이) 가다

손을 가게 한다거나 손을 댄다고 하지 않고 '손이 간다'고 했다. 본인의 의사나 의지와는 상관없이 자기도 모르게 저절로 손이 향하는 것을 뜻한다. '어떤 것에 애정이 있거나 정성을 기울이다'라는 뜻이다.

손(이) 거칠다

1. (사람이) 일을 다루는 솜씨가 세밀하지 못하다.

2. (사람이) 도둑질하는 손버릇이 있다.

손이 걸다

(비)손(이) 크다.

예) 이번 일은 손이 건 당신에게 맡길 테니 완벽하게 끝내 주시오.

손이 곱다

손이 얼 정도로 차서 손가락이 마음대로 움직이지 않다.

손(이) 나다

어떤 일에서 조금 쉬거나 다른 것을 할 틈이 생기다.

예) 대불이는 술청 일을 도와 가며 나무를 해 날랐고 쌀분이는 그녀대로 손이 나면 영산강 변에 나가서 쑥을 뜯어다가 말렸다.

손(이) 놀다

일거리가 없어 쉬는 상태에 있다.

예) 내가 늙판이고 손이 놀아서 퍽 적적하다.

손(이) 달리다

일손이 모자라다.

손(이) 닿다

힘이나 능력이 미쳐 연결이 되거나 관계가 맺어지다. '닿다'는 가거나 이르러서 서로 연결될 수 있는 위치에 놓인다는 뜻이다. 이 말에는 때로 간신히 그 위치나 범위에 다다르게 된다는 한계의 의미가 내포된다. 어떤 물건에 손이 닿는다는 것은 손을 뻗었을 때 그것이 손으로 만져지는 범위 안에 있거나 또는 손이 가서 만지는 것을 말한다.

한편 '손'이라는 말에는 비유적으로 '힘이 미치는 범위'라는 뜻도 있다. 자신의 능력이나 역량으로 할 수 있는 범위 내에 있다. 주로 이 말은 부정적인 표현을 나타내는 데 쓰여, 겨우 간신히 할 수 있는 데까지만 하고 그 이상은 하지 못한다거나 거기까지는 자신의 힘이 미치지 않는다는 의미로 활용된다. 그러나 손이 닿는다고 했기 때문에, 이것은 구태여 애쓰지 않고 그럭저럭 해나간다는 의미다. 반면에 '힘이 닿다'는 어떻게든 해보려고 갖은 노력을 기울임을 뜻한다.

예) 손이 닿는 데까지는 돈을 마련해보겠지만, 그리 큰 기대는 하지 마세요.

손이 닳도록

1. 몹시 간절하게 비는 모양을 이르는 말.

예) 형은 아버지께 잘못했다고 손이 닳도록 빌었다.

2. 몹시 고된 일에 시달리는 모양을 이르는 말.

손이 돌다

힘이 미치어 돌아가다.

예) 발령 받은 지 얼마 안 된 김 부장은 부서에서 아직도 손이 돌지 않았다.

손이 들다

손이 미치어 들어가다.

손(이) 딸리다(모자라다/부족하다)

'딸리다'는 '달리다'의 센말이다. 이때 '달리다'라는 뜻은, 계속 소모되거나 쓰이는 것을 그 흐름이 끊어지지 않게 공급하지 못하고 부족하게 됨을 나타낸다. '밑천이 달리다', '힘이 딸리다'라고 말한다. 역동적이고 다급한 의미를 지닌 표현이다. '계속 일이 진행되고 있는 상황에서 너무 바빠서 일할 사람이 모자라다'라는 뜻이다. 한편 '손이 모자란다'는 것은 일할 손, 즉 '일손이 모자란다'는 뜻이다. '부족하다'는 '모지리다'와 비슷한 뜻이다. '부족하다'는 어떤 채워야 하는 범위에서 수나 양이 모자라 미치지 못함이고, '모자라다'는 이미 차서 정해져 있는 수에서 없는 자리가 보인다는 뜻이다.

손(이) 떨어지다

일이 끝나다.

예) 이것으로 손이 떨어진 줄 알았는데 또 다른 일이 아직 남아 있다.

손(이) 뜨다

일하는 동작이 매우 굼뜨다.

예)그렇게 손이 떠서야 제 시간에 끝마칠 수가 있겠니?

손(이) 맑다

1. (대상이)재수가 없어 생기는 것이 없다.

예) 우리 가게가 매일 손님도 없이 손이 맑았다.

2. (사람이)인색하여 남에게 물건을 주는 품이 후하지 못하다.

예) 김 사장이 손이 맑아서 따르던 사람들도 하나

둘씩 떨어져 나갔다.

손(이) 맞다

이때 '손'은 손으로 하는 동작을 가리킨다. '손이 착착 맞는다'라고 말한다. 손동작이 정확하게 일치함을 뜻한다. 한편 '같이 일하는 데에 뜻과 동작이 서로 일치하거나 조화를 이루다'라는 뜻으로도 쓰인다.

손(이) 맵다

'맵다'는 맛을 나타내는 말이다. 비유적으로 쓰일 때 '맵다'는 지독하거나 독한 것, 겪는 과정이 힘든 것을 가리킨다. 이때 '손'이란 손을 이용한 동작이나 행위를 말한다. 손으로 살짝만 때려도 몹시 아프게 하는 손이다. '손끝이 맵다', '손때가 맵다'도 같은 뜻이다. 한편 일하는 데 독한 구석이 있어서 야무진 솜씨를 보인다는 뜻으로도 쓰인다. '손이 여물다', '손끝이 여물다'도 비슷한 표현이지만 어감은 다르다. 아울러 가축이나 작물을 가꾸면 그 결과가 늘 좋지 않은 사람에게도 이 표현을 쓴다. 즉, 손끝이 험하고 독한 듯 그 손으로 기른 작물이나 짐승은 잘 자라지 않음을 나타낸다. 같은 뜻으로 '손끝이 맵다', '손때가 맵다'라고도 한다. (비)손끝이 맵다.

손(이) 모자라다

일손이 부족하다.

예) 한창 손이 모자라 애를 먹고 있는데 잘 왔다.

손이 발이 되도록 빌다

(사람이) 허물이나 잘못을 용서하여 달라고 몹시 애원하다. (비)발이 손이 되도록 빌다.

손(이) 부끄럽다

'부끄럽다'는 마음의 상태를 나타내는 말이므로, 손이 부끄러울 수는 없는 노릇이다. 마음이 부끄럽고 그로 인해 손이 어색하게 느껴진다는 뜻이다. 한편 '선물이나 베푸는 것이 없이 맨손으로 있기가 어색하고 미안하다'라는 뜻으로도 쓰인다.

손(이) 비다

1. 할 일이 없어 아무 일도 하지 아니하고 있다.

예) 또 제방 공사, 도로 공사, 개간지 공사 등 부역이 끊임없어 농민들은 손이 빌 짬인 겨울 한나절이라도 발 뻗고 쉴 틈이 없었다.

2. 수중에 돈이 없다.

예) 직장을 잃은 그는 손이 비어 집에만 처박혀 있었다.

손(이) 빠르다

1. 일 처리가 빠르다. (비)손(이) 싸다, 손(이) 재다.

예) 형은 손이 빨라 남보다 짧은 시간에 많은 일을 끝낼 수 있었다.

2. 파는 물건이 잘 팔려 나가다.

손(이) 새다

『북』 손 가야 할 곳에 손이 미치지 못하다.

예) 그는 강냉이 영양단지에 씨를 놓다가 혹시 손이 샌 데는 없는가, 복토가 고루 되였는가를 잘 살펴본다.

손(이) 서투르다

일에 익숙하지 아니하다.

예) 처음 시집갔을 때에는 손이 서툴러서 설거지를 하다가 그릇을 잘 깼다.

손(이) 설다

손이 서투르다.

손(이) 싸다

(비)손(이) 빠르다.

예) 손이 싸서 일찍 끝냈구나.

손(이) 여물다

일하는 것이 빈틈없고 매우 꼼꼼하다. (비)손끝(이) 야무지다, 손끝(이) 여물다[야물다].

예) 교열 작업은 세심하고 손이 여문 사람을 써야 한다.

손이야 발이야

용서해 달라고 몹시 비는 모양.

예) 살기 싫으면서도 정 선생이 찾아와서 손이야 발이야 빌지 않는 것이 괘씸했을 것이고….

손(이) 작다

1. 물건이나 재물의 씀씀이가 깐깐하고 작다. (반)

ㅅ

손이 크다.

예) 아내는 손이 작아서 큰일 치를 때에도 음식을 조금씩만 한다.

2. 수단이 적다.

예) 그는 아무래도 손이 작아서 부자 되기는 글렀다.

손(이) 잠기다

어떤 일에 매여 벗어날 수 없게 되다.

예)신상품 개발에 손이 잠겨 집에 들어갈 시간도 없다.

손(이) 재다

(비)손(이) 빠르다.

★**재다** : 재빠르고 날쌔다

예) 아내는 손이 재기로 유명해서 잔치마다 불려 다닌다.

손(이) 저리다

뜻밖의 상황에 놀라거나 다급해지다.

손이 짜이다

딱 어울려 질 들어맞다.

예) 이 일은 처음부터 빈틈없이 손이 짜여 있었기 때문에 좋은 성과를 거둘 수 있었다.

손(이) 크다

보통 사람보다 손을 편 크기가 넓고 긴 것을 뜻한다. 한편 '돈이나 양식 따위를 다룰 때 씀씀이가 커서 한 번에 많은 양을 꺼내어 쓰다'라는 뜻으로도 쓰인다. 이 말은 두 가지 상대되는 의미를 나타낸다. 우선 헤프고 알뜰하지 못하다는 비난의 뜻이다. 그 옛날 시어머니들은 손이 큰 며느리를 구박하기 일쑤였다. 또 다른 뜻은 받는 사람의 입장에서 그 사람의 인심이 좋고 후하다는 것이다. 주로 보통 사람의 입장에서는 두 번째 뜻으로 이 말을 쓴다. 아울러 씀씀이가 크고 통이 크다는 의미에서 전이되어 '일을 해내는 수완이 좋고 많은 돈을 굴리다'라는 의미를 담고 있기도 하다. '큰손'이라는 말이 있다. 금융기관 따위에서 많은 금액의 돈을 거래하는 사람을 가리킨다. (비)손이 걸다. (반)손이 작다.

손짝(이) 맞다

『북』 (속되게) 함께 일을 하는 데에 마음이나 의견, 행동 방식 따위가 서로 맞다.

예) 억길이 어머니와 이쁜이는 한데 어울리어 손짝이 맞아 돌아갔다.

손 타다

물건의 일부가 없어지다. 도둑맞다.

★**손**損 : ①물질이나 금전 따위를 본래보다 밑짐. ②해를 입음.

손탁에 넣다

『북』 '손아귀에 넣다'의 북한 익은말.

★**손탁** : 손아귀(세력이 미치는 범위, 수중手中)의 비표준어.

손탁(이) 세다

1. 사람들을 휘어잡는 솜씨가 있다.

2. 『북』 '손아귀(가) 세다'의 북한 익은말.

손톱도 안 들어가다

사람됨이 몹시 야무지고 인색하다.

예) 그 사람, 한 번도 웃거나 칭찬을 안 하는 것이 손톱도 안 들어가게 생겼다.

손톱독(이) 오르다

손톱독이 생기다.

손톱만큼도

여기에서 손톱은 작은 크기를 비유하는 데 언급되었다. '(주로 '모르다', '없다' 등의 부정어와 함께 쓰여) 조금도, 전혀' 등의 뜻을 나타낸다.

손톱물(을) 튀기다

『북』 '손톱을[손톱으로] 튀기다'의 북한 익은말.

손톱 여물을 썬다

무슨 일을 당하여 큰 걱정을 품고 혼자만이 애를 씀을 이르는 말, 음식 따위를 나누어 줄 때 아끼어 조금씩 주다.

★**여물** : 마소를 먹이려고 말려서 잘게 썬 짚이나 마른풀.

손톱을[손톱으로] 튀기다
일은 하지 아니하고 놀면서 지내다.

손톱 제기다
손톱으로 찍어서 자국을 내다.
★제기다 : 있던 자리에서 빠져 달아나다.
예) 아이가 손톱 제긴 사과는 이미 먹을 수가 없었다.

손톱 하나 까딱하지 않다
손가락 하나 까딱 않다. (비)손끝 하나 까딱하지 않다.
예) 아내가 손톱 하나 까딱하지 않고 종시 코웃음으로 보려는 것이 괘씸하다.

손포가 엷다
『북』 노력이 부족하다.
★손포 : 실제 일하는 사람의 수, 또는 일한 량.

손해(가) 가다
손해損害가 되다.

손해(가) 나다
손해가 생기다.

손해(를) 보다
손해를 입다.

솔발(을) 놓다
1. 솔발을 흔들다.
★솔발 : 놋쇠로 만든 종 모양의 큰 방울.
2. 남의 비밀을 소문내다.

솔발(을) 치다
자기가 발견한 것을 여러 사람에게 외쳐 알리다.

송곳니가 방석니가 된다
뾰족한 송곳니가 납작하게 닳도록 이를 몹시 간다는 뜻으로, 몹시 원통함을 비유적으로 이르는 말.

송사리 끓듯
수없이 많이 모여 있는 모양을 비유적으로 이르는 말.
예) 무슨 일로 사람들이 송사리 끓듯 하지?

송장(을) 치다
(속되게) 장사를 지내다.
예) 병자를 들이더라도 집에서 송장 치는 일은 없도록 해라.

송편을 물다
골이 난 모양을 비유적으로 이르는 말.

솥뚜껑 운전수運轉手
밥솥을 다루는 사람이라는 뜻으로, '가정주부'를 속되게 이르는 말.
예) 솥뚜껑 운전수 삼 년에 밥 태우기는 처음이네.

솥(을) 걸다
솥을 부뚜막에 걸고 흙으로 가장자리를 바르다.

쇠(가) 돋다
『북』 쇠에 녹이 생기다.

쇠가죽(을) 뒤집어쓰다[무릅쓰다]
부끄러움을 생각하거나 체면을 돌아보지 않다.
예) 제가 낯바닥에 쇠가죽 뒤집어쓴 사람이 아닌 다음에야 그 앞에서 소작료를 안 내리고 어떻게 배깁니까?

쇠귀를 잡다
맹주가 되다.

쇠귀신 같다
씩씩거리기 만하고 말없는 사람을 이르는 말.

쇤네를 내붙이다
자기 스스로를 쇤네라 이르며 비굴하게 아첨하다.
★쇤네 : 하인, 하녀가 상전에 대하여 자기를 낮추어 이르는 말.

쇳소리가 나다
1. 아주 효력이 나다.
2. 딱 들어맞다.

쇼크(를) 먹다
(속되게) 충격을 심하게 받다.
예) 앞집에 세 든 아저씨가 복권으로 벼락부자가 되었다는 말에 구두쇠 주인은 쇼크를 먹었는지 한동안 말을 잊었다.

수(가) 나다
여기에서 '수'는 방법이나 방도, 특히 위험을 빠져나가거나 일을 해결하기 위해 궁리해낸 좋은 방법을 가리킨다.

ㅅ

예) 조만간 수가 날 것이니 진득하게 기다려보세.

수(가) 달리다

말이나 행동에서 상대편에게 약점을 잡히거나 상대편보다 못하다.

수가 사납다

'수數'는 '운수運數', 특히 특정한 날짜나 시기에 일어나는 운명의 좋고 나쁨을 가리킨다. '일정한 어느 때에 자신에게 벌어지는 일들이 좋은 것보다 흉하고 나쁜 것들이 더 많아 재수가 없다'라는 뜻이다.

예) 내가 오늘 이런 봉변을 당하는 것을 보니 수가 사나운 게야.

수(가) 세다

남을 휘어잡거나 다루는 힘이 매우 세차다.

수(가) 없다

좋은 수나 재수가 없다. (반)수가 있다.

수(가) 익다

일 따위가 손에 익거나 익숙하여지다.

★익다 : 여러 번 겪어 보아 몸에 익숙하다.

예) 말귀는 바늘귀보다 더뎌도 군소리 이삭 줍는 데엔 수가 익어서 마누라가 금방 뚝배기 끓어 넘는 소리로 두런거렸다.

수(가) 있다

좋은 운수나 재수가 있다.

수(가) 좋다

수단이 매우 뛰어나다.

예) 그는 수가 좋아서 무슨 일이든지 잘한다.

수(가) 틀리다

(사람이)무엇을 마음에 들어 하지 않다. '수'는 방법이나 방도를 가리키고, '틀리다'는 '대답이 틀리다'에서처럼 잘못되거나 어긋나다는 뜻이다. 즉, 궁리해낸 방법이 현실에 비추어봤을 때 그 적용이 순조롭지 못하여 적당하지 않음을 나타낸다. 또한 '틀리다'에는 '비위가 틀리다'에서처럼 감정이 상했음을 나타내는 의미가 내포된다. 자기가 바라던 대로 일이 진행되지 않음을 불쾌하게 생각한다는 뜻이다. 주로 '수틀리면 ~하겠다'는 식으로 많이 쓰인다.

예) 수틀리면 다 처분하고 고향에 내려갈 생각이다.

수건을 던지다

타월을 던지다.

예) 철수가 링에 올라가 2회전도 못 버텨 수건을 던져 버리면 다른 선수는 있소?

수결(을) 두다

수결을 쓰다.

★수결手決 : 예전에, 주로 관직에 있는 사람들이 증명이나 확인을 위하여 문서의 자기 이름이나 직함 밑에 도장 대신 붓으로 글자를 직접 쓰는 일이나 그 글자를 이르던 말.

예) 전교 끝에 수결을 두다.

수고受苦를 끼치다

번거롭게(귀찮게) 하다.

수긍이 가다

옳다고 생각되다.

★수긍首肯 : 다른 사람의 주장이나 언행이 옳다고 인정함.

수란(을) 뜨다

수란水卵을 만들다.

★수란水卵 : 달걀을 깨뜨려 끓는 물에 반숙으로 익힌 음식.

예) 한 잔씩 다시 시작하는데 안주가 없는 것을 보고, 아내는 수란이나 떠 올까 하고 부엌으로 나갔다.

수(를) 놓다

'수繡'는 '자수刺繡'라고도 하며, 바늘과 실을 이용하여 천에 모양을 새겨 넣는 일 또는 그렇게 해서 드러난 그림을 가리킨다. 보통 비단이나 무명에 밑그림을 그리고 그것에 따라 색실을 달리하면서 한 땀 한 땀 바느질하듯 새기는데, 이 동작을 '놓다'라고 한다. 수는 아주 오래전부터 전 세계적으로 옷이나 생활용품 등을 장식하는 주요 장식법으로 사용되어왔다. 한편 '(주로 경치에서) 꽃이나 나무 따위가 색실로 수를 놓은 듯이 주위를 아름답게 빛내거나 여기저기 자리하다'라는 뜻으로도 쓰인다.

수(를) 누리다

'수壽'는 보통 '장수長壽'를 줄인 말이다. 오래 사는 것은 오복五福 중에 하나라고 해서 귀하게 여긴다. 그것은 달리 말하면 자신에게 주어진 하늘의 명령대로 그 정도만큼 사는 것이니 욕심과는 상관없다. 그래서 '수'에는 '수명'이라는 뜻도 있다. '천수天壽', '천명天命', '정명正命' 등이 다 같은 말이다. 특히 연세 많은 노인들에게 '수'라고 하여 정명을 다해가는 어른의 나이를 높여 부른다. '누리다'는 좋은 것을 마음껏 즐기며 사는 것을 말한다. '오래 살다', '주어진 목숨이 길어 늙어서까지 건강하게 지내다'라는 뜻이다. 격식을 차린 높임말이다.

예) 그분은 수를 누리며 원 없이 살다 가셨으니 슬퍼할 까닭이 없다.

수(를) 때우다

앞으로 닥쳐올 불길한 운수를 미리 다른 일을 겪음으로써 면하다.

예) 자기 돈 가지고 자기 집 짓는 데도 죽을 수를 때우는 것으로 치는 터에, 빚 얻어 가지고 짓는 집이야, 무어, 더 말할 나위가 없을 것이다.

수(를) 튕겨 내다

『북』 상대편의 수를 알아내다.

★수 : 어떤 일을 해결하거나 처리하는 방법이나 도리.

수리(를) 먹다

밤, 도토리 등의 열매의 일부분이 상하여 퍼슬퍼슬하게 되다.

수묵水墨(을) 치다

1. 잘못된 곳에 수묵을 슬쩍 발라 감추다.

2. 잘못을 슬쩍 지워서 감추다.

수묵(이) 지다

그림이나 글씨의 획이나 점 가장자리에 수묵이 번지어 나타나다.

예) 눈물이 떨어져 편지가 수묵 지다.

수발(을) 들다

여러 가지 시중을 들다.

★수발 : 신변 가까이에서 여러 가지 시중을 듦.

수세(를) 베어 주다

예전에, 하류층의 사람이 아내와 이혼할 때에 수세 대신으로 옷고름을 베어 주었다는 뜻으로, 아내와 갈라선다는 말.

★수세 : 예전에, 남자가 여자에게 주던 이혼 증서.

예) 장만석의 말로는 본처한테는 일 년 전에 수세를 베어 주었다고 하면서….

수시 걷다

고복皐復이 끝난 뒤에, 시신이 굳기 전에 송장의 손발을 바로 펴서 시신을 끈으로 대충 묶다.

★고복 : 사람이 죽었을 때, 그 사람이 생시에 입던 옷을 왼손으로 잡고 오른손은 허리에 댄 후, 지붕이나 마당에 서서 북쪽을 향하여 '아무 동네 아무개 복'이라고 세 번 부르는 일.

수심이 지다

근심의 빛이 나타나 보이다. 수심이 진 얼굴.

★수심愁心 : 걱정거리가 있어서 애가 탐.

수작(을) 건네(걸)다

어떤 계획을 가지고 접근해 오는 말이나 행동을 뜻하는 말이라고 볼 수 있습니다. 본래 술잔을 주거니 받거니 한다는 말로 확대되어. '서로 말을 주고받거나 하는 것', '이상한 짓거리를 하는 것'을 말합니다. 수작을 꾸미다. 수작을 떨다, 수작을 부리다, 수작을 붙이다, 수작을 건네다 등으로 사용됩니다. 하지만 술을 주고받는 게 대부분 접대를 하는 것인 만큼 이 자리에서 밀약을 맺고 음모를 꾸미는 일이 많이 생기게 되면서 뜻이 변하게 되었다. 즉, 남의 말이나 행동을 업신여기거나 비하하기 위해 쓰는 말입니다.

★수작酬酌 : 남의 말이나 행동을 하찮고 좋지 않은 것으로 여겨 이르는 말.

수제비(를) 뜨다

'뜨다'는 물이나 공중에서 가라앉지 않고 있음을 가

ㅅ

리키기도 하지만, 큰 것에서 일부를 얇게 떼어낸다는 의미도 있다. 밀가루 반죽에서 일부를 얄팍하게 떼어 끓는 장국에 넣으면 그것이 끓으면서 물 위로 뜬다. '끓고 있는 국에 반죽한 밀가루를 조금씩 떼어 넣다'를 뜻한다.

한편 '한술 뜨다', '국물을 뜨다'라는 말에서처럼, 담긴 음식의 윗부분을 수저로 조금 퍼서 먹는 것 역시 '뜨다'이다. 그래서 '수제비를 수저로 조금 먹다'라는 뜻으로도 쓰인다. 아울러 물수제비를 줄여서 수제비라고도 한다. 얄팍하면서 모서리가 둥근 돌을 호수나 강가에 아주 비스듬히 빠른 속도로 띄우 듯 던지면 그 돌이 바로 가라앉지 않고 수면 위를 껑충껑충 뛰듯이 날아간다. 마치 제비가 물 위를 낮게 날아가는 것 같다. 이것을 가리켜 '물수제비'라 하고, 그 동작을 '물수제비(를) 뜨다'라고 말한다.

수족이 멀쩡하다

무슨 일을 능히 할 수 있게 몸이 온전하다.

예) 수족이 멀쩡한데 짐을 나를 생각도 않고 지렁게 빈둥대는구나.

수지가 맞다

'수지收支'는 수입과 지출을 뜻한다. 수입과 지출은 함께 고려되어야 하는 것이므로 보통 짝을 이룬다. 장사나 농사 따위를 해서 남는 이익이 있다는 말이다. 한편 수입이나 지출과는 상관없는 일에서 손해가 되지 않고 얻는 것이 있음을 뜻할 때도 이 표현을 쓴다.

예) 네가 저녁을 산다니 오늘 수지맞았네.

수지톱(을) 가시다

궁중에서, 손톱을 깎음을 이르던 말.

★**수지手指톱** : 예전에, 궁중에서 '손톱'을 이르던 말.

수청(을) 들다

'수청守廳'의 '청廳'은 '관청', '관아'를 가리킨다. 즉, 관아를 지킨다는 뜻이다. 기생이 벼슬아치들에게 하룻밤 시중을 든다는 뜻이다. 그러나 이 의미가 확대되어 기생이 아닌 여자가 벼슬아치나 관리가 요구하는 것에 따라 하룻밤 시중을 들 때도 이런 표현을 쓴다.

수판數板알을 굴리다

1.수판을 놓아 셈하다.

예) 교감이 수판알 튀기던 손을 멈추고 이맛살을 찌푸리면서 혼잣말로 말했다.

2.<u>(비)수판(을) 놓다.</u>

예) 안승학은 그 뒤로 한참 동안 수판알을 굴리며 생각을 해 보다가 갑성이를 시켜서 학삼이를 불러 왔다.

수판(을) 놓다

어떤 일에 대하여 이해득실을 계산하다. <u>(비)수판알을 튀기다[굴리다], 주판알을 튀기다, 주판(을) 놓다.</u>

예) 개인주의가 만연하면서 자신의 이익을 위하여 수판을 놓는 사람이 많아졌다.

수판을 튀기다

『북』 '수판(을) 놓다'의 북한 익은말.

수포로 돌아가다

'수포水泡'는 '물거품'이라는 뜻이다. 소나기가 내리거나 파도가 칠 때 물거품이 생겼다 이내 사라지고 다시 생겼다 사라지기를 반복한다. 덧없고 실체가 없는 존재를 물거품에 비유하는 까닭이 여기에 있다.

예) 상황이 급변하면서 이번 작전이 수포로 돌아갔다.

순경을 돌다

밤에 도둑, 화재 따위를 경계하기 위하여 돌아다님.

★**순경巡更** : 밤에 도둑이나 화재 따위를 경계하기 위하여 돌아다님.

순설을 허비하다

아무런 보람 없이 괜한 말을 늘어놓다.

★**순설脣舌** : 수다스럽게 입을 불필요하게 놀림.

순을 죽이다

『북』 거칠고 단단한 것을 약간 부드럽게 만들다. <u>(비)순(을) 치다.</u>

순(을) 지르다

'순筍'은 원래 대나무의 순, 즉 '죽순'을 가리킨다. 봄이 되면 대밭에는 고깔 모양의 죽순이 솟는데, 이것이 자라서 대나무가 된다. 순은 그밖에도 다른 식물의 순을 통칭한다. 이때 '지르다'는 '자르다'의 뜻이다. 식물이 성장하면서 원줄기 옆으로 순이 돋아나는데, 그것을 그대로 놔두면 곁가지가 된다. 곁가지가 너무 많은 경우 양분이 사방으로 흩어져서 식물의 키가 자라지 않거나 꽃이나 열매가 부실하게 되는데, 이때 '곁순'을 잘라주면 이런 문제들을 막을 수 있다. 그것을 '순을 지르다', '곁순을 자르다'라고 한다.

순(을) 치다

『북』 간수를 쳐서 두부의 숨을 죽이다. (비)순을 죽이다.

숟가락(을) 놓다

숟가락을 상에 놓다, 특히 상을 차릴 때 식사할 사람들의 숟가락을 젓가락과 나란히 놓는다는 뜻이다. 이와 더불어 '식사를 끝내다'라는 뜻으로도 쓰이고, '(속된 표현으로 쓰여) 죽다'를 나타내기도 한다. 죽은 사람은 다시는 숟가락을 들 수 없기 때문이다.

숟가락을 들다

'식사하다'를 비유적으로 이르는 말. 그런데 최근 몇 년 사이에 아래의 '숟가락을 올리다'라는 표현과 관련해서 '은근슬쩍 끼어들어 이득을 보기 위해 호시탐탐 기다리다'라는 뜻으로도 쓰인다.

예) 식구가 다 모였으니 이제 숟가락을 들자.

숟가락을 올리다

은근슬쩍 끼어들어 이득을 보려고 하다. 비교적 최근에 자주 쓰이기 시작한 것으로 추정된다.

술구기를 들다[잡다]

술장사를 하다.

★술구기 : 독이나 항아리에서 술을 풀 때 쓰는 기구.

예) 그가 술구기를 들고 앉은 지도 어느덧 십여 년이 되었다.

술구기를 잡히다

술장사를 하게 하다.

예) 술구기를 잡히자고 인물을 택하나, 춤을 추일 테니 몸맵시를 고르나?

술독에 빠지다

지난날 가정에서 술을 담글 때나 저장할 때는 독을 사용했다. 술독은 술이 담겨 있는 독이다. 또한 술을 너무 마셔서 생기는 해로운 증상을 술독-毒이라고도 한다. 여기에서는 첫 번째 의미다. 술독에는 한 사람이 다 마실 수 없는 많은 양의 술이 담겨 있다. 술을 완전히 취할 정도로 마신다는 뜻이다. 주로 지나치게 과음한 사람에게 비아냥거리는 말로 쓰인다. 한편 '주로 술독에 빠져 ~한다'라는 식으로 쓰여, 매일 술을 많이 마시면서 방탕한 생활을 한다는 뜻을 나타내기도 한다.

술 먹여 놓고 해장 가자 부른다

일을 방해하거나 해를 입히고서 그 뒤에 도와주는 체한다는 것을 비유적으로 이르는 말. (비)병 주고 약 준다.

술에 먹히다

술에 몹시 취하다. (비)술이 사람을 먹다.

예) 그는 술에 먹혀 죽은 듯이 쓰러졌다.

술을 치다

술을 잔에 따라 붓다.

예) 강 차석은 술잔을 비우자 시선을 상 위에 깐 채 말없이 끝년에게 잔을 넘기고는 술을 쳤다.

술이 길다

주량이 커서 한번 마시기 시작하면 계속 마시려고 하는 성질이 있다.

예) 그는 술이 길지 못해 한두 잔이면 취한다.

술이 사람을 먹다

(비)술에 먹히다.

예) 얼마 마시다 보니 술이 사람을 먹었는지 그는 정신을 잃고 쓰러졌다.

술잔을(잔을) 기울이다

'기울이다'는 어떤 물건을 기울게 하다, 즉 한쪽으로

쏠리게 한다는 뜻이다. 술잔을 기울이면 담긴 술이 흘러내릴 것이다. 술잔을 들어 입에 대고 기울이면 술이 입 안으로 흘러 들어갈 것이다. '술잔을 들어서 그 안에 담긴 술을 마시다'라는 뜻이다. 이 표현은 그냥 '술을 마시다'라고 할 때보다 정적인 느낌을 전달한다. 또한 술을 마시는 동작에 초점이 맞춰진 것이 아니라, 그 사람의 내면이나 주변 분위기에 관심이 쏠린 표현이다. 오랜만에 만난 사람들이 함께 술을 마실 때 곧잘 이 표현을 쓰곤 한다.

술잔을 나누다

함께 술을 마시다.

예) 옛 친구들과 술잔을 나누며 회포를 풀었다.

술잔을 비우다

(비)잔을 비우다.

예) 술잔을 비운 그녀가 자신의 잔에 다시 술을 채웠다.

숨도 쉬지 않고

여유가 없이 급하게.

예) 그녀는 배가 고팠던지 숨도 쉬지 않고 밥을 먹었다.

숨도 제대로[크게] 못 쉬다

생각, 감정, 기세 따위를 자유롭게 표현하거나 주장하지 못하다.

예) 사내는 아닌 게 아니라 그 어린애같이 천진스러운 즐거움과 억눌린 홍분기로 숨도 제대로 못 쉬고 있었다.

숨 돌릴 사이도 없이(없다)

가쁜 숨을 가라앉힐 정도의 여유도 없다.

예) 그는 어제 갑자기 헐레벌떡 와서는 얼굴만 내밀고 가 버리는 것이 숨 돌릴 사이도 없는 듯했다.

숨소리(를) 죽이다

보통 우리는 숨소리를 의식하지 못한다. 하지만 달리기를 하거나 감정이 격해지면 심장 박동이 빨라져서 숨소리가 커진다. 소리를 죽인다고 하면, 소리를 아주 작게 낮추거나 아예 들리지 않게 한다는 뜻이다. '숨소리가 들리지 않게 매우 조용히 하다'라는 뜻이다. 이는 숨어 있는 사람이 죽은 듯이 가만히 있거나, 어떤 것에 집중하는 사람이 순간적으로 긴장할 때 쓰인다.

숨 쉴 사이(가) 없다

'사이'는 시간적 · 공간적으로 이것과 저것이 벌어져 있는 거리를 뜻한다. 여기에서는 작은 시간 여유, 짧은 틈을 가리킨다. 생명체는 한시도 숨을 쉬지 않는다면 죽는다. 따라서 숨 쉴 사이가 없다는 것은 과장된 표현이다. 그렇지 않다면, 여기에서 숨을 쉰다는 것은 '숨을 돌리다', 즉 편안하고 느긋하게 쉬는 숨을 말하는 것이다. '어떤 일이 너무 바쁘거나 다급하게 진행되어 전혀 쉴 만한 여유가 없다'라는 뜻이다. (비)숨 쉴 새 없(다)이.

예) 그는 어젯밤 늦게 왔다가 숨 쉴 사이 없이 그냥 갔다.

숨 쉴 새도 없이

여유를 차릴 틈도 없이 다급하게.

예) 태임이는 숨 쉴 새도 없이 그 녀석 팔목을 낚아채어 끌고 달음질을 치기 시작했다.

숨 쉴 새 없다

(비)숨 쉴 사이(가) 없다.

예) 그는 하루 종일 숨 쉴 새 없이 일했다.

숨(을) 거두다[넘기다/숨(이) 넘어가다/숨(이) 지다]

'거두다'는 원래 온 곳이나 출발한 곳으로 돌아가게 한다는 뜻이다. 죽음을 판별하는 기준은 의학계나 법계나 종교계가 다양하다. '숨을 거두다'는 죽음의 과정 중에서도 특히 그 마지막 숨을 멈춤을 일컫는다. '숨을 멈추고 고인이 되다'라는 뜻이다. 한편 '넘기다'는 '넘게 하다', 즉 어떤 경계를 건너거나 지나가게 함이다. 마지막 숨을 목구멍 아래로 넘어가게 한 후 다시는 돌아올 수 없는 강을 건너는 것이 죽음이다. '지다'는 '활동이나 기운을 다하여 떨어지다', '시들다', '없어지다'의 뜻이다. 주로 '숨지다'의 형태로 많이 쓰인다.

숨(을) 고다

숨이 막히어 질식 상태에 빠지다.

★고다 : '떠들다'의 비표준어.

숨(을) 끊다

(비)목숨(을) 끊다.

예) 애고 불쌍하게도 부모 친척도 없이 지켜 주는 사람도 없이 혼자서 숨을 끊었답니다.

숨(을) 넘기다

숨을 더 이상 쉬지 못하고 죽다.

예) 총탄을 맞은 장군은 위생병이 오기 전에 숨을 넘기고 말았다.

숨(을) 돌리다

'돌리다'는 '돌게 하다'이다. '돌다'는 '순환하다', '가동하다', '정상적으로 움직이다'라는 뜻도 있다. 숨이 가쁘면 정상적인 호흡에서 벗어나게 되는데, 이것을 다시 제 질서를 찾아 고르게 되도록 하는 것이 '숨을 돌리다'이다. '뜀박질을 하거나 몹시 흥분하거나 하여 숨이 가빠진 것을 가라앉히다'

숨(을) 쉬다

(사람이) 살아서 움직이거나 활동하다. 동물이 생명 유지를 위해 필요한 산소는 들이마시고 노폐물은 내보내는 것을 '호흡', '숨쉬기' 또는 '숨'이라고 한다. '쉬다'는 그러한 생명 활동을 가리키는 말로서, 내쉬는 날숨과 들이쉬는 들숨으로 나뉜다. '생명체가 숨을 들이마시고 내보내고 하다', '호흡하다'라는 뜻이다. 한편 '편안하게 마음의 여유를 갖다'라는 뜻으로도 쓰인다. 이는 무생물 따위가 살아 있는 듯 활발히 움직이거나 활동함을 비유해서 이르는 말이다.

숨(을) 죽이다

(사람이) 숨소리가 들리지 않게 조용히 하다. '죽이다'는 일시 멈추게 함이다. '숨을 일시 멈추다'라는 뜻이다. 긴장감이나 놀라움 따위를 나타낸다. 또한 '숨'이 '숨소리'를 뜻하여 숨소리가 거의 들리지 않을 정도로 낮추다, 즉 '매우 조용히 하다'라는 뜻으로도 쓰인다. 한편 김치를 담그려면 배추에 있는 수분을 미리 빼내야 한다. 그래야 김치를 담갔을 때 물이 많이 생기지 않고 양념이 배어 들어가기 좋다. 배추를 씻은 후 소금을 뿌리면 수분이 빠지면서 배추 크기가 반으로 줄어든다. 이것을 '숨이 죽다'라고 하고, 그렇게 소금에 절이는 것을 '숨을 죽이다'라고 말한다.

숨(이) 가쁘다

1. 어떤 일이 몹시 힘에 겹거나 급박하다.

예) 고시를 준비한다는 것 자체가 현재 나에게는 숨이 가쁜 일이었다.

2. 짓눌리어 매우 답답하다.

예) 다만 망각의 피안에 묻어 둔 지나간 전쟁 시절의 기억이 한순간 나를 숨 가쁘게 압박해 왔던 것만은 확실하다.

숨이 꺼지다

1. '죽다'를 완곡하게 이르는 말.

예) 길가에 한 남자가 쓰러져 있었다. 가까이 다가가 확인해 보니 숨이 꺼진 상태였다.

2. 『북』 움직이거나 활동하던 것이 멎다.

예) 숨이 꺼진 용광로.

숨(이) 끊어지다

'죽다'를 완곡하게 이르는 말.

예) 어머니는 숨이 끊어진 아들을 붙들고 통곡을 했다.

숨이 나가다

『북』 걱정하던 일이 없어져 다소 안심이 되다.

예) 박토를 말끔히 처리하니 숨이 나간다고 갱장은 대단히 기뻐하였다.

숨(이) 넘어가는 소리

몹시 다급하여 급하게 내는 소리.

예) 아이는 황급히 뛰어와서는 숨이 넘어가는 소리로 "아저씨, 아주머니께서 빨리 오시래요."라고 말했다.

숨(이) 넘어가다

숨이 끊어져 죽다.

예) 숨이 넘어가는 외마디 소리.

숨(이) 막히다(차다/숨이 턱에 닿다)

'막히다'는 통해야 할 것이 어떤 장애가 가로놓여 그러지 못하게 됨을 뜻한다. '주변 공기가 탁하거나 숨구멍이 막히거나 하여 제대로 숨을 쉴 수 없고 몹시 답답하다', '어떤 일이 자유를 구속하고 아주 답답하여 견디기 힘들다'라는 뜻이다. 한편 '차다'는 '공간이 차다', '양이 차다'에서처럼 '가득하다', '정해진 한도에 이르다'라는 의미다.

1. 숨을 쉴 수 없을 정도로 답답함을 느끼다. <u>(비)숨통(이) 막히다.</u>

예) 일 년 열두 달 한 지붕 밑에 있으니까 때론 숨이 막혀.

2. 어떤 상황이 심한 긴장감이나 압박감을 주다.

예) 대상 수상자를 발표하는 숨 막히는 순간이었다.

숨(이) 붙어 있다

간신히 살아 있다.

예) 아니 아직도 그놈의 숨이 붙어 있단 말야?

숨(이) 죽다

'숨'은 넓은 의미로 확대하면 단지 호흡작용만 뜻하는 것이 아니라 생명체가 살아 있음을 보여주는 모든 기운이나 활동을 가리킬 수 있다. 식물도 살아서 싱싱한 것과 살았어도 그렇지 못한 것은 확연히 차이가 난다. 그러한 식물의 싱싱함을 '숨'이라고도 한다. '풀이나 나무가 시들어서 생기를 잃다'라는 뜻이다. 한편 '소금에 절인 배추 따위가 빳빳한 기운을 잃어 부드러워지다'라는 뜻으로도 쓰이고, '(주로 '숨죽은 듯'의 형태로 쓰여) 마치 죽은 것처럼 활동이 없거나 멎다'라는 뜻으로도 쓰인다.

1. 더위나 추위 따위가 심한 고비를 벗어나다.

2. 활동이 멎다.

3. 기세나 기운이 수그러들다.

예) 불길은 숨이 죽지 않고 타더냐?

숨이 진하다

『북』 '죽다'를 달리 이르는 말.

숨이 턱에 닿다

몹시 숨이 차다.

예) 오랜만에 축구를 하니 숨이 턱에 닿아 쓰러질 듯하다.

숨(이) 트이다

1. 마음이 진정되다.

2. 답답하던 것이 해소되다.

예) 글쎄가 뭐니, 심심해서 죽을 지경이야. 너희들이 와 주어 숨이 트이는 것 같은데….

3. (비유적으로) 살길이 생기다.

숨통(을) 끊다

숨통을 끊어서 숨을 못 쉬게 하다. 곧, 죽게 하다.

숨통을 끊어 놓다

'죽이다'를 속되게 이르는 말.

예) 몸값을 내놓지 않을 시는 이 기계로 숨통을 끊어 놓고 말겠다.

숨통(을) 조이다

(어떤 대상이나 현상이 다른 대상이나 현상의) 요긴하거나 결정적인 부분을 제압하다.

숨통(을) 틔우다

답답한 일을 해결하다.

예) 회사 측에서는 사원들의 숨통을 틔우기 위해 업무 규정을 완화하기로 했다.

숨통이 끊어지다

'숨이 끊어지다'를 속되게 이르는 말.

예) 그는 전쟁 통에서 숨통이 끊어지지 않고 살아남은 것만으로도 감사했다.

숨통(이) 막히다

<u>(비)숨(이) 막히다(차다/숨이 턱에 닿다)</u>

예) 너 하는 일을 보니 숨통이 막혀서 못 살겠다.

숫기가 좋다

부끄러워하는 태도가 없이 활발하다. '숫기-氣'는 수컷, 즉 남성을 가리키는 '수'와 그러한 '경향', '성질'을 나타내는 '기氣'가 합쳐진 말이다. 남성 중심 문화, 부권 중심 사회에서는 남성과 여성의 역할 배분이 명확하게 구별되어 남성은 항상 적극적 · 진취적 · 개방적이어야 하고, 여성은 항상 소극적 포용적 폐쇄적이어야 했다. '처음 보는 사람 앞에서도 수줍어하지 않고 말이나 행동을 자유롭게 하는 경향이 있다'라는 뜻이다. (반)숫기가 없다.

예) 아무리 계집애가 숫기가 좋다기로서니 창피한 줄도 모르고 무슨 짓이냐!

숲을 이루다

많은 것이 빽빽이 들어서 있다.

예) 그곳에는 시커먼 공장 굴뚝이 숲을 이루고 있었다.

쉬파리 끓듯

무질서하고 복잡하게 모여 있는 경우를 비유적으로 이르는 말.

예) 손님들이 갯것전에 쉬파리 끓듯 하였지.

쉽게 여기다

쉽게 생각하다. 깔보다.

스타일(을) 구기다

품위에 손상을 입다.

예) 그는 원칙을 지켰으나 일 처리 과정에서 스타일 구기는 일이 생겨 상당히 난처했다.

승접을 들다

1. 힘들이지 않고 저절로 이루다.

★**승접**承接 : 앞에서 받아 뒤로 이어 줌.

2. 몸 달아 하지 않고 천연스럽다.

시각을 다투다

'시각時刻'은 어느 한 시점의 정확한 때를 나타내기도 하고, 분이나 초와 같이 아주 짧은 시간을 뜻하기도 한다. 여기에서는 두 번째 의미다. '세력을 다투다', '앞을 다투다'에서처럼 '다투다'는 어떤 것을 차지하기 위해 경쟁하는 것을 말한다. 1분 1초가 귀한 듯이 다급한 경우에 쓰인다.

시각이 위태하다

매우 위태하다.

예) "어린애 병이 급한 병일세. 지금 시각이 위태한 걸."하고 서 있는 오주를 쳐다보았다.

시간時間 가는 줄 모르다

몹시 바삐 진행되거나 어떤 일에 몰두하여 시간이 어떻게 지났는지 알지 못하다.

예) 이 소설책은 정말 재미가 있어 시간 가는 줄 모르고 읽었다.

시근 밥이 되다

효과나 효용 가치 따위가 없어지다.

시時도 때도 없다

일정한 시나 적절한 때가 따로 구별이 없다는 말이다. 즉, (어떤 행동을 하는 데 있어서) 아무 때고 가리지 않고 예고 없이 불쑥불쑥 이라는 뜻.

예) 아이가 시도 때도 없이 울어서 혼이 났다.

시도 때도 없이

'시時'라는 것은 하루의 전체 길이를 생각했을 때 그 중에 해당하는 지점을 말하고, '때'는 어떤 행동이나 상황을 고려해서 거기에 따르는 적절한 기회를 말한다. 일정한 시나 적절한 때가 따로 구별이 없다는 말이다. 즉, '(어떤 행동을 하는 데 있어서) 아무 때고 가리지 않고 예고 없이 불쑥불쑥'이라는 뜻이다.

예) 시도 때도 없이 생각나는 사람이 있다.

시르죽은 이

초췌한 몰골과 초라한 행색을 놀림조로 이르는 말.

★**시르죽다** : ①기운을 못 차리다. ②기를 못 펴고 풀이 죽다.

시(를) 매기다

시간을 제한하다.

예) 시 매긴 공사.

시(를) 찾다

거의 죽게 되다.

★**시**諡 : 죽은 사람에게 주는 이름.

시색(이) 좋다

당대에 행세하는 것이 버젓하다.

★**시색**時色 : 시대의 추세.

예) 시색이 좋은 선비 /구차한 살림을 해 가면서도 시색 좋은 친정에 한 번 구구한 말을 비친 일도 없었다.

시세(가) 닿다

값이 시세에 맞다.

★시세時勢 : 현재의 물건값.

예) 시세가 닿아야 흥정을 하지.

시앗(을) 보다

남편이 첩을 얻다.

★시앗 : 남편의 첩.

시야가 트다

『북』 사물을 분석하고 판단할 수 있는 능력이 생기다.

★시야視野 : 시력이 미치어 볼 수 있는 범위.

시야에 밟히다

『북』 '눈에 밟히다'의 북한 익은말.

시왕(을) 가르다

무당이 죽은 사람의 명복을 빌기 위하여 굿을 하다.

★시왕十王 : 저승에서 죽은 사람이 생전에 지은 선행과 악업 따위를 재판한다고 하는 열 명의 왕.

시원을 열다

『북』 첫 시작을 떼다.

★시원始原 : 사물이나 현상 따위가 비롯되는 처음.

시위(가) 나다

강에 큰물이 나다.

★시위 : 많은 비로 강물이 넘쳐 육지로 침범하는 일 또는 그 물, 홍수.

시작始作이 반이다

무슨 일이나 처음에 시작하기가 어렵지 일단 시작하면 끝마치는 것은 그리 어렵지 않음을 이르는 말.

시장기가 가시다

배가 고픈 느낌 상태가 없어지다.

★시장기 : 배가 고픈 느낌.

시장기가 들다

배가 고픈 느낌이 들다.

시장기가 몰려오다

배가 고픈 느낌이 매우 심하다.

시장(을) 보다

시장에 가서 물건을 사다.

시중(을) 들다

옆에서 보살피거나 심부름을 하다. 수발(을) 들다. 수청(을) 들다.

★시중 : 옆에서 여러 가지 잔심부름을 하며 돌봄 (참)수발.

시집(을) 가다

여자가 혼인을 하다라는 뜻이다. 시집은 시댁媤宅, 즉 결혼한 남자의 집을 말한다. 결혼을 하면 여자가 남자의 집에 들어가 산다고 하여 여자가 혼인하는 것을'시집간다'고 표현하게 되었다. 시집은 여자가 새로운 어른들을 섬기며 사는 새로운 가문을 뜻하는 새로운 집을 의미하며, 〈새집(아래 아)→싀집→시집〉으로 변한 것이다. 그리고 시집을 한자로 표기하기 위해, 여인이 늘 마음을 써 섬겨야 한다는 뜻을 살려 〈시媤〉자를 만들어서 시댁媤宅이라고 쓰게 되었다.

예) 평강 공주는 바보 온달에게 시집갔다.

시집(을) 보내다

결혼을 시키다.

시초始初를 열어 놓다

『북』 처음으로 시작이 되게 하다.

시치미를 떼다(따다)

자기가 하고 아니한 체하거나 알고도 모르는 체하다. 백제시대 당시에 웬만한 벼슬아치나 한량은 매사냥을 즐겼다. 그러다 사냥을 시키기 위해 길들인 매를 다른 사람들이 탐을 내는 일이 생기게 되었고, 매가 마치 요즈음의 사냥개 이상으로 귀하게 대접을 받았다. 이에 따라 매를 도둑맞거나 서로 뒤바뀌는 것을 막기 위한 방편으로 매의 주인을 밝히기 위한 특별한 표지가 필요했다. 이런 표지로 매의 꼬리 위의 털 속에다 소뿔로 얇게 만든 명패를 매달았는데, 이것을 시치미라고 한다. 따라서 시치미를 떼면 누구의 매인지 알 수 없게 된다는 사실로부터 지금과 같은 뜻이 생겨났다.

예) 원장이 아무것도 모르겠다고 시치미를 떼면 그것으로 어쩔 도리가 없는 것이었다. (비)시침(을) 떼다[따다].

시침(을) 떼다[따다]

(비)시치미(를) 떼다[따다].

예) 그는 꽃병을 깨고도 시침을 떼고 앉아 있었다.

시퉁머리 터지다

하는 짓이 주제넘고 건방짐을 속되게 이르는 말.

예) 남의 속도 모르고 그는 계속 시퉁머리 터지는 소리를 해 댔다.

시험대試驗臺에 오르다

사물의 성질이나 자연현상 따위를 연구하고 조사하기 위해 그 대상을 올려놓는 곳이 '시험대試驗臺'이다. 이 의미가 확대되어 '대臺'는 어떤 일이 벌어지는 자리나 기회를 뜻한다. '사물의 가치나 사람의 기량이 어느 정도나 되는지 어떤 계기를 맞아서 처음으로 시험되다'라는 뜻이다.

예) 이번 위기에서 그의 지도력이 시험대에 올랐다.

식은 떡 떼어 먹듯

(비)식은 죽 먹듯.

예) 염량이 있어서 아버지 돌아가신 뒤부터 차차로 의붓어머니에게 불쾌하게 굴더니 나중에는 마구해 대기를 식은 떡 떼어 먹듯 하네 그려….

식은 밥이 되다

효과나 효용 가치 따위가 없어지다.

식은 죽 먹듯[먹기]

거리낌 없이 아주 쉽게 예사로 하는 모양. (비)식은 떡 떼어 먹듯.

예) 거짓말을 식은 죽 먹듯 하는 사람과는 상종할 수 없다.

신경神經(을) 쓰다[신경(이) 곤두서다]

'잘되지 않거나 잘되어야 하는 일에 잘되도록 마음을 꼼꼼하게 쓰다', '아주 작은 것까지 몹시 세심하게 배려하고 관심을 기울이다'라는 뜻이 된다. 한편 '곤두서다'라고 하면, 털 따위가 거꾸로 꼿꼿이 일어선다는 뜻이다. 긴장하거나 예민할 때의 느낌을 전달한다.

신경을 도사리다

『북』 신경을 긴장하여 모으다.

예) 신경을 도사리고 주위를 살피다.

신경이 가늘다

사소한 일에도 자극을 받을 정도로 너무 세심하고 소심하다.

예) 노인이 참다 참다 못한 듯이 소리쳤을 때 그것은 신경이 가늘고 또 예민한 아이라면 응당 그 순간 온몸에 일종 오한을 느끼기조차 하였을 그러한 증오로 가득 찬 부르짖음이었다.

신경이 굵다

어지간한 일에는 자극을 받지 아니할 정도로 대범하다.

예) 신경이 굵어 그랬지 제문식도 조용히 성미에 넌더리 친 일이 있었고….

신경이 무디다

'무디다'는 '날카롭다', '예리하다'의 반대말이다. 칼과 같은 물건이나 정신 능력에 두루 쓰여 그 기능이 수월하지 못하고 둔하다는 의미를 나타낸다.

예) 동수는 신경이 무뎌서 자기 욕하는 것도 모른다.

신골(을) 치듯[박듯]

방 안에 사람이 빽빽하게 들어앉은 모양을 비유적으로 이르는 말.

★신골 : 신을 만들 때, 신의 모양을 잡는 데 쓰는 틀.

예) 모기 때문에 방문까지 닫아 놓은 데다가 신골 치듯 빽빽하게 잇대어 누워 있으니…. /그는 할아버지와 함께 외양간에 딸린 쇠죽가마 방에서 버릇이 없고 성질만 고약한 여러 하인 틈새에 신골을 박듯 끼어 자곤 하였다.

신들메를 조이다[매다/조여 매다]

『북』 어떤 일을 할 준비를 든든히 하다.

★**신들메** : 들메끈(벗겨지지 않도록 신을 발에다 동여매는 끈)의 비표준어.

신랑(을) 달다

'달다'는 '돛을 달다'에서처럼 높은 곳에 매어 있게 한다는 뜻을 나타낸다. 신부 측 친척이나 마을 청년들이 신랑의 다리를 거꾸로 매달고 방망이로 발바닥을 때리며 신부를 데려가는 대가를 치르게 하는 장난에서 이 말이 비롯되었다. 이것을 '동상례東床禮'라고도 한다. 이때 신부 측에서는 술과 음식을 푸짐하게 대접하여 장난하는 이들을 달랜다. '여럿이 한데 어울려 장가가는 남자에게 짓궂은 장난을 치며 술과 음식을 얻어먹고 놀다'라는 뜻이다.

신래(를) 불리다

예전에, 과거에 급제한 사람을 선배들이 축하하는 뜻으로, 그의 얼굴에 먹으로 그림을 그리고 앞으로 오랬다 뒤로 가랬다 하며 괴롭히던 일을 이르는 말.

★**신래新來** : [역사] 과거科擧에 새로 급제한 사람.

신명(이) 나다

저절로 일어나는 흥겨운 기분과 멋이 생기다. '신명'은 아주 유쾌해서 저절로 일어나는 흥과 멋을 말한다. 주로 그 흥취를 춤이나 노래 따위로 푸는 경우에 쓴다. '어떤 일로 하여 가만히 있을 수 없을 정도의 흥이 생기다'라는 뜻이다.

★**신명** : 흥겨운 멋이나 기분.

예) 신명을 돋우다.

신물(이) 나다

'신물'이란 신맛이 나는 물, 즉 '산패액酸敗液'이라고도 한다. 음식을 너무 많이 먹거나 체했을 때 트림과 동시에 목구멍으로 시큼한 물이 올라오는데 이를 '신물이 올라온다'라고 한다. '어떤 일을 너무 많이 겪거나 그것으로 인한 고생이 너무 심하여 이제는 생각만 해도 지긋지긋하다'라는 뜻이다. 예) 하도 거짓말을 밥 먹듯 하는 사람이라 그자라면 신물이 난다.

신바람(이) 나다

'신바람'은 '신'과 '바람'이 결합된 말이다. '바람'이라고 하면 순간적으로 강하게 일어나는 흥이나 기운을 가리킨다. '신바람'은 신이 나서 기분이 상기된 상태를 뜻한다.

신발을 단단히[바로/똑똑히/잘] 신기다

『북』 처음부터 제대로 일하도록 지도하고 통제하다.

예) 방식상학을 준비하는 과정을 통해서 설비를 더 잘 다루도록 신발을 똑똑히 신기고 생산 조직을 짜고 들어 노동자들의 높은 기세에 안 받침해야 할 것이다.

신발을 잘못 신기다

『북』 처음부터 제대로 일하도록 잘 지도하고 통제하지 못하다.

예) 아무래도 내가 용팔이 녀석 신발을 잘못 신기는가 보네.

신세(를) 지다

남에게 도움을 받다.

★**신세身世** : 일신상에 관련된 처지나 형편.

신수(가) 훤하다

용모가 맑고 풍채가 시원스럽다. 살기가 넉넉하고 좋아 보인다.

★**신수身手** : 드러나 보이는 사람의 겉모양.

신을 거꾸로 신고(다)

반가운 사람을 맞으러 허둥지둥 정신없이 행동하는 모양.

예) 신을 거꾸로 신고 순보를 맞는 것은 순보 마누라와 영애였다.

신(이) 내리다

신神이 무당에게 붙어 영靈적인 행동을 하다.

예) 오랫동안 음식을 전폐하시다시피 앓고 나서야 신이 내려 가지고 예언도 하고 병도 고치고 합니다.

신이야 넋이야

하고 싶은 말을 거침없이 마구 털어놓음을 비유적으로 이르는 말. (비)넋이야 신이야.

예) 시중은 입에 침이 없이 신이야 넋이야 말끝을

이어 나간다.

신장대 떨듯

몹시 부들부들 떠는 모양을 비유적으로 이르는 말.

★신장神將대 : 무당이 신장을 내리는 데 쓰는 막대기나 나뭇가지.

신주 모시듯

몹시 귀하게 여기어 조심스럽고 정성스럽게 다루거나 간직하는 모양을 비유적으로 이르는 말.

★신주神主 : 사당 따위에 모셔 두는 죽은 사람의 위패.

예) 때 묻은 바지저고리 위에 행여 때가 묻을세라 신주 모시듯 걸어 놓은 흰 무명 도포를 내려 조심스럽게 입는다.

신혈(을) 뜨다

광맥을 캐내다가 새로 다른 광맥을 발견하다.

★신혈新穴 : 광물을 캐어 나가다가 새로 발견한 광맥.

신혈(을) 먹다

광맥을 캐내다가 새로 다른 광맥을 발견하여 큰 이익을 보다.

실낱같다

1.아주 작고 가늘다.

2.목숨이나 희망 따위가 곧 끊어질 것 같다.

예) 실낱같은 목숨.

실마리를 잡다

1.(사람이) 단서를 얻다.

★실마리 : 일이나 사건을 풀어 나갈 수 있는 단서.

예) 계속되는 적자 문제가 해결될 실마리를 잡은 듯하다.

2.(사람이 사건의) 진행이나 분위기를 이해하다. <u>(비)가닥을 잡다.</u>

예) 경수는 왜 사무실의 분위기가 싸늘한지 실마리를 잡았다.

실마리를 풀다

어떤 문제나 사건을 해결할 단서를 찾음을 뜻.

실속(을) 차리다

'실實속'의 '실實'은 알맹이를 뜻하고, '속'은 드러나지 않는 것을 뜻한다. 즉, 겉으로는 드러나지 않지만 알찬 이익이 실속이다. '외관과는 상관없이 실제 내용에 있어 알짜 이익을 야무지게 얻어 가지다'라는 뜻이다.

예) 그는 요란하기만 했지 정작 실속을 차린 사람은 김 군이었다.

실이 노가 되도록

끈질기게 조르거나 자꾸 되풀이해서 말을 늘어놓음을 비유적으로 이르는 말.

예) "모르기는 왜 모르겠소. 실이 노가 되도록 말씀하시지 않았소?"

싫증(을) 내다

싫은 생각을 나타내다.

★싫증 : 대상을 반갑지 않게 여기는 마음.

싫증(이) 나다

싫은 생각이 나다.

예) 그런 노래는 금방 싫증이 난다.

심금(을) 울리다

외부의 자극을 받아 마음에 감동을 일으키다.

★심금心琴 : 외부의 자극에 미묘하게 움직이거나 감동하는 마음을 거문고에 비유하여 이르는 말.

심메(를) 보다

산삼의 싹을 찾아내다.

★심메 : 산삼을 캐러 깊은 산에 들어가는 일.

심사(가) 꿰지다

잘 대하려는 마음이 틀어져서 심술궂게 나가다.

예) 나는 그 아이와 잘 놀다가도 괜히 심사가 꿰져 자주 싸웠다.

심사(가) 나다[뒤틀리다]

기분이 나빠 고약하고 심술궂은 마음이 일어나다. '심사心思'는 '심사가 불편하다', '심사를 건드리다'에서처럼 막연히 마음을 뜻하기도 하지만, 특히 고약하거나 심술궂은 마음을 뜻할 때가 많다. 여기에서

ㅅ

는 두 번째 의미다. '남이 하는 일을 방해하거나 그르치려는 심술궂은 생각이 들다'라는 뜻이다.

예) 자신을 무시하는 소리를 듣게 되자 심사가 난 치수는 하던 일을 내동댕이쳤다. 그 녀석 하는 짓을 보면 심사가 틀려서 도무지 잘해줄 생각이 나지 않는다.

심사(가) 사납다

마음이 심술궂고 나쁘다.

예) 세상일에 눈을 뜨면 뜰수록 심사만 더 사나워지고 살기만 더 고달픈 것을 어찌하랴.

심사를 털어놓다

마음에 품은 생각을 다 내놓고 말하다.

예) 네 심사를 털어놓지, 왜 혼자 힘들어하니?

심사가 틀리다

좋게 대하려는 마음이 비뚤어져서 일을 방해하려는 마음이 나다.

심술-머리(가) 사납다

『북』 심술이 많고 못되다.

심술(이) 궂다

짓궂게 남을 괴롭히거나 남이 잘되는 것을 시기하는 못된 마음이 몹시 많다.

★심술心術 : 짓궂게 남을 괴롭히거나 남이 잘되는 것을 시기하는 못된 마음.

심술(을) 내다

심술을 부리기 시작하다.

심술(을) 부리다

심술을 겉으로 나타내다.

심술을 파다

심술궂은 행동을 하기 시작하다.

심술(을) 피우다

심술을 이따금 내다.

심술(이) 사납다

심술이 나쁘고 모질다.

심-알을 맺는다

마음을 맺는다는 뜻으로, 곧 마음을 통하고 정을 맺는다는 말, 또는 입맞춤한다는 뜻으로도 쓰인다.

심-알을 잇다

할머니가 손자에게 밥물림 하여 주는 것을 이름.

★심-알 : (민속)할머니가 자기 입으로 밥을 씹어서 손자에게 먹이는 일.

심장에 불을 지피다

사람의 마음을 일어나게 하다.

★심장心臟 : 순환 계통의 중추 기관.

예) 그의 연설은 광장에 가득 모인 사람들의 심장에 불을 지피는 역할을 하였다.

심장에 새기다

(사람이 일이나 말 따위를) 오래 잊히지 아니하도록 마음속 깊이 간직하다.

예) 진수는 큰사람이 되라는 아버지의 말씀을 심장에 새겼다.

심장에 파고들다

어떤 일이나 말이 마음속 깊이 새겨져 자극되다.

예) 오늘 그 연사의 말은 구구절절 내 심장에 파고들었다.

심장으로 받들다

『북』 진정으로 우러나오는 마음으로 모시다.

심장을 주다

『북』 운명을 맡기다.

심장을 찌르다

1.(사람이)핵심을 찌르거나 공격하다.

2.감정이나 마음을 세게 자극하다.

심장을 틀어잡다[틀어쥐다]

『북』 마음을 일정한 감정으로 꽉 차게 하다.

예) 심장을 틀어잡는 예술의 힘.

심장이 강하다

비위가 좋고 뱃심이 세다. '심장心臟'은 혈액을 온몸에 순환시키는 펌프 역할을 하는 필수 기관이다. 생명과 직결되기에 사물의 중심이나 핵심을 뜻하기도 한다. 사람이 놀라거나 겁을 먹으면 심장이 평소보다 빨리 뛴다. 그래서 심장은 그 사람의 대범함이나 담력을 표현할 때 사용된다. '웬만해서는 겁을 먹거나 놀라지 않고 담력이 세다'라는 뜻이다. (반)심장이 약하다.

심장이 끓다

(사람이) 어떤 마음이 용솟음치다.

심장이 땅 두께 같다

『북』 어떤 일을 당하여도 마음이 움직이지 아니하다.

심장이 뛰다

가슴이 조마조마하거나 흥분되다. (비)고동鼓動이 치다.

예) 수상자를 발표하려 하자 모두의 심장이 뛰기 시작했다.

심장이 불타다

『북』 어떤 것에 대하여 걷잡을 수 없이 열중하다.

심장이 약하다

마음이 약하고 숫기가 없다.

예) 사나이가 그렇게 심장이 약해 가지고 무엇을 하려고 그래.

심장이 작다

겁이 많고 대담하지 못하며 통이 작다.

심장이 크다

겁이 없고 대담하며 통이 크다.

심장이 터지다

(비)가슴이(창자가) 미어지다.

예) 그는 배신을 당한 분노로 심장이 터질 것 같았다.

심평 좋다

안타깝거나 초조한 기색이 없이 마음가짐이나 뱃심이 좋다.

★심평 : 셈평(이익과 손해를 따지고 헤아려 보는 생각)의 비표준어.

예) 그 몹쓸 사람을 그대로 두고 심평 좋게 지내다니 이해가 안 된다.

심화를 끓이다

(비)화를 끓이다.

★심화心火 : 마음속에 북받쳐서 일어나는 화.

예) 사기를 당한 김 씨는 심화를 끓여 자리에 드러누워 버렸다.

십자가를 지다

큰 죄나 고난 따위를 떠맡다.

★십자가十字架 : 그리스도교가 희생과 속죄의 표상으로 예배하고 장식으로 쓰는 십자형의 표지.

예) 친구를 대신하여 십자가를 지는 것은 쉬운 일이 아니다.

싯발 달다

한시를 처음 배워 겨우 운자韻字 다는 법을 익히게 되다.

★싯詩발 : 한시를 지을 때 다는 운자.

싸개가 나다

싸개통이 벌어지다.

★싸개 : 싸개통(여러 사람이 둘러싸고 다투며 실랑이를 하는 상황)의 준말.

싸라기밥(을) 먹었나

쌀이 부스러져서 반 토막이 된 싸라기로 지은 밥을 먹었느냐의 뜻으로 상대편이 반말 투로 나올 때 빈정거리는 말.

★싸라기밥 : 싸라기가 많이 섞인 쌀로 지은 밥.

싸리 말(을) 태우다

(비유적으로) 반갑지 아니한 손님을 쫓아내다.

★싸리말 : [민속] 싸리로 결어서 말 모양으로 만든 것. 마마의 역신疫神을 쫓을 때 쓴다. (비)배송마拜送馬.

예) 며느리를 친정으로 싸리-말을 태워 보내니 제 하자가 된 탓으로, 바른말 한마디 고해 보지도 못하고….

싹도 없다

전혀 흔적이 보이지 아니하다.

★싹 : 싹수의 준말.

예) 떠난 지 칠팔 년을 별반 신통한 벌이도 못하는지, 돈 한 푼 보내는 싹도 없더니, 하루는 느닷없이 중국 상해에 와 있노라 기별이 전해져 왔다.

싹수(가) 노랗다

잘될 가능성이나 희망이 애초부터 보이지 아니하다. (비)싹이 노랗다(노래지다).

★싹수 : 어떤 일이나 사람이 앞으로 될 것 같은 낌새나 조짐. (준)싹.

예) 어린 녀석이 어른한테 말대꾸하는 것을 보니 벌써 싹수가 노랗다.

싹수(가) 없다

장래성이 없다. (반)싹수가 있다.

싹수(가) 있다

어떤 일이나 사람이 잘 될 조짐, 낌새를 이르는 말. (반)싹수가 없다.

예) 내가 볼 땐 아직 너희는 싹수가 있다

싹을 밟다

1. 새로 시작하는 것을 처음부터 막거나 아예 없애다.

★싹 : 씨앗이 줄기에서 처음 나오는 어린잎이나 줄기.

예) 지금 저렇게 시작할 때 싹을 밟지 않으면 후회할 걸세.

2. 무슨 낌새를 알아차리다.

싹이 노래지다(노랗다)

식물의 씨나 줄기에서 처음 나오는 어린잎과 줄기를 통틀어 '싹'이라고 한다. '눈'도 비슷한 표현인데, 이는 주로 기존에 있는 줄기나 가지에서 새로 뻗어 돋아나려는 잎이나 줄기, 꽃의 자리를 가리킨다. 그리고 '순'은 싹이 조금 더 자라 뜯어먹을 수 있는 정도가 된 것을 두고 하는 말이다. '노래지다'는 '노랗게 되다'이다. 싹이 노랗게 되면 그것은 씨앗이나 나무가 병들었음을 알 수 있다. 자라면서 병든 싹이 노랗게 변했다는 말이다. 한편 '일이 잘될 것 같지 않은 징조가 보이다'라는 뜻으로도 쓰인다. 참고로 '싹수가 노랗다'라고 하면 사람이나 일 따위가 잘될 가망이 보이지 않고 형편없다는 말이다. (비)싹수(가) 노랗다.

싹(이) 트다

1. 식물의 싹이 생겨나다.

2. 어떠한 일이 생겨나거나 되기 시작하다.

싼 게 비지떡

이 말의 유래는 충북 제천의 봉양면과 백운면 사이의 고개인 박달재고개는 지방에서 한양으로 과거를 보러 가려면 꼭 거쳐야 했던 곳이라고 합니다. 이 고개에 작은 주막마음씨 착한 주모는 다음날 아침 길을 떠나는 선비들에게 늘 요깃거리로 먹을 것을 보자기에 싸서 주었다 합니다. 그리고 '싼 것이 무엇입니까?'라고 선비들이 주모에게 물으면 '싼 것은 비지떡입니다'라고 대답을 했지요. 즉 보자기에 싼 것은 콩비지로 만든 비지떡이었던 것입니다.

원래 이 말의 속뜻은 사람들의 배려와 정을 느낄 수가 있는 것이었지만, 지금의 싼 게 비지떡의 사용은 하찮고 값어치가 없는 것을 표현하는 속담이 되었지요. '싼 게 비지떡'이 있었다고 하는데 과거를 보러가는 선비들이 이곳에서 하루를 묵고 넘어갔다고 합니다. 지금은 하찮은 물건을 이르는 말이지만 옛날엔 가진 건 없지만 상대를 배려하고 나눠 주는 따뜻한 정이 담긴 말이었다고 합니다.

쌀-함박을 긁다

『북』 잔소리를 심하게 하다.

★쌀-함박 : 이남박(쌀 따위를 씻어 일 때 쓰는 함지박)의 북한어.

쌍륙(을) 치다

쌍륙을 할 때에 주사위를 던지다.

★쌍륙雙六 : 두 편이 주사위 두 개를 던져서 나오는 사위대로 말을 놀려 먼저 궁에 들여보내는 쪽이 이기는 놀이.

쌍사(를) 치다

기둥이나 나무 그릇 따위의 모서리를 조금 접고 오목한 줄이 지게 파내다.

★쌍사雙絲 : 기둥 또는 창문틀이나 창문 울거미에서 두 줄의 골이 지게 깎아 낸 것.

쌍수를 들다

'쌍수雙手'는 '두 손'을 뜻하는 한자말이다. 두 손을 머리 위로 올리는 행위가 '쌍수를 들다'인데, 항복하는 의미에서가 아니라 적극적인 환영과 찬성을 뜻하는 행위로서만 쓰인다. '(어떤 의견이나 사람에 대하여) 기꺼운 마음에서 적극적으로 찬성하거나 환영하다'라는 뜻이다. 주로 '쌍수를 들고(들어) 환영하다(찬성하다, 지지하다)'의 형태로 쓰인다.

예) 우리 편에서 그쪽으로 가겠다고 말하자 그들은 쌍수를 들고 환영했다.

쌍심지(가) 나다

두 눈에서 불이 날만큼 몹시 화가 나다. 쌍심지서다. 쌍심지오르다.

★쌍雙심지 : 몹시 화가 나서 두 눈에 핏발이 서는 일을 비유적으로 이르는 말.

쌍심지(를) 켜다

몹시 화를 내어 눈에 열화를 띠다.

쌍雙알(을) 지르다

두 가지 일을 겹치게 하여 맞지 아니하고 서로 어긋나게 하다.

★쌍알 : 노른자가 두 개 들어 있는 달걀.

쌍알(이) 지다

두 가지 일이 겹치어 맞지 아니하고 서로 어긋나게 되다.

쌍지팡이(를) 짚고[들고] 나서다

어떤 일에 대하여 적극적으로 반대하거나 간섭하여 나서다.

★쌍지팡이 : 두 다리가 성하지 못한 사람이 걸을 때 짚는 두 개의 지팡이.

예) 대불이한테 곤욕을 당한 일이 있는 텁석부리는 그때의 일을 보복이라도 하려는 듯 유별나게 쌍지팡이를 짚고 나서며 지악스럽게 굴었다.

쌔고 버리다

가득 쌓이고도 남아서 내버릴 정도로 물건 따위가 아주 흔하다.

★쌔다 : (무엇이) 쌓여 있을 만큼 퍽 흔하게 있다.

예) 여러 가지로 따지자면 하고 싶은 말은 쌔고 버렸으나 창길이는 모든 것을 꾹 참고….

쐐기(를) 박다

나무를 V자형으로 깎아서 나무로 짠 물건의 틈새에 박아 연결 부분이 움직이지 않도록 하는 일종의 나무못을 가리킨다. 쐐기는 보통 사물의 네 귀퉁이가 물러나지 않도록 만드는 역할도 하지만 한편으로는 물건의 틈새에 박아 넣어 두 물건의 사이를 벌리는 데 쓰기도 한다. 지금의 뜻은 어떤 일을 확정할 때 분명히 한다는 뜻으로 쓴다. 또는 남이 일하고 있는 도중이나 얘기하고 있는 사이에 끼어들어 더 이상 그 일을 못하게 하거나 중단하게 하는 일을 가리키기도 한다. 뒤탈이 없도록 단단히 다짐을 두다. 남을 이간하기 위하여 훼방을 놓다. <u>(비)쐐기(를) 치다.</u>

쑥국(을) 먹다

어떤 일에 크게 실패하여 골탕을 먹다 뜻.

예) 형은 친구와 새롭게 시작했던 사업에서조차 ~.

쑥대밭이(쑥밭이) 되다

'쑥대밭'은 쑥이 대처럼 쭉쭉 뻗어 우거진 곳을 말한다. 묵힌 밭이나 불에 타 주저앉은 집터에는 여름철이 되면 쑥이 무성하게 자라 그야말로 쑥대밭이 된다. 과거 농사에 의존하던 시대에는 한 뼘의 땅이라도 헛되이 놔두지 않았기에 쑥대밭이 된 곳은 아무도 가꾸지 않거나 폐허로 남겨진 곳이라는 인상이 있었다. 여기에서 '쑥대밭'은 '모든 것이 파괴되어 황량한 곳'을 뜻하게 되었다. 한편 '쑥밭'은 쑥대밭을 줄인 말인데 다소 어감이 약하다. '불타거나 허물어지거나 심하게 파괴되어 황량하게 되다'라는 뜻이다. '쑥대밭을(으로) 만들다'라는 표현을 쓰기도 한다.

예) 그들이 도착했을 때 이미 폐가가 된 안마당은 쑥대밭이 되었다.

쓴맛을 다시다

맛에는 '오미五味'라 하여 단맛, 짠맛, 신맛, 쓴맛, 매운맛이 있다. '쓴맛'은 그것이 약할 때는 봄나물처럼 입맛을 돋우지만 강할 때는 음식으로 치지 않

ㅅ

는다. '다시다'는 입 안에 남은 자극으로 침을 삼키며 혀를 입천장에 붙였다 떼었다 하는 것이다. 먹은 음식이 너무 쓰면 그 맛을 입에서 지우려고 입을 다시게 된다. '쓴맛을 다시다'라고 하면 '어떤 일이 못마땅하게 되어 언짢고 서운한 느낌이 남다'를 나타낸다. 한편 '쓴입'은 입맛이 떨어져서 음식을 먹어도 쓰기만 한 입을 의미한다. 그래서 '쓴입을 다시다'라고 하면 '(비유적인 표현으로 쓰여) 마음에 씁쓸하게 남는 기분'이라는 뜻이다.

예) 부모님의 재산을 놓고 싸우는 형제들의 모습을 보고 모두 쓴맛을 다셨다.

쓴입을 다시다

못마땅하게 여기다.

★쓴입 : 어이없거나 못마땅하여 말하지 않고 다물고 있는 입.

예) 그렇게 싼 무기를 대량으로 살 수 없다는 사실이 다시금 안타까운 듯 윤준희는 쓴입을 다시면서 천장을 쳐다보았다.

쓴잔(을) 들다(마시다/맛보다)

(사람이 실패나 패배 등의) 쓰라린 일을 당하다. '쓴잔'은 쓴맛이 나는 술잔, 즉 '고배苦杯'를 뜻한다. 아무리 향기로운 술이라도 마음이 씁쓸하면 그 술은 쓰게 느껴질 수밖에 없다. 따라서 '패배하거나 실패하고 난 뒤 마시는 술 또는 그 술잔'의 쓴잔에서 '패배하거나 실패하는 아픈 경험'을 뜻하게 되었다. '실패하거나 패배하는 일을 겪다'라는 뜻,

쓴잔을 안기다

실패나 패배 따위의 쓰라린 일을 당하게 하다.

예) 그는 경쟁자에게 쓴잔을 안겼다.

쓸개(가) 빠지다

하는 짓이 줏대가 없고 온당하지 못함을 욕으로 이르는 말. '쓸개'는 다른 말로 '담낭膽囊'이라고도 한다. 간 아래에 위치한 작은 주머니 모양의 장기로서, 이곳에서는 간에서 생성한 담즙을 농축하여 저장한다. 담즙(쓸개즙)은 이렇게 쓸개를 거쳐 십이지장으로 운반되고 여기에서 지방의 소화를 돕는다. 쓸개의 비유적인 뜻은 '줏대'이다. '쓸개 빠진 놈'이라고 하면 줏대나 자존심이 없이 비굴하게 행동하는 사람에게 욕으로서 이르는 말이다. 쓸개는 간과 밀접한 상관이 있어서 대구對句로 함께 쓰이기도 한다. '간도 쓸개도 없다', '간에 붙었다 쓸개에 붙었다 하다'가 그것이다. 모두 '줏대'와 관련된 표현이다.

예) 그놈들에게 큰소리는 치지 못할지언정 쓸개 빠진 놈처럼 웃고 있으니 한심하기 이를 데 없다.

쓸개 빠진 놈

담膽이라고도 하는 쓸개는 한의학에서 대담한 용기를 내는 장부로 알려져 있다. 그러므로 담이 크다는 것은 용기가 있다는 뜻이고, 쓸개가 빠졌다는 것은 용기가 없이 비겁하고 줏대가 없음을 뜻하는 말이다. 즉, 하는 짓이 줏대가 없고 사리에 맞지 않음을 욕하는 말이다.

쓸개 자루가 크다

담력이 커서 겁이 없다.

씨(가) 박히다(먹다)

'씨'는 식물이 번식할 수 있는 근원이 된다. 땅에 씨가 박혀야 그것이 싹을 틔우고 자라 새로운 개체가 된다. 이와 같이 어떤 말이나 행동이 다른 사람의 마음에 설득력을 지니고 '싹'을 틔울 때 이런 표현을 쓴다. 같은 말로 '씨가 먹다'가 있다.

예) 그는 부모를 찾아와서 씨가 박히지도 않는 이야기로 사업 자금을 대라고 부탁했다.

씨가 마르다

어떤 종류의 것이 모조리 없어지다.

예) 젊은 일손이 씨가 마르다시피 된 농촌에서 그만한 일꾼을 구하기도 여간 힘든 노릇이 아니므로….

씨가 붙다

『북』 땅에 심은 씨가 싹이 터서 뿌리를 내리고 자라기 시작하다.

씨도 남기지 않다

아무것도 남기지 아니하다.

예) 음식을 씨도 남기지 않고 다 먹어 치웠다.

씨도 먹히지 않다

제기한 방법이나 의견이 받아들여지지 않다. (비)씨알이 먹히지 않다.

예) 악덕 사장한테 내 말은 씨도 먹히지 않았습니다.

씨도 없이

아무것도 남기지 아니하고 모조리.

예) 며칠 안 있으면 벼라고는 씨도 없이 벌판이 텅 빌 것이다.

씨를 말리다

아무것도 남기지 아니하고 모조리 없애다.

예) 관속배나 양반들은 이 땅에서 하나도 남김없이 씨를 말려야 합니다.

씨(를) 받다

'씨'는 주로 식물이 발생하는 종자, 즉 '씨앗'을 뜻하지만 또한 동물의 정자를 가리키기도 한다. '다음에 심을 식물의 종자를 거두어 따로 마련해두다', '가축을 번식시키려고 교배를 통해 암컷에 수컷의 정자를 마련하다'라는 뜻이다. '씨받이'라는 말은 여기에서 온 것이다.

씨를 붙이다

땅에 씨를 심어 싹을 틔우다.

씨알머리(가) 박히다

'씨알이 먹다'를 속되게 이르는 말.

씨알머리(가) 없다

'씨'를 속되게 욕으로 이르는 말이 '씨알머리'이다. 모든 열매의 핵심은 그 안에 든 씨다. 열매를 통해 씨는 다른 곳으로 이동해 번식한다. 그것이 없다고 했으니 중요하게 있어야 할 것이 없는 셈이다. '(사람이) 버릇이 없고 막되다', '(말이나 행동이) 속에 든 내용이 헛되고 실속이 없다'라는 뜻이다.

예) 어디서 왔는지 씨알머리 없는 녀석이 건방지게 군다.

씨알이 먹다

말이나 행동이 조리에 맞고 실속이 있다. (비)씨알머리(가) 박히다.

예) 제법 씨알 먹은 소리도 조용조용히 말할 줄 알고….

씨알이 먹히지 않다

(비)씨도 먹히지 않다.

예) 나의 변명은 그녀에게 씨알이 먹히지 않았다.

씹어주어야 삼킨다

음식을 입 안에서 잘게 부숴 침과 고루 섞으면 목구멍으로 삼키기도 수월하고 소화도 잘된다. 하지만 그렇게 할 수 없는 사람들이 있다. 이가 아직 나지 않은 아기들, 이가 다 빠지거나 씹을 힘도 없는 노인들, 환자들이 그렇다. 이 경우에는 어머니나 보호자가 음식을 자신의 입에서 잘게 씹은 다음 그것을 먹인다. '(비유적인 표현으로 쓰여) 혼자서 해낼 수 있는 능력이나 의지가 전혀 없어서 남이 해주는 것만 받고 의지하다'라는 뜻이다.

예) 우리 때는 공부를 하지 못해 안달이었는데, 요즘 애들은 과외다 뭐다 씹어주어야 삼킨다.

씻은 듯 부신 듯

아무것도 남지 아니하고 아주 깨끗하게 없어진 모양을 이르는 말.

예) 이제는 모든 시름이 씻은 듯 부신 듯 가시고, 오직 장래에는 광명과 희망이 찬란하게 눈을 부시게 하리라 싶었다.

씻은 듯이

아주 깨끗하게.

예) 병이 씻은 듯이 낫다.

씻은 배추 줄기 같다

얼굴이 희고 키가 헌칠한 사람을 이르는 말.

ㅅ

아가리(를)[주둥아리(를)] 놀리다

'아가리'는 입을 속되게 일컫는 말이다. 아울러 병이나 그릇 따위의 입구 부분을 가리키기도 한다. 즉, 입을 바쁘게 움직인다는 뜻이다. '(속된 표현으로 쓰여) 적지 않게 말하거나 함부로 이야기하다'라는 뜻.

아가리(를) 벌리다

1. '울다'를 속되게 이르는 말.

2. 말을 함부로 함을 속되게 이르는 말.

예) 한낱 구종 주제에 어찌 감사 나리 미행 속을 알며, 또 안들 함부로 아가리를 벌리겠소?

아귀(가) 맞다

'아귀'는 물건 따위의 갈라진 곳을 말한다. '손아귀'는 엄지손가락과 다른 네 손가락이 갈리진 사이다. '아귀가 진 나뭇가지'라고 한다. '아귀가 맞다'는 말은 서로 갈라진 곳이 들어맞아 일치한다는 의미다. '(논리나 말이) 앞뒤에 모순이 없고 빈틈없다'라는 뜻이다.

아귀(가) 무르다

1. 마음이 굳세지 못하고 남에게 잘 꺾이다.

예) 남자가 그렇게 아귀가 물러 어디에 써먹겠니.

2. 손으로 잡는 힘이 약하다.

아귀(가) 세다

『북』 1. 손으로 잡는 힘이 세다.

2. 남을 휘어잡는 힘이나 수완이 있다. (비)아퀴(가) 세다.

예) 김주현은 지혜롭고 용감하며 아귀 센 지휘원이였다.

3. 남에게 순순히 굽혀들지 않는 성질이 있다.

아귀(가) 작다

돈이나 물건을 다루는 씀씀이가 넉넉하지 못하다.

아귀(가) 치다

쌀을 팔아서 나무를 사 땐다는 뜻으로, 나무 값이 비쌈을 비유적으로 이르는 말.

아귀(가) 크다

돈이나 물건을 다루는 씀씀이가 넉넉하다.

아귀(를) 맞추다

일정한 기준에 들어맞게 하다.

예) 오늘 계산을 아귀 맞춰 봐라.

아귀(를) 트다

두루마기나 속옷의 옆을 트다.

아금을 새기다

『북』 '입아귀를 새기다'의 북한 익은말.

★아금 : 아귀의 비표준어.

예) 누워서 아금을 새기는 누렁 소.

아금이 버그러지다

『북』 서로의 관계가 좋지 아니하게 틈이 생기다.

아금이 벌다

『북』 담겨 있거나 들어찬 것이 가득하여 터질 정도이다.

예) 기중기 운전공 처녀는 인비료를 기중기 바가지의 아금이 벌게 퍼 담아서는 콘베이어에 담아 준다.

아나 떡이다

얼토당토않은 요구를 하거나, 같잖은 말을 했을 때, '아나 떡이다'는 표현에 대한 말. '아나'는 '옜다'의 경상도 지역 사투리이고, 주는 떡이나 받아먹고 조용히 있어라 라는 뜻에 허풍 떨지 말라는 뜻도 포함됨.

아나 쑥떡이나 먹어라

'쑥떡질'과 "쑥떡이나 먹어라"라는 말은 옛적 충청북도忠清北道 보은報恩에서 처음으로 나왔다.

옛적 충청북도 보은報恩에서는 5일마다 서는 '원암장'에 가는 것을 두고 '불알 까고 원암장 가네.'라는 말이 전해지고 있었다. 그 당시 보은군報恩郡에 소재하던 '원암장'에는 가난한 아낙네가 장터 떡 전거리에서 떡을 팔고 있었는데, 너무나 가난해서 속곳(외동읍의 '꼬장주')조차 입지 못 했다.

그러던 어느 날 아낙네가 쑥떡을 팔고 있던 중에 가랑이 사이로 바람이 불어 그만 그녀의 음문陰門(여성의 성기)이 들여다보이게 되었다. 이때 마침 길을 가던 사내가 그것을 보고는 '쑥 넣었으면 좋겠네.'라는 음담淫談을 늘어놓으면서 수작을 걸어왔다. 그러자 아낙은 떡에 쑥을 넣었냐고 묻는 줄 알고 '쑥 넣었시유.'라고 답하면서 의아疑訝한 눈초리로 사내를 쳐다봤다.

시커먼 '쑥떡'을 보고 "쑥을 넣었으면 좋겠다"니 그럴 수밖에도 없었다. 사내는 약간 답답하여 "아니, 거기에다 쑤-욱 넣었으면 좋겠다고 이 여편네야"하면서 핀잔을 주었다. 자신의 치마가 바람에 날려 그것이 사내에게 보인 줄을 모르는 아낙은 "아 글씨, 쑥 넣었다니께유"라면서 같은 말을 되풀이 했다.

답답하다 못한 사내는 아예 쪼그리고 앉은 아낙 앞에 자신도 같이 앉아 설명說明을 하기 시작했다. "내말은, 바람에 이녁의 치마가 날려 그것이 보였는데, 거기에 내 거시기를 이렇게 쑤-욱 넣었으면 좋다고 한 말이네, 이 멍청도야"라면서, 자신의 오른손을 주먹 쥔 왼손위에 감싸듯 덮어 씌웠다가 그 오른손을 왼 팔 팔뚝 쪽으로 두루마기자락과 함께 밀어 올리는 동작動作을 보여줬다. 그녀의 거기에 자신의 그것을 그렇게 삽입했으면 하는 의사표시를 동작動作을 통해 재현再現한 것이다.

이 일로 그날 그 사내와 아둔한 그 아낙은 장터 옆 '다북솔밭'에 들어가 '쑥떡바구니'를 옆에 놓고, 끝내 '쑤-욱' 넣는 일을 벌였다. 일을 치른 사내는 동리 초당방에 나가 무용담武勇談이라도 늘어놓듯 '쑥떡아낙'과 '쑤-욱'넣은 얘기를 자랑스레 늘어놓으면서 자신이 표현한 '팔 동작'을 소개했고, 얘기를 들은 초동樵童들은 온마을과 이웃마을에까지 소문을 퍼뜨렸다. '쑥떡' 파는 아낙과 '쑥떡바구니' 옆에서 '쑤욱' 넣었다 해서 그 해괴한 '팔뚝질'의 이름도 '쑥떡질'로 명명되었다. 어쨌든 당시의 이 얘기는 충청도忠清道 전역으로 급속히 퍼져나갔고, 그 사내의 '쑥떡질' 동작動作도 이 모양 저 모양으로 함께 따라다녔다.

그리고 이 일이 있은 후부터 충북忠北 지방에서는 "원암장에 갈 때 양물陽物(남자의 성기를 말함)을 세워서 가면, 떡(?)도 거저먹고 장도 볼 수 있다"는 말이 회자되기 시작했다. 여기에서 '떡'은 그 사내가 먹은 '다른 쑥떡'을 말하는 것으로 여성과의 교합交合을 말한다. 이렇게 해서 태어난 '쑥떡질'은 일제日帝 때 일본제국주의자들이 우리나라의 쌀을 수탈收奪해 가는 과정에서 집중적으로 활용活用되었다. 일제日帝 말기가 가까워 오던 1932년 말경 일제는 식량증산을 최우선 정책으로 수립하고, 충청지방의 경우 청정지역에서 생산된 쌀을 공출供出이라는 미명아래 수탈하여 철도운송으로 군산항群山港에 집결, 일본日本으로 흘려보냈다. 이때의 식량수

탈食糧收奪로 우리나라 국민들은 초근목피草根木皮로 살아야 했고, 보릿고개의 설움을 유산遺産으로 물려줘야 하는 비통한 삶을 이어갔다.
충북지방의 경우 청주역淸州驛에서 곡식을 가득 실은 열차가 청주 성벽 10m 안팎의 북문과 북쪽 성을 따라 부설된 충북선忠北線을 통해 운반되었다. 기관차機關車가 연기를 내뿜으며 요란한 기적소리를 울리며 읍성邑城 옆을 지날 때면 읍민들은 한결같이 억장이 무너졌다. 먹을 만한 쌀은 모두 일본日本으로 실고 가고, 초봄부터 '장리쌀'을 먹을 생각을 하니 눈앞이 캄캄해 질 수밖에 없었다. 그래서 읍민邑民들은 모두가 쌀을 탈취해가는 열차列車를 향해 울음을 터뜨리면서 온갖 욕설을 다 퍼부었다.
그러나 기차汽車의 굉음에 파묻혀 그들의 절규絶叫는 일본인 기관사機關士나, 차장, 동승한 일본인 관리들과 조선인朝鮮人 친일분자에게 들리지가 않았다. 이때 읍민들이 생각해 낸 것이 보은報恩에서 만들어져 충청지역 전역全域에 파급되고 있던 '쑥떡질'이었다. 기차汽車의 굉음轟音에 파묻혀버리는 욕설보다는 일제관리日帝官吏들의 눈에 쉽게 보이는 '쑥떡질'이 그만큼 효과적이라는 것을 착상한 것이다. 이날부터 청주읍민淸州邑民들은 '청풍명월淸風明月'의 자존심마저 접어두고, 열차列車를 향해 현기증이 나도록 '쑥떡질'을 해댔다.
그리고 이때의 '쑥떡질'은 6.25동란 때 피난 나온 충청도忠淸道 사람들을 통해 부산과 주지방 일원에 파급波及되었고, 팔뚝질의 요령도 체계적으로 전수傳授되었다.
그리고 이를 전수 받은 경주지역에서는 모두 세 가지의 '쑥떡질'을 정립定立하여 오늘에 이르고 있다.

아니나 다를까 (다르랴)

과연 예측한 바와 똑같다는 말, 짐작하거나 예상한 바대로, '혹시 아니나 해서'라고 하면 '혹여 아닐지 몰라서', '아닐까 싶은 마음에'를 나타낸다. 의심하거나 추측했던 사실이 실제와 다르지 않다는 말이다.

예) 얘가 밥 먹고 어디로 갔나 했더니 아니나 다를까 옆집에 가서 놀고 있더라.

아니 할 말로

말하기는 좀 무엇하지만, '해서는 안 되는 말로', '못 할 말로'이다. 뒤에는 부정적인 표현이 따른다.

예) 실종된 아이들이 아니 할 말로 죽었으면 큰일 아닌가.

아닌 게 아니라

과연 그렇게, '아닌 것이 아니라'에서 왔다. 이런 표현은 이중부정이라 하여 강한 긍정을 나타낸다. 앞에 내세운 어떤 사실에 대하여 그것이 정확히 그대로임을 강조하는 표현으로서, '과연', '미상불未嘗不'을 뜻한다. 주로 그 전에 보고 들은 내용을 자신이 직접 확인했을 때 쓰는 표현이다.

예) 아닌 게 아니라 그이는 힘이 천하장사다.

아닌 때 아닌 곳

뜻하지 아니한 엉뚱한 때나 곳.

아닌 말로

아니 할 말로.

아닌 밤중

뜻하지 아니한 밤중, 뜻밖의 때.

아닌 밤중에(때 아닌 밤중에)

1. 뜻하지 않은 밤중에.

예) 도대체 나라가 망해도 분수가 있지, 영부사가 무엇 때문에 김공량이 놈한테 아닌 밤중에 첨諂을 하러 돌아다니는 건가. 한심한 일일세.

2. 뜻밖의 때에.

예) 아니, 아닌 밤중에 무슨 뚱딴지같은 소리야?

아닌 보살 하다

시치미를 딱 떼어 모르는 체한다는 말.

아닐 수 없다

앞에서 말한 사실을 긍정하여 강조하는 말.

예) 이것은 우리 모두의 희망이 아닐 수 없다.

아람(이) 벌다

아람이 떨어지다.

★아람 : 밤, 상수리 따위가 나무에 달린 체 저절로 충분히 익은 상태 또는 그 열매.

아람(이) 붙다

아람이 나무에서 떨어지거나 떨어질 상태에 있다.

아람이 크다

너그럽게 받아들이는 도량이 크다.

아랑곳 여기다

관심 있게 생각하다.

예) 그녀는 남편이 자기를 연애할 때처럼 아랑곳 여겨 주지 않아 서운했다.

아를 타다

동생이 생긴 뒤에 아이가 야위다.

★아 : 아우의 준말.

아름이 벌다

1. 두 팔을 벌려 껴안은 둘레의 길이에 넘치다.

★아름 : 두 팔을 벌려 껴안은 둘레의 길이나 물건의 양.

예) 아름이 벌게 큰 느티나무.

2. 힘에 겹거나 매우 벅차다.

아름이 크다

너그럽게 받아들이는 태도가 크다.

아망(을) 부리다

아망을 행동으로 나타내다. (비)아망을 떨다, 아망을 부리다, 아망을 피우다.

★아망 : 아이들이 부리는 오기.

아무렇지 않다

(무엇이) 전의 모양이나 상태가 어떠한 달라짐이 없이 그대로 있다. '아무렇다'는 '아무러하다'의 준말이다. 가리지 않는 조건을 나타내어 '이러저러하다', '그 모든 경우를 아우르다'를 뜻하거나, 부정어와 함께 쓰여 '전혀', '하나도 그러하지 않다'라는 뜻을 나타낸다. '어떤 부정적인 일을 당하여서 전혀 해를 입거나 충격을 받지 않고 무시하다', '어떤 일에 대하여 대수롭지 않게 여기고 태연하다'라는 뜻이다. '아무렇지도 않다'라고 하면 의미가 강조된다.

예) 그는 거짓말하는 것을 아무렇지 않게 여긴다.

아미를 숙이다

여자가 다소곳이 머리를 숙이다.

★아미蛾眉 : 누에나방의 모양처럼 아름다운 미인의 눈썹.

예) 누렇게 색 바랜 사진 속에는 이마가 넓고 콧날이 반듯한 신랑과 수줍은 듯 아미를 숙이고 있는 복스러운 얼굴의 각시가 나란히 상반신을 맞대고 있었는데….

아비 없는 후레자식

아버지 없이 제멋대로 자라 버릇없는 사람이라는 뜻으로, 남을 욕하여 이르는 말.

★후레자식子息 : 배운 데 없이 막되게 자라서 몹시 버릇없는 자를 욕하여 이르는 말.

예) 아비 없는 후레자식이라는 욕을 듣지 않게 처신을 잘해야 한다.

아쉬운 대로

부족하나마 그냥 그대로.

예) 우리는 아쉬운 대로 빵으로 끼니를 때웠다.

아쉬운 소리

없거나 부족하여 남에게 빌거나 꾸려고 구차하게 사정하는 말.

예) 남 줄 것은 없지만 그래도 남한테 아쉬운 소리는 안 하고 삽니다.

아시-김을 치다

『북』 '아시를 치다.'의 북한 익은말.

아시를 치다

『북』 애벌김을 매다.

아양(을) 떨다

귀염을 받으려고 알랑알랑 거리는 행동이나 혀 짧은 소리를 내는 못된 짓. '아양 떨다'와 '아얌을 떨다'와 비슷하다. 아얌이란 조선시대 때 여자들이 겨울철밖에 나갈 때 추위를 막으려고 머리에 쓰던 방한모인데 겉은 고운 털로 안쪽에는 비단으로 그리고 앞에는 붉은색의 수술 장식, 뒤에는 댕기처럼 넓

ㅇ

적하여 긴 아얌드림이 있었다고 한다. 어린 여자아이가 아얌을 쓰고 머리를 흔들면 아얌드림이 떨리는데 이 모습이 예쁘고 귀여워서 아얌이 아양으로 바뀌어 지금의 '아양 떨다'와 같이 사용됐다.

아우(를) 보다

아우가 생기다.

아우(를) 타다

어머니가 아이를 배었거나 해산한 뒤에 젖이 줄어 젖먹이가 몸이 여위어 지다.

아우성(을) 치다

여럿이 함께 기세를 올려 부르짖다.

아울러 가지다

어떤 성질, 속성 따위를 함께 가지다. 빛나는 지성과 넉넉한 마음을 아울러 가진 사람.

아이(가) 서다

임신, 아이를 배다.

아이(를) 배다

배속에 아이를 가지다. 잉대하다.

아이(를) 지다

달이 차기 전에 태아가 죽어서 나오다.

아이 보채듯

몹시 졸라 대는 모양을 비유적으로 이르는 말.

예) 그녀는 나에게 그 옷을 사 달라고 아이 보채듯 졸랐다.

아주 멀쩡하다

그릇된 짓을 하거서도 예사로이 지내다. 사람이나 물건 따위가 다치고서도 아무런 흠이 생기지 않다.

아주 뽕 빠졌다

큰 손해를 입어 모두 거덜이 났다.

아주 송화색이라

아주 샛노랗다는 뜻으로, 인색하기 짝이 없는 경우를 이르는 말.

★**송화색**松花色 : 소나무의 꽃가루와 같은, 엷은 노란 빛깔.

아직 신날도 안 꼬았다

아직 시작도 안 했다.

★**신날** : 짚신이나 미투리 따위의 바닥에 세로로 놓는 날.

아퀴가 나다

일이나 말이 마무리되어 마감이 이루어지다.

★**아퀴** : 어수선한 일을 정돈하여 마무리하는 끝매듭.

아퀴(가) 세다

『북』 '아귀(가) 세다'를 강조하여 이르는 말.

아퀴를 내다

일이나 말을 마무리하여 마감 짓다.

아퀴(를) 짓다

바느질을 할 때 끝매듭을 짓는 일을 '아퀴를 짓는다고 하여 어떤 일을 끝내어 확실하게 맺는다는 뜻이다. 또는 진행하던 일의 끝매듭을 짓거나 어떤 일의 가부를 결정하는 것을 말한다.

예) 이번에 가면 지난 번 그 일에 대해서는 단단히 아퀴를 짓고 오너라.

아픈 곳을[데를] 건드리다[찌르다]

상대방의 약점이나 허점을 말하거나 지적하다.

예) 너는 어쩌면 그렇게 남의 아픈 곳을 건드리니.

악다구니를 놀리다

(속되게) 1. 기를 쓰고 욕설을 하다.

★**악다구니** : 기를 써서 다투며 욕설을 하는 짓.

2. 『북』 자꾸 말대답을 하다.

악머구리 끓듯

많은 사람이 모여서 시끄럽게 마구 떠드는 모양을 비유적으로 이르는 말.

★**악머구리** : 요란스럽게 잘 운다고 하여, '참개구리'를 이르는 말.

예) 어느 틈에 버스도 떠나고, 악머구리 끓듯 하던 여편네들도 긴 그림자를 끌며 하염없이 흩어져 갔다.

악사를 먹이다

1. 몹시 약을 올리거나 하여 못살게 굴다.

2. 일이 제대로 안 되고 문제가 생겨 애를 먹이다.

★**악사**惡事 : 나쁜 일.

악업의 맹화

악업이 보리심을 잃게 하는 일을 맹화가 초목을 불사르는 것에 비유하여 이르는 말.

★악업惡業 : 나쁜 결과의 원인이 되는 나쁜 행위.

★맹화猛火 : 세차게 타는 불.

악惡을 쓰다

(사람이) 몹시 성을 내거나 모질게 행동하다.

예) 그 아이는 결백을 주장하며 악을 썼다.

악지(가) 바르다

『북』 하려고 마음먹은 것을 기를 쓰고 하려는 데서, 눈치가 빠르고 약삭빠름을 이르는 말.

★악지 : 잘 안 될 일을 억지로 해내려는 고집. (큰) 억지.

예) 악지 바른 장사아치.

악지를 빼다

체벌體罰을 가하여 악지스러운 마음을 뽑아 버리다.

악착(을) 부리다(악착같다)

'악착齷齪'의 '악齷'과 '착齪'은 둘 다 이齒가 작음을 나타낸다. 즉, 이가 작고 세밀한 모양이 '악착'이다. 이러한 치아를 지닌 사람들은 주로 마음이 좁고 인색하다 하여 '좀체 포기하거나 양보할 줄 모르는 끈질긴 태도나 짓'을 뜻하게 되었다. 큰말은 '억척'이다. 악착이 긍정적으로 쓰일 때는 '부지런하다'는 의미에 가깝다.

예) 열심히 살아보겠다고 두 내외가 악착을 부리며 일했다.

악화 일로를 걷다

'일로一路'는 '하나의 길'이다. 어떤 과정이 일관되게 한 방향으로 나아갈 때 이 표현을 쓴다. 어떤 것이 좋아졌다가 나빠졌다가 하는 것이 아니라 나빠지기만 한다는 말이다. '길'이므로 비유적인 의미에서의 '걷다'를 썼다.

★악화惡化 : 어떤 일이나 관계가 나쁘게 변함.

예) 올 들어 노사 관계가 악화 일로를 걷고 있다.

안간힘(을) 쓰다

(사람이) 불만이나 고통 따위를 참으려고 매우 노력하다. '안간힘'은 '간힘'에 '안'이 붙은 말이다. '간힘'은 쉬는 숨을 억지로 참으면서 고통을 이기려고 애쓰는 힘을 뜻한다. 그래서 안간힘은 '불평이나 고통, 울화 따위를 속으로 참으려고 하지만 저절로 터져 나오는 간힘'이다. 그런 힘을 쓴다는 말이다.

예) 그는 미처 회복되지 않은 다리로 안간힘을 쓰며 자리에서 일어나려 했다.

안개구름 끼다

성교하다.

안개구름(을) 타다

계집을 탐하다. '계집'을 '안개구름'에 비유한 말.

안개를 피우다

어떤 사실을 숨기기 위해 교묘한 수단을 쓰다.

예) 임이네와 자기 사이에서 양편의 심중을 재빠르게 헤아리고 적당히 안개를 피울 줄 아는 홍이를 임이네보다 월선이 더 잘 알고 있었다.

안개 속에 묻히다

어떤 사실이나 비밀이 밝혀지지 않다. (비)안개에 싸이다.

예) 그가 죽음으로써 그에 대한 소문은 영원히 안개 속에 묻혔다.

안개에 싸이다

안개 속에 묻히다.

안경眼鏡(을) 쓰다

1. 있는 그대로 보지 않고 선입견을 가지다. (비)색안경(을) 쓰다.

예) 안경을 쓰고 상황을 판단하면 안 된다.

2. 술을 한꺼번에 두 잔 받다.

안고 돌다

번잡하게 꼬리를 물고 붐비다.

안고 돌아가다

맡은 일을 제대로 하지 못하고 질질 끌다.

예) 아직도 그 일을 안고 돌아가고 있어?

안달음을 놓다

『북』 몹시 속을 태우며 조급하게 행동하다.

★안달음 : 안달(속을 태우며 조급하게 구는 짓)의 북한어.

예) 가슴이 덜렁 내려앉고 눈앞이 캄캄해진다. 어머니는 허둥지둥 안-달음을 놓았다.

안달(이) 나다

'안달'은 '안이 달아오르다'란 뜻을 가진 말이다. '안'은 온갖 장기가 있는 '몸 속'을 가리키는 말이니, 이 말은 곧 속이 타서 달아오른다는 뜻이다. 어떤 일의 결과를 느긋하게 기다리지 못하고 속을 태우며 안타깝게 고민하는 것을 나타내는 말이다.

예) 해삼 장수는… 밀린 외상값을 받아 내려고 안달이 났다.

안면(을) 바꾸다

잘 알고 지내던 사람을 일부러 모른 체하다.

★안면顔面 : 사람 머리의 앞쪽 면.

예) 그동안 그토록 친하게 지냈던 사람들이 사업이 망하자 대번에 안면을 바꾸어 버렸다.

안반 같다

매우 두텁고 넓다.

★안반 : 떡을 칠 때에 두껍고 넓은 나무판.

예) 엉덩이가 ~.

안반짝 같다

'안반 같다'를 강조한 말.

안받침이 되다

내적으로 다짐하다. 또는, 내적으로 깔려 있다.

안색(을) 낮추다

홍분을 누르며 침착하고 공손하게 대하다.

★안색顔色 : 얼굴에 나타나는 빛깔이나 기색.

안악 사는 과부寡婦

밤낮의 구별도 모르고 있는 사람을 비유함.

★안악安嶽 : 황해도 북서부에 있는 군.

안으로 들어가다

실속 있게 내용을 파고들다.

안절부절(을) 못하다

'안절부절'은 마음이 불안하고 몸을 가만히 두지 못하는 상태를 일컫는 말이다. 풀어보면 '이러지도 저러지도', '앉지도 그렇지 않게도(서지도)'가 된다. 따라서 '안절부절하다'는 틀린 말이다. '안절부절'이 부사로서 '안절부절 어쩔 줄 모르다'라고 쓰일 수는 있다. 즉, '안절부절(을) 못하다'는 '안절부절 아무것도 못하다'이다.

예) 그는 일이 들통 날까봐 안절부절못했다.

안중에도 사람이 없다

남의 일에는 관심도 없고 어려워하지도 않으며 함부로 나대는 사람을 비유적으로 이르는 말.

★안중眼中 : 주로 '안중에'의 꼴로 쓰여, 생각이나 관심의 범위나 대상.

안중에도 없다

안중眼中은 본래 눈의 안이란 의미로 관심이나 의식의 범위 내라는 뜻입니다. 따라서 전혀 관심의 대상이 아니라는 의미입니다.

안찌 대다

윷놀이에서, 말을 안찌에 놓다.

★안찌 : 말판의 방에서 꺾인 둘째 방.

안차고 다라지다

겁이 없이 깜찍하고 당돌하다.

안팎으로 꼭 맞다

여러 가지 점으로 완전히 맞거나 서로 어울리다.

예) 그 일에는 안팎으로 꼭 맞는 사람이 있지.

앉아(서) 기다리다

다른 사람이 해 줄 것만 바라고 전혀 노력하지 아니하다.

예) 일자리가 들어오길 앉아서 기다리지 말고 직접 알아보고 다녀라.

앉아(서) 뭉개다

1. 앞으로 나아가지 못하고 제자리에서 발전이 없다.

예) 사업이 작년부터 계속 앉아서 뭉개고 있다.

2. 일을 제대로 하지 못하고 우물쭈물하다.

예) 앉아서 뭉개지만 말고 모르면 누구한테든 좀

물어 봐라.

앉아(서) 배기다

그 자리에서 어려운 일을 감당해 내다.

예) 한 자리에 오랫동안 앉아서 배긴 덕분에 이만큼 성공했다.

앉아서 벼락 맞다

가만히 있다가 뜻밖의 화를 당하다.

앉으나 서나

언제나. 어떤 상황에서나.

예) 그는 앉으나 서나 돌아가신 어머니 생각만 한다.

알게 모르게

자신도 모르는 사이에.

예) 그녀는 이삿짐을 나르면서 알게 모르게 멍이 많이 들었다.

알 게 뭐야[뭐냐]

어떻게 되든 상관이 없다는 뜻으로 이르는 말.

예) 알 게 뭐야, 내가 먹을 것도 아닌데.

알 게 뭐예요

'알 게 뭐야[뭐냐]'보다 상대방을 높여 이르는 말.

예) 당신이 중학생인지 고등학생인지 내가 알 게 뭐예요.

알 게 뭡니까

'알 게 뭐야[뭐냐]'보다 상대방을 매우 높여 이르는 말.

예) 그게 어떻게 우리 집에 들어와 있는지 내가 알 게 뭡니까?

알 까다

공놀이할 때, 잡았던 공을 놓침을 속되게 이르는 말.

알다가도 모르다

'알다'와 '모르다'는 반대말이다. 어떤 것을 알면 모르지 않는 것이고, 어떤 것을 모르면 알지 않는 것이다. 그런데 '알다가 모른다'라고 했다. '갈피를 잡지 못하게 아리송하다'라는 뜻이다.

알다가도 모를 일

어떤 일이 하도 상식 밖이어서 선뜻 이해가 가지 않음의 비유.

예) 그 아이가 불합격이라니 ~이다.

알 듯 말 듯 하다

알 것 같기도 하고 모를 것 같기도 하고 아리송하다.

알랑방귀(를) 뀌다

집안이 화목하려면 안주인의 성품과 덕행이 중요하다는 말.

★**알랑방귀** : 알랑거리며 남의 비위를 맞추는 짓을 속되게 이르는 말.

예) 알랑방귀 뀌지 마라.

알밤(을) 먹이다(주다)

주먹으로 머리를 쥐어박다.

★**알밤** : 주먹으로 머리를 가볍게 쥐어박는 일. (비)꿀밤.

알아서 기다

어떤 분부가 내리기 전에 미리 헤아려서 윗사람의 뜻에 맞게 행동하거나 일을 처리하다.

알을 까다

부화孵化하다.

알(을) 슬다

물고기나 벌레 따위가 알을 낳아 붙이다.

★**슬다** : 아무데나 함부로 낳아 놓다.

알토란土卵 같다

살림, 재산 등이 옹골차게 실속이 있다. 알토란같은 재산, 막 흙에서 파낸 토란은 흙이 묻어 있고 잔뿌리가 많아 지저분하기 짝이 없다. 그 토란에 묻은 흙을 털고 잔뿌리를 다듬어 깨끗하게 한 토란을 알토란이라고 한다. 그렇게 가다듬은 토란은 흙에서 막 캐어냈을 때보다 훨씬 더 보기가 좋고 먹음직스럽다. '부실한 데가 없이 옹골차고 단단하다'는 뜻과 '살림살이를 규모 있고 알뜰하게 하다'는 두 가지 뜻이 있다.

예) 그 땅은 알토란같은 땅이다. 안사람이 얼마나 알토란같게 살림을 꾸려가는 지 혀를 내두를 정도다.

알파와 오메가

1.처음과 마지막, 전부, 총체.

ㅇ

★알파alpha : ①그 이상의 얼마. ②시작이나 맨 처음을 이르는 말.

★오메가omega : 맨 끝을 이르는 말.

2. 영원한 존재자인 그리스도를 가리키는 말.

앓느니 죽지

남을 시켜서 시원치 않게 일을 하느니 당장에 힘이 들더라도 자기가 직접 해치우는 편이 낫다는 말.

예) 영수에게 심부름을 보냈는데 아무리 기다려도 돌아오지 않는다. 앓느니 죽지, 그 애를 시키느니 차라리 내가 가겠다.

앓는 소리

일부러 구실을 대며 걱정하는 모양을 비유적으로 이르는 말.

예) 돈 좀 빌려 달라고 했더니 친구는 앓는 소리만 하더라.

암내(가) 나다

짐승이 발정하다.

★암내 : 암깃이 발정기에 수컷을 유혹하기 위해 몸에서 내는 냄새.

암내(를) 내다

암컷이 발정發情하여 암내를 피우다.

암범 같다

암상스럽고 영악하다.

★암범 : 암컷인 범.

암상이 돋치다

몹시 암상스러운 기색이 나타나다.

★암상 : 남을 미워하고 샘을 잘 내는 잔망스러운 심술.

암소한테 물리다

『북』 여성에게 덜미를 잡혀 꼼짝 못 하고 하자는 대로 끌려 다니다.

암탉이 울다

닭은 수탉 한 마리가 여러 암탉을 거느리는 부계 중심 사회를 이룬다. 보통 기세 좋게 우는 쪽은 수탉이다. 암탉은 알을 낳을 때를 제외하고는 거의 크게 울지 않는다. '암탉이 울면 집안이 망한다'라는 속담이 있다. 이때 암탉은 집안의 여자를 빗대어 쓴 것이다. '(비유적인 표현으로 쓰여) 아내가 자기 주장을 내세우거나 남편보다 먼저 나서다'라는 뜻이다. 가부장적인 인식에서 나온 말이다.

예) 그 집안은 암탉이 울어서 될 일도 안 돼.

압력을 가하다

한 물체가 다른 물체를 향해 누르는 힘이 '압력(壓力)'이다. 이 말이 비유적으로 쓰이면, 사람끼리의 관계에서 어떤 외부적인 힘으로써 행동을 강요하는 것이나 또는 그러한 힘을 가리키기도 한다. '어떤 물체에 영향을 미치는 힘을 그쪽으로 눌러 보내다', '다른 사람에게 어떤 행동을 하도록 강요하기 위해 권력, 돈, 무력 따위의 외부적인 힘을 보내 견디기 힘들게 하다'라는 뜻이다.

예) 그들이 더 이상 사회에 파장을 일으키지 않게 정치권에서 압력을 가한 눈치였다.

앙괭이를 그리다

얼굴에 먹이나 검정 따위를 함부로 칠하다.

★앙괭이 : 음력 섣달그믐날 밤에, 잠자는 사람의 얼굴에 먹이나 검정 따위를 함부로 그려 놓는 일.

앙심을 먹다

앙심을 품다.

★앙심怏心 : 원한을 품고 앙갚음하려고 벼르는 마음.

앙얼 입다

(사람이) 신불神佛의 앙화를 받다.

★앙얼殃孼 : 지은 죄의 앙갚음으로 받는 온갖 재앙.

예) 그 사람이 앙얼을 입었다.

앞길이 멀다

'앞길'은 '앞쪽에 있는 길', '앞으로 걸어가야 할 길'이다. '이제부터 걸어가야 할 길이 한참 남아 있다'라는 뜻이고, 아울러 '(비유적인 표현으로 쓰여) 이제부터 미래에 살아가거나 극복해야 할 과정'을 의미하기도 한다. 주로 딱한 처지에 놓인 사람이나 많은 장애를 지닌 사람을 두고 하는 말이다. (비)갈길이 멀다.

예) 네 하는 꼬락서니를 보니 앞길이 멀다.

앞뒤가 다르다

(사람이) 말과 행동이 서로 달라 사람 됨됨이가 바르지 못하다.

앞뒤가 막히다

융통성이 없어 답답하다. 앞뒤가 막히면 앞으로 나아가지도 못하고 뒤로도 물러나지 못하니 꽉 막힌다. 한편 '(사람이) 크게 생각하지 않고 제 안에 갇혀서 다른 사람들과 대화가 통하지 않을 정도로 답답하다'라는 뜻으로도 쓰인다.

예) 그 사람은 앞뒤가 막혀서 아무리 설명을 해주어도 들으려 하지 않는다.

앞뒤가 맞다

조리가 맞다. 시간의 전후를 두고 흘러가는 것에서 앞에 온 것과 뒤에 오는 것이 어긋나지 않고 들어맞음을 나타낸다. '말이나 논리가 앞에 부분과 뒤에 부분에 어긋남이 없이 일치하다'라는 뜻이다. (반)앞뒤가 맞지 않다.

예) 말의 ~.

앞뒤 걸음을 재다

행동을 이모저모로 계산하다.

앞뒤(를) 가리지 않다

신중히 이것저것 생각하지 아니하고 마구 행동하다.

예) 평소에 성질이 차분하고 어눌한 송기화는 그답지 않게 앞뒤 가리지 않고 선무당 춤추듯 하였다.

앞뒤(를) 재다(가리다/헤아리다)

신중히 따지고 계산하다. '재다'는 '길이나 무게 따위를 자나 거울 같은 것으로 알아보다', '측정하다'이다. 이때 '앞뒤'는 앞에 일어날 일과 그 뒤에 따라서 일어날 일을 뜻한다. 한편 '재다'에는 '빈틈없음', '계산된 속셈', '간교한 잇속'의 뜻이 내포되어 있기도 하다. '어떤 일을 하기 전에 자기가 얻게 될 득실을 이렇게 저렇게 따져보다'라는 뜻이다.

앞 방석을 차지하다

비서의 역할을 하다.

앞서거니 뒤서거니

같은 방향으로 나가면서 서로 앞에 서기도 하고 뒤에 서기도 하는 모양을 이르는 말. 예) 물동이를 이고… 걸어가는 두만네 뒷모습이 사라지자 앞서거니 뒤서거니 함안 댁과 막내딸이 물 길러 나타났다.

앞에 내세우다

다른 것보다 더 두드러지게 드러내 놓거나 중요시하다.

예) 이번 광고에서는 무엇보다도 친절을 앞에 내세웁니다.

앞(을) 다투다

'서로 맨 앞에 서서 뛰거나 나아가려고 애쓰다', '서로 지지 않으려고 너도나도 나서다'라는 뜻이다.

예) 외국 기업들이 앞 다투어 우리 시장에 들어오고 있다.

앞을 닦다

자기 할 일을 잘하고 행동을 바르게 하다.

예) 식견이라면 몰라도 완력으로 어른다면 길 소개도 제 앞을 닦는 사람이었다.

앞(을) 못 보다

눈이 멀어서 보지 못하다.

예) 앞 못 보는 심 봉사.

앞(을) 지르다

1.(사람이나 짐승 따위가 대상을)그보다 빨리 나아가서 먼저 앞을 차지하다.

2.(어떤 사람이 다른 사람을)앞서서 먼저 하다.

앞이 벌다

담당하거나 감당하기가 힘에 겹다.

앞이 캄캄하다

눈을 감거나 빛이 없어 어두우면 앞이 캄캄하다. '눈앞이 까맣게 어두워서 사물을 분간할 수 없다'라는 뜻이다. 한편 '너무 상황이 곤란하여 앞으로 어

ㅇ

떻게 해야 할지 전혀 생각이 떠오르지 않으며 답답하다'라는 뜻.

앞자락이 넓다

1. 비위가 매우 좋다.

★앞자락 : 옷의 앞쪽 자락. (반)뒷자락.

2. 관심을 가지는 분야가 매우 넓다.

앞장(에) 서다(세우다)

'앞장'은 여럿이 어울려 나아갈 때 맨 앞에 위치한 자리 또는 거기에 선 사람을 뜻한다. '선두先頭', '선先머리'라고도 한다. '무리의 맨 앞에 서서 나아가다', '어떤 일을 하는 데 있어 가장 먼저 나서서 적극적으로 활동하다'라는 뜻이다. 한편 '세우다'는 '서다'의 사동, 즉 '서게 하다'이다. 앞장서게 한다는 뜻을 나타낸다. '나아가는 행렬의 맨 앞에 서게 하다'라는 뜻이다.

예) 자네가 이 길을 안다고 했으니 앞장서서 인도하게.

앞장(을) 서다

맨 앞에 서서 나아가다.

앞장(을) 세우다

앞장서게 하다.

앞 짧은소리

1. 장래성이 볼 것 없거나 장래의 불행을 뜻하는 말마디.

2. 하지도 못할 일을 하겠다고 미리 장담하는 말.

3. 앞길을 넓게 내다보지 못하고 하는 소리.

애가 끊어질 듯하다

애는 창자를 가리키는 옛말로 애가 끊어질 듯하다는 말은 창자가 끊어질 듯 고통스럽다는 뜻이다. 즉 몹시 슬퍼서 창자가 끊어질 것처럼 고통스럽다는 뜻이다. 흔히 '애가 끓는다', '애 먹다', '애 타다' 등에 쓰이는 '애는 근심에 쌓인 마음속을 가리키는 말로서 그런 경우는 창자를 가리키는'애'와는 다르다.

예) 어디서 일성호가는 남의 애를 끊나니. 애가 끊어지게 울어대는 그 소리에 이씨는 그만 밤을 하얗게 새웠다.

애(가) 마르다

몹시 안타깝고 초조하여 속이 상하다. (비)애간장(이) 마르다.

예) 뒤돌아보던 아이의 얼굴이 눈앞에 어른거려서 애가 말라 못 견디겠다.

애가 쓰이다

안타까운 마음이 쓰이다. (비)애가 씌우다.

예) 이맘때 처녀의 심리를 알 수 없는 덕기는 무슨 말이 이 여자의 귀에 거슬리어 애가 쓰였다.

애가 씌우다

『북』 '애가 쓰이다'의 북한 익은말.

예) 다섯 손가락 깨물어서 아프지 않은 손가락이 없다지만 볼 때마다 유달리 애가 씌우고 가슴허비는 애틋한 자식이 순희였다.

애(가) 타다

(사람이) 어떤 고민에 걱정이 되다. '애'는 신체의 내장기관인 '창자'를 일컫는다. 그것이 불에 타듯이 뜨겁고 화끈거린다는 말이다. 사람의 마음이 얼핏 신체 내부에 있는 듯하여 마음속 감정을 나타낼 때 여러 내장을 빌어 표현한다. '어떤 근심이나 기다림 등으로 시간이 갈수록 점점 초조하고 안타깝다'를 뜻한다. 비슷한 말로 '복장이 타다', '간장이 타다'가 있다. '복장'은 가슴의 한복판을 뜻하므로 '복장이 탄다'라고 하면 울분 따위로 마음이 몹시 답답하고 괴롭다는 뜻이고, '간장이 타다' 역시 '애가 타다'보다 강렬한 표현으로서 큰 불안이나 초조함을 나타낸다. (비)애간장이 타다.

예) 아이가 해가 진 뒤에도 돌아오지 않자 어머니는 애가 타서 정류장까지 나가 기다렸다.

애간장(을) 끓이다

애를 많이 태우면 간장이 혹사를 당하게 된다는 말. (비)간장(을) 끓이다.

애간장을 녹이다

'간장을 녹이다.'를 강조하여 이르는 말.

예) 그는 처녀들의 애간장을 녹인 그 잘생긴 얼굴에 함박웃음을 지은 채 그녀를 맞이했다.

애간장(을) 말리다

'애를 말리다'를 강조하여 이르는 말. (비)간장(을) 말리다, 간을 말리다.

예) 여자는 여러 사내 애간장을 말리게 생긴 미인이었다.

애간장(을) 저미다

간을 저미듯 심한 고통을 주다.

애간장(을) 태우다

몹시 초조하고 안타까워서 속을 많이 태우다.

예) 그동안 형님의 소식을 몰라 식구들이 무척 애간장을 태웠다.

애간장(이) 녹다

1.'간장이 녹다.'를 강조하여 이르는 말.

예) 매화타령이 끝나자 묘옥이 앞으로 나와 상사요를 애틋하게 부르는데 듣는 사내들의 애간장이 저절로 녹는 듯하였다.

2.'간장이 녹다.'를 강조하여 이르는 말.

예) 안 서방네는 으레 그 황아장수 아낙이 마을에 들르는 날짜 터울을 후딱 넘겨 버린 채 안 나타나자, 애간장이 녹아서 안절부절 못하였다.

애간장(이) 마르다

'애(가) 마르다'를 강조하여 이르는 말.

애(를) 말리다

남을 안타깝고 속이 상하게 만들다.

예) 부모가 자식 때문에 애를 말리는 게, 어디 학교 들여보내는 것뿐이겠습니까?

애를 태우다

1.(사람이 일에) 몹시 속이 상하도록 어려움을 겪게 하다.

예) 언니가 곧 다가올 공무원 시험에 애를 태웠다.

2.(어떤 사람이 다른 사람의) 속이 몹시 상하도록 어려움을 겪게 하다.

예) 아들은 밤늦도록 집에 돌아오지 않아 부모님의 애를 태웠다.

애벌(을) 빨다

첫 번째로 대강 빨다.

★애벌 : 같은 일을 되풀이 할 때에, 그 첫 번 차례, 초벌.

애벌(을) 찌다

첫 번째로 대강 찌다.

앵두(를) 따다

(속되게) 눈물을 뚝뚝 흘리며 울다.

야단독판(을) 치다

『북』 혼자서 열을 내며 마구 야단을 부리다.

야단惹端을 때리다

1.함부로 크게 떠들다.

2.아주 크게 꾸짖다.

야단(을) 맞다

꾸지람을 듣다.

야단(을) 치다

함부로 떠들거나 부산하게 굴다. 마구 꾸짖다.

야단(이) 나다

떠들썩한 일이 벌어지다. 몹시 곤란하거나 어려운 일이 생기다.

예) 수술비를 못 구해 ~.

야마 돌다

비속어로 [엄청 짜증난다, 무지하게 화난다, 뚜껑 열린다]라는 뜻.

★야마 : 머리를 속되게 이르는 말.

말의 유래를 들어보면 꽤 재미있습니다.
옛 날 옛 날 아주 가까운 옛날, 몇몇 나그네들이 모여서 산길을 가고 있었답니다. 통상 산적과 산짐승이 무서워 떼 지어 가지요? 대여섯 명이 함께 산을 넘는데, 한 친구가 갑자기 배탈이 났는지 화장실(?)에 가겠다며, 동료들에게 기다리든지, 아니면 좀 천천히 가라고 했답니다. 자기는 야전화장실을 찾아 힘을 주러 갔구요. 일을 다 끝마치고 빠른 걸음으로 동료들을 쫓아갔겠죠. 그런데 친구들이 장난치려고 숨었는지, 아니면 일부러 그랬는지 몰라도 아무리 둘러보아도 없는 겁니다. 이에 약간 삐진 나그네는 다시 한 번 산을 한 바퀴 돌아보았습니다만, 그래도 역시 동료를 찾지 못했습니다. 더욱 열이 오른 나그네는 산을 서너 바퀴, 열 바퀴를 돌았지만 못 찾았지요.
어찌어찌 온 산을 한참을 돌다가 동료들을 찾았는데, 그때 얼마나 성질이 났겠습니까? 그리하여 '산을 돌다'가 '야마 돌다', '엄청 성질나다', '어마어마하게 열 받다'라는 뜻이 되었다는 전설이었습니다.

야바위(를) 치다

옳지 않는 방법으로 남의 눈을 속이다.

★야바위 : 그럴 듯한 방법으로 남을 속여 따먹는 노름.

야비다리를 치다

실제는 그렇지 않은 사람(교만한 사람)이 일부러 겸손한 체하다.

★야비다리 : 보잘것없는 사람이 제 딴은 가장 만족한 듯이 부리는 교만.

예) 누구라고 콕 집지 않아도 작금의 사태 주인공을 보면 야비다리를 친다는 것을 알 수 있다.

야살(을) 까다

얄망궂고 되바라지게 말하거나 행동하다.

★야살 : 얄망궂고 되바라진 말씨나 짓.

야지랑(을) 떨다(부리다/피우다)

얄밉도록 능청맞으면서도 천연스러운 짓을 자꾸 하다.

★야지랑 : [일부 동사와 함께 쓰여]얄밉도록 능청맞고 천연스러운 태도.

예) 과장은 마치 아무것도 모르는 것처럼 야지랑을 떨며 우리들을 추궁했다.

야코(가) 죽다

기죽다. 야코는 '양코'가 줄어서 된 말로 서양인의 높은 코가 낮아졌다는 말이다. 뻣뻣한 사람이나 자만심이 강한 사람을 '콧대가 세다', '콧대가 높다'는 말로 표현하듯이 코가 낮아졌다는 얘기는 그때까지 뻣뻣하던 태도나 기세가 많이 수그러들거나 일이 잘못되어 풀이 죽은 상태를 나타내는 말이다. 어떤 사람이나 일에 압도당해서 기를 펴지 못하는 상태를 표현하는 말이다.

예) 그 사람, 컴퓨터에선 자기가 최고인 줄 아는 모양인데 언제 한번 야코를 팍 죽여주자고.

약과 먹기

하기에 쉽고도 즐겁다는 뜻.

★약과藥果 : 우리나라 전통적인 유밀과의 한 가지.

약령(을) 보다

약령에 가서 약재를 사고팔다.

★약령藥令 : 해마다 정기적으로 열려서 한약재를 팔고 사던 장.

약령(이) 서다

많은 사람이 약령에 모여 약재를 사고파는 판이 벌어지다.

약물(을) 맞다

병을 예방하거나 고치기 위하여 약수터에 가서 약물을 먹거나 몸을 씻다. (비)물(을) 맞다.

약방藥房 기생妓生 볼쥐지르게 잘 생기다

여자의 용모가 뛰어나게 잘 생기다.

★볼쥐지르다 : 볼쥐어지르다(능력이나 수준 따위가 대상을 훨씬 넘어서다)의 준말.

약방(에) 감초

한약을 짓는 데 빠지지 않는 약재 중에 달콤한 맛을 내는 감초가 있다. 감초는 성질이 순하여 모든 약재와 잘 어울리며 약초의 쓴 맛 등을 없애주기 때문에 웬만한 약방문(처방전)에는 꼭 끼어있다. 어떤 일에나 빠짐없이 끼어드는 사람이나 사물을 가리키는 말이다.

예) 그 사람은 약방에 감초처럼 안 끼는 데가 없단 말이야.

약사발(을) 올리다[안기다]

『북』 약이 바싹 오르도록 자극을 주다.

예) 잘못한 일에 볼기를 치고 약사발을 올리고 하는 것이 우둔하고 이 산골에나 있음직한 일 같지만….

약속約束을 메우다

약속을 형식적으로 이행하다.

약藥을 걸다

약국을 차리다.

약(을) 올리다

비위가 상하여 언짢거나 은근히 화가 나게 하다.

★약 : 비위가 몹시 상하거나 화가 났을 때 생기는 감정이나 마음.

예) 지금 누구 약 올리는 겁니까? /조카 녀석은 나를 볼 때마다 노처녀라며 약을 올렸다.

약藥(을) 지르다

1. 술을 빚은 뒤에 그 속에다 주정 발효를 돕는 약품을 넣다.

2. 물고기를 잡거나 유해 생물을 없애기 위하여 약품을 쓰다.

약藥을 치다

(속되게) 뇌물을 주다.

예) 순사들이 큰 죄지은 사람 잡아들여 족치는 것을 어느 누가 나서서 약을 치고 바를 수 있기나 한다더냐?

약藥(을) 팔다

(속되게) 이것저것 끌어대어 입담 좋게 이야기를 늘어놓다.

예) 지금쯤은 저녁 설거지를 마친 아낙들이 한 집에 모여 한참 약 파는 시간이다.

약(이) 오르다

1. 고추나 담배 따위가 잘 자라 자극적인 성분이 많아지다.

예) 고추가 약이 올라 맵다.

2. 비위가 상하여 언짢거나 은근히 화가 나다.

예) 친구가 마땅히 하는 일도 없이 돈을 많이 번다는 것이 약이 올랐다.

약효藥效가 떨어지다

(비)약효를 잃다.

예) 회장 자리를 주겠다는 제의도 약효가 떨어졌는지 그는 우리의 요구를 들어주지 않았다.

약효를 잃다

뇌물의 효력이 없어지다. (비)약효가 떨어지다.

예) 그는 관계 직원에게 뇌물을 주었으나 약효를 잃었는지 발표 결과는 예상과 달랐다.

얀정머리 없다

{낮잡아 이르는 말} (사람이) 남을 동정하는 마음이 조금도 없다.

★얀정머리 : 인정머리를 얕잡아 쓰는 말.

얀정 없다

남을 동정하는 마음이 조금도 없다.

★얀정 : '인정'을 낮잡아 이르는 말.

얄(을) 까다

『북』 얄망궂고 되바라지게 말하거나 행동하다.

얌생이 몰다[치다]

남의 물건을 조금씩 슬쩍슬쩍 훔쳐 내다.

★얌생이 : 남의 물건을 조금씩 몰래 훔쳐내는 짓을 속되게 이르는 말.

얌치(가) 빠지다

더할 나위 없이 체면도 부끄러움도 없다.

★얌치 : 마음이 맑고 깨끗하거나 부끄러움을 아는 태도.

예) 너무나 얌치 빠진 소리에 그는 어이가 없었다.

얌치(가) 없다

얌치를 아는 마음이 없다.

양가죽을 쓰다

'양羊'은 넓은 초원에서 길러야 하는 동물이므로 우리나라에는 적합하지 않은 가축이다. 서양 동화에 보면 양가죽을 뒤집어쓴 늑대 이야기가 나온다. 주로 양은 온순하고 선량한 이미지를 가지고 있다. '양가죽을 쓰다'라는 표현은 근래에 외국에서 유입

ㅇ

되었음을 알 수 있다.

'흉악한 본성을 가리기 위하여 겉으로 순하고 착한 사람인 것처럼 꾸미다'라는 뜻이다.

예) 지금은 저들이 양가죽을 쓰고 있지만 때가 되면 저절로 정체를 드러낼 것이다.

양귀비 외딴치다

여자의 용모가 아주 아름답다.

★양귀비楊貴妃 : 당 현종의 후궁이자 며느리이다. 서시, 왕소군, 우희와 함께 고대 중국 4대 미녀들 중 1명으로 손꼽히는 인물.

★외딴치다 : ①능히 넘어서다. ②태껸과 같은 무예에서 혼자 판을 치다.

양다리(를) 걸다

양쪽에서 이익을 보려고 두 편에 모두 관계를 가지다.

양다리(를) 걸치다

양쪽에서 이익을 보려고 두 편에 다 관계를 가지다. <u>(비)두 다리를 걸치다, 양다리(를) 삼다.</u>

예) 알고 보니 그는 이제까지 나와 그녀 사이에서 양다리를 걸치고 있었다.

양量이 차다

'양'은 '위'에 해당하는 우리말. "양이 차다" 하는 것은 "위가 차다" 즉, "배가 부르다"는 뜻임으로 정해진 한도에 이르다는 의미.

양자(로) 가다

양자로 작정되어 양가에 가다.

★양자養子 : ①아들이 없는 집에서 대를 잇기 위하여 동성동본 중에서 데려온 조카뻘 되는 남자아이. ②입양에 의해서 자식의 자격을 얻은 사람.

예) 아이가 고아원에 간 것도, 알지 못할 사람의 양자로 간 것도 아닙니다.

양자(를) 들다

남의 집의 양자가 되다.

예) 여섯 살 된 둘째 아들은 작은집에 양자를 들어서 본집에는 없었다.

양자(를) 들이다

양자를 작정하여 들이다.

예) 시집에서는 양자를 들여서라도 집안의 대를 잇기를 원했다.

양자(를) 세우다

양자를 작정하여 들여세우다.

예) 그 자네 생부 가문에서는 양자를 세울 만한 사람도 적당치 않은 모양이야.

양판(이) 좋다

『북』 체면도 부끄러움도 모르고 배짱만 크다.

★양판 : 대패질할 때 밑에 받쳐 놓는 판판하고 길쭉한 나무.

예) 아래 논에 있던 권치도 마 영감네 논으로 물이 들어오는 줄 알고 그제야 양판 좋게 얼굴을 들고 논두렁에 올라섰다.

어귀(가) 차다

뜻이 굳세어 하는 일이 여무지다.

예) 그 학생은 정말 어귀 차게 공부하더라.

어금니가 아픈가 보다

상관上官이 잔소리를 하다.

어금니를 악물다

고통이나 분노 따위를 참으려고 이를 악물어 굳은 의지를 나타내다.

예) 이제 아버지도 안 계시니 이 험악한 세상을 어금니를 악물고 잘 견디며 살아야 한다.

어깃장(을) 놓다

짐짓 어기대는 행동을 나타내다.

옛날 집의 광이나 부엌의 문은 대문이나 방문처럼 좋은 나무를 쓰거나 네 아귀를 딱 맞춰서 만든 것이 아니라 잡목으로 대충 만들었다. 거기에다가 비바람과 햇빛에 사정없이 노출되다 보니 쉽사리 비틀어지거나 휘어지기 일쑤였다. 그런 비틀림이나 휘어짐을 방지하기 위해 문에 대각선으로 붙이는 나무를 어깃장이라 한다. 대각선으로 붙인 어깃장의 모양에서 착안하여 어떤 일을 어그러지게 한다거나 바로 되지 못하게 훼방 놓는 것을 어깃장을 놓는다고 한다.

예) 사람이란 늙으면 대개의 경우 어깃장도 놓고 이기적으로 된다고들 한다.

어깨(가) 가볍다(가벼워지다)

무거운 책임에서 벗어나 마음이 홀가분하다. (반)어깨가 무겁다.

어깨(가) 무겁다

무거운 것을 어깨 위에 올리거나 하여 어깨가 묵직하고 불편하다. (반)어깨가 가볍다.

어깨가 숨을 쉬다

숨가빠하다. 고통스러운 듯 어깨로 숨을 쉬는 듯 헐떡헐떡하다.

어깨가 올라가다

(사람이) 칭찬을 받거나 하여 기분이 으쓱해지다,

어깨가 움츠러들다(처지다)

'움츠러들다'는 '움츠리다'의 피동인 '움츠러지다'와 '들다'가 결합된 말이다. '움츠리다'는 쫙 펴야 할 몸을 구부리거나 숙인다는 뜻이다. '들다'는 '안으로 가다', '속에 있게 되다'이다. 따라서 '움츠러들다'는 '움츠러져서 작아지다', '바짝 움츠러지다'이다.

사람이 춥거나 무섭거나 하면 몸 또는 어깨가 움츠러진다. 그러나 그럴 때는 '몸이 움츠러들다'라고는 해도 '어깨가 움츠러들다'라고는 말하지 않는다. '어떤 일에 자신이 없거나 떳떳하지 못하여 창피하고 부끄럽게 여기게 되다'라는 뜻이다.

한편 '처지다'는 '아래로 내려가다', '늘어지다'의 뜻이다. 기운이 없거나 용기를 잃거나 할 때는 자연히 어깨가 처지게 된다. '어깨가 아래쪽으로 내려가다'라는 뜻이다.

예) 친구들이 저마다 가진 것을 자랑할 때마다 그는 어깨가 잔뜩 움츠러들었다.

어깨가[어깨를] 으쓱거리다

뽐내고 싶은 기분이나 떳떳하고 자랑스러운 기분이 되다.

예) 장학금을 받게 된다는 말에 어깨가 으쓱거린다.

어깨가 처지다[낮아지다/늘어지다]

낙심하여 풀이 죽고 기가 꺾이다.

예) 적장들은 장수를 잃은 채 어깨가 축 처져서 축석루 아래로 기운 없이 내려간다.

어깨가 치켜 올라가다

(비유적으로)자랑스러워하다.

어깨 넘어 글

남이 배우는 옆에서 얻어들어 스스로 익힌 글이라는 뜻.

어깨 넘어 문장文章

남이 배우는 옆에서 얻어들어 공부를 훌륭하게 한 사람.

어깨로 숨을 쉬다

어깨를 들먹이며 괴로운 듯이 숨을 쉬다.

예) 동생이 배가 불러 어깨로 숨을 쉬는 것을 보니 그 지간 사정은 어쨌든지 보기에 딱하기만 하였다.

어깨를 같이하다

(비)어깨를 나란히 하다.

예) 그와 나는 어깨를 같이하여 연구 과제를 마무리했다.

어깨를 겨누다(겨루다)

서로 비슷한 지위나 힘을 가지다. 대등對等한 위치에서 서다. 비슷한 세력의 힘을 가지다. '겨누다'는 '어떤 목표물에 맞추어 겨냥하다', '비슷한 크기의 물건을 서로 마주 대어보다'이다. 그런데 '어깨를 겨누다'라고 했으니 어깨의 높이,

즉 키가 비슷한 사람들끼리 실제로 어느 정도나 차이가 나는지 대어본다는 뜻이다. '어떤 일에서 상대방의 실력에 뒤지지 않거나 비슷한 자격으로 실력에서 맞서다'라는 뜻이다. '어깨를 겨루다'라고도 한다. '겨루다'는 '서로 이기고 짐을 다투다'이다. 한편 '나란하다'는 줄지어 있는 모양이 삐뚤지 않고 가지런하다는 뜻이다. (비)어깨를 나란히 하다.

예) 이제 우리 기술도 선진국과 어깨를 나란히 할

정도가 되었다.

어깨를 견주다

(어떤 사람이 다른 사람과, 또는 둘 이상의 사람이) 대등한 위치에서 겨루다. (비)어깨를 나란히 하다.

예) 진호는 국제 수영 대회에서 유명한 선수들과 어깨를 견줬다.

어깨를 겯다

★겯다 : 어떤 일에 오래 종사하여 손에 익고 몸에 배다.

같은 목적을 위하여 행동을 서로 같이하다.

예) 그 일은 혼자 힘으로는 안 되고, 어깨를 겯고 함께 나아가야 할 수 있다.

어깨를 나란히 하다

1.나란히 서거나 나란히 서서 걷다. (비)어깨를 견주다.

예) 청대처럼 곧고 청청한 아들과 어깨를 나란히 하니까 아버지의 늙음이 한결 점잖고 품위 있어 뵈는 것도 신기했다.

2.서로 비슷한 지위나 힘을 가지다.

3.같은 목적으로 함께 일하다. (비)어깨를 같이하다.

예) 당나라에 아첨하기로만 일을 삼는 무리들하고 한 조정에 어깨를 나란히 하는 것이 치욕이라 하여 이손의 벼슬을 버리고 향제에 드러눕고 말았다

어깨를 낮추다

(사람이) 겸손한 마음으로 자기를 낮추다. 어깨를 낮추면 자연히 허리가 앞으로 숙여진다. 한편 상대방의 말을 기꺼이 들으려 하거나 자신을 겸손하게 낮출 때 나오는 자세이기도 하다. 이때는 '자기를 낮추는 겸손한 태도를 취하다'라는 뜻이다. 이 표현은 주로 신분이나 지위가 높은 사람에게 쓰인다.

예) 장관이 어깨를 낮추고 시민의 소리를 직접 들으려 거리로 나섰다.

어깨를 들이밀다[들이대다]

어떤 일에 몸을 아끼지 아니하고 뛰어들다.

어깨를 짓누르다

의무나 책임, 제약 따위가 중압감을 주다.

예) 어깨를 짓누르는 책임감 /사람들을 괴롭히고 있다는 죄책감이 어깨를 짓눌러 왔다.

어깨를 치켜 올리다

(으스대며)어깨를 으쓱거리다. 어깨를 젖히고 뽐내다.

어깨를 펴다

굽힐 것 없이 당당하다. 실수했다고 그렇게 실망하면 어떡하니?

예) 자, 이제 어깨를 펴고 다시 한 번 도전하여 보자.

어깨에 걸머지다

무거운 책임 따위를 맡게 되다.

예) 그 일은 이제 자네가 어깨에 걸머질 차례네.

어깨에 지다[짊어지다]

어떤 일에 대한 책임이나 의무를 마음에 두다.

예) 장남이라 집안일을 어깨에 지고 살아야만 했다.

어깨에 힘(을) 주다

거만한 태도를 취하다.

예) 사법 고시에 합격했다고 너무 어깨에 힘을 주는 것 아냐?

어깨에 힘이 들어가다

거만한 태도를 취하게 되다.

예) 그 정도의 부와 명예를 갖춘 사람이라면 누구나 어깨에 힘이 들어갈 것이다.

어깨 짐을 내리다

오랫동안 마음에 부담이 되었던 일이 잘 해결되어 안도의 숨을 쉬다.

어깨 짐이 내려지다

어깨가 가벼워지다. 걱정했던 책임이나 의무에서 풀려 편해지다.

어깻죽지(쭉지)가 처지다

풀이 죽고 기가 꺾이다.

예) 홈런을 맞은 투수는 어깻죽지가 처져 벤치로 들어왔다.

어느 겨를[틈/하가/해가]에

어느 사이나 여가에. (비)어느 틈에.

예) 자리를 깔아 놓고 간단히, 안녕히 주무시라고 하고는 방을 나갔던 사람이 어느 틈에 돌아와 이러고 있는 것일까.

어느 누구

'누구'를 특히 강조하여 이르는 말.

예) 어느 누구도 감히 우리를 괄시하지 못할 것이다.

어느 때고

1. 어느 때라고 가릴 것 없이.

예) 어느 때고 보고 싶으면 오너라.

2. 어느 때에 가서 언젠가는.

예) 그는 아버지의 원수를 어느 때고 갚으리라 결심했다.

어느 모로 보나

'모'는 두 선의 끝이 서로 만나는 곳의 바깥쪽, 즉 '각角', '모서리'를 뜻한다. 여기에서 '구석', '모퉁이'를 뜻하게 되었고 또한 사물이나 일이 보이는 각도에 따라 다른 측면을 뜻하기도 한다.

'(어떤 대상에 대하여) 관점을 달리하면서 이모저모로 다 따져보아도', '모든 면에서 다 만족할 만하게'라는 뜻이다.

예) 그는 어느 모로 보나 우리 모임의 대표로서 더할 나위 없는 사람이다.

어느 세월에(천년에)

얼마나 오랜 시간이 지나야, '세월歲月'은 장기적인 시간을 가리키는 말이다. '어느 세월에'는 말 그대로 옮기면 '어느 만큼 많은 시간이 지나서'이다. 이것은 반어의 의미가 내포되어 물어보는 말이라기보다 너무 오랜 시간이 걸린다는 것을 한탄하거나 염려하는 말이다. 한편 '천년千年'은 오랜 세월을 뜻한다. 막연한 '세월'이라는 단어보다 '천년'을 씀으로써 의미가 강조된다.

예) ~ 돈 모아 집을 장만하나,

어느 왕갑년往甲年에

『북』 '어느 세월[천년]에'의 북한 관용구.

예) 그렇게 우물거려서야 어느 왕갑년에 저 사래 긴 밭을 다 매겠느냐.

★**왕갑년**往甲年 : '환갑이 되는 해 또는 환갑 때에 가서'라는 뜻으로, 일이 매우 느리게 되어 아주 오랜 시간이 흐름을 비유적으로 이르는 말.

어디 (두고) 보자

앞으로 결과가 좋지 아니할 것이라고 벼르거나 앙갚음을 하겠다고 할 때 하는 말.

예) 이놈도 감투를 쓰더니 거만해졌구나. 제가 나를 이렇게 괄시해 … 어디 두고 보자.

어디라 없이

1. 꼭 어디라고 일정하게 정함이 없이.

예) 문태석의 개념으로 하면 젊은 과부라고 하면 어디라 없이 추레하고 슬픔이 드리워 있는 것이라야 하였다.

2. 빠진 곳이 없이 모두.

예) 우리나라에 있는 산이란 산은 어디라 없이 다 가 보았다.

어디를 막론하고

어디를 가릴 것 없이 어느 곳이나 다.

예) 내 님이 있는 곳이라면 어디를 막론하고 가겠다.

어디에다 대고

누구에게 향하여.

예) 아니 이 사람이 어디에다 대고 삿대질이야?

어려운 걸음을(길을) 하다

걸음이 어려운 것이 아니라 걸음을 하기에 어려운 것이다. '일이 바쁘거나 거리가 멀거나 하여 좀체 가기 어려운 곳을 가거나 오다'라는 뜻이다. '어려운 길을 하다'도 같은 뜻이다. 둘 다 격식을 차린 표현이지만, 후자 쪽은 특히 존댓말 형식으로 쓰인다. 즉, '어려운 길을 하시다'라는 의미다.

어른 뺨치다(뺨치겠다)

아이가 어른도 못 당할 만큼 영악하다.

예) 그놈 참 어른 뺨치게 장사 한번 잘하는데.

어리광(을) 부리다

짐짓 어리광을 떨다.

★어리광 : 어른에게 귀여움을 받거나 남에게 환심을 사려고 일부러 어리고 예쁜 태도를 보이며 버릇없이 구는 일.

어림 반 푼어치도 없다

몹시 부당하거나 터무니없는 말을 함을 이르는 말.

★어림 : 대강 짐작으로 헤아림.

예) 돈을 모은 상암리 사람이 하암리 사람의 밭을 사기도 했는데 옛날 같으면 어림 반 푼어치도 없는 일이었다.

어림(을) 잡다

수치나 양 따위를 짐작으로 대충 헤아리는 것이 '어림'이다. '잡다'는 '붙들다', '손에 넣다'인데, 어떤 부분을 손에 잡듯이 대충 그러하리라고 짐작하기에 '잡다'라고 한다. 한편 '치다'를 쓰면 동작의 의미가 강해진다. '어림잡다'와 달리 '어림치다'는 수량에 관계된 표현에만 국한된다.

어린이 장난 같다

아이들의 장난같이 가소롭다.

예) 네가 저지른 일이 얼마나 우습고 어린이 장난 같은 일인지 알기나 해?

어방(을) 대다

『북』 어림하여 헤아리다.

예) 성순의 정확한 사격 솜씨에 겁을 집어먹은 놈들은 고개를 내밀지 못한 채 어방 대고 사격하였다.

어방(을) 잡다

『북』 대강 짐작으로 헤아리다.

예) 어방 잡아 옷을 마르다.

어벌(이) 벌다

『북』 생각하는 구상이나 배포가 몹시 크다.

★어벌 : (주로 '크다'와 함께 쓰여) 생각하는 구상이나 배포.

어복魚腹에 장사 지내다

1. 물에 빠져 죽다. 또는 물에 빠뜨려 죽이다.

예) 수영도 못하는 애가 그 깊은 데를 들어가다니, 어복에 장사 지낼 일 있나?

2. 사람을 죽여 물에 던져 버리다.

예) 들리는 소문에 의하면 주인어른이 그의 어미를 어복에 장사 지낸 일이 있다고 한다.

어복포(가) 되다

아주 수가 나다.

어살(을) 지르다

어살을 물속에 세우다.

★어살 : 물고기를 잡기 위하여 물속에 둘러 꽂은 나무 울.

예) 그는 계곡 어디에 어살 지른 데라도 있으면 물고기라도 건져 먹겠다는 심정이었다.

어섯 눈뜨다

사물의 대강을 이해하게 되다.

★어섯 : 사물의 한 부분에 지나지 않는 정도, 완전하게 다 되지 못한 정도.

어안이 막히다

뜻밖에 놀랍거나 이상한 일을 당하여 기가 막히다.

★어안 : (주로 '어안이'의 꼴로 쓰여) 어이없어 말을 못하고 있는 혀 안.

예) 우길이는 몇 번 계섬이를 부르려고 했으나 어안이 막혀서 소리가 나가지 않았다.

어안이 벙벙하다[어쩔 바(를) 모르다/어쩔 줄(을) 모르다]

(사람이) 뜻밖에 놀랍거나 기막힌 일을 당하여 어리둥절하다 어안'은 정신을 가리키는 말로서 정신이 빠져서 어쩔 줄 몰라 한다는 뜻이다. 뜻밖의 일을 당해 정신을 차릴 수가 없거나 기가 막혀서 말문이 막히는 경우를 이르는 말이다.

예) 졸지에 벌어진 광경에 어안이 벙벙해 있던 식구들은 다시 한 번 깜짝 놀란다.

예) 뜻밖의 소식에 다들 어안이 벙벙하여 입을 다물지 못했다.

어정칠월七月 동동팔월

농가에서 칠월은 한가히, 팔월은 바빠서 동동거리는 사이에 가버린다는 말.

★동동팔월八月 : 음력 팔월은 몹시 바빠서 어느새 갔는지도 모르게 쉬이 지나간다고 하여 이르는 말.

어제(가) 다르고 오늘(이) 다르다

변화하는 속도가 매우 빠르다.

예) 아이들 크는 게 어제 다르고 오늘 다르다.

어제가 옛날(이다)

변화가 매우 빨라서 짧은 시간 사이의 변화가 아주 크다.

어제오늘

1. 지금으로부터 가까운 시기.

2. 아주 최근. 또는 요 며칠 사이.

예) 이 소문은 어제오늘 난 소문이 아니다.

어제오늘 할 것 없다

날짜를 가리거나 따질 것 없다.

예) 나에 대한 그의 비판은 어제오늘 할 것 없었다.

어제오늘 할 것 없이

날짜를 가리거나 따질 것 없이.

예) 어제오늘 할 것 없이 그를 대하면 언제나 기분이 나빴어.

어제와 오늘이 다르다

하루 사이에 차이가 생겨서 같지 아니하다.

예) 세상일이란 어제와 오늘이 다른데, 그래 이 과장이 없는 소리를 했겠소?

어진혼(이) 나가다[빠지다]

몹시 놀라거나 시끄러워서 맑은 정신을 잃다.

★어진혼魂 : 착하고 어진 사람의 죽은 영혼.

예) 그는 총을 두 방이나 맞고 나서는 어진혼이 나가 작은 소리에도 놀라곤 했다.

어처구니(가) 없다

'어처구니'는 상상 밖으로 큰 물건이나 사람을 가리키는 말로 너무나 엄청나서 기가 막히다는 뜻이다. '어이없다'도 같은 뜻이다.

상상 밖으로 큰 물건이나 사람을 가리키는 말이다. 또한 바윗돌을 부수는 농기계의 쇠로 된 머리 부분 또는 맷돌을 돌리는 나무막대로 된 손잡이를 어처구니라고 한다는 말도 있다.

예) 하는 짓이 하도 어처구니가 없어서 화도 내지 못하고 있다.

가장 믿을 만한 유래로는, 당唐 태종이 밤마다 꿈에 나타나는 귀신을 쫓기 위해 병사 모양의 조각물을 지붕 위에 올린 데서 유래한 것으로, '어처구니가 없다'는 말은 기와장이들이 궁궐을 지을 때 어처구니를 깜박 잊고 올리지 않은 데서 비롯된 말이라는 것이 있다.

어처구니는 궁궐 지붕에만 세우는 것이라 서민들의 지붕을 올리는 데 익숙한 와장들이 잘 잊고 올리지 않는 경우가 많았는데, 이런 경우 와장들을 쳐다보며 '어처구니가 없다'고 표현했다고 한다. 유몽인의 『어우야담』에 따르면, 어처구니는 궁궐이나 도성 성문에 3개에서 11개까지 올라가는데 그 모양으로는 대당사부, 손행자, 저팔계, 사화상, 마화상, 삼살보살, 이구룡, 천산갑, 이귀박, 나토두 등이었다고 한다.

억에 받치다

『북』 (비)억이 막히다.

★억 : 억장(가슴을 속되게 하는 말)의 준말.

억이 막히다

『북』 너무 엄청난 일을 당하여 가슴이 미어지는 듯하다. (비)억에 받치다.

예) 억이 막혀 말을 못 하다 / 재필은 너무도 엄청나고 기가 찬 소문 앞에 억이 막히고 말았다.

억이 질리다

『북』 너무 엄청난 일을 당하여 기가 질리다.

억장이 무너지다

(사람이) 슬픔이나 고통이 지나쳐 매우 절망하다. 억장億丈은 본래 억장지성億丈之城의 줄임말로 성의 높이가 억 장이 될 정도로 퍽 높이 쌓은 성을 말한다. 그러므로 억장이 무너진다는 말은 억 장이나 되는 높은 성이 무너질 정도의 엄청난 일을 말한다. 바뀐 뜻은 그동안 공들여 해온 일이 아무 쓸모가 없

ㅇ

게 되어 몹시 허무한 상황을 가리키는 말이다.

예) 어렵게 유학을 보낸 아들이 학교에서 제적당했다는 소식을 들은 순간 춘천댁은 억장이 무너지는 것 같았다.

억지(가) 세다

억지 쓰는 힘이 세다.

★억지 : 생각이나 주장을 무리하게 내세우거나, 잘 안 될 일이나 해서는 안 될 일을 기어이 해내려는 고집.

억지를 세우다

무리한 고집을 끝까지 부리다.

억지를 쓰다

몹시 억지를 부리다.

억지 춘향이

억지로 우겨대어 겨우 이루어진 일, 고대 소설 〈춘향전春香傳〉에서 변 사또가 춘향으로 하여금 억지로 수청을 들게 하려고 구슬리고 어르다가 끝내는 핍박까지 한 데서 나온 말이다. 이처럼 안 되는 일을 억지로 우겨서 겨우겨우 이루어지게끔 만든 일을 말한다.

예) 일은 하고 싶은 사람을 시켜야 하는 법이야. 그 일에 맞지도 않는 사람을 억지춘향으로 시켜봐야 뭐 하나 제대로 해내는 일이 없다고.

억척(을) 떨다(부리다)

어떤 어려움에도 굽히지 않고 끈질기고 집요하게 일을 해나가는 태도나 그러한 사람을 '억척'이라고 한다. 작은말은 '악착'이다. '억척같다', '억척스럽다'라고 하면 그러한 상태를 나타내는 형용사가 된다. '떨다'는 어떤 태도를 몹시 유별나게 나타낸다는 뜻이다. 한편 '부리다'는 '어떤 태도를 짐짓 나타내다'라는 의미다.

예) 여자가 하도 억척을 떨어서 주위 사람들에게 눈총을 받는다.

언걸(을) 먹다

1. 다른 사람 때문에 해를 입어 골탕을 먹다.

★언걸 : ①다른 사람 때문에 당하는 해. ②큰 고생. (준)얼.

2. 큰 고생을 하다. (준)걸먹다.

언걸(을) 입다

남 때문에 해를 당하다. (준)걸입다.

언구럭(을) 부리다(떨디/피우다)

그럴듯한 말을 떠벌려 남의 속심을 떠보다.

★언구럭 : 교묘한 말로 남을 농락하는 짓.

언질(을) 잡다

어떤 분부가 내리기 전에 미리 헤아려서 윗사람의 뜻에 맞게 행동하거나 일을 처리하다.

언질(을) 주다

남에게 증거 잡힐 말을 하다. '언질言質'은 남이 한 말 중에 중요한 일부를 자기 말의 증거로 삼는 것 또는 그러한 말을 뜻한다. '남에게 증거로 잡힐 말을 하다', '상대방에게 긴요한 의미를 지니는 말을 하다'라는 뜻이다.

예) 그는 나중에 문제 삼을 수도 있다는 언질을 주어서 참석자들을 긴장시켰다.

언치를 걸다

『북』 어떤 일을 걸어 시비하다.

★언치 : 안장이나 길마 밑에 깔아 말이나 소의 등을 덮는 방석이나 담요.

언필칭 요순

1. 말을 할 때마다 반드시 요순堯舜을 들먹인다는 뜻으로, 같은 말을 같은 식으로 되풀이함을 이르는 말.

★언필칭言必稱 : 말을 할 때면 항상 일컫기를.

★요순堯舜 : [역사] 고대 중국의 요임금과 순임금.

2. 항상 성현의 말을 들추어 고고한 체함을 이르는 말.

얻어들은 풍월風月

정식으로 배운 것이 아니라 남에게 들어서 아는 지식을 이르는 말.

예) 물론 민 수사도 얻어들은 풍월이고 데리고 있는 식객 선비가 감식한 것을 그저 외어 보는 정도이다.

얻어 온 쐐기

남의 집에 와 거드는 일 없이 먹기만 하는 자를 이르는 말.

얼거리를 잡다

일의 골자만을 추려 전체의 윤곽을 대강 얽어 놓다, ★얼거리 : 일의 골자만 대강 추려 잡은 전체의 윤곽.

얼굴 가죽이 두껍다

얼굴이 두껍다.

얼굴값을 하다

얼굴이 잘 생긴 만큼의 일을 하다. 흔히, 반반하게 생긴 여자가 행실이 좋지 못하다 하여 이르는 말.

얼굴도 내밀지 않다

'어떤 모임이나 여럿이 하는 일에 전혀 나타나지 않거나 참여하지 않다'라는 뜻이다.

예) 반상회에 얼굴도 내밀지 않는 사람들은 이곳 주민이 아니랍니까?

얼굴만 쳐다보다

1. 남의 도움을 기대하고 눈치를 보거나 비위를 맞추다.

예) 문경이 역시 별수 없이 의사의 얼굴만 쳐다보는 외에는, 누구 하나 붙들고 의논함직한 사람이라고는 없는 터이다.

2. 아무 대책 없이 서로에게 기대기만 하다.

예) 어젯밤에 새까맣게 타 버린 집을 보자, 부부는 한동안 서로 얼굴만 쳐다보고 있었다.

얼굴빛을 바로잡다

얼굴에 엄정한 빛이나 표정을 나타내다.

예) 한음 이덕형은 얼굴빛을 바로잡아 정색하고 현소를 꾸짖는다.

얼굴빛이 변하다

당황하거나 흥분하거나 부끄럽거나 화가 나서 안색이 달라지다.

얼굴빛이 붉으락푸르락하다

극도의 분노와 흥분을 참지 못하여 안색이 상기되었다 창백하여졌다 하다.

얼굴에 그늘이 지다

얼굴에 근심하는 기색이 있다.

예) 요즘 무슨 일 있나? 얼굴에 그늘이 졌네.

얼굴에 똥칠하다

체면이나 명예를 더럽히다, '똥칠'은 똥을 바르거나 묻히는 짓을 뜻한다. 비유하여 '심한 망신'을 뜻하기도 한다. 여기에서 얼굴은 '체면'의 뜻이다.

얼굴에 먹칠(을) 하다

'먹칠'은 먹처럼 검은 물감이나 또는 먹으로 칠한다는 뜻에서 '명예나 체면 따위를 더럽히다'를 뜻하게 되었다.

얼굴에 쓰이다

표정에 그대로 나타나다.

얼굴에 씌어 있다

감정, 기분 따위가 얼굴에 나타나다.

예) 그가 젊어서 고생을 했다는 사실은 그의 얼굴에 씌어 있었다.

얼굴에 외꽃이 피다

얼굴이 누렇게 떠 병색이 짙다.

예) 시종이 이마에 내 천 자를 쓰고 얼굴에 외꽃이 피어서 들어오더니….

얼굴에 철판鐵板을 깔다

염치나 체면도 없이 몹시 뻔뻔하다.

얼굴에 힘을 주다

인상을 주다. 화를 내다.

얼굴을 고치다

1. 화장을 다시 하다.

예) 식사 후에 여사원들은 얼굴을 고치러 화장실에 간다.

2. 사람을 대할 때 마음가짐이나 태도를 바꾸다.

예) 상배는 얼굴을 고치며 제법 엄숙하게 나무라려 들었으며….

얼굴을 깎다

'깎다'는 날카로운 연장으로 물건의 표면을 베어서 벗기거나 길게 늘어진 것을 잘라내는 것을 말하지만, 아울러 '어떤 가치나 정도를 떨어뜨리는 것'에

ㅇ

도 이 표현을 쓴다. (비)낯을 깎다.

얼굴을 내놓다(내밀다/비치다)

'내놓다'는 '밖으로 꺼내어놓다', '드러내거나 내보이다'의 뜻이다. '얼굴을 내밀다'는 잠깐 형식적으로 모습을 드러내는 것인 반면, '얼굴을 내놓다'는 꽤 오랜 시간 진지하게 참석한다는 뜻이 내포된다. 또한 '얼굴을 내놓다'는 그 모임에서 비중 있는 인물임을 암시하는 의미도 내포되어 있다.

얼굴을 더럽히다

(어떤 사람이 다른 사람의) 명예나 체면을 손상시키다.

얼굴을 들다

남을 떳떳이 대하다. (비)고개를 들다, 낯(을) 들다.

예) 형은 호언장담하던 일이 그릇되자 얼굴을 들지 못했다.

얼굴을 못 들다

자신을 대표하는 간판과도 같기 때문에 부끄러운 자신을 숨기려는 의도가 반영된 행동이다. '창피하거나 부끄러워서 남을 떳떳이 대하지 못하다'라는 뜻이다. (비)얼굴을 내놓을 수 없다, 얼굴을 들고 다닐 수 없다, 낯을 못 들다, 면목이 없다, 볼 낯이 없다.

얼굴을 보다

[주로 '얼굴을 봐서', '얼굴을 봐서라도'의 꼴로 쓰여] (어떤 사람이 다른 사람의) 체면을 고려하다. 상대방을 처음 만날 때 우리는 그의 얼굴을 본다. 사람의 성격이나 인품이 얼굴에 나타난다고 믿기 때문이다. 서로 대화를 나눌 때도 상대방의 감정 변화를 알기 위해 얼굴 표정을 살핀다. 또한 얼굴을 보고 그 사람을 다른 사람과 구별한다. '어떤 목적을 위해 남의 눈치를 살피다', '남의 체면이 손상되지 않게 배려하다'라는 뜻이다. (비)낯을 보다.

얼굴을 붉히다

의지로 그렇게 하는 것이 아닌, 감정에 따르는 어쩔 수 없는 현상이다. '부끄럽거나 은근히 기분이 상해서 얼굴이 붉게 변하다'라는 뜻이다. (비)낯(을) 붉히다, 얼굴이 붉어지다, 얼굴이 빨개지다.

얼굴(을) 익히다

'남의 얼굴을 여러 번 보아서 낯설지 않게 되다', '친숙해질 때까지 자꾸 만나서 사귀다'라는 뜻이다. '낯을 익히다'라고도 한다.

예) 두 사람이 워낙 활발해서 서로 얼굴을 익히는 데는 오랜 시간이 걸리지 않았다.

얼굴이 간지럽다

'얼굴에 무엇이 닿거나 묻거나 하여 긁고 싶은 느낌으로 다소 괴롭다', '남의 칭찬을 받거나 쑥스러운 장면을 보거나 하여 부끄럽고 어색한 느낌이 들다'라는 뜻이다.

예) 사람을 앞에 놓고 칭찬을 하니 얼굴이 간지러워 더는 여기에 못 있겠다.

얼굴이 깎이다

(사람이) 망신을 당하여 체면을 잃다. '조각상 따위의 얼굴이 세월이나 외부 환경에 의해 닳아지다', '본인이나 다른 사람의 잘못이나 또는 실수로 체면이 손상되다'라는 뜻이다. '체면이 깎이다', '낯이 깎이다'라고도 한다.

예) 그는 얼굴이 깎일 짓을 해서 그동안 사람들에게 준 좋은 인상을 망쳤다.

얼굴이 꽹과리 같다

(비유적으로) 사람이 염치가 없고 뻔뻔스럽다.

예) 염치 좋기로 소문나고 얼굴이 꽹과리 같은 그가 어찌 이 정도의 모멸에 포기하겠는가?

얼굴이 넓다

사귀어 아는 사람이 많다.

예) 자네는 다른 고을 동학도들을 움직일 만큼 동학도들 사이에서 얼굴이 넓고 신망이 있는 사람이라 더구먼.

얼굴(가죽)이 두껍다

부끄러움을 모르고 염치가 없다. (비)낯가죽(이) 두껍다, 낯(이) 두껍다, 면피가 두껍다, 얼굴 가죽이 두껍다.

예) 그는 어찌나 얼굴이 두꺼운지 툭하면 찾아와 어려운 부탁을 했다.

얼굴이 뜨겁다

부끄러운 일을 당하여 남을 대할 면목이 없다. '외부의 열로 얼굴이 화끈하다'라는 뜻이다. 한편 떳떳하지 못한 일이 있을 경우 남을 대할 때 얼굴이 화끈 달아오르는 느낌이 든다. 이때는 '부끄럽거나 창피하여 남을 대하기가 거북하다', '무안無顔하다'라는 뜻으로도 쓰인다.

얼굴이 뜨뜻하다

조금 무안하거나 하여 얼굴을 들지 못하다.

얼굴이 반반하다

생김새가 얌전하고 예쁘다.

얼굴이 반쪽이 되다

(사람이) 병으로 앓거나 고통을 겪거나 하여 얼굴이 몹시 수척해지다.

얼굴이 선지 방구리가 되다

몹시 흥분하여 얼굴이 시뻘겋게 되다.

예) 부인은 이 말을 듣더니 얼굴이 선지 방구리가 되어 포달스러운 소리로 정숙을 부르며….

얼굴이 좁다

『북』 사귀어 아는 사람이 적다.

얼굴이 팔리다

세상에 널리 알려지다.

얼굴이 피다

얼굴에 살이 오르고 화색이 돌다. 좋은 일로 얼굴에 활기가 넘친다. 좋은 일이 있었다.

얼굴이 홍당무가 되다

'얼굴을 붉히다'와 같다. (사람이) 부끄럽거나 창피하여 얼굴이 붉어지다. (비)얼굴이 달아오르다, 얼굴이 화끈거리다.

얼굴이 화근하다

무안을 당하거나 창피스러운 일이 있을 때 얼굴이 붉어짐을 이름.

얼굴이 홧홧거리다

계속 매우 부끄러워하거나 흥분을 하다.

★홧홧거리다 : (사람이나 그 얼굴이) 달아오르는 듯한 뜨거운 기운이 자꾸 생기다.

예) 그의 짓궂은 농담에 그녀는 얼굴이 홧홧 거렸다.

얼마 상관 아니다

차이가 얼마 나지 아니하다.

얼 먹다

놀라서 어리둥절하다.

★얼 : 정신, 혼, 넋.

얼바람 맞은 놈

언행이 망탄한 사람을 일컫는 사람을 이르는 말.

★얼바람 : 어중간하게 맞는 바람.

얼바람(을) 맞다

어중간하게 바람을 맞은 것처럼 실없이 허튼짓을 하다.

예) 얼바람 맞은 놈의 말을 믿고 있느냐?

얼씬(도/을) 못하다

눈앞에 잠깐도 나타나지 못함.

★얼씬 : 알씬(조금 큰 것이 눈앞에 잠깐 나타났다가 없어지는 현상)의 큰말.

예) 이 근처엔 얼씬도 못하게 단단히 야단을 쳤네.

얼어 죽을

전혀 합당하지 아니한.

예) 사랑은 무슨 얼어 죽을 사랑이야? / 너 같은 건달이 사업은 무슨 얼어 죽을 사업이야?

얼을 먹다[쓰다/입다]

남의 잘못 때문에 해를 당하다.

예) 어사출두로 죽은 사람이라 전가후택으로 사는 이웃에서도 공연한 얼을 쓸까 봐서 얼굴도 들이밀지 않았다.

얼(을/이) 빼다(빠지다)

'얼'은 정신의 뼈대, 중심이 되는 영혼, 넋을 뜻한다. '빼다'는 '빠지게 하다', '있던 자리에서 떨어져 나오게 하다'라는 의미다. '어떤 충격을 주어 그 사람의 정신을 멍하게 하다'라는 뜻이다. 한편 '빠지다'는 '박힌 물건이 그 자리에서 나오다', '새어 나가거나 결여되다'의 뜻이다. 정신이나 힘, 살 등이 줄어들거나 없어진다고 할 때 '빠지다'라는 말을 쓴다.

예) 그들은 한꺼번에 몰려와 한바탕 북새통을 이루며 얼을 뺐다.

얼음에 박 밀 듯이

거침없이 진행하는 모양새.

얼음을 지치다

얼음판 위에서 발을 밀어 미끄러져 나가다. 얼음 말 타다.

얼음이 박히다

동상이 걸리다.

얼음장 같다

매우 차다.

예) 바닥이 ~. /그 사람은 냉정하기가 ~.

얼(이) 나가다

정신이 나가 어리둥절하여지다.

예) 예뻐진 동창생의 모습에 얼이 나갈 뿐이었다.

얼(이) 치다

정신을 잃어버리다.

예) 얼이 쳐서 쓰러지다.

얽히고설키다

(일이나 생각이)몹시 복잡하게 되다.

예) 얽히고설킨 인간관계.

엄두를 내지 못하다

'엄두'는 '무슨 일을 감히 시작할 마음'이다. '나다', '내다'와 함께 쓰인다. '엄두가 나다'라고 하면, '주변 상황이나 여건을 고려할 때 감히 해보려는 마음이 생기다'라는 뜻이다. 반대로 '엄두(를) 내지 못하다'는 '상황이나 여건이 좋지 않아 감히 어떤 일을 해보려는 마음을 갖지 못하다'라는 뜻.

예) 그 사업은 자금이 부족하여 엄두를 내지 못했는데 아내가 도와주었다.

엄부럭(을) 부리다(/떨다/쓰다/피우다)

어린아이처럼 매우 철없이 부리는 엄살이나 심술. <u>(비)엄살(을) 부리다(/떨다/쓰다/피우다).</u>

★엄부럭 : 엄살, 심술.

예) 나이가 몇인데 아직도 엄부럭을 부리니?

엄살(을) 부리다(/떨다/쓰다/피우다)

아픔이나 괴로움 등을 거짓으로 꾸미거나 실제보다 보태어서 나타내는 것을 이름. <u>(비)엄부럭(을) 부리다(/떨다/쓰다/피우다).</u>

★엄살 : 고통이나 어려움을 거짓 꾸미거나 실지보다 보태어서 나타내는 태도. <u>(비)엄부럭.</u>

예) 학교에 가기 싫어 아프다고 엄살을 부렸습니다.

엄지손가락으로 치다

여럿 가운데 제일로 여기다.

예) 우리 중에 힘은 그를 엄지손가락으로 친다.

엄포(를) 놓다

실제 행동은 그렇게 하지 않으면서 단순히 겁을 주기 위하여 가장된 몸짓으로 경고하거나 위협하는 짓이 엄포이다. '놓다'는 앞에 똑똑히 볼 수 있게 두는 것이다. 단호한 명령이나 호통을 내릴 때 '놓다'라고 한다. 상대방을 겁주기 위해 괜히 큰소리로 말로만 하는 위협을 주다의 뜻이다.

예) 쓰레기를 치우지 않으면 경찰을 부르겠다고 아무리 엄포를 놓아도 동민들이 말을 듣지 않는다.

업고 들다

자기에게 이롭게 하려고 다른 사람을 끌고 들어가다.

업심을 받다

업신여김을 당하다.

★업심 : (주로 '받다'와 함께 쓰여) 남을 교만한 마음으로 낮추어 보거나 하찮게 여기는 일.

업어 가도 모르다

잠이 깊이 들어 웬만한 소리나 일에는 깨어나지 아니하는 상태이다.

예) 아이가 젖을 많이 빠는 요즘의 서희는 업어 가도 모르게 깊은 잠 속에 빠진다.

업어라도 주고 싶다

몹시 고맙거나 사랑스러운 사람에 대하여 자신의 애정이 알뜰함을 나타내는 말.

예) 요즘 맘 잡고 공부하는 아들 녀석이 얼마나 기특한지 업어라도 주고 싶다.

없는 것이 없다

무엇이든지 다 갖추고 있다.

엉너리를 치다

남의 환심을 사려고 능청스럽게 수단을 쓰다.

★엉너리 : 남의 환심을 사려고 어벌쩡하게 넘기는 짓.

엉덩방아를 찧다

엉덩이를 바닥에 부딪듯 주저앉다.

엉덩이가 가볍다

엉덩이는 성기 뒤쪽으로 볼록 뛰어나온 항문 윗부분을 가리키고, 궁둥이는 그 아랫부분, 즉 의자에 앉으면 닿는 부분을 가리킨다. 두 군데를 아울러 '볼기'라고 칭한다. '엉덩이가 가볍다'는 것은 엉덩이가 작고 살이 없다는 뜻인데, 그런 사람들은 날렵해 보인다. '한곳에 오래 앉아 있지 못하거나 한 직장에 오래 근무하지 못하다'라는 뜻이다. 다소 부정적인 의미로 많이 쓰인다. (반)엉덩이가 무겁다. (비)궁둥이가 가볍다.

엉덩이가 구리다

방귀를 뀌어 구린내가 난다는 뜻으로, 부정이나 잘못을 저지른 장본인 같다는 말.

엉덩이가 근질근질하다

한군데 가만히 앉아 있지 못하고 자꾸 일어나 움직이고 싶어 하다.

예) 공부한 지 얼마나 지났다고 몸을 비비 꼬니. 벌써 엉덩이가 근질근질하니?

엉덩이가 무겁다[질기다]

한번 자리를 잡고 앉으면 좀처럼 일어나지 아니하다. (비)궁둥이가 무겁다[질기다], 밑(이) 무겁다[질기다], 똥집(이) 무겁다[질기다]. (반)엉덩이가 가볍다.

예) 신숙이만 그래도 엉덩이가 질기게 앉으려는 모양이었으나, 주인댁이 밥상을 들여온다는 소리에 신숙이도 일어서고….

엉덩이를 붙이다

자리를 잡고 앉다.

예) 우리는 찻길과 인도를 가름 짓는 낮고 좁은 턱에 엉덩이를 붙이고 나란히 앉아 발장단을 치며 그들을 손가락질했다.

엉덩잇바람이 나다

신이 나서 몸놀림이 저절로 가벼워지다.

★엉덩잇바람 : 신이 나서 엉덩이를 내흔들며 걷는 모양을 이르는 말.

엎더지며 곱더지며

연하여 엎드러지면서 달아나는 모양을 비유적으로 이르는 말.

★곱더지다 : 곱드러지다(걸어채거나 무엇에 부딪히어 엎드러지다)의 비표준어.

엎드러지며 곱드러지다

1. 급히 뛰어가느라고 앞으로 잇따라 엎드러지다.

예) 아이들은 어느 틈에 보았는지 "선생님!" "선생님!"하고 손을 내저으면서, 엎드러지며 곱드러지며 앞을 다투어 쫓아온다.

2. 『북』(비유적으로) 재앙이나 불행이 겹치어 오다.

엎드려(억지로/옆찔러) 절 받기

상대방은 생각도 하지 않는데 자기 스스로 요구하여 대접을 받는 경우를 비유적으로 이르는 말. (비)억지로 절 받기, 옆찔러 절 받기.

예) 칭찬받고 싶어서 한 말은 아닌데, 엎드려 절 받는 꼴이 되었네.

엎디면 코 닿을 때

매우 가까운 사이. (비)눈 코 사이.

엎지른 물

다시 바로잡거나 되돌릴 수 없는 일을 비유적으로 이르는 말.

예) 후회해도 소용없어. 이미 엎지른 물인데.

엎쳐 먹고 제쳐 먹고

『북』 엎쳐 놓고 뜯어먹고 제쳐 놓고 뜯어먹는다는

ㅇ

뜻으로, 취할 것을 이모저모로 다 취한다는 말.

엎치고 덮치다

(비)엎친 데 덮치다.

예) 우리만 여기 남기까지 얼마나 많은 고약한 우연히 엎치고 덮쳤던가.

엎치고 뒤치고 하다

『북』 엎어졌다 뒤쳤다 한다는 뜻으로, 서로의 힘이 비슷하여 결판이 나지 아니하고 이쪽이 우세하였다 저쪽이 우세하였다 하면서 겨룬다는 말.

엎치나 뒤치나[덮치나]

이렇게 하나 저렇게 하나 결과는 마찬가지라는 말. (비)엎치나 메치나, 둘러치나 메치나(메어치나).

예) 선대에서 맏이를 폐하고 셋째를 책봉한 것은 엎치나 뒤치나 일반인 무의미한 일이었지만….

엎치나 메치나

(비)엎치나 뒤치나[덮치나].

★**메치다** : (사람이 무엇을)어깨 위로 들어 올렸다가 바닥으로 힘껏 내리치다. (본)메어치다.

예) 엎치나 메치나 그게 그거지, 용쓴다고 무슨 새로운 게 나오겠어.

엎친 데 덮치다

어렵거나 나쁜 일이 겹치어 일어나다. (비)엎치고 덮치다, 흉년에 윤달, 외눈에 안질, 눈 위에 서리 친다, 설상가상雪上加霜, 전호후랑前虎後狼.

예) 나는 부대에 이틀씩 미귀를 해 가면서까지 찾아보려고 했었지. 허사였어. 엎친 데 덮친다고 얼마 안 있다가 나마저 월남으로 끌려 나오게 된 거 아냐.

엎친 물

엎지른 물.

에누리 없다

에누리하지 아니하다.

예) 에누리 없는 장사가 어디 있어?

여간(이) 아니다

'여간如干'은 부사일 경우 '웬만큼', '보통으로'라는 뜻을 나타내며, 주로 부정문에서 '여간 ~않다(아니다)'의 형태로 쓰여 '상당히(꽤) ~하다'라는 의미다. 여기에서는 조사 '-이'에서 알 수 있듯이 명사로 쓰였다. 이때는 '웬만한 정도', '어지간한 정도'를 뜻한다. '여간하다'라고 하면 '이만저만하다'의 뜻으로서 역시 부정문에서 '상당하다', '대단하다'를 나타낸다. '(사람이) 능력이나 수완이 보통 정도를 뛰어넘어 가볍게 여길 상대가 아니다'라는 뜻이다. '여간내기가 아니다'도 같은 의미다.

예) 말솜씨가 ~.

여념餘念이 없다

다른 생각을 하지 않을 정도로 열심이다.

예) 독서에 ~.

여느 때 없다

1. 보통 때와는 다르다.

예) 복도 끝 한방 앞에 여느 때 없던 조금 수상한 움직임이 벌어지고 있었다.

2. 따로 정해진 때가 없다.

여느 때 없이

보통 때와는 다르게.

예) 그녀의 목소리는 잔잔하게 여느 때 없이 아름다웠다.

여러 가지

온갖 종류, 갖가지.

예) 여러 가지로 폐를 끼쳤네.

여름을 타다

여름만 되면 식욕이 줄고 몸이 쇠약해진다.

여봐라는 듯이

남에게 수모를 받다가 그것을 활짝 벗어나게 된 때에 이것 좀 보라는 듯이 우쭐거리며 자랑함을 이르는 말, 여봐란 듯이, 남에게 우쭐대고 자랑하듯이. (준)여봐란 듯. (비)보란 듯이, 보아란듯이, 봐란 듯이.

예) ~ 출세해서 잘 살고 싶다.

여부(가) 없다

의심할 여지가 없을 만큼 조금도 틀림이 없다. '여부與否'의 '여與'는 '허락하다', '찬성하다'의 뜻이다. 어떤 요청에 대해 받아들인다는 긍정의 대답이다. 반면에 '부否'는 '아니다', '동의하지 않다'라는 부정의 대답에 해당한다. 따라서 '여부'는 아직 결정되지 않은 두 가지 가능성, 즉 그러함과 그러하지 아니함을 뜻한다. 여부가 있다는 것은 아직 정해지지 않은 결과를 지켜볼 필요가 있다는 뜻이고, 여부가 없다는 것은 이렇다 저렇다 말할 필요가 없이 어떤 결정이 확실해졌음을 의미한다. '어떤 사실이 의심하거나 생각할 여지가 없을 만큼 틀림없고 확실하다'라는 뜻이다. '여부가 있나?'라는 반어문 형태로 쓰이기도 한다.

예) 그가 다음 세대를 대표하리라는 것은 여부가 없는 사실이다.

여우 같다

매우 간사하고 요망하다.

예) 꼭 여우같은 짓만 하고 다닌다.

역사歷史의 수레바퀴

역사는 좀 더 큰 시각에서 본다면 낱낱의 사건들이 개별적으로 일어나는 것이 아닌, 거대한 힘에 의해 움직이는 수레와 같다는 주장이 있다. 역사 뒤에는 그것을 일정한 방향으로 움직이는 힘이 존재하고, 그 힘에 의지해서 낱낱의 사건들이 일어난다. 따라서 '역사의 수레바퀴'는 역사를 움직이게 하는 힘에 의해 필연적인 방향으로 흘러가는 거대한 흐름이나 또는 그 일정한 방향성을 수레바퀴에 비유해서 표현한 말이다.

예) 한국 현대사를 돌이켜보면, 역사의 수레바퀴 밑에 깔린 무수한 민초들의 삶이 한스럽기만 하다.

역사의 한 페이지를 장식하다

중요한 일로 기념하거나 기록하다.

예) 이번 쾌거는 역사의 한 페이지를 장식할 사건으로 기억될 것이다.

역성(을) 들다

옳고 그름을 따지지 않고 무턱대고 한쪽 편만 옳다고 두둔하는 일이 '역성'이다. 한편 '들다'는 '편을 들다'에서처럼 한쪽을 지지하거나 동조하여 힘을 실어주는 것을 말한다.

예) 어머니는 매번 막내를 꾸짖으려 할 때마다 아버지가 역성을 드는 것이 못마땅했다.

연극(을) 놀다

『북』 거짓을 사실인 것처럼 꾸미어 행동하다.

예) 아이 우스워, 새침데기 언니가 연극을 다 놀 줄 아네.

연막(을) 치다

1. 교묘한 말이나 수단을 써서 사실을 숨기다.

예) 김 비서가 회장의 행동에 대해 아무것도 모른다며 연막을 쳤다.

2. (사람이) 짙은 연기를 퍼뜨려 주위가 잘 보이지 않게 하다.

예) 윤 영감은 입에서 담배 연기를 뿜어 자옥하니 연막을 쳤다.

★연막煙幕 : ①어떤 일을 숨기기 위하여 말이나 행동을 교묘하게 돌려서 하는 일을 비유적으로 이르는 말. ②[군사] 자기편의 군사 행동이나 적의 목표물이 될 만한 것을 적으로부터 숨기기 위해 피워 놓은 짙은 연기.

연蓮밥(을) 먹이다

살살 구슬려 꼬드기다.

예) 이놈아, 지난밤에 내게 살꽃을 삽시라고 연밥을 먹이고 매휴賣休한 놈은 바로 네놈이 아니었더냐?

연안은 짐독이다

헛되이 놀고 즐기는 것은 독약과 같이 사람을 해친다.

★연안宴安 : 몸이 한가하고 마음이 편안함.

★짐독鴆毒 : 집안에 액을 가져온다는 상징적인 새의 깃에 있는 맹렬한 독.

열고 보나 닫고 보나

이렇게 하나 저렇게 하나 마찬가지임을 비유적으

로 이르는 말.

예) 우리들 신세는 열고 보나 닫고 보나 매한가지외다.

열매(를) 맺다

'식물이 수정되어 꽃을 피운 보람인 열매를 이루다', '애를 쓰거나 노력을 들인 일이 성과를 거두다'라는 뜻이다.

예) 이 나무는 봄에 노란 꽃을 피웠다가 가을에 열매를 맺는다.

열 모로 뜯어보다

여러 모로 구석구석을 모두 살펴보다.

예) 그는 열 모로 뜯어보아도 흠잡을 곳이 없는 사람이다.

열 번 죽었다 깨어도[살아도/피어도]

1. 열 번 죽었다가 살아날 만큼 온갖 노력을 다하여도.
2. 열 번 죽었다 살아날 만큼 어려운 일을 당하여도.

예) 이젠 열 번 죽었다 깨어도 그따위 데 안 간다.

열 손가락은 길고 짧음이 있다

사물에도 각기 독특한 성질이 있음을 비유하여 이르는 말. (비)십지유장단+指有長短.

열쇠를 쥐다

'어떤 자물쇠를 딸 수 있는 열쇠를 손에 넣어 잡다'라는 뜻이다. 한편 열쇠가 비유적인 의미로 쓰일 때는 어떤 일을 해결하는 데 있어서 중요하고 결정적인 방법이나 수단을 나타내며, 한자로는 '관건關鍵'이다. 즉, '어떤 일을 해결할 수 있는 중요하고 결정적인 해결책을 찾아내거나 알고 있다'라는 뜻이다.

예) 그가 이 문제의 열쇠를 쥐고 있으니 그를 찾아내는 것이 급선무입니다.

열熱에 뜨다

몹시 흥분하거나 성이 나다.

예) 저는 걸어가는 농부와 청년에게 총을 겨눌 때의 선임 하사의 얼굴에 나타나는 그 잔인한 열에 뜬 표정을 두 번씩이나 똑똑히 보았습니다.

열熱에 받치다

몹시 흥분하거나 격분하다.

예) 부당한 판정에 관중들은 열에 받쳐 자리에서 일어났다.

열+에 아홉

거의 모두.

예) 그가 제공한 로마군의 동향에 대한 정보는 열에 아홉이 적중되었던 것이다.

열+에 한 맛도 없다

도무지 맛이 없다.

열熱(을) 올리다[내다]

1. 흥분하여 성을 내다.

예) 네가 그렇게 열 낼 일이 아니니 참아라.

2. 무엇에 열중하거나 열성을 보이다.

예) 한국 기업들이 새로운 시장을 개척하려고 열을 올리고 있다.

3. 기세를 높이다.

열熱이 꼭두까지 오르다

속이 부글부글 끓는다는 말. (비)열이 상투 끝까지 오르다.

★꼭두 : 꼭뒤(머리 뒤통수의 한가운데)의 비표준어.

열이 나다(오르다)

사람은 체온이라는 일정한 열을 항상 발산하고 있다. 그러나 병이 들거나 하여 몸이 뜨거워지면 평소의 체온보다 높은 열을 발산하다. 이것을 신열身熱이라고 한다. '아픈 증상의 하나로서 몸에서 뜨거운 기운이 느껴지다', '흥분하거나 성이 나서 기세가 오르다'라는 뜻이다. 한편 '오르다'는 낮은 곳에서 높은 곳으로 향하여 움직이거나, 어떤 정도가 높아지는 것을 말한다. 그래서 '열이 오르다'라고 하면 '몸의 온도가 평소보다 높아져서 뜨거워지다', '어떤 일을 하는 열의나 열성이 높아지다'라는 의미가 된다.

열熱이 상투 끝까지 오르다.

매우 화가 났다는 말. (비)열이 꼭두까지 오르다.

★상투 : 예전에 성인 남자의 머리털을 끌어올려 정수리 위에 삐쭉하게 틀어 감아 맨 것을 이르던 말.

열熱이 식다

'식다'는 '더운 기운이 없어지다', '뜨겁던 것이 뜨겁지 않게 되다'이다. 한편 사람의 의욕 따위가 가라앉거나 줄어들 때도 이 말을 쓴다. '마음이 식다', '정열이 식다'가 그것이다. '몸이 뜨겁던 것이 정상 체온으로 내려가다', '어떤 일에 대한 강한 의욕이 없어지거나 적어지다'라는 뜻이다.

예) 열이 식자 이제는 아무도 그 일을 거들떠보지 않았다.

열熱이 올랐다 내렸다 하다

열정이 올랐다가 식었다 한다는 뜻으로, 무엇이 일정한 수준에서 꾸준하게 있지 못함을 이르는 말.

열 일 젖혀놓다(제치다)

'열'은 손가락의 체계, 즉 십진법에서 '많다', '가득하다', '그 이상의 수는 없다'를 나타내기도 한다. 아홉 다음이 열, 즉 십(十)이지만 막연하게 많은 숫자를 나타낼 때도 열이라는 숫자가 쓰인다. 여기에서 '열 일'은 '많은 일', '이것저것 다양한 일'을 뜻한다. '젖히다'는 '뒤로 기울어지다'의 뜻을 나타내는 '젖다'의 사동이다. 어떤 일을 뒤로 미루거나 하지 않으려고 무시할 때 '젖히다'라는 말을 쓴다. '젖혀놓다' 대신 같은 뜻의 '제치다', '제쳐놓다'를 쓰기도 한다. '놓다'는 그렇게 한 상태를 나타내는 완료의 의미다. '어떤 일에만 열중하느라고 다른 일들은 모두 미루거나 무시하다'라는 뜻이다.

예) 그가 고국에 돌아온다는 소식에 친척들이 열일을 젖혀놓고 마중 나왔다.

열熱통 터지다

재래식 화장실에 어느 정도 대소변이 쌓이면 그걸 퍼내야 한다. 오물을 치우기 위해서 커다란 작대기로 그 속을 휘휘 젓는데 그때 메탄가스가 발생해서 부글부글 끓어오르는 것을 열통이라 한다. '열통 터지다'는 화가 머리끝까지 차올라 폭발할 지경이거나 폭발하는 것을 가리킨다. (비)열이 터지다.

예) 일을 왜 제대로 못하냐? 정말 열통 터진다.

염念도 못 내다

무엇을 하려는 생각조차 내지 못하다.

염려念慮 놓다

걱정하지 아니하다.

예) 다들 잘 있으니 염려 놓으셔요?

염병染病을 떨다

엉뚱하거나 나쁜 짓을 하다.

예) 네 엄마가 도망갔는데, 너는 그까짓 화분이 뭐가 중요하다고 품에 안고 염병을 떨고 있어!

염병染病 할

'염병을 앓'의 뜻으로, 욕으로 하는 말.

염불念佛 외듯

알아듣지 못할 소리로 중얼거리는 경우를 비유적으로 이르는 말.

예) 이해가 되지 않아 형한테 물어보았더니 염불 외듯 뭐라고 그러기는 하는데 알아들을 수가 있어야지.

염장 지르다

(어떤 사람이 다른 사람의) 가만히 있는 속을 들쑤시어 괴롭고 힘들게 하다.

예) 은호는 괜히 취업 얘기를 꺼내어 백수인 수철이의 염장을 질렀다.

염치(가) 없다

'염치廉恥'란 청렴하고 부끄러워함 또는 그런 마음을 가리킨다. 이때 부끄러움이란 부정적 개념이 아닌, 인간으로서 당연히 느껴야 할 도리의 하나이다. 부끄러워할 때 부끄러워할 줄 아는 것, 그것이 청렴한 것과 다르지 않다. 부끄러운 줄도 모르고 체면을 차리지도 않고 뻔뻔스럽게 행동한다는 말이다.

예) 항상 신세만 진분들께 또다시 부탁을 드리자니, 아무리 염치없는 놈일망정 고개를 들 수가 없는 것이 사실이었다.

ㅇ

염치(를) 차리다

염치를 알아 부끄럽지 아니하게 행동하다.

예) 그 사람이 또 수줍어할 것도 부끄러워할 것도 염치를 차릴 것도 없는 사람이라면….

염통에 바람 들다

마음이 들떠서 제대로 행동하지 못하다.

★염통 : [의학] 동물 체내의 혈액 순환 기능을 담당하는 순환계 또는 심장계의 중심장기中心臟器. (비)심장心臟.

염통에 털이 나다

체면도 없이 아주 뻔뻔하다.

예) 염통에 털이 난 사람이 아니고는 그런 거짓말을 뻔뻔하게 할 리가 없다.

염통이 비뚤어 앉다

마음이 비꼬이다.

예) 염통이 비뚤어 앉은 인물이 그 말에 어찌 회심할 리가 있으리오.

엿가락을 늘이다

길게 말을 늘어놓다.

★엿가락 : 가래엿의 낱낱. (비)엿가래.

엿기름을 넣다

남의 것을 자기 것처럼 감추다.

★엿기름 : 보리를 싹트게 한 후 말린 것.

엿 먹어라

1.(속되게) 남을 은근히 골탕 먹이거나 속여 넘길 때에 하는 말.

예) 엿 먹어라 이 새끼야, 죽는 마당에도 군법 회의만 찾을 생각이냐? 엿 먹이다.

2.(속되게) 슬쩍 골려 주거나 속이다.

예) 너, 나한테 엿 먹이려고 거짓말한 거지.

엿 먹이다

남을 슬쩍 곯리거나 속이다.

엿 물림하다

엿장수가 엿을 팔기 위해서 외치다.

엿물을 흘렸다

엿물이 말갛게 식지 아니하고 뿌옇게 흐리면 엿이 되지 아니하여 고생을 하여야 한다는 데서, 녹초가 되도록 곤란을 많이 겪었다는 말.

엿장수 마음대로[맘대로]

엿장수가 엿을 마음대로 늘이듯이 무슨 일을 자기 마음대로 이랬다저랬다 하는 모양을 비유적으로 이르는 말.

예) 깡패 학생이 되든, 공부 버러지가 되든, 고학생 노릇을 하든 무제한의 자유가 주어져 있는 셈이었다. 어느 쪽을 선택하든 엿장수 마음대로였다.

영각(을) 쓰다[켜다]

황소가 암소를 부르느라고 크게 울음소리를 내다.

★영각 : 소가 길게 우는 소리.

예) 씨름판에서 최후의 승리자가 된 장사는 소가 영각을 쓰듯 두 팔을 쳐들며 소리를 질렀다.

영문(을) 모르다

'영문'은 어떤 일에 대한 까닭이나 그것을 둘러싼 형편이나 시정을 뜻한다. '어떤 일이 왜 일어났는지 또는 어떻게 되어 가는지 도무지 짐작할 수가 없어서 어리둥절하다'라는 뜻이다.

예) 자다가 운동장에 소집된 이들은 영문을 몰라서 잠이 덜 깬 표정으로 어리둥절했다.

영별(을) 짓다

죽어서 영원히 이별하다.

★영별永別 : 영원히 헤어져 다시는 만나지 못함.

영슈(을) 내다

명령을 내다.

옆구리(를) 찌르다

팔꿈치나 손가락으로 옆구리를 찔러서 비밀스럽게 신호를 보내다.

예) 윤 여사가 옆구리를 찔렀지만, 장사꾼 장은 하고 싶은 말을 다 했다.

옆길로 새다

1.본래 나아가야 할 길에서 벗어나 의외의 방향으로 나아가는 것.

2. 바람직하지 못한 일에 손을 대거나 이야기가 본래의 줄거리에서 벗어남, 주제에서 벗어난다는 뜻.

옆길을 들다

『북』 그릇된 길로 가다.

옆 눈을 팔다

『북』 '곁눈(을) 팔다'의 북한 익은말.

옆으로 빠지다

'어떤 무리에서 벗어나서 옆으로 가거나 가던 방향을 바꾸어 옆으로 나아가다', '어떤 일을 하지 않으려고 몸을 피하거나 무리에서 이탈하다', '이야기하는 도중 본론에서 벗어난 말을 하다', '(청소년이) 나쁜 친구와 어울려 나쁜 짓을 하다', '탈선脫線하다'라는 뜻이다.

예) 그들은 일을 하다가 힘들다고 옆으로 빠졌다.

옆으로 삐어지다

『북』 원래 의도했던 것과 다른 방향으로 나가다.

옆으로 제쳐 놓다

관심의 대상으로 삼지 않다.

예) 화가들은 주제는 옆으로 제쳐 놓고, 색채와 형태 그리고 구조가 작품의 중심이 되게 했습니다.

옆으로 퍼지다

'냄새 따위가 서서히 옆으로 전해지다', '살이 쪄서 덩치가 몹시 비대해지다'라는 뜻이다.

예기(를) 지르다

남의 예기를 꺾다.

★예기銳氣 : 날카롭고 강한 기세.

예배(를) 보다

신자들이 교회에 나가서 의식에 참례하다.

★예배禮拜 : 개신교에서, 성경을 읽고 기도와 찬송으로 하나님에 대한 존경과 숭배를 나타내는 의식.

예제없다

여기나 저기나 구별이 없다.

옛 꿈을 꾸다

1. 처지가 달라진 사람이 예전의 처지나 지위 따위를 되찾아 보려는 헛되고 어리석은 생각을 하다.

예) 설움이 오히려 나중에는 개화의 촉진제가 되어, 남도에서는 아직도 태고의 옛 꿈을 꾸고 있는 시간에 북도에서는 중국 기타 등지에서 속속 근대 문명을 받아들였고….

2. 옛날에 꾼 꿈을 다시 생각하다.

옛날 옛적에

매우 오래 전에.

예) 옛날 옛적에 할머니는 꽃가마를 타고 시집오셨다.

옛말 같은 소리

『북』 현실적으로는 도무지 믿어지지 아니하는 허황한 말.

옛말이 되다

'옛'은 '지금과는 다른 예전의', '과거로부터 내려오는'을 뜻한다. 따라서 '옛말'은 지금은 쓰이지 않는 예전의 말, 즉 '고어古語'나 '예로부터 전해 내려오는 속담이나 격언'을 의미한다. 그런데 어떤 말이나 표현이 아니라 역사적 사실이나 과거의 현상을 옛말이라고 할 때, 그것은 이제는 적용되거나 맞지 않은 지나간 일을 가리킨다.

예) 나 어릴 때만 해도 초가지붕을 얹은 집이 흔해서 방 안에서 볏짚 냄새가 나곤 했는데 그것도 다 옛말이 되고 말았군.

오가리(가) 들다

식물의 잎 등이 병들거나 말라서 오글쪼글해지다.

★오가리 : 식물의 잎이 병들거나 말라서 오글오글한 모양. (준)오갈.

오갈(이) 들다

두려움에 기운을 펴지 못하다.

★오갈 : 식물의 잎 따위가 병들거나 말라서 오글쪼글하게 된 것. (본)오가리.

예) 지금 정읍 양반이나 부자들은 잔뜩 오갈이 들어 발발 떨고 있었다.

오갈 데가 없다

1. 살 집이 없다.

예) 그는 사업이 망하자 오갈 데가 없어 길거리에 나앉게 되었다.

2. 의지할 곳이 없다.

예)저는 천애 고아로 오갈 데가 없습니다.

오강 사공의 닻줄 감듯

무엇을 능숙하게 둘둘 감아 동이는 모양을 비유적으로 이르는 말.

★오강五江 : 예전에, 서울 근처에 중요한 나루가 있던 한강, 용산, 마포, 현호, 서강의 다섯 군데의 강가 마을을 이르던 말.

★닻줄 : 밧줄이나 쇠줄로 되어 있는, 닻을 매다는 줄.

오거나 말거나

오든지(가) 말든지(가).

예) 비가 오거나 말거나 신나게 즐겨봅시다.

오관(을) 때다

골패나 화투로 혼자 놀음을 하다.

★오관 : 화투나 골패로 혼자 하는 놀이.

오금아 날 살려라

걸음아 날 살려라.

오금에 바람[돌개바람](이) 들다[차다]

오금에 돌개바람이 들어 가만있지 못하고 둥둥 떠다닌다는 뜻으로, 침착하게 한곳에 있지 못하고 들떠서 마구 설침을 이르는 말.

예) 저놈의 새끼 오금에 바람이 들었는지 눈만 뜨면 둥둥 떠다니니….

오금에서 불이 나게

다리를 너무 자주 놀려 마치 불이 날 것 같다는 뜻으로, 무엇인가를 찾거나 구하려고 무척 바쁘게 돌아다님을 비유적으로 이르는 말.

★오금 : 무릎의 구부러지는 쪽의 관절부분.

오금(을) 걸다

『북』 남에게 공연히 트집을 잡다.

예) "만만하게 에미라구 퉁명스럽게 오금을 걸고 대들면 어떻게 하잔 말이냐?" 어머니의 음성은 약간 높아졌다.

오금을 꺾다

『북』 기세나 기분 따위를 가라앉히다.

예) 배 거북이가 매를 맞은 것만 분해서 여전히 우중에게 앙갚음을 한다고 철없이 날뛰는 것을 오금을 꺾어 주저앉힌 것도 구룡 갑이었다.

오금을 떼다

1. 걸음을 옮기다.

예) 홍이는 뭐라 말을 하려 했으나 입이 붙어 떨어지지 않았다. 발도 붙어 버린 듯 오금을 떼어 놓을 수가 없다.

2. 『북』 아기들이 걷기 시작하다.

예) 그들은 한 고향에서 오금을 떼고 자란데다가 다시 만난 뒤로 그들 사이는 더욱 가까워졌다.

오금을 못 쓰다

'오금'은 무릎이 구부러지는 안쪽을 가리킨다. 나아가 팔꿈치가 구부려지는 안쪽을 뜻하기도 한다. '오금을 쓴다'는 것은 무릎을 구부렸다 폈다 하면서 움직인다는 뜻이다. 그런데 '오금을 못 쓴다'고 했으니 무릎을 움직이지 못하는 것이다. '쓰다' 대신에 '펴다'라고도 한다. '기운이 없어 몸을 가누지 못하다', '몹시 좋아하거나 두려워하여 어쩔 줄을 모르고 꼼짝 못하다'라는 뜻이다. 한편 '추다'는 들거나 진 것 또는 몸의 일부를 약간 위로 끌어올린다는 뜻이다. 그런데 '오금을 추지 못 한다'고 했으니 몸을 움직여서 활동하지 못한다는 뜻이 된다. <u>(비)오금을 못 쓰다, 오금을 못 펴다.</u>

오금을 묶다

『북』 해내야 하는 일 때문에 너무 바빠서 꼼짝 못하게 되다.

예) 급한 일들이 그의 오금을 묶어 놓았다.

오금(을) 박다

장담을 하던 사람이 그와 반대되는 언행을 할 때에 그 장담을 들추어 말하며 몹시 공박하다. 오금은 말 그대로 구부린 무릎의 안쪽을 가리키는 말이다. 누군가가 넋을 놓고 있거나 다른 일에 열중해 있는 틈을 타서 슬며시 그의 뒤로 돌아가 무릎께를 툭 치면 중심을 못 잡고 휘뚝하는데, 여기서 '오금을 박다'는 말이 나왔다. 누군가가 모순된 얘기를 하거나 언행이 불일치할 때 그 허점이나 잘못된 점을 들어 따끔하게 공박하는 것을 말한다.

예) 마침 그는 공 노인에게 오금을 박기에 충분한 공 노인의 행적이 생각났던 것이다.

오금을 펴다

마음을 놓고 여유 있게 지내다.

예) 기말 보고서를 내고 나서야 비로소 오금을 펼 수 있었다.

오금이 굳다

꼼짝을 못하게 되다.

예) 그뭄산이는 힘을 모아 봤지만 오금이 굳어 버렸는지 굴신도 할 수가 없었다.

오금이 꺾이다

『북』 기세나 기분 따위가 가라앉다.

오금이 들뜨다[들썩하다]

『북』 '오금(이) 뜨다.'의 북한 익은말.

예) 한경식이는 그러지 않아도 읍내에 들어가면 나올 줄 모르는데 나날이 번창하는 요리점을 보고 오금이 들떠서 견딜 수 없었다.

오금(이) 뜨다

1. 침착하게 한곳에 오래 있지 못하고 들떠서 함부로 덤비다.

예) 그들은 두 패를 질러가며 오금이 뜨게 달음박질을 하는 것이었다.

2. 마음이 방탕하여 놀아나다. (비)오금이 밀리다, 오금이 들뜨다[들썩하다].

오금이 묶이다

일에 매여서 꼼짝 못 하게 되다.

예) 학생들은 시험 때문에 오금이 묶여 다른 일은 생각지도 못한다.

오금이 밀리다

팔다리가 잘 움직이지 아니하다. (비)오금(이) 뜨다, 오금이 붙다[얼어붙다].

예) 초여름으로 접어들면서 간난 할멈은 제법 나돌아 다니길 잘했다. 가만히 있으면 오금이 붙어 운신을 못하게 될 것이기에 그런다는 것이다.

오금(이) 박히다

1. 큰소리치며 장담하였던 말과 반대로 말이나 행동을 할 때에, 그것을 빌미로 몹시 논박을 당하다.

2. 다른 사람으로부터 함부로 말이나 행동을 하지 못하게 단단히 이름을 받거나 으름을 당하다.

오금이 붙다(얼어붙다)

(사람이) 팔다리가 잘 움직이지 아니하다.

예) 큰아버지께서는 병세 때문에 오금이 붙으셨다. /가만히 있으면 오금이 얼어붙어 움직이지 못할 것만 같았다.

오금이 쑤시다

무슨 일을 하고 싶어 가만히 있지 못하다. 예) 아이는 친구들과 놀고 싶어 오금이 쑤셨지만 부엌에서 일하시는 어머니 때문에 나가지 못하고 있다.

오금이 저리다

저지른 잘못이 들통이 나거나 그 때문에 나쁜 결과가 있지 않을까 마음을 졸이다.

예) 형수한테 갖다 주라는 돈으로 술을 마시고 있자니 목에 힘을 주어도 자꾸만 오금이 저려 왔다

오너라 가거라 하다

(비)오라 가라 하다.

예) 내가 죄가 있으면 당연히 잡아가든지 묶어 가든지 할 것이거늘 무고히 오너라 가거라 하는 경우에는 결단코 가지 아니할 터이니….

오뉴월 써렛발 같다

사물이 드문드문하게 있다.

★써렛발 : 써레몽둥이에 박은 끝이 뾰족한 나무.

오뉴월 염천

오뉴월 더위가 심할 때를 이르는 말.

★염천炎天 : 몹시 더운 날씨.

오뉴월 엿가락

행동이나 말이 느리거나 길게 늘어진 모양.

예) 노파는 다급하게 만수를 깨우고 있었으나 그는 늘어지기가 오뉴월 엿가락이다.

오늘내일

오늘이나 내일 사이에, 당장에.

오늘내일 하다

1. 죽을 때나 해산 때 따위가 다가오다.

2. 그 날이 오기를 고대하다.

예) 임종이 ~. 그가 돌아오기를 오늘내일 하며 손꼽아 기다린다.

오늘 따라

하필 왜 오늘에 와서.

오도 가도 못하다

가도 오도 못하다.

예) 가다가 도중에서 통금에 걸리면 오도 가도 못하지.

오도 방정(을) 떨다

'오도-방정'의 '오도'는 '오도깝스럽다'에서 왔다. '오도깝스럽다'는 '경망스럽다'의 뜻이다. '오도-발광'도 마찬가지 예이다. 큰말은 '오두방정', '오두발광'이다. '방정'은 말이나 행동이 차분하지 못하고 매우 가벼운 것을 일컫는다. 따라서 '오도-방정'은 '매우 경망스럽게 하는 방정'이다.

오라 가라 하다

어떤 사람이 다른 사람을 성가시게 오가게 하다. <u>(비)오너라 가거라 하다.</u>

예) 자네가 뭔데 사람을 오라 가라 하는 것인가?

오라(를) 지다

지난날 죄인이 달아나지 못하게 묶던 굵고 붉은 줄이 '오라'이다. '오랏줄', '홍사紅絲', '포승捕繩'이라고도 한다. '지다'는 물건을 나르려고 등에 올려놓는 것이다. 이렇게 되면 자연히 몸이 앞으로 숙여지면서 뒷짐을 지게 된다. 죄인의 두 손이 뒤에서 묶인 모양이 짐을 지는 것과 흡사하여 '지다'라고 한 것이다. 주로 '오라질'의 형태로 쓰여 '오라를 져도 마땅한', 즉 '몹시 밉거나 괘씸하다'라는 뜻으로 욕으로 이르는 말이다. '오라질'이 변하여 '우라질'이 되었다. 이는 주로 뜻대로 안 되거나 상대가 미울 때 욕으로 하는 말이다.

오륙을 못 쓰다

『북』 1. 몸을 잘 놀리지 못하다.

2. 무엇에 혹하여 꼼짝 못 하다.

오만상(을) 찌푸리다(찡그리다)

몹시 싫은 감정이 일어나서 잔뜩 얼굴에 보기 싫은 주름을 잡은 표정이 '오만상五萬相'이다. '얼굴에 만萬 자를 그리다'라고 말한다. 인상을 써서 주름이 잔뜩 잡힌 이목구비가 한자 '만萬'과 모양이 흡사하다 하여 지어진 말이다. 1만이라는 숫자도 크지만, 5만五萬이라고 하면 막연하게 많은 수량을 나타내는 관용적인 표현이다. '오만 가지', '오만 생각' 등이 그 예이다. 여기에서는 얼굴에 잡은 주름이 그만큼 많다는 뜻도 있다. '찌푸리다'는 하늘에 구름이 끼어서 날이 음산하고 흐린 것을 말한다.

이와 같이 눈살에 주름을 잡아가며 얼굴 표정을 어둡게 만드는 것 역시 '찌푸리다'라고 한다. '입맛이 몹시 쓰거나 마음속 인상이 몹시 불쾌하여 눈살에 힘을 주며 보기 싫게 얼굴을 일그러뜨리다'라는 뜻이다.

예) 사탕을 빼앗긴 아이는 오만상을 찡그리며 금방이라도 울 것 같은 표정이 되었다.

오매불망 하다

자나 깨나 잊지 못함, 자나 깨나 잊지 못하다.

★오매불망寤寐不忘 : 자나 깨나 잊지 못함.

오새(가) 말짱하다

『북』 사물의 속내를 분간하는 능력이나 눈치가 들어 매우 약삭빠르다.

오색(이) 영롱하다

'오색五色'은 파랑, 노랑, 빨강, 하양, 검정 이렇게 다섯 가지 색깔을 일컫는다. 어느 문화에서나 기본으로 꼽는 오색은 문화마다 다소 차이가 있어서 때론 검정 대신 녹색을 치기도 한다. 모든 색은 이 오색에서 비롯되었다고 보기 때문에 오색은 '여러 가지 빛깔'을 의미한다. '영롱玲瓏하다'는 원래 옥玉이 울릴 때 내는 맑고 산뜻한 소리를 뜻하는 말이었으나, 의미가 발전하여 빛깔이 눈부시게 아름답고 찬란하다는 뜻을 나타내기도 한다.

예) 소낙비가 그치자 오색이 영롱한 무지개가 하늘에 걸렸다.

오이씨 같다

버선 신은 여자의 발이 갸름하고 예쁘장하다.

예) 오이씨 같은 버선발.

오열에 뜨다

『북』 1. 몹시 열이 나서 벌겋게 되다.

★오열嗚咽 : 설움에 복받쳐 목메어 욺. 또는 그런 울음.

2. 몹시 흥분하거나 성이 나다.

오장에 배이다

『북』 풍습이나 버릇 따위가 몸에 푹 배어 익숙하여지다.

★오장五臟 : 다섯 가지 내장이라는 뜻으로, 곧 간장, 심장, 폐장, 신장, 비장을 통틀어 이르는 말.

오장육부가 뒤바뀌다

'오장이 바뀌다'를 강조하여 이르는 말.

★오장육부五臟六腑 : 오장과 육부, 곧 내장을 통틀어 이르는 말.

예) 아무리 천주학 믿어 오장육부가 뒤바뀌었기로 조선 땅에서 조선 밥 먹는 것들이 어찌 법국민이란 말이여.

오장(을) 긁다

남의 비위를 건드리다. <u>(비)오장을 뒤집다.</u>

예) 잘 알지도 못하면서 남 오장 긁는 소리 좀 작작해라.

오장을 뒤집다

<u>(비)오장(을) 긁다.</u>

예) 사람의 오장을 뒤집어 놓는데 참을 수가 있어야지.

오장이 긁다

분통이 터지어 견딜 수 없다. 오장이 뒤집히는 소리를 하다. '오장五臟'은 생명 활동의 근본이 되는 다섯 가지 내장, 즉 간장, 심장, 지라, 허파, 콩팥을 일컫는다. 여기에 주로 소화기 계통에 해당하는 쓸개, 위장, 소장, 대장, 방광, 삼초三焦의 육부六腑를 더하여 오장육부五臟六腑라 한다. 인간의 내장기관을 총칭하는 한의학 용어이다. '긁다'는 '연장으로 표면을 문지르다'이다. 해부를 하지 않으면 오장을 긁을 수 없다. '남을 자극하는 말이나 행동으로 은근히 기분을 상하게 하다'라는 뜻이다.

한편 '뒤집히다'는 '안팎이 바뀌어 안에 있는 것이 밖으로 드러나다'이다. 오장이 뒤집히면 살 수 없다. 그만큼 속이 상한다는 말이다.

예) 금은방 남자가 들으라는 듯이 그 앞에서 자식 자랑을 해가며 오장을 긁었다.

오장이 뒤바뀌다

『북』 '오장육부가 뒤바뀌다'의 북한 익은말.

오장이 뒤집히다

분통이 터져서 견딜 수가 없다.

예) 내 집 마름의 자식이라는 데 그만 오장이 뒤집히는 것 같았다.

오장이 바뀌다

마음이 변하다.

예) 전 같으면 의심할 까닭이 없지만 지금은 오장이 바뀐 사람이니까 믿을 수가 없소.

오장(이) 찢기다[찢어지다]

심한 마음의 고통을 받다.

예) 내가 이 오장 갈가리 찢어지는 일을 자청해서 할 때는 다 속이 있느니라.

오쟁이(를) 지다(치다)

자기의 아내가 다른 남자와 간통하다.

예) 나 같으면 다른 놈이 내 계집의 손목만 한번 건드려도 그놈을 당장에 물고를 내고 말텐데, 글쎄 그런 못난이가 어디 있어. 꼭 오쟁이 지기 안성맞춤 이라.

오점을 남기다(찍다)

'오점汚點'은 더러운 점, 얼룩을 뜻한다. 이 말은 주로 비유적인 의미로 쓰여 '불명예스러운 흠이나 결점'을 가리킬 때 쓴다. '돌이킬 수 없는 잘못이나 실수를 하여 씻을 수 없는 흔적을 남기다'라는 뜻이다.

예) 자네처럼 현명한 사람이 인생에 오점을 찍는 선택을 하다니 의아한 일이군.

오줌(을) 누다

오줌을 몸 밖으로 내보내다.

오줌(을) 싸다

모르는 사이에, 또는 미처 가눌 사이 없이 오줌이 나오게 되다.

오줌(이) 마렵다

오줌을 누고 싶은 느낌이 있다.

오지랖이 넓다

주제넘어 아무 일에나 참견함. 오지랖이란 옷의 앞자락을 말하는 것으로 앞자락이 넓은 옷은 그만큼 많이 다른 옷을 덮을 수 있다. 이처럼 주제넘게 남의 일에 간섭하는 것으로 아무 일에나 쓸데없이 참견하는 것을 가리킨다.

예) 얼마나 오지랖이 넓기에 남의 일에 그렇게 미주알고주알 캐는 거냐?

옥반에 진주 굴듯[구르듯]

목소리가 매우 청아하고 아름다움을 비유적으로 이르는 말.

★옥반玉盤 : 옥으로 만든 예반.

예) 그 성악가의 목소리는 옥반에 진주 구르듯 하여 듣는 사람의 마음을 감동시킨다.

옥獄밥(을) 먹다

(속되게) 감옥에 갇혀 지내는 생활을 하다.

온기(가) 돌다

몸에 없어졌던 온기溫氣가 다시 돌기 시작하다.

온다 간다 말없이

자기 거취에 대하여서 아무에게도 말하지 아니하고 슬그머니.

예) 그는 가끔씩 온다 간다 말없이 사라져 부모님께 걱정을 끼치곤 했다.

온데 간데(가) 없다

감쪽같이 자취를 감추어 아무 데도 없다. (부)온데간데없이.

예) 여기에 둔 시계가 ~.

온 몸 전체

머리에서 발끝까지.

온 세상을 얻은 듯

세상에 부러울 것 하나 없이 매우 만족해하는 경우를 비유적으로 이르는 말.

예) 할머니는 돌아가시기 전에 친손자를 보시고는 온 세상을 얻은 듯 기뻐하셨다.

온실溫室 속에서 자란 화초

(비)온실 속의 화초.

온실 속의 화초

어려움이나 고난을 겪지 아니하고 그저 곱게만 자란 사람을 비유적으로 이르는 말. (비)온실 속에서 자란 화초.

예) 아내는 부모님의 보호 아래 온실 속의 화초로 자라 왔다.

온실의 꽃

『북』 '온실 속의 화초'의 북한 익은말.

예) 온실의 꽃이 아니라 세찬 바람에도 꺾이지 않는 들꽃이 되리라.

올가미(를) 쓰다(씌우다)

남의 꾀에 걸려들다. '올가미'는 새끼나 철사 따위를 고리가 생기게 매듭을 지어 짐승이 걸려들면 잡히게 되어 있는 물건이다. '올가미를 놓다', '올가미에 걸리다'라고 말한다. 올가미는 또한 남에게 걸려들게 하려고 꾸민 꾀를 뜻하기도 한다. '쓰다'는 모자나 옷 등을 몸에 걸친다는 뜻인데, 그런 식으로 어떤 일을 뒤집어쓰거나 당하다는 뜻을 나타낸다.

'남의 꾀에 걸려들다'라는 뜻이다. '씌우다'는 '쓰다'의 사동, 즉 '쓰게 하다'이다.

예) 쥐새끼처럼 약아서 잡히지 않던 놈이 이번에 올가미를 쓰고 잡혀 들어왔다.

올 것이 오다

좋지 않은 일이 예상대로 당연하게 일어나다.

예) 마침내 올 것이 오고야 말았다./하숙집 쥔 여자가 아들의 검속을 알리는 찰나, 아닌 말로 또 올 것이 왔다는 절박한 느낌이 갑자기 스스로의 말을 처지게 했었다

올리뛰고 내리뛰고 하다

『북』 무엇을 이루어 보려고 분주하게 여러모로 애쓰다.

올림대(를) 놓다

세상을 떠나다. 즉, 죽다.

★**올림대** : 심마니들의 은어로, '숟가락'을 이르는 말.

올빼미 눈 같다

(비유적으로) 낮에 잘 보지 못하다. 또는 낮보다 밤에 더 잘 보다.

올(이) 곧다

실이나 줄의 가닥, 또는 그 낱낱을 세는 단위가 '올'이다. 씨줄과 날줄이라는 올들이 서로 겹쳐 짜이면서 천이 이루어진다. '올이 성기다', '올이 곱다', '올이 가늘다'라는 표현을 쓴다. '천을 이루는 실이나 줄 따위가 구불구불하지 않고 바르게 뻗어 있다'라는 뜻이다. 한편 실이 쭉 뻗은 모양이 사람의 성품을 나타내는 데 쓰여 '마음이 정직하고 바르다'라는 뜻으로도 쓰인다.

예) 베는 올이 곧으면서 촘촘해야 상품으로 친다.

올(이) 되다

(비유적으로) 거만하고 고집이 세다.

예) 그는 남들에게 올이 된 사람으로 알려져 누구도 말을 붙이려 하지 않는다.

옳다 긇다 말이 없다

'긇다'는 '그르다'의 축약형이다. 어떤 사실에 대해 우리는 개인 판단에 따라 옳다거나 그르다거나 하는 의견을 말한다. 그러한 말이 없을 때는 아직 판단이 서지 않았거나 속마음을 드러내고 싶지 않은 것이다.

예) 의견들을 모두 들어보고도 옳다 그르다 말이 없으니 참으로 답답한 노릇이다.

옴나위(도) 못하다

아주 비좁거나 들어차서 꼼짝달싹 못하다.

★**옴나위** : 조금이라도 움직일 수 있는 여유.

옴쭉 못하다

1. 조금도 움직이지 못하다.

2. 기를 피지 못하다.

★**옴쭉** : 주로 '못 하다', '않다', '말다' 따위의 부정어와 함께 쓰여, 몸의 한 부분을 세게 움츠리거나 펴거나 하며 조금 움직이는 모양을 나타내는 말.

예) 큰 소리 떵떵 쳐도 마누라 앞에서는 옴쭉도 못한다.

옴치고 뛸 수 없다

1. 어쩔 도리가 없게 되다.

2. 꼼짝할 수 없다.

★**옴치다** : 움츠리다(두려움이나 위압감 때문에 몹시 기가 꺾이거나 풀이 죽다)의 본말.

예) 일이 너무 많아 옴치고 뛸 수도 없다.

옴파리 같다

오목하고 탄탄하게 생기다.

★**옴파리** : 사기로 만든 오목한 밥그릇.

옴포동이같다

어린아이가 살이 올라 포동포동하다. 옷에 솜을 도도록하게 넣어 포동포동하다. (부)옴포동이 같이.

★**옴포동이** : 살이 올라 포동포동함.

옷갓(을) 하다

두루마리를 입고 갓을 쓰다. 즉, 의관을 갖추다.

★**옷갓** : 옷과 갓.

옷깃을 여미다

경건한 마음으로 자세를 바르게 잡다. '옷깃'은 저고리나 웃옷의 목을 둘러서 앞으로 여미게 되어 있는 부분을 일컫는다. 한복에서는 옷깃의 위 가장자리에 동정을 단다. 양복에서는 칼라와 앞에 단추를 채우는 부분에 해당한다. '옷깃을 세우다'라고 하면 바람 따위를 피하기 위해 접힌 칼라를 편다는 뜻을 나타낸다. '여미다'는 벌어진 부분의 양쪽을 겹쳐서 봉한다는 뜻이다. 그런데 '옷깃을 여민다'고 했으니 '벌어진 저고리의 앞자락을 바르게 겹쳐 합치다'라는 뜻이다. 한편 예의를 차려야 할 장소에서는 옷깃을 여미고 단추를 채워야 한다. '경건한 마음으로 옷차림을 바로잡거나 또는 자기도 모르는 사이에 경건한 마음을 품게 되다'라는 뜻으로도 쓰인다.

예) 그 노래를 들으면 절로 옷깃을 여미게 된다.

옷소매에 매달리다

'소매'는 상의에서도 팔을 감싸는 부분을 가리킨다. '옷소매'는 옷의 소매, 특히 저고리 따위의 긴소매를 말한다. '옷소매를 붙잡고 놓아주지 않다', '비굴하거나 절박한 태도로 남에게 애원하다'라는 뜻이다.

예) 자네가 아무리 옷소매에 매달려도 그것은 이미 결정 난 일이야.

옹이(가) 지다

마음에 언짢은 감정이 있다.

★옹이 : 귀에 박힌 말이나 가슴에 맺힌 감정 따위를 비유적으로 이르는 말.

예) 옹이 진 마음이 풀리다.

옻(을) 올리다

옻이 올라 살갗이 헐어 부스럼이 돋다.

★옻 : 옻나무에서 나오는 진.

옻(을) 타다

살갗이 옻의 도기를 잘 받다.

옻(이) 오르다

살갗에 옻의 독기가 오르다.

왔다 갔다 하다

정신이 맑았다 흐렸다 하다.

예) 정신이 왔다 갔다 하는 사람이라서 어디까지가 사실인지 알 수가 없다.

왕기(가) 뜨이다

1. 행복스럽게 될 조짐이 보이다.

2. 임금이 날 조짐이나 임금이 될 조짐이 보이다.

★왕기王氣 : ①왕이 나거나 왕이 될 징조. ②일이 잘 될 징조.

왕王 낚시에 걸리다

『북』 매우 심하게 혼이 나다.

왕산 같다

부피가 볼록하고 크다.

왜장(을) 치다

누구라고 꼭 집어 말하지 않고 헛되이 큰 소리로 마구 떠들다. 일이 지난 뒤에 헛되이 큰소리를 치다.

★왜장 : 꼭 집어서 말하지 않고 헛되이 마구 큰소리.

외 골骨을 재우다

『북』 가르마를 타고 머리카락을 가르마의 양쪽으로 눕히다.

외곽을 때리다

우회적으로 상대방에게 해를 끼치다.

★외곽外廓 : 바깥 둘레나 그 부근.

예) 입후보자들은 이번 선거에서 상대 후보자의 외곽을 때리는 선거 운동으로 투표자들의 원성을 샀다.

외국外國 물을 먹다

외국에서 생활을 하다.

예) 김 과장은 해외 지사로 파견되어 외국 물을 먹고 돌아왔다.

외눈에 안질

불행이 겹치는 경우를 비유적으로 이르는 말. (비) 눈 위에 서리 친다, 엎친 데 덮친다, 흉년에 윤달, 설상가상雪上加霜, 전호후랑前虎後狼.

★안질眼疾 : 눈에 생긴 병.

외딴(을) 치다

1. 능히 넘어서다.

2. 태견과 같은 무예에서 혼자 판을 치다.

외람(이) 되다

(언행이나 생각이)분에 넘치는 데가 있다.

★외람猥濫 : 분에 넘침.

외로 지나 바로 지나

짐을 왼쪽으로 지나 오른쪽으로 지나 등에 지기는 마찬가지라는 뜻으로, 이렇게 하나 저렇게 하나 마찬가지인 경우를 비유적으로 이르는 말.

외로 틀다

일이나 의견 따위에 동의하지 아니하고 어긋나가다.

예) 그 왜놈들이 말하는 꼬락서니가 아예 외로 틀고 나오더랍니다.

외봉外封(을) 치다

남의 물건을 훔쳐 딴 데로 옮겨 놓다.

외 붓듯 가지 붓듯

'오이가 부러나 자라듯, 가지가 부러나 자라듯'의 뜻으로, 사람이나 동식물이 무럭무럭 잘 자라는 모양.

외상(을) 긋다

우리나라 사람들은 외상을 참 좋아하기도 하고, 또 외상을 후하게 주기도 한다.

외상을 하고 외상을 주는 일은 다른 나라 사람들에게는 드문 일이라고 하니 '외상'은 어찌 보면 우리의 독특한 상거래 행위가 아닌가 한다. 우리나라 사람들이 '외상'을 얼마나 좋아했으면 예전부터 "외상이면 소도 잡아먹는다"라는 속설이 생겨났을까? 그러면 우리나라 사람들이 어떤 이유로 외상을 주고받는 데 익숙해진 것일까?

일설에는 친족親族을 중심으로 모여 살다 보니 남다른 정이 싹트고 또 믿음이 형성되어 외상 거래가 자연스럽게 이루어졌다고 본다. 말하자면 상부상조相扶相助의 전통에서 외상 거래가 형성되었다고 보는 것이다. 또 한편으로는 수확이 끝나는 가을철에야 목돈을 만지게 되는 농경생활을 하는 가운데 어쩔 수 없이 춘궁기春窮期에 외상을 지는 습성이 생겨났고, 그것이 굳어져서 외상 행위에 익숙해진 것으로 보기도 한다.

'외상'을 해야 하는 급박한 상황은 있을 수 있지만, '외상'은 개인은 물론이거니와 가정이나 한 국가까지 망치게 하는 나쁜 습성이므로 경계해야 할 일이다. '외상'은 예전에는 주로 술집에서 이루어졌다. 그것도 싸구려 술집인 선술집이었다.

막걸리 몇 사발 사 먹을 돈도 없으면서 술 없이는 못 사는 술고래들이 상습적으로 이용하는 것이 '외상'이었다. 술 외상이 얼마나 많았으면 '외상술'이라는 말까지 생겨났겠는가? 얼큰히 취한 술꾼이 그 동안의 안면을 무기로 "아줌마(주모), 외상이야. 달아놓으시오"라고 하면 술집 여자는 상습적인 외상이 못마땅하지만 마지못해 응대해 주곤 했던 것이다. 그런데 대개의 선술집 주모는 일자무식이어서 외상 사실을 장부에 적을 수가 없었다. 그래서 생각해 낸 것이 벽에다가 마신 술잔 수만큼 작대기를 긋는 방법이었다. 그렇다고 무턱대고 작대기만 긋는 것이 아니다.

외상술을 먹은 사람의 특징을 벽에 그린 뒤에 그 밑에 먹은 잔의 수만큼 작대기를 긋는 지혜를 발휘. 가령, 코가 큰 사람은 코를 그려 놓고, 얼굴에 사마귀가 있는 사람은 점을 찍어 놓고, 쌍둥이 집 남자라면 두 개의 사람 머리를 그려 놓고 그 밑에 줄을 긋는 것으로 외상 장부를 대신했다. 그래서 생긴 말이 '외상을 긋다'이다. 더 정확히 말하면 '외상 작대기를 긋다'가 될 것이다. 외상술에 이골이 난 술꾼들은 그 '작대기'를 '어그 라인'이라고 멋을 부려 말하기까지 했다. '어그 라인'의 '어그'는 '긋다'의 활용형 '그어'를 거꾸로 말한 것이며, '라인'은 작대기선을 영어로 바꾼 것이다. 이런 말장난을 할 줄 아는 술꾼이면 그래도 낭만을 아는 술꾼이 아니었을까 한다. 물론 외상 할 때 '긋는' 행위는 술집에만 있었던 것은 아니다. 예전의 반찬가게나 푸줏간에서도 외상 한 물건값을 '긋는' 방법으로 표시했다.

그런데 여기서는 벽에다가 작대기를 긋는 것이 아

니라 '엄대'라는 막대기에 길고 짧은 금을 새겼다. '엄대'에다 외상 한 물건의 분량만큼 금을 새겨 놓고 나중에 몰아서 계산을 했다. 그래서 생겨난 말이 '엄대를 긋다(물건을 외상으로 사고 장부에 달다)'이다.

술을 외상으로 먹을 때는 벽에다 '작대기'를 긋고, 물건을 외상으로 살 때는 '엄대'에 금을 그으니, '긋다'라는 동사에 '외상값을 적다'는 의미까지 생겨날 만하다. 실제로 사전을 찾아보면 '긋다'에 '물건 값이나 밥값, 술값 따위를 바로 내지 않고 외상으로 처리하다'는 의미가 있음을 확인할 수 있다.

외지外地 밭으로 달아나다

『북』 1. 어떤 충고나 의견 따위에 어긋나가다.

예) 그는 농사를 더 잘 지으라고 일러 주는 말도 귀찮게 들으며 외지 밭으로 달아나는 때가 없지 않았다.

2. 전혀 다르고 엉뚱한 곳으로 가다.

외피를 쓰다

『북』 '탈(을) 쓰다'의 북한 익은말.

★외피外皮 : 겉으로 드러난 껍질.

왼고개를 젓다

부정 또는 반대의 뜻을 나타내다.

왼고개를 치다

부정이나 반대의 뜻을 나타내다.

예) 귀신 방이 싫다고 왼고개들을 치는데 계향이 혼자 싫단 말을 아니 하였다.

왼고개를 틀다

무엇이 못마땅하여 바로 보지 아니하고 외면하다.

예) 보국안민하겠다는 한울님을 내가 어째서 왼고개 틀어 마다고 하겠는가?

왼새끼(를) 꼬다

1. 일이 꼬여 어떻게 될지 몰라 애를 태우다.

예) 그래서 장차 어찌될까 하고 뒤울안 마루에서 혼자 왼새끼를 꼬고 있는데….

2. 심히 우려하거나 조심하여 말하고 행동하다.

3. 비비 꼬아서 말하거나 비아냥거리다.

4. 속으로 딴마음을 먹거나 은근히 딴 꾀를 꾸미다.

왼손(을) 들다

『북』 반대하거나 응하지 아니하다.

왼심을 쓰다

『북』 속으로 안타깝게 애쓰며 조바심을 내다.

★왼심 : 혼자서 속으로 안타깝게 애쓰며 마음을 조임.

예) 새 품종을 얻기 위하여 왼-심을 쓰다.

왼장(을) 보다

『북』 마땅히 해야 할 일이나 함께 할 일을 하지 아니하고 제 잇속을 차리는 딴 일을 하다.

★왼장 : 다른 목적을 가지고 남들과 달리 행동함. 또는 몰래 따로 벌이는 장.

요동(을) 치다

'요동搖動'은 '흔들림', '흔듦'을 뜻한다. 주로 거친 움직임에 쓰인다. '요동하다'라고 하면 '흔들리다', '흔들다'이다. '치다'는 격렬한 동작을 나타낸다. '어떤 사상이나 감정 따위가 아주 격렬하게 작용하거나 끊임없이 일어나다'라는 뜻이다.

예) 폭풍우에 휩싸여 배가 요동을 쳤다.

요람에서 무덤까지

나서 죽을 때까지의 뜻.

★요람搖籃 : 사물의 처음 발생지나 근원지를 비유적으로 이르는 말.

요리 뒤 적 조리 뒤 적

요리 조리 뒤적이는 모양.

예) 종일 책을 ~ 하기만 한다.

요망(을) 떨다

'요망妖妄'은 요사하고 망령됨 또는 그러한 짓을 말한다. 사람의 행동이 믿을 수 없이 자주 바뀌고 간사한 꾀를 부리며 사악하고 어리석게 구는 것이 그것이다. '요망하다', '요망스럽다'는 그러한 상태를 나타내는 형용사이다. '떨다'라고 하면 '부리다'보다 그 동작이 더 자주 반복되거나 경망스럽다는 뜻을 나타낸다.

예) 첩이 늙은 영감에게 요망을 떨수록 안방마님은 더욱 찬밥 신세가 되었다.

요 모양 요 꼴

좋지 않은 처지나 형편.

예) 나는 왜 요 모양 요 꼴로 살아야 하는 거니?

요설을 휘두르다

『북』 이야기를 번지르르하게 엮어 가는 솜씨를 발휘하다.

★요설饒舌 : 수다스럽게 지껄임.

예) 재판을 하게 되면 당신의 요설을 휘둘러 볼 생각이 있는 모양인데 다 틀렸소.

요술(을) 부리다

'요술妖術'은 현실에서는 불가능해 보이는 일을 간단하게 이루는 괴이한 기술을 뜻한다. '마술魔術'이라고 할 때는 일정한 손동작과 장비로 보는 이의 눈을 속여 이루는 일정한 기술이라는 의미가 강하다. '초능력으로 현실에서는 불가능한 일을 나타내 보이다', '간사한 일을 꾸며 몰래 이루다'라는 뜻이다.

예) 요술을 부릴 줄 안다면 이곳에 있는 장미에게 모두 말을 하게 시키겠어.

요원의 불길

매우 빠르게 번지는 벌판의 불길이라는 뜻으로, 무서운 기세로 퍼져 가는 세력 따위를 비유적으로 이르는 말.

★요원燎原 : 불타고 있는 벌판.

예) 전라도 고부군에서 일어난 민란이 잠시 주춤했다가 진압에 나선 정부 관리의 무능 때문에 두 달 후인 삼 월 이십일 일에는 다시 요원의 불길이 되고 말았다.

요절(이/을) 내다(나다)

'요절夭折'은 한창 젊은 나이에 죽는 것을 말한다. '단절短折', '요사夭死', '요서夭逝', '조세早世' 등이 모두 같은 뜻이다. '요절하다'는 '젊어서 죽다'이다. '내다'는 '나게 하다', 즉 '생기게 하다', '나타나게 하다'를 뜻한다. '(아직 죽을 때가 되지 않은 젊은 사람을) 원한이나 미움으로 끝장내거나 거의 죽을 지경으로 혼내다', '(아직 쓸 만한 멀쩡한 물건을) 홧김이나 실수로 완전히 못 쓰게 만들다'라는 뜻이다.

예) 이 천하에 몹쓸 놈을 반드시 내 손으로 잡아서 요절을 낼 테니 두고 보라고.

요정(을) 짓다

결판을 내어 다 끝을 마치다.

★요정了定 : ①결판을 내어 끝을 마침. ②분명히 결정함.

요정(이) 나다

결판을 내어 다 끝이 나다.

욕심欲心은 부엉이 같다

욕심이 매우 많음을 비유적으로 이르는 말.

욕심(이) 나다

욕심이 생기다.

욕심이 놀부 뺨쳐 먹겠다

『북』 놀부를 능가할 욕심꾸러기라는 뜻으로, 욕심이 매우 많은 것을 두고 하는 말.

욕심이 눈을[앞을] 가리다

욕심 때문에 사리 판단이나 분별을 제대로 못하다.

예) 돈을 더 벌고자 하는 욕심이 눈을 가려서 그는 밀수품에까지 손을 대기 시작했다.

욕심이 땅보다 두텁다

욕심이 지독하게 많음을 이르는 말.

욕심(이) 사납다

몹시 욕심이 많다. '욕심慾心'은 어떤 일을 하고 싶거나 어떤 것을 갖고 싶거나 하는 등 갖가지 크고 작은 욕망을 일컫는다. 그러나 보통 욕심이라고 할 때는 부정적인 의미로서 자기 것이 아닌 것을 탐貪하는 마음이나 분수에 넘친 행동을 가리킬 때 쓰인다. '사납다'는 성질이나 행동 따위가 거칠고 심하거나 모질고 고약하다는 뜻이다.

예) 아무리 욕심이 사납기로 형제들 재산까지 빼앗는 그 여자 욕심만 할까?

욕심이 앞을 가리다

ㅇ

욕심 때문에 사리 판단이나 분별을 제대로 못하다.

욕(을) 먹다{욕(을) 보다/욕(이) 되다}

'욕辱'은 '욕설辱說', 즉 남을 무시하거나 나무라기 위해 함부로 내뱉는 거친 말이다. 여기에서 남의 인격을 손상시켜 수치를 안겨주는 행동이나 대우를 뜻하게 되었다. 또한 그 의미가 보다 점잖게 확대되어 인격을 손상시키려고 일부러 하지는 않았어도 본의 아니게 상대방에게 끼치는 수고 따위를 일컫는다. '먹다'는 음식물을 삼켜서 자기 몸에 들어가듯이 자잘한 어려움을 당하다는 의미를 지닌다. '골탕을 먹다', '애를 먹다', '핀잔을 먹다'가 그렇다. '어떤 잘못이나 실수를 해서 남에게 욕설을 듣다', '꾸지람 받을 만한 짓을 하여 호되게 비난을 당하다'라는 뜻이다. 한편 '보다'는 '눈으로 느껴 알다'이다. 무엇을 보느냐에 따라 '보다'의 뜻이 다양하게 해석된다.

예) 아무리 잘못했어도 그런 욕을 먹고 나니 기분이 좋지 않다.

욕지기(가) 나다

1.(사람이) 속이 메스꺼워 토할 듯한 느낌이 나다.

2.(사람이) 몹시 아니꼬운 생각이 들다. '욕지기'는 비위에 거슬리거나 위장이 불편하여 속의 것을 토하고 싶은 느낌을 말하며, 그러한 짓을 '욕지기질'이라 한다. '구역질', '토역질', '외역질'이 모두 같은 뜻이다. '욕지기하다', '욕지기질하다'라고 말한다. '욕지거리'와는 구별할 필요가 있는데, 이는 욕설의 속된 표현이다. '어떤 것이 아주 못마땅하거나 아니꼬워서 불쾌한 감정이 일어나다'라는 뜻이다.

예) 그놈 하는 짓을 보고 있자니 욕지기가 나서 더는 두고 볼 수가 없었다.

용龍꿈(을) 꾸다

좋은 수가 생길 징조이다.

용대기에 비 맞다

낙심해서 활기나 기세가 약해지다.

★용대기龍大旗 : 조선 시대, 임금이 거둥할 때 노부의 둑 다음에 세우거나 군대를 친열할 때 각 군영을 지휘하던 큰 기.

용 못 된 이무기 방천防川 낸다

되지 못한 것은 반드시 못된 짓을 한다는 뜻.

용빼는 재간才幹이 없다

'용빼다'는 '큰 힘을 쓰거나 대단한 재주를 부리다'이다. 여기에서 '용'은 '한꺼번에 모아서 내는 센 힘'을 뜻한다. 일부 동사와 함께 쓰여 몸에 상당한 힘이 들어간 상태를 나타낸다. '재간才幹'은 '재주와 능력'을 가리킨다. '아무리 힘써도 해낼 수 없거나 어떤 방법으로도 당해낼 수 없다'라는 뜻이다.

예) 나는 용뺄 재간이 없으니 그대로 당할 수밖에 없지만, 자네는 사정이 다르지 않은가?

용빼는 재주

아주 뛰어난 재주, 제 아무리, '용빼는 재주'의 '용'은 전설상의 동물인 용을 가리키는 말이 아니고, 새로 돋은 사슴의 연한 뿔을 가리키는 녹용의 준말이다. 살아 있는 사슴의 머리에서 이 녹용을 뺄 때는 날랜 솜씨와 묘한 방법이 동원되어야 하는데 그런 기술을 일러 '용빼는 재주'라 한 것이다. '용빼는 재주', '용빼는 재간' 등으로 널리 쓰이는 이 말은 남다르게 큰 힘을 쓰거나 큰 재주를 지니고 있는 것을 가리키는 말이다.

예) 제 아무리 용빼는 재주가 있더라도 이번 일은 어려울 걸.

★재주 : 총명한 기운이 넘쳐 무엇을 잘하는 타고난 소질이나 재능.

용솟음(을) 치다

1.(기본의미) (물이) 매우 세차게 솟아오르다.

2.(힘이나 기세가) 세차게 북받쳐 오르다.

예) 학문에 대한 정열이 용솟음치다.

용수(를) 지르다

술이나 간장을 뜨기 위하여 용수를 박다.

★용수 : 술이나 장을 거르는 데 쓰는 기구.

예) 이렇게 용수를 질러 놔야 깨끗한 술을 얻을 수

있지.

용용 죽겠지

몹시 약이 올라 죽겠다는 뜻으로, 남을 약 올리면서 하는 말.

예) 동생은 엄마를 따라 나가면서 숙제 때문에 집에 남게 된 나에게 "용용 죽겠지."하며 약 올렸다.

용龍을 낳다

훌륭한 인물을 낳다.

예) 우리 아들이 사람들에게 존경받는 대학 교수가 되다니, 내가 아들을 낳은 것이 아니라 용을 낳았구먼.

용을 쓰다

'용빼다'의 '용'이 여기에도 쓰였다. '기운을 한꺼번에 몰아 쓰다', '있는 힘을 다해 버티거나 저항하다'라는 뜻이다. 참고로 '용용 죽겠지'라는 말이 있다. 너무 힘을 들여 애쓰는 것이 괴로워 보일 때 '괴로워 죽겠지'라는 뜻으로 놀리는 말이다. 한편 '괴로움을 억지로 당하려고 스스로 애를 쓰고 버티다'를 비꼬아 이르는 말이기도 하다.

예) 네가 죽고 싶어서 아주 용을 쓰는구나.

용龍의 초리

1. 폭포에서 내리 쏟아지는 물줄기를 비유적으로 이르는 말.

2. 예전에, 처녀나 총각이 길게 땋아서 늘어뜨린 머리를 비유적으로 이르던 말.

★초리 : 무엇의 가느다란 끝부분.

용(이) 되다

'용龍'은 전설상의 동물로서, 뱀과 같은 몸통에 다리가 4개 달렸으며 날개가 있어 하늘을 날기도 하고, 입에서는 불을 내뿜는 신령스러운 존재이다. 상서로운 존재로 여겨져서 용에게 기우와 풍어를 빌기도 했다. 게다가 왕권의 상징으로도 여겨져서 왕의 얼굴은 용안龍顔, 왕의 수염은 용수龍鬚 등으로 불렸다. 보잘것없거나 평범한 사람이 갑자기 어떤 계기나 기회를 만나서 못 알아볼 정도로 뛰어나게 되었을 때, 그 사람을 가리켜 '용이 됐다'고 감탄하거나 비아냥거릴 때 사용한다.

예) 오 대리는 총각 때는 비쩍 말라서 사람이 볼품이 없더니 아내 잘 얻어서 용 됐지 뭐야.

용龍(이) 올라갔다

물이 하나도 없다고 할 때 하는 말.

용춤(을) 추다

남이 추어올리는 바람에 신이 나서 하라는 대로 하다.

★용춤 : 남이 추어 울리는 바람에 좋아서 하라는 대로 행동을 하는 짓.

예) 쥐꼬리만 한 무엇에 팔려 가지고 첫새벽부터 덜덜 떨며 망석중이처럼 용춤을 추는 그들이 무슨 알맹이가 있다고서….

용춤(을) 추이다

(사람이) 다른 사람을 추어올려 자기 뜻대로 행동하게 만들다.

예) 주인이 제 욕심을 차리려고 그들에게 용춤을 추였다.

용트림(을) 하다

어떤 의욕이나 이상 따위가 자극을 받아 강하게 일어나다.

★용트림 : 거드름을 피우며 일부러 크게 힘을 들여 하는 트림.

예) 네 집을 삼키는 불기둥은 용트림을 하여 반 하늘로 치솟았다.

우는 소리

엄살로 곤란한 사정을 늘어놓는 말.

예) ~ 좀 작작해라.

우레를 켜다

우레를 불어 장끼 소리를 내다.

★우레 : 천둥.

우레(와) 같은 박수

많은 사람이 치는 매우 큰 소리의 박수를 비유적으로 이르는 말.

예) 그의 연주가 끝나자 우레와 같은 박수가 쏟아져 나왔다.

우물가 공론公論

여자들이 우물가에서 물을 긷거나 빨래 따위를 하며 주고받는, 세상 이야기나 소문을 이르는 말.

우물 공사公事

공동 우물 같은 곳에서 물을 긷거나 빨래 따위를 하면서 잡담을 즐기는 일을 비유적으로 이르는 말.

우물(을) 치다

우물 안에 있는 더러운 것을 쳐내다.

우박을 맞다

『북』 다른 사람에게 심한 꾸중을 듣다.

우박을 퍼붓다

『북』 다른 사람을 심하게 꾸짖다.

예) 물어뜯을 것 같은 얼굴로 한 걸음 다가앉으며 놉쇠에게 돌덩이 같은 우박을 내려 퍼부었다.

우박(이) 치다

1. 우박이 마구 쏟아지다.

예) 갑자기 하늘이 어두워지면서 한차례 우박이 치더니 언제 그랬냐는 듯이 하늘은 맑게 개었다.

2. 탄알이나 포탄 따위가 몹시 심하게 떨어지다.

예) 적의 기총 소사로 탄알이 우박 치듯이 아군의 진지 속으로 떨어졌다.

우숫물(이) 지다

우숫물로 큰물이 지다.

★우숫물 : 우수 때에 내리는 많은 비.

예) 우숫물 지고 나면 그때부터 토역 날 진흙 이겨서 그 논만 이기고 살았지요.

우습게 보다

1. (남을) 업신여기다. 얕보다. (비)우습게 알다.

예) 상대팀을 우습게 보다가 졌다.

2. 쉽게 보다.

예) 그 일은 우습게 볼 일은 아니다.

우습게 여기다

우습게 보다. (비)우습게 알다.

우습지도 않다

너무 어이가 없는 일이어서 기가 막히다.

예) 나한테 잘못했다고 빌어야 할 사람이 자기가 잘했다고 도리어 큰소리치는데 정말 우습지도 않더라.

우이(를) 잡다

1. 어떤 모임 또는 동맹의 우두머리나 간부가 되다.

★우이 : 어떤 목적이나 행동 등을 같이하는 무리의 우두머리를 빗대어 이르는 말.

예) 재영이만 살아 있다면 비록 자기가 없다 할지라도 당의 우이를 넉넉히 잡을 것이로되, 지금의 숙생 중에는 그 임무를 감당할 만한 사람이 없었다.

2. 자기 마음대로 일을 좌지우지하다.

운수運數가 사납다

운수가 모질게 나쁘다. 재능이 있지만 불운한 사람을 비유.

운을 달다

글을 지을 때 운자韻字를 달다. '시詩'는 뜻을 전달하면서도 그 안에 소리의 배열을 가지고 가락을 느끼게 하는 문학 형식이다. 이때 사용하는 것이 운韻이다. 원래 한시漢詩에서 비롯된 이 말은 그러한 방식으로 시를 짓는 것이나 또는 그때 쓰이는 글자, 즉 운자韻字를 뜻한다. 한시는 형식마다 행의 수와 각 행의 글자 수가 정해져 있으므로 규칙적인 자리에 유사하거나 똑같은 말소리를 넣어 가락을 느끼게 할 수 있다. 주로 행의 끝자리에 운을 넣으므로 '달다'라고 한다. '꼬리를 달다'에서처럼 어떤 것의 끝에 이어지게 붙이는 것이 '달다'이다. '한시 따위에서 가락이 느껴지게 유사한 말소리를 규칙적으로 쓰다'라는 뜻이다. 이를 '압운押韻'이라고 한다. 한편 '앞에서 말한 사람의 의견을 강조하거나 긍정하기 위하여 유사한 뜻을 지닌 말을 덧붙이다'라는 뜻으로도 쓰인다.

예) 그는 '명'으로 운을 달아 즉석에서 오언절구의 시를 지었다.

운韻을 떼다

이야기 첫머리를 말하기 시작하다. '떼다'는 '붙어 있는 것을 떨어지게 하다'이다. '발걸음을 떼다'라고 하면 걸음을 시작하는 것이므로, '떼다'는 '어떤 일을 시작하다'라는 의미를 지니게 되었다. 지난날 풍류의 한 가지로서, 한 사람이 운을 정해 한시를 지으면 다른 사람이 그 자리에서 운을 받아 다른 시를 지어 보였다. 이때 처음에 운을 정한 사람에게 '운을 떼었다'라고 말한다. 한편 '대화나 토론에서 다른 사람들보다 먼저 입을 열어 말하다'라는 뜻으로도 쓰인다. (비)운자(를) 떼다.

예) 운을 땐 김에 다 말하겠다.

운韻을 밟다

1. 남이 지은 한시에 화답하거나 그 운자를 따라 한시를 짓다.

2. 남의 행동을 따라서 그와 같거나 비슷한 행동을 하다.

운자(를) 떼다

(비)운(을) 떼다.

예) 운자를 떼고 말끝을 흐렸으나 그 역시 대꾸가 없었다.

운전대(를) 놓다

자동차 따위의 운전을 아니 하다.

예) 아버지가 교통사고를 낸 후 운전대를 놓은 지도 벌써 삼 년이 되었다.

운전대(를) 잡다

(사람이) 버스나 택시 따위의 운전하는 일에 종사하다.

울고 가다

도저히 감당할 수 없다고 느끼고 몹시 한탄하며 물러서다.

예) 모두 자신 있게 덤벼들었다가 두 손을 들고 항복하며 울고 가는 것이 이 분야의 일이라고는 하나 왜 길이 없겠소.

울뚝밸을 쓰다

매우 심하게 울뚝밸을 부리다.

★울뚝밸 : 갑자기 화를 내어 말과 행동을 우악스럽게 마구 하는 성미. 또는 그런 짓.

울음에 젖다

(비유적으로) 울면서 말하다.

예) 그는 아픈 기억을 더듬어 내 부분에 이르러서는 말 반 울음 반으로 울음에 젖다가 더 이상 말을 잇지 못했다.

울음을 삼키다[깨물다]

울음을 억지로 참다.

예) 선생님의 꾸중으로 울음이 북받쳤으나 창피한 마음에 울음을 삼켰다.

울이 세다

1. 떨거지가 많다.

2. 족속이 많고 번성하다.

울짱을 박다

『북』 어느 곳에 삶의 터전을 정하다.

★울짱 : 말뚝 같은 것을 죽 벌여서 박아 만든 울.

예) 그 영감이 고향을 하직하고… 수륙 수만 리를 떠돌아다닌 끝에 이 백 리 허에 울짱을 박았다오.

울타리를 벗어나다

비교적 좁고 제한된 생활 범위에서 나오다.

예) 그는 이제 학교의 울타리를 벗어난 사회인이 되었다.

울타리 밖을 모르다

집마다 다른 집과 경계를 구분하고 도둑이나 낯선 사람의 접근을 막기 위해 집 주위에 시설물을 만들어 세운다. 돌이나 흙, 벽돌로 쌓으면 담이고, 나뭇가지나 풀 따위를 엮어서 세우면 울타리라고 한다. 그중 탱자나무나 측백나무 따위의 살아 있는 나무를 빙 둘러 심은 것을 '생울타리', '산울타리'라고 한다. 울타리 밖을 모른다는 것은 울타리 밖으로 나가 본 적이 없다는 뜻이다. '거의 집 주위로만 활동 범위가 정해져 있어서 바깥세상의 형편을 전혀 알지 못하다'라는 뜻이다.

울화통이 터지다

몹시 울화가 나다. '울화통'은 '울화'를 속되게 강조해서 표현한 말이다. 뜻대로 되지 않거나 욕구가 충족되지 않은 채 쌓여서 억눌린 듯 답답한 심정에서 울컷 치미는 화가 '울화'이다. '터지다'는 막혀 있던 것이 뚫어지면서 안에 있는 것이 거침없이 쏟아져 나오는 것이다. '울화통'에서의 '통'이 '터지다'의 의미를 강조한다. (비)울화가 터지다.

예) 집에만 들어가면 가출한 아내와 병든 자식 때문에 그는 울화통이 터졌다.

움(을) 묻다

움을 만들다.

★움 : 땅을 파고 위에 거적 따위를 얹고 흙을 덮어 추위와 비바람을 막게 한 곳.

예) 여기다 움을 묻어 채소를 넣어 두면 겨울을 무사히 잘 넘길 수 있겠지.

움을 지르다

지라기 시작하는 세력이나 힘 따위를 꺾어 버리다.

★움 : 풀이나 나무에 새로 돋아나는 싹.

예) 지금 막 일어나는 불법 단체들의 움을 지르지 않으면 나중에 가서는 그들이 힘을 키워 전혀 손을 쓸 수 없게 돼 버린다.

움이 질리다

자라기 시작하는 힘이나 세력 따위가 꺾이다.

★움 : 풀이나 나무에 새로 돋아나는 싹.

예) 새로 결성된 범죄 집단은 검찰의 강력한 대응에 그만 움이 질려 해체되었다.

움쭉(도) 못하다

1.조금도 움직이지 못하다.

2.기를 펴지 못하다.

★움쭉 : 옴쭉(주로 '못 하다', '않다', '말다' 따위의 부정어와 함께 쓰여, 몸의 한 부분을 세게 움츠리거나 펴거나 하며 조금 움직이는 모양을 나타내는 말)의 큰말.

웁쌀(을) (얹다)

잡곡으로 밥을 지을 때 위에 쌀을 조금 얹다.

★웁쌀 : 잡곡으로 짓는 밥 위에 조금 얹어 안치는 쌀.

웃날(이) 개다

흐렸던 날씨가 개다.

★웃날 : 흐렸을 때의 날씨를 이르는 말.

★개다 : (하늘이나 날씨가) 흐리거나 궂어 있던 것이 맑게 되다. ×개이다.

웃날이 들다

흐렸던 날씨가 개다.

예) 웃날이 들거든 놀러 가자.

웃비(가) 걷다

비가 오다가 잠시 날이 들다.

★웃비 : 우기雨氣는 가시지 아니하였으나 좍좍 내리다가 그친 비.

웃어넘기다

없었던 일로 생각하고 지나가다.

웃음보를 터뜨리다

'웃음보'의 '보'는 논에 물을 대려고 흐르는 냇물을 막아두는 곳을 일컫는다. 물이 고인 것처럼 그렇게 웃음이 금방이라도 나올 듯 쌓인 것을 '웃음보'라고 한다. '울음보', '말보'의 '보'도 마찬가지 예이다. '꾹 참고 있던 웃음이나 갑자기 터져 나오는 웃음을 크게 웃다'라는 뜻이다.

예) 배우의 익살에 관객들은 웃음보를 터뜨리며 즐거워했다.

웃음 속에 칼이 있다

겉으로는 좋은 체하나 속으로는 해치려는 마음을 가지고 있음을 비유적으로 이르는 말. (비)웃고 사람 친다, 웃으며 뺨치듯.

웃음을 사다

남들에게 비웃음과 놀림을 받다.

예) 그는 종종 해괴망측한 짓을 해서 이웃의 웃음을 샀다.

웃음(을) 팔다

화류계 여자 등이 장삿속으로 아무에게나 흘리다. '팔다'는 돈을 받고 자신이 가지고 있는 것을 건네는 것이다. 웃음은 자연스러운 감정에 속하는 것이므로 팔 수 있는 대상이 아니다. 그런데도 돈을 지불한 사람들과 어울려 재미있는 듯 노는 것을 이렇게 표현한다. 사실 현대에 들어 서비스 업종은 대개 웃음을 파는 직업이라고 할 수 있다. 주로 '여자가 술시중을 들며 남자를 상대하는 일을 하다'라는 뜻이다.

예) 비록 이 바닥에서 웃음을 팔며 살았어도 마음까지 팔지는 않았다.

웃음이 끓다

『북』 기분이 몹시 좋아서 웃음기가 얼굴에 넘쳐 나다.

예) 맘만 내키면 눈에서 웃음이 끓으며 바람같이 돌아가는 성미이다.

웃짐을 치다

1.(사람이 말이나 소에)마소에다 웃짐을 싣다.

★웃짐 : 쌓인 짐 위에 더 얹는 짐.

예) 그는 말안장에 웃짐을 치고 있었다.

2.본래의 것에 덧붙이다. 또는 일이나 과제 따위를 더 주다.

예) 선생님은 내가 한가해 보인다며 웃짐을 쳐 주셨다./ 그 집 맏딸이 금년에 스물여덟인가 아홉이라는데 웃짐을 쳐 놓고 사위를 골라도 작자가 없다는구려.

원경 늦은 경으로

그렇게 느직이.

★원경遠景 : 먼 거리에서 보는 경치.

★경頃 : 시간을 나타내는 일부 명사 혹은 명사구의 뒤에 붙어, '어림잡아 그 시간의 앞뒤 얼마간'의 뜻을 더하는 말.

예) 남은 바쁜데, 원경 늦은 경으로 날짜를 끌면 어떻게 하니?

원기둥이 빠지다

『북』 집단이나 집안을 꾸려 가는 데 중요한 역할을 하는 사람이 없어지다.

원두(를) 놓다

밭에 원두를 심어 가꾸다.

★원두園頭 : 밭에 심은 오이, 참외, 수박, 호박 따위의 총칭.

원두(를) 부치다

밭에 원두의 씨를 심다.

원살이가 고공살이

고을의 원이 되어 하는 노릇은 고용되어 품을 파는 사람의 생활이나 다를 바가 없다는 뜻으로, 벼슬하는 사람이 언제 밀려날지 몰라 걱정하며 불안한 생활을 함을 비유적으로 이르는 말.

★원살이 : 고을의 원 노릇을 함.

★고공雇工살이 : 머슴으로 일하거나 품팔이를 하는 생활.

원수(가/를) 지다

'원수怨讐'는 자기에게 커다란 해를 끼쳐 그것을 앙갚음하고 싶은 마음을 늘 갖게 되는 대상을 말한다. '지다'는 '주름이 지다', '층이 지다'에서처럼 어떤 상태가 이루어진다는 뜻이다. 특히 '척을 지다'에서처럼 좋지 않은 관계가 된다고 할 때도 '지다'를 쓴다.

예) 그와 원수질 일을 하지 않았는데 어째서 만나면 잡아먹을 듯 으르렁거리는지 모르겠다.

원수(를) 갚다

원수에게 해를 입히어 앙갚음을 하다. 빌려 간 돈 따위를 돌려주는 것이 '갚다'이다. 또한 어떤 행동에 대한 마땅한 대가로써 그에 상응하는 보답이나 보복을 하는 것 역시 '갚다'라고 한다.

원숭이 달月 잡기

원숭이가 물에 비친 달을 잡으려다가 빠져 죽는다는 데서, 사람이 제 분수에 맞지 아니하게 행동하다가 화를 당함을 비유적으로 이르는 말.

웬 떡이냐

뜻밖의 행운이나 횡재를 만났을 때 이르는 말.

ㅇ

예) 멸치 장수는 처음에는 좀 덩둘했다가 돈을 보더니 웬 떡이냐는 표정이었다.

위 아랫물(이) 지다

1.(기본의미) (두 가지의 액체가) 한 그릇 안에서 서로 섞이지 않고 위아래로 겉돌다.

2.(둘 이상의 사람이) 나이나 계급의 차이로 서로 어울리지 않고 따로 떨어져 행동하다.

3. 말이나 행동이 앞뒤가 맞지 않다.

위요를 가다

혼인 때 위요(상객)로서 가다.

★**위요**圍繞 : 결혼할 때에 가족으로서 신랑이나 신부를 데리고 가는 사람.

위착이 나다

말한 것의 앞뒤가 모순되다.

★**위착**違錯 : 말이 앞뒤가 맞지 않고 서로 어긋남.

유가[유도] 아니다

비교가 되지 아니할 정도로 높거나 심하다.

예) 그렇게만 되는 날이면 시방 받는 월급은 그 유가 아니야!

유년幼年**(을) 내다**

유년사주를 풀다.

유례(가) 없다

1. 같거나 비슷한 예가 없다.

2. 전례가 없다.

★**유례**類例 : 같거나 비슷한 사례.

유마(를) 잡다

군용으로 마소를 거두어들이다.

★**유마**留馬 : 예전에, 마소를 징발하여 부리는 일을 이르던 말.

유명을 달리하다

'죽다'를 완곡하게 이르는 말.

★**유명**幽冥 : 사람이 죽은 뒤에 그 혼령이 가는 세상.

예) 그가 과로로 쓰러져 유명을 달리했다.

유세(를) 떨다(부리다)

'유세有勢'는 어떤 세력을 드러내거나 그것에 기대어 교만하게 구는 짓을 뜻한다. '유세하다'라고 하면 자기 세력을 믿고 뽐내거나 교만하게 군다는 말이다. '떨다'는 행위가 아주 보기 싫을 정도로 심한 것을 이르고, '부리다'는 남의 시선을 의식해서 짐짓 어떤 행동을 나타낸다는 말이다.

예) 대학을 나왔다고 어찌나 유세를 떠는지 눈꼴사나워 못 보겠다.

유야무야 하다

있는 듯 없는 듯 흐지부지함, 흐지부지한 모양.

★**유야무야**有耶無耶 : 있는지 없는지 명백하지 않는 것.

유종의 미

어떤 일 따위의 끝을 잘 마무리하는 성과.

★**유종**有終 : 시작한 일에 끝이 있음.

예) 마지막까지 최선을 다해 우리 유종의 미를 거두도록 하자.

육각(을) 잡히다

육각으로 음률音律을 아뢰다.

★**육각**六角 : 북, 장구, 해금, 피리 및 한 쌍의 태평소의 총칭.

육갑六甲**을 짚다**

1. 나이를 가지고 태어난 해의 육갑을 헤아리다.

예) 네가 올해 스물여덟 살이니 네가 태어난 해가 무슨 해였는지 육갑을 짚어 보자.

2. 생년월일을 가지고 길흉화복을 간단히 헤아리다.

예) 단골은 손가락을 꼬부렸다 폈다 하며 육갑을 짚어 보더니 서로 살이 끼어서 그렇다 하였다.

육기肉氣**(가) 좋다**

몸이 뚱뚱하게 살찌다.

육모얼레의 연줄 감듯

무엇을 둘둘 잘 감는 모양.

★**육모얼레** : 모서리가 여섯인 얼레.

육장(을) 내다

초주검이 되게 치도곤(조선시대에 볼기를 치든 곤

장의 한 가지)을 놓다.

★육장肉醬 : 새나 짐승의 고기를 끓인 국물.

육통(이) 터지다

일이 거의 되려다 터지다.

★육통六通 : [불교] 여섯 가지의 신통력. 천안통天眼通, 천이통天耳通, 타심통他心通, 숙명통宿命通, 신족통神足通, 누진통漏盡通이 있다. (원)육신통六神通.

윤(을) 내다

윤택한 기운이 나게 하다.

★윤潤 : 물체의 표면에 나타나는 반질반질하고 매끄러운 기운.

윤(이) 나다

윤택한 기운이 나타나다.

윤척(이) 없다

이 말 저 말 되는 대로 지껄이어 대중이 없다.

★윤척倫脊 : 이 말 저 말 되는 대로 지껄이어 대중이 없음.

윷(을) 놀다

편을 가르고 윷을 던져 승부를 겨루다.

윷짝 가르듯

판단이 분명함을 비유적으로 이르는 말.

★윷짝 : 나무 따위로 만든 윷의 낱개.

예) 이 문제는 이래도 흥 저래도 흥 하는 태도로 임해서는 안 되고 윷짝 가르듯 분명한 답변을 내 주셔야 합니다.

으깍(이) 나다

으깍이 생기다.

★으깍 : 서로 의견이 달라서 생기는 감정의 불화.

으름장(을) 놓다

말이나 행동으로 단단히 으르다.

★으름장 : 말과 행동으로 남을 위협하는 짓.

예) 말 안 듣는 녀석을 혼을 내 주겠다고 ~을 놓았다.

으스름 달빛

달빛이 으슴푸레하게 비치는 밤.

★으스름 : 빛 따위가 침침하고 흐릿한 상태.

으아쌍을 대다

『북』 여러 사람이 큰 소리로 벅적거리며 왁자지껄 떠들다.

★으아쌍 : 여러 사람이 큰 소리로 복작거리며 떠들어 대는 것.

으질이 가다

『북』 겁이 많아 쉽게 놀라거나 떨다.

★으질 : 겁이 많아 작은 일에도 놀라거나 떪. 또는 그런 성질.

예) 공연히 으질이 가서 주저앉다.

은결(이) 들다

1. 내부에 상처가 나다.

2. 원통한 일로 남몰래 속을 썩이다.

은방울을 굴리는 듯하다

소리가 매우 아름답고 좋다.

예) 그 성악가의 은방울을 굴리는 듯한 목소리는 강당에 모인 많은 사람을 감동시키기에 충분한 것이었다.

은(을) 내다

어떤 일이나 행동이 보람 있는 결과를 나타내다.

을러방망이(를) 치다

겁을 주려고 때릴 것 같은 자세를 취하며 때리려고 으르다.

★을러방망이 : 때릴 듯이 겁을 주면서 어르는 짓. ×얼러방망이.

을씨년스럽다

날씨 따위가 스산하고 썰렁하다. 살림이 매우 군색하다. 을씨년은 1905년 을사년乙巳年에서 나온 말로 우리나라의 외교권을 일본에 빼앗긴 을사조약乙巳條約으로 이미 일본의 속국이 된 것이나 다름없었던 당시 온 나라가 침통하고 비장한 분위기에 휩싸였다. 그날 이후로 몹시 쓸쓸하고 어수선한 날을 맞으면 그 분위기가 마치 을사년과 같다고 해서 '을사년스럽다'라는 표현을 쓰게 되었다. 남이 보기에 매우 쓸쓸한 상황, 혹은 날씨나 분위기 따위가 몹시 스산

ㅇ

하고 쓸쓸한 데가 있는 경우에 사용된다.

예) 날씨가 을씨년스러운 게 곧 눈이라도 쏟아질 것 같다. 을씨년스럽던 생활이 바로 어제 일 같다.

음식 구경을 못 하다

1. 맹물조차 전혀 입에 대지 못하고 완전히 굶다.

예) 며칠 동안 입덧이 심해서 음식 구경을 못 했다.

2. 음식이 완전히 동이 나서 아무것도 먹을 것이 없다. 또는 먹을 것이 매우 부족하다.

예) 잔치라고 해서 잔뜩 기대하고 갔는데 음식 구경을 못 할 정도로 엉망이었다.

음陰으로

남이 모르게. (반)양으로.

음陰으로 양陽으로

남이 알게 모르게 이런저런 방식으로.

예) 저분이 고맙게도 이번 일을 성사시키는 데에 음으로 양으로 도와주셨다.

음해를 잡다

남을 음해할 꾀를 단단히 내다.

★음해陰害 : 몸을 드러내지 아니한 채 옳지 못한 방법으로 남을 해함.

예) 돈푼이나 벌었음직한 장사꾼을 잠상이라 음해를 잡아 패물을 빼앗아 사복을 채우기를 복장에 구멍이 난 것처럼 끝이 없으니…

응달(이) 지다

그늘이 지다.

응석(을) 받다

응석을 받아 주다.

★응석 : 어리광을 피움, 또는 그 일.

응석 (을) 부리다

괜히 응석을 하다.

응應(을) 받다

응석을 받다.

응어리를 뽑다[빼다]

1. 마음속에 맺힌 감정을 없애다.

2. 문제를 푸는 데 가장 기본적인 것을 해결하여 끝을 맺다.

★응어리 : 원한 따위로 맺힌 감정.

예) 무슨 일을 시작했으면 그 응어리를 송두리째 빼놓아야 한단 말일세.

응혈이 지다

마음속에 쓰라린 고통이 생기거나 있다.

★응혈凝血 : 피가 엉겨 뭉침.

예) 이기채의 눈빛은… 참담하게 찢긴 상처와 분노로 응혈이 져 건잡을 수 없는 기세로 상한 불길을 일으키고 있었다.

의가 나다

'의誼'는 '정의情誼'의 준말이다. '서로 사귀어 친해진 정'이 정의이다. '의가 좋다', '의가 상하다'의 '의'가 여기에 해당한다. 반면에 '의義'는 사람으로서 지켜야 할 바른 도리, 즉 '정의正義'를 뜻한다. '나다'는 원래 '생기다', '나타나다'인데, 여기에서는 '밖으로 나오다', '어긋나다'를 나타낸다. '어떤 일로 인하여 서로의 친한 사이가 나빠지다'라는 뜻이다.

예) 형제가 돈 때문에 의가 나서 연락도 하지 않고 산다.

의관을 정제하다

'의관衣冠'은 선비들이나 관리들이 입는 옷과 갓을 뜻한다. '의관하다'라고 하면 예의에 맞게 격식을 갖추어 옷과 갓을 차려입는다는 뜻이다. 어느 전통문화에서나 모자는 점잖은 차림에 꼭 필요한 것이었다. 그러나 현대에 들어서는 장식품의 성격이 짙고, 다만 군인과 같은 일부 집단에서만 그 기능이 남아 있다. '정제整齊하다'는 격식에 맞게 갖추어 가지런히 다듬는다는 뜻이다. '선비들이 두루마기와 갓을 격식에 맞게 차려입고 옷매무새를 가다듬다', '일정한 신분이나 지위를 나타내는 옷을 차려입고 옷매무새를 바로잡다'라는 뜻이다.

예) 병상에서 일어난 그가 의관을 정제하니 창백한 낯빛 때문에 더욱 선비로서의 기상이 푸르러 보였다.

의문부疑問符를 찍다[달다]

『북』 의심스럽게 여기다.

의문疑問에 붙이다

해결되지 않은 문제를 의문점이 있는 상태로 두다.

예) 의문에 붙이고 문제를 계속 연구하다.

의문표를 붙이다

'의문표疑問標'는 '의문부疑問符', '물음표-標'라고도 한다. '의문문이나 반어문이 끝나는 자리에 의문표를 적다'라는 뜻이다. '붙이다' 대신 '달다', '쓰다'를 쓰기도 하지만 '찍다'가 일반적이다. 한편 '어떤 사실이나 의견 따위를 의심스럽게 여기다'라는 뜻으로도 쓰인다.

예) 과연 그것이 실행에 옮겨질 수 있을지 의문표를 붙이는 사람들이 더러 있다.

의뭉(을) 떨다

몹시 의뭉한 짓을 하다.

★의뭉 : 겉으로는 어수룩하게 보이지만 속으로는 엉뚱한 욕심을 품고 분수에 넘치는 일을 하고자 하는 경향이 있음.

예) 그는 내가 그 일에 관심을 보이자 더 의뭉을 떨며 이야기를 계속했다.

의뭉 집

겉으로는 어리석은 체하지만 속으로 품고 있는 엉큼한 생각.

의식意識(을) 잃다

실신하다.

의심疑心(이) 가다

사람이 어떤 데에 의심이 쏠리다.

의심(이) 나다

의심이 생기다. 의심나는 게 있으면 물어라.

의지가지(가) 없다

조금도 의탁할 곳이 없다. 의지가지없는 처량한 신세. (부)의지가지없이.

예) ~ 떠돌아다니다.

이齒(가) 갈리다

분이 나서 저절로 이가 문질러지다. '갈리다'는 '갈다'의 피동이다. '이를 갈다'에서 왔다. '갈다'는 '칼 따위를 날카롭게 하려고 숫돌에 대고 문지르다' 또는 '잘게 부수기 위해서 단단한 것 사이에 넣고 비비다'이다. 입을 꼭 다물고 윗니와 아랫니를 서로 어긋나게 비벼서 소리가 나게 하는 것이 '이를 갈다'이다. 잠버릇으로 또는 밥을 먹다가 이를 가는 경우가 있다. '몹시 분하거나 원통하여 참을 수 없는 증오심이 느껴지다'라는 뜻이다. 한편 잇몸에 단단히 박혀 있어야 할 이가 빠지려고 할 때 이가 '흔들리다'라고 말한다. '떨리다'는 그대로 있으면서 진동으로 움직이는 것이다. 몸이 떨리고 입술이 떨릴 수는 있어도 이가 떨리지는 않는다. '이가 떨릴 정도로 심하게 어떠하다'라는 말이다. (비)이빨이 갈리다.

예) 말만 들어도 이가 갈린다.

이齒(가) 떨리다

(비)치(가) 떨리다.

예) 지금도 그 일만 생각하면 이 떨리는데 왜 그 이야기를 꺼내니, 짜증나게.

이가 맞다

두 사물이 빈틈없이 서로 짝이 맞다. '이' 또는 '치아齒牙'는 음식물을 씹는 기능을 맡은 기관이다. 치아처럼 뾰족뾰족하게 생겨서 물건을 자르거나 써는 연장의 톱날 따위를 '이'라고 한다. 또한 가위처럼 위아래가 서로 맞물리게 되어 있는 부분을 가리키는 말로도 쓰인다. '한 쌍을 이루는 두 물건이나 한 물건의 아래위가 서로 빈틈없이 일치하는 짝을 이루다'라는 뜻이다.

예) 냄비 뚜껑이 보이지 않으니 우선 이가 맞지 않더라도 이것으로 대신 덮어라.

이가 박지 않다

『북』 '이도 안 들어가다'의 북한 익은말.

이(가) 빠지다

'치아가 떨어져 나가다', '그릇의 아가리나 칼날의 일부가 잘게 떨어져 나가 틈이 생기다', '한 벌로 갖추어져 있어야 할 것이 일부가 빠져서 온전하지 못하다'라는 뜻이다.

예) 책을 빌려 간 사람들이 갖다 주지 않아서 이 전집은 여기저기 이가 빠졌다.

이齒가 안 들다

『북』 1. 무엇을 하기에는 아직 힘이나 준비가 미치지 못하여 하기가 어렵다.

예) 그 동문 아직 이가 안 들어서 이번 일을 감당하기 곤란할 것 같애요.

2. '이도 안 들어가다'의 북한 익은말.

이간(을) 붙이다

하리를 놓아 두 사람간의 정을 멀어지게 하다.

★이간離間 : 두 사람 사이에서 서로를 헐뜯어 관계가 멀어지게 만듦.

이골(이) 나다

잇구멍을 좇거나 또는 어떠한 방면으로 길이 들어서 그 일에 익숙함.

★이골 : 어떤 일에 아주 길이 들어서 몸에 익숙하게 된 짓이나 버릇.

이 구실 저 구실

『북』 이리저리 붙이는 구실.

★구실 : 자기가 응당히 하여야 할 맡은 바의 일.

이날 이때까지

오늘에 이르기까지.

예) 이날 이때까지 자식 잘되는 것만 바라고 살았다.

이齒도 안 나다

사람의 이는 젖먹이 때 나는 젖니와 그 뒤에 나서 죽을 때까지 이어지는 영구 치아로 나뉜다. 젖니는 생후 6개월 정도부터 나기 시작하여 3살 무렵에 마무리되고, 이것은 6살쯤 되면 빠지기 시작하여 10대 말에 사랑니가 나면 영구 치아는 완성된다. '이도 안 나다'라는 말은 생후 6개월도 되지 않았다는 뜻으로, '상대도 되지 않을 만큼 수준이 낮고 어리다'라는 의미로 쓰인다.

예) 이도 안 난 것이 겁도 없이 덤비기만 하면 되는 줄 아는가보다.

이齒도 안 들어가다

어떤 말이나 행동을 하여도 도무지 반응이 없거나 받아들이지 않다. (비)이가 박지 않다.

이랬다저랬다

'이리하였다가 저리하였다가'가 준 말. (비)그랬다저랬다. (작)요랬다조랬다.

예) 선두에 선 사람이 이랬다저랬다 방향을 자꾸 바꾸는 바람에 우리들은 산길을 계속 헤매야 했다.

이렇다 저렇다

이러하다고 저러하다고.

이렇다 저렇다 말이 없다

어떤 일에 대하여 이러하다거나 저러하다거나 하는 의사 표시를 하지 아니하다.

예) 그는 이렇다 저렇다 말이 없었다.

이렇다 저렇다 말이 없이

어떤 일에 대하여 이러하다거나 저러하다거나 하는 의사 표시 없이.

예) 그는 이렇다 저렇다 말이 없이 부스럭거리며 가방을 열었다.

이력履歷(이) 나다

1. 오래 겪어 익숙해지다.

예) 굶는 데도 이력이 났다.

2. 어느 직장에 채용되기를 원하면 이력서를 제출하여 그 직장에서 원하는 자질과 능력을 갖추었는지 증명해야 한다. 그리고 '나다'는 '나타나다', '생기다'에서 '어떤 상태가 되거나 생기다'라는 뜻을 나타낸다. '이력이 나다'라고 하면 '어떤 일이나 기술 따위에 경험이 쌓여서 숙달되다'를 뜻한다. 한편 지겹거나 괴로운 일이 반복되는 것에 대하여 이 말을 써서, '진저리날 만큼 많이 겪었다', '지긋지긋하다'라는 뜻을 나타내기도 한다.

예) 그런 소리라면 이제 이력이 났다는 표정으로 여편네는 지게문을 건너다보았다.

이력이 붙다

많이 겪어 보아서 얻게 된 슬기를 뜻함을 이름.

이齒(를) 갈다

배냇니가 빠지고 새 이가 나다. 아래윗니를 맞대고 문질러 소리를 내다. 분에 못 이겨 이를 문지르다.

이齒(를) 갈아 마시다

몹시 화가 나거나 분을 참지 못하여 독한 마음을 먹고 벼르다.

예) 양반들 횡포에 이를 갈던 상민들이 양반들보다 더한 횡포를 천민들에게 부리는 것은, 왜 그렇지요?

이를 데[것] 없다

1. 정도가 굉장하여 이루 다 말할 수 없다.

예) 슬프기 이를 데 없는 소식 /이번 패배는 참담하기 이를 데 없다.

2. 생각 따위가 아주 옳거나 마땅하여 더 말할 필요가 없다.

예) 물론 그것은 이를 데 없는 생각이지만 이 세상은 원칙만으로는 해결되지 않는 일이 너무나 많다.

이齒(를) 떨다

(비)치(를) 떨다.

예) 그 녀석에게 졌다는 사실에 나는 이를 떨었다. /그는 치미는 분노에 이를 떨었다.

이를 말인가

'이르다'는 '말하다'라는 뜻인데, 주로 당부하거나 알려준다는 의미로 쓰인다. 또한 '고자질하다'라는 뜻도 있다. 이때 '말인가'에서 '-인가'는 동사 '이다'에 의문을 나타내는 '-ㄴ가'가 결합된 말이다. 반어를 나타내어 당연한 사실을 강조하고 있다. 주로 뒤에 이어지는 말을 강조하는 표현으로 쓰인다.

예) 이를 말인가? 자네가 결백하다는 것은 세상이 다 아네.

이齒를 악물다[깨물다/물다/사리물다]

1. 힘에 겨운 곤란이나 난관을 헤쳐 나가려고 비상한 결심을 하다.

예) 그는 이번 일은 꼭 해내겠다고 이를 악물었다.

2. 매우 어렵거나 힘든 상황을 애써 견디거나 꾹 참다.

예) 그는 고통을 참느라고 이를 악물고 있다가…

이를테이면

가령 말하자면. (준)이를테면.

이름 값

세상에 널리 알려진 상태나 정도에 맞는 노릇이나 됨됨이.

이름도 성姓도 모른다

어떤 사람에 대해서 아무것도 알지 못함을 이르는 말.

예) 그에 대해서라면 난 이름도 성도 모르니 아무것도 묻지 말아요.

이름을 걸다

1. 어떤 성원으로 자리를 차지하다.

예) 그는 자선 단체에 이름을 걸어 두었다.

2. (주로 '이름을 걸고' 꼴로 쓰여) '어떤 세력을 등에 업고, 무엇을 빙자하고, 무엇을 구실로' 따위의 뜻으로 이르는 말.

예) 그들은 정의의 이름을 걸고 나선 것처럼 행동했으나 사실 자신들의 이익을 위한 것이었다.

3. (주로 '이름을 걸고' 꼴로 쓰여) 명예를 책임지다.

예) 각 학과의 이름을 걸고 하는 경기이니만큼 선수들 모두 정정당당히 최선을 다해 주시기 바랍니다.

이름(을) 날리다[이름(이) 나다/이름(을) 남기다]

명성을 얻다. '날리다'는 '날다'의 사동, 즉 '날게 하다'이다. 연을 날리면 멀리에서도 연을 볼 수 있다. 그래서 '이름(을) 날리다'라고 하면 '(어떤 재능이나 업적 따위로) 많은 사람들이 이름을 알 수 있게 유명해지다'라는 뜻이다. '이름을 떨치다'라고도 한다. '떨치다'는 '높고 널리 드날리다'이다. 한편 '나다'는 '생기다', '나타나다', '시장 따위에 나오다'이다. 소문이 '나다'라고 하면 '알려지다', '퍼지다'이다. 그리고 '남기다'는 '없어지지 않게 그대로 있게 하다'이다. 이름을 남기게 되면 그 이름이 잊히지 않고 계속 불려진다. '후손에게 물려주다'라는 의미로도 '남기다'를 쓴다.

예) 전주는 예로부터 한지로 이름난 고장이다.

이름(을) 남기다

이름을 후세까지 전하게 하다.

이름(을) 짓다

이름을 붙이다. 작명作名하다.

이름(을) 팔다

이름이나 명성 따위가 널리 알려지도록 하다. 이름, 명성을 이용하다.

이름(이) 나다

이름이 세상에 널리 알려 지다. 유명해 지다.

이름(이) 높다

'높다'는 '훌륭하다', '뛰어나다'의 의미가 강하다. 높은 이름이니 이때 '이름'은 '평판', '명성'을 뜻한다. '어떤 범위에서 자질이 소문이 나도록 뛰어나다'라는 뜻이다.

예) 이 고장은 자고로 선비의 고장으로 이름이 높다.

이름(이) 없다

세상에 그 이름이 널리 알려져 있지 않다. (반)이름(이) 있다.

예) 이번 성과는 이름 없는 직원들의 희생과 봉사로 이루어졌다.

이름(이) 있다

세상에 그 이름이 널리 알려져 있다. (반)이름(이) 없다.

예) 이번 대회에는 이름 있는 선수들이 많이 참가한다.

이리 굴고 저리 굴다

의지할 곳이 없어 정처 없이 돌아다니다.

예) 장돌뱅이 인생이 다 그렇지만 그도 어릴 때부터 이리 굴고 저리 굴고 하면서 어디 딱히 갈 곳이 없는 처지인가 보오.

이리 뒤 적 저리 뒤 적

1. 이리저리 뒤적거리는 모양을 이르는 말.

예) 그는 책을 읽다가 무엇이 번뜩 떠올랐는지 책장에 있는 모든 책을 꺼내어 이리 뒤 적 저리 뒤 적 하였다.

2. 몸을 이쪽저쪽으로 뒤척이는 모양을 이르는 말.

예) 낯선 곳에서 잠자는 것이 대개 그렇듯이 이리 뒤 척 저리 뒤 척 하면서 쉽게 잠을 이루지 못했다.

이리 뛰고 저리 뛰다

몹시 분주하게 움직이다.

예) 그는 급히 돈을 마련하느라 이리 뛰고 저리 뛰었다.

이리 오너라

예전에, 남의 집에 찾아가 대문 밖에서 그 집 사람을 부를 때 하던 말.

예) 나그네가 집 대문 앞에 서서 "이리 오너라. 게 아무도 없느냐?" 하자 하인이 쪼르르 달려 나왔다.

이리위 저리위(를) 하다[시키다]

1. 앞으로 나오라 뒤로 들어가라 시키다.

2. 이래라 저래라 하며 꼼짝 못 하게 하다.

예) 홰꾼들이 홰를 가지고 두들기려고 대어 드니 막봉이가 얼른 총각 하나를 붙들어서 이리위 저리위를 시키며 홰를 막았다.

이리 재고 저리 재고 (하다)

1. 계산, 득실, 관계 따위를 짐작하거나 가늠하다.

예) 지금 너는 이리 재고 저리 재고 할 처지가 아니야.

2. 구체적으로 자꾸 재다.

예) 옷 하나 맞추는데 왜 그리 복잡한지 재단사가 이리 재고 저리 재고하더라고.

이리 핑계 저리 핑계

(비)이 핑계 저 핑계.

예) 내가 오늘 그냥 갈 줄 아시오? 이리 핑계 저리 핑계를 대서 질질 끌어만 가려는 당신의 속을 모르는 줄 알고…….

이마가 땅에 닿다

몸을 많이 숙이다.

예) 만득이는 징징 울며 이마가 땅에 닿게 고개를 처박으며 애원을 했다.

이마를 마주하다[맞대다]

함께 모여 의논하다.

예) 이번 사건을 해결하기 위해 노사가 이마를 맞대고 대책 마련에 부심했다.

이마에 내 천川 자를 쓰다[그리다]

마음이 언짢거나 수심에 싸여 얼굴을 잔뜩 찌푸리다.

예) 뭐 속상하는 일이 있으면 그렇게 꽁하고 앉아 이마에 내 천 자 쓰지 말고 얘기를 해, 입은 뒀다 뭐 하니.

이마에 와 닿다

어떤 시기가 매우 가까이 와 있다.

이마에 피도 안 마르다

(비)머리에 피도 안 마르다.

예) 형들은 항상 자기들끼리만 이야기하고 혹시나 내가 끼어들려 하면 이마에 피도 안 마른 녀석 어쩌고 하면서 날 항상 어린애 취급을 한다.

이맛살(을) 찌푸리다

마음이 언짢거나 걱정스러워 얼굴을 찌푸리다.

이만저만이 아니다

이때 '이만저만'은 '이만하고 저만한 정도'를 뜻하는 명사로서 막연하고 일반적인 수준을 가리킨다. 주로 부정어 '아니다'와 함께 쓰여 '대단하다', '상당하다'라는 뜻을 나타낸다. '이만저만 큰 문제가 아니다'라고 하면, 이때 '이만저만'은 부사로서 '이만하고 저만한 정도로'를 나타내어 주로 형용사 앞에 오며, 뒤에 부정어를 동반하여 '상당히', '꽤', '대단히'의 뜻을 나타낸다. '보통 정도를 넘어서 말로 할 수 없을 만큼 대단하다'라는 뜻이다.

예) 모든 부모 마음이야 같겠지만, 그 부모가 자식들에게 쏟는 정성은 이만저만이 아니었다.

이면(을) 모르다

일이 어떻게 돌아가는지도 모르고 함부로 굴다.

★이면裏面 : 겉으로 드러나지 않는 내부의 속사정.

예) 제가 이면을 모르고 경솔하게 행동하지 않도록 저에게 그동안의 일에 대해 자세히 말씀해 주시기 바랍니다.

이면이 밝다

일이 어떻게 돌아가는지 또는 어떻게 체면을 차리는지를 잘 알다. (반)이면(이) 없다.

예) 이젠 일을 걸 싸게 못하나 농사 이면이 밝아서 머슴들을 지시하고 논밭 둘러보는 소임이나 하고 있다.

이면(이) 없다

일이 어떻게 돌아가는지 또는 어떻게 체면을 차리는지를 알지 못하다. (반)이면이 밝다.

예) 기왕 팔려고 내놓은 땅이니 그 땅 중에서 내가 한 뙈기 사기로 이면 없는 놈 소린 안 들을 거다.

이목을 끌다

1. 남의 주위를 끌다.

2. 특별히 남의 눈에 띄다.

이목이 넓다

보고 듣고 하여서 아는 것이 많다.

★이목耳目 : 남들의 주의나 시선.

예) 이런 일에는 그 사람처럼 이목이 넓은 사람이 꼭 필요합니다.

이부자리(를) 보다

'이부자리'는 '이불'과 '요'를 함께 일컫는다. '이불' 뒤에 바닥에 까는 물건을 뜻하는 '자리'가 붙으면서 받침 'ㄹ'이 탈락되었다. '보다'는 '저녁상을 보다', '잠자리를 보다'에서처럼 '차리거나 마련하다'라는 뜻이다. 무엇을 할 채비가 눈앞에 보이도록 앞에 펼치는 것이므로 '보다'라고 한다. '이불과 요를 깔아서 잠잘 준비를 하다'라는 뜻이다.

이부자리(를) 적시다

오줌을 싸다.

이부지(를) 아뢰다

궁중에서, 귀지를 후비어 드림을 이르던 말.

★이부耳部지 : 예전에, 궁중에서 '귀지(귓구멍의 때)'를 이르던 말.

이불 안 활개

이불 속에서 활개를 친다는 뜻으로, 남이 보지 않는 데에서 젠체하는 호기를 이르는 말.

이빨(을) 까다

(속되게) 1. 주둥이(를) 까다.

예) 선배는 하늘이야, 그런데 네가 뒤에서 이빨을 까?

2. 거짓말을 하거나 핑계를 대다.

예) 그녀는 주초에 집회에 못 나가고 친척 집에 갈지도 모른다고 이빨을 까놓았다.

이빨이 갈리다

'이(가) 갈리다'를 낮잡아 이르는 말.

예) 그녀는 그 일만 생각하면 이빨이 갈려 잠을 잘 수 없었다.

이빨이 세다

(속되게) 말재주가 좋다.

예) 사람들은 이빨이 센 그와 이야기하기를 꺼렸다.

이사할 때 강아지 따라다니듯

늘 붙어 다님을 이르는 말.

이삭(이) 패다

이삭이 나오다.

예) 벼줄기에서는 멀지 않아 이삭이 팰 것 같다.

이새에 오르내리다

『북』 자주 남들의 이야깃거리가 되다.

이성理性에 눈(을) 뜨다

'눈을 뜨다'는 '눈꺼풀을 올려 감은 눈을 열다'이다. 이것은 생명체로서 살아 있다는, 즉 인식 능력이 있다는 의미다. '현실에 눈을 뜨다'라고 하면 여러 경험을 통해 비로소 현실을 알게 된다는 뜻이다. '(주로 '~에 눈을 뜨다'라는 형태로 쓰여) ~의 가치나 의미를 비로소 알게 되다'를 나타낸다. '이성異性'은 남녀라는 서로 다른 성性을 일컫는다. '사춘기가 지나면서 상대편 성에 대해 아는 것이 생기고 설레는 감정을 느끼기 시작하다'라는 뜻이다.

이성理性을 알다

이성과의 성교를 경험하다.

예) 도시의 처녀라면 십오륙 세부터 이성을 알기 시작하지만….

이슬 땀

이슬방울처럼 송골송골 맺힌 땀.

이슬로 사라지다

사형장이나 전쟁터에서 목숨을 잃다. <u>(비)이슬이 되다.</u>

예) 아버지가 형장의 이슬로 사라진 지 얼마 지나지 않아서 어머니도 또한 세상을 떠났다.

이슬을 차다

땅에 내린 이슬을 밟다.

예) 아침에 이슬을 차며 나갔다가 들어오면 나의 기분은 언제나 상쾌해진다.

이슬(을) 털다

(이슬이 내린 들에서) 아침 일을 하다.

이슬이 되다

(비)<u>이슬로 사라지다.</u>

예) 전쟁의 와중에서 숱한 청년이 전장의 이슬이 되었다.

이승(을) 떠나다[뜨다]

'죽다'를 완곡하게 이르는 말. <u>(비)이승을 하직하다.</u>

★이승 : 지금 살고 있는 현실 세계나 일생 동안을 이르는 말.

예) 병이 중해 곧 이승을 떠날 몸이니 너희들은 내 말을 명심해서 들어주길 바란다.

이승을 하직하다

<u>(비)이승(을) 떠나다[뜨다].</u>

예) 이승을 하직하고 저승으로 가다.

이알이 곤두서다

배가 불러서 반지빠른 짓을 하다.

★이알 : 이밥의 낟알.

이야기가 났으니 말이지

기왕 어떤 말이 나온 김에 자신의 생각이나 의견을 말하겠다는 말.

예) 이야기가 났으니 말이지 그 사람 보기와는 다르게 아주 매몰찬 데가 있더라니까.

이야기가 다르다

조건, 상황 따위가 달라지다.

예) 제적을 당할 상황이지만 등록만 한다면 이야기가 다르다.

이야기꽃을 피우다

'꽃을 피우다'라고 하면 '나무나 풀 따위가 철이 되어 꽃봉오리를 맺어 벌리다'이다. 그런데 꽃 중에서도 '이야기꽃'이라고 했다. 활짝 핀 꽃처럼 여러 사람이 어울려 한창 재미나게 이야기를 나누는 모습을 일컫는 말이다.

이애 저애하다

남을 마구 얕잡아 부르다.

예) 누구더러 이애 저애하느냐.

이왕(에) 버린 몸

'이왕已往'이나 '이왕에'는 부사로서 사실을 나타내는 말과 함께 쓰여 '이미 그렇게 된 바에'를 뜻하거나, 조건문에서 '일단 그렇게 하기로 했으면'을 뜻한다. '몸을 버리다'의 '버리다'는 '더럽히다', '망치다'의 뜻이다. 주로 여자가 정절을 더럽힌다고 할 때나 과로나 술 따위로 건강을 해친다는 의미로 이 말을 쓴다. '이미 여자로서 정절을 잃거나 몸을 돌보지 않아 건강을 해친 몸인데 더 험한 일이 생긴들 무슨 상관이 있겠는가'라는 의미를 나타낸다. 자포자기의 뜻도 되고 모진 각오의 뜻도 된다. 한편 '이미 어떤 큰 실수나 나쁜 짓을 저질러 다시 돌이킬 수 없게 되었는데 또 그와 비슷한 짓을 한들 무슨 상관이 있겠는가'라는 뜻을 나타내기도 한다.

예) 그는 의사의 경고에도 불구하고 이왕에 버린 몸 상관하지 말라며 예전처럼 술을 마셨다.

이 잡듯이

샅샅이 뒤지어 찾는 모양을 비유적으로 이르는 말.

예) 경찰은 도시 전체를 이 잡듯이 뒤졌지만 범인을 잡지 못했다.

이제나 저제나

언제인지 알 수 없을 때나 어떤 일을 몹시 안타깝게 기다릴 때 쓰는 말.

예) ~ 너 오기만 기다렸다.

이제 저제

이 때나 저 때나.

이판 새판

막다른데 이르러 어찌할 수 없게 된 판.

이 피탈 저 피탈

『북』 '이 핑계 저 핑계'의 북한 익은말.

★피탈避脫 : 피하여 벗어남.

이 핑계 저 핑계

어떤 일을 하지 않기 위하여 이것저것 여러 가지 핑계. <u>(비)이 피탈 저 피탈, 이리 핑계 저리 핑계.</u>

★핑계 : 어떤 일이나 생각을 정당화하기 위하여 갖다 붙이는 구실.

예) 큰딸부터 차례로 약수를 길어 올 것을 종용해 봤으나 여섯 째 딸까지 모두 이 핑계 저 핑계 대고 가지 않는 것을….

익살을 떨다[익살(을) 부리다]

일부러 멋들어지게 말이나 행동을 하여 남을 웃기는 것이 '익살'이다. '골계滑稽'라고도 한다. 우리는 '골계미滑稽美'라는 말에 더 익숙하다. 그러한 재주를 지닌 사람을 '익살꾼', '익살꾸러기', '익살쟁이'라고 하고, '익살맞다', '익살스럽다'라고 하면 그러한 사람을 나타내는 형용사이다. '떨다'는 그러한 행동의 강도가 높은 것이다. 그리고 '부리다'는 '짐짓 어떤 행동을 나타내다'이다.

예) 그 사회자는 청중들이 지루하지 않도록 가끔 익살을 부려서 분위기가 어둡지 않았다.

★익살 : 남을 웃기려고 일부러 하는 우스운 말이나 행동.

인간人間 같지 않다

사람 같지 않다.

예) 그녀는 약속을 하찮게 여기는 인간 같지 않은 사람을 만났다며 투덜거렸다.

인두겁(을) 쓰다(뒤집어쓰다)

두겁'은 원래 붓처럼 가늘고 긴 물건의 끝에 씌우는 뚜껑을 이른다. 그런데 '인人두겁'이라 했으니 사람의 얼굴처럼 생긴 가면에 해당한다. 짐승에게 인두겁을 씌우면 사람처럼 보일 것이지만 그 행동은 여전히 짐승에서 벗어나지 못한다. '뒤집어쓰다'는 '쓰다'의 강조어, '위에 써서 푹 가리다'이다. '사람다운 행실이나 바탕을 찾아볼 수 없으니 짐승이나 마찬가지다'라는 뜻이다. '인두겁을 쓰다'라고도 한다.

★인두겁 : 사람의 탈이나 겉모양.

예) 등교하는 여학생들을 그렇게 했으니 그놈들은 인두겁을 뒤집어썼지 사람이 아니다.

인人 둘리다

많은 사람의 운김에 취하여 정신이 어지러워지다.

인물人物 가난

뛰어난 인물이 드물다는 말. (비)인물 난.

인人 부정不正(을) 타다

부정한 사람으로 인하여 탈이 나다.

인사人事를 붙이다

처음 만나는 사람끼리 이름을 통하여 자기를 소개하다.

예) 낮에 서로 보지 못한 오가와 단천령을 꺽정이가 인사를 붙이었다.

인사성(이) 밝다

'인사성人事性'은 어른에게 때에 맞춰 인사를 잘하는 성질을 뜻한다. '인사성이 없다'라고 하면 길에서 어른을 봐도 잘 인사하지 않거나 명절이나 기념일 따위에 찾아와서 인사를 드리지 않는다는 말이다. 반대말은 '밝다'라는 말을 쓴다. '예의 따위가 바르다'라고 할 때 '밝다'라는 표현을 쓴다. '어른을 만나면 예의바르게 인사를 잘하거나 명절 같은 때 잊지 않고 찾아와서 인사를 차리다'라는 뜻이다.

예) 저 꼬마는 인사성이 밝아서 멀리서 달려와서까지 인사를 한다.

인상(을) 긁다

(낮잡는 뜻으로) 언짢거나 성나거나 하여 험악한 표정이나 좋지 아니한 표정을 짓다. 예) 가뜩이나 못생긴 얼굴, 그렇게 인상 긁지 마라, 보기 흉하게.

★인상印象 : 어떤 대상을 보거나 듣거나 했을 때 그것이 사람의 마음에 주는 느낌이나 그 작용.

인상(을) 쓰다

언짢거나 성나거나 하여 험악한 표정이나 좋지 아니한 표정을 짓다.

예) 요새 젊은이들의 옷차림을 보거나 말하는 것을 듣고 인상을 쓰시는 어른들이 많이 있다.

인상(이) 깊다

마음속에 강렬하게 감동이 남다. 인상이 짙다.

예) 인상 깊은 영화의 한 장면.

인상이 쓰이다

언짢거나 성나거나 하여 험악한 표정이나 좋지 아니한 표정이 지어지다.

예) 아무 까닭 없이 그녀에게 인상이 쓰이는 것은 아무래도 과거의 나쁜 기억 때문일 것이다.

인생人生 겨우 오십 년

사람의 한평생이 극히 짧음.

예) 인생 겨우 오십 년인데 짧은 인생 좋은 일 하면서 보람 있게 살아야지.

인생은 초로草露

인생이 덧없다는 말.

★초로草露 : 풀잎에 맺힌 이슬.

인심을 사다

여기에서 '인심人心'의 '인人'은 일반적인 사람을 가리키기도 하지만 다른 사람, 즉 '백성'을 뜻하기도 한다. '인심을 사다, 잃다, 얻다'에서 '인심'은 원래 백성의 마음을 의미하는 말이었다. 임금이 정치를 잘하면 인심을 얻고 못하면 인심을 잃는다. 이런 표현이 일반적으로 쓰이게 되어 보통 사람들끼리 다른 사람들의 마음이나 인정을 이야기할 때 이 표현을 쓴다. '사다'는 '값을 치르고 제 것으로 만들다'이다. 이와 같이 어떤 행동이나 말의 대가로써 다른 사람들의 감정을 일으킬 때 '사다'라고 한다. '미움을 사다', '호감을 사다' '의심을 사다'가 그런 예들이다. '친절한 행동이나 음식 따위를 베풀어서 주위 사람들에게 좋다는 평을 받다'라는 뜻이다.

인심을 쓰다

여기에서 '인심人心'은 '사람의 마음', 특히 '따뜻한 인정人情이나 베푸는 아량'을 뜻한다. '쓰다'는 '베풀다'의 의미이지만 일회성·즉흥성의 개념을 내포한다. '(마음의 어떤 변화로 인하여) 남에게 평소보다 많은 물건을 느닷없이 베풀다'라는 뜻이다.

인심(을) 얻다

남에게 좋은 평을 얻다. (반)인심(을) 잃다.

예) 배구장은 후덕한 지주로 근동의 인심을 얻고 있는 지 오래였다.

인심(을) 잃다

여기에서 '인심人心'은 '백성의 마음', 즉 '민심民心'을 뜻한다. '(정치가가 잘못된 정책이나 도덕성 상실 따위로 인해) 국민들의 마음에서 멀어져 나쁜 평을 듣게 되다', '(인색하거나 옳지 않은 행동으로 인해) 주위 사람들에게서 나쁜 평을 듣다'라는 뜻이다. (반)인심(을) 얻다. (비)인심(을)[인심(이)] 팔리다.

인심(을/이) 팔리다

『북』 '인심(을) 잃다'의 북한 익은말.

예)만덕은 성미가 괄괄하고 좀 사나운 데다가 심술까지 있어 인심을 팔리는 일이 있었지만….

인심이 사납다

'인심人心'은 '백성의 마음', '지역 주민의 마음'과 같이 집단의 마음에서 '개인의 인정', '베푸는 너그러움'을 뜻하게 되었다. 사람들의 마음이란 물자의 넉넉함과 지형의 특성과 관련이 있다. 풍년이 들면 다른 때보다 인심이 좋게 마련이고, 흉년이 들면 인심이 나쁠 수밖에 없다. 어떤 지역에 가면 인심이 좋은 것을 경험하고, 산세가 험한 마을에 들어가면 논밭이 부족해서인지 인심이 나쁜 곳도 있다. '인심이 좋다', 즉 사람들이 너그럽고 친절하다는 표현을 '인심이 후하다'라고 하고, 반대말은 '인심이 박하다'이다. '사납다'는 마음이나 성질 따위고 모질고 거칠다는 뜻이다. '어느 지역 사람들이나 한 개인의 마음이 친절하지 않고 야박하여 도움이나 호의를 베풀지 않다'라는 의미다.

예) 그는 인심이 사납기로 소문나서 거지들조차 문 앞에 얼씬거리지 않는다.

인人(에) 둘리다

여러 사람의 운김에 정신이 휘둘리며 어지럽다.

인연因緣을 끊다

지금까지 있었던 관계를 끊다.

인연을 맺다

관계를 맺다.

예) 의형제의 ~.

인연이 끊어지다

관계가 없어지다.

인연이 되다

문서에서 자동으로 추출한 결과입니다.

인연이 멀다

'인연因緣'은 '결과를 낳게 하는 원인'을 뜻하는 불교 용어에서 비롯되었다. 특히 '인因'은 근본이 되는 원인을, '연緣'은 거기에 따르는 부수적인 원인을 가리킨다. 모든 현상은 원인과 결과로써 설명된다고 보는 것이 인과론因果論이다. 과거에 뿌린 씨앗이 있기 때문에 어쩔 수 없이 그 열매를 거두는 것이 현세의 삶이며, 현세의 삶은 다음 생의 씨앗이 된다. 특히 인연은 사람끼리의 관계에 주로 사용된다. 지금 우리가 맺고 있는 관계들도 그 원인은 다 과거에 뿌린 씨앗에 있고, 그 씨앗을 뿌리지 못한 관계에서는 결과가 따를 수 없기에 아무리 서로 좋아하여도 멀어질 수밖에 없다고 본다. '어떤 사람이나 장소, 일 따위와 가까이할만한 관계나 상황이 이전에 마련되어본 적이 없다', '자연스럽게 가까이하기에는 소원하게 느껴지다'라는 뜻이다.

예) 나는 애당초 아첨 같은 것과는 인연이 멀다.

인왕산 호랑이

몹시 무서운 대상을 비유적으로 이르는 말.

★인왕산仁王山 : 서울특별시 종로구와 서대문구 사이에 있는 산.

예) 그 할아버지는 인왕산 호랑이로 소문이 나 아이들이 그 앞에서는 그야말로 얌전하게 행동한다.

인印을 찍다

어떤 사건이나 사람을 다시 씻기 어려울 정도로 불명예스럽게 판단 · 판정하다.

인印을 치다

1. (비)도장을 찍다.

예) 임금이 인을 친 칙서는 아무도 취소할 수 없다.

2. 『북』 자취를 남기다.

예) 장백의 원시림 속에는 항일 유격대원의 발자취가 인을 치지 않은 곳이 없다.

인이 박히다

여기에서 '인'은 여러 번 되풀이하여 몸에 깊이 밴 버릇이나 습관, 중독 따위를 일컫는다. '박히다'는 '박다'의 피동, 즉 '박음을 당하다', '속으로 들어가 꽂히다'이다. 습관 따위가 깊이 몸에 밴 것을 '박히다'라고 말한다. '어떤 행동을 여러 번 되풀이해서 어쩔 수 없는 버릇이 되거나 중독이 되다'라는 뜻이다.

예) 담배에 ~.

인이 오다

약물 따위에 중독된 사람이 약 기운이 떨어져 고통을 받다.

★인 : 여러 번 거듭되어 몸에 깊이 밴 버릇.

인절미 팥고물 묻히듯이

온통 더버기로 뒤집어쓰거나 씌우는 모양.

인정에 흐르다

'인정人情'은 사람이라면 지니는 품성, 남을 동정할 줄 아는 따뜻한 마음을 뜻한다. '흐르다'는 물 따위가 낮은 데로 움직여가는 것이다. 물결에 따라 흐르다보면 배가 물살이 가는 데로 움직이게 되어 있다. 이때 '인정'은 흐르게 하는, 즉 생각이나 행동을 결정짓게 하는 운동의 힘이 된다. '감정에 흐르다', '연민에 흐르다'라고 한다. '어떤 결정이나 행동을 함에 있어서 이성이나 원칙을 지키기보다는 다른 사람에 대한 안타까운 마음에 따르다'라는 뜻이다. 다소 부정적인 의미로 쓰이는 경향이 있다.

예) 아무리 부자지간이라도 인정에 흘러서 대사를 그르칠 수는 없다.

인정(을) 부리다

『북』 쓸데없이 남을 생각하고 동정하는 마음씨를 나타내다.

인정(을) 쓰다

남에게 돈이나 물건 따위를 주어 따뜻한 정을 보이다.

예) 양 주사는 … 같은 고향 사람이라고 해서 남다른 인정을 써 주는 것이었다.

인정(을) 팔다

『북』 쓸데없이 남에게 동정을 베풀다.

인정이 무르다

지나칠 정도로 인정이 많거나 후하다.

예) 그렇게 인정이 무르면 소문을 듣고 도움을 바라고 찾아오는 그 많은 사람을 어떻게 감당하려고 하나?

인중이 길다

수명이 길겠다는 뜻으로 이르는 말.

★인중人中 : 코의 밑과 윗입술 사이의 우묵하게 골이 파인 부분.

일각이 여삼추

기다리는 마음이 간절하여 아주 짧은 시간도 삼 년같이 길게 느끼게 된다는 말.

일 년 열두 달

일 년 내내를 강조하여 이르는 말.

예) 일 년 열두 달 하루도 술을 안마시고 들어가 본 적이 없을 정도여서 집사람에게 무척 미안하게 생각하고 있습니다.

일 년을 십 년같이

몹시 애태우며 기다림을 비유적으로 이르는 말.

예) 당신을 기다리는 동안 일 년을 십 년같이 보냈답니다.

일복(이) 많다

할 일이 늘 많이 생기다. '일복福'은 말 그대로 '남들보다 많은 일을 누리는 복'이란 뜻이다. 일에 지친 사람들에게 일은 당연히 힘들거나 피하고 싶은 것으로 여겨질 것이다. 그럼에도 자꾸만 해야 할 일이 생길 경우 '일복(이) 많다'라고 하여 고단한 마음을 돌릴 때 쓴다.

★일복福 : 늘 일거리가 많이 생김을 복으로 비유하여 이르는 말.

예) 모처럼 쉬려고 했더니 일복이 많은 사람은 어쩔 수 없어.

일복(이) 터지다

할 일이 잔뜩 생기다. '터지다'는 가두어진 것이 뚫리면서 한꺼번에 밖으로 나오는 것이다. 어떤 일이 갑자기 생기거나 좋은 일이 한꺼번에 일어날 때 '터지다'라는 말을 쓴다. '복이 터지다', '운수가 터지다'가 그것이다. '평소에도 늘 해야 할 일이 자꾸 생기다'라는 뜻이다.

일불이 살육殺六통

1. 한 가지 잘못으로 여섯 가지 일이 다 망쳐진다는 뜻으로, 한 가지 잘못으로 모든 것이 다 망쳐짐을 비유적으로 이르는 말.

★일불一不 : 여럿 가운데 하나가 잘못되거나 불합격임.

예) '까딱 말을 잘못하다가는 일불이 살육통으로 나까지 그 똥에 주저앉지 않을까?' 하고 자겁이 나서 견딜 수 없었다.

2. 과거 시험의 하나인 강경과에서, 경서 일곱 가운데서 육서에 합격하고도 일서에 불합격하면 낙제하게 됨을 이르던 말.

일소에 붙이다

'일소一笑'는 한 번 웃음, 특히 '업신여기는 마음으로 짧게 웃음'을 뜻한다. '부치다'는 '의견이나 사실 따위를 어떤 쪽으로 돌리다', '어떤 상태로 넘기다'라고 할 때 쓴다. '표결에 부치다', '불문에 부치다' 따위가 그렇다. '어떤 내용을 대수롭지 않은 것으로 보고 간단히 웃어넘기다'라는 뜻이다. 즉, 대수롭지 않게 여기어 묵살하다.

일소일소일노일노一笑一少一怒一老

웃으면 젊어지고 성내면 빨리 늙어짐, 곧 웃고 지내자는 말.

일손(을) 놓다

일하던 손을 잠시 멈추다.

★일손 : 일하는 손. 또는 손을 놀려 하는 일.

예) 일꾼들이 일손을 놓고 잠시 쉬고 있다.

일손(을) 떼다

1. 하던 일을 그만두다.

예) 부모님께서 연로하시니 농사일에서 일손을 떼시게 해서 우리가 모시고 사는 것이 어떻겠어요?

2. 하던 일을 끝내다.

예) 아직 하던 일이 남았으니 우선 일손을 떼고 나중에 상의합시다.

일손을 붙들다[잡다/쥐다]

어떤 일에 손을 대어 시작하다.

예) 아내는 한번 일손을 붙들면 좀처럼 놓지 않았다.

일손이 놀다

『북』 일거리가 없어 놀다.

일손이 세다

일하는 솜씨가 매우 날쌔다.

예) 이번에 새로 들어온 그 사람 일손이 세서 우리 일이 무척 수월해지겠다.

일손이 오르다

일이 손에 익어서 능률이 나다.

예) 그녀는 처음엔 일이 낯설어 무척 고생했지만 시간이 감에 따라 일손이 올라 이젠 제법 즐거운 마음으로 일한다.

일손이 잡히다

1. 일할 마음이 생기다.

예) 나는 어젯밤 꿈자리가 매우 뒤숭숭해서 일감을 앞에 놓고도 일손이 잡히지 않았다.

2.『북』 일이 익숙해져 일이 어떻게 돌아가는지 따위를 알다.

예) 이젠 영희도 영양단지 만들기에 일손이 잡힌가 보구나.

일시가 바쁘다

몹시 바쁘다.

★일시一時 : 어떤 시기의 짧은 동안에.

예) 일시가 바쁘니 어서 결정을 내려라.

일을 내다

'일'은 몸이나 정신을 써서 하는 온갖 종류의 활동을 일컫는 말이다. 또한 사정이나 형편, 용무, 업적, 경험, 계획, 사업 등 문맥에 따라 다양한 의미를 나타낸다. 여기에서는 '사건', '사고'의 뜻이다. '일이 나다'는 주로 앞에 형용사를 동반하여 '말썽이 될 만한 사고가 일어나다'이다. '말썽이 될 만한 사고를 저지르다', '세상의 주목을 받을 만한 성취를 이루다'라는 뜻이다. 비교적 최근에 생긴 표현이다.

예) 큰애가 또 일을 내서 아버지가 경찰서에 가 계신다.

일(이) 없다

필요가 없다. 괜찮다. (부)일없이.

★일 : 사람이 삶을 영위하기 위하여 행하는 모든 활동.

예) 네 충고 따위는 일 없다.

일정에 오르다

'일정日程'은 원래 '하루 동안 가야 할 길'을 뜻한다. 이것이 '여정', '과정'이라는 의미로 확대되어 하루 동안 해야 하는 일이나 그 차례, 또는 그날 심의해야 할 안건이나 그 순서를 뜻하기도 한다. '길'이라는 의미에서 비롯되었기에 '오르다'라는 말을 썼다. '과정을 시작하여 차례대로 밟다'이다. '그날 계획표에 따라 업무에 들어가다', '어떤 안건이 그날 심의할 대상으로 선택되다'라는 뜻이다. 한편 일정이 의미가 확대되어 '일정한 기간 동안 이어지는 전체 계획'을 뜻하게 되었다. '방미 일정', '순회공연 일정' 등이 그렇다. 이때는 '여러 날 동안 이어지도록 짜여 진 일의 전체 계획에 들어서다', '어떤 상황이나 일 따위가 실제적인 진행 단계에 들어서다'라는 뜻이다.

예) 그는 7시에 이미 일정에 올라 임원 회의에 참석했다.

일족(을) 물리다

일가붙이에 족징族徵을 내게 하다.

★일족一族 : 조상이 같은 겨레붙이.

★족징族徵 : [역사] 조선 시대, 군역軍役을 피하여 도망한 자를 대신하여 그 친척에게 군포軍布를 납부하게 하던 일.

일침(을) 놓다

따끔하게 충고나 경고를 하다.

★일침一針 : 따끔한 충고를 비유적으로 이르는 말.

일통(을) 치다

한데 합치다.

★일통一統 : 하나로 합함.

임자(를) 만나다

어떤 사물이나 사람이 적임자와 연결되어 능력이나 기능을 제대로 발휘할 수 있게 되다.

★임자 : 어떤 것을 자기 것으로 가지고 있는 사람.

예) 구석에 처박혀 있던 그 물건이 오늘에야 임자를 만나 그 진가를 발휘했다.

입가에 게 밥을 짓다

『북』 '입에 게거품[거품]을 물다'의 북한 익은말.

입길에 오르내리다

좋지 않은 소문에 휩싸이다.

★입길 : 남의 흉을 보는 입의 놀림.

입김(을) 넣다

어떤 영향력을 행사함을 이름.

★입김 : 타인에게 행사하는 어떤 일에 대한 영향력을 비유적으로 이르는 말.

입김을 불어넣다

겨울에 입으로 호 하고 불면 찬 공기 중으로 김이 나오는 것이 보인다. 이것이 '입김'이다. '불어넣다'는 '불다'와 '넣다'가 합성된 말이다. '바람이나 입김 따위를 불어서 어느 안으로 들어가게 하다'라는 의미다. 한편 '입김'이 비유적으로 쓰일 때는 높은 사람의 영향력, 특히 간단한 말 몇 마디로 중대한 변화를 초래하는 영향력을 뜻한다. 즉 '(지위가 높은 사람이) 말 몇 마디로 상대방의 결정이나 판단을 바꾸게 할 만한 영향을 미치다'라는 뜻이다.

예) 몇몇 간부가 입김을 불어넣어서 그가 발탁되었다는 소문이 돌고 있다.

입김이 세다

영향력을 발휘하다.

입김이 어리다

애지중지 다루던 정이 담겨져 있다.

예) 이 경대는 어머니의 입김이 어려 있는 아주 뜻깊은 것이다.

입 끝에 내다

『북』 말을 하다.

입 끝에 옮기다

『북』 생각하고 있던 것을 말하다.

입내(를) 내다

소리나 말로서 흉내를 내다.

★입내 : 소리나 말로서 내는 흉내.

입담이 좋다

'입담'은 말하는 솜씨와 힘, 언변言辯을 뜻한다. '입담이 좋다' 외에도 '입담이 세다', '입담을 늘어놓다' 등의 표현이 있다. '힘들이지 않고 막힘없이 술술 말하는 솜씨가 있다'라는 뜻이다.

★입담談 : 말하는 솜씨나 힘.

입덕을 보다[입다]

『북』 말을 함부로 하여 화를 입다.

★입덕 : 입이 가볍거나 험하여서 입게 되는 피해를 반어적으로 이르는 말.

예) 말을 쉴 새 없이 하기 좋아하더니 입-덕을 보게 됐다.

입덧(이) 나다

입덧의 증세가 생기다.

★입덧 : 임신한 지 2~3개월이 되었을 때 구역질이 나고 입맛이 떨어지며 몸이 쇠약해지는 증세.

입도 뻥긋하지 못하다

말도 꺼내지 못하고 가만히 있다

입만 뻥긋하다

입을 열어 말을 내다.

입만 살다(성하다)

1. 말에 따르는 행동은 없으면서 말만 그럴듯하게 잘하다. <u>(비)주둥이만 살다.</u>

예) 저 친구도 입만 살았지. 막상 일을 하니 형편없지 뭐야.

2. 격에 맞지 아니하게 음식을 가려 먹다.

입만 아프다

여러 번 말하여도 받아들이지 아니하여 말한 보람이 없다.

예) 밤낮 자기 자리는 자기가 치우자치우자 그렇게 얘기했는데도 이 모양이니. 말해야 내 입만 아프니 그만두지.

입맛대로 하다

저 좋은 대로 마음대로 하다.

예) 일이 마음에 든다고 어디 그 일만 할 수 있나, 입맛대로 할 수만 없는 것이 세상살인걸.

입맛을 다시다

음식을 먹고 싶어 하다. 뜻대로 되지 않는 일을 당하여 귀찮아하거나 난처해하다. 무엇을 가지고 싶거나 하고 싶은 욕심을 내다.

입맛이 돌다[입맛(이) 당기다]

'돌다'는 '원을 그리며 움직이다', '여기저기 퍼지다'라는 뜻이다. '윤기가 돌다', '생기가 돌다'에서처럼 어떤 기운이 전체에 고루 나타날 때 그것도 '퍼지다'라고 한다. 음식을 보게 되면 여러 개의 침샘에서 침이 나와 그것이 입 안 전체에 퍼진다. 그것을 '침이 돌다'라고 말한다. '한동안 무언가를 먹어도 맛이 없다가 다시 제대로 맛을 즐기다', '어떤 음식을 보고 먹고 싶은 마음이 들다'라는 뜻이다.

예) 언니가 팥죽을 찾는 것을 보니 다시 입맛이 돈 모양이다.

입맛이 돌아서다

『북』 없던 입맛이 생기거나 있던 입맛이 싹없어지다.

입맛이 떨어지다

입맛을 잃다. 어떤 일에 흥미를 잃거나 흥이 나지 않다.

예) 봄이 되어 ~.

입맛(이) 쓰다

일이 뜻대로 되지 아니하여 기분이 언짢거나 괴롭다.

예) 사장에게 보고서를 퇴짜 맞은 과장은 입맛이 쓴 표정이었다.

입 밖에 내다

(사람이 생각이나 사실 따위를) 말하다. (해선 안 될 말 등을) 말을 하다. '밖'은 '안'은 염두에 두고 하는 말이다. 무엇을 밖에 낸다는 것은 그것이 이전까지 안에 있었다는 소리다. '내다'는 '밖으로 나오게 하다', '꺼내다'를 뜻한다. '비밀스러운 말을 함부로 다른 사람이 듣게 말하다', '잠깐이라도 어떤 것을 언급하다'라는 뜻이다. 부정이나 조건의 뜻을 나타내는 말과 함께 쓰이는 경우가 많다.

예) 그 말을 입 밖에라도 내는 날이면 우리들은 모두 끝장이다.

입방아(를) 찧다

말을 방정맞게 자꾸 하다.

★입방아 : 어떤 사실을 화제로 삼아 이러쿵저러쿵 쓸데없이 입을 놀리는 일.

예) 사람들은 들려오는 그의 소문에 대해 입방아를 찧고 다녔다.

입방정을 놀다

수다스럽고 방정맞게 말을 함부로 하다. (비)입방정을 놓다.

★입방정 : 버릇없이 수다스럽게 지껄이면서 경망스럽게 하는 말.

예) 사내가 입방정을 노는 것이 얼마나 보기 흉한지 모르나.

입방정을 놓다

『북』 '입방정을 놀다'의 북한 악은 말.

입살(이) 세다

『북』 하는 말이 거칠고 사납다.

★입살 : '입술'의 비표준어.

예) 입살이 세서 누구도 당하지 못하는 아주머니.

입술에 침 바른 소리

(비)입에 침 바른 소리.

입술을 깨물다

1. 북받치는 감정을 힘껏 참다.

예) 명희는 자기 자신에 대한 수치 때문에 비로소 입술을 깨문다.

2. 어떤 결의를 굳게 하다.

예) 그는 반드시 성공하여 오늘의 모욕을 갚아 주리라 하며 입술을 깨물었다.

입심(을) 겨루다

말로써 서로 다투다.

★입심 : 기운차게 거침없이 계속 말하는 힘. (비)언변言辯.

예) 이 애가 시방 입심 겨룸을 하재나!

입심을 뽑다

입심을 내어 끈덕지게 말하다.

입아귀를 새기다

소나 양 따위가 입을 움직여 새김질을 하다.

입 안에서[끝에서] (뱅뱅) 돌다

1. 하고 싶은 말이 있어도 하지 아니하거나 또는 못하게 되다.

예) 그는 주인에게 사정을 말해야겠다고 생각했으나, 막상 만나게 되자 말이 입 안에서 뱅뱅 돌기만 할 뿐 말이 나오지 않았다.

2. 하고자 하는 말에 적확한 표현을 찾지 못하고 있다.

입 안의 소리

남이 알아듣지 못하게 입속에서 웅얼거리는 작은 말소리.

예) 중대장은 군인답지 않게 입 안의 소리로 변명을 늘어놓는 병사 때문에 화가 단단히 났다.

입 안의 혓바닥 같다

『북』 '입의 혀 같다'의 북한 익은말.

입 안이 쓰다

(비)입이 쓰다.

입에 거미줄 치다

가난하여 먹지 못하고 오랫동안 굶다.

예) 집을 나가라는 말에, 눈앞이 캄캄했다. 땅 한 뙈기 없이 이 집에서 쫓겨난다면 네 식구 영락없이 입에 거미줄 치게 될 것으로 생각했다.

입에 게거품을[거품을] 물다

몹시 흥분하여 떠들어 대는 경우를 이르는 말. (비)입가에 게 밥을 짓다.

예) 두 사람이 입에 게거품을 물고 죽일 놈 살릴 놈 하며 싸우고 있다.

입에 꿀을 바른 말

듣기에 좋은 말.

예) 남편은 화가 난 부인의 비위를 맞추느라고 입에 꿀을 바른 말만 해 댔다.

입에 달고 다니다

1. 말이나 이야기 따위를 습관처럼 되풀이하거나 자주 사용하다.

예) 욕을 입에 달고 다니다. /몸이 약한 그녀는 아프다는 말을 입에 달고 다닌다.

2. 먹을 것을 쉴 새 없이 입에서 떼지 아니하고 지내다.

예) 늘 사탕을 입에 달고 다니던 동생은 충치로 고생하고 있다.

입에 달라붙다

입맛에 맞다.

예) 입에 달라붙는 김치.

입에 담다

(사람이 말 따위를) 대개 좋지 않은 내용을 담아하다. 그릇 따위에 넣어두는 것이 '담다'이다. 말이나 글에 생각을 나타내는 것도 '담다'라고 한다. '입으로 감히 소리 내어 말하다'라는 뜻이다. 주로 부정문이나 반어문에 쓰여, 점잖지 못한 표현이나 끔찍한 이야기를 함부로 말한다는 의미를 나타낸다.

예) 자네가 그런 말을 입에 담다니 내 귀를 믿을 수 없군.

입에 대다

음식을 먹거나 마시다. 또는 담배를 피우다.

예) 그는 사흘 동안 음식이라고는 입에 대어 보지도 못했다.

입에 맞다

'맞다'는 '서로 알맞다', '일치하다'의 뜻이다. 이때 '입'은 '입맛'을 일컫는다. 사람마다 좋아하는 음식과 간을 느끼는 정도가 다르다. 그 사람의 입맛에 일치하는 음식을 보고 '입에 맞다'라고 한다. '(음식이) 평소에 먹는 식습관이나 좋아하는 취향에 알맞아 맛있게 느껴지다', '개인이나 또는 한 집단의 취향이나 실정에 알맞다'라는 뜻이다.

예) 젓갈이 입에 맞는다고 하니 이제 전라도 사람 다 되었어.

입에 발리다

남의 비위를 맞추기 위해 아부하다.

예) 그는 약속을 어기고 그녀에게 입에 발린 변명만 늘어놓았다.

입에 발린[붙은] 소리

마음에도 없이 겉치레로 하는 말.

예) 그는 입에 발린 소리를 잘하니 그의 말을 모두 믿지는 마라.

입에 붙다

아주 익숙하여 버릇이 되다.

예) 그녀는 바쁘다는 말이 입에 붙었다.

입에서 신물이 나다

매우 지긋지긋함을 비유적으로 이르는 말.

★신물 : 어떤 일이나 사람이 몹시 귀찮고 지긋지긋함.

입에 오르내리다(오르다/올리다)

'오르내리다'는 '오르다'와 '내리다'가 결합된 말이다. '여러 번 자주 올라갔다 내려갔다 하다'를 뜻한다. 여기에서 '내리다'는 다시 오르기 위한 전제이다. '오르다'는 남의 관심이나 화재의 대상이 된다는 말이다. 한편 '올리다'는 '오르다'의 사동, 즉 '오르게 하다'이다. '깃발을 올리다', '값을 올리다', '막을 올리다'라고 한다. 화제의 대상을 삼아 말하는 것이 '입에 올리다'이다.

예) 그는 자신과 그 여자의 관계가 남들 입에 오르내린다는 것을 알고 여자의 입장을 생각했다.

입에 재갈을 물리다

함부로 입을 놀리지 못하게 함을 비유적으로 이르는 말.

★재갈 : 소리를 내지 못하도록 사람의 입에 물리는 물건.

입에 자물쇠를 채우다

말하지 않다.

예) 대원들은 모두 사건의 정황에 대해 입에 자물쇠를 채웠다.

입에 침 바른 소리

겉만 번지르르하게 꾸미어 듣기 좋게 하는 말. (비)입술에 침 바른 소리.

예) 여기는 회사의 발전을 위한 솔직한 대화의 자리이니, 입에 침 바른 소리 할 것 없이 정말로 하고 싶었던 말을 하기 바란다.

입에 침이 마르다

(비)침이 마르다.

예) 여름휴가를 해외로 갔다 왔다고 얼마나 입에 침이 마르도록 자랑을 해 대는지 아무리 친구이지만 참 얄밉더라고.

입에(목구멍에) 풀칠을 한다

1.'간신히 목숨이나 유지할 정도로 끼니를 때우며 살아가다'.

2.'크게 저축은 하지 못하고 겨우 의식주 해결이나 하며 살다'라는 뜻이다.

예) 내가 받는 월급으로는 입에 풀칠하기도 어렵다.

입(을) 놀리다

거리낌 없이 함부로 지껄이다. 뉘 앞이라고 입을 놀리느냐.

입(을) 다물다[입을 봉하다]

말을 하지 않거나 하던 말을 그치다. '다물다'는 '닫다'의 '다-'와 '물다'가 결합된 말이다. 위아래 입술을 마주 대어 그 상태로 있는 것이 '입(을) 다물다'이다. '말을 하다가 그치다'라는 뜻이다. 한편 '봉封하다'는 밖으로부터 안을 가두어 닫는다는 의미다. '어떤 이유로 말하기를 거부하거나 굳게 침묵을 지키고 있다'라는 뜻이다. '막다'는 열린 곳을 가려서 안팎이 통하지 못하게 한다는 의미다. (비)입을 닫아 매다.

입(을) 닦다

이익을 혼자 가로채고 모르는 척하다. (비)입(을) 씻다.

입을 닫아 매다

『북』 '입(을) 다물다'의 북한 익은말.

예) 금동이가 옆구리를 툭 다치자 그는 흠칫 입을 닫아 맸다.

입을 딱 벌리다

'딱'은 어떤 것이 활짝 벌어지거나 열린 모양을 나타낸다. '어깨가 딱 벌어지다'라고 말한다. 또한 거기에는 한자리에 그대로 꼼짝하지 않고 있거나 갑자기 멈추거나 끊긴다는 뜻이 내포되어 있다. '시계가 딱 멈추다', '기가 딱 막히다', '딱 버티다'가 그것이다. '입을 한껏 크게 열고 그대로 있다'라는 뜻이다. 한편 사람이 놀라거나 어이가 없거나 하면 저절로 입이 벌어져 멍하니 있게 된다. 그래서 '어떤 장면이나 소식 따위가 너무 충격이 커서 입을 멍하니 벌리고 있다', '너무 어이가 없어 하거나 놀라워하다'라는 뜻으로도 쓰인다.

입을 떼다

말을 꺼내다. '떼다'는 붙어 있는 것을 따로 떨어지게 한다는 뜻이다. 이 말에는 그 이전까지 붙어 있는 상태가 지속되었다는 뜻이 내포된다. 한참 동안 붙어 있던 두 입술을 어떤 목적으로 비로소 벌리는 것이 '입을 떼다'이다. 이 표현에는 동작 그 자체보다 목적하는 바가 더 강조된다. '한동안 말하지 않고 있다가 비로소 입을 열어 말을 시작하다'라는 뜻이다.

예) 그가 입을 떼는 순간 사건의 전말이 드러나리라 기대하는 사람들이 많습니다.

입(을) 막다

(어떤 사람이 다른 사람의) 남이 하려는 말을 못 하게 하다.

예) 창민이는 자신의 비밀을 아는 창희의 입을 막았다.

입(을) 맞추다

(어떤 사람이 다른 사람과 어찌하다고, 또는 둘 이상의 사람이 어찌하다고) 서로의 의견이 동일하도록 조정하다.'맞추다'는 '일치하게 하다', '같은 부분끼리 서로 마주 대다'이다. '입을 맞추다'라고 하면 입술과 입술을 마주 대어 애정 표시를 한다는 뜻이다. 그러나 '볼에 입을 맞추다'라고 하면 이때 '맞추다'는 단순히 '대다', '닿게 하다'라는 뜻을 나타낸다. 우리나라의 경우는 입을 맞추는 행위가 애정에 국한되지만, 서양 문화에서는 '존경', '축하', '환영'의 뜻으로 다양하게 행해진다. '상대방에게 입술을 대어 애정 표시를 하다'라는 뜻이다. 한편 '진술할 때 미리 서로 짜고 할 말을 맞추다'라는 의미로도 쓰인다.

입(을) 모으다

여러 사람이 모두 같은 의견으로 말하다.

예) 동네 사람이 모두 입 모아 칭찬함,

입(을) 씻기다

돈이나 물건 따위를 주어 자기에게 불리한 말을 못하도록 하다.

예) "그러지 말고 그 애들 돈푼 줘서 입을 씻기세요."하고 일러 준다.

입(을) 씻다

이익 따위를 혼자 차지하거나 가로채고서는 시치미를 떼다. <u>(비)입(을) 닦다.</u>

예) 우리가 신고한 일로 인해 보상금이 나왔을 텐데 어찌된 일인지 모르겠군. 설마 그가 입을 씻고 모른 체하지는 않겠지.

입을 열 자나 빼고 있다

원하는 것을 이루지 못하여 뾰로통하여 있다.

예) 장난감 총을 사 주지 않자 아이는 심통을 부리며 입을 열 자나 빼고 있다.

입을 틀어막다

시끄러운 소리나 자기에게 불리한 말을 하지 못하게 억제하다.

예) 그들이 사실을 말하기 전에 어떻게 해서든지 그들의 입을 틀어막아야 할 텐데.

입의 혀 같다

일을 시키는 사람의 뜻대로 움직여 주다. <u>(비)입 안의 혓바닥 같다.</u>

입이 가로 터지다[째지다]

<u>(비)입이 귀밑까지 찢어지다[이르다].</u>

예) 그는 너무 좋아서 당장 입이 가로 터졌다.

입이 가렵다

피부에 어떤 것이 스치거나 지나가는 듯하여 손으로 긁고 싶은 느낌이 드는 것이 '가렵다'이다. 입은 피부에 해당하는 입술도 포함하지만 발성이나 소화를 담당하는 전체 기관에 해당한다. 입 언저리가 가렵고, 입술이 가렵다고 하는 표현이 더 일반적이다. '입이 가렵다'라고 하면 목젖이나 혀, 입천장을 떠올리기가 쉽다. 말을 하고 싶은 욕구를 이렇게 표현하고 있다.

예) 사건의 내막을 아는 그는 사람들이 엉뚱한 짐작을 하는 것을 보고 입이 가려웠지만 약속을 어길 수는 없었다.

입(이) 가볍다

말수가 많거나 아는 일을 함부로 옮기는 버릇이 있다. (반)입이 무겁다.

입이 걸다(험하다)

험한 말을 함부로 하다. 여기에서 '걸다'는 '못에 옷을 걸다'의 '걸다'와는 다르다. 땅이 기름지고 비옥하다는 뜻으로 '땅이 걸다'라고 하고, 음식 수가 많고 푸짐하다고 할 때 '반찬이 걸다', '잔치가 걸다'라고 한다. 그 외에도 '국물이 진하다', '식성이 좋다', '일솜씨가 좋다'라고 할 때도 '걸다'라는 표현을 쓴다. '입이 걸다'는 '식성이 좋아서 아무거나 잘 먹다', '욕을 많이 하고 남이 듣기 싫어하는 말을 함부로 하는 경향이 있다'라는 뜻이다. 한편 '험險하다'는 '상대하기에 거칠고 위태롭다'는 뜻이다.

입이 굳어지다

'굳어지다'는 '굳게 되다', '딱딱하게 변하여 움직이지 않다'이다. 신체 일부와 함께 쓰여 심리적 충격을 나타내는 말로 많이 쓰인다. '(너무 놀라거나 자신감이 없거나 하여) 말이 나오지 않다'라는 뜻이다.

예) 소년은 할 말이 없는 것은 아니었지만 꾸짖는 어른들 앞에서 그만 입이 굳어져서 고개만 수그리며 서 있었다.

입이 귀밑까지 찢어지다[이르다]

기쁘거나 즐거워 입이 크게 벌어지다. (비)입이 가로 터지다[째지다].

예) 생일 선물을 받은 동생은 입이 귀밑까지 찢어졌다.

입이 근질근질하다

피부가 몹시 긁고 싶을 만큼 간지러운 느낌이 드는 것이 '근질근질하다'이다. 등이 근질근질하면 팔을 등 뒤로 돌려 긁어야 한다. 마찬가지로 '어떤 동작이나 움직임을 하고 싶은 마음이 일어나다'를 '근질근질하다'라고 말한다. '몸이 근질근질하다'는 '밖으로 나가고 싶거나 활동하고 싶다'라는 의미다. '입이 근질근질하다'는 '자기가 아는 사실을 남에게 말하고 싶거나 수다를 떨고 싶어서 참을 수가 없다', '입이 가렵다'라는 뜻이다.

입이 냠냠거리다

『북』 더 먹고 싶어 하는 모양을 비유적으로 이르는 말.

입이 높다

보통 음식으로 만족하지 아니하고 맛있고 좋은 음식만을 바라는 버릇이 있다.

예) 저 친구는 입이 높아서 고급 음식점이 아니면 가지도 않는다.

입이 달다

입맛이 당기어 음식이 맛있다.

예) 살이 찌려는지 요즘은 입이 달아 무엇이든 잘 먹는다.

입이 닳다

'닳다'는 물건 따위가 오래 쓰여서 작아지거나 줄어들거나 하는 것을 말한다. '손이 닳도록 일한다'라고 하면 그 정도로 힘들게 일한다는 뜻이 된다. 그런데 '입이 닳다'라고 했다. '여러 번 같은 말을 싫증이 날 정도로 반복해서 타이르다'라는 뜻이다. '입이 닳게', '입이 닳도록'의 형태로 많이 쓰인다. (비)침이 마르다, 혀가 닳다.

예) 문을 닫고 다니라고 입이 닳도록 얘기해도 들은 척도 안 한다.

입이 더럽다

'더럽다'는 '물건 따위가 깨끗하지 못하고 지저분하다'에서 '행실 따위가 바르지 못하고 추접스럽다', '불쾌하다'의 뜻을 나타내게 되었다. '말버릇이 고약하고 나쁘다'라는 뜻이다.

입이 도끼날 같다

바른말을 매우 날카롭게 거침없이 하다.

예) 그 사람 하는 일이 자로 잰 듯 꼼꼼한 건 좋은데 입이 도끼날 같은 건 무척 거슬리더군.

입이 되다

맛있는 음식만 먹으려고 하는 버릇이 있어 음식에 매우 까다롭다.

예) 별로 좋지 않은 가정 형편에 남편이 입이 되어 여자가 무척 고생이 심한 모양이야.

입이 (딱) 벌어지다

매우 놀라거나 좋아하다.

예) 주인은 입이 딱 벌어지게 음식상을 차려 왔다.

입이 떨어지다

'떨어지다'는 '위에 있는 것이 아래로 내려가다', '붙어 있는 것이 떼어지다'라는 뜻이다. 위에서 내리는 명령이나 호통 따위가 주어지는 것도 '떨어지다'라고 한다. 다문 두 입술이 열리면서 말이 나오기 시작하는 것이 '입이 떨어지다'이다. 참고로 '말이 떨어지다'와는 구분할 필요가 있는데, 이것은 완료의 개념으로 이미 말하는 사람이 말을 끝낸 것이다. 반면에 '입이 떨어지다'는 이제 비로소 말이 나오려 한다는 의미를 담고 있다. '감히 말할 용기가 나다', '(주로 부정적인 표현과 함께 쓰여) 감히 말할 엄두가 나지 않다'라는 뜻을 나타낸다. (비)말문이 떨어지다.

예) 그동안 내가 한 짓을 떠올리니 입이 떨어져야 말이지. 도저히 도와달라고 부탁할 수가 없었어,

입이 뜨다

입이 무거워 말수가 적다.

입이 마르다

1. (비)침이 마르다.

예) 김 과장은 늦둥이 딸내미 자랑에 아주 입이 말라.

2. (사람이) 몹시 긴장하다.

예) 동구는 양궁 시합을 앞두고 바짝바짝 입이 말랐다.

입이 무겁다

말수가 적으며 말하는 데에 있어 몹시 신중하다. 비밀을 잘 지키다. (반)입이 가볍다.

입이 무섭다

'무섭다'는 '어떤 대상이 사나워서 두려운 마음이 들게 하다'이다. '(주로 '~의 입이 무섭다'의 형태로 쓰여) ~가 비난하거나 흉볼까봐 걱정되어 두렵다'라는 뜻이다.

예) 남들의 입이 무서워 제 자식인데도 한 번 안아보지 못했다.

입이 바르다

듣는 사람이 꺼리어 할 만큼 옳은 말을 곧이곧대로 하다.

예) 저 사람은 입바른 소리를 잘한다.

입이 밭다(짧다)

음식을 심하게 가리거나 적게 먹다.

예) 저 아이가 저렇게 마른 것은 다 입이 밭기 때문이지.

입이 벌어지다

몹시 놀라거나 좋아하다. '벌어지다'는 어떤 이유로 자연스럽게 두 사이가 떨어지는 것을 뜻한다. '입이 벌어지다'는 자기도 모르게 웃는 모습을 나타낸다.

예) 실이는 새 옷을 걸치고 입이 벌어져서 다물 줄을 몰랐다.

입이 빠르다

남에게 들은 말을 참지 못하고 옮기다.

입이 싸다(헤프다)

'싸게 다녀오너라'라고 말한다. 이때 '싸다'는 동작이 재고 빠르다는 뜻이다. 한편 '헤프다'는 물건 따위가 빨리 닳거나 없어져서 오래가지 않는다는 뜻이다. '할 말 못할 말 가리지 않고 경솔하게 말하는 버릇이 있다'라는 뜻이다.

입이 쓰다

어떤 일이나 말 따위가 못마땅하여 기분이 언짢다. '쓰다'는 맛이 찌르는 듯 불쾌하고 좋지 않다는 뜻이다. 쓴맛의 정도에 따라 그것을 즐기기도 하고 기피하기도 한다. 봄나물이 쓰고, 커피가 쓰고, 약이 쓰다. 보통 먹는 음식을 쓰다고 하는데 여기에

ㅇ

서는 '입이 쓰다'라고 했다. 음식의 맛에 상관없이 입에 느껴지는 맛, 즉 입맛이 쓰다는 소리다. '입맛이 나지 않아 무엇을 먹든 맛없게 느껴지다'라는 뜻이다. 한편 '만족스럽지 않은 일을 당했을 때 뒤에 남는 느낌이 깔끔하지 않고 씁쓸하다', '꺼림칙하거나 불쾌하여 마음이 언짢다'라는 뜻으로도 쓰인다. (비)입안이 쓰다.

입이 여물다[야무지다]

말이 분명하고 실속이 있다. (비)주둥이가 여물다.

예) 그녀는 야무지게 생긴 얼굴 못지않게 입이 여물어 함께 일하기에 편하다.

입이 질다

1. 속된 말씨로 거리낌 없이 말을 함부로 하다.

예) 예전부터 사람을 판단하는 기준으로 신언서판이란 말이 있는데 그 사람은 입이 진 걸 보니 교양 있는 사람은 아니구먼.

2. 말을 수다스럽게 많이 하는 버릇이 있다.

예) 사람이 저렇게 입이 질어서야 어디 신임을 얻을 수 있겠나.

입이 짙다

속된 말씨로 거리낌 없이 말을 함부로 하다.

입이 짧다

'식성이 까다로워 한 가지 음식을 조금만 먹으면 싫증을 내거나 한 번에 많은 음식을 먹지 못하다'라는 뜻이다 즉, 음식을 적게 먹거나 가려 먹는 버릇이 있다.

예) 그녀는 입이 짧아 음식을 조금 먹다가 그만둔다.

입이 천 근 같다

매우 입이 무겁다.

예) 그 사람은 입이 천 근 같아 비밀을 절대 다른 사람에게 말하지 않으니 안심하게.

입(이) 험하다

말을 걸게 마구하는 버릇이 있다.

입정(을) 놀리다

1. 쉴 새 없이 계속해서 군음식을 먹다.

예) 그만 입정 놀려라, 누가 보면 석 달은 굶은 줄 알겠다.

2. 함부로 말을 하다.

예) 그렇게 입정 놀리다가는 큰코다친다.

입정(이) 사납다

1. 집에서는 잘 못 먹는 것처럼 입정 사납게 굴지 마세요.

2. 입버릇이 점잖지 못하고 고약하다.

예) 입정 사나운 그 어르신 때문에 잔칫집에서 말싸움이 났지 뭐야.

입종 서다

밭에 뿌린 씨가 고르게 싹이 서다.

★입종立種 : 뿌린 씨앗에서 싹이 터 땅 위로 나옴.

입초(를) 서다

근무를 하다.

★입초立哨 : 보초를 섬, 또는 그 사람, 경비원.

입추의 여지餘地가 없다

송곳조차 세울 틈이 없을 정도로 빽빽하게 들어차 있다는 뜻이다. 바뀐 뜻은 많은 사람들이 꽉 들어차서 발 들여놓을 데도 없이 매우 비좁음을 이르는 말이다. 바꿔 쓸 수 있는 말로는 '발 디딜 틈이 없다'가 있다. 예) 극장 안은 관람 인파로 입추의 여지가 없었다.

★입추立錐 : 송곳을 세움.

입춘대길立春大吉

입춘을 맞이하여 길운을 기원하는 글.

잉크도 마르기도 전에

'잉크ink'는 글씨를 쓰거나 인쇄를 하는 데 쓰이는 빛깔이 있는 물을 가리킨다. 지금은 기술이 발달하여 잉크가 마르는 시간도 짧게 걸리고 물에도 지워지지 않는 종류가 개발되었다. 하지만 그전에는 잉크가 마를 때를 기다려야 했는데, 신문의 경우는 바로 인쇄되었으면 불가에서 말려야 했을 정도였다. '계약이나 조약 같은 것을 맺은 지 얼마 되지도 않은 때에'라는 뜻이다.

예) 혼인 신고의 잉크가 마르기도 전에 이혼 서류에 도장을 찍고 말았다.

잎 그늘

나뭇잎 따위에 빛이 가려져서 생기는 그늘.

ㅈ

자가리를 넣다

『북』 모판에다 볏모를 길러서 내지 아니하고 무논에 직접 씨를 뿌리다. (비)자갈을 넣다.

★**자가리** : '직파直播(모를 길러 옮겨 심지 않고 논밭에 씨앗을 직접 뿌림)'의 북한어.

자갈을 넣다

『북』 (비)자가리를 넣다.

자갈을 놀다

공기놀이를 하다. (비)공기(를) 놀다.

★**자갈(공기)** : ①작은 돌 다섯 개 또는 여러 개를 땅바닥에 놓고 일정한 규칙에 따라 집고 받고 하는 아이들의 놀이. ②헝겊에 콩 따위를 싸서 만든 공 두 개 이상을 가지고 땅에 떨어지지 않게 잇달아 올렸다 받았다 하는 놀이

자개바람이 일다[나다]

(비유적으로) 힘이 솟고 매우 빠르게 움직이다.

★**자개바람** : 쥐가 나서 근육이 곧아지는 증세.

예) 정 첨지 아들은 다리에 자개바람이 날 만큼 빨리 걸어 먼저 가고 그 사람은 다른 일행과 같이 뒤떨어졌다.

자경마(를) 들다

스스로 고삐를 잡고 말을 타다.

★**자경마** : 말을 탄 사람이 스스로 자기가 탄 말의 고삐를 잡고 달림.

자국(을) 밟다

1.사람이나 동물이 남긴 발자국을 따라 뒤쫓다.

예) 지난밤 눈 때문에 범인의 자국을 밟아 나가기가 수월하였다.

2.『북』 이랑이 되게 갈아 놓은 밭에 씨를 뿌리기 위하여 골을 따라 두 줄로 발자국을 내다. (비)자국을 짚다[치다].

자국을 짚다[치다]

『북』 '자국(을) 밟다'의 북한 익은말.

자국(이) 나다

자국이 생기다.

자귀가 나다

개나 돼지가 너무 먹어서 배가 붓고 발목이 굽는 병이 생기다.

★**자귀** : 개나 돼지의 병, 흔히 많이 먹어서 생기는 병.

자귀(를) 짚다

짐승을 잡으려고 짐승의 발자국을 따라가다.

★**자귀** : 짐승의 발자국.

예) 약초 이름들을 죄 알고 있는 심마니꾼들이며, 희미한 발자국만 보고도 짐승의 이름들을 알아내고 자귀를 짚어 덫을 놓아 어김없이 잡아내는 그들이 왜 버려지란 말인가.

자기뇨를 먹다

자기가 한 일 때문에 자기가 욕을 보다. (비)자기수를 먹다.

★자기뇨自己尿 : 『한의』 자기의 오줌을 약으로 이르는 말. (비)자기수自己溲.

자기도 모르게

의식하지 못하는 사이에 저절로. '자기自己'란 말하는 본인 자신을 가리키는 말이다. '자기'의 정체를 파고들수록 그것은 양파껍질처럼 계속 벗겨져서 더욱 깊은 존재로 들어간다. 그래서 우리가 어느 층의 존재를 자기라고 정하느냐에 따라 행동의 양상이나 책임의식도 변화된다. 더 깊이 들어갈수록 자기도 모르게 하는 무의식적인 행동은 줄어들게 마련이다. '자신의 의지나 억제와는 상관없이 무의식중에 저절로'라는 뜻이다.

예) 준호는 자기도 모르게 영숙에게 손이 올라가고 말았다.

자기로 돌아오다

다른 생각을 하거나 깊은 사색에 잠겨 자기 자신을 미처 의식하지 못하다가 자기의 존재를 깨닫고 정상적인 판단을 할 수 있게 되다.

예) 한동안 정신없이 길만 굽어보고 가던 윤수가 별안간 자기로 돌아와서 정신을 차려 보니 어느 틈에 서낭당 고개를 넘어서 삼선평 뒷골로 산잔등을 타고 올라가지 않는가.

자기를 잃어버리다

1. 자기의 처지나 존재에 대해서 깨닫지 못하다.

2. 제정신이 아닐 정도로 정상적인 사고를 하지 못하다.

예) 우리는 둘이 다 자기를 잃어버리고 무너져 버린 젊음인 것이다.

자기수를 먹다

(비)자기뇨를 먹다.

★자기수自己溲 : 『한의』 자기의 오줌을 약으로 이르는 말. (비)자기뇨自己尿.

자기 앞 처리를 하다

『북』 제 앞에 주어지는 일을 자신이 책임지고 스스로 처리하여 나가다.

자나 깨나

잠들어 있거나 깨어 있거나 늘.

예) 자나 깨나 자식 걱정 /자나 깨나 그리던 아버지 어머니는 불치의 병에 걸려 있었다.

자드락(이) 나다

남에게 숨겨놓은 일이 드러나다.

자라목 오그라들듯

송구스럽거나 부끄러워 목이 움츠러드는 모양.

예) 일을 망친 그는 고개를 자라목 오그라들듯 하고 말없이 앉아 있었다.

자라목이 되다

사물이나 기계 따위가 움츠러들다. '자라목'은 자라의 목, 또는 비유해서 사람의 목이 유난히 짧을 때 그 목이나 그 사람을 일컫는 말이다. 자라는 거북과 비슷하게 생겼으나, 등딱지의 중앙선을 제외하고는 부드러운 피부로 덮여 있고 주둥이는 뾰족하다. '사람의 목이나 사물이 움츠러져 들어가다'라는 뜻이다.

예) 어른들이 일시에 꾸짖자 아이는 자라목이 되어서 구석으로 기어들었다.

자리가 길어지다

벌여 놓은 판이 오랜 시간 계속되다.

예) 모처럼 친구들을 만나 얘기하다가 그만 자리가 길어져서 늦었어.

자리(가) 나다

'자리'는 '곳', '위치', '공간'을 아우르는 말로, 보통 '~할 자리', '~한 자리'와 같은 식으로 수식하는 말과 함께 쓰인다. '식당 같은 곳에서 있던 손님이 나가는 바람에 식사할 수 있는 빈자리가 생기다', '일터나 직장에서 일하는 사람이 나가거나 모자라는 까닭에 새로 사람을 들일 자리가 생기다', '일한 뒤에 성과가 눈에 띄도록 나타나다', '어떤 자취나 흔적이 남다'라는 뜻이다.

예) 네가 다니는 곳에 자리가 나면 나에게 연락을 부탁한다.

자리가 비좁다

(비)기름을 짜다.

자리(가) 잡히다

1. 서투르던 것이 익숙해지다.

예) 그의 말투나 행동은 어느새 군인으로 자리 잡혀 있었다.

2. 규율이나 질서 따위가 정착되어 제대로 이루어지다.

예) 이제 교통질서가 자리 잡혀 간다.

3. 생활이 제대로 꾸려지며 안정되다.

예) 그는 자리가 잡힐 때까지는 고향에 내려가지 않겠다고 했다.

자리를 걷고[털고] 일어나다

1. 다른 곳으로 옮기려고 있던 곳에서 움직이다.

예) 자리를 털고 일어난 박 영감은 끌과 자귀를 들고 밖으로 나섰다.

2. 아파서 누워 있던 사람이 일어나서 활동하다.

예) 아들이 병이 낫기 시작하여 며칠 후에는 씻은 듯 자리를 털고 일어났다.

자리(를) 걷다

바닥에 눕거나 앉을 때 까는 것이 '자리'이다. '돗자리', '삿자리', '이부자리'가 다 그것이다. '걷다'는 '늘어뜨렸거나 편 것을 말아 올리다', '접다'를 뜻한다. 보통 앉을 자리를 이동하거나 아침에 일어날 때 자리를 걷게 된다. 한편 병으로 방에 자리를 깔고 누워 있던 사람이 완쾌되어 더 이상 누워 있을 필요가 없다, 즉 '병이 낫다'를 뜻하기도 한다. 또는 완쾌되지는 않았지만 병상에서 일어나 거동을 시작할 때도 이 표현을 쓰곤 한다.

예) 선생님께서 어서 완쾌되어 자리를 걷고 예전처럼 활동하시기를 저희들은 소망합니다.

자리(를) 뜨다

(사람이) 다른 곳으로 옮기려고 있던 곳을 떠나다. '뜨다'가 타동사로 쓰이면 '있던 곳에서 다른 곳으로 떠나다'라는 뜻이 있다. '있던 자리를 비우고 다른 곳으로 가다'라는 뜻이다. 보통 머물러 있어야 할 자리를 잠시 비울 때 이 표현을 쓴다.

예) 근무 시간에는 자리를 뜨지 말라고 그렇게 일렀건만 또 보이지를 않는군.

자리를 밟다

『북』 씨앗을 심은 다음 그 자리를 발로 꾹꾹 밟아 주다.

자리(를) 보다

잠을 자려고 이부자리에 드러눕다.

예) 자리를 보았으나 쉽사리 잠이 오지 않았다.

자리를 빌려

여러 사람이 모여서 축하하거나 뭔가를 할 수 있는 기회를 '자리'라고도 한다. '빌리다'는 자기 것이 아닌 것을 허락을 받고 쓰는 것이다. 따라서 여기에서는 모임의 목적과는 다른 목적을 위해 잠시 양해를 얻고 이용한다는 뜻이다. '(주로 '이 자리를 빌려'의 형태로 쓰여) 이와 같이 사람들이 모인 기회를 이용하여'를 뜻한다.

예) 이 자리를 빌려 그동안 제가 여기에 오기까지 도움을 주신 분들께 감사드립니다.

자리(를) 잡다

1. 일정한 지위나 공간을 차지하다.

예) 그는 오랜 노력 끝에 자기 분야에서 자리를 잡게 되었다.

2. 생각이 마음속에 뿌리를 박은 듯 계속 남아 있다.

예) 아무리 용서하려 해도 마음 깊이 자리 잡은 미움은 쉽게 사라지지 않는다.

자리를 차고 일어나다

기세 좋게 세차게 일어서다.

예) 아버지는 너무 화가 나서 자리를 차고 일어나 밖으로 나가셨다.

자리에 눕다

누워서 앓다.

예) 자리에 누운 지 벌써 3년째이다.

자맥질(을) 치다

물속에서 떴다 잠겼다 하며 연방 자맥질을 하다.

★자맥질 : 물속에 들어가서 뜬다 잠겼다 하며 팔다리를 놀리는 짓.

자발머리(가) 없다

'자발'이 무슨 뜻을 나타내는 말이었는지 확실치는 않으나, 지금은 '자발없다'의 형태로만 쓰이고 있으니 여기에서 그 뜻을 미루어 짐작할 수 있을 따름이다. '자발(이) 없다'는 '행동이 가볍고 참을성이 없다'이다. 그러므로 아마도 '참을성 있고 신중한 태도'가 '자발'이 아니었을까 한다. '자발없다'를 속되게 표현한 것이 '자발머리없다'이다. '자발스럽다'는 그러한 경향이 있음을 나타내고, '자발떨다'라고 하면 '행동이 가볍고 참을성이 없는 태도를 겉으로 몹시 드러내다'이다. 속담에 '키 크면 속없고 키 작으면 자발없다'라는 말이 있다. 키 큰 사람은 실없고 싱거우며 키 작은 사람은 참을성이 없고 행동이 가볍다는 뜻이다.

예) 남들 하는 대로 가만히 지켜만 볼 일이지 자발없이 나서서 빈축을 살 게 뭐야.

자발(을) 떨다

행동이 가볍고 참을성이 없는 태도를 겉으로 몹시 드러내다.

★자발自發 : 자기의 의지대로 스스로 나아가 행동함.

자발(이) 없다

참을성이 없고 경솔하다. '자발'이 무슨 뜻을 나타내는 말이었는지 확실치는 않으나, 지금은 '자발없다'의 형태로만 쓰이고 있으니 여기에서 그 뜻을 미루어 짐작할 수 있을 따름이다. '자발(이) 없다'는 '행동이 가볍고 참을성이 없다'이다. 그러므로 아마도 '참을성 있고 신중한 태도'가 '자발'이 아니었을까 한다. '자발없다'를 속되게 표현한 것이 '자발머리없다'이다. 속담에 '키 크면 속없고 키 작으면 자발없다'라는 말이 있다. 키 큰 사람은 실없고 싱거우며 키 작은 사람은 참을성이 없고 행동이 가볍다는 뜻이다. ×자발적다.

예) 남들 하는 대로 가만히 지켜만 볼 일이지 자발없이 나서서 빈축을 살 게 뭐야.

자빡(을) 대다[치다]

아주 딱 잘라 거절하다.

★자빡 : 결정적인 거절.

예) 사람이 왜 그렇게 무정한가. 차라리 안 된다고 설득을 할 것이지 그렇게 자빡을 대나.

자빡(을) 맞다

아주 거절을 당하다.

자식을 보다

'보다'는 눈으로 감지하여 알게 됨을 뜻하기도 하지만, 이렇듯 윗사람으로서 새 가족을 맞게 됨을 뜻하기도 한다. '며느리를 보다', '사위를 보다', '손자를 보다'가 그 예이다. '(주로 아버지에 해당하는 사람에게 쓰여) 새로 자식을 낳게 되거나 가지게 되다'라는 뜻이다.

예) 이 나이에 뒤늦게 자식을 보니 젊었을 때는 미처 못 느꼈던 재미를 느낀다.

자식을 쪽박에 밤 주워 담듯 한다

가난한 집에 자식이 많음.

★쪽박 : 작은 바가지.

자웅을 겨루다

'자웅雌雄'은 암수, 즉 '암컷과 수컷'을 뜻한다. 우주의 모든 원리는 음과 양으로 구분되며, 그것들은 대립하면서도 서로 협력하는 관계를 이룬다. 한 인간 안에서도 끊임없이 음과 양이 서로 대립한다. 이의 극단적인 예는 동물의 세계에서 찾아볼 수 있다. 동물은 생식의 욕구에 따라 서로를 필요로 하지만, 그동안에도 힘겨루기는 지속된다. 생식이 끝나자마자 배우자를 잡아먹는 종류도 있다. 인간 사회 역시 자세히 들여다보면 크든 작든 남자와 여자 사이에 지배권 다툼이 끊이지 않는다. 여기에서 '자웅'의 의미가 확대되어 성을 불문하고 승자와 패자,

ㅈ

강한 자와 약한 자를 뜻하게 되었다. '전쟁, 싸움, 경쟁 등을 하여 그 결과로 승부나 우열을 따지다'라는 뜻이다.

예) 실력으로 정정당당하게 자웅을 겨뤄서 패자는 두말 않고 물러나기로 하는 게 어때?

자위(가) 돌다

1. 먹은 음식이 삭기 시작하다.

예) 목욕을 다 하고 주인집에 와서 저녁밥을 한 그릇씩 다 먹고 먹은 밥이 자위도 돌기 전에 잘 자리들을 보았다.

2. 뱃속의 아기가 놀기 전까지 차지하고 있는 자리.

★**자위** : 뱃속의 아기가 놀기 전까지 차지하고 있는 자리.

3. 밤톨이 완전히 익기 전까지 밤송이에 붙어 있는 자리.

★**자위** : 밤톨이 완전히 익기 전까지 밤송이에 붙어 있는 자리.

자위(가/를) 뜨다

1. 무거운 물건이 다른 힘을 받아 있던 자리에서 겨우 움직이다.

★**자위** : 무거운 물건이 놓여 있던 자리.

2. 배 속의 아기가 놀기 시작하다.

★**자위** : 뱃속의 아기가 놀기 전까지 차지하고 있는 자리.

3. 밤톨이 익어 안에서 돌다.

★**자위** : 밤톨이 완전히 익기 전까지 밤송이에 붙어 있는 자리.

자취를 감추다

1. (사물이나 현상이) 존재하지 않게 되거나 보이지 않게 되다. 사라지면서 그 뒤에 남기는 흔적이나 또는 사라져간 행방을 '자취'라고 한다. '감추다'는 남이 알지 못하게 숨기거나 가리는 것, 여기에서는 '알지 못하게 하다'이다. '(사람이) 남들이 짐작할 수 없는 곳으로 완전히 모습을 감추거나 사라지다'.

2. (사물이나 현상이) 예전에 그곳에 있었다는 사실을 믿기 어렵게 할 정도로 완전히 사라지다'라는 뜻이다.

예) 민속 문화가 세계화에 밀려 자취를 감추고 있다.

자취를 밟다

'밟다'는 '어떤 것 위에 올라 두 발을 디디다'라는 뜻이 있고, 또한 '그 뒤를 몰래 따라가다', '지나온 과정을 반복하다'라는 뜻도 있다. '사라지면서 남긴 흔적을 따라 그 길을 반복하여 가다'라는 말이다.

작간을 놀다

짓궂게 간악한 행동을 꾀하다.

★**작간**作奸 : 간악한 꾀를 부림.

작간(을) 부리다(내디)

간악한 짓을 부리다.

작문(을) 잡다

예전에, 삼문이 있는 관아에서 그 관아의 높은 벼슬아치가 아닌 큰 손님이 올 때 특별히 맞이하느라고 가운데 문을 열어 주다.

★**작문**作門 : 주변을 경계하여 지키는 병사를 두어 아무나 함부로 출입하지 못하게 경계하는 군영의 문.

작살(을) 내다

작살을 나게 만들다. '작살'은 완전히 깨어지거나 부서지는 것, 또는 아주 결딴이 나는 것을 뜻한다. '작살(이) 나다'는 사람이나 사물이 아주 심하게 손상을 입어 거의 혼수상태가 되거나 산산조각이 났다는 말이다. 여기에서 '작살(을) 내다'가 왔다. '내다'는 '나게 하다'이다. 즉, '작살(을) 내다'는 사람을 심하게 때리거나 물건을 완전히 파손한다는 뜻이 된다. '사람이나 사물을 아주 심하게 손상을 주어 치명적인 상태로 만들다'라는 의미다.

예) 그 자식을 내가 작살을 냈으니 한동안 이 근처에는 얼씬도 하지 않을 거야.

작살(이) 나다

복구할 수 없을 정도로 짓이겨져 부서지다.

작희(가) 들다

마가 들다.

★작희作戱 : 남의 일을 방해함.

잔걸음(을) 치다

가까운 거리를 걸어서 자주 왔다 갔다 하다.

잔귀가[잔귀를] 먹다

『북』 작은 소리를 알아듣지 못할 정도로 약간 귀가 먹다.

잔꾀(를) 피우다(부리다)

'잔꾀'는 '자잘하고 약은 꾀'이다. 비슷한 말이 '얕은 꾀'인데, 이는 속이 들여다보이는 꾀를 말한다. '꾀를 피우다'고 말한다. 어떤 행동이나 태도를 나타내 보이는 것이 '피우다'이다. '재주를 피우다', '거드름을 피우다' 등이 그 예이다.

예) 어린애가 심부름을 시키면 잔꾀를 피우며 말을 안 듣는다.

잔 다리(를) 밟다

(출세하기까지)지위가 낮은 데서부터 차차 오르다.

잔 듯 만 듯하다

잔 듯 만 듯 찌뿌둥하다.

잔망을 떨다(피우다/부리다)

얄밉도록 맹랑함. 또는 그런 짓.

★잔망孱妄 : 얄밉도록 맹랑한 데가 있음.

잔머리(를) 굴리다

머리를 써서 얕은꾀를 생각해 내다.

★잔머리 : 일을 손쉽게 하거나 작은 이익을 얻기 위하여 부리는 얕은 꾀.

잔밉고 얄밉다

아주 얄밉다.

★잔밉다 : 매우 얄밉다.

★얄밉다 : (사람이나 그 언행이) 매우 약고 영리하여 마음에 들지 않는 데가 있다.

예) 새댁이 하는 짓이 잔밉고 얄밉다.

잔부끄러움을 타다

예사로운 일에 부끄러움을 잘 타다.

★잔부끄러움 : 하찮은 일에도 부끄러움을 잘 타는 마음.

잔뼈가 굵다(굳다)

오랜 기간 일정한 곳이나 직장에서 일을 하여 그 일에 익숙하다.

예) 밤골에서 태어났고, 밤골에서 잔뼈가 굵었으니, 밤나무에 병충해가 심하다는 것쯤은 어릴 때부터 익히 알아 왔지만….

잔뼈가 굵어지다[굳다]

1. 어려서부터 일정한 곳에서 자라나다.

예) 동문이라기보다는 산속에서 이들의 잔뼈가 굵어진 만큼 휘와 몽치는 형제와 같이 유대가 깊을 수 밖에 없었다.

2. 한몫을 맡아서 할 만큼 어른으로 자라다.

예) 그 아이는 벌써 잔뼈가 굵어졌다.

3. 어떤 사람의 거둠을 받아서 자라나다.

예) 외할머니 덕으로 잔뼈가 굵어진 사람이 그만 유언을 이때까지 한번 시행 못 한 것도 도리에 틀리는 일이지….

잔뼈를 키우다

『북』 아이가 어른으로 성장하다.

예) 노동 속에서 잔뼈를 키워 간 소년공 시절에 체험한 생활은 철부지 때 맛보던 것보다 훨씬 더 가혹했다.

잔손(이) 가다

잔손질이 많이 들다.

★잔손 : 자질구레한 일로 자주 미치는 일손.

잔 오금(을) 쓰다

『북』 자꾸 팔다리를 놀려 일하다.

예) 일은 힘들지는 않았지만 잔 오금을 쓰는 일이 많아서 종일 잠시도 앉아 있지 못한다.

잔을 기울이다

'잔盞'은 액체 따위를 따라 마시는 것으로, 보통 술잔을 가리킨다. 따라서 '술잔을 기울이다'와 같은 뜻이다. 입으로 잔을 가져가서 기울이는 것을 말한다.

ㅈ

예) 그는 잔을 기울이며 어릴 때의 추억을 떠올려 보았다.

잔(을) 드리다

축하나 축수를 하는 마음으로 윗사람의 술잔에 술을 따르다. (비)잔(을) 올리다.

예) 승진을 축하하는 뜻에서 잔을 드리니 사양하지 마십시오.

잔을 비우다

부어 놓은 잔의 술을 말끔히 마시다. (비)술잔을 비우다.

예) 단숨에 잔을 비우다. /꽤 취했는데도 불구하고 그는 계속해서 잔을 비웠다.

잔(을) 올리다

제사 때에 잔에 술을 부어 올리다. 잔을 드리다. 이때 역시 '잔'은 술잔을 뜻한다. '올리다'는 '높은 곳에 가져다 놓다'라는 뜻도 있으며, 또한 '윗사람께 드리다'라는 뜻도 있다. '제사를 지낼 때 잔에 술을 부어 제사상에 올리다', '윗사람에게 존경이나 축하의 뜻으로 잔에 술을 따라서 드리다'라는 뜻이다. (비)잔(을) 드리다.

예) 고마우신 분께 잔을 올리도록 허락해주십시오.

잠귀(가) 밝다

'잠귀'란 자면서도 소리를 들을 수 있는 귀의 감각을 뜻한다. '밝다'는 '환하다'라는 뜻도 있지만, 감각이 예민하고 좋을 때 그 능력을 나타낸다. '자면서도 소리를 듣는 감각이 예민하여 무슨 소리가 들리면 얼른 깨어날 정도이다'라는 뜻이다. '잠귀(가) 어둡다'는 '잠귀(가) 밝다'의 반대말이다. (반)잠귀(가) 어둡다.

예) 할머니는 잠귀가 밝아서 우리들이 들어오는 소리를 듣고 깨셨다.

잠귀(가) 빠르다

『북』 웬만한 소리에 잠이 깰 정도로 잠결에 소리를 듣는 감각이 예민하다.

잠귀(가) 엷다[옅다]

웬만한 소리에 잠이 깰 정도로 신경이 예민하다.

예) 잠귀 옅은 시어머니가 깬 모양이다.

잠귀(가) 질기다[무디다/어둡다]

잠귀가 매우 어두워서 웬만해서는 잠을 깨지 아니하다. (반)잠귀(가) 밝다.

예) 원래 잠귀가 질긴 편이 아니어서 어수선한 서슬에 언뜻 깼다.

잠(에) 취하다

『북』 어떤 일에 매우 열중하다.

예) 여직 일에 잠 취하여 알지 못했던 장딴지를 내려다보니….

잠을 깨우다

일깨워서 정신 차리게 하다.

예) 그 사람의 확신에 가득 찬 말과 행동은 안일함에 빠져 있던 많은 사람의 잠을 깨우기에 충분한 것이었다.

잠(을) 자다(재우다)

생명체가 하루의 활동을 중단하고 원기를 회복하기 위해 의식과 육체를 정지 상태로 놔두는 것이 '잠'이다. '잠자다' 또는 '자다'는 그러한 휴식을 취함을 뜻한다. '눈을 감고 활동을 멈춘 상태에서 의식이 다른 차원으로 들어가다'라는 뜻이다. 한편 잠을 자는 동안은 깨어 있을 때의 의식이 사라지고 외부 세계를 감지하지 못한다. 여기에서 비유되어, 눈을 뜨고 깨어는 있으나 무지하고 어리석은 상태를 '잠'이라고 표현하기도 한다. 즉, '근본적인 진리나 세상 이치를 깨닫지 못하고 어리석고 무지한 상태로 있다'는 뜻이다. 아울러 '(어떤 물건이나 자원 따위가) 이용되지 못하고 방치되어 있다' 또는 '솜 따위가 눌려 부피가 작아진 상태'를 '잠'이라고도 한다. 즉, '부풀어 있던 물건이 눌려 적당히 가라앉다'를 뜻한다. '재우다'는 '자다'의 사동, '자게 하다'이다.

예) 잠을 자야 내일 또 움직일 것이 아닌가.

잠자리 나는 듯

잘 차려 입은 여자의 모습.

잠자리 날개 같다

옷이 얇아 가벼워서 비치는 옷 같은 것을 말하는 것, 속이 비칠 만큼 얇고 곱다.

잠자리(를) 보다

요를 깔고 이불을 펴고 잘 준비를 하다.

잡담雜談(을) 제하다

쓸데없이 여러 말을 하거나 묻지 않다.

★**제除하다** : 덜어 내거나 빼다.

예) 가게 유리창이 드르르 열리며 외투 깃을 올려서 얼굴을 폭 파묻은 여학생 하나가 톡 튀어나와서 잡담 제하고 자동차로 오더니.

잡도리를 치다

아주 엄하게 다루려고 준비를 하다.

★**잡도리** : 잘못되지 않도록 엄하게 다룸.

잡을손(이) 뜨다

일을 다잡아 하지도 않고, 한다 해도 매우 굼뜨다.

★**잡을손** : 일을 다잡아 해내는 솜씨.

예) 그런 일들을 마음으로부터 즐기는 건 아니어서 잡을손이 뜨고 마음먹고 할 때도 정작 할 일은 이게 아닌데 싶어 뜨악하니….

잣대를 들이대다

어떤 문제나 현상을 판단할 때의 기준을 비유적으로 이르는 말.

★**잣대** : 사물을 가름하는 기준. '자' 또는 '자막대기'를 뜻하는 말이 번지어 쓰임.

예) 교통단속에 엄격한 잣대를 들이댔다.

장가(를) 가다

전통적으로 남자가 하는 결혼을 '장가'라 일컫는다. '가다'는 이곳에서 저곳으로 위치를 옮겨 이동함을 뜻하지만, 또한 '한 상태에서 다른 상태로 바뀜'을 뜻하기도 한다. '(남자가) 결혼하여 아내를 맞다'라는 뜻이다.

장가(를) 보내다

혼인을 시키어 아내를 맞게 하다. <u>(비)장가(를) 들이다.</u>

장군將軍 멍군

보통 장기를 둘 때에 이르는 말로, 두 사람이 서로 대립하여 승부를 가리기 어려움을 비유적으로 이르는 말. <u>(비)멍군 장군, 멍이야 장이야, 장이야 멍이야.</u>

장군(을) 받다

장기를 둘 때 장군을 피하여 막다. <u>(비)장을 받다.</u>

장군을 부르다

'장군將軍'은 군대를 통솔할 수 있는 지위에 있는 높은 계급을 일컫는 말이다. 장기 놀이를 보면, 한漢자와 초楚 자가 새겨진 큰 장기짝이 있다. 이것을 '궁(宮)'이라고 하는데, 장군에 해당한다. 장기는 먼저 이것을 잡는 쪽이 이기는 게임이다. 궁을 노리는 최후의 일격을 앞두고 '장이야'라고 외치면, 상대편이 승복하거나 위기를 모면한다. '장기를 둘 때 상대방의 궁을 잡겠다고 마지막이 될지도 모르는 선언을 하다', '어떤 일에서 남들을 누르고 단연 우승할 수 있음을 공개적으로 선언하다'라는 뜻이다.

장기짝 맞듯 한다

틀림없이 딱 들어맞음을 이르는 말. <u>(비)부전조개이 맞듯, 부절을 맞춘 듯하다, 사기전에 종짓굽 맞추듯, 흰떡 집에 산병 맞추듯.</u>

★**장기將棋** : 붉은 글자와 푸른 글자가 각각 새겨진 말을 두 편으로 나누어 판 위에 벌여 놓고 둘이 서로 공격과 수비를 하여 승부를 가리는 놀이.

장난에 팔리다

장난에 온 정신이 쏠려서 무엇이 어떻게 되어 가는지 모르다.

★**장난** : 아이들이 재미로 놀이함.

예) 소년은 옆 친구와의 장난에 팔려서 선생님이 부르는 소리도 듣지 못했다.

장난(을) 삼다

목적이나 의도 따위를 가지지 아니하고 심심풀이로 실없게 행동하다.

장내를 뒤흔들다

ㅈ

장내에서 일어나는 소리가 매우 크고 요란하여 분위기를 격앙시키다.

★장내場內 : 어떤 일이 진행되고 있는 장소.

예) 양 대학의 응원 소리가 장내를 뒤흔들어 놓았다.

장단長短을 맞추다

박자를 맞추다. 남의 기분을 돋우어 주다. (사람이) 가락을 맞추다. '전통 악기를 연주할 때, 장단이 맞게 하다', '상대방의 비위나 기분을 맞추어 말이나 행동을 하다'라는 뜻이다.

장단을 잡다

곡의 장단에 맞춰 가락을 연주하기 시작하다.

예) 여자가 소리를 하고 초로의 남정이 장단을 잡았다.

장단(을) 치다

풍류나 노래 등의 박자를 맞추어 장구나 북 따위를 치다.

예) 흰 베수건 어깨에 걸어, 장구를 메고 싱긋이 웃던 사내, 큰 키를 점잖게 가누고 맴을 돌며 장단을 치던 풍신 좋고 인물 좋았던 사내….

장단(이) 맞다

1. (비)가락(이) 맞다.

예) 발 한 번 떼는 데 가락이 맞고 어깨 한 번 치키는 데 장단이 맞는 진짜 춤이었다.

2. 같이 일하는 데에 있어 서로 잘 조화되다.

예) 이야기란 하는 사람이 물론 잘해야 하겠지만 듣는 사람도 잘 들어야만 장단이 맞는 법이니….

장도감(을) 만나다

『북』 큰 말썽이나 화를 당하다.

★장도감張都監 : 말썽이나 소란을 일으키는 일을 이르는 말.

예) 몇몇 의자에 남아 있던 손들도 다 가 버렸다. 식탁 우, 방바닥, 의자. 마치 장도감을 만난 것과 같이 어수선산란하다.

장도감(을) 치다

말썽이나 풍파를 크게 일으키다.

장두(를) 서다

(연명의 숫 장에) 앞장을 서다.

★장두狀頭 : 예전에, 여러 사람이 서명한 소장의 맨 첫머리에 이름을 적는 사람을 이르던 말.

장래將來를 약속하다

결혼할 것을 언약하다.

예) 일이 이쯤 되자 그들은 장래를 약속하게 되었고 서로를 집안에 소개했다.

장리(를) 먹다

돈이나 곡식을 장리로 꾸어다가 쓰다.

★장리長利 : 예전에, 곡식이나 돈을 꾸어 주고 돌려받을 때에는 그 절반에 해당하는 만큼을 이자로 받는 이자율이나 그런 이자율로 빌려주는 돈이나 곡식을 이르던 말.

예) 작년만 해도 아직 곡식 걱정할 정도는 아니었는데…, 장리 먹은 것 갚고 어쩌고 하다 보니까….

장마(가) 들다

장미가 시작되다.

장마(가) 지다

여러 날 계속해서 비가 오다.

장비 호통이라

큰 소리로 야단스러운 꾸지람.

★장비張飛 : 중국 삼국 시대, 촉한의 무장.

★호통 : 몹시 화가 나서 큰소리로 꾸짖음.

장사를 놓치다

『북』 장사하여 한몫 잡을 수 있는 좋은 기회를 놓치다.

장사葬事(를) 지내다

장례葬禮를 치르다.

장사 웃덮기

겉으로만 허울 좋게 꾸밈을 이름, 장사하는 사람이 손님을 끌기 위하여 인심 좋은 체 하며 더 주는 시늉을 하는 데서 온 말.

★웃덮기 : 웃기(합이나 접시에 떡을 담고, 그 위에 모양을 내기 위해 얹는 작고 예쁜 떡)의 비표준어.

장성(이) 세다

담이 차고 마음이 굳세어 무서움을 타지 않는다.

★**장성**壯盛 : 씩씩하고 힘참.

장수將帥 **이 죽이듯**

별 힘 안 들이고 무엇을 쉽게 해내는 경우를 비유적으로 이르는 말.

장알(이) 지다

『북』 손바닥에 굳은살이 박이다.

장엄(을) 꾸미다

궁중에서, 잘 매만져 꾸밈을 이르던 말.

★**장엄**莊嚴 : 위엄이 있고 엄숙함.

장將**(을) 받다**

(비)장군(을) 받다.

장場**(을) 보다**

시장에 가서 물건을 사거나 팔다. 장을 보아다가 돌상을 차리다.

장杖**(을) 치다**

말이 누워서 등을 땅에 대고 비비다. 장치기(공치기)를 하다.

장場**(이) 서다**

사람들이 모여들어 물건을 사고팔게 되다. '서다'는 '일어나 그 자리에 버티다'라는 뜻도 있고, '어떤 것이 만들어지거나 형성되다'라는 뜻도 있다. 특히 임시로 만들어지는 공간에 '서다'라는 말을 쓴다.

장將**이야 멍이야**

장기를 둘 때 이르는 말로, 두 사람이 서로 대립하여 승부를 가리기 어려운 경우를 이르는 말. (비)장군멍군.

장長**(이) 차다**

곧고도 길다. 거리가 멀다. 시간이 길다.

장창(을) 쓰다

해낼 수 있다고 호언장담하다.

★**장창**長槍 : 예전에 무기로 쓰던 긴 칼.

장탄된 탄알

『북』 건드리기만 해도 폭발할 듯이 잔뜩 벼르고 있는 것을 비유적으로 이르는 말.

★**장탄**裝彈 : 총포에 탄환이나 탄약 따위를 재어 넣음.

재(가) 나다

초상계에서 잿돈을 치러 줄 상사喪事가 생기다.

★**재**齋 : 초상계에서, 정해진 계원의 상사가 난 경우에 상비로 보내는 몫의 돈.

재(가) 나다

물건이나 돈의 나머지가 생기다.

★**재**在 : 돈이나 물건 따위의 쓰고 난 나머지.

재가 되다

일이나 생각 따위가 모두 허사가 되다.

예) 이제 그네들의 그 열망은 재가 되어 사그라졌다.

★**재** : 물건이 불에 완전히 타고 난 뒤에 남는 가루.

재갈(을) 먹이다

1. 말의 입에 재갈을 물리다.

2. 말이나 소리를 내지 못하게 입을 틀어막다.

★**재갈** : ①소리를 내지 못하도록 사람의 입에 물리는 물건. (비)방성구防聲具. ②말을 다루기 위해 말의 입에 가로 물리는, 쇠로 된 물건. 굴레가 달려 있으며 한끝에 고삐를 매게 되어 있다.

예) 유괴범들은 소년의 입에 재갈을 먹였다.

재 곤두(를) 치다(내다)

몹시 곤두박질을 쳐서 떨어지다.

재구를 치다

『북』 탈을 내거나 잘못을 저지르다.

예) 오중훈은 재구를 친 아이들처럼 주눅이 든 표정이다.

재를 뿌리다

일, 분위기 따위를 망치거나 훼방을 놓다.

예) 내 앞길에 재를 뿌리고 할퀸 자들도 모두 용서가 되더군요.

★**재** : 물건이 불에 완전히 타고 난 뒤에 남는 가루.

재齋**(를) 올리다**

명복을 빌기 위하여 부처 앞에 공양하다.

ㅈ

재 묻은 떡

예전에, 무당이 굿을 할 때에 쓰던 떡.

★재 : 물건이 불에 완전히 타고 난 뒤에 남는 가루.

재미(가) 나다

아기자기하게 즐겁고 유쾌한 맛이 나다. 재미나는 옛날이야기.

재미(가) 있다

아기자기하고 즐거운 느낌이 있다.

예) 재미있는 영화.

재미(를) 보다

즐거움을 경험하다. 일에서 성과를 올리다. '보다'는 '눈으로 감지하여 알다'는 뜻이다. 어떤 것을 본다는 것은 그것이 '존재한다', '실제로 일어났다'는 뜻이 된다. 여기에서 '보다'는 '겪다', '치르다'를 나타낸다. '어떤 일에서 좋은 성과나 보람을 얻다', '적잖은 돈을 벌다', '이성과 함께 있으면서 즐거운 시간을 보내다'라는 뜻이다.

예) 그는 올해 딸기 농사로 똑똑히 재미를 보았다.

재미(를) 붙이다

어떤 일을 좋아하게 되다. '붙이다'는 '붙다'의 사동, 즉 '붙게 하다'이다. 서로 닿아서 떨어지지 않게 하는 것이 '붙이다'이다. '우표를 붙이다', '싸움을 붙이다', '불을 붙이다', '취미를 붙이다'에서 알 수 있듯이 '어떤 것에 익숙하게 되어 가까워지다'를 의미하기도 한다. '어떤 일에 흥미를 느끼고 나서서 하게 되다'라는 뜻이다.

예) 아이가 일단 공부에 재미를 붙이면 성적이 오르는 것은 시간문제입니다.

재바닥(을) 짚다

재바닥의 광맥을 따라 파들어 가다.

★재바닥 : [광업] 광맥의 윗부분에 있던 광석이 나오지 않다가 아랫부분에서 다시 나올 때에, 그 아랫부분을 이르는 말.

재양(을) 치다

풀을 먹인 명주, 모시 등을 재양틀에 매거나 재양판에 대고 펴서 말리거나 다리다. (준)쟁치다.

★재양載陽 : 명주나 모시 등을 풀을 먹이어 반반하게 펴거나 다리는 일.

재 장구(를) 치다

두 번째 서로 마주치어 만나다.

재주(를) 넘다

몸을 전후좌우로 날려서 뛰어넘는 재주를 부리다. 무엇을 잘하는 타고난 능력과 솜씨를 '재주'라고 한다. 또한 닦아서 익힌 교묘한 솜씨나 기술 따위를 가리키기도 한다. 여기에서는 두 번째 뜻이다. '넘다'는 '높은 데를 지나다', '뛰어 건너다'를 의미한다.

예) 원숭이가 ~.

재주(를) 부리다

묘한 기술을 행동으로 나타내다.

예) 재주를 부리는 곡예사,

재주(를) 피우다

묘한 기술을 생각하여 내다. 대수롭지 않는 일에 일부러 묘한 솜씨나 꾀를 나타내다.

잰걸음(을) 놓다

동작이 빠르고 날쌘 것을 '재다'라고 표현한다. '잰걸음'은 뛰지는 않지만 빠른 걸음을 말한다. '놓다'는 '퇴짜를 놓다', '훼방을 놓다'에서처럼 일부 명사와 함께 쓰여 동작을 나타내는데, 특히 걷거나 뛰는 동작을 분주히 할 때 이 말을 쓴다.

예) 환자가 있다는 호출을 받고 김 원장은 잰걸음을 놓았다.

잿물(을) 내리다

'잡목이나 콩깍지 등을 태운 재를 시루에 안치고 물을 부어 시루 구멍으로 잿물이 흐르게 하다'라는 뜻이다. 이는 오늘날 잘 쓰는 말은 아니나 자료 삼아 기록한다.

쟁개비 끓듯

『북』 작은 냄비가 불 위에 올려놓자마자 바글바글 끓듯이 어떤 일에 대한 정열이 한동안 성하다가 곧 식어 버림을 비유적으로 이르는 말.

★쟁개비 : 무쇠나 양은 따위로 만든 작은 냄비.

쟁북을 맞추다

어떤 일이나 이야기 따위가 잘되도록 서로 말을 주고받다.

★쟁북 : 꽹과리와 북.

저리 가라

비교가 되지 않거나 비교할 수 없다.

예) 그녀의 미모는 연예인 저리 가라다.

저승만 하다

두렵거나 끔찍스러운 생각이 들어 마음이 내키지 아니한다는 말.

★저승 : 불교 용어에서 온 '저승'은 사람이 죽은 뒤에 그 영혼이 가서 살게 되는 곳.

예) 서림이 생각에 임진강 갓 얼은 얼음에 또다시 등빙할 일이 곧 저승만 하였다.

저승에 가다

'죽다'를 완곡하게 이르는 말.

예) 그의 은혜는 저승에 가서도 잊지 못할 것이다.

저승으로 보내다

'죽이다'를 완곡하게 이르는 말.

예) 그는 신문을 보면서 이런 짐승만도 못한 인간들은 저승으로 보내야 한다고 중얼거렸다.

저자(가) 서다

저자에서 매매가 시작되다.

★저자 : 시장에서 물건을 파는 가게.

저자(를) 보다

저자에 가서 물건을 사거나 팔다.

저퀴(가) 들다

귀신 따위에 씌어 몹시 앓게 되다.

★저퀴 : 사람에게 들어와 몹시 앓게 한다는 귀신.

적籍을 두다

소속으로 되어 있다.

예) 현재 우리 대학에 적을 두고 있는 선수들 가운데 국가 대표 선수는 모두 다섯 명이다.

적(을) 따다

굴에 붙어 있는 껍데기 조각을 뜯어내다.

적籍을 옮기다

소속을 옮기다.

예) 영수는 오늘 날짜로 농구부를 그만두고 유도부로 적을 옮겼다.

적이나 하면

형편이 약간이라도 되면.

예) ~ 들렀을 텐데.

적지않이

적다고 할 수 없게 많이.

전당(을) 잡히다(잡다)

급하게 돈이 필요한데 없을 때 가지고 있는 귀중품 따위를 맡기고 그 물건의 값어치 안에서 돈을 꾸어 쓰는 일, 또는 그렇게 꾸어주는 것이 '전당(典當)'이다. 정해진 기한까지 빌린 돈에 이자를 합쳐 갚지 않으면 그 물건은 꾸어준 사람 차지이다. 그런 목적으로 차린 곳을 '전당포'라 하고, 담보로 맡기는 물건을 '전당품'이라 한다. '전당을 잡다'라고 하면, 전당포 주인이 돈을 꾸어줄 때 어떤 물건을 담보로 맡는 것을 가리킨다. '잡히다'는 '잡다'의 피동, 즉 '잡힘을 당하다'이다. 돈을 꾸어 쓰는 사람이 주어가 된다. '돈을 꾸어 쓰기 위하여 어떤 물건을 담보로 맡기다'라는 뜻이다.

예) 내가 젊었을 때는 시계가 귀해서 전당을 잡힐 수 있었지.

전망展望(이) 없다

전망이 어둡다. <u>(반)전망(이) 있다.</u>

예) 이 사업은 전망이 없다. /자신의 이렇다 할 전망 없는 앞날과 암담한 현실을 떠올리며….

전망(이) 있다

전망이 밝다. <u>(반)전망(이) 없다.</u>

예) 월급쟁이가 몇 백만 원 힘겹게 모아 전망 있어 보이는 자투리땅에 덤벼드는….

전前에 없다

전에 그런 일이 한 번도 없었을 정도로 유난스럽다.

예) 정부의 특혜 정책으로 세계 각국 투자자들이 운집하면서 전에 없는 개발 붐이 일었다.

전前에 없이

전에 그런 일이 한 번도 없었을 정도로 유난히.

예) 늘 웃음 가득하던 어머니의 얼굴이 전에 없이 수심으로 가득 차 있었다.

전지(를) 물리다

억지로 약을 먹이기 위하여 전지를 입에 물리다.

★전지 : 어린아이에게 억지로 약을 먹일 때 위아래 턱을 벌려 입에 물리는 막대기 따위의 물건.

전철前轍을 밟다

이전 사람의 잘못을 되풀이하다. '전철前轍'을 한자 말 그대로 풀이하면, '앞에 지나간 수레의 바퀴 자국'이라는 뜻이다. 과거에 다른 사람이 이미 실패하거나 잘못한 바 있는 일을 비유해서 가리키는 말이다. '밟다'는 '그 길을 따라가다', '되풀이하여 반복하다'라는 의미다. '다른 사람이 이미 잘못하거나 실패한 바 있는 경험을 그대로 되풀이하다'라는 뜻이다.

예) 너는 암흑가를 전전하던 네 형의 전철을 밟아서는 아니 된다.

전화電話통에 불이 나다

전화가 쉴 새 없이 계속 쓰이다.

예) 오늘은 접수 마감일이라 하루 종일 전화통에 불이 날 것이다.

절寺에 간 색시

남이 시키는 대로 따라하는 사람.

점고(를) 맞다

점고에 빠지지 아니하고 그 일을 치르다.

★점고點考 : 명부에 하나하나 점을 찍어 가며 사람의 수효를 조사함.

점심 싸 들고(발 벗고) 나서다

(사람이) 적극적으로 나서거나 적극적인 태도를 취하다.

예) 팬클럽 회장이 콘서트마다 점심 싸 들고 나서며 그 가수를 응원했다.

점심(을) 바치다

무당이 갓난아기의 젖과 명복을 빌기 위하여 삼신에게 점심을 올리다.

점(을) 찍다

'점點'은 그 자리를 쉽게 알아보거나 하기 위하여 작게 표시하는 안이 채워진 둥근 부호를 가리킨다. 그것을 연필이나 붓 따위로 누르듯이 하여 단번에 그리는 것이 '찍다'이다. '작고 둥근 표시를 하다'라는 뜻이다. 한편 '(물건이나 사람을) 어떤 쓰임이나 자격으로 적당하다고 마음속으로 미리 지목하다'라는 뜻으로도 쓰인다.

예) 오 영감은 야무진 은행 직원 하나를 며느리 감으로 점찍어 두었다.

점(을) 치다

'점占'은 각 개인마다 고유하게 지니고 있는 숫자나 속성 따위를 이용하여 과거를 알아맞히고 미래를 예언하는 일이다. '점(을) 치다'라고 하면 '운수나 길흉 따위를 예언하거나 예언을 듣다'라는 의미다. 한편 '어떤 일이 앞으로 어떻게 되겠다는 판단을 미리 내리다'라는 뜻으로도 쓰인다.

예) 전문가들은 이번 협상이 가져올 변화들을 점쳤다.

점잔(을) 빼다(피우다)

말이나 행동이 경솔하지 않고 신중하며 무거운 것이나 또는 그러한 태도가 '점잔'이다. '점잖다'라고 하면 태도가 의젓하고 가볍지 않은 것을 뜻한다. '빼다'는 어떤 태도를 어울리지 않게 일부러 지어 보임을 나타낸다. 한편 '피우다'는 주위에 있는 사람들이 모두 볼 수 있게 어떤 태도를 과시하듯 드러내는 것을 말한다. '평소와는 어울리지 않게 시치미를 떼며 점잖은 태도를 지어 보이다'라는 뜻이다.

예) 큰소리를 치다가도 그 여자만 나타나면 십장은 점잔을 뺐다.

접어 두다

남의 결함에 대하여 너그럽게 생각해 주다.

젓(을) 담그다

새우, 멸치, 조기 등을 제철에 잡아 그 살이나 알, 창자를 항아리에 담고 그 재료가 충분히 덮일 수 있게 켜켜이 소금을 뿌린 뒤 봉해서 발효시킨 음식이 '젓'이다. 그렇게 발효시키는 것을 '절이다'라고 한다. 젓에 양념을 버무리면 밑반찬 '젓갈'이 된다. 상하기 쉬운 어패류를 소금에 저장하여 오래 두고 먹는 것에서 유래되었다. 종류로는 새우젓, 조기젓, 밴댕이젓, 꼴뚜기젓, 멸치젓, 연어알젓, 명란젓, 어리굴젓, 조개젓, 창난젓, 방게젓 등이 있다. '어패류의 살, 알, 창자 따위를 소금에 짜게 절이다'라는 뜻이다.

예) 우리 고장에서는 초가을이 되면 집집마다 생굴을 캐다가 젓을 담갔다.

정강말을 타다

아무것도 타지 아니하고 제 발로 걷다.

★정강말 : 정강이의 힘으로 걷는 말이란 뜻으로, 아무것도 타지 않고 제 발로 걷는 일을 농으로 이르는 말.

예) 정강말을 타고 가지 무얼 타고 가.

정나미(가) 떨어지다

어떠한 사람이나 사물에 대한 애착을 느끼게 하는 마음이 아주 없어 져서 다시 대하고 싶지 않게 되다.

★정나미 : 어떠한 사람이나 사물에 대하여 애착이 생기는 마음. ×정내미.

정신情神은 빼어서 꽁무니에 차고 있다

옳고 그름을 알지 못하고 어리석어서 자꾸 실수를 저지르는 경우를 뜻하는 속담이에요. 원래 머릿속에 있어야 할 정신이 꽁무니(몸의 뒷부분)에 있으니 얼마나 정신이 없는지 알겠지요?

예) 어제 말해 준 것을 또 잊다니, 정신은 빼어서 꽁무니에 차고 있구나.

정신(을) 뽑다

1.정신을 빼서 얼떨떨하게 만들다.

2.『북』 몹시 혼나게 하다.

정신(을) 잃다

의식을 잃다. 아들의 전사 소식에 그녀는 정신을 잃고 쓰러졌다.

정신(을) 차리다

1.잃었던 의식을 되찾다.

예) 한동안 누워 있다 보면 정신을 차리겠지.

2.잘못이나 실패의 원인을 알아서 뉘우치며 정신을 다잡다. (비)정신(이) 들다.

예) 그는 정신 차리고 새사람이 되었다.

3.사리를 분별하게 되다.

예) 이제부터는 정신을 차리고 내 말을 똑똑히 들어야 한다.

정신(을) 팔다

'팔다'는 돈이나 다른 대가를 받고 물건 따위를 넘겨주는 것이다. 아울러 정신 따위를 엉뚱한 곳으로 돌려 거기에 집중하는 것 역시 '팔다'라고 한다. 그 정신이 자기 정신이 아닐 정도로 몰두한다는 뜻이다.

예) 우리는 노는 것에 정신이 팔려서 해 넘어가는 줄도 몰랐다.

정신(이) 나가다

마음이 정상적인 상태를 벗어나다.

예) 정신 나간 사람처럼 왜 그러니.

정신(이) 나다

1.사리를 분별할 만하게 되다.

예) 야박이고 뭐이고 내일이라도 비가 쏟아질지 모르니 인사치레는 다음에 정신이 날 때 하기로 하고 어서 일들이나 합시다.

2.무엇을 할 의욕이 생기다.

예) 이런 어려움 속에서도 묵묵히 일하는 사람들을 보니 나도 좀 정신이 난다.

3.잃었던 의식이 돌아오다.

예) 밤새도록 헛소리를 하며 앓던 그는 아침이 되자 정신이 나는 모양이었다.

정신이 돌다

'돌다'는 '원을 그리며 움직이다', '회전하다'의 뜻이다. 제자리에 서서 맴을 돌게 되면 머리가 어지럽다. 이처럼 정신이 혼란을 겪어 사리분별을 할 수 없을 만큼 모든 것이 제자리를 잃게 됨을 나타낸다. '사고 능력에 이상이 생겨 정상적인 판단을 못하게 되다'라는 뜻이다.

정신(이) 들다

잃었던 의식이 돌아오다. 이제야 정신이 드느냐? 사리를 분별할 수 있는 이 성적 능력이 돌아오다. '어떤 것이 안이나 속으로 들어와 있게 되다'를 의미한다. 그래서 '마음이 게으르고 흐릿하던 것이 또렷하게 깨어나서 의욕이나 의지가 생기다'라는 뜻이다. (비)정신(을) 차리다.

예) 선생님의 따끔한 충고에 정신이 들었다.

정신(이) 빠지다

1. 바른 정신을 가지지 못하고 비정상적으로 생각하거나 행동하다.

예) 정신 빠진 행동.

2. 정신이 얼떨떨하여 무엇을 알아차리거나 기억하지 못하다.

예) 정신이 빠진 사람처럼 멍하고 있다.

3. 어떤 일에 몰두하여 다른 일을 잊어버리다.

예) 누구나 노름에 정신이 빠지면 패가망신한다.

정신(이) 사납다

어지럽고 산만하여 정신을 못 차리다. 음식물 따위가 거칠고 나쁘다. 거칠고 언짢은 상태를 '사납다'라고 한다. '사물을 생각하고 판단하는 능력이 또렷하지 않고 흐릿하다'라는 뜻이다.

예) 정신 사납게 뛰어다니지 말고 얌전히 있거라.

정신이 없다.

몹시 바빠서 제대로 생각을 할 수 없다는 뜻. (비)나사가 빠지다. (반)정신이 있다.

정신(이) 좋다

기억력이 뛰어나다.

예) 장팔의 모가 아무리 정신이 좋기로 일곱 살에 고향을 떠나서 열일곱 살 된 옥련이를 알아볼 수는 없는 터이라.

정신(이) 팔리다

자기가 해야 할 일을 잊고 다른 데에 정신이 쏠리다. 마땅히 주의를 기울여야 할 일은 소홀히 하면서 다른 곳으로 마음을 돌려 열중하다, 어떤 일에 시간 가는 줄도 모를 만큼 너무 열심히 집중하다.

예) 노는 데에만 정신이 팔리어 공부는 뒷전이다.

정을 통하다

부부 사이가 아닌 남녀가 불의의 관계를 맺다.

★정情 : 오랫동안 지내 오면서 생기는 사랑하는 마음이나 친근한 마음.

예) 그렇게 자상한 남편이 친구의 아내와 정을 통했다니 믿을 수 없는 얘기다.

젖기름이 흐르다

젖 먹은 살이 올라 살결이 번질번질하다.

★젖기름 : 젖이나 우유 속에 들어 있는 지방.

(비)유지乳脂, 유지방乳脂肪.

젖꼭지(가) 떨어지다

(비)젖(이) 떨어지다.

★젖꼭지 : 젖의 한가운데에 도드라져 올라온 부분.

예) 젖꼭지 떨어진 지 며칠이 못 된 남의 자식을 데리고 미국까지 와서 저렇게 길러 내고….

젖내(가) 나다

하는 짓이나 말이 유치하다. 언행이 몹시 유치하고 어려 앳되어 보이다. '내'는 '냄새'를 뜻한다. 엄마의 젖을 먹는 갓난아기에게서 나는 냄새가 '젖내'이다. '젖비린내'는 '젖내'와 같은 뜻이지만, '비리다'라고 하여 경멸하고 무시하는 의미가 더욱 강하게 나타난다. '(어떤 사람이) 아직 매우 어리다'라는 뜻이다. 주로 얕잡는 말로 쓰인다. 한편 '(말이나 행동이) 성숙하지 못하고 매우 유치하다'라는 뜻으로도 쓰인다. (비)젖비린내가 나다.

예) 제아무리 똑똑해도 젖내가 나는 애송이 하나쯤은 상대할 수 있다.

젖 떨어진 강아지 같다

몹시 보채다.

★젖 : 분만 후에 포유류 암컷의 몸에서 분비되는 새끼의 먹이가 되는 흰 액체.

젖배(를) 곯다

젖먹이가 젖을 양껏 먹지 못하다.

★젖배 : 젖을 먹는 어린아이의 배.

젖비린내가 나다

정신적으로나 육체적으로 성숙하지 못한 태도나 기색이 보이다. (비)비린내(가) 나다, 젖내(가) 나다.

★젖비린내 : 유치한 느낌을 비유적으로 이르는 말.

예) 세상의 모든 사람들이 나를 향하여 '너의 이른바 고뇌라는 것에서는 젖비린내가 난다'고 하며 웃어 버릴지라도….

젖(을) 떼다

젖먹이나 짐승의 새끼 등에게 젖 먹이는 것을 그만 두고 딴 음식을 먹고 자라게 하다.

예) 우리 막내가 젖 뗄 나이가 지났는데도 젖 말고는 아무것도 먹으려 들지 않아요.

젖(이) 떨어지다

젖먹이나 짐승의 새끼 등이 젖을 먹지 않게 되다. (비)젖꼭지(가) 떨어지다.

예) 한 꼬마가 이제 젖 떨어진 듯한 아기에게 뭔가를 퍼 먹이고 있었다.

젖줄이 좋다

젖이 나오는 양이 많다.

★젖줄 : [생물] 포유동물의 유방 속에 있는, 젖을 만들어 내는 샘.

예) 어미가 젖줄이 좋아서 우리 아기가 항상 배불리 먹는구나.

제겨(어) 내다

1.돈치기에서, 지정한 돈을 꼭 맞추어 내다.

2.나뭇가지 같은 것을 베어 내다.

3.일 따위를 해내다. 원래 '나뭇가지 따위를 베어 내다'의 뜻에서 번지어 두루 쓰이는 말.

제겨디디다

발끝이나 발꿈치만 바닥에 닿게 디디다.

제 곬에 들어서다

『북』 어떤 일이 자기의 특성이나 요구에 맞는 방향으로 진행되다.

★곬 : 한쪽으로 트인 길.

제 곬을 타다

『북』 자기의 특성이나 요구에 맞는 길을 택하여 들어서다.

제 궤도에 들어서다

1.어떤 일의 진행이 정상적인 상태로 접어들다.

2.어떤 일이 그 특성에 맞게 정상적으로 진행되다.

제 꼬리 배당配當

문어가 공복 시에 제 꼬리를 먹는다고 하여 '문어발 배당'이라고도 한다. 주식배당의 요건으로서 배당가능이익이 존재해야 하는데, 주식배당의 대상이 되는 배당가능이익이 객관적으로 존재하지 않는 경우에는 액면미달의 신주발행이 될 것이므로 신주발행무효의 소의 대상이 된다(상법 제429조). 이 경우 이사는 법령위반행위를 한 것이므로 회사에 대하여 그로 인한 손해배상책임(제399조 1항)을 지며 신주발행의 등기 후에는 자본충실책임(제428조)을 진다.

제노라 하다

『북』 자기 스스로를 인정하거나 뽐내다.

제 눈에 안경眼鏡

보잘것없는 물건이라도 제 마음에 들면 좋게 보인다는 말. (비)눈에 안경.

제독(을) 주다

상대편의 기운을 꺾어서 감히 다른 마음을 먹지 못하게 하다.

★제독制毒 : 독을 없앰.

예) 다시 말썽을 부리지 못하도록 단단히 제독을 주어 놔야겠는데….

제동(을) 걸다

ㅈ

(어떤 대상이 다른 대상에) 행동이나 활동 등을 제한하다. '제동制動'은 움직임을 조절함, 즉 '기계 따위의 운동을 멈추게 하거나 속도를 떨어뜨림'을 뜻한다. '걸다'는 '어떤 것에 고정시켜서 드리워지게 하다' 또는 '기계의 동작을 조정하는 스위치를 위아래로 움직여서 일정한 높이에 걸려 있게 하다'이다. '기계 따위를 멈추게 하거나 급격히 속도를 낮추다', '일의 진행이나 활동이 계속될 수 없게 방해하거나 멈추게 하다'라는 뜻이다.

예) 이번에 제동을 걸지 않으면 저들의 횡포는 날로 더욱 심각해질 것입니다.

제동을 대다

『북』 주어진 일정한 동안 중간에 떨어짐이 없이 계속 잇대다.

예) 일 년 내내 농사를 지어야 먹는 것의 제동을 대겠구. 식구는 많은데 굶어 죽을 수는 없으니….

제(를) 지내다

음식을 차려 신위에 바치다.

★제祭 : 신령이나 죽은 사람의 넋에게 음식을 차려 정성을 표하는 의식.

제 마음만 여기다

『북』 1.자기가 생각하는 것만큼 사물을 보고 평가하다.

2.자기 생각만 하며 남이 어떻게 보는가에 대해서는 생각지도 아니하다.

제미 붙을

제 어미와 붙을 것이라는 뜻으로 남을 욕할 때 쓰는 말.

★제미 : 남을 심하게 경멸하거나 몹시 못마땅할 때 욕으로 하는 말.

제발 덕분德分(에)

간절히 은혜나 도움을 바라건대.

★제발 : 간절하게 바라건대.

예) 달님 나를 올해에는 제발 덕분에 이 집에서 나가게 해 주소서.

제 발로 걸어가다

남에게 의지하지 아니하고 자기의 힘으로 맡은 일을 수행하다.

예) 이제 다 컸으니 제 발로 걸어가야 하지 않겠니?

제 발이 저리다

'저리다'는 신체 일부가 오래 눌리거나 추위에 언 탓으로 피가 제대로 돌지 않아 감숙이 마비된 듯 얼얼하고 전혀 힘을 줄 수 없는 느낌을 가리킨다. 작은말은 '자리다'이다. '저릿하다'는 '좀 저린 듯하다', '저릿저릿하다'는 '몹시 저릿하다'이다. 이에 비해 '자릿하다'에서 온 '짜릿하다'는 '어떤 자극이 될 만한 것이 흥분을 일으킬 정도로 쾌감을 주다'라는 뜻이다. 자신의 발이 저리면 제대로 서 있을 수 없고, 서 있다고 해도 그 아픈 느낌 때문에 괴로움을 겪는다. '제 발이 저리다'는 '도둑이 제 발 저리다'라는 속담에서 왔다. 죄지은 사람이 그것이 폭로될까 두려워서 마음이 조마조마하거나 혹은 너무 두려운 나머지 자기도 모르는 사이에 그것을 드러내게 될 때 쓰는 말이다.

제비(를) 뽑다

제비를 골라잡아 승부나 차례를 결정하다. '제비'는 새의 일종을 가리키기도 하지만, 여기에서는 '차례나 이기고 짐을 결정하기 위해 쓰는 물건, 또는 그러한 방법'을 일컫는다. 주로 표시를 한 종이를 길게 접어 사용한다. 그렇게 접은 종이를 여러 개 모아놓고 그중에 하나를 고르면, 거기에 적힌 숫자나 기호에 따라 차례나 승부를 정한다. '뽑다'는 그렇게 여럿 가운데에서 고르는 것을 의미한다.

예) 제비를 뽑아 상품을 주기로 결정 했다.

제 살 깎아 먹기

스스로에게 손해되는 짓을 이르는 말.

예) 동종 업체 간의 과도한 경쟁은 제 살 깎아 먹기가 될 수도 있다.

제살이를 가다

시부모가 없는 집으로 시집을 가다.

★제살이 : 남에게 의지하지 않고 자기 힘으로 살아감. 또는 그런 살림.

제 세상世上(을/이나) 만난 듯

자기 마음대로 행동하는 모양을 비유적으로 이르는 말.

예) 이름 모를 잡초만이 제 세상 만난 듯 우거진 이 폐허에…. /오랏줄에 묶인 오십여 명의 사람들이 마침내 보이지 않게 되자 거기 남은 사람들은 제 세상이나 만난 듯 만세를 부르며 기뻐 날뛰더래.

제 속(을) 제가 끓이다

스스로 쓸데없이 걱정하다.

예) 몸이 바짝 수척해지고 신경만 날카로울 대로 날카로워져서 제 속을 제가 끓이고 있었소.

제 앞을 가리다

제 앞에 드러난 제 허물을 은폐하다.

제 앞을 차리다

1. 제 앞에 닥친 일을 스스로가 옳게 분별하여 감당해서 처리하다.

예) 철이 들더니 제 앞을 차릴 줄 안다.

2. 자기의 잇속만 차리다.

제웅을 치다

정월 14일 밤 각 집으로 돌며 제웅에 입힌 옷과 그 속에 넣은 돈을 얻으려고 제웅을 거두다.

★제웅 : 짚으로 만든 사람의 형상.

제자리에 머물다

발전이 없다.

예) 반도체업계의 성장은 제자리에 머물 것으로 전망된다.

제집 드나들듯

아무 거리낌 없이 마음대로 드나들다. <u>(비)제집 안방 출입하듯.</u>

예) 그 사람은 감옥을 제집 드나들듯 한다.

제집 안방 출입하듯

『북』 '제집 드나들듯'의 북한 악은 말.

예) 하긴 그가 해주 감영에서 영리로 복무할 때부터도 작년에 여주 고향으로 낙향해 간 황해도 관찰사 민지식의 두터운 신임과 총애를 받아 도사, 비장 등도 함부로 드나들지 못하던 선화당을 제집 안방 출입하듯 했다는 위인이었다.

젠장 맞을

제기 난장亂杖을 맞을 것이라는 뜻.

예) ~ 뭐 되는 일이 있어야지.

★젠장 : 뜻대로 되지 않아서 불만스러울 때 혼자 욕으로 하는 말. <u>(비)옌장.</u>

젠장 칠

제기 난장을 칠 것이라는 뜻.

예) ~ 또 비야.

조각(이) 나다

갈라지어 조각이 생기다. 뜻이 맞지 아니하여 서로 갈라지다.

조강지처糟糠之妻 불하당不下堂

어려울 때 고락을 함께 한 아내는 집에서 내쫓아선 안 된다는 말로, 조강지처는 존중하고 대우를 해어야 한다는 말.

조 대우 파다

이른 봄에 보리나 밀을 심은 밭이랑을 호미로 파서 조를 드문드문 심다.

★대우 : 이른 봄에 보리, 밀, 조 따위를 심은 밭이랑에 콩이나 팥 따위를 드문드문 심는 일.

조독(을) 들이다

긁거나 주물러서 손톱독이 오르게 하다.

★조독爪毒 : 손톱에 긁힌 자리에 균이 들어가 생긴 염증.

조독(이) 들다

긁거나 주물러서 손톱독이 오르다.

조동이(가) 싸다[주둥아리(가) 싸다]

심중하지 못하여 하지 않을 말을 경솔하게 함부로 하다.

★주둥아리 : 사람의 입을 속되게 이르는 말. ×조동이.

조라(를) 떨다

까불어서 일을 망치게 방정을 떨다.

조리(를) 치다

졸음이 올 때 잠깐 졸고 깨다.

조명(이) 나다

좋지 않는 소문이 나다.

★조명嘲名 : ①남들이 빈정거리는 뜻으로 지목하여 부르는 이름. ②개인에 관한 좋지 못한 소문

조문弔問을 켜다

어떤 규정이나 법령의 어느 한 조문을 끌어다 대다.

예) 막봉이에게는 '이타물구인성상자以他物歐人成傷者' 조문을 켜서 태 사십으로 경하게 치죄하고 막봉이 장인에게는 형제 우애 있이 지내도록 힘쓰라고 훈계하여….

조바심(을) 치다

걱정이나 기대 따위로 안정되지 않고 초조한 마음이 '조바심'이다. '조바심을 내다', '조바심을 치다'라고 말한다. 전자보다 후자 쪽이 더욱더 마음을 졸이는 경우다.

예) 남편을 제외한 모든 포로들이 귀향하자 아내는 조바심을 치기 시작했다.

조상祖上같이 알다

어떤 물건을 끔찍이 소중하게 여기다.

예) 농부는 농기구와 소를 조상같이 안다.

조상祖上 신주 모시듯

몹시 위하고 받들다.

조상의 고기

도마에 오른 고기라는 뜻으로, 어찌할 수 없음을 이르는 말.

★조상俎上 : ①도마 위. ②어떤 일이 눈앞에 당하여 비난이나 논의 따위가 행하여질 장면을 비유적으로 이르는 말.

조인트(를) 까다

(속되게) 구둣발로 정강이뼈를 걷어차다.

예) 상사가 명령을 따르지 않는 신병에게 군홧발로 조인트를 깠다.

조화(가) 들다[나다]

어떻게 된 일인지 알 수 없을 만큼 이상하고 묘하게 되다.

★조화造化 : 그 내막이나 이치를 알 수 없을 정도로 신통하거나 야릇한 일.

예) 그대가 동학을 하여 보니 무슨 조화가 나던가.

조화(가) 붙다

이상야릇한 신비로운 작용이 미치다.

예) 가야금 수단에 조화가 붙어서 사람의 말할 수 없는 애틋한 심정을 가야금 시켜 대신 말하는 듯하였다.

조화(를) 먹다

'조화(가) 들다[나다]'의 북한 관용구.

족보(를) 따지다[캐다/밝히다]

어떤 일의 근원을 밝히다. '족보族譜'는 한 가문이 끊이지 않고 계속 이어진 과정과 거기에 관련된 일들을 기록한 책이다. '캐다'는 땅에 묻힌 것을 파낸다는 의미에서 비롯되어 '드러나지 않은 사실 따위를 밝혀내다'라는 뜻이 있다. '어떤 사람의 출신이나 혈통, 경력 따위를 하나하나 자세히 따져 알아내다', '어떤 일의 근원을 체계적으로 거슬러 올라가 따져 알아내다'라는 뜻이다.

예) 뒤가 구린 일일수록 족보를 따져 보면 배후가 드러난다.

족장(을) 대다

막 두들기다.

예) 할머니는 가까스로 족장을 대고 나중은 울다시피 징징거리기까지 하나 계섬이는 그저 그대로다.

족장(을) 맞다

1. 신랑이 거꾸로 매달려 발바닥을 맞다.

2. 발바닥에 침을 맞다.

족장(을) 치다

동상례東床禮를 받아먹으려고 장난삼아 신랑을 거꾸로 매달고 발바닥을 때리다.

족장톱(을) 가시다

궁중에서, 발톱을 깎음을 이르던 말.

★족장足掌톱 : 예전에, 궁중에서 '발톱'을 이르던 말.

졸경卒更(을) 치르다

어떤 일로 곤욕을 치르다.

★졸경卒更 : 괴로운 일로 인해 밤새도록 잠들지 못함.

졸업卒業(을) 하다

(학생이 학교나 학원을)그 학업 과정을 마치다. 〈비유적으로〉(사람이 일을)경험을 쌓아 통달하다.

졸졸 외우다

『북』 사상이나 사물의 가장 본질적인 골자를 깊이 깨닫지 못하고 그냥 따로 외우다.

좀이 들다

1.『북』 좀이 물건을 쏠다.

2.무엇을 해하는 잡스러운 병이나 사상 따위가 붙다.

좀(이) 먹다

나무, 곡식, 옷, 종이 따위에 붙어서 그것을 갈아먹는 작은 벌레가 '좀'이다. 나프탈렌과 같은 좀약을 쓰면 좀이 생기는 것을 막을 수 있다. '물건을 좀이 갈아먹어서 구멍이 나는 등의 해가 생기다', '좀이 쏠다'라는 뜻이다. 한편 '(비유적인 표현으로 쓰여) 조금씩 깨닫지 못하는 사이에 손해를 끼치거나 해치다'라는 의미를 나타내기도 한다. 예) 작년에 산 털옷을 좀이 먹어서 얼마 입지도 못하고 버리게 생겼다.

좀이 쑤시다

(사람이) 마음이 들뜨거나 초조하여 가만히 참고 기다리지 못하다. '쑤시다'는 바늘로 찌르는 것처럼 아픈 느낌이 일어난다는 뜻이다. 좀이 물기 시작하면 한시도 가만있지 못하고 이곳저곳 긁어대기에 여념이 없다. 여기에서 온 말이다. '잠시도 가만히 앉아 있지 못하고 일어나거나 돌아다니다', '(주로 '~하고 싶어서 좀이 쑤시다'의 형태로 쓰여) 너무도 ~하고 싶어서 어찌할 바를 모르고 안절부절못하다'라는 뜻이다.

예) 집안에 들어앉아 있으면 좀이 쑤셔서 나는 금방 나와 버린다.

좀이 펴다

『북』 좀이 생겨 퍼지다.

좁쌀알 같이 놀다

조의 이삭을 찧어서 얻는 쌀이 '좁쌀'이다. 쌀보다 아주 작고 동그랗다. 그래서 하는 짓이 좀스러운 사람을 '좁쌀'에 비유한다. '좁쌀영감', '좁쌀뱅이', '좁쌀여우'가 다 그렇다. 좁쌀알은 좁쌀의 낱낱을 가리킨다. '(사람이) 마음을 좁고 작게 쓰거나 좀스럽게 굴다'라는 뜻이다. '좁쌀알같이 굴다'와 같은 뜻이다. '좁쌀같이 놀다'로 줄여 쓰이기도 한다.

예) 사내자식이 좁쌀알같이 노니 남자 망신을 혼자서 다 시키는 게 아닌가.

좁혀 지내다

남에게 눌려 기를 펴지 못하고 살아가다.

예) 외국 학문이라 하면 천히 여겨 나라가 외국에 좁혀 지내고….

종결終結을 짓다

일을 끝내다.

종말을 고하다

종말을 짓다.

★종말終末 : 계속되어 온 일이나 현상의 마지막.

예) 역사는 진정 정신문화의 종말을 고하고 물질문명의 홍성을 도모하고 있는 것인가.

종애(를) 곯리다

남을 속이 상하게 약 오르게 하다.

★종애 : 남을 흉보고 짓궂게 대하여 약을 올림.

예) 우리는 그 대가로 길중이를 전처럼 쥐어박거나 종애를 곯리지 않고 친절을 베풀어 주었다.

종이 한 장(의) 차이

1.사물의 간격이나 틈이 지극히 작음을 비유적으로 이르는 말.

2. 수량, 정도의 차가 지극히 적음을 비유적으로 이르는 말.

예) 부러움과 증오는 종이 한 장 차이예요. 힘이 없을 때는 부러워하고 힘이 있고 무리를 지을 때는 증오하는 거지요.

종작(이) 감추다(없다)

말이나 태도가 똑똑하지 못하여 종잡을 수가 없다. (준)종없다. (부)종작없이.

★종작 : 대중으로 헤아려 잡은 짐작.

예) 종작없는 소리 / ~ 떠들어 대니 도대체 무슨 말을 하는 건지 모르겠다.

종적을 감추다

사라진 뒤에 남기는 자취나 흔적을 '종적'이라고 한다. '남이 모르는 곳에 숨거나 사라지다', '어떤 사물이나 현상 따위가 흔적도 없이 사라지다'라는 뜻이다.

★종적蹤迹 : 떠나거나 사라진 뒤에 남는 흔적이나 자취.

예) 그가 종적을 감추어버리자 아무도 그를 다시 볼 수 없었다.

종종걸음(을) 놓다

발을 가까이 자주 떼며 급히 움직이다.

예) 화계 댁이 총망지간에 다시 방앗간 사잇문으로 종종걸음을 놓았다.

종종걸음(을) 치다

발을 가까이 자주 떼면서 급하게 걷는 걸음이 '종종걸음'이다. '총총걸음'이라고 하면 훨씬 다급한 걸음이 된다. '발을 가까이 자주 떼며 급히 걷다'라는 뜻이다. '종종걸음으로 걷다'를 강하게 이르는 말이다.

★종종걸음 : 발을 잇달아 재게 떼며 작은 보폭으로 바삐 걷는 걸음.

예) 방에서 나온 여자는 주위를 둘러보는 일도 없이 종종걸음을 치며 어둠 속으로 사라져 갔다.

종주먹(을) 대다

주먹으로 쥐어지르며 이르다.

★종주먹 : 주로 '대다', '쥐다' 따위와 함께 쓰여, 쥐어지르며 을러대는 주먹을 이르는 말.

종지부(를) 찍다

종지부終止符는 한 문장이 끝났음을 표시하는 마침표를 말한다. 각 문장 끝에 종지부를 찍음으로써 뒤따르는 문장과 구별한다. ('~에 종지부를 찍다'의 형태로 쓰여) 더 이상 계속되지 않게 완전히 끝장을 내다'라는 뜻이다. (비)마침표를 찍다, 종지부(를) 치다.

예) 일생일대의 실수로 내 공직 생활에 종지부를 찍고 말았다.

종지부(를) 치다

『북』 '종지부(를) 찍다'의 북한 익은말.

종짓굽아 날 살려라

걸음아 날 살려라.

★종짓굽 : 종지뼈가 있는 그 언저리.

죄(가) 돌다

『북』 지은 죄로 인한 벌을 받다.

죄罪를 쓰다

『북』 죄를 지어 벌을 받게 되다.

주(가) 되다

주장이 되다. 중심이 되다. 주되는 요소.

★주主 : 주요하거나 기본이 되는 것.

주거니 받거니

서로가 물건이나 말을 계속 주고받는 모양을 이르는 말.

예) 두 사람은 술잔을 주거니 받거니 하면서 밤새도록 술을 마셨다.

주 내다

글에 주를 달다.

★주註 : 주석註釋(낱말이나 문장의 뜻을 쉽게 풀이함을 이름).

주눅(이) 들다

무섭거나 부끄러워 기세가 약해지다.

★주눅 : 기운을 펴지 못하고 움츠러드는 일.

주눅(이) 잡히다

부끄럽거나 무섭거나 하여 기를 펴지 못하고 움츠러들다.

예) 그들은 조금도 주눅이 잡혀 있거나 비봉 촌사람들처럼 어깨가 축 늘어져 있지도 않았다.

주눅이 풀리다

『북』 기가 눌려 있다가 어려움을 잊고 활기를 찾게 되다.

예) 우리가 청년들에게서 동네 사정을 좀 더 알아보려고 화제를 돌리니 그제야 청년들도 주눅이 풀려서 이야기를 꺼내었다.

주니(가) 나다

몹시 지루함을 느끼어 싫증이 생기다.

★주니 : 몹시 지루함을 느끼어 싫증.

주니를 내다

몹시 지루함을 느끼어 싫증을 내다.

주당(을) 맞다

주당으로 말미암아 빌미를 입다.

★주당周堂 : 혼인 때 꺼리는 신.

주둥아리(를) 놀리다

'주둥아리'는 '조동아리'의 큰말이다. 조동아리라 하면 얕잡아 하는 표현이고, 주둥아리는 거칠게 표현하는 말이다. '입을 함부로 벌려서 쓸데없는 말을 하다'라는 뜻이다.

예) 주둥아리를 놀리는 것을 보니 말할 힘은 있는 모양이네.

주둥아리(를/만) 까다

'까다'는 '껍질 따위를 벗겨내다'에서 '그렇게 거친 모양으로 입을 놀리다', '주책없이 함부로 말하다'를 뜻하게 되었다. '입만 까다'와 같은 뜻이다. '(속된 표현으로 쓰여) 실천은 하지 않으면서 말만 그럴듯하게 하다'라는 뜻이다. 말대꾸를 하거나 입으로만 떠들며 행동이 따르지 아니 하다.

주둥이(가) 싸다

신중하지 못하여 말을 함부로 하다. '주둥이'는 '주둥아리'의 준말이다. '입이 싸다'를 얕잡아 이르는 말이다.

예) 주둥이가 싼 여편네.

주둥이가 삐죽하다[삐죽 나오다]

성이 나거나 불만이 있어서 토라져 있는 모양을 낮잡아 이르는 말.

주둥이가 여물다

'입이 여물다[야무지다]'를 낮잡아 이르는 말.

주둥이 덕德을 입는다

『북』 입을 함부로 놀린 대가를 치른다는 뜻으로, 신중하지 못하게 마구 입을 놀리다가 실수하여 화를 입게 되다.

주둥이를 까다

'까다'는 '껍질 따위를 벗겨내다'에서 '그렇게 거친 모양으로 입을 놀리다', '주책없이 함부로 말하다'를 뜻하게 되었다. '입만 까다'와 같은 뜻이다. '(속된 표현으로 쓰여) 실천은 하지 않으면서 말만 그럴듯하게 하다'라는 뜻이다.

예) 그가 열심히 주둥이를 까지만 다 그때뿐이고 돌아서면 금세 잊어버린다.

주둥이를 놀리다

1. 말을 함부로 하는 경우를 낮잡아 이르는 말.

예) 재가 누구 앞이라고 주둥이를 놀리고 있지.

2. 버릇없이 대꾸하여 말함을 속되게 이르는 말.

예) 어른이 말하면 가만히 듣고만 있어야지, 어디서 버릇없게 주둥이를 놀리니.

주둥이만 살다

'입만 살다'를 낮잡아 이르는 말.

예) 주둥이만 살아 가지고 한 마디도 지지 않고 말대꾸를 하는구나.

주렵(을) 떨다

고단한 몸을 쉬어 피로를 풀다.

★주렵 : 피로하여 고단한 증세.

주례(를) 서다

결혼식과 같은 예식에서 진행을 맡아 이끄는 일, 또

는 그 일을 맡은 사람이 '주례主禮'이다. 주로 사회에서 존경받는 분이나 종교인이 신랑 신부에게 부탁을 받는다. 주례는 '주례사主禮辭'라고 하여 결혼하는 당사자들에게 축사를 건넨다. '서다'는 '보초를 서다', '들러리를 서다', '중매를 서다'에서처럼 어떤 구실이나 노릇을 맡아서 함을 뜻한다.

예) 오월이 되면 박 선생은 주말마다 주례를 서기에 바쁘다.

주름살(을) 잡다

얼굴을 찡그리어 주름살이 생기게 하다.

주름살(이) 잡히다

주름살이 생기다.

주름(을/이) 잡다(잡히다)

옷의 폭 등에 주름을 지게 하다. 모든 일을 주장하여 마음대로 처리하다. '주름'은 피부에 생기는 잔줄을 의미하기도 하지만, 여기에서는 천 따위를 겹치게 접어 생기는 긴 줄을 의미한다. 주름이 생기게 겹치게 잡으므로 '잡다'라는 표현을 쓴다. '옷이나 커튼에 주름이 나게 만들다'라는 뜻이다. 한편 긴 폭의 천이라도 주름을 잡게 되면 짧아진다. 이처럼 '어떤 분야나 범위에서 크게 두각을 드러내어 마치 제집 마당인 것처럼 활개 치다'라는 뜻으로도 쓰인다. '잡다'의 피동 '잡히다'는 '잡히게 하다'이다.

예) 한 시대를 주름잡던 여배우가 지병으로 타계했다.

주름(이) 가다

줄이나 금, 주름살 따위의 선이 길게 생기는 것을 '가다'라고 말한다. '얼굴이나 천 따위에 가는 줄이 나타나다'라는 뜻이다.

예) 새로 산 옷인데 주름이 너무 많이 가 있다.

주릅(을) 들다

가운데서 매매 등의 흥정을 붙여 주다.

★주릅 : 흥정을 붙여 주고 구문口文을 받는 일을 업으로 하는 사람.

주리경을 치다

모진 매를 맞거나 호된 꾸지람을 듣거나 악형을 받다. <u>(비)주릿대경(을) 치다.</u>

★주리경黥 : 주리를 트는 형벌.

예) 밤낮 남편에게 주리경을 치는 그 아내가 가엾은 생각이 들기에….

주리(를) 틀다

주리의 형벌을 주다. 지난날 죄인을 심문할 때면 두 다리를 묶은 채 그 사이에 막대기 두 개를 끼우고 양쪽으로 비트는 고문을 가했는데, 이것이 '주리'이다. '죄인에게 고문이나 형벌로서 한데 묶인 두 다리를 막대기로 비틀어 고통을 주다', '(비유적인 표현으로 쓰여) 모진 고통을 주어 괴롭히다'라는 뜻이다.

예) 주리를 트는 것만이 능사는 아니니 적당히 구슬리면서 회유해보도록 하자.

주릿대경(을) 치다

<u>(비)주리경을 치다.</u>

주릿대(를) 안기다

아주 심한 벌을 주다.

★주릿대 : 예전에, 주리를 트는 데 쓰는 두 개의 긴 붉은 막대기를 이르던 말.

예) 우길은 아까 생각 같아서는 집에 돌아가서 한바탕 계섭이를 주릿댈 안기고 싶었으나….

주릿대를 안다

모진 매를 맞거나 호된 꾸지람을 듣거나 악형을 받거나 하다.

예) 주릿댈 안고야 말을 하겠니 하고 또 한 번 힘껏 비튼다.

주릿방망이 맛을 보다

몹시 혼이 나다.

★주릿방망이 : 예전에 '주릿대'를 속되게 이르는 말.

주릿대(를) 틀다

주리(를) 틀다.

예) 김 판서는 당장 주릿대를 틀라고 호령을 하였다.

주마(를) 놓다

말을 몰아 빨리 가다.

★주마走馬 : 말을 타고 달림.

주머니(가) 가볍다

(사람이) 가지고 있는 돈이 적다. '주머니'는 조그마한 물건들을 넣고 그 입구를 졸라매어 허리띠에 묶거나 들 수 있게 만든 것, 또는 옷에 물건이나 손을 넣을 수 있게 만든 공간, 즉 '호주머니'를 뜻한다. 여기에서는 두 번째 뜻이다. 주머니에 무엇을 많이 넣으면 무거워서 처진다. 그러므로 '가볍다'는 것은 아무것도 들어 있지 않거나 들어 있는 것이 거의 없음을 나타낸다.

예) 월급날이 가까워지면 주머니가 가벼워진다.

주머니가 넉넉하다[두둑하다/든든하다]

가지고 있는 돈이 충분하게 있다. (비)호주머니가 넉넉하다[두둑하다/든든하다].

예) 그는 주머니가 넉넉하여 아이들이 사 달라고 하는 것을 모두 사 주었다.

주머니가 비다

가진 돈이 없다.

예) 그는 주머니가 비면 친구들을 만나기를 꺼린다.

주머니 끈을 조르다

돈을 몹시 절약하다.

예) 주머니 끈을 졸라도 살기 힘든 세상이다.

주머니를 털다

가지고 있는 돈을 모두 다 내놓다. 강도질을 하다. '털다'는 붙어 있는 것을 떨어뜨리기 위해 세차게 흔들거나 두들기는 것을 말한다. 어떤 것을 털면 거기에 붙어 있던 먼지나 흙 따위가 모두 떨어져 나간다. 주머니를 털면 주머니에 들어 있는 것들이 모두 쏟아질 것이다. '은행을 털다'라고 말한다. 은행에 있는 모든 재물을 훔친다는 뜻이다. '주머니를 털다'는 누가 터느냐에 따라 뜻이 다르다. 주머니의 주인이 털면 '어떤 용도를 위하여 가지고 있는 돈을 모두 내다'라는 뜻이고, 터는 사람이 주머니의 주인이 아니면 '남이 가지고 있는 돈을 강제로 몽땅 빼앗아 빈 주머니로 만들다'라는 뜻이 된다. 예) 노파의 딱한 사정을 안 여자는 주머니를 털어 가진 것을 전부 내주었다.

주머니를 털리다

강도질을 당하다. (비)호주머니를 털리다.

예) 그는 출근 할 때, 버스 안에서 주머니를 털려 돈이 없었다.

주머니 사정이 나쁘다

쓸 자금이나 돈의 형편이 좋지 않다. (비)호주머니 사정이 나쁘다. (반)주머니 사정이 좋다.

주머니 사정事情이 좋다

쓸 자금이나 돈의 형편이 넉넉하다. (비)호주머니 사정이 좋다. (반)주머니 사정이 나쁘다.

예) 당신은 주머니 사정이 좋습니까?

주먹곤죽을 먹다

『북』 주먹으로 몹시 맞아 축 늘어져서 맥을 못 추게 되다.

★주먹곤죽 : 주먹에 몹시 맞아 축 늘어진 상태.

주먹을 불끈 쥐다

갑자기 주먹을 꽉 쥐며 무엇에 대한 결의를 나타내다.

예) 그는 결심한 듯이 주먹을 불끈 쥐었다.

주먹을 휘두르다[내휘두르다]

『북』 힘이나 권력 따위를 마구 쓰다.

주먹이 붉다

『북』 1.가진 것이라고는 하나도 없다.

예) 소도 언덕이 있어야 비빈다고 원체 주먹이 붉은 데야 어찌하랴?

2.손에 아무것도 쥔 것이 없다.

주먹이 오가다[오고 가다]

싸움이 벌어져 서로 주먹질을 하다.

예) 뒤결에서는 주먹이 오가고 난장판인데 명산 댁의 청승은 점점 더 간드러져 갔다.

주먹이 울다

치거나 때리고 싶은 울화를 참으며 하는 소리,

주목을 돌리다

『북』 특별히 관심을 가지고 살피다.

★주목注目 : 관심을 가지고 주의하여 보거나 살핌.

주사위를 던졌다

복불복이란 말, 또 아니면 모란 뜻.

★주사위 : 놀이 도구의 하나. 옥돌이나 짐승의 뼈, 단단한 나무를 재료로 하여 정육면체 모양으로 만들며, 각 면에 하나에서 여섯까지의 점을 새긴 것이다. 이것을 던져서 위쪽에 나타난 점에 따라 이기고 지는 것을 결정한다.

주사위를 던지다

(사람이 어떤 일에) 결정을 내리다.

주살(이) 나다

[주로 '주살나게'의 꼴로 쓰여](어떤 일이)매우 잦다 (비)뻔질나다.

★주살 : 오늬(화살의 끝을 시위에 끼도록 두 갈래지게 에어 낸 부분)에 줄을 매어 쏘는 화살.

주인主人을 만나다

잘 다룰 만한 사람을 만나 제 구실을 하게 되다.

주인(을) 잡다

1.잠시 머물러 잘 수 있는 집을 정하다.

예) 그는 전동 어떠한 여관에다가 주인을 잡아 놓고, 다시 문 밖으로 나왔었다.

2.하숙할 집을 정하다.

3.품팔이꾼이나 머슴 등이 한동안 일하여 주면서 거처할 집을 정하다.

주자를 놓다

달아나거나 도망치다.

★주자走者 : 달리거나 뛰는 사람.

예) 죄진 놈은 주자가 수지요, 주자를 놓으려면 배에다 술이든 밥이든 그들먹하게 실어야 합니다.

주장을 삼다

무엇을 위로하다. 대학 입시를 주장삼는 고교 교육, 유일한 근거나 명분을 삼아 툭하면 그것을 내세우다.

★주장主張 : 굳게 내세움.

주접(이) 들다

생물체가 잔병이 많아서 잘 자라지 못하다. 기를 펴지 못하고 시들다. (작)조잡(이) 들다.

★주접 : 사람이나 생물이 탈이 생기거나하여 제대로 자라지 못하는 일. ×주렵.

주접(을) 떨다

주접스러운 말이나 행동을 하다. '주접'은 생물이 탈이 생기거나 하여 제대로 잘 자라지 못하는 것을 말한다. 또한 사람이 초라해지거나 궁색해지는 것 역시 '주접'이라고 한다. '주접스럽다'라고 하면, 음식 따위에 염치없이 욕심을 부려서 궁색해 보인다는 뜻이다. '물건이나 음식에 대하여 염치없이 욕심을 내는 태도를 말이나 행동에 나타내다'라는 뜻이다.

예) 그 할멈은 잔칫집에 와서 음식을 싸달라고 주접을 떨더라.

주정을 부리다

'주정酒酊'은 술에 취하여 제정신이 아닌 상태로 하는 말이나 행동을 말한다. '술에 취하여 다른 사람을 귀찮게 할 정도로 말이나 행동을 난잡하게 하다'라는 뜻이다.

예) 옆집 사내가 술을 마시고 들어오는 날은 밤새 주정을 부려서 동네 사람들이 잠을 설친다.

주제(를) 넘다

제 분수에 넘는 말이나 행동을 하다.

★주제 : ①변변하지 못한 환경이나 처지. ②볼품없고 변변하지 못한 몰골이나 곱지 않고 막된 몸치장, 주제꼴의 준말.

예) 주제넘게 웬 참견이야.

주체(가) 어지럽다

감당하기 어려울 만큼 짐스럽고 귀찮아 정신이 어수선하다.

★주체主體 : 어떤 일에 적극적으로 나서서 그 일을 주도해 나가는 세력.

주체(를) 못하다

짐스럽고 귀찮은 것을 감당하거나 처리함이 '주체'

이다. 주로 '주체하지 못하다', '주체할 수 있다(없다)'의 형태로 쓰인다.

예) 소영이는 몸무게가 계속 늘어나더니 이제는 몸을 주체 못할 지경에 이르렀다.

주토 광대를 그리다

술을 마셔서 얼굴이 붉어진 사람을 놀림조로 이르는 말.

★주토朱土 : 빛깔이 붉은 흙.

★광대廣大 : ①춤을 추거나 연극을 하려고 얼굴에 물감을 칠하는 일. ②탈춤을 출 때 얼굴에 쓰는 탈.

주판(을) 놓다

(비)수판알(을) 튀기다.

주판珠板알을 튀기다

(비)수판(을) 놓다.

예) 그는 이 일을 하는 것이 자기에게 얼마나 유리한지 열심히 주판알을 튀겨 보았다.

주홍뗑이처럼 떼다

『북』 앞서 분명하게 아퀴를 지은 사실을 뒤에 뒤집어엎고 홍시의 꼭지를 따듯이 시치미를 뚝 뗌을 비유적으로 이르는 말.

★주홍뗑이 : 흐물흐물하게 익은 붉은 홍시를 속되게 이르는 말.

죽 가마(가) 끓듯

『북』 몹시 심하게 끓는 모양을 비유적으로 이르는 말.

★가마 : 가마솥의 준말.

죽고 못 살다

몹시 좋아하거나 아끼다.

예) 자식이라면 죽고 못 사는 김씨 부인인데 그 자식이 가출을 했으니 그 심정이 오죽하겠소?

죽과 장이 맞다

둘이 잘 조화되다.

죽기를 기氣 쓰다

몹시 힘에 겨우나 있는 힘을 다하다.

예) 이왕 결심한 일이니 죽기를 기 쓰고 한번 해 볼 것이다.

죽기보다 싫다

몹시 못마땅하여 꺼리게 되다, 사람에게 닥치는 일 중에 죽는 것만큼 싫고도 두려운 일은 없을 것이다. '어떤 것이 그보다 더 싫은 것은 없을 정도로 너무 끔찍하게 싫다'라는 뜻이다.

예) 그 사람에게 부탁하는 것은 정말이지 죽기보다 싫다.

죽기 살기로

매우 열심히.

예) 어떤 분야에서 최고가 되려면 죽기 살기로 하지 않으면 안 된다.

죽기 아니면 까무러치기

온갖 위험을 무릅쓰고 모든 힘을 다함을 비유적으로 이르는 말.

예) 이 정도 위협에 물러설 내가 아니다. 죽기 아니면 까무러치기이다.

죽 끓듯 하다

1.마음이 자주 변하다.

★죽粥 : 곡식을 물에 오래 끓여 알갱이를 무르게 만든 음식.

2.화나 분통 따위의 감정을 참지 못하여 마음속이 부글부글 끓어오르다.

3.변덕이 몹시 심하다.

죽-나발만 불다

『북』 1.(비유적으로) 나발 불듯이 죽 그릇을 들고 그대로 입에 부어 마시다.

2.죽만 먹다.

죽는 시늉

변변찮은 고통이나 곤란에 대하여 엄살을 부리는 몸짓.

★시늉 : 어떤 움직임이나 모양, 소리 등을 비슷하게 따라 하는 짓.

죽도 밥도 안 되다

어중간하여 이것도 저것도 안 되다.

ㅈ

예) 지금 그만두면 죽도 밥도 안 된다.

죽도 밥도 아니다

'죽粥'은 곡식에 물을 많이 붓고 오래 끓여서 낟알이 무르게 된 음식이고, 밥은 낟알이 풀어지지 않을 만큼만 익힌 음식이다. 죽도 밥도 아니라는 것은 죽이라고 하기엔 물기가 적어 빡빡하고, 밥이라고 하기엔 너무 묽고 풀어졌다는 뜻이다. '어중간하게 되다 말아서 이것도 아니고 저것도 아니다', '아무짝에도 쓸모없다'라는 뜻이다.

예) 네가 그러고 가면 죽도 밥도 아니니까 이참에 확실히 담판을 짓는 것이 낫다.

죽 떠먹듯

무엇을 자꾸 되풀이함을 이름.

죽 떠먹은 자리

조금 덜어 내어도 흔적이 나지 아니하는 경우를 비유적으로 이르는 말. (비)배 지나간 자리.

예) 워낙 방대한 수량인지라 몽리 구역의 모든 못자리판에 상당한 물을 흘려보낸다 한들 죽 떠먹은 자리에 지나지 않을 것이었다.

죽방울(을) 맞(받)다

1.죽방울을 올렸다 받았다 하며 놀다.

2.아이를 추었다 쳤다 하며 놀리다.

3.남을 요리조리 놀려 먹다.

★죽방울 : 나무토막으로 장구 비슷하게 만들어서 가는 노끈에 걸고 공중으로 치뜨렸다 받았다 하며 노는 장난감.

죽살이(를) 치다

어떤 일에 모질게 힘을 쓰다. ×죽살치다.

★죽살이 : 죽음과 삶을 아울러 이르는 말.

죽어라 하고

죽는 것은 인간이 피하고 싶은 가장 극단적인 경우이다. 그래서 아주 절박한 상황이나 위험을 무릅쓰는 필사의 노력을 말할 때 '죽음'을 빗대어 말한다. '정말로 죽음이 왔다 갔다 하는 것은 아니지만 죽을 정도로 온 힘을 다해서'라는 뜻이다.

예) 정부는 국민들에게 죽어라 하고 세금만 거둔다.

죽어(서) 지내다

남에게 눌리어 기를 펴지 못하고 지내다.

예) 시어머니 밑에서 ~.

죽었다 깨어도[깨더라도/깨도]

(부정하는 말과 함께 쓰여) 아무리 애를 써도 도저히.

예) 너는 죽었다 깨어도 선생님의 깊은 뜻을 모를 것이다.

죽으나 사나

1.다른 일은 생각지 아니하고 항상.

예) 그는 죽으나 사나 방구석에만 박혀 지독한 냄새를 피우고 있었을 뿐이다.

2.어쩔 수 없이.

예) 거기다가 남편을 잃고 나니 가문 때문에 쉽사리 개가를 할 수도 없고 죽으나 사나 외아들만 믿고 사는 수밖에 별 도리가 없던 과수댁으로서는….

죽은 목숨

1.살 길이 막연하여 죽은 것과 다름없는 경우를 비유적으로 이르는 말.

예) 쇤네들한테는 목숨보다 더 귀한 전답이옵니다요. 농토를 잃으면 쇤네들은 죽은 목숨이나 진배없습니다요.

2.사는 보람이 없거나 아무런 활동을 못하게 된 사람을 이르는 말.

예) 농사꾼이 손목 발목 없으면 죽은 목숨이지 뭐겠습니까.

죽을 고비에 빠지다[들다]

『북』 죽게 되거나 몹시 곤경에 빠지다.

예) 죽을 고비에 빠진 사람을 구원하다.

죽을 고생苦生을 하다

어떤 일에 몹시 힘을 드리다. '잘못되면 죽을 수도 있는 아주 험난한 고생을 하다', '비록 죽기까지는 하지 않는다 해도 몹시 지치게 만드는 심한 고생을 하다'라는 뜻이다.

예) 빚을 갚느라고 ~.

죽을 둥 살 둥

한 가지 일에만 마음을 빼앗겨 다른 일은 돌아보지 아니하고 마구 덤비는 모양을 비유적으로 이르는 말.

예) 그는 죽을 둥 살 둥 집을 짓는 일에만 매달렸다.

죽(을) 떼다

『북』 '죽지(를) 떼다'의 북한 익은말.

죽을 똥을 싸다

어떤 일에 몹시 힘을 들이다.

예) 이번 일을 치르느라고 모두 죽을 똥을 쌌다.

죽을 번 살 번

『북』 몹시 힘들고 어려운 고비를 겪는 모양을 비유적으로 이르는 말.

죽을 뻔 살 뻔

죽을 고비를 여러 번 겪은 모양.

예) ~ 달아나다.

죽粥(을) 쑤다

(사람이 어떤 일에서) 실패하다. 곡식의 알이나 가루를 끓여 죽이나 풀을 만드는 것을 '쑤다'라고 한다. '죽'은 낟알이 퍼져서 형체를 알아볼 수 없고 모양새도 산뜻하지 않으므로 어떤 일이 뜻대로 안 되거나 형편없이 될 때 '죽'에 비유한다. '일 따위를 제대로 하지 못하여 망치다'라는 뜻이다.

예) 이번 월말고사는 아주 죽을 쑤었다.

죽이 되 든 밥이 되 든

일이 제대로 되든지 안 되든지 어쨌든.

예) 모르겠다, 죽이 되 든 밥이 되 든 한 번 해보기나 해야지.

죽(이) 맞다

둘이 서로 뜻이 맞다.

예) 그들은 예전부터 죽이 맞는 사이이다.

죽(이) 처지다

『북』 '죽지(가) 처지다'의 북한 익은말.

★죽 : 죽지(팔과 어깨가 이어지는 관절의 부분, 새의 날개가 몸에 붙은 부분)의 준말을 이름.

예) 사나이들은 처음부터 마누라에게 둘하게 보이여 놀아서 점점 여편네는 기승하고 사나이는 죽 처지지.

죽자고 나하고

목숨을 던질 각오를 하고.

죽자 사자[살자] 하다

1.(비유적으로) 있는 힘을 다하여 덤비다.

예) 죽자 사자 하는 마음으로 덤빈다면 이까짓 일은 금방 끝날 것이다.

2.서로에게 몹시 정을 쏟아 친하게 지내다.

예) 그 두 사람 죽자 살자 하더니 결국은 작년에 결혼을 했대.

죽지가 늘어지다

『북』 '죽지(가) 처지다'의 북한 익은말.

★죽지 : 팔과 어깨가 이어지는 관절의 부분, 새의 날개가 몸에 붙은 부분.

죽지가 부러지다

(비유적으로) 등등하던 기세가 줄어들어 행세를 마음대로 할 수 없게 되다.

죽지(가) 처지다

기세가 꺾이거나 의기가 없어지다. (비)죽(이) 처지다, 죽지가 늘어지다.

예) 그래도 그놈이 카이저수염은 되지 못하고 죽지가 처지는 것이고.

죽지도 살지도 못하다

(비유적으로) 이러지도 저러지도 못하여 난처하다.

예) 눌리고 볶이어 죽지도 살지도 못하는 농민들이 있을 따름이었다.

죽지(를) 떼다

1.화살을 쏘고 나서 어깨를 내리다.

2.하인들이 기세를 부리다. (비)죽(을) 떼다.

죽지 못해

다른 수가 없어 마지못해.

예) 대부분의 백성들은 폭압과 수탈에 시달리며, 모욕을 참고 죽지 못해 목숨을 부지하였네.

죽지 못해 살다

가난이나 고생으로 살 의욕을 잃고 마지못해 살다.

죽탕(을) 치다

『북』 쳐서 몰골을 볼품없이 만들다.

★죽탕 : 땅이 질어서 뒤범벅이 된 곳. 또는 그런 상태.

줄가리 치다

줄가리를 지어 벼를 말리다.

줄線 걷다

줄타기에서 광대가 줄 위를 걸어가다.

줄 걸리다

광대를 시켜 줄을 타게 하다.

줄기(가) 차다

[주로, '줄기차게', '줄기찬'의 꼴로 쓰여](기운이)그치지 않고 억세고 힘차다.

줄남생이 따르듯

여럿이 줄지어 뒤따르는 모양을 비유적으로 이르는 말.

★줄남생이 : 물가의 양지바른 곳에 줄을 지어 앉아 있는 남생이.

줄달음질(을) 치다

'줄-'이라는 접두사가 붙으면 '잇달아 일어남', '하던 것을 내처 함'을 뜻한다. '줄초상', '줄도망', '줄달음질'이 그렇다. '줄달음질' 또는 '줄달음'은 단숨에 내처 뛰는 달음박질을 가리킨다. '있는 힘을 다하여 얼마 동안 쭉 달리다'라는 뜻이다.

예) 영수는 자신의 잘못이 들킬까 봐 겁을 먹고 줄달음질을 쳤다.

줄로 친[그은] 듯이

1.모양이 곧고 바르게.

예) 남녀 학교의 소풍 겸 군함 견학단이 아침부터 줄로 친 듯이 내려갔고….

2.아주 뚜렷하고 분명하게.

예) 덕기는 조부가 부친에게 대하여 육장 줄로 친 듯이 꾸지람을 하는 것이 듣기 싫었다.

줄밑(을) 걷다

일의 단서나 말의 출처를 더듬어 찾다. (준)줄-걷다.

줄을 놀리다

앞에 나서지 않고 뒤에 숨어서 사람을 조종하다.

줄(을) 놓다

무엇을 알아보거나 찾기 위하여 다른 사람과 관계를 가지다.

예) 법조계에 있는 친척 어른께 줄 놓아 이 일을 어찌 수습해야 할지 알아보려고 합니다.

줄(을) 대다

'줄'의 특성은 긴 것이 끊이지 않고 이어진다는 데에 있다. '대다'는 '물건에 닿게 하다', '연결시키다', '잇달다'의 뜻이다. '중간에 끊어짐 없이 계속 이어지게 하다'라는 의미다. 한편 '줄'은 사람 사이의 관계에서 '연줄'을 뜻하기도 한다. 이때는 '어떤 권세나 능력이 있는 자에게 도움을 받을 수 있도록 연락하여 관계를 맺다'라는 뜻이다. 예) 아들이 잡혀 들어가자 그 모친은 경찰에 줄을 대기 위해 백방으로 노력했다.

줄을 박다

『북』 연계를 맺고 활동할 수 있는 대상을 어떠한 곳에 들이밀다.

줄을 밟다

연계를 맺는 길을 찾다.

예) 동만주 청년회 계통의 줄을 밟아 수사를 펴기로 했다.

줄(을) 서다

(사람이) 차례나 기회를 기다리다. 기다란 끈이나 밧줄의 모양에 비유하여 어떤 것이 길게 한 선을 이루며 뻗어 나가 있는 것을 '줄'이라고 한다. '많은 사람이나 차 따위가 자기 차례가 오기를 기다리며 일렬로 죽 길게 늘어서다'라는 뜻이다.

예) 기름 값이 큰 폭으로 인상되리라는 전망이 나돌자 주유소마다 차들이 줄을 섰다.

줄(을) 타다

힘이 될 만한 사람과 관계를 맺어 그 힘을 이용하다.

예) 귀양 풀릴 길이 막연하여 행여 법국 공사의 줄을 탈 수 있지나 않을까 하고 입교했지만….

줄(이) 나다

어떤 생산물이 그 표준 수량보다 덜 나다.

줄이 달리다

『북』 줄줄이 잇따르다.

줄(이) 풀리다

광산에서, 쇳줄이 먼저 파던 곳보다 점점 좋아지다.

줄통을 뽑다

(사람이) 호기를 부리거나 싸움질을 할 때, 기세를 올리며 속 옷깃을 헤치다.

줄행랑(을) 놓다[치다]

전통 가옥에서 대문 옆에 좌우로 붙어 있는 방을 '행랑行廊'이라 하여 그곳에 하인들이 기거했다. 행랑이 여러 개 연이어 붙어 있는 것을 '줄행랑-行廊'이라 한다. 또한 '줄행랑'은 '도망'을 속되게 일컫는 말로도 쓰인다. '달려감', '달아남'을 뜻하는 '주행走行'이 변하여 '줄행랑'이 되었다고는 하나 확실치는 않다. 흔히 '삼십육계 줄행랑'이라는 말을 쓴다. '쫓겨서 또는 어떤 낌새를 알아채고 몹시 서둘러 그 자리를 피해 도망가다'라는 뜻이다.

예) 빚쟁이들이 몰려오는 것을 알고 김 사장은 줄행랑을 놓았다.

줌밖에 나다

남의 손아귀에서 벗어나다. 곧, 자유롭게 되다.

★줌밖 : ①손아귀 밖. ②남이 지배하는 범위의 바깥. (반)줌안.

줌안에 들다

남의 손아귀에 들어가다. 곧, 자유롭지 못하다.

줌통 내밀듯

받으라고 팔을 쭉 뻗쳐서 내미는 모양을 비유적으로 이르는 말.

★줌통 : 줌(주먹)의 준말.

예) 그가 줌통 내밀듯 그의 왼팔을 이리로 느닷없이 뻗치는 것이었다.

줏대(가) 없다

중심이 없이 곧지 않아서 이리저리 흔들리는 사람을 두고 하는 말.

★줏대 : 사물의 가장 중요한 부분.

중구미 업히다

활을 잡은 팔의 팔꿈치가 곧게 뻗쳐지다.

★중구미 : 활을 쏠 때, 활을 잡은 팔의 팔꿈치.

중동(을) 치다

하던 일이나 말을 끝내지 못하고 중간에서 흐지부지 그만두거나 끊다.

★중中동 : 중간이 되는 부분.

예) 그들은 남술의 처를 흉보다가 석림이가 들어오는 바람에 중동을 쳤던 것이다.

중매仲媒(를) 들다

혼인을 위하여 중간에서 다리를 놓다. (비)중신(을) 들다.

예) 서 서방이 중매를 든 셈인데 실은 장바닥에서 계집애 하나를 주워 온 것이다.

중매(를) 서다

중매인으로 나서다.

중배(가) 부르다

길쭉하게 생긴 물건의 가운데 부분이 불룩하다.

★중배 : 길쭉한 물건의 가운데에 불룩하게 나온 부분.

중보를 서다

『북』 두 편 사이에서 일을 주선하는 일을 맡아 하다.

★중보中保 : 두 사람 사이에서 일을 주선하는 사람.

중신(을) 들다

(비)중매(를) 들다.

예) 이 두령이 오늘따라 그렇게 계집을 밝히니…. 하는 수 없이 내가 중신을 들어야겠군.

중(을) 떠보다

『북』 수단을 써서 넌지시 남의 속마음을 알아보다.

★중中 : 의중意中(겉으로 드러나지 않는 마음의 속)의 준말.

중정을 떠보다

수단을 써서 넌지시 남의 속을 알아보다.

★중정中情 : 마음속에 깊이 맺힌 감정이나 생각.

중정이 허하다

맺힌 데가 없이 얼뜨다.

중판을 매다

하던 일을 도중에 그만두다.

예) 정 주사는 승재가 반갑다기보다, 몰리는 싸움을 중판을 매게 된 것이 다행해서 얼른 낯빛을 풀어가지고….

중화참을 대다

길을 가다가 중도에 점심을 먹거나 쉬다.

★중화中和참 : 길을 가다가 점심을 먹음.

예) 우리는 산 중턱에 당도하여 중화참을 대고 다시 정상을 향해 긴 행군을 시작했다.

쥐(가) 나다

경련이 일어나서 곧아지다. 몹시 부끄러워 얼굴이 달아 경련이 일어나기에 이르다.

★쥐 : 몸의 한 부분에 경련이나 마비가 일어나서 그 기능을 잠시 상실하는 현상.

쥐가 놀다

힘살이 파르르 떨거나 꿈틀거리다. (비)쥐가 뛰다.

예) 쇠머리는 여전히 두 눈을 흘기고 무섭게 노려본다. 살점에서는 여전히 실룩실룩 쥐가 놀았다.

쥐가 뛰다

『북』 '쥐가 놀다'의 북한 익은말.

쥐(가) 오르다

경련이 일어나서 곧아지다.

쥐고 흔들다

어떤 일이나 사람을 자기 마음대로 조종하다. (비)쥐었다 폈다 하다.

★쥐다 : (사람이 주먹을) 손가락을 오므려 뭉쳐지게 하다.

예) 나라를 쥐고 흔들다. /남편을 쥐고 흔들다.

쥐구멍(을) 찾다

부끄럽거나 난처하여 어디에라도 숨고 싶어 하다.

예) 일이 들통이 나자 쥐구멍을 찾고 싶은 심정이었다.

쥐꼬리만 하다

매우 보잘것없어 마음에 차지 않다.

쥐도 새도 모르게

아무도 모르게, '낮말은 새가 듣고 밤 말은 쥐가 듣다'라는 속담이 있다. 아무리 조심해도 말이란 새어 나가게 마련이어서 비밀이 없다는 뜻이다. 낮에는 새가 분주히 활동하고, 밤에는 쥐가 분주히 활동하는 것을 보고 이런 속담이 생겼다. 그런데 '쥐도 새도 모르게'라고 했으니, 밤에는 쥐가 듣지 못하게 조심하고 낮에는 새가 듣지 못하게 조심한다는 뜻이다. '아무도 전혀 알 수 없게', '은밀하고 신속하게'라는 뜻이다.

예) ~ 없애다.

쥐 밑살 같다

1. 몹시 작고 보잘것없음을 비유적으로 이르는 말.

★밑살 : 항문 주위의 살.

2. 낯간지러울 정도로 몹시 적다. (비)개 방귀 같다, 쥐뿔같다.

쥐방울만 하다

보통 사람에 쓰이어 몸이 작고 앙증스럽다.

★쥐방울 : 조그맣고 약한 것을 비유적으로 이르는 말.

쥐뿔과 같다

아주 보잘것없다. (비)쥐좆 같다.

★쥐뿔 : '쥐의 불알'에서 온 말로, 아무 보잘것없거나 규모가 작은 것을 비유적으로 이르는 말.

쥐뿔도 모르다

원래는 '쥐 좆도 모르다'라는 말에서 나온 것이다. 옛날에 강아지만큼 크게 자란 어떤 요망한 쥐가 사람으로 변하여 주인 영감을 내쫓고 그 자리에 들어

앉아 주인 행세를 했다. 가짜로 오인 받아 집에서 내쫓긴 주인이 하도 억울해서 영험하다는 스님을 찾아가 도움을 청했고, 드디어 스님이 알려준 비방으로 요망한 쥐를 내쫓은 주인 영감은 열 일 제쳐두고 부인부터 불러 앉혔다. 그러고 나서 부인을 나무란 첫마디가 바로 "쥐 좆도 모르냐!"였다. 그렇게 오래 살았으면서도 남편과 쥐를 분간하지 못하느냐는 핀잔이었던 것이다. '쥐뿔'이라는 말이 바로 여기서 유래된 말이었는데, 표현이 너무 노골적인지라 부드러운 말로 바꾸다 보니 형태상의 공통점을 가지고 있는 '뿔'이라는 말로 대치하게 된 것이 지금 현재는 앞뒤 분간을 못할 정도로 아무것도 모르는 것을 일컫는 말이다. 아무것도 모르면서 아는 체하는 경우를 가리키기도 한다. 비속어로 쓰인다.

쥐뿔도 없다(쥐뿔만도 없다)

전혀 아무것도 없다. 쥐뿔은 원래 없는 것인데, 그것조차도 없다고 말하고 있다. '(주로 재산 따위가) 전혀 아무것도 없다'라는 뜻이다.

예) 쥐뿔도 없으면서 기만 살아가지고 분수를 차릴 줄 모른다.

쥐뿔만도 못하다

1. 아주 보잘것없다.

예) 쥐뿔만도 못한 주제에 보는 눈은 있어 가지고 예쁘고 세련된 여자가 아니면 선을 보지도 않겠다고 한다.

2. 규모가 매우 작다.

예) 그는 쥐뿔만도 못한 돈을 내놓고서 으스댄다.

쥐뿔(이) 나다

보잘것없는 사람이 같잖은 짓을 하다.

예) 없는 놈이 쥐뿔 나게 자존심만 강해 봤자 먹을 것도 못 얻어먹을 것이 아닌가 말이다.

쥐뿔이나 있어야지

무엇이고 가진 것이 조금 있어야 어떻게 해 본다는 말.

예) 쥐뿔이나 있어야지 무슨 일이라도 벌여 먹고살지.

쥐새끼 한 마리 얼씬하지 않다

(비)개 새끼 한 마리 얼씬하지 않다.

쥐 숨듯

기를 펴지 못하고 숨어 버리거나 교묘하게 자취를 감추는 꼴을 비꼬는 말.

예) 왜적들은 정기룡 성명 삼 자에 기가 질려서 머리를 싸안고 상주성 안으로 쥐 숨듯 숨어 버린다.

쥐었다 폈다 하다

쥐고 흔들다.

예) 조선 사람이 용정 바닥의 거래를 쥐었다 폈다 해야지. (비)쥐고 흔들다.

쥐 잡듯(이)

꼼짝 못 하게 하여 놓고 잡는 모양을 비유적으로 이르는 말.

예) 골짜기의 산길에 들어선 적병들을 쥐 잡듯 에워싸고 몰아쳐 두들겨 패니….

쥐 죽은 듯이

아무 소리도 내지 않고 꼼짝하지도 않는 모양을 나타내는 말.

예) 배고픔과 고단함에 지친 병사들이 언덕을 넘고 수용소의 후문으로 들어서자 막사와 연병장은 쥐 죽은 듯 잠들어 있었다.

쥐 죽은 듯하다

갑자기 조용해지다. 무서워 꼼짝 못하다.

즉(을) 치다

대번에 치다. 서슴지 않고 냅다 치다.

★즉卽 : 다른 것이 아니라 바로. (비)곧, 즉변卽便.

즙(이) 나다

일이 매우 익숙하여지다.

★즙汁 : 수분이 들어 있는 물체에서 배어 나오거나 짜낸 액체.

지각知覺(이) 없다

사물에 대한 분별이 없다. '지각知覺'은 알아서 깨달음 또는 감각기관을 통해 외부 사물을 인식함을 뜻

ㅈ

한다. 또한 사물의 이치를 분별하는 능력 역시 지각이라고 한다. 여기에서는 두 번째에 해당한다. '(부적절한 말이나 행동을 하는 등) 사물에 대한 분별력이 없다'라는 뜻이다. (부)지각없이.

예) 당신의 지각이 없는 행동으로 인해 우리 모두가 무고한 의혹을 받게 되었소이다.

지각머리(가) 없다

사물의 이치나 도리에 대한 분별력을 갖추지 않은 상태에 있다.

★지각머리 : 지각을 속되게 이르는 말.

지각머리 없이

'지각없이'를 속되게 이르는 말.

지각(이) 나다

사물을 분별하여 깨달을 만하게 되다.

지각(이) 들다

사물을 분별하여 깨달을 만한 의식이 들다. 철들다.

지각(이) 없다

사물에 대한 분별력이 없다.

지게를 나다

『북』 여자가 집 밖으로 외출하다.

지게(를) 지다

지게를 등에 메다.

★지게 : 사람이 등에 지고 그 위에 짐을 실어 나르도록 만든 한국 특유의 운반 기구.

지경 넘기다

책임을 지지 않으려고 사고가 날 만한 것을 다른 지역으로 옮겨 가도록 하다. 또는 사나운 짐승을 다른 지역으로 몰아내다.

★지경地境 : 어떠한 처지나 형편.

예) 사고뭉치를 지경 넘기다.

지고 청하다

활쏘기에, 진 사정에서 다시 활쏘기를 청하다.

지기를 뜨다

『북』 넌지시 수단을 써서 남의 속마음을 알아보다.

★지기志氣 : 어떤 일을 이루려는 의지와 기개를 아울러 이르는 말.

지기(를) 펴다

1. 억눌리는 느낌에서 벗어나 마음을 자유롭게 가지다.

★지기 : ①두 팔과 두 다리. ②어떤 일이 돌아가는 분위기나 형편.

예) 그들은 이렇게 대동 사이에 끼어서 지기를 펴지 못하고 살아온다.

2. 어려운 형편에서 벗어나 마음을 놓다.

예) 그 무렵은 아직도 지기를 펴지 못할 만큼 군색한 형편이어서 그는 최소한도의 생활비를 지출하지 않으면 안 되었다.

지나가는 말로

'지나가다'는 잠시 머물거나 들르지 않고 곧장 다음 행선지로 간다는 뜻이다. 이처럼 어떤 현상 따위가 모습을 드러냈다가 이내 사라지는 것을 '지나가다'라고 말한다. '중요한 뜻이나 의도, 꼭 해야겠다는 필요성이 없이 다른 말을 하는 와중에 생각나서 하는 말로서'라는 뜻이다. 이 말은 종종 의미심장한 내용을 대수롭지 않은 듯이 이야기할 때 쓰이곤 한다.

예) 상대는 비록 지나가는 말로 한 말이지만 내 가슴에는 아픈 상처로 남았다.

지나는 말로

무심히 다른 말을 하는 결에.

지나 마르나

('땅이 질거나 마르거나'의 뜻에서)언제든지 항상 똑같이.

예) 남산골샌님은 지나 마르나 나막신을 신고 다녔다.

지나 새나

해가 지거나 날이 새거나. 곧, 밤낮없이 언제나.

지나 업으나

이러나저러나 마찬가지라는 말.

지나지 아니하다[못하다]

바로 그것밖에 달리 되지 아니하다.

예) 그의 말은 변명에 지나지 아니한다.

지는 게 이기는 게다

수준 낮은 상대에게 굳이 맞서 겨루기보다는 너그럽게 양보하는 것이 오히려 도덕적으로 승리하는 것임을 이르는 말.

지덕이 사납다

땅이 걸어 다니기에 험하다.

지두리가 없다

중심을 잡아 줄 것이 없다.

★지두리 : '지도리(돌쩌귀, 문장부 따위를 통틀어 이르는 말)'의 비표준어.

지둥 치듯

태풍이나 포성 따위로 요란스럽게 일어나는 소리를 비유적으로 이르는 말.

★지둥 : ①땅이 흔들리는 현상. ②흔들려서 움직이다. (비)지동地動.

예) 앞뒤의 푸른 산들은 화포와 조총이 터지는 소리에 우렁우렁 지둥 치듯 울려서 금방 곧 뭉겨져 넘어갈 듯하고….

지레 꿰지다

1. 일의 앞뒤 맥락은 전혀 모르면서 무조건 참견하기를 좋아하다.

2. 『북』 마음이나 성격이 좋지 아니한 방향으로 성급하게 빗나가다.

★지레 : 무슨 일이 채 일어나거나 어떤 때가 되기 전에 미리.

지레 채다

지레짐작으로 알아차리다.

예) 서방님은 그 속이 무엇임을 지레 채고 눈 하나 떠보려 하지 않았다.

지릅이 나다[트다]

『북』 '미립이 트다'의 북한 익은말.

★지릅 : '지립砥粒(공작물의 연마 및 절단 등에 사용하는 고경도의 입상 또는 분말사의 물질을 총칭해서 말한다.)'의 북한어.

지문指紋(을) 찍다

종이 위에 지문을 나타나게 하다.

지벌(을) 입다

신에게 거슬리는 일을 하여 벌을 받다.

★지벌罰 : 신불의 뜻을 거스르는 일을 저질러서 당하는 벌.

지분(을) 다스리다

여자가 얼굴에 화장을 하다.

★지분脂粉 : 연지와 백분을 아울러 이르는 말.

지새는 달月

먼동이 튼 뒤 서쪽 하늘에 보이는 달. 또는 음력 보름 무렵의 달.

지실이 들다

'피곤이 쌓여 몸 상태가 나쁘다'라는 뜻의 경상도 방언.

★지실 : 재앙이나 해가 미치는 일

지어 먹다

마음을 도슬러 가지다.

지어 붓다

쇠를 녹이어 붓다.

지어(서) 내다

없는 사실을 있는 것같이 만들거나 꾸며서 내다.

예) 거짓말을 ~.

지위(가) 지다

1. 병으로 몸이 쇠약하여지다.

예) 해산에 지위 진 오주의 아내가 조금씩… 헛소리까지 하게 되었다.

2. 씀씀이가 과하거나 재앙을 입어 살림이 어려워지다.

예) 웬만큼 있는 집이라도 딸을 다달이 하나씩 시집을 보내면 아무래도 지위가 지게 마련이지만 너희 집은 끄떡없다.

지위(를) 주다

1. 명령을 내려 거행하게 하다.

★지위地位 : 어떤 단체나 조직, 사회에서 차지하는 직위나 위치.

2.『북』 예전에, 놀이에 흥을 돋우기 위하여 화대를 치르고 기생을 부르다.

★지위知委 : 예전에, 반드시 해야 할 일을 가리켜 보이거나 명령하여 알려 주는 일을 이르던 말.

예) 유명한 일부 요리 집은 자주 출입을 못했지만 그래도 을종 요리 집에서 기생을 지위 주어 가며 놀던 환상은 때때로 그의 기억을 새롭게 했다.

지절(이) 나다

까닭이 많은 사단事端이 벌어지다.

★지절枝節 : 까닭이 많은 일의 실마리를 비유적으로 이르는 말.

지지고 볶다

1.(속되게) 사람을 들볶아서 몹시 부대끼게 하다.

예) 얘는 누가 오면 더 사람을 지지고 볶는다.

2.(속되게) 머리털을 곱슬곱슬하게 만들다.

예) 네 얼굴에 아무리 머리를 지지고 볶아 봤자 누가 예쁘다고 할 것 같니?

3. 희로애락을 서로 나누며 한데 어우러져 요란하게 살아가다.

예) 서로가 좋아해서 한평생 지지고 볶고 잘 살면 그만 아니냐.

지청구(를) 대다

『북』 1. 못마땅하게 여기며 남을 탓하거나 책망하다.

★지청구 : 못마땅하게 여기며 탓하는 핀잔이나 책망.

2. 짓궂게 조르며 못살게 굴다.

예) 아니 철없는 것들이 아저씨들한테 또 지청구 댔구먼.

지축을 흔들다(울리다)

'지축地軸'의 '축軸'은 굴대를 가리킨다. 수레의 양 바퀴에 난 구멍을 지나 그 둘을 연결하는 막대기가 굴대이다. 이와 마찬가지로 땅이 움직이는 중심에 해당하는 남극과 북극을 연결하는 직선이 지축이다. 지축은 지구가 자전하는 중심이 된다. '어떤 소리나 진동이 온 천지를 흔들 듯이 기세가 높고 크다'라는 뜻이다.

예) 분노한 적이 내지르는 함성이 지축을 흔들었다.

지팡이로 삼다

『북』 살아가는 데에 의지하는 수단으로 여기다.

예) 정을 생활의 유일한 지팡이로 삼고 험한 세상을 살아가는 사람들에게는 정보다 더 귀중한 것이 세상에 없었다.

지휘봉을 잡다

어떤 무리나 조직의 우두머리가 되다.

예) 대표 팀의 지휘봉을 잡다.

직성(이) 풀리다

직성直星이란 사람의 나이에 따라 그의 운명을 맡아보는 별을 말한다. 직성의 종류에는 9가지가 있는데 다음과 같다. 제웅직성, 토직성, 수직성, 금직성, 일직성, 화직성, 계도직성, 월직성, 목직성의 아홉별이 차례로 돈다. 남자는 10세에 제웅직성이 들기 시작하여 차례로 돌고, 여자는 11세에 목직성이 들기 시작한다. 민간 습속에서는 이 직성의 변화에 따라 운명의 길흉이 결정된다고 믿었다. 그래서 흉한 직성의 때가 끝나고 길한 직성이 찾아오면 운수가 잘 풀려 만사가 뜻대로 잘 된다고 믿었다. 지금은 소원이나 욕망 따위가 제 뜻대로 이루어져 마음이 흡족하고 편한 상태를 나타내는 말이다.

예) 할 말을 다 하고 나니 이제 좀 직성이 풀리는가?

진기(가) 빠지다

몸을 움직일 수 없을 만큼 기운이 없어지다.

★진기珍奇 : 진귀하고 기묘함.

예) 영권은 진기 빠진 노인처럼 시들하게 대답하는 것이다.

진기(를) 쓰다

끈덕지게 힘을 쓰거나 부리거나 하다.

예) 사내는 좀처럼 돌아갈 생각은 아니 하고, 진기를 쓰고 있어 순이는 점점 울화가 치밀었다.

진대(를) 붙다

남에게 떼를 쓰다시피 괴롭게 굴다.

★진대 : 남에게 기대어 떼를 쓰며 괴롭히는 짓.

진도(를) 나가다

(속되게) 남녀가 사귀는 정도가 깊어지다.

★진도進度 : 일이 진행되어 가는 속도나 정도.

예) 이제 몇 번 만났으니 진도를 나가야지.

진딧물(이) 내리다

화초니 채소에 진딧물이 붙다.

진땀(을) 내다(빼다)

'진땀'이란 큰 힘을 쓰거나 몹시 난처하거나 하여 흘리는 끈끈한 땀을 말한다. '내다'는 '나오게 하다'이다. '몹시 힘이 들거나 난처하여 몸에서 끈끈한 땀이 나올 정도가 되다' 또는 '땀이 실제로 나오지는 않아도 대단히 애를 먹다'라는 뜻이다. '빼다'는 '속에 있는 것을 겉으로 나오게 하다'이다.

예) 우는 애를 달래느라고 ~.

진땀을 흘리다

긴장하거나 매우 힘들어하다.

진력(이) 나다

'진력盡力'은 '힘을 다함'이라는 뜻이다. '나다'는 '그러한 상태가 되다', '생기다'를 나타낸다. '(노력을 많이 하거나 시간이 오래되어) 있는 힘이 다 빠지다', '싫증이 나다'라는 뜻이다.

예) 그 일도 이제는 진력이 나서 하기 싫다.

진맥이 나다

의욕이 떨어지거나 기운이 풀리다.

진배(가) 없다

'진배'라는 말은 어원이 확실치 않다. 아마도 '어떤 것과 견주었을 때 그보다 다르거나 못함'을 뜻하리라 여겨진다. 이 말은 다른 표현에서는 찾아볼 수 없고 오직 '진배없다'의 형태로만 쓰인다. '진배(가) 없다'라고 했으니 거의 똑같거나 마찬가지라는 뜻이다. '진배없이'라는 부사 형태로도 자주 활용된다.

예) 그분은 제가 객지 생활을 할 때 보살펴주신 은혜로 아버지와 진배없이 모시는 분입니다.

진부정 가심

초상난 집에서 무당을 불러 부정한 기운을 없애는 일.

★진부정不淨 : 사람이 죽어서 생긴다고 하는 불길한 일.

진부정(을) 치다

초상이 난 집에서 무당굿을 하면서 첫 거리로 부정을 쫓아 버리다. (비)진부정(을) 풀다.

진부정(을) 풀다

『북』 '진부정(을) 치다'의 북한 익은말.

예) 기대가 연해 장구를 치면서 영정가망이 놀아나느니 부정가망이 놀아나느니 한참 지껄이고 나서는 진부정을 푼다고 하면서 재물 한 바가지를 들고 당집 안팎을 돌아다닌다.

진사시정眞絲市井 연줄 감듯

긴 것을 휘휘 둘둘 잘 감아 나감을 이름.

진(을) 빼다

힘이나 정력을 다 써 없애서 기진맥진하게 되다.

★진眞 : 일부 명사 앞에 붙어, '참된' 또는 '진짜'의 뜻을 더하는 말.

예) 그깟 일로 진을 빼지 말고 그만둬라.

진(을) 치다

자리를 차지하다.

★진陣 : 진을 치고 있는 일정한 구역.

예) 읍내 장길에서 돌아온 마을 사내들이 언 몸을 녹이기 위하여 그곳에 진을 치고 있음이 분명했다.

진(이) 나다

남에게 졸리고 시달려 기운이 빠지다.

★진津 : ①풀이나 나무 따위에서 흘러나오는 끈끈한 물. ②눅눅한 기운이 서려서 생기는 끈끈한 물질.

진이 빠지다(떨어지다)

식물의 줄기나 나무껍질 등에서 분비되는 끈끈한 물질을 진津이라고 한다. 진이 다 빠져나가면 식물이나 나무는 말라서 죽게 된다. 그러므로 진이 빠진다는 것은 곧 거의 죽을 정도로 기력이나 힘이 없다는 뜻이다. 어떤 일에 지쳤거나 맥을 못 출 정도로 기운이 빠진 상태, 싫증이 나거나 실망해서 혹은 지쳐서 더 이상 일할 마음이 일어나지 않는 상태를 말한다.

예) 그 일은 너무 오래 붙잡고 있었더니 진이 빠지더라.

진저리(가) 나다[진절머리(가) 나다]

어떤 것이 몹시 귀찮거나 지긋지긋하여 생각만 해도 몸이 떨리는 듯 싫은 느낌이 들다. '진절머리'라고 한다. 이는 '진저리'를 속되게 이르는 말로서, 그보다는 강한 표현이다.

예) 걸핏하면 사람을 때리고 업신여기는 그 인간은 이제 생각만 해도 진저리가 난다.

진저리(를) 치다

차가운 것이 살갗에 닿거나 오줌을 눈 뒤에 ,또는 몹시 싫증이 나거나 무시무시하여 몸을 으쓱 떨다.

예) 그 험상궂은 모양을 보면 진저리를 치지 않을 수가 없다.

진절머리(가) 나다

어떤 것이 몹시 귀찮거나 지긋지긋하여 생각만 해도 몸이 떨리는 듯 싫은 느낌을 '진절머리'라고 한다. 이는 '진저리'를 속되게 이르는 말로서, 그보다는 강한 표현이다.

예) 도시 생활에 진절머리가 나도, 먹고살 길이 달리 없으니 시골로 내려갈 수가 없다.

진진의 인연因緣을[의를] 맺다

혼인을 맺다.

★진진津津 : 입에 착 달라붙을 만큼 좋음.

진짓상을 보다

진짓상을 차리다.

★진짓상 : 웃어른의 밥상.

진통을 겪다

'진통陣痛'은 '산통産痛'이라고도 하며, 산모가 아이를 낳기 며칠 전부터 시작하여 아랫배가 몹시 아픈 증세를 가리킨다. 그 고통이 너무 심하다 하여, '모진 시련과 고통'을 비유하는 말로도 쓰인다. 하지만 이는 아이를 낳기 위해 반드시 치러야 할 과정이므로, 모진 시련과 고통 뒤에는 결국 어떤 긍정적인 성과나 보람이 있음을 암시한다. 참고로, '진통제鎭痛劑'의 '진통'은 다른 의미다. 이는 아픈 것을 가라앉히는 것을 뜻한다. '산모가 아이를 낳기 전에 심한 고통을 당하다', '어떤 것을 성사시키거나 다음 단계로 넘어가기 전에 거기에 따르는 모진 시련과 고통을 경험하다'라는 뜻이다.

예) 내 딸이 어른이 되기 위해 사춘기라는 진통을 겪고 있구나.

질급(을) 하다

뜻밖의 일을 당하여 숨이 막히듯 깜짝 놀라다.

★질급窒急 : 몹시 놀라거나 겁이 나서 숨이 막힘.

질색 팔색 하다 와 칠색 팔색 하다의 차이

'몹시 싫어하거나 꺼림'을 나타내는 말은 '질색'이지만, '매우 질색을 하다'를 관용적으로 표현하는 말은 '칠색 팔색'입니다. 이때 '칠색'은 빨강, 주황, 노랑, 초록, 파랑, 남빛, 보라의 일곱 가지 빛깔을 가리키는 말입니다. '질색 팔색'은 '칠색 팔색'의 잘못된 표현입니다.

짐擔을 벗다

고통, 슬픔, 걱정, 책임 따위에서 벗어나다.

예) 그는 수년 동안 지고 있던 마음의 짐을 벗었다.

짐擔을 싸다

1. 관계하고 있던 일을 완전히 그만두다.

예) 그는 회사에 큰 손해를 입히고 짐을 쌌다.

2. 이미 살던 데서 다른 곳으로 이사하다.

예) 아예 짐을 싸서 고향으로 내려왔다.

짐을 풀다

(사람이) 어디에 거처를 정하고 생활을 시작하다. '짐'은 물건 따위를 다른 장소로 옮기기 위해서 싸거나 묶어놓은 것을 말한다. '풀다'는 싸거나 묶은

것을 원래 그렇지 않던 상태로 돌린다는 뜻이다. '옮기기 위해서 묶거나 싸둔 상자나 보따리에서 물건들을 도로 꺼내놓다', '어느 장소에 머물 곳을 정하고 생활을 시작하다'라는 뜻이다.

예) 새집에서 미처 짐을 풀기도 전에 해외 발령이 났다.

짐(이) 기울다

1. 수준이나 정도 따위가 똑같지 못하고 어느 한쪽이 못하다.

예) 원랑이 대신으로서의 춘홍이는 암만해도 짐이 기우는 것 같고 만족할 수 없는 것이다.

2. 일의 형세가 잘못되다.

예) 아이는 새벽녘부터 과연 숨결이 되어 지며 점점 짐이 기울어 간다.

짐작斟酌이 가다

주변에 흩어진 사실들을 갖고 머릿속에서 이리저리 맞추어 대충 그럴 것이라고 헤아리는 것이 '짐작'이다. '가다'는 '생각 따위가 어느 방향으로 향해 미치다'를 나타낸다. '어떤 사실이 대충 그럴 것이라고 어림쳐서 헤아릴 수 있다'라는 뜻이다.

예) 그 순간 그의 표정이 어떠했을지 짐작이 가고도 남는다.

집도 절도 없다

가진 집이나 재산도 없이 여기저기 떠돌아다닌다는 말. '몸담고 있을 만한 장소가 없다'라는 뜻도 되지만, 속인도 아니고 승려도 아닌 사람이 일정하게 기댈 곳이 없는 것과 같이 '마음을 기대어 의지할 만한 곳이 없다'라는 뜻이기도 하다.

예) 나는 집도 절도 없어서 전국을 떠돌아다니는 신세.

집 떠나면 고생苦生이다

이러니저러니 해도 제집이 가장 좋다는 말.

집어 먹다

1. (사람이 음식을)손이나 젓가락 따위로 들어서 먹다. 태우는 허겁지겁 맛있는 음식을 집어먹느라 정신이 없었다.

2. (사람이 겁이나 두려움을)잔뜩 가지게 되다. 아내는 의사의 말에 잔뜩 겁을 집어먹은 눈치였다.

3. (어떤 사람이 다른 사람의 것을)부당하게 가로채어 제 것으로 만들다.

예) 네가 내 땅을 맨입으로 집어먹고도 살 수 있다고 보냐?

집어 세다

주책없이 함부로 막 먹다. 말과 행동으로 닦달하다. 남의 것을 함부로 가지다.

집(을) 나다

집에서 멀리 떠나다.

예) 집을 난 지 벌써 삼 년이다.

집(이) 나다

팔 집이 생기다. 바둑에서 집이 되다. '나다'는 '생겨서 나타나다', '시장에 상품으로 나오다'의 뜻이 있다. '살던 사람이 이사 가서 집이 비다', '거래될 집이 복덕방 등에 나타나다', '(바둑에서) 일정한 구역이 자기 돌로 둘러싸여 비게 되다', '자기 집이 되다'라는 뜻이다.

예) 농촌에는 해마다 집이 나서 점점 사람이 줄고 있다.

집채 같다

부피가 집처럼 크다.

짓깔아 뭉개다

함부로 마구 깔아뭉개다.

짓(을) 내다

1. 흥에 겨워 마음껏 멋을 내다.

2. 어떤 버릇 따위를 행동으로 드러내다.

3. 『북』 (낮잡는 뜻으로) 말썽을 일으키거나 사고를 내다.

예) 암만해도 이 사람이 무슨 짓을 내는 모양이로군.

짓(이) 나다

1. 흥겹거나 익숙하여져서 하는 행동에 절로 멋이

나다.

예) 굿노래에 짓이 나서 어깨춤을 춘다.

2. 어떤 버릇 따위가 행동으로 드러나다.

징역(을) 살다

죄인을 형무소에 가두고 일정 기간 노동을 시키는 형벌이 '징역懲役'이다. '징역살이'라고 하면 그렇게 살아가는 일을 말한다.

예) 그는 사기죄로 기소되어 3년 징역을 살고 나왔다.

짚고 넘어가다

어떤 일을 따질 것은 따지고 넘어가다.

예) 이건 분명히 짚고 넘어갈 문제이다.

짚둥우리(를) 타다

학정을 한 고을 수령이 짚둥우리에 실려 지경 밖으로 쫓겨나다.

★짚둥우리 : [역사] 지나치게 욕심이 많고 난폭하고 잔인한 고을 원을 백성들이 지경地境 밖으로 몰아낼 때 태우던 물건.

짚둥우리(를) 태우다

학정을 한 고을 수령을 짚둥우리에 실어 지경 밖으로 쫓아내다.

예) 백성들이 들고일어나서 아우성을 치고 수령 놈들 짚둥우리를 태웠네.

짚불 꺼지듯

갑자기 사라짐을 이름.

★짚불 : 짚을 태운 불.

짜구(가) 나다

배가 터질 듯이 많이 먹어 탈이 나다 (전남 방언)

예) 바깥양반이 욕심대로 먹다가 짜구가 났는지 약사 달라고 하던 구만.

짝사랑에 외기러기

상대방이 몰라주는 혼자만의 사랑은 아무 소용이 없음을 이르는 말.

짝(을) 맞추다

혼인을 시켜 부부가 되게 하다.

★짝 : '배필配匹'을 속되게 이르는 말.

예) 옆집 처녀와 짝을 맞추어 주다.

짝(을) 채우다

모자라는 짝을 얻어 넣다.

짝이 기울다

'기울다'는 '비스듬히 한쪽으로 치우쳐 낮아지다'이다. 저녁 무렵 해가 서쪽으로 지는 것도 '기울다'라고 하고, 어떤 현상이 쇠퇴하는 것도 '기울다'라고 한다. 또한 두 가지가 나란히 균형을 이루어야 하는데 그중 하나가 다른 하나에 비해 못하거나 빠질 때 역시 '기울다'라는 말을 쓴다. '결혼할 남녀의 한쪽이 인물이나 재산, 지식수준에서 상대방에 못 미치다'라는 뜻이다. '짝이 지다'도 같은 말이다.

예) 남자가 가진 것이 없어서 짝이 기울기는 하지만 두 사람이 그렇게 좋아하니 어쩌겠는가.

짝이 없다

1. 서로 비교할 상대가 없을 만큼 대단하다. (부)짝없이.

★짝 : 서로 어울려 한 벌이나 한 쌍을 이루는 것. 또는 그중의 하나.

예) 슬프기 ~. / 미안하기 ~.

2. 일정한 대중이 없다.

3. 도무지 주책이 없다.

예) 짝 없는 짓. (부)짝 없이.

짝이 지다

양쪽을 비교할 때 서로 차이가 나 어울리지 아니하고 한쪽이 못하거나 떨어지다.

예) 그의 부모는 짝이 지지 않는 부부이다.

짝짜꿍을 치다

『북』 '짝짜꿍이를 치다.'의 북한 익은말.

★짝짜꿍 : 젖먹이가 손뼉을 치는 재롱.

짝짜꿍이(가) 벌어지다

1. 여러 사람이 시끄럽게 떠들다.

★짝짜꿍이 : ①남이 모르게 세우는 계획이나 일. ②옥신각신 다투는 일.

2. 서로 다투어 와자지껄하여지다.

짝짜꿍이를 치다

1.서로 한 짝이 되어 좋게 지내다. (비)짝짜꿍을 치다.

2.남모르게 꿍꿍이를 꾸미다.

3.서로 옥신각신 다투거나 실랑이를 하다.

짬(이) 나다

바쁜 중에 겨를이 생기다. 짬나면 또 들리게, 물건 사이 틈이 생기다. 짬은 물건과 물건 사이에 틈이 생긴 것을 의미하며 어떤 일에서 손을 떼거나 다른 일에 손을 댈 수 있는 겨를을 가리킨다. 원래는 물건 사이에 벌어진 틈을 이르던 말로 바쁜 일 사이에 낼 수 있는 시간을 말하는 것으로 변화되었다.

예) 야, 너 오전에 잠깐 짬 좀 낼 수 있니? 아주 급한 일이라 그래. 시골에 계신 어머님을 뵈러 한 번 다녀와야 할텐데 도대체 짬이 나야 말이지.

째지게(찢어지게) 가난하다

'째지다'는 '째어지다'의 준말이다. 터져서 갈라지거나 쪼개져서 벌어지는 것을 뜻한다. 여기에서 생략된 말은 '똥구멍', '항문'을 뜻하는 '똥구멍'이다. '똥구녁이 째지게 가난하다'라는 말이 있다. 보릿고개가 있던 시설에는 먹을 것이 없어서 나무껍질, 푸성귀 따위로 끼니를 때웠다. 그러다보면 묽은 대변만 나오다가 나중에는 항문이 찢어질 지경에 이른다. '(속된 표현으로 쓰여) 몹시 가난하다'라는 뜻이다.

예) 그 당시 우리 집은 째지게 가난해서 굶기를 밥 먹듯이 했다.

쪽도 못 쓰다

이 말은 씨름판에서 상대한테 배지기로 들렸을 때 자신의 발등을 상대의 종아리 바깥쪽에 갖다 붙이면, 상대가 더 들지도 못하고 내려놓지도 못하고 힘은 힘대로 빼면서 애를 먹는다. 이런 기술을 '발쪽을 붙이다'라고 하는데 그런 기술도 쓰지 못하고 당했을 때 '쪽도 못 썼다'라고 한다. 지금은 상대해보지도 못한 채 기가 눌려 꼼짝 못하는 것을 가리키는 말이다. 또는 사람이나 어떤 사물에 혹할 정도로 반하여 꼼짝 못하는 것을 가리키는 말이기도 하다.

★쪽 : 서로 갈라지거나 맞서는 것 중에서 하나를 나타내는 말. (비)편便.

예) 여사하고 영자 언니 옆에 가니까 쪽도 못 쓰더라고.

쪽 바가지 신세가 되다

접두사 '쪽-'은 '작은'의 뜻이다. '쪽문', '쪽가위', '쪽배'가 그렇다. '쪽바가지'는 쪽박, 즉 '작은 박으로 만든 바가지'라는 뜻이다. 쪽박은 음식을 담거나 푸는 데뿐만 아니라 구걸하는 데도 쓰였다. 그래서 거지 신세를 빗대는 말이기도 하다. '차다'는 몸의 일부에 걸거나 달거나 하여 지닌다는 뜻이다. '사업이 망하거나 돈을 한꺼번에 잃거나 하여 빈털터리가 되다', '파산하다'라는 뜻이다.

예) 그 많던 재산이 금융 위기로 한꺼번에 날아가고 그들은 하루아침에 쪽바가지 신세가 되었다.

ㅈ

쪽박 들고 나서다

살림이 다 떨어져 남은 것이라고는 쪽박밖에 없다는 뜻으로, 가진 것이 아무것도 없는 몹시 가난한 처지를 이르는 말.

★쪽박 : 작은 바가지.

예) 그는 회사가 파산하여 쪽박 들고 나서는 신세가 되었다.

쪽박(을) 깨다

일을 망치다.

예) 없는 사람들을 도와주지는 못할망정 쪽박을 깨?

쪽박(을) 차다

거지가 되다. (비)바가지(를) 차다.

예) 그렇게 놀다가는 쪽박 차기 딱 좋겠다.

쪽을 못 쓰다

어떤 일이나 사람에게 기가 눌리어 꼼짝 못하다. '쪽'은 '얼굴'을 뜻하는 속어이다. '쪽팔리다'라는 말이 있다. 좋지 않은 일로 얼굴이 사람들에게 드러나게 되어 창피하다는 뜻이다. 여기에서 '쓰다'는 얼굴을 '제대로 들다', '상대에게 들이대다'라는 의미를 나타낸다. '쪽을 못 쓰다'라고 하면 의미상으로는 '쪽'이 마치 '기', '기세'의 뜻을 나타내는 것처럼 쓰인다. 주로 '~에(라면) 쪽을 못 쓰다'의 형태를 취한다. '다른 사람에게 기가 눌려 꼼짝 못하고 복종하다', '무엇에 반하거나 너무 좋아하여 꼼짝 못하다'라는 뜻이다.

★쪽 : 얼굴을 속되게 하는 말.

예) 그 여자가 어찌나 대차게 나오는지 남자들이 모두 쪽을 못 쓴다.

쪽(을) 찌다

시집간 여자가 머리를 뒤통수에 땋아 틀어 올리어 비녀를 꽂다.

★쪽 : 시집간 여자가 뒤통수에 땋아서 틀어 올려 비녀를 꽂은 머리.

쪽(이) 팔리다

속된 말로, 부끄러워 체면이 깎이다.

★쪽 : 얼굴을 속되게 하는 말.

쫑코(를) 먹다

코는 예로부터 사람의 인격, 자존심 등을 표현하는 상징이다. '쫑코'라는 말은 코를 쪼았다는 뜻의 '쪼은코'에서 나온 말로서 '쪼은코'가 '쫀 코'로, 그것이 다시 '쫑코'로 발음이 변이되면서 오늘에 이르렀다. 또한 뒤에 붙은 '먹다'는 표현은 '욕을 먹었다'의 경우처럼 좋지 않은 일을 당했다는 뜻을 가지고 있는 말인데 지금은 자존심이 상할 정도로 면박을 당하거나 꾸중을 들었다는 뜻으로 널리 쓰인다.

찌그렁이(를) 붙다(부리다)

남에게 무리하게 떼를 쓰다.

★찌그렁이 : 남에게 무턱대고 무리한 떼를 쓰는 짓.

예) 이놈들 하는 수작이 평이 욕심나서 괜히 찌그렁이를 붙고 있음에 틀림없다.

찌르고 들어가다

활쏘기에서, 활쏘기를 처음에는 거절하였다가 겨루는 날에 추가로 응하다. 이때는 맞은 화살의 반획을 감한다.

찌증을 내다

짜증을 드러내다.

찌증이 나다

짜증이 일어나다.

★찌증 : 벌떡 일어나 역정이나 싫증. (작)짜증.

찐 붕어가 되었다

기세가 꺾이어 형편없이 되었다.

★찌다 : (사람이 음식을) 뜨거운 김으로 익히거나 데우다.

찔러 피를 내다

공연히 덧들여서 새삼스러운 일을 저지르다.

예) 가만히 있지 괜히 찔러 피를 내느냐?

찜부럭(을) 부리다(내다)

몸이 피곤하거나 마음이 괴로울 때 툭하면 짜증을 내다.

★찜부럭 : 몸이나 마음이 괴로울 때 걸핏하면 짜증을 내는 짓.

찜 쪄 먹다

1. 꾀, 재주, 수단 따위가 다른 것에 견주어 비교가 안 될 만큼 월등하다.

예) 우리 어머니는 귀신 찜 쪄 먹게 바느질 솜씨가 좋다.

2. 남을 해치거나 꼼짝 못 하게 하다.

★찜 : 고기나 생선, 야채 등에 갖은 양념을 넣고 찌거나, 국물을 바특하게 넣고 끓이는 조리법. 또는 그렇게 만든 음식.

예) 나를 찜 쪄 먹으려고 들지만 그렇게 쉽게는 안 될 거다.

찢어 발기다

(사람이 무엇을) 갈기갈기 찢다.

찧고 까불다

(사람이) 되지 못한 소리를 하며 이랬다저랬다 방정맞게 행동하다. '찧다'는 물에 불린 곡식이나 마늘 따위를 으깨려고 절구에 담고 공이로 내려치는

것을 말한다. 어디에 세게 부딪치는 것도 '찧다'라고 한다. '까불다'는 '위아래로 흔들다', '흔들리다', 또는 '가볍고 방정맞게 장난치다', '건방지게 굴다'이다. 여기에서 '찧고 까불다'라고 했으니 어떤 것을 내려치고 위아래로 들었다 내렸다 하는 것을 가리킨다. '되지 않은 소리로 이랬다저랬다 떠들거나 어떤 사람을 추켜올렸다 깎아내렸다 하며 경솔하게 굴다'라는 뜻이다.

예) 어른을 앞에 놓고 찧고 까부는 소리는 그만하고 이제 물러들 가.

ㅊ

차車 (떼고) 포包 떼다

귀중하고 요긴한 것을 다 빼다.

예) 우리가 경제력이 앞섰다는 이유만으로 차 떼고 포 떼고 하면 가장 중요한 것까지 빼앗기지 않을까요?

차포 오졸五卒

1.꼼짝 못 하게 들이덤비는 공세를 비유적으로 이르는 말.

★차포車包 : 장기에서, 차와 포를 아울러 이르는 말.

2.중심이 되는 세력을 비유적으로 이르는 말.

예) 상전의 우는 것을 만류하노라고 하더니 제가 차포 오졸은 더 보태어 흑흑 느껴 가며 운다.

착착 부닐다

남에게 가까이 달라붙어서 고분고분 굴다.

찬물 맛 같다

아무 맛도 없다.

찬물에 기름 돌듯

사람들과 화합하여 어울리지 않고 따로 떨어져 외톨이로 지내는 사람을 비유적으로 이르는 말. (비) 물 위의 기름.

예) 그녀는 찬물에 기름 돌듯 모임이 끝날 때까지 구석에서 아무 말도 하지 않고 조용히 있다가 돌아갔다.

찬물을 끼얹다

차가운 물이 '찬물'이다. '끼얹다'는 물이나 가루 따위를 온통 뒤집어쓰게 위로부터 쏟아 붓는다는 뜻이다. 밥이 익어 가는데 찬물을 끼얹는다면 밥을 망칠 것이다. '한창 일의 열기가 올라서 순조롭게 진행되는 일에 뛰어들어 의욕을 떨어지게 하거나 방해하다'라는 뜻이다.

찬바람을 일으키다

차갑고 냉담한 태도를 드러내다.

예)그는 찬바람을 일으키며 상대편의 부탁을 거절했다.

찬바람이 일다

1.(분위기가) 냉랭하게 가라앉다.

2.차가운 바람, 한풍寒風, 초가을에 부는 싸늘한 바람.

찬밥 더운밥 가리다

어려운 형편에 있으면서 배부른 행동을 하다.

예) 우리가 지금 찬밥 더운밥 가릴 처지가 못 된다.

찬밥 두고 잠 아니 온다

1.대수롭지 아니한 것에 미련을 두고 단념하지 못함을 비유적으로 이르는 말.

2.자기가 좋아하는 일은 좀처럼 잊어버리지 못한다는 말.

3.무엇을 다 먹어 치우거나 또는 다 써 버리지 아니

하고서는 견디지 못함을 비유적으로 이르는 말.

찬밥 신세身世

무시를 당하거나 대접을 제대로 받지 못하는 처지.

예) 일반적으로 덩치 크고 기름을 많이 먹는 대형 차는 중고차 시장에서 찬밥 신세를 면하기 어렵다.

찬밥에 국적은 줄만 안다

가난한 살림에는 없는 것이 당연한 것인 줄 모르고 무엇이 부족하다고 하여 마음을 씀을 이르는 말.

찬밥에 국적은 줄 모른다

살림이 가난하면 이것저것 없는 것이 많기 때문에 오히려 별로 불편하지도 아니하다는 말.

찬밥으로 점심하기라[찬밥(을) 먹기라]

있는 찬밥으로 점심을 차린다는 뜻으로, 일이 매우 쉽게 됨을 비유적으로 이르는 말.

찰떡과 같다

1. 정이 깊이 들어 떨어지지 아니할 만큼 되다.

2. 떨어지지 아니할 만큼 끈지게 들어붙어 있다.

찰떡 같이 믿다

믿음, 관계 따위가 매우 긴밀하고 확실하다'라는 뜻.

찰떡같이 약속約束하다

서로 믿는 마음으로 빈틈없이 장래의 일을 상대방과 미리 정하여 어기지 않을 것을 다짐함.

찰찰이 불찰이다

지나치게 꼼꼼히 살피느라고 오히려 큰 것을 생각하지 못하고 실수하여 살피지 아니함만 못하다.

참견(을) 들다

1. 남의 일이나 말에 간섭하여 나서다.

★참견參見 : 어떤 일이나 말에 끼어들어 간섭하거나 관계함.

예) "그럼 어디 그거나 읽혀 봐요."하고 어머니는 거기서나 안심을 얻을 듯이 참견을 든다.

2. 『북』 어떤 말이나 일에 삐치다.

참새 물 먹듯

음식을 조금씩 여러 번 먹는 모양을 비유적으로 이르는 말.

참척을 보다

웃어른으로서 참척을 당하다.

★참척慘慽 : 자손이 부모, 조부모보다 앞서 죽음.

창자가 끊어지다

슬픔이나 분노 따위가 너무 커서 참기 어렵다. (비)간장이 끊어지다.

예) 창자가 끊어지는 듯한 슬픔 /창자가 끊어지는 울음.

창자가 미어지다

(비)가슴이 미어지다, 심장이 터지다.

창자(가) 빠지다

(속되게) 하는 짓이 줏대가 없고 온당하지 못하다.

예) 달아난 계집을 보고 싶어 하는 그런 창자 빠진 사람이 있단 말이냐?

창자를 끊다

몹시 애가 타거나 슬프다. (비)간장을 끊다.

예) 창자를 끊는 통곡 소리 /창자를 끊는 듯이 구슬프다.

창자를 적시다

『북』 배가 아주 고플 때에 먹으나 마나 한 적은 양의 음식을 먹음을 이르는 말.

예) 창자를 적시고 밥상에서 물러나다.

창자 샘

장액을 분비는 분비선, 장선腸腺.

창파에 뜬 검불

『북』 목적이 없이 이리저리 떠돌아다니거나 밀려다님을 비유적으로 이르는 말.

★창파滄波 : 넓은 바다의 푸른 물결.

채(가) 지다

물감이 고르게 들지 않아 얼룩얼룩하게 되다.

★채 : 물감이 고르게 들지 않아 얼룩얼룩하게 된 빛깔.

채(를) 잡다

주도적인 역할을 하거나 주도권을 잡고 조종하다.

★채 : 주로 '-은 채'의 구성으로 쓰여, '그러한 상태를 유지하면서'의 뜻을 나타내는 말.

예) 모친이 매사에 좀 더 점잖게 해서 수원 집을 꽉 누르고 채를 잡지 못하는 것이 마음에 부족하였다.

채(를) 잡아 주다

『북』 잘못을 저지르지 아니하도록 일깨워 주거나 받들어 주다.

★채 : 사람을 때려 벌을 주는 데에 쓰는 가는 나뭇가지.

채(를) 치다

채를 만들어 가늘게 썰다.

★채 : 무나 오이 따위의 야채를 가늘고 잘게 써는 일.

채신(이)[채신머리(가)] 없다

'채신'이란 다른 사람을 대할 때 몸가짐에서 나타나는 위엄과 신용을 뜻한다. 그것이 없다는 말이다. 원래 '처신處身'인데 낮잡아 이르는 말이다. 사람의 됨됨이나 자질 뒤에 붙는 접미사 '-머리'는 그 말을 얕잡아 속되게 표현한다. '버르장머리', '인정머리', '주변머리' 등이 그렇다. '채신머리'는 '채신'을 낮추어 속되게 일컫는 말이다. '남 앞에서 보여주는 행동이나 차림새 따위가 가볍고 방정맞아 위엄과 체면이 없다'라는 뜻이다.

예) 채신없이 큰 소리로 웃지 말고 애들 보는 앞에서는 점잖게 행동하세요.

채찍을 가하다

충고, 격려 따위를 하다.

★채찍 : 몹시 재촉하거나 격려하는 것을 비유적으로 이르는 말.

예) 나는 선생님의 모습을 떠올리면서 나 자신에게 채찍을 가했다.

책상머리만 지키다

'머리'는 '밭머리'에서처럼 일부 명사와 함께 쓰여 '한쪽 끝', '가장자리'를 나타낸다. 즉, '책상머리'는 '책상의 한쪽 끝'이라는 뜻이다. '책상에 앉다'를 '책상머리에 앉다'라고 구체적으로 표현하기도 한다. 같은 뜻이다. '지키다'는 '어떤 것을 살피다', '보호하다'라는 뜻에서 '그 자리를 떠나지 않고 계속 머물다'라는 의미를 나타내게 되었다. '-만'이라고 했으므로 책상머리를 지킬 뿐 아무것도 달리 하는 것이 없다는 의미가 내포된다. (비)책상머리에만 앉아 있다.

예) 나이가 들어서 책상머리만 지키는 것도 못할 노릇이어서 그만두었다네.

책상머리에만 앉아 있다

(비)책상머리나 지키다.

예) 형사가 책상머리에만 앉아 있으면서 범인을 잡을 수 있겠어.

책(을) 매다

책冊장을 모아 꿰어 책을 만들다.

책(을) 잡다

'책責'은 '책망責望'의 준말이다. 잘못한 일을 꾸짖는 것이 책망이다. '잡다'는 무엇을 손에 움켜쥐고 놓지 않는 것이다. 여기에서 '흠을 잡다', '흉을 잡다', '트집을 잡다'에서처럼 '실수나 잘못 따위를 발견하여 그것으로 가치를 떨어뜨리다'를 뜻하게 되었다.

예) 남이 책잡을 일은 아예 하지도 말아라.

책임責任(을) 지다

어떤 책임을 안아맡다.

척(을) 지다

서로 원한을 품어 반목하게 되다. '척隻'은 조선시대 때 소송 사건의 피고로 지목된 사람을 가리킨다. '지다'는 어떤 상태가 생기거나 이루어짐을 뜻한다. '노을이 지다', '층이 지다', '원수가 지다'가 그렇다. '서로 원한이 있어 미워하게 되다'라는 뜻이다.

예) 그는 사소한 집안싸움으로 사돈과 척을 지고 살았다.

척(을) 짓다

척질 일을 만들다. 작척作隻하다.

예) 이웃끼리 척짓고 살 테냐.

척하면 삼천리三千里

상대편의 의도나 돌아가는 상황을 재빠르게 알아차림을 비유적으로 이르는 말.

예) 서로 말은 안 했지만 눈치가 척하면 삼천리다.

척하면 착이다

약간의 암시만 있으면 바로 이해하다.

예)척하면 착이지, 꼭 물어보아야 아냐?

천 갈래 만 갈래

아주 많은 여러 갈래.

예) 철없는 딸을 억지로 쫓아 보내는 부모들의 마음은 갈기처럼 천 갈래 만 갈래 찢어졌다.

천근千斤 같다

매우 무겁다.

예) 머리가 ~.

천금千金 같다

매우 소중함을 이르는 말.

예) 천금 같은 자식.

천길 만길

매우 깊거나 높은 모양을 비유적으로 이르는 말.

천길 만길 뛰다

몹시 성나거나 기겁하여 펄쩍 뛰다.

예) 그 얘긴 이 서방 앞에선 비치지도 못한답니다. 천길만길 뛰면서 주먹질이라도 할 것 같아 말입니다.

천당天堂(에) 가다

'죽다'를 달리 이르는 말.

예) 그때 곧바로 손쓰지 않았다면 넌 벌써 천당에 갔을걸.

천둥인지 지둥인지 모르겠다

무엇이 무엇인지 전혀 분간할 수 없음을 이르는 말.

천만千萬 뜻밖

전혀 생각하지 않은 뜻밖. (비)천만몽외千萬夢外, 천만의외千萬意外, 천천만의외.

천만에 말(말씀)

공연한 말 또는 당찮은 일이라는 뜻으로, 남의 칭찬에 대한 겸양이나 남의 주장에 대한 부정을 나타낼 때 쓰는 말.

예) 날 보고 알부자라고요? 원 ~.

천부당 만부당千不當萬不當

천 번 만 번 부당하다는 뜻으로, 전혀 이치에 맞지 않거나 옳지 않음을 이르는 말. (비) 만만부당萬萬不當, 만부당천부당萬不當千不當.

천불이 나다

열기가 날 정도로 몹시 눈에 거슬리거나 화가 나다.

★천天불 : 하늘이 내린 불이라는 뜻으로, 저절로 일어난 불을 이르는 말.

예) 아무리 노한 감정을 감추려고 해도 눈에 천불이 나는 것을 어찌할 수는 없었다.

천생연분에 보리 개떡

1. 천생연분으로 서로 만나 살게 된 처지에 보리쌀 찧어 만든 개떡을 먹는다는 뜻으로, 기껏 몫으로 받는 것이 너무도 보잘것없는 경우를 이르는 말.

2. 친한 사람들끼리 연분을 맺어 의좋게 사는 경우를 이르는 말.

3. 아무리 천한 사람도 다 제 짝이 있어 보리개떡을 먹더라도 의좋게 산다는 말.

천세千歲(가) 나다

물건이 잘 쓰여 찾는 사람이 매우 많다. 굉장히 세나다.

천수(를) 치다

병 없이 오래 살 것을 빌기 위하여 천수경을 읽다.

★천수경千手經 : 천수관음의 유래와 발원, 공덕을 말한 불경. 원래 이름은 천수천안관세음보살 광대원만 무애 대비심 다라니경千手千眼觀世音菩薩廣大圓滿無碍大悲心陀羅尼經이다. (비)천수다라니경千手陀羅尼經.

예) 건넌방에서 새벽녘부터 나직나직 천수를 치는 시어머니의 경외는 소리가….

천야만야 하다

천 길 만 길이 되는 듯 까마득하게 높거나 깊다. 천야만야한 낭떠러지.

ㅊ

★천야만야千耶萬耶 : 높이나 깊이가 천 길이나 만 길이 되는 듯 까마득한 모양을 나타내는 말.

천千에 하나

매우 드묾을 이르는 말.

예) 이 문제의 해답을 찾는 사람은 천에 하나 있을까 말까 한다.

천(을) 트다

1. 남의 추천을 받다.

2. 경험이 없는 일에 처음으로 손을 대다.

천자문을 떼다

『북』 초보적인 성과를 거두다.

★천자문千字文 : 중국 양나라 주흥사가 우주, 자연, 인륜의 이치를 사언 고시로 엮은 책.

천자문을 떼듯

『북』 무엇을 할 때에 하나씩 하나씩 해내는 모양을 비유적으로 이르는 말.

천장天障을 모르다

한계를 알 수 없다.

예) 인플레가 천장을 모르고 뛰다.

천주학(을) 하다

『북』 1. (비유적으로) 사리에 맞지 아니하게 공연한 짓을 하다.

★천주학天主學 : 천주교가 우리나라에 처음 들어오던 조선 말기에, '천주교'를 이르던 말.

2. (속되게) 남을 속여 넘기는 기묘한 술책을 쓰다.

천지天地가 개벽開闢을 할 판

사물이 딴판으로 싹 바뀔 형편.

천지가 진동하다

'천지天地'는 '하늘과 땅'을 의미하며, '세상', '우주'를 가리키기도 한다. 그것이 진동震動, 즉 천둥이 치듯이 움직인다는 말이다. '하늘과 땅이 울려서 움직일 만큼 소리가 매우 요란하고 크다'라는 뜻이다.

예) 사람들이 들고일어나 아우성치는 소리에 천지가 진동했다.

천지天地에

뜻밖의 일을 당할 때 한탄의 뜻으로 쓰는 말, 천하에, 세상에. (준)천제.

예) 조선 ~ 못 쓸 놈이 있나.

천추에 길이 빛나다

(훌륭한 사적과 위대한 정신이) 소멸되지 않고 영원히 전해지다. (지난날의 명성·업적·정신 등, 이름·공훈·정신 따위가) 오래 전해져 사라지지 않다.

★천추千秋 : 길고 오랜 세월.

천하를 얻은 듯

매우 기쁘고 만족스러움을 이르는 말로 '천하天下'는 '하늘 아래'라는 말이다. 즉, 하늘 아래 있는 모든 세상을 뜻한다. 천하를 얻으면 더 이상 얻을 것이 없다. 마치 온 세상이 제 것이나 된 듯 몹시 만족하고 기뻐함을 일컫는다. 주로 새로 얻은 대상이 몹시 만족스러워 더 이상 바랄 것이 없는 정도가 될 때 이 표현을 쓴다.

천하天下없는

세상에 다시없는, 비할 데 없는, 세상없는.

예) ~ 불행이 닥쳐온다 하더라도 소신所信대로 살아가겠다.

천하天下없어도

무슨 일이 있다 해도 꼭, 세상없어도.

예) ~ 10시까지는 도착해야한다.

천하天下없이

온 세상에 그 유래가 없이, 세상없이.

예) ~ 힘센 사람이라도, /~ 바빠도 그것 만은 하지 않을 수 없다.

철석과 같다

아주 굳고 단단하다.

★철석鐵石 : 굳고 단단한 것을 비유적으로 이르는 말.

철(을) 만나다

제철에 들어서 한창때를 이루다.

예) 철만난 오징어잡이.

철(을) 모르다

'철'은 나이가 들어감에 따라 자연히 사리를 분별하게 되는 능력을 뜻한다. 낮춘 말은 '철딱서니'이다. '아직 나이가 어려서 사리를 분별할 줄 모르다'라는 뜻이다. 때로는 '천진난만하다'라는 뜻을 나타내기도 한다.

예) 우리 애가 철모르고 한 짓이니 어르신께서 용서해주십시오.

철을 앞당기다

『북』 무엇이 제철보다 빠르게 이루어지거나 진행되다.

철(을) 찾다

철을 따져 가리거나 고르다.

예) 철을 찾아 옷을 입다.

철(이) 겹다

어느 철에 뒤지어 맞지 않다.

예) 철겨운 옷 /철겹게 오는 비.

철(이) 나다

사리를 분별할 줄 아는 힘이 생기다. '나다'는 '생기다', '나타나다'이다. '아이가 자라면서 사리를 분별하는 능력이 제법 생기다'라는 뜻이다. 한편 '철딱서니(가) 없다'라고 하면 낮잡아 이르는 표현이 된다. <u>(반)철(이) 없다.</u>

예) 네가 철이 나서 이제는 어른들 생각을 할 줄도 아는구나.

철(이) 들다

제법 사리를 분별할 줄 알게 되다. '들다'는 '안으로 들어오다'에서 '어떤 상태가 이루어지다', '어떤 능력이 생기다'를 나타내게 되었다.

철창鐵窓 없는 감옥

감옥이나 다름없이 꼼짝할 수 없게 통제와 감시를 받는 곳을 비유적으로 이르는 말.

철통 같다

조금도 빈틈없이 튼튼하다.

예) 철통 같은 방위 태세.

철퇴(를) 맞다

엄한 처벌을 받다.

★**철퇴**鐵槌 : 쇠로 만든 몽둥이.

예) 불법 유흥업소를 운영하던 업주들이 잇따라 철퇴를 맞았다.

철퇴를 가하다[내리다]

호되게 처벌하거나 큰 타격을 주다.

예) 뇌물을 받은 공무원들에게 철퇴를 가하다.

철판鐵板을 깔다

체면이나 염치를 돌보지 아니하다.

예) 그 친구 아예 얼굴에 철판을 깔았더군. 그런 짓을 하고도 얼굴색 하나 변하지 않은 채 태연히 일을 보니 말이야.

첩疊 박다

사람이 출입하지 못하도록 대문을 닫고 나무를 가로 걸치어 박다.

첫걸음마를 떼다

어떤 일이나 사업을 처음 시작함을 이르는 말. <u>(비)걸음마를 떼다.</u>

예) 그 회사는 재작년에 첫걸음마를 떼어 지금까지 달려온 광고 기획사입니다.

첫걸음마를 타다

1. 어린아이가 처음으로 걸음걸이를 익히다.

2. 어떤 일이나 사업에서 이제 겨우 익히기 시작함을 이르는 말. <u>(비)걸음마를 타다, 걸음발(을) 타다.</u>

첫눈에 들다

'첫눈'은 첫 번째 볼 때 느끼는 인상을 가리킨다. '마음에 들다', '기분에 들다'라고 한다. 어떤 것이 마음 안으로 들어온다는 것은 그것이 흡족하게 좋다는 의미다. '어떤 대상을 처음 보고 흡족하게 좋아하다'라는 뜻이다. 주로 어떤 자격이나 역할을 염두에 두고 있음을 나타낸다.

예) 자네가 면접을 보러 왔을 때 사실 첫눈에 들었다네.

첫눈에 반했다

보자마자 뿅 갔다는 말.

ㅊ

첫 단추를 끼우다

(사람이) 새로운 과정을 출발하거나 새로운 일을 시작하다, 시작을 잘못하다는 뜻으로는 "첫 단추를 잘못 끼우다"라고 한다.

예) 그는 스물일곱 살에 학교에 처음으로 출근해서 교직생활의 첫 단추를 끼웠다.

첫 단추를 잘못 끼우다

시작을 잘못하다.

예) 첫 단추를 잘못 끼우면 유학 생활이 너무도 멀고 험난해집니다.

첫닭(이) 울다

시골에서 아침을 맞으면 동이 터오기 전부터 닭들이 홰를 치며 운다. '홰를 치다'라는 것은 닭이나 새가 날개를 펴서 양쪽으로 몸을 친다는 뜻이다. 아침이 되기 전에 여러 번 그렇게 우는 소리를 듣게 된다. 그러한 순번을 '홰'라고 한다. 그중에서도 새벽에 맨 처음 우는 닭이 '첫닭'이다. '닭이 그날 처음 울어 새벽을 알리다'라는 뜻이다. 이 표현은 시간을 나타낸다. 과거에 시계가 없었을 때는 이런 방법들로 시간을 짐작했다.

예) 그들은 첫닭이 울 때쯤 동구 밖에서 모이기로 하고 일단 헤어졌다.

첫발(을) 내디디다(딛다)

무엇을 새로 시작하다. 또는 어떤 범위 안으로 처음 들어서다.

예) 사회에 ~.

첫발을 떼다

어떤 일이나 사업의 시작에 들어서다.

예) 이제 사회생활의 첫발을 뗄 때이다.

첫 삽을 들다(뜨다)

'첫 삽'은 공사장에서 흙 따위를 삽으로 파거나 떠낼 때, 그중에서 제일 먼저 놀리는 삽을 말한다. '중요한 공사를 시작할 때 처음으로 흙을 삽으로 떠서 공사의 시작을 알리다'라는 뜻이다. '뜨다'는 수저나 삽 따위로 위에 있는 일부를 담아내는 것을 나타낸다.

예) 기공식에서 총리가 첫 삽을 들어 이 공사의 중요성을 확인할 수 있었다.

첫서리(를) 맞다

『북』 첫 타격에 기가 꺾이고 풀이 죽다.

첫손[가락(을)] 꼽다

'첫손가락'은 '엄지'를 가리킨다. 엄지는 '제일', '으뜸'을 나타내는 상징으로 많이 쓰인다. '꼽다'는 '수나 차례를 헤아리며 손가락을 차례대로 꼬부리다'이다. 첫손가락을 꼽았으니 그 수가 하나이거나 순서가 처음에 놓이겠다. '여럿 중에 가장 뛰어나다'라는 뜻이다. '첫손(을) 꼽다'도 같은 뜻이다.

예) 반에서 첫손꼽는 수재.

첫술에(첫 숟가락에) 배부르랴

무슨 일이든지 처음부터 단번에 만족할 수는 없음을 비유적으로 이르는 말. <u>(비)한술 밥에 배부르랴.</u>

첫자리에 들다

『북』 결혼하여 부부가 처음으로 잠자리를 같이하다.

★첫자리 : 첫째가는 직위나 등급.

첫코(를) 떼다

『북』 어떤 일을 맨 먼저 시작하다.

★첫코 : 뜨개질에서 맨 처음으로 빼낸 코.

예)이번 교대에서는 자네가 첫코를 떼게나.

첫코를 차다

『북』 어떤 행동을 맨 먼저 하다.

청기와 장수

어떤 기술을 혼자만 알고 남에게는 알려 주지 않는 사람을 이르는 말.

청 놓아[놓고]

<u>(비)목(을) 놓아[놓고].</u>

예)청 놓아 울다.

청대青黛 독 같다

빛깔이 몹시 검푸른 물건을 일컫는 말.

★청대 : 쪽으로 만든 검푸른 물감.

청보에 개똥

외양은 그럴듯하나 속을 헤쳐 보면 흉하다는 뜻.

★청보靑褓 : 푸른 색깔의 보자기.

청부(를) 맡다

어떤 일에 대하여 일정한 보수를 약속받고 일을 떠맡다.

★청부請負 : 당사자 가운데 한쪽이 어떤 일을 완성할 것을 약속하고, 상대편이 그 일의 결과에 대해서 일정한 보수를 지급하기로 하는 계약.

청부(를) 주다

청부 일을 맡기다.

청승(을) 떨다

가난하고 비참한 기색을 남들 앞에서 보이는 태도나 행동을 '청승'이라고 한다. '청승맞다'고 하면 보기 싫게 측은하거나 지나치게 불쌍해 보인다는 뜻이고, '청승스럽다'고 하면 보기에 측은하다는 뜻이다. '짐짓 남들 앞에서 자신의 불쌍한 신세를 나타내는 말이나 행동을 하다'라는 뜻이다.

예) 노인네가 다 해진 옷을 입고 길에 나와 청승을 떤다.

청운의 꿈

입신출세하려는 꿈을 비유적으로 이르는 말.

★청운靑雲 : 푸른색의 구름이 어두운 색의 구름보다 높이 떠있는 데에서, 높은 지위나 벼슬을 비유적으로 이르는 말.

예) 청운의 꿈을 펴다. /더구나 모집으로 일본 간 조선의 노동자와 청운의 꿈을 안고 유학 간 학생들은 동포이면서 이민족만큼이나 두터운 의식의 벽으로 갈라져 있었다.

청운의 뜻

1. 입신출세하려는 큰 희망을 비유적으로 이르는 말.

예) 젊어서는 한때 청운의 뜻을 품고 힘써 학문을 닦았으나 간신히 학문을 이루었을 때는 벌써 과거가 폐지된 후였다.

2.『북』 속된 세상에서 벗어나려는 뜻을 비유적으로 이르는 말.

청(을) 넣다[들다]

직접 또는 간접으로 사람을 넣어 특별히 청을 하다.

★청請 : 어떤 일을 이루기 위해 남에게 부탁함.

예) 김덕기가 그의 고향 친구 권만길이한테 돈을 좀 변통해 달라고 청을 넣은 것은 벌써 두서너 달 전부터였다.

청이 떨어지다

참외, 오이 따위가 익어서 속이 그 살의 안쪽 벽에서 떨어지다.

체(를) 메우다

쳇바퀴에 쳇불을 대어서 그 구멍을 메우다. (준)체메다.

체(를) 받다

문장, 그림, 글씨 따위의 체를 본받다.

★체體 : 글씨, 그림 따위의 일정한 본새나 형식.

체머리를 흔들다

1. 병적으로 머리가 저절로 흔들려지다.

★체머리 : 머리가 저절로 흔들리는 병적 현상. 또는 그런 현상을 보이는 머리.

2. 어떤 일에 물려서 머리가 흔들리도록 싫증이 나다.

체메(에) 들다

1. 남의 사정이나 수단에 의하여 어이없이 돈이나 노력을 대신 부담하다.

2.『북』 자기의 주견이 없이 남이 이끄는 대로 말려들어 가다.

★체메 : 체면을 모르는 사람.

체면體面에 몰리다

체면을 차리느라고 하잘것없는 사람에게 놀림 당함을 이르는 말.

체면에 물리다

『북』 체면을 차리느라고 한 일로 몹시 곤란을 겪게 되다.

체면(이) 사납다

체면이 서지 아니하여 부끄럽고도 분하다.

예) 이 나이에 체면 사납게 내가 그걸 어떻게 하나?

체수(가) 없다

매우 경망하고 좀스럽다.

체증이 풀리다

먹은 것이 아래로 내려가지 않고 중간에 걸린 듯이 소화가 되지 않는 것을 '체하다滯-'라고 한다. 그렇게 체하여 생긴 증세를 한의학에서는 '체증滯症'이라고 일컫는다. '풀리다'는 맺히거나 묶인 것 따위가 그렇지 않던 상태로 돌아가는 것을 이른다. '체하여 얹힌 것이 내려가서 소화가 제대로 이루어지다', '걱정하거나 바라던 일이 뜻대로 시원하게 해결되다'라는 뜻이다.

예) 눈에 가시 같던 놈이 보이지 않으니 이제야 체증이 풀리는구나.

체통(을) 잃다

짐짓은 체면을 잃다.

★체통體統 : 신분이나 지체에 알맞은 체면.

초개(와) 같다

'하찮은 것'을 비유할 때 쓰임.

★초개草芥 : '지푸라기'를 가리킨다.

예) 군인은 전쟁터에서 목숨을 초개와 같이 여겨야 한다.

초로 같다

인생 따위가 덧없다.

★초로草露 : 풀잎에 맺힌 이슬.

예) 사람들은 화살같이 지나가는 것을 세월이라 하였고 인생을 초로 같은 것이라 했다.

초로를 치다

『북』 풀에 맺힌 이슬을 털다.

초롱(과) 같다

눈, 귀, 정신 등이 환하게 밝다.

예) 초롱같은 눈.

초(를) 잡다

어떠한 글을 초벌로 쓰다. '초草'는 글의 초안을 잡음, 즉 '기초起草'의 준말이다. 또는 그러한 '초안', '초고'를 뜻하기도 한다. '어떤 글을 쓰는 데 있어 우선 대충 윤곽을 잡아 초안을 작성하다'라는 뜻이다.

예) 논문을 ~.

초醋(를) 치다

1. 잘되고 있거나 잘 되어가는 일에 방해를 놓아 일이 잘못되거나 시들하게 만들다.

2. 음식에 초를 넣다.

3. 상대방의 기를 꺾어 놓다.

예) 괜히 끼어들어 남 하는 일에 초 치지 말고 잠자코 가만히 있어.

초미에 가오리탕

시초부터가 못마땅하거나 부족한 사물. <u>(비)첫맛에 가오릿국.</u>

초상난 집 같다

걱정과 비애 속에 잠겨 아주 스산하고 서글픈 분위기이다. <u>(비)초상 만난 집(과) 같다.</u>

예) 나는 꼭 초상난 집 같은 그 경황없는 집을 빠져나와 그이가 오후 다섯 시에 만나자는 청목당을 미리 찾아 놓았습니다.

초상 만난 집(과) 같다

<u>(비)초상난 집 같다.</u>

예) 처녀 징용이 있는 날은 자식을 빼앗기는 집안이 흡사 초상 만난 집과 같았다.

초상(이) 나다

'초상初喪'은 사람이 죽어서 장사 지낼 때까지의 의식과 절차를 뜻한다. 영혼을 달래고 인도하는 것이 그 목적이다. 여러 절차 중 첫 부분에 해당하기에 '초初'라고 했다. 과거에는 심지어 '삼년상'이라 하여 초상의 절차가 길고도 복잡했다. '어느 집에 사람이 죽는 일이 생기다'라는 뜻이다.

예) 초상이 난 집에 조문객들의 발길이 끊이지 않았다.

초점을 잃다

'초점焦點'이란 거울이나 렌즈에서 반사 또는 굴절된 광선이 모이는 점을 말한다. 또한 사람들의 관심이나 시선이 집중되는 사물의 가장 중요한 부분을 나타내기도 한다. '시력 따위에서 바라보는 시선의 중심을 잃다'라는 뜻이다.

예) 초점을 잃은 눈빛이 두려움에 흔들리고 있었다.

초한楚漢을 다투다

『북』 장기를 두다.

예) 간수의 눈을 교묘하게 속여 가며 초한을 다투기에 한창 여념이 없는 그 속에서 세월은 슬프게 슬프게 시간을 톺아 가는 것이었다.

촉각觸覺을 곤두세우다

정신을 집중하고 신경을 곤두세워 즉각 대응할 태세를 취하다.

예) 그는 촉각을 곤두세우고 상대편의 행동을 살폈다.

촉기(가) 빠르다

『북』 '눈치가 빠르다'의 북한 익은말.

★**촉기** : 생기 있고 재치가 있어 보이는 얼굴빛.

예) 그는 모든 일에 눈썰미가 있을 뿐만 아니라 사물 현상을 이해하는 데 있어서도 남달리 촉기가 빨랐다.

촉새 같이 나서다

자기가 나설 자리도 아닌데, 경망하게 촐랑거리며 참견하다.

★**촉새** : 입이 가벼운 사람을 비유적으로 이르는 말.

촉수를 뻗치다

1. 일정한 목적을 가지고 어떤 대상에 서서히 작용을 미치다.

★**촉수觸手** : 어떤 작용을 가하는 영향력을 비유적으로 이르는 말.

2. 야심을 가지고 대상물에 서서히 작용을 미치다.

촌티를 벗다

'티'는 어떤 자질이 드러나는 기색이나 태도를 말한다. '촌티村-'는 시골티, 즉 '시골 사람다운 모습이나 태도'를 얕잡아 일컫는 표현이다. '벗다'는 옷을 벗듯이 '없애다'는 뜻이 된다. '촌스러운 태도나 외모를 완전히 없애다'라는 뜻이다.

예) 서울에 올라온 지 1년도 되지 않아서 영숙은 촌티를 벗고 서울 아가씨가 되었다.

촐랑이 놀듯 하다

『북』 '촐랑이 수염 같다'의 북한 익은말.

★**촐랑이** : 채신없이 자꾸 까불며 방정맞게 구는 사람.

촐랑이 수염 같다

매우 경망스럽게 까불고 수다를 떨다. (비)촐랑이 놀듯 하다.

총각總角 딱지를 떼다

1. 총각이 처음으로 동정을 깨뜨리다.

예) 나는 군대에서 휴가를 나왔을 때 총각 딱지를 뗐다.

2. 총각이 결혼하다.

예) 우리 동네 청년 만수가 드디어 총각 딱지를 떼게 됐네.

총검銃劍의 숲을 헤치다

『북』 겹겹이 에워싼 적들의 삼엄한 경계망이나 포위망을 뚫다.

예) 항일 유격대원들은 총검의 숲을 헤치고 조국 땅에 진출하여 원수들에게 치명적 타격을 주었다.

총대(를) 메다

(속되게) 아무도 나서서 맡기를 꺼리는 공동의 일을 대표로 맡다.

★**총대總代** : 전체를 대표하는 사람.

예) 모두들 머뭇거리며 주저하자 과장이 총대를 메겠다며 나섰다.

총알 맛을 보다

『북』 1. 전투에 참가해 본 경험이 있다.

예) 철수 동무는 열여섯 살에 벌써 총알 맛을 본 싸움꾼이었다.

2. 총알에 맞아 본 경험이 있다.

총銃(을) 메고 나서다

(비)총(을) 잡다.

예) 아내들은 언제나 남편이 총 메고 나설 때 만류하지 않아야 한다는 것을 잘 알고 있는 것이었다.

총(을) 잡다

1. 총을 들고 쏘다.

예) 총알이 정통으로 가 맞지 않는 건 오랫동안 총을 잡아 보지 않아서라기보다 그의 심중 탓인 것 같았다.

2. 무기를 들고 싸움에 나서다. (비)총(을) 메고 나서다.

예) 전쟁이 나면 여자나 어린아이까지도 모두 총을 잡고 나라를 지키기 위해 나섰다.

최후를 마치다

'최후最後'는 맨 마지막, 특히 삶의 마지막 순간 또는 죽음을 의미한다. '(주로 '~한 최후를 마치다'의 형태로 쓰여) 마지막까지 싸우거나 애쓰다가 ~하게 죽다'라는 뜻이다.

예) 마지막 고지를 얼마 남겨두지 않고 서 대원은 눈 속에서 장렬한 최후를 마쳤다.

추격(을) 붙이다

1. 전술을 연습하게 하다.

★추격追擊 : 뒤떨어진 쪽이 앞선 쪽을 넘어서려고 공격적으로 쫓아감.

2. 이간離間하여 서로 싸우게 하다.

추렴(을) 들다

1. 추렴하는 데에 끼다.

2. 남들이 말하는 데 한몫 끼어 말하다.

★추렴 : 모임, 놀이, 잔치 등의 비용을 마련하기 위해서 여럿이 얼마씩 돈이나 물건 등을 나누어 내거나 거둠.

예) 그녀는 그들의 대화에 끌리어 자기도 한 추렴을 들고 싶었다.

추상과 같다

호령 등이 위험이 있고 서슬이 푸르다. 추상같은 호령, 형벌 등이 매섭고 엄하다.

★추상抽象 : 개별의 사물이나 표상의 공통된 속성이나 관계 따위를 뽑아냄.

추위(를) 타다

추위를 쉽게 느끼고 잘 견디어 내지 못하다.

예) 추위를 타는 체질.

축軸은 축대로 붙다

『북』 서로 비슷비슷한 사람끼리 모이고 사귀게 되다.

축(을) 받다

『북』 근심이나 병으로 몸이 약해져 살이 빠지다.

★축縮 : 근심이나 걱정, 병 따위로 몸이 야윔.

예) 몸이 어떻게 축을 받았는지 제힘으로는 가누지도 못했다.

출말(이) 나다

일이 끝나다.

★출말出末 : 일이 끝이 남.

출사표를 내다

(비)출사표를 던지다.

★출사표出師表 : [역사] 중국 삼국 시대, 촉蜀나라의 재상 제갈량諸葛亮이 선주先主 유비劉備의 사후에 출진함에 있어서 후주後主, 유선劉禪에게 적어 올린 글.

출사표를 던지다

경기, 경쟁 따위에 참가 의사를 밝히다. (비)출사표를 내다.

예) 이번 선거에 출사표를 던진 후보는 모두 7명이다.

출석出席(을) 부르다

출석한 사람을 알기 위해 출석부에 적힌 성명을 부르다.

출입이 잦다

'출입出入'은 '나가고 들어옴' 또는 '잠시 다녀올 목적으로 집 밖에 나감'을 의미한다. '잦다'는 간격이 짧고 자주 일어남을 뜻한다. '어떤 장소에 나가고 들어오기를 자주 하다', '집을 나가서 밖에 머무는 횟수가 많다'라는 뜻이다.

예) 기자들의 출입이 잦은 것으로 보아 큰 사건이 터진 모양이야.

출중(이) 나다

뭇 사람 속에서 뛰어나서 남다르다.

★출중出衆 : 뭇사람 중에서 특별히 뛰어남.

예) 솜씨가 ~.

춤(을) 추다

'춤'은 음악이나 자기 기분에 맞춰 팔다리와 몸을 보기 좋게 움직이는 것을 가리킨다. 동사 '추다'와 짝을 이룬다. '음악에 따르거나 자기 흥에 겨워서 몸을 맵시 있게 움직이다'라는 뜻이다. 한편 '사물 따위가 마치 춤을 추는 것처럼 이리저리 움직이거나 움직이는 것처럼 눈앞에서 아른거리다', '몹시 기뻐서 날뛰다'라는 뜻을 나타내기도 하고, 춤이라는 것이 주로 음악에 맞추는 몸짓이기 때문에 주견이 없는 행동에 비유하기도 한다. 이때는 '줏대가 없이 남의 부추김을 받아 수선스럽게 행동하다'라는 의미가 된다. '남의 장단에 춤을 추다'라는 속담이 있다.

예) 잔잔한 바람이 불어오자 물결이 춤을 추었다.

춥고 배고프다

살림이 가난하여 살아가기가 힘들고 고생스럽다.

취병(을) 틀다

취병을 만들다.

★취병翠屛 : 꽃나무를 이리저리 휘어서 문이나 병풍 모양을 만든 물건.

치(가) 떨리다

(사람이 어떤 일에) 몹시 분하거나 지긋지긋하여 화가 나다. '치齒'는 '이', '이빨'을 가리키는 한자어이다. '떨리다'는 '떨다'의 피동, 즉 '떨림을 당하다'이다. 온몸이 떨리다 못해 이마저 흔들릴 정도라는 말이다. 즉, '어떤 일에 몹시 분노하거나 지긋지긋하여 몸서리가 나다'를 나타낸다. <u>(비)이(가) 떨리다.</u>

예) 노인은 쌀 반 되를 내놓으면서도 그것이 아까워서 치를 떨었다.

치감고 내리감다

아래위 옷을 모두 비단으로만 입어서 온몸을 감다시피 하다.

치도곤을 안기다[먹이다]

1. 심한 벌을 주다.

★치도곤治盜棍 : 몹시 혼나거나 맞음.

예) 어머니는 나의 거짓말을 아시고 치도곤을 안기셨다.

2. 화를 입게 하다.

예) 남에게 치도곤을 먹이면 언젠가 그 화가 네게 다시 돌아온다.

치齒(를) 떨다

1. 매우 인색하여 내놓기를 꺼리다.

예) 기방에선 시퍼런 지전을 물 쓰듯 하다가도 인력거 삯은 고린전 한 푼에 치를 떠는 건 영락없이 개성상인이라는군.

2. 몹시 분해하거나 지긋지긋해하다. <u>(비)이(를) 떨다.</u>

예) 잇단 범죄 사건에 치 떠는 국민들 /뼈아픈 배신감에 치를 떨다.

치를 틀다

궁중에서, 상투를 틂을 이르던 말.

치마폭이 넓다

(비꼬는 뜻으로) 남의 일에 쓸데없이 간섭하고 참견하다. <u>(비)치맛자락이 넓다.</u>

치맛자락이 넓다

남의 일에 공연히 간섭하고 참견하는 사람을 비꼬아 이르는 말. <u>(비)치마폭이 넓다.</u>

치수(를) 내다

물건 따위의 길이 치수를 정하다.

★치수數 : 길이를 재는 단위의 하나인 치의 수치라는 뜻으로, 일반적으로 규모가 작은 물건의 길이나

ㅊ

크기와 관련해서 사용하는 말.

치수(를) 대다

치수를 재어 정하다.

치신(이) 없다

몸가짐이 경망스러워 위신이 없다.

★치신 : 처신(세상살이나 대인 관계에 있어서, 어떤 몸가짐이나 행동을 취하다)을 낮잡아 이르는 말.

치차와 같이 맞물리다

『북』 연관된 모든 일들이 서로 밀착되어 계획적으로 빈틈없이 진행되다.

★치차齒車 : 둘레에 일정한 간격으로 톱니가 박혀 있는 바퀴.

칙사 대접待接

극진하고 융숭한 대접을 이르는 말.

★칙사勅使 : 임금의 명령을 받아 전하여 주는 사신.

예) 오거무의 진가가 제대로 나타났다. 몇 만 냥을 주고도 살 수 없는 보배였다. 그래서 전봉준은 오거무가 올 때마다 칙사 대접을 했다.

친정親庭 일가一家 같다

남이지만 흉허물이 없다.

칠색 팔색(을) 하다

매우 질색을 하다.

예) 그는 칠색 팔색을 하며 아니라고 말했다.

칠석七夕물(이) 지다

칠석날에 비가 와서 큰물이 지다.

칠성판에 오르다

『북』 매우 위험한 상태에 있다.

★칠성판七星板 : 관의 바닥에 깔거나 시신 위에 덮는 얇은 널조각.

칠성판을 지다

1. 사람이 죽거나 죽게 되다.

2. 죽음을 무릅쓰고 사지에 들어가다.

침략侵略의 칼을 갈다

『북』 남의 나라에 쳐들어가기 위한 전쟁을 준비하다.

침 발라 놓다

자기 소유임을 표시하다.

예) 내가 침 발라 놓은 고기에 손댈 생각은 하지 마라.

침식寢食을 잊다(잃다)

어떤 일에 열중하다.

예) 그는 침식을 잊고 밤늦도록 불을 밝히며 공부에 전념했다.

침(을) 놓다(주다)

강하게 알리거나 요구를 나타내면서 꼼짝 못하게 하다. '침鍼'은 한의학 용어이다. 사람의 몸에는 기운이 일정하게 모이는 곳이 있어서 그곳을 적절히 자극하면 내장이나 근육 등에 영향을 미칠 수 있다. 그 원리를 치료에 사용하기 위해 고안해낸 것이 '침'이다. 바늘과 같이 생겼고, 그 크기와 굵기는 다양하다. '아픈 곳을 치료하기 위해서 날카로운 바늘과 같이 생긴 것을 몸의 혈에 찌르다'라는 뜻이다. 한편 '정신을 차리도록 따끔하게 충고하거나 경고하다'라는 뜻으로도 쓰인다. '일침을 놓다(가하다)'라고도 하는데, 이때는 '한 번의 따끔한 충고'를 강조한다.

예) 그놈에게 침을 놓아서 건방진 짓거리를 하지 않게 해야지.

침(을) 뱉다

'뱉다'는 입 속에 있는 음식이나 가래 따위를 세차게 입 밖으로 내보내는 것을 말한다. '입에 힘을 주어서 입 안에 든 침을 세게 바닥에 떨어지게 하다'라는 뜻이다. 한편 주로 멸시하거나 모욕한다는 뜻을 강하게 나타내고자 할 때 우리는 그 사람이나 주변에 침을 뱉는다. 이때는 '어떤 대상을 아주 치사스럽게 생각하거나 더럽게 여겨 그자 앞에서 멸시하는 행동을 나타내 보이다'라는 뜻으로 쓰인다.

예) 아무리 사람들이 침을 뱉고 돌을 던져도 나는 떳떳합니다.

침을 삼키다

음식 따위를 먹고 싶어 하거나 재물, 이익 등을 얻으려고 탐내며 부러워하다. '삼키다'는 음식물 따위를 목구멍으로 넘기는 것이다. '입 안에 고인 침을 삼키다'라는 뜻이다. 한편 어떤 음식을 보거나 냄새를 맡거나 상상하면, 자연히 침이 나오고 이어서 그 침을 삼키게 된다. 이때는 '(비유적인 표현으로 쓰여) 어떤 음식을 몹시 먹고 싶어 하다'라는 의미다. 비슷한 뜻으로 '입맛을 다시다', '군침을 삼키다'가 있다. '군침'은 '보통 때와는 달리 입 속에 도는 침'을 뜻한다. 아울러 음식에 대해 탐내듯이 어떤 대상을 욕심내는 것을 나타내기도 한다. 즉, '(부정적인 의미로 쓰여) 어떤 사람이나 물건을 자기 것으로 하고 싶어 탐을 내다'라는 뜻으로도 쓰인다.

예) 작업반장은 새로 들어온 아이를 보고 침을 삼켰다.

침을 흘리다

'흘리다'는 '흐르다'의 사동, 즉 '흐르게 하다'이다. 침을 삼키지 않으면 입 안에서 고이다가 급기야 밖으로 흐른다. '고인 침을 입 밖으로 흐르게 하다'라는 뜻이다. 침을 흘리는 것은 분비된 침의 양이 '침을 삼키다'보다 훨씬 많다. 즉, 그 정도가 더 심하다는 표현이다. 또한 '삼키다'는 동작을 나타내므로 먹고자 하는 의도가 강하게 비치지만, '흘리다'는 자연히 흐르는 것이므로 막연한 동경을 나타낸다. 이때는 주로 접근이 허용되지 않는 경우에 쓰여, '어떤 음식이 애틋하고 또는 탐욕스럽게 먹고 싶다' 또는 '어떤 사람이나 물건을 자기 것으로 하고 싶어 애틋하거나 탐욕스럽게 탐을 내다'라는 뜻이 된다.

예) 이 오토바이가 얼마나 멋있으면 놈들이 침을 흘렸겠냐?

침이 마르다

다른 사람이나 물건에 대하여 거듭해서 말하다. <u>(비)입에 침이 마르다, 입이 닳다, 입이 마르다, 혀가 닳다.</u>

예) 아내 자랑에 침이 마르다. /하객들은 신랑 신부의 인물이 빼어나다고 침이 마르도록 칭찬을 했다.

ㅊ

ㅋ

칼(을) 갈다[벼리다]

1. 싸움이나 침략 따위를 준비하다.
2. 복수를 준비하다.

예) 지연은 십 년 동안 보복의 칼을 간 셈이다.

칼(을) 맞다

'맞다'는 때리거나 찌르거나 꾸짖거나 벌어지는 것을 당한다는 의미다. '다른 사람이 휘두르는 칼에 의해서 베이거나 찔리다', '남의 호된 공격에 당하다'라는 뜻이다.

예) 그 녀석, 주식 투자로 돈 벌었다고 설치더니 이번 폭락 장세에 칼을 맞은 거라 구.

칼(을) 먹이다

화투짝을 절반쯤 나누어서 양쪽의 짝이 서로 사이사이에 끼이도록 고루 섞다.

칼(을) 메기다

투전 짝을 골고루 섞으려고 절반쯤 갈라 부챗살처럼 펴서 두 쪽의 각 장이 사이에 서로 끼여 들어가게 밀어 넣다.

칼(을) 물다

'물다'는 이齒 사이에 어떤 것을 놓아 떨어지지 않게 힘을 주거나 또는 입 안에 넣어 지니는 것을 가리킨다. 원한이 있는 귀신을 묘사할 때 칼을 물고 있는 모습이 자주 등장한다. 그 칼의 용도는 자명하다. '상대방에게 앙심을 가지다'라는 뜻이다. 비슷한 표현으로 '칼을 품다'가 있다. 물론 가슴속에 품은 칼을 말한다.

예) 그 여자가 칼을 물고 달려들면 어떡하려고 함부로 하는가?

칼을 빼 들다

결함, 문제 따위를 해결하려고 하다.

예) 정부가 언론 개혁의 칼을 빼 들 것인지에 관심이 쏠린다.

칼(을) 쓰다

죄인이 칼의 구멍에 목을 넣다. 지난날 죄인의 목에 끼우는 형틀을 '칼'이라 한다. 두꺼운 널빤지에 구멍을 뚫어 그 구멍 속으로 머리를 끼울 수 있도록 열고 닫게 만들었다. '쓰다'는 '모자를 쓰다'에서처럼 머리에 얹거나 덮는다는 의미를 나타낸다. 칼을 쓰게 되면, 움직임에 제약을 받을 뿐만 아니라 누워서 잘 수도 없고 어디에 기댈 수도 없다. 또한 인간으로서의 수치심을 느끼게 된다.

예) 칼을 쓴 춘향이의 모습을 보고 월매는 가슴을 쥐어뜯었다.

칼(을) 씌우다

죄인이 칼의 구멍에 목을 넣게 하다.

예) 두 팔과 두 다리를 쇠사슬로 친친 감아 꼼짝을 못하도록 결박을 짓고, 그 위에 항쇄, 족쇄, 자물쇠를 걸어 목과 다리에 칼을 씌웠다.

칼(을) 품다

살의를 품다.

예) 금방 칼을 품고 싶은 생각이 불길같이 일었다.

칼자루를 잡다(쥐다)

'자루'란 곡식 따위를 담는 큰 주머니를 말하기도 하고, 연장에 달린 손잡이를 뜻하기도 한다. 혹은 연필 따위를 세는 단위로도 쓰인다. 칼과 같이 날카로운 물건들은 반드시 손잡이를 달아야 한다. '칼자루를 잡다'는 것은 '어떤 것을 베려고 칼을 움켜쥐다'는 뜻이다. 아무리 옆에서 참견을 해도 실제로 베는 사람은 칼자루를 잡은 쪽이다. 한편 '잡다'와 '쥐다'는 비슷한 뜻이다. 다만 '잡다'는 '우연이나 경쟁 따위로 손에 얻다'라는 일회적인 뜻을 나타내고, '쥐다'는 그렇게 해서 당분간 지니고 있는 상태라는 지속적인 뜻을 나타낸다. '칼자루를 쥐다'는 '어떤 일을 처리할 수 있는 권한이나 어떤 결과를 좌우할 수 있는 힘을 지니다'라는 뜻이다. 이 표현은 그렇지 않은 사람들을 염두에 두고 실제 권한이나 힘을 지닌 쪽을 강조한다. (비)도낏자루(를) 쥐다.

예) 정작 칼자루를 잡은 사람은 입을 다물고 있는데, 왜 당신이 나서서 설치는가?

칼자루를 휘두르다

권력을 사용하다.

예) 신임 장관은 취임하자마자 칼자루를 휘두르면서 인사 개편을 했다.

칼춤을 추다

칼을 가지고 능숙하게 휘두르다.

예) 활을 당기고 활을 쏘았다. 칼을 차고 칼춤을 추었다.

칼침(을) 맞다

원한 등으로 칼에 찔리다.

★칼침鍼 : 칼로 남을 찌르거나 남의 칼에 찔리는 일.

예) 정적政敵에게 ~.

칼탕(을) 맞다

『북』 칼로 형체를 알아볼 수 없게 마구 찍히다.

★칼탕 : 칼로 여러 번 찍거나 다짐. 또는 그렇게 찍히거나 다져짐.

칼탕(을) 치다

『북』 1. 칼로 잘게 토막 치거나 다지다.

예) 칼탕 친 고기 /놈들은 짐승 같은 소리를 지르며 산지사방으로 흩어지는 부락민들을 쫓아가 쏘고 찌르고 칼탕을 쳤다.

2. 형체도 알아볼 수 없게 부수거나 깨뜨려 못 쓰게 만들다.

코가 걸다

무엇을 자랑삼아 내세우다.

코(가) 꿰이다

(어떤 사람이 다른 사람에게) 약점이 잡히다. '꿰이다'는 '꿰다'의 피동이다. '실 따위를 구멍에 넣어 다른 쪽 밖으로 나가게 하다' 또는 '서로 통하게 뚫어서 어디에 매달다'가 '꿰이다'이다. 마소를 마음대로 부리기 위해서 코를 뚫어 코뚜레를 매다는 것에서 그 뜻이 비롯되었다. '어떤 사람에게 자유를 구속당해 꼼짝 못하다', '어떤 일에 얽매여 그 밖의 것을 못하고 지내다'라는 뜻이다.

예) 저 친구는 결혼하더니 마누라한테 코가 꿰였어.

코가 납작해지다

냄새를 맡는 감각기관인 코는 얼굴의 중심에 있기에 '자존심'이나 '오만'을 나타내기도 한다. 또한 얼굴을 때리면 가장 크게 당하는 것이 코다. 말 그대로 코가 납작해지는 기분이다. '자신만만하거나 거만하던 사람이 어떤 일이 잘되지 않아 위신이 떨어지고 기가 꺾이다'라는 뜻이다. (사람이) 몹시 무안을 당하거나 기가 죽다.

코가 높다

잘난 체하고 뽐내는 기세가 있다. '다른 사람들보다 코가 크고 뾰족하다'라는 뜻이다. 한편 사람이 으스대면 턱을 쳐들게 되고, 따라서 코가 높아진 듯이 보인다. 그래서 '자신이 잘났다고 뽐내는 태도가 있

ㅋ

다'라는 뜻으로도 쓰인다. '세다'는 강하고 질기다는 뜻이다.

예) 그 여자는 코가 높아서 웬만한 남자는 거들 떠 보지도 않는다.

코가 땅에 닿다

'몸을 엎드려서 코가 땅에 접촉하게 되다', '절을 할 때 보통 이상으로 머리를 깊이 숙이다'라는 뜻이다.

예) 그는 코가 땅에 닿도록 절을 하고는 찾아온 이유를 말씀드렸다.

코가 비뚤어지게[비뚤어지도록]

몹시 취할 정도로.

예)그들은 코가 비뚤어지게 술을 마셨다.

코(가) 빠지다

고정되어 있는 것이 밖으로 나오는 것을 '빠지다'라고 한다. 코는 얼굴의 중심에 자리 잡고 있다. 무엇을 심하게 근심하거나 낙담하면 기가 떨어져 돌출되어 있는 코가 제자리에서 떨어질 정도가 된다는 말이다. '(어떤 타격이나 근심으로) 기가 죽고 활기가 없어지다'라는 뜻이다.

코(가) 세다

1.남의 말을 잘 듣지 않고 고집이 세다. (비)코-집이 세다.

예) 그는 코가 세서 누가 뭐라고 해도 귀 기울이지 않는다.

2.『북』 마소가 성질이 사납다.

예) 코가 센 소.

코가 솟다

뽐낼 일이 있어 우쭐해지다.

코가 우뚝하다

잘난 체하며 거만하게 굴다.

코가 찡하다

'찡하다'는 속이 뻐근해지도록 울린다는 말이다. '가슴이 찡하다'라고 하면 가슴이 뻐근하게 울리는 것처럼 강한 감동이 일어난다는 뜻을 나타낸다. '너무 감격하거나 슬퍼서 코가 뻐근하게 울리는 것과 같은 감정이 강하게 일어나다'라는 뜻이다. '코끝이 찡하다'라고도 한다.

예) 이산가족이 상봉하여 얼싸안는 모습에 그 여자는 코가 찡했다.

코 값을 하다

대장부답게 의젓하게 굴다.

코 꿴 송아지

'약점을 잡힌 사람'을 비유하는 말.

코끝도 볼 수 없다

사람이 도무지 모습을 나타내지 않다. (비)코빼기도 볼 수 없다.

예) 그 사람은 요새 코끝도 볼 수 없으니 어찌 된 일이지.

코끝도 안 보인다

도무지 모습을 나타내지 않다.

예) 오늘 하루 종일 그 영감은 코끝도 안 보인다.

코끼리 비스킷

먹으나 마나 한 매우 적은 것을 비유적으로 이르는 말.

예) 그에게는 과자 한 봉지도 코끼리 비스킷이다.

코(를) 골다

잠을 잘 때에 드르렁거리며 콧숨을 쉬다.

코를 납작하게 만들다

기를 죽이다.

예) 나는 그녀의 코를 납작하게 만들어 주기 위해서라도 적어도 한 학년은 뛰어넘어야겠다고 생각했다.

코를 내다[잡다]

뜨개질에서, 그물이나 뜨개질실로 코를 만들다.

예) 양말목에서 코를 잡아 기계에 걸고 한 손으로는 실을 조정해 가며 한 손으로는 손잡이를 돌렸다.

코를 떼다

무안을 당하거나 핀잔을 맞다.

코를 맞대다

(어떤 사람이 다른 사람과, 또는 둘 이상의 사람이)

서로 가까이 대면하다. '맞-'은 '마주하는', '서로 바라보는'의 의미를 나타낸다. 여기에 '닿게 하다', '연결시키다'를 뜻하는 '대다'가 붙어서, '서로 닿게 대다', '서로 마주 대하다'의 뜻을 지닌 '맞대다'가 되었다. '코가 실제로 닿지는 않는다고 해도 그럴 정도로 서로 아주 가까이 마주 대하다'라는 뜻이다.

코를 박듯

머리를 아주 깊숙이 숙이는 모양을 나타내는 말, '박다'는 '두들기거나 밀어서 꽂히게 하다', '꽂히듯이 세게 부딪치다' 등을 의미한다. 마치 코를 땅에 박듯이 고개를 수그린다는 말이다.

예) 아이가 코를 박듯 절을 하는 모습이 당차게 보였다.

코(를) 빠뜨리다

못 쓰게 만들거나 일을 망치다.

예) 이게 무슨 망발이란 말이오. 다 된 일에 코 빠뜨리자는 속셈이 아니라면 대관절 이럴 수가 있는 거요.

코를 세우다

『북』 1. 고집을 부리다.

예) 코를 세우고 버티며 말을 듣지 않다.

2. 위신이나 기세 따위를 돋우다.

코를 싸쥐다

무안이나 핀잔으로 얼굴을 들 수 없게 되다.

예) 학문에 대한 문답에서 노인이 낭패하고 코를 싸쥐었다는 얘기는 유명하였고….

코를 줍다

뜨개질에서, 소맷부리나 단 따위의 가장자리 코를 바늘로 걸어 내다.

코를 쳐들다

잘난 체하며 우쭐대다.

예) 살인을 하고도 그냥 코를 쳐들고 다니는 일부의 사회가 있었다.

코(를) 풀다

'풀다'는 '묶이거나 매인 것을 그렇지 않은 상태로 되게 하다'에서 '뭉치거나 맺힌 것 따위를 없애서 자유롭게 하다'를 의미하게 되었다. '콧구멍으로 숨을 세게 내뿜어 콧물 따위를 코 밖으로 내보내다'라는 뜻이다.

예) 그 학생은 연방 코를 푸느라고 수업에 집중할 수 없었다.

코 먹은 소리

코가 막혀서 콧속을 울리어 나는 소리.

예) 코 먹은 소리로 말하며 술잔을 들어 내밀었다.

코 묻은 돈

어린아이가 가진 적은 돈.

예) 그는 돈이 모자라 작은아들의 코 묻은 돈까지 써야 했다.

코방아 찧다

엎어져서 코를 바닥에 몹시 부딪치다.

코빼기도 내밀지[나타나지] 않다

도무지 모습을 나타내지 아니함을 낮잡아 이르는 말.

예) 사흘이 가고 닷새가 지나도 사내는 코빼기도 내밀지 않았다.

코빼기도 못 보다

도무지 나타나지 않아 전혀 볼 수 없음을 낮잡아 이르는 말. <u>(비)코끝도 볼 수 없다.</u>

예) 무슨 일을 하고 다니는지 요새는 통 그의 코빼기도 못 보았다.

코빼기도 볼 수 없다

'코빼기'는 '코'를 속되게 일컫는 말이다. 신체 일부를 나타내는 말에 '-빼기'가 붙으면 그것을 속되게 혹은 낮추어 이르는 말이 된다. '이마빼기', '머리빼기'가 그렇다. 코는 신체에서도 돌출된 부분이다. 또한 작은 부분이기도 하다. 그런데 그것조차 볼 수 없으니 그 사람을 아예 볼 수 없음을 강조하여 나타낸다. '(속된 표현으로 쓰여) 도무지 나타나지 않아 전혀 볼 수 없다'라는 뜻이다.

예) 추석인데도 다른 동서들은 바쁘다 하여 코빼기

도 볼 수 없었다.

코 아래 입

매우 가까운 것.

코 아래 진상

뇌물이나 먹을 것을 바치는 일.

★**진상**進上 : 지방의 특산물을 임금이나 높은 지위에 있는 사람에게 바침.

예) 아마 이번 설에도 닭 마리나 코 아래 진상을 해야 할까 보다.

코앞에 닥치다

일이나 시간이 매우 급박하여지다.

예) 마감 시간이 ~. /코앞에 닥친 일부터 해결하라,

코에 걸다

1.무엇을 자랑삼아 내세우다.

예) 나도 한때는 독립 운동가를 아버지로 모신 걸 대단히 자랑스럽게 코에 걸고 다녔지.

2.『북』 무엇을 어떤 부정적인 행동을 하는 근거로 삼다.

코웃음을 짓다

코웃음을 짓는 표정을 하다.

코웃음(을) 치다

'코웃음'은 코로 가볍게 '흥' 소리를 내며 코끝을 살짝 움직여서 비웃는 뜻으로 내는 웃음이다. '비소鼻笑'라고도 한다. '코웃음(을) 짓다'라고 하면 콧소리를 거의 내지 않고 그런 표정을 띠는 것을 가리킨다. '코웃음(을) 치다'는 그보다 강한 표현이다. '코로 '흥' 소리를 내어 웃으며 상대를 조롱하다'라는 뜻이다.

예) 하도 말 같지도 않은 소리를 하니까 코웃음을 칠밖에.

코집이 세다

『북』 '코(가) 세다'를 낮잡아 이르는 말. 예) 왕청 사람들은 원래 코 집이 세다더니 역— 얼음장두 튼튼하게는 얼어 붙었군…….

★**코집** : 코를 이룬 살덩어리.

코집이 틀리다[틀려먹다/앵돌아지다]

『북』 일이 앞으로 잘되기는 틀렸다.

예) 너의 형은 사람이 되기엔 코 집이 틀려먹은 지 오래다. /오늘 저 해를 가지고 밤나무골까지 가기는 코 집이 앵돌아진 일이니 오늘은 여기서 아예 묵어 갑세.

코 춤을 추다

『북』 코를 쭝긋쭝긋 움직이며 웃다.

코침(을) 주다

1.콧구멍에 심지를 넣어 자극하다.

예) 장난을 좋아하는 그는 자는 사람들에게 코침 주기를 계속하였다.

2.사람을 성나게 하다.

코코에 걸리다[막히다]

『북』 일이 이루어지는 때마다 장애가 생기다.

★**코코** : 『북』 (주로 '코코에', '코코마다' 꼴로 쓰여) 어떤 일을 하는 과정에서 부딪치는 일 하나하나를 이르는 말.

코코에서 발등을 밟다

『북』 매번 남의 일을 방해하거나 계속 앞질러 가며 일이 안되게 방해하다.

코코에서 헝클어지다

『북』 일이 매번 잘 안되다.

코 큰 소리

잘난 체하는 소리.

예) 나이가 어릴 때는 제법 코 큰 소리를 하고 우쭐대던 성대였지만….

코털(이) 세(센)다

일이 뜻대로 되지 아니하여 마음이 쓰이고 애가 타다.

코피(가) 터지다

손해나 손실을 보다.

예) 대기업들이 경쟁하는 시장에서 코피 터지는 것은 중소기업이다.

코피를 흘리다

코에 충격을 받거나 피곤하거나 하여 코에서 나오는 피가 '코피'이다. '코피가 터져 아래로 흐르다', '금전 등에서 큰 타격을 받다', '크게 실패하다'라는 뜻이다.

예) 저들을 얕잡아 보고 함부로 덤볐다가는 코피를 흘리기 안성맞춤이야.

콧김이 세다

관계가 가까워서 영향력이 세다.

★콧김 : 누군가에게 끼치는 영향력을 비유적으로 이르는 말.

콧노래를 부르다

'콧노래'는 입을 벌리지 않고 콧구멍을 울려서 나오는 소리로 가락을 만들어 부르는 노래를 가리키다. 주로 기분이 좋을 때 자신도 모르게 콧노래를 부르게 된다. '코로 소리를 내어 노래를 흥얼거리다', '일이 수월하거나 뜻대로 이루어지는 데 만족하여 홍겹게 행동하다'라는 뜻이다.

예) 지금 우리가 콧노래나 부르고 있을 때가 아닙니다. 다른 회사들이 우리를 바짝 뒤쫓고 있어요.

콧대(가) 높다

잘난 체하고 뽐내는 태도가 있다.

★콧대 : 우쭐하고 거만한 태도를 비유적으로 이르는 말.

예) 콧대 높은 사장도 자기 부인 앞에서는 꼼짝 못한다.

콧대(가) 세다[콧대(를) 세우다/콧대(를) 쳐들다]

'콧대'는 코의 윗부분, 즉 콧등이 아래로 우뚝하게 내려온 줄기를 가리킨다. '코(가) 세다'와 같은 뜻이다. 그러나 '콧대(가) 세다'가 어감이 강하여 오늘날 더 많이 쓰인다. 한편 '세우다'는 똑바로 서게 하거나 높이 올린다는 뜻으로 젠체하며 거만하게 굴다. '콧대를 낮추다'에 상대되는 표현이 된다. '쳐들다'는 들어서 올린다는 뜻이다. 위로 올린다는 의미에서 '세우다'와 같다.

예) 그 남자는 콧대가 세서 아내 말도 듣지 않는다.

콧대를 꺾다

(어떤 사람이 다른 사람을) 상대방의 자만심이나 자존심을 꺾어 기를 죽이다. '꺾다'는 '부러뜨리다', '구부려서 원래의 방향을 바꾸다'를 의미한다. 여기에서 '기세 따위를 펴지 못하게 억누르다'라는 의미가 비롯되었다. '패배나 타격을 주어 잘난 척하는 자만심이나 자존심에 상처를 주다'라는 뜻이다.

예) 저 녀석 콧대를 꺾어 세상에 저만 잘난 줄 아는 생각을 고쳐놓겠어!

콧대를 낮추다

'낮추다'는 '낮게 하다'이다. 낮은 것은 겸손과 상관이 있다. '자기 생각대로만 하려던 고집을 다소 꺾고 남의 말에 귀를 기울이다', '거만하게 굴던 태도를 바꾸어 다소 겸손해지다'라는 뜻이다.

예) 노처녀는 콧대를 낮추어야 시집을 간단다.

콧대를 내흔들다[쳐들다]

『북』 우쭐해서 거만하게 굶을 낮잡아 이르는 말.

콧등(이) 붓다

일이 마음대로 되지 아니하여 속이 끓다.

예) 쉽게 승리하리라 예상한 경기가 풀리지 않자, 우리 선수들이 콧등이 부어 있었다.

콧등이 세다

남의 말을 잘 듣지 아니하고 고집이 매우 세다.

콧등이 시다

매우 아니꼽다.

예) 콧등이 시어서 못 듣겠다.

콧등이 시큰하다

어떤 일에 감격하거나 슬퍼서 눈물이 나오려 하다.

예) 그녀는 1년 만에 외국에서 돌아온 남편을 보자 갑자기 콧등이 시큰하며 눈물이 핑 돌았다.

콧방귀를 뀌다

'콧방귀'는 '코로 뀌는 방귀'이다. 코로 나오는 숨을 막았다가 갑자기 터뜨리면서 낸다. 이는 마음에 들지 않는다는 뜻을 상대방에게 나타낼 때 하는 행동이다. '아니꼽거나 못마땅하여 코로 '흥' 소리를 내다'라는 뜻이다.

콧방(을) 맞다

(속되게) 1. 퇴짜를 맞다.

2. 무안을 당하거나 거절을 당하다.

★콧방 : 남의 코끝을 손가락으로 튀기는 짓을 속되게 이르는 말.

예) 그 친구가 여자에게 데이트를 신청했다가 콧방을 맞았다.

콧잔등이 간지럽다

'콧잔등'은 '콧잔등이'의 준말이다. '잔등이'는 '등', 그중에서도 허리와 가까운 부분을 낮잡아 일컫는 말이다. 따라서 '콧잔등이' 또는 '콧잔등'은 '코의 허리', '코의 중간 부분'을 가리킨다. '간지럽다'는 무엇이 살짝 피부에 닿아 문지르고 싶은 느낌이 든다는 뜻이다. 이 말에는 참기 어렵다는 의미가 내포되어 있다. '남을 놀리거나 속이고 나서 그렇게 하지 않은 척하려니 나오는 웃음을 참기가 어렵다'라는 뜻이다.

예) 선희가 참말인 줄 알고 발을 동동 구르자, 악당들은 콧잔등이 간지러워 자기들끼리 몰래 웃었다.

콩가루가 되다

콩을 빻아서 만든 가루가 '콩가루'이다. '콩가루 집안'이라고 하면, '가족들이 서로 단결하지 못하고 화합이 안 되는 집'을 일컫는다. '(비유적인 표현으로 쓰여) 어떤 것이 산산조각으로 부서지거나 흩어지거나 하여 제구실을 못하게 되다'라는 뜻이다.

예) 그 회사가 부도가 나서 콩가루가 되었다.

콩가루 집안

집안에 분란이 일어나거나 가족 구성원 모두가 제멋대로여서 엉망진창이 된 집안을 이르는 말.

콩나물 박히듯

무엇이 빼곡히 들어선 모양을 비유적으로 이르는 말.

예) 크고 작은 집들이 빈틈없이 시루에 콩나물 박히듯 즐비하게 들어섰는데…

콩나물시루 같다

'시루'는 떡 따위를 찔 때 쓰는 둥근 오지그릇으로서, 밑에 6~7개의 구멍이 뚫렸다. 시루는 콩나물을 기를 때도 이용된다. 콩을 담은 시루를 그늘에 두고 물을 주어 기르면 콩이 싹을 틔워서 시루가 빽빽할 정도로 자란다. 이것을 콩나물이라고 한다. 또는 그것으로 만든 나물이 콩나물이다. '(비유적인 표현으로 쓰여) 어떤 한정된 공간에 사람이나 사물이 몹시 빽빽하게 들어찬 상태'를 뜻한다.

예) 전철이 콩나물시루 같이 꽉 차서 승객들은 숨이 막힐 지경이었다.

콩노굿 일다

콩의 꽃이 피다.

★콩노굿 : 콩 꽃.

콩대우(를) 파다

이른 봄에 보리, 밀, 조 따위를 심은 밭이랑 사이사이에 콩을 드문드문 호미로 파서 심다.

★콩대우 : 이른 봄에 보리, 밀, 조 따위를 심은 밭이랑 사이사이에 드문드문 콩을 심는 일. 또는 그 콩.

콩멍석 같다

매를 몹시 맞거나 물것에 물려 두툴두툴한 살가죽의 비유, 몹시 얽은 얼굴의 비유.

콩밥 맛을 보다

<u>(비)콩밥(을) 먹다.</u>

★콩밥 : 감옥에 죄수가 먹는 밥을 이르는 말.

예) 저 위인은 콩밥 맛을 봐야 정신을 차릴 게야.

콩밥 신세身世를 지다

<u>(비)콩밥(을) 먹다.</u>

예) 그 자가 하는 말을 가만히 들어 보니 차라리 나더러 콩밥 신세를 지라는 소리더라고.

콩밥(을) 먹다

(속되게) 감옥살이를 하다. <u>(비)콩밥 맛을 보다, 콩밥 신세를 지다.</u>

예) 콩밥 먹는 신세가 되다. /까딱 잘못하다가는 신세 망치는 건 물론 평생 콩밥 먹을지도 모를 일인데.

콩밥(을) 먹이다

(속되게) 감옥살이를 하게 감옥으로 보내다.

예) 솔직히 대답해라. 꼬마야. 우린 널 콩밥 먹이려는 게 아니란다.

콩 볶듯이

1.총소리가 요란한 모양을 비유적으로 이르는 말. (비)콩 튀듯.

예) 콩 볶듯 들리는 총소리에 무서워서 어쩔 줄 몰랐다.

2.사람을 달달 볶아서 괴롭히는 모양을 비유적으로 이르는 말.

예) 빚쟁이가 만나자고 며칠째 콩 볶듯 재촉한다.

콩 볶듯 팥 볶듯

『북』'콩 볶듯'의 북한 익은말.

콩 볶듯 한다

성질이 몹시 급하여 잠시도 가만히 있지를 못하는 것을 말함.

콩을 심다

콩을 심을 때 한 발로 흙을 덮고 다지면서 나아가는 모양에서, 절룩거림을 비유적으로 이르는 말.

콩 튀듯이

몹시 화가 나서 펄펄 뛰는 모양을 비유적으로 이르는 말. (비)콩 튀듯 팥 튀듯, 콩 볶듯.

예) 그 아이는 친구가 자기 장난감을 망가뜨렸다고 콩 튀듯 야단이다.

콩 튀듯 팥 튀듯

(비)콩 튀듯.

예) 박 승지는 콩 튀듯 팥 튀듯 별별 야단을 다 치며 집안 망할 자식이 생겼다고….

쾌재(를) 부리다

'쾌재快哉'는 한자말 그대로 풀이하면 '통쾌하구나', '기쁘구나'라는 뜻이다. 이 말을 명사화했다. 즉, 뜻대로 일이 잘 풀려서 감격의 뜻으로 외치는 말 또는 그렇게 잘 풀린 통쾌한 일을 가리킨다. '(어려운 일이 뜻대로 잘되거나 오랫동안 바라던 일이 이루어질 때) '통쾌하구나', '시원하구나'라는 감격의 소리를 내다'라는 뜻이다.

예) 우리나라가 월드컵 개최 국가로 지정되었을 때 모든 국민들이 쾌재를 부르며 기뻐했다.

크나 작으나

크기에 관계없이 어쨌든.

예) 크나 작으나 할 수 없는 일이죠.

큰 걸음을 내디디다[떼다]

『북』1. 일을 큰 규모로 시작하다.

예) 큰 걸음을 내디딘 대 건설 행군을 더욱 힘 있게 다그치다.

2.크게 발전하거나 전진하다.

3.매우 중대하고 의미 있는 일을 시작하다.

큰마음(을) 먹다

두텁게 인심 쓰다. 모처럼 어려운 결심하다. 큰마음 먹고 거금을 희사하다.

큰문(을) 잡다

존귀한 사람이 드나들 때 큰문을 열다.

큰물이 가다

큰비가 내려 강이나 개울의 물이 넘쳐 논밭을 휩쓸고 지나가다.

예) 정월 대보름의 망월을 보고 늙은이들은 올해는 큰물이 갈까 보다고 염려하였다.

큰물(이) 지다

큰물이 흐르다. 홍수가 나다.

큰불(을) 놓다

크게 불을 놓다. 큰 짐승을 잡는 총을 쏘다.

큰상床(을) 받다

잔치 때 특별히 크게 차린 상을 주인공이 받다.

큰소리(를) 치다

큰소리로 야단을 치다. 호언장담을 하다.

큰 손(을) 쓰다

『북』1. 필요한 대책을 크게 세우다.

2.자기가 가진 것으로 크게 인심을 쓰거나 한턱을 내다.

3. 증권 시장이나 부동산 시장 따위에서, 시세에 영향을 미칠 정도로 대규모의 거래를 하다.

큰일(을) 치르다

큰 예식이나 잔치를 치르다. '큰일'은 '규모가 크게 일어나는 일', '매우 중요한 일'을 뜻한다. 또한 '잔치나 관혼상제와 같이 중요한 예식', '매우 어려운 일이나 사고'를 뜻하기도 한다. '치르다'는 '겪다', '끝까지 해내다'를 의미한다. '관혼상제와 같은 예식이나 잔치를 맞아 많은 손님을 대접하여 마치다', '매우 어렵거나 힘든 일을 겪어내다'라는 뜻이다.

예) 이번에 작은애 결혼식 때 큰일을 치르느라고 가족들이 모두 수고했다.

큰일(이) 나다

다루기 힘든 일이나 어려운 일이 생기다. '큰일'이라는 의미 때문에 감탄의 어감이 실린다. '큰 사고나 말썽이 일어나다', '매우 어렵거나 딱한 일이 생기다'라는 뜻이다.

예) 그 애 아버지가 돌아가시다니 큰일이 일어났구나.

큰집 드나들 듯

어떤 곳에 자주 출입하여 매우 익숙한 모양.

예) 큰집 드나들듯 조선에는 뭣 하러 밤낮 가시는지 모르겠소.

큰춤(을) 보다

자신을 위하여 큰춤의 의식이 베풀어지는 영광을 누리다.

큰 코(를) 다치다

크게 봉변을 당하다. 어리다고 얕보다가는 큰코다친다. 코는 '우쭐거림', '자만심' 따위와 상관이 있다. 그래서 '큰 코'라고 하면, 조심하지 않고 함부로 행동하거나 주제넘게 우쭐거린다는 의미를 내포한다. '다치다'라고 했으니 그러한 태도나 행동을 보이다가 곤란을 당하는 것이다.

키(를) 다투다

1. 키가 빠른 속도로 커지다.

예) 솔 그루 밑에는 풀도 드물고 노송과 키를 다투어 허리를 뽑은 풀잎은 자기의 길이를 자랑치 못하고 허리를 굽혀 군데군데 드러난 땅을 덮고….

2. 『북』 서로 경쟁하면서 큰 차이 없이 앞서거니 뒤서거니 하다.

예) 두 작업반은 생산 실적에서 항상 키를 다투었다.

키를 쓰다

아이가 밤에 잠을 자다가 오줌을 싸서 이튿날 아침에 소금을 얻으러 다니는 벌을 받기 위하여 키를 뒤집어쓰다.

예) 옆집 아이가 아침에 키를 쓰고 왔기에 소금 한 바가지를 주었다.

키(를) 잡다

일이나 가야 할 곳의 방향을 잡다.

예) 우리 중에는 키를 잡고 해결하려는 사람이 아무도 없었다.

ㅌ

타관(을) 타다

1. 타향에서 어울리지 못하여 기를 펴지 못하다.

★**타관**他官 : 제가 나서 자란 곳이 아닌 다른 지역이나 고장.

2. 『북』 타향에서 기후나 풍토가 몸에 맞지 아니하여 쉽게 탈이 나다.

예) 타관을 타서 배앓이를 하다.

타래를 치다

타래처럼 빙빙 돌면서 솟구치다.

★**타래** : 실이나 노끈 따위를 사리어 뭉쳐 놓은 것.

타월(수건)을 던지다

1. (사람이) 권투에서, 실력의 차이나 부상 따위로 인하여 더 이상 시합을 할 수 없을 때에 그 선수 쪽에서 시합을 포기하다.

2. (사람이) 싸우고자 하는 의욕을 잃어버리다.

탄력을 받다

점차 증가하거나 많아지다.

★**탄력**彈力 : 외부의 힘에 의해 변형된 물체가 그 외부의 힘이 없어지면 그에 대항하여 본래의 형태로 돌아가려는 힘.

예) 전문가들은 이익이 늘어나는 속도가 탄력을 받을 것으로 내다보고 있다.

탈(을) 벗다

연극이나 춤에서 배우의 얼굴을 가리기 위해 또는 다르게 분장하기 위해 쓰는 것이 '탈'이다. 탈은 나무나 종이, 흙 따위로 만들어지는데 이를 '가면'이라고도 부른다. 배우가 탈을 벗으면 본래의 얼굴이 드러난다. '자신의 정체를 감추기 위해 거짓으로 꾸미던 행동이나 태도를 마침내 그만두다'라는 뜻이다. 주로 '~한(~의) 탈을 벗다'의 형태로 쓰인다. (비)가면(을) 벗다. (반)탈(을) 쓰다.

예) 사회운동가의 탈을 벗은 그에게는 우리가 도저히 상상할 수 없던 모습들이 나타났다.

탈(을) 쓰다

'연극이나 춤에서 배우가 분장하기 위해 얼굴을 탈로 가리다'라는 뜻이다. 한편 주로 '~의 탈을 쓰다'의 형태로 쓰여, '나쁜 속마음을 가리기 위해 거짓 행동이나 거짓 태도를 꾸미다', '생김새나 하는 짓이 누구를 무척 닮다'라는 뜻으로도 쓰인다. (비)가면(을) 쓰다. (반)탈(을) 벗다.

예) 웃는 모습이 똑같은 것을 보니, 네가 네 아비의 탈을 썼구나.

탈頉(이) 나다

'탈'은 일을 그르치는 안 좋은 일이나 말썽을 뜻한다. 또한 몸에 이상을 가져오는 것, 즉 '병病'을 뜻하기도 한다. '몸에 병이 생기다', '어떤 일 따위에 방해가 되는 말썽이나 문제가 생기다'라는 뜻이다.

탈이 자배기만큼 났다

일이 크게 벌어졌다.

★자배기 : 아가리가 넓게 벌어진 둥글넓적한 질그릇.

탐貪(이) 나다

마음에 들어 제 것으로 만들고 싶은 욕심이 생기다.

예) 탐나는 옷.

탕개(를) 치다

(사람이) 동인 물건을 탕개로 팽팽하게 하다.

예) 탕개를 쳐서 줄을 팽팽하게 잡아당겼다.

탕개(를) 틀다

탕갯줄을 틀어 동인 물건을 죄다.

★탕개 : 물건의 동인 줄을 죄는 물건.

탕(을) 치다

재산을 다 없애다. 빚을 탕감하다.

★탕蕩 : 쓸어 없애버림.

태(가) 가다

그릇이 깨어져 금이 가다. (비)태를 먹다.

★태 : 그릇의 깨진 금.

태(가) 나다

일반적으로 '멋지다', '옷 등의 스타일링이 괜찮다'

★태態 : 겉에 나타나는 태도나 자세.

태(가) 없다

1. 뽐내는 빛이 없다.

2. 뽐 낼만한 자리에 있으면서도 조금도 그러한 티가 없다.

태깔(을) 부리다

맵시 있는 태도를 보이다. (비)태깔(을) 내다.

태깔(이) 나다

맵시 있는 태도가 보인다. '태깔態-'은 '모양과 빛깔'이라는 뜻이다. 또한 '교만한 태도'라는 뜻도 있다. '태깔스럽다'라고 하면 보기에 교만한 데가 있다는 말이다. '(좋은 옷을 입거나 하여) 아름답고 세련된 태도가 나타나다'라는 뜻이다. 특히 '때깔(이) 나다'로 자주 쓰인다.

예) 그렇게 차려입으니 선머슴 같은 너도 태깔이 나는구나.

태(를) 먹다

물건이 깨져서 금이 가다. (비)태(가) 먹다.

★태 : 그릇의 깨진 금.

태(를) 벗다

촌티가 없이 세련되다.

태(를) 치다

몹시 세게 태질을 하다.

★태 : 태질(세게 메어치거나 내던지는 짓)의 준말.

예) 한쪽에선 콩 단을 얼러 메었다가 태를 치고 한쪽에선 도리깨채가 씽씽 허공을 가르다.

태산泰山(과) 같다

매우 크거나 많다.

예) 해야 할 일이 ~. /태산 같은 부모님의 은혜.

태엽胎葉이 풀리다

(속되게) 긴장 따위가 풀려 몸과 마음이 느슨해지다.

예) 바쁜 때 지났다고 요새 태엽이 풀리는 모양이지?

태풍颱風의 눈

강력한 태풍이 불 때는 중심에 가까울수록 원심력이 강해지기 때문에 비교적 조용한 기상 현상이 나타나는 부분을 가리킨다. 태풍 중심부의 반경 10여 킬로미터 이내에 해당하는 부분이다. 바뀐 뜻은 복잡하고 시끄러운 사건의 와중에서도 비교적 그 사건의 영향을 받지 않는 안전하고 조용한 상태를 유지하고 있는 부분을 가리키는 말로 쓴다. 거센 바람의 한가운데 있으면서도 바람이 없는 기상 현상인 '태풍의 눈'과 비슷한 일이 인간사에서 일어나자 그것을 자연현상에 비유한 것이다. 이 말을 '지금은 잠잠한 상태지만 언제 폭발할지 모르는 무시무시한 상태'를 가리키는 말로 쓰는 경우가 많다.

예) 중동 지역에 몰아닥친 전쟁의 회오리 속에서도 비교적 안전한 태풍의 눈은 사우디아라비아밖에 없을걸.

탯줄 잡듯 하다

무엇을 잔뜩 붙잡다.

★탯胎줄 : 모체의 태반과 태아의 배꼽을 잇는 끈 모양의 줄.

터(가) 세다

'터'는 어떤 용도로 쓰이는 땅을 의미한다. 땅을 살아 있는 생명체로 보는 풍수지리에서는 땅과 사람의 조화를 강조한다. 사람이 자신의 기氣와 잘 맞는 장소를 골라 조화를 이룬다면 그것은 좋은 터가 된다. 그러나 기가 세어서 대부분의 사람들이 조화하기 어려운 땅이 있다. 그런 터에 집을 지으면 식구가 몸이 아프고 우환이 끊이지 않는다고 한다. '집터가 아늑한 맛이 없고 거칠고 황량하다', '그 터에 살던 사람들마다 좋지 않은 일들을 많이 겪다'라는 뜻이다.

예) 여기 터가 센지 들어오는 사람들마다 얼마 버티지 못하고 떠났다.

터(를) 닦다

건물을 세울 자리를 고르고 다지다. 일의 토대를 마련하다.

터무니(가) 없다

허황하여 근거가 없다. 터무니없는 이야기, 지나치다. (부)터무니없이는 본래 집이나 건축물을 세운 자리를 가리키는 말이다. 그렇기 때문에 집을 헐어도 주춧돌을 놓았던 자리나 기둥을 세웠던 자리들이 흔적으로나마 남아 있는 경우가 많다. 그런데 그런 흔적조차 없는 경우에는 그 자리에 집이 있었는지 어떤 구조물이 있었는지 알 길이 없게 되는 것이다. 그러므로 터의 무늬(자리)가 없다는 말은 곧 근거가 없다는 뜻이 되는 것이다.

예) 이러구러 하는 동안에 일본의 터무니없는 주장이 터무니를 갖추게 될 것을 우려하는 것이다.

터서구니(가) 사납다

집안이 화목하지 못하고 싸움이 그치지 아니하다.

★터서구니 : '터'를 속되게 이르는 말.

터울(이) 지다

두 사물의 차이가 나타나다, 또는 먼저 낳은 아이와 그 다음에 낳은 아이에 차이가 있고 동안이 뜨다.

★터울 : 한 어머니에게서 난 자녀의 나이 차이.

턱(도) 없다

이유에 닿지 않다. 수준이나 분수에 맞지 않다. '턱'은 주로 어미 '-을' 뒤에서 '없다'와 함께 쓰이거나 '있다'와 함께 반어형으로 쓰여, '마땅히 그리하여야 할 까닭이나 이치'를 가리킨다. 그러므로 '까닭이나 이치가 없다'라는 의미와 함께 '어림없다'라는 뜻으로도 쓰인다. (부)턱없이.

예) 이 물건은 ~ 비싸다.

턱(을) 걸다

『북』 의거할 근거나 이유로 삼다. (비)턱(을) 대다.

예) 아버지가 직장장이고 뭐고 가리지 않고 연장자라는 데 턱을 걸고 험한 소리 줴박는 통에 그 괄괄하던 곽창익도 기가 꺾이고 말았다.

턱을 까불다

사람이 죽을 때 숨을 모으느라고 턱을 떨다.

예) 그는 이승에서의 마지막 숨을 들이쉬는지 턱을 까불며 가족들을 쳐다보았다.

턱(을) 대다

1. 어떤 사람을 믿고 의지로 삼다.

예) 그녀는 자기 남편에게 턱을 대고 사는 여자이다.

2. 『북』 턱(을) 걸다.

턱(을) 지다

한턱 낼 부담을 지다.

★턱 : 좋은 일이 있을 때, 남에게 베푸는 음식 대접.

턱(이) 떨어지게 기다리다

몹시 애타게 기다리다.

★턱 : 아래턱의 바깥 부분.

털끝도 못 건드리게 하다

조금도 손을 대지 못하게 하다.

예) 그녀는 자기가 아끼는 물건은 남들이 털끝도 못 건드리게 했다.

텃세를 부리다

'텃세-勢'는 장소를 나타내는 '터'와 세력을 나타내는 '세'가 합해진 말이다. '부리다'는 힘이나 능력 따위를 마음대로 나타내는 것이다. '권세를 부리다', '허세를 부리다'가 그렇다. '(먼저 자리를 잡은 사람이) 나중에 온 사람을 업신여기고 함부로 굴다', '자신의 배경이나 조건을 믿고 다른 사람을 얕보고 거만하게 굴다'라는 뜻이다.

예) 동네 아낙네들이 새로 이사 온 여자에게 심심찮게 텃세를 부리는 눈치였다.

테이프를 끊다

'테이프'는 영어 'tape'를 말하지만 이제는 거의 우리말과 같이 쓰인다. 주로 '헝겊이나 종이, 비닐 따위로 만든 가늘고 긴 줄'을 뜻하는 테이프는 뒷면에 풀 따위가 칠해진 띠를 의미하기도 하고, '녹음테이프'를 뜻하기도 한다. '(마라톤 등의 달리기 경주에서) 1등으로 결승선에 들어오다', '(준공식이나 개통식 따위에서) 완공을 공식적으로 발표하는 의식을 행하다'라는 뜻이다.

예) 올해 대회에서 우리나라 선수가 테이프를 끊을 수 있을지 기대됩니다.

토吐(를) 달다

어떤 말끝에 그 말에 대하여 덧붙여 말하는 것, 흔히 한자에 토를 달았다고 하면 '천지天地'라는 한자에 우리말로 '천지'라고 쓴 것으로 알고 있는 사람이 많다. 그러나 한자의 우리말 소리는 '독음'이지 '토'가 아니다. '토'라 함은 한문을 읽을 때 그 뜻을 쉽게 알기 위하여 한문 구절 끝에 붙여 읽는 우리말로서 우리말의 조사에 해당한다. '토씨'라고 쓰기도 한다. '-하야, -하고, -더니, -하사, -로, -면, -에' 등이 토에 해당한다. 그러나 지금의 뜻은 오늘날에 와서는 위에서 설명한 본래의 뜻보다는 얘기 중에 어떤 부분이 부족하다고 여기는 경우에 뒤에 덧붙여 하는 얘기를 가리키는 말로 널리 쓰인다.

토림(을) 타다

『북』 강이나 내에서 밤에 불을 비추어 물속에 있는 고기를 작살로 찔러 잡다.

★토림 : 강이나 내에서 밤에 불을 비추어 물속에 있는 고기를 작살로 쏘아 잡는 일.

예) 토림을 타느라 옷을 적시다.

토막(을) 치다

토막이 나게 자르다.

톡톡 털다

가지고 있는 돈을 다 내놓다.

예) 우리들의 돈을 톡톡 털어도 술값은 턱없이 부족했다.

통(을) 짜다

여럿이 한 동아리가 되기를 약속함.

★통 : ①뜻이 맞아 하나로 묶어진 무리. ②한 구역을 이루는 공간의 일정한 범위.

통(이) 오르다

『북』 배추 따위의 속이 차차 커지다.

★통 : 속이 차게 자란 배추나 박 따위의 몸피.

통(이) 크다

'통'은 '바짓가랑이나 저고리 소매의 속 넓이' 또는 '다리, 허리 따위의 둘레'를 의미한다. '통이 큰 바지', '통이 굵은 허리'라고 한다. 여기에 비유하여 '마음의 둘레'를 뜻하기도 한다. 즉, '마음의 너그러운 정도나 마음을 쓰는 활달함의 정도'를 가리킨다. 참고로 '통'은 물통, 김치 통, 도시락 통처럼 '용기', '그릇'을 가리키는 뜻도 있다. 이 경우에는 '무엇을 담을 수 있는 용기가 크다'는 의미다. '바짓가랑이나 저고리 소매의 폭이 넓어서 헐렁하다', '(사람이) 마음을 쓰는 것이나 행동하는 것이 잘고 좀스럽지 않고 규모가 크다', '마음이 너그럽고 인자하다'라는 뜻이다.

예) 사내가 통이 커야지 그깟 일로 꽁해서는 못쓴다.

통자(를) 넣다

누가 왔노라고 알려 면회를 청하다.

★통자通刺 : 명함을 내놓고 면회를 요청함.

예) 녹사가 나중에라도 통자 넣지 않은 죄책도 면

할 겸 마루 아래로 나아가….

통장을 부르다

『북』 누구나 인정하는 큰 성과를 이룩하고 그것을 보란 듯이 큰 소리로 공포하다.

예)세계 1등급의 서해 갑문을 일떠세운 우리의 영웅 건설자들이 세계에 대고 통장을 불렀으니 이 얼마나 자랑스러운 일인가!

통줄(을) 주다

얼레 머리를 연이 떠 있는 쪽으로 내밀어 통줄이 나가게 하다.

★**통줄** : 연을 날릴 때에 연이 떠 있는 쪽으로 얼레 머리를 내밀어 계속 풀려 나가도록 한 줄.

통째로 삼키다

'통째로' 또는 '통째'는 '나누거나 쪼개지 않고 덩어리로 있는 그대로'를 뜻하는 부사이다. '통채', '통짜로'라고도 한다. '삼키다'는 '어떤 음식이나 약 따위를 목구멍으로 넘기다'를 뜻한다. '먹기 좋게 여러 등분으로 나누지 않고 큰 덩어리째 한꺼번에 먹다', '어떤 대상을 한꺼번에 모두 자기 것으로 만들다'라는 뜻이다.

예) 어찌나 소화력이 좋은지 그 커다란 고기를 통째로 삼키고도 끄떡없더라니까.

퇴가락(을) 놓다

『북』 '퇴짜(를) 놓다'의 북한 익은말.

★**퇴가락** : '퇴짜'의 북한어. ⇒ 남한 규범 표기는 '툇가락'이다.

퇴가락(을) 맞다

『북』 '퇴짜(를) 맞다'의 북한 익은말.

퇴김(을) 주다[튀김(을) 주다]

연날리기에서 통줄을 주어서 연 머리를 그루박게 하다.

★**퇴김** : 연을 날릴 때에 통줄을 주어서 연의 머리를 그루박게 하는 짓. (큰)튀김.

퇴(를) 놓다

<u>(비)퇴짜(를) 놓다.</u>

★**퇴**退 : 바라는 수준에 이르지 못하여 물리치는 일.

예) 국왕은 여러 차례 퇴를 놓았지만, 조병식들은 고집을 꺾지 않고 줄기차게 상소를 올리는 것이었다.

퇴박(을) 놓다

마음에 들지 아니하여 물리치거나 거절하다.

예) 처녀 나이 스물둘에다, 천애의 고아에다, 갖다 대는 혼처마다 퇴박을 놓는 소문난 교만은 종상이의 흠보다 더하면 더했지 결코 덜한 흠이 아니었다.

★**퇴**退**박** : 마음에 들지 않아 물리치거나 거절함.

퇴박(을) 맞다.

마음에 들지 않아 물리침을 당하다.

예) 결재 서류가 ~. ×퇴맞다.

퇴짜(를) 놓다

바치는 물건이나 제기하는 의견 따위가 거절을 당하다. '퇴짜退-'의 '퇴退'는 '물러나다', '물러나게 하다'를 뜻한다. 과거에 백성들은 왕실과 관청의 수요를 충당하기 위해 각 지방 특산품들을 의무로서 상납해야 했다. 이러한 공물들은 우선 품질과 수량 등을 검사해서 합격을 받아야 인정되었는데, 특히 포목의 경우에는 품질이 떨어지면 '퇴退'라는 도장을 찍어 물리쳤다. 여기에서 '퇴짜'가 비롯되었다. '-짜'는 '자字'가 변화된 것이다. '맞다'는 '당하다'이다. '바치는 물건이나 제안하는 의견을 받아들이지 않고 물리치다', '결혼 상대자로서 적당하지 않다고 판단된 남성이나 여성을 거부하다'라는 뜻이다. <u>(비)퇴가락(을) 놓다, 퇴(를) 놓다.</u>

예) 그는 성의가 부족하다는 이유로 제출한 보고서를 퇴짜 맞았다.

퇴짜(를) 맞다

바치는 물건이나 제기하는 의견 따위가 거절을 당하다. <u>(비)퇴가락(을) 맞다.</u>

예) 그는 사귀던 여자에게 청혼을 했다가 보기 좋게 퇴짜를 맞았다. /처음에는 그 말이 술술 나오지 않았으나 한 집에서 거절을 당하고 두 번째 집에서 되짜를 맞게 되자, 자존심 따위는 헌신짝처럼 내팽개쳤다.

투구를 벗다

『북』 적수인 상대편이 손을 들고 항복하거나 굴복하다.

★**투구** : [역사] 예전에, 군인이 전쟁 때 갑옷과 함께 갖추어 쓰던, 쇠로 만든 모자.

투정 바탈

무슨 일이건 트집만 부리는 일.

★**투정** : 떼를 쓰며 불만이나 못마땅함을 드러내거나 조름.

★**바탈** : 바탕의 순우리말.

퉁망을 맞다

『북』 남에게 퉁명스러운 말로 망신을 당하다.

★**퉁망** : 퉁(무뚝뚝하고 퉁명스러운 핀잔).

퉁망을 주다

『북』 퉁명스럽게 내쏘아 남에게 망신을 주다.

퉁바리를 맞다

무엇을 말하다가 매몰스럽게 거절을 당하다. (준) 퉁 맞다.

★**퉁바리** : 무뚝뚝하고 퉁명스러운 핀잔.

튀김을 주다

연날리기에서, 통줄을 주어서 연 머리를 그루박게 하다.

★**튀김** : 연을 날릴 때에 통줄을 주어서 연의 머리를 그루박게 하는 짓. (작)퇴김.

튀밥 튀기다

'과장하다'를 속되게 이르는 말.

트집(을) 걸다

공연히 조그만 흠집을 들추어내거나 없는 흠집을 만들어서 말을 하거나 문제를 일으키다.

★**트집** : 공연히 남의 조그만 흠집을 들추어 불평을 하거나 말썽을 부림. 또는 그 불평이나 말썽. (비)꼬투리.

예) 신발장이라도 잘못 놓여야 트집을 걸 텐데 아주 말쑥하니까 물바가지를 땅으로 동댕이친다.

트집(을) 쓰다

『북』 공연히 조그만 흠집을 들추어내거나 없는 흠집을 만들어서 남을 괴롭히다.

예)쓸데없이 트집을 쓰다.

트집(을) 잡다

조그마한 흠집을 들추어내어 남을 공연히 괴롭게 굴다. 한 덩이가 되어야 할 물건이나, 뭉쳐야 할 물건의 벌어진 틈을 가리켜 '트집'이라 한다.

예) 저편에서 처음부터 트집 잡고 싶어 애쓰는 눈치가 보였지만 워낙 이편에 실수가 없으니까 무슨 트집을 잡을 수 있습니까.

트집(이) 나다

공연히 말썽이나 불평이 생기다.

특징을 짓다

어떤 사물이 가지는 특징을 규정하다.

★**특징**特徵 : 다른 것과 구별되어 나타나는 특별한 징표.

특출特出(이) 나다

(사람이 또는 그 능력이)남보다 특별히 뛰어나 두드러지다.

★**특출**特出 : 남보다 특별히 뛰어남.

틀개를 놓다

서로 걸고 틀면서 훼방을 놓다.

★**틀개** : 어떠한 일이나 물건의 방향을 틀기 위한 물건.

틀거지(가) 잡히다

듬직하고 위엄 있는 겉모습이 보이다.

★**틀거지** : 듬직하고 위엄이 있는 겉모양, 틀.

틀림(이) 없다

어긋남이 없다. 확실하다. 틀림없는 계산. (부)틀림없이.

예) 성공할 것이 ~.

틀에 맞추다

'맞추다'는 어떤 기준이나 정도에 일치시키거나 들

어맞게 하는 것이다. '어떤 형식이나 격식에 상황을 고려하지 않고 억지로 일치시키다'라는 뜻이다.

예) 사회를 꼭 틀에 맞추려 하지 말고 자연스럽게 진행하라.

틀(을) 빼다

『북』 얄밉게 격식을 갖추다.

틀(을) 잡다

일정한 형태나 구성을 갖추다.

예) 친구와 둘이서 시작한 회사가 이제는 제법 틀을 잡았다.

틀(을) 짓다

『북』 위엄을 보이려는 태도를 일부러 가지다.

예) 지주 놈은 소작인들 앞에서 배퉁을 내밀고 틀을 지으며 씨벌여 댔으나 듣는 사람은 하나도 없었다.

틀(을) 차리다

『북』 1. 일정한 격식이나 형식을 갖추다.

2. 틀 있는 태도를 취하다.

예) 잔뜩 틀을 차리고 거들먹거리는 몸가짐.

틀(이) 잡히다

'틀'은 정해진 형태의 물건을 그와 똑같이 만들 수 있게 하는 본이 되는 물건을 말한다. 또한 '창문틀', '수틀'에서처럼 물건의 테두리나 기본 구조가 되는 물건을 뜻하기도 한다. 여기에서 '일의 형식이나 격식'을 나타내게 되었다. '잡히다'는 '잡다'의 피동이다. 확고한 어떤 것이 생기는 것을 '잡히다'라고 한다. '사물이나 일이 그 이름에 맞게 일정한 형태나 구성이 갖추어지다', '사람이 자격에 맞게 일정한 자질이나 태도가 갖추어지다'라는 뜻이다.

예) 우리 사무실이 이제는 틀이 잡혀서 제법 사무실 같구나.

틈(을) 내다

어떤 일을 위하여 겨를을 얻다.

틈(이) 나다

겨를이 생기다. 서로 사이가 벌어지다.

예) 틈나는 대로 한번 찾아 가겠네 /아무리 바빠도 틈을 내어 오너라.

틈(이) 생기다

'틈'은 두 물건이 서로 떨어지거나 한 물건이 갈라져서 그 사이에 난 공간을 뜻한다. 그 의미가 확대되어 시간이나 사람 따위에도 쓰인다. '사람들 사이에 심리적 거리가 생겨 관계가 소원해지다'라는 뜻이다.

예) 언제부터인지 그들 사이에 틈이 생겨서 이제는 말도 잘하지 않으려 든다.

티(가) 나다

어떤 태도나 기색이 나타나다. 행동이나 모양이 보통 것과 다른 표시가 나다.

★티 : 어떤 태도나 기색. 또는 그런 모양이나 모습.

티격(이) 나다

서로 뜻이 맞지 않아 사이가 벌어지다.

★티격 : 서로 뜻이 맞지 아니하여 이러니저러니 따지는 사이.

티(를) 뜯다

공연히 결점을 찾아내어 자꾸 시비를 걸다.

★티 : 어떤 것의 아주 미세한 흠이나 결함.

예) 내가 못하는 일을 남이 하면 으레 탈을 잡아 보고 싶고, 티를 뜯어보고 싶은 것이 인정입니다.

티(를) 보다

흠집을 찾아 살피다.

ㅍ

파(가) 나다

물건이 찢어지거나 깨어져서 못 쓰게 되다.

★파破 : 어떤 제품이나 물건이 깨어지거나 상한 흠집.

예) 사기그릇이 ~.

파김치(가) 되다

(사람이) 몹시 지쳐서 나른하게 되다. 파로 담근 김치가 '파김치'이다. 파김치가 익으면 파의 기다란 줄기가 힘없이 늘어진다. 그 모양에 빗대어 사람이 피곤하여 축 늘어진 몰골을 일컬을 때 쓰인다. '몹시 피곤하고 기운이 다하여 사지가 축 늘어지고 나른해지다'라는 뜻이다. (비)녹초(가) 되다.

예) 남편이 일터에서 파김치가 되어 돌아올 때마다 아내는 가슴이 아팠다.

파도波濤(가) 치다

물결이 일어나다.

파동(이) 치다

물결 따위가 움직이다.

★파동波動 : 사회적으로 어떤 현상이 퍼져 주위에 그 영향이 미치는 일.

예) 새해 벽두부터 물가가 파동 치니 걱정이다.

파리(를) 날리다

여름철에 주로 활동하는 파리는 불결하고 음식물에 앉아 병원균을 옮긴다. 손님이 없는 상점에 파리만 여기저기 날고 있는 모습을 빗대어 표현한 것이다. '날리다'는 '날다'의 사동, 즉 '날게 하다'이다. 파리는 제 스스로 날지만, 의미를 익살스럽게 강조하기 위해 '날리다'라고 했다. 아마도 파리채를 휘두르며 쫓기 때문에 이런 표현을 썼는가 싶다. '사업이나 장사 따위가 잘되지 않아 한가하게 있다'라는 뜻이다.

예) 파리만 날리고 있을 것이 아니라 손님을 끌 방안을 강구해야지요.

파리 목숨

남에게 손쉽게 죽음을 당할 만큼 보잘것없는 목숨.

예) 사람 목숨을 파리 목숨으로 여기다.

파리 발 드리다

손을 싹싹 비비며 애걸하다.

파리 잡듯

힘들이지 아니하고 죽여 없애는 모양을 비유적으로 이르는 말.

예) 그 사람이라면 적군들 쯤이야 오는 대로 파리 잡듯 모조리 없앨 수 있을 것이다.

파리 족통만 하다

파리 발만 하다는 뜻으로, 매우 희미하고 작음을 비유적으로 이르는 말.

★족통 : '발'을 비속하게 이르는 말.

파리 죽듯

『북』 값없는 목숨이 손쉽게 죽음을 당하는 모양을 비유적으로 이르는 말.

파문(을) 일으키다

'파문波紋'은 호수나 강에 돌을 던지면 돌이 떨어진 자리를 중심으로 주변에 둥그런 물결이 퍼지는 것을 말한다. 이처럼 어떤 것으로 인해 주위에 퍼지는 강한 영향을 나타내기도 한다. '사회에 커다란 충격을 미쳐 여론이나 소문으로 시끄럽게 하다'라는 뜻이다.

예) 그 사건을 계기로 법이 개정되는 등 당시 사회에 엄청난 파문을 일으켰다.

파방(을) 치다

살던 살림을 그만두다.

과거에 급제한 사람의 발표를 취소하는 것을 파방罷榜이라 했다. 파방을 하듯이 그전에 있었던 일을 다시없던 일로 한다는 뜻으로 빗대어 나타낸 말이다. 같은 이유로 일이 다 끝난 것을 '파방판'이라고도 한다.

파밭 밟듯

조심스럽게 발을 옮김을 비유적으로 이르는 말.

예) 아주머니가 우산을 쓰고 파밭 밟듯 조심스러운 걸음으로 가게 앞을 지나갔다.

파수(를) 보다

일정한 곳에서 경계하여 지키어 보다.

★**파수**把守 : 일정한 곳을 경계하여 지킴.

파임(을) 내다

의논하여 결정한 일에 대하여 뒤에 다른 소리를 하여 그르치게 하다.

★**파임**派任 : 조선 시대, 지방관아에서 해마다 한 번씩 육방의 구실아치들을 교체하던 일.

파적(을) 삼다

(심심해서) 하는 행동.

★**파적**破寂 : 적막을 깨뜨린다는 뜻으로, 적적함을 없애기 위해 무엇인가를 함을 이르는 말.

파투(가) 나다

화투판이 무효가 되다.

★**파투**破鬪 : 화투 놀이에서, 잘못되어 그 판이 무효가 됨.

판가름(이) 나다

시비, 우열, 승패 등을 가리어 결정이 나다.

★**판가름** : 옳고 그름이나 우열 따위를 판단하여 가름. (비)결판決判, 판가리 싸움.

판가리 싸움

죽느냐 사느냐를 판가름하는 치열한 싸움.

판돈(을) 떼다

노름판을 벌이고 돈을 딴 사람에게서 얼마씩 떼어 가지다.

★**판돈** : 노름판에 나온 전부의 돈.

판 밖의 사람

그 일에 관계가 없는 사람을 이르는 말.

★**판** : 처해 있는 상황이나 형편.

판수(가) 익다

어떤 일의 사정에 아주 익숙하다. (반)판(이) 설다.

★**판수** : 점치는 것을 직업으로 삼는 소경.

판에 박다

1.(사람이) 말이나 행동이 하나의 틀로 격식화되다.

2.(어떤 사람이 다른 사람을) 생김새나 성격 따위가 아주 꼭 닮다. (비)판에 박은 듯하다.

3.사물의 모양이 같거나 같은 일이 되풀이 되다.

4.융통성이 없고 진부陳腐(낡아서 새롭지 못함)하다.

예) 판에 박은 대답만 되풀이 하다. /그 녀석이 제 아비를 판에 박은 것 같군.

판板에 박은 듯하다

사물의 모양이 같거나 똑같은 일이 되풀이되다. (비) 판에 박다.

예) 오는 편지마다 판에 박은 듯한 사업 보고요, 고생하는 이야기뿐이다.

판板에 박은 말

새로운 정보가 없고 한결같은 말.

예) 그런 판에 박은 말보다 그 이 박사 얘기를 하오.

판板에 박히다

말과 행동을 정해진 격식대로 반복하여 진부하다.

예) 종술은 제 말만 일방적으로 앞세우느라고 상대방의 판에 박힌 인사치레에 그만 동문서답을 해 버렸다.

판을 거듭하다

1. 한 번 출판한 책을 같은 판을 써서 다시 찍어 내다.
2. 책이 잘 나가서 여러 번 찍다.

★판版 : 주로 책과 같은 대량 생산품을 찍어 낸 장소와 시기에 따라 구별하여 이르는 말.

판을 짜다

(사람이) 무슨 계획을 잡다.

판(을) 치다

여러 사람이 어울릴 판에서 그 판을 지배할 만큼 무엇을 잘하다.

★판 : 처해 있는 상황이나 형편.

판(이) 다르다

아주 다르다. 판이하다.

★판板 : 어떤 일이 벌어진 형편이나 그 까닭.

판(이) 설다

사정에 아주 설다. (반)판수가 익다.

판(이) 주다

그 판에서 가장 뛰어난 사람으로 결정하여 내세우다.

판장이 되다

늙고 병들어 거의 죽게 되다.

팔다리가 되다

'팔다리'는 '팔'과 '다리'를 뜻하며, '사지四肢', '사체四體'라고도 한다. 팔다리는 의지와 욕구의 명령에 따라 그 뜻을 실현하는 기능을 한다. '누구의 지시와 명령을 받아 그것을 수행하는 역할을 하다'라는 뜻이다.

예) 선생님 곁에서 팔다리가 되어드릴 테니 뜻한 바를 이루십시오.

팔뚝을 뽐내다

팔뚝을 드러내어 힘을 자랑하다.

예) 사내들은 서로 힘이 세다며 옷자락을 걷어 팔뚝을 뽐냈다.

팔매를 치다

팔매질을 하여 세게 내어던지다.

팔소매를 걷다

어떤 일에 뛰어들어 적극적으로 일할 태세를 갖추다. (비)팔소매를 걷어붙이다, 팔을 걷어붙이다.

예) 일이 코앞에 닥치자 손을 놓고 있던 사람들도 팔소매를 걷고 나섰다.

팔소매를 걷어붙이다

1. (비)팔소매를 걷다.
2. 싸울 태세를 갖추다.

팔을 걷어붙이다(걷고 나서다)

(사람이) 무슨 일에 적극적이다. 소매나 바짓가랑이 따위를 위로 걷어서 올리는 것이 '걷어붙이다'이다. '걷다'와 '붙이다'가 결합되었다. 위에 올려서 아래로 내려오지 않게 하기 때문에 '붙이다'라고 한다. 정확히 말하면 팔을 걷어붙이는 것이 아니라 소매를 걷어붙이는 것이 되겠지만, 여기에서는 어떤 행위를 직접 하는 '팔'이 중요한 의미를 지니기에 목적어로 대체되었다. '어떤 일에 적극적으로 관여하여 나서다'라는 뜻이다. '팔을 걷고 나서다'라는 표현도 있다. (비)팔소매를 걷다.

예) 자원 봉사자들이 팔을 걷어붙이자 수해 복구는 눈에 띄게 진척되었다.

팔자(가) 늘어지다

'팔자八字'는 '사주팔자四柱八字'에서 나온 말로서, 사람 일생의 타고난 운수를 뜻한다. 생년월일시를 천간天干과 지지地支로 나누어 모두 여덟 자로 표시하는데, 이를 사주팔자 또는 팔자라고 한다. '늘어지다'는 '길어지다', '아래로 처지다'라는 의미다. '팔자로 따져본 운수가 아주 좋다', '(빈정대는 의미로 쓰여) 하는 일 없이 편안하게 지내다'라는 뜻이다.

예) 이 사람 운수를 보니 말년 팔자가 늘어지는 구만.

팔자(가) 드세다

'드-'는 형용사 앞에 붙어서 '몹시', '아주'를 나타낸다. '몹시 강하고 사납다', '아주 거칠고 버겁다'라는 뜻이다. '사납다'는 성질이나 모양 따위가 고약하고 나쁜 것을 말한다. '세다'는 '강하다', '거칠다'의 뜻을 나타낸다. '사주팔자로 따져본 운수가 험난하고 고되다', '살아가는 형편이나 상황이 순조롭지 않고 견디기에 아주 힘들다'라는 뜻이다. (비)팔자(가) 사납다, 팔자(가) 세다.

팔자를 고치다

여자가 재혼함을 일컬음, 갑자기 부자가 되거나 지체가 높아짐을 일컬음, '고치다'는 '낡거나 고장 난 것을 손질하여 쓸 만하게 하다', '그릇되거나 틀린 것을 바로잡다'라는 뜻을 나타낸다. 한마디로, 더 좋아지게 바꾸는 것이다. '(어떤 계기로 인해) 가난하던 처지에서 벗어나서 잘살게 되다', '(남편이 죽거나 이혼하거나 하여 혼자가 된 여자가) 다시 결혼하여 새 생활을 시작하다'라는 뜻이다.

예) 우리도 이번 기회에 팔자를 고쳐서 인간답게 살아보자.

팔자에 없다

분수에 넘쳐 어울리지 아니하다.

예) 이거 팔자에 없는 마님 소릴 듣고 밤새 급살이라도 만나면 어떡하지?

팔짝 뛰다

억울한 일을 당하였을 때 강하게 부인하다.

★팔짝 : 갑자기 뛰어오르거나 나는 모양.

팔짱(을) 끼고 보다

앞에서 벌어지고 있는 일을 나서서 해결하려 하지 아니하고 보고만 있다.

예) 그렇게 팔짱 끼고 보고만 있지 말고 너도 좀 거들어라.

팔짱을 끼다

두 팔을 마주 굽혀 끼다. 다른 사람의 팔에 자기 팔을 끼다. '팔짱'은 두 가지 뜻이 있다. 두 사람이 나란히 서서 닿아 있는 쪽의 팔꿈치를 서로 엇갈리게 끼는 것이 첫 번째이다. 친구나 연인끼리 다정하게 걷거나 서 있을 때 취하는 몸짓이다. 두 번째는 한 사람이 자신의 두 팔을 나란히 늘어뜨린 상태에서 팔꿈치 아래를 서로 엇갈리게 하여 양손으로 반대편 팔이나 겨드랑이 밑으로 두는 행위이다. 주로 상대편 말이나 행동을 방관하는 자세로 들을 때 이런 자세가 나온다. '두 사람이 나란히 서서 서로 팔짱을 끼다', '한 사람이 자신의 두 팔을 엇갈려 팔짱을 끼다'라는 뜻이고, 한편으로는 '벌어지는 일이 어떤지 알면서도 나서서 해결하려 하지 않고 보고만 있거나 본척만척하다'라는 의미도 있다. 이때는 '수수방관袖手傍觀하다'와 뜻이 비슷하다.

예) 남자가 팔짱을 끼려 하자 여자는 쑥스러워서 팔을 뺐다.

팔팔 뛰다

억울하거나 뜻밖의 일을 당하여 깜짝 놀라거나 매우 세게 부인하다.

팥노굿 일다

팥꽃이 피다.

★팥노굿 : 팥꽃.

팥대우(를) 파다

초봄에, 보리나 밀을 심은 밭이랑에 호미로 파서 팥을 드문드문 심다.

★팥대우 : 이른 봄에 보리, 밀, 조 따위를 심은 밭이랑 사이사이에 드문드문 팥을 심는 일. 또는 그 팥.

팩팩 쏘다

입바른 말을 잘 하다.

★팩팩愎愎 : 갑자기 자꾸 성을 내는 모양을 나타내는 말.

패려(가) 궂다

언행이 참되지 못하고 사납고 비꼬이다.

★패려悖戾 : 도리에 어그러지고 사나움.

패(를) 떼다

골패, 화투 따위를 가지고 패를 맞추어서 나누다.

예) 화투짝을 가지고 패를 떼기 시작한다.

패霸(를) 쓰다

교묘한 방법으로 위기를 모면하다. 바둑에서 패를 만들어 이용하다.

패를 잡다

노름판에서 물주가 되다.

패를 차다

1. 좋지 아니한 일로 별명이 붙다.

예) 농사를 짓다가 군역전이라는 땅을 짓게 되면서부터 아주 상놈의 패를 차게 되었다.

2. 남이 지목할 것을 각오하다.

패를 채우다

좋지 못한 일로 남에게 별명을 붙이다.

패름(이) 돌다

『북』 두꺼운 얼음이 터지고 갈라져서 긴 금이 생기다.

★패름 : 강이나 큰 내에 두껍게 언 얼음이 터서 갈라지며 생기는 금.

예) 보통강에 패름이 돌기 시작하다.

패敗(를) 보다

실패를 당하다.

패색이 짙다

'패색敗色'은 패배할 기미, 싸움에 질 것 같은 징조를 의미한다. '짙다'는 주로 색깔이 선명하고 강한 것을 말하지만, 그 외에도 뒤에 있는 것을 알아볼 수 없을 정도로 촘촘하거나 빽빽한 것들을 일컫는다. 짙은 안개, 짙은 냄새, 짙은 눈썹 등이 그렇다. 또한 기운이나 상태가 분명하고 뚜렷한 것도 '짙다'라고 한다. '전쟁이나 경쟁에서 질 것 같은 기미가 뚜렷하다', '거의 질 것이 확실시 된다'라는 뜻이다.

예) 제2차 세계대전 말엽에 일본군들은 패색이 짙어오자 더욱 잔인해졌다.

패霸에 떨어졌다

남의 은밀한 꾀에 넘어갔음을 이르는 말.

★패霸 : 남을 교묘하게 속이는 꾀.

펄쩍 뛰다

1. 못마땅하여 날뛰다.

2. 억울하여 강력히 부인하다. '펄쩍'은 힘차게 땅으로부터 뛰어오르는 모양을 나타낸다. 작은말은 '팔짝'이다. '펄쩍펄쩍', '팔짝팔짝'은 그와 같은 동작이 여러 번 계속됨을 뜻한다. 그러나 실제로 '펄쩍 뛰다'는 '뛰다'의 동작을 나타내는 일이 거의 없다. 오히려 땅에서 뛰어오를 듯이 그렇게 커다란 감정 변화가 있음을 가리킨다. '예상하지 못한 억울한 일이나 못마땅한 일을 당하여 크게 놀라면서 강하게 부인하다', '뜻밖에 매우 반가운 일을 당하여 기뻐서 몹시 날뛰다'라는 뜻이다.

예) 사람들이 짓궂게 묻는 말에 그는 아니라며 펄쩍 뛰었다.

펄펄 뛰다

(사람이) 억울하거나 뜻밖의 일을 당하여 몹시 화를 내거나 아주 강하게 부인하다.

★펄펄 : 팔팔의 큰말.

예) 그는 우리 팀이 지자 펄펄 뛰며 야단이었다.

펜대(를) 놀리다[굴리다]

글을 작성하는 일에 종사하다.

예) 당신만 글 쓰나? 나도 노상 이렇게 글 쓰는 게 직업이야. 종류는 조금 다르겠지만, 펜대 놀려서 먹고살아 가기는 당신이나 나나 피장파장이지.

편벽(이) 되다

공평하지 못하고 한쪽으로 치우치다.

★편벽便辟 : 마음이나 생각이 공정하지 못하고 한쪽으로 치우침.

편역(을) 들다

역성을 들다.

★편역 : 역성(옳고 그름에 관계없이 한쪽만을 편들어 감싸 주는 일)의 비표준어.

편便(을) 들다

'편'은 경쟁이나 의견 대립 등으로 인해 몇 사람씩 자기들끼리 나누어진 패 각각을 말한다. 또한 장소로서의 '어느 방향', '곳'이라는 의미도 있다. '들다'는 일부 명사와 만나 그러한 행동을 나타냄을 뜻한다. '역성을 들다', '편역을 들다', '편을 들다'가 그 예이다. '의견이나 이익 따위가 일치하여 어느 한 무리를 지지하며 도와주다'라는 뜻이다.

예) 동생의 ~.

편便(을) 먹다

편을 갈라 짜서 한편이 되다.

편(을) 짓다

인삼을 한 근씩 달아 묶을 때 편을 일정한 수효로 골라 놓다. 목재를 용도에 따라 여러 몫으로 나누어 두다.

★**편**片 : 저울에 달아 파는 인삼의 낱개.

편치 아니하다

'편하지 아니하다'의 준말이다. 좀 더 줄이면 '편찮다'가 된다. 사실 '편찮다'를 더 많이 쓴다. '편하다便-'는 몸이나 마음이 괴롭거나 불편하지 않아서 좋다는 뜻이다. '편치 아니하다'는 그 반대이다. '병이 있어 아프다'를 점잖게 이르는 말이다. '몸이 편치 아니하다'라고 하여 보통 '몸이'와 함께 쓰이지만, '편찮다'의 경우는 '몸이'를 써도 좋고 안 써도 무방하다.

예) 동생을 그렇게 보내고 나니 내 마음이 편치 아니하다.

편포 짝이 되다

『북』 편포처럼 납작하게 하다.

★**편포**片脯 : 칼로 두드려서 얇고 둥글넓적하게 말린 고기.

예) "편포 짝이 되고 싶소?" 누군가 낮으나 날카롭게 말하며 그의 손목을 잡아 앉혔다. 발파가 시작되는 모양이다.

평다리(를) 치다

꿇어앉지 않고 편한 자세로 앉아 다리를 마음대로 놀리다.

★**평다리** : 편히 앉아 쭉 뻗은 상태의 다리.

평미리 치다

고르게 하다. 평등하게 하다.

★**평**平**미리** : 평미레질(곡식을 될 때 방망이 모양의 기구로 평평하게 미는 것)의 북한어.

평생平生**을 맡기다**

1. 여자가 결혼을 하다.

예) 그녀는 오랫동안 사귀어 오던 남자 친구에게 평생을 맡기기로 결심했다.

2. 여자를 시집보내다.

예) 지난 일요일 놀러 갔더니 어머니 방에서 오빠의 음성으로 신문 기자가 안심하고 평생을 맡길 수 있는 상대가 되겠느냐고 따지고 있었어요.

폐를 끼치다

남에게 괴로움을 끼치다. '폐弊'는 남에게 끼치는 괴로움, 남을 귀찮게 하는 일을 의미한다. 주로 남이 자신에게 은혜나 보살핌 등을 베풀 때, 자신을 낮추어 그것을 상대편 입장에서 염려하는 말로써 쓰인다. '걱정을 끼치다', '수고를 끼치다', '염려를 끼치다'와 같이 '끼치다'는 어떤 좋지 않은 일로 상대방을 번거롭게 한다는 의미를 나타낸다. '남에게 신세나 보살핌을 받음으로써 그를 번거롭게 하다'라는 뜻이다.

폐부를 찌르다

(말의 뜻이) 마음속 깊은 데까지 와 닿아 감명을 주다. '폐부肺腑'는 '폐', '허파'의 다른 말이다. 또한 폐가 가슴 안쪽에 있기 때문에 마음의 깊은 곳, 감동이나 충격의 원천을 뜻하기도 한다. '찌르다'는 '날카로운 물건 따위로 겨냥하여 꽂다', '자극하다', '건드리다'의 뜻이 있다. '(날카로운 말 따위가) 마음이 흔들리게 할 정도로 큰 감동이나 자극을 주다'라는 뜻이다.

예) 선배의 진실한 이야기가 폐부를 찌르며 다가온다.

폐부에 새기다

깊이 명심하여 잊지 아니하다. '새기다'는 단단한 물체에 글씨나 문양을 나타내기 위하여 날카로운 도구로 파내는 것을 일컫는다. 그렇게 새겨진 것은 잘 지워지지 않는다. 그와 같이 마음 한가운데에 깊이 기억해놓는 것을 '새기다'라고 하기도 한다. '(어떤 것을) 깊이 명심하고 잘 기억해두다'라는 뜻이다. (비)가슴에 새기다.

예) 아버지께서 남긴 유언을 세 아들은 폐부에 새기고 이를 악물었다.

포문을 열다

1.(사람이) 말로 상대편을 공격하기 시작하다.

2.(무엇이) 본격적으로 시작하다.

3.(사람이) 대포를 쏘다.'포문砲門'은 대포를 쏘았을 때 그 탄알이 나가는 구멍을 일컫는다. '포구砲口'라고도 한다. 무엇을 '열다'라고 하면, 열린 구멍에서 그 안에 든 것이 밖으로 나가는 것을 말한다. '대포를 쏘다', '상대방을 향해 공격이나 비난의 말을 하기 시작하다'라는 뜻이다.

예) 그가 포문을 열어 그동안 참은 말들을 쏟아내자 모두들 얼굴을 붉혔다.

포함을 주다

무당이 귀신의 말이라고 하여 호령을 하다.

★포함 : 무당이 귀신의 말을 받아서 호령하는 일.

포흠(을) 내다

포흠이 나게 하다.

★포흠逋欠 : 관청의 물건을 사사로이 소비함.

포흠을 지다

관청의 물건을 사사로이 써 없애다.

예) 소인이 적지 않은 포흠을 진 일이 있었소이다.

포흠(이) 나다

포흠이 생기다.

폼(을) 잡다

1.(사람이)무엇을 시작하려는 자세나 태세를 취하다.

★폼form : 사람이 어떤 동작을 할 때에 취하는 몸의 형태.

2.(사람이) 으쓱거리고 뽐내는 티를 짐짓 겉으로 드러내다. (비)폼(을) 재다.

폼(을) 재다

(비)폼(을) 잡다.

예) 도석은 유난히 짙은 선글라스를 쓰고 폼을 재듯 종대를 돌아보았다.

표(가) 나다

'표表'는 드러나는 자취나 흔적을 말한다. 또한 어떤 내용을 한눈에 알아볼 수 있게 적거나 그린 것도 '표'라고 한다. '시간표', '차림표', '통계표'가 그러하다. 반면에 '표票'는 '가격표', '기차표', '찬성표'에서처럼, 어떤 내용을 증명하거나 나타내는 '쪽지'란 뜻이 있고, 또 다른 '표標'는 '도돌이표', '느낌표'에서처럼 '기호'를 가리킨다. '나다'는 '나타나다', '생기다'이다. '어떤 두드러진 특징으로 인해 눈에 잘 뜨이다'라는 뜻이다.

예) 흰색 옷은 조금만 묻어도 표가 나니 신경이 쓰인다.

표票(를) 끊다

돈을 내고 표를 사다.

표票를 던지다

표로써 선거권을 행사하다.

예) 이 후보에게 깨끗한 한 표를 던져 주십시오.

표리가 없다

(사람이) 말과 행동이 속마음과 똑같다.

★표리表裏 : 겉으로 드러내는 말과 행동, 속으로 품는 생각.

예)그는 표리가 없는 진실한 사람이다.

표리가 있다

말과 행동이 속마음과 다르다.

푸닥거리를 놓다

『북』 불평을 계속 늘어놓다.

★푸닥거리 : 무당이 부정이나 살을 풀기 위해 간단

하게 음식을 차려놓고 하는 굿.

예) 김은 혼자 골이 나서 한참 푸닥거리를 놓았다.

푸른 양반兩班

세력이 당당한 양반을 이르는 말.

푸접(이) 없다

붙임성이나 인정이 없이 쌀쌀하기만 하다.

★푸접 : 남에게 너그럽고 따뜻이 대하는 성질. (부)푸접-없이.

푸줏간에 든 소

독 안에 든 쥐.

★푸줏간 : 소고기 돼지고기를 파는 가게.

푼수에 맞다

어떤 정도에 알맞다.

★푼수 : 생각이 모자라고 어리석은 사람을 놀림조로 이르는 말.

풀끝 한 점 없다

전혀 아무것도 없음을 강조하여 이르는 말.

예) 풀끝 한 점 없이 몽땅 없애다.

풀어 헤치다

풀어 놓고 흐트러뜨리다.

풀(을) 먹이다(하다)

피륙, 종이 따위에 풀기가 배어들게 하다. 풀을 피륙이나 종이에 입히면 광택이 나고 매끄럽고 질겨진다. 또한 세탁한 옷을 입기 전에 풀을 입히면 옷이 뻣뻣하여 몸에 달라붙지 않고 구김이 잘 가지 않는다. 천이나 종이 속으로 스며들게 하기 때문에 '먹이다'라고 말한다. 참고로, '풀을 먹이다'에는 농촌에서 두엄을 만들려고 풀을 해다가 작두로 썰 때, 풀을 작두 안에 넣어서 자른다는 뜻도 있다. 이렇게 풀을 먹이는 사람을 '풀잡이'라고 한다.

예) 풀 먹인 모시 적삼을 입고 있으니 그의 자태가 한 마리 학과 같이 고고하군.

풀(을) 쑤다

무리풀이나 밀가루를 물에 타서 불에 익히다. 재산을 이리저리 탕진함을 비유.

풀이 빠지다

『북』 '풀이 죽다'의 북한 익은말.

예) 나도 젊었을 땐 팔팔했는데 이젠 풀이 빠졌나보다.

풀(이) 서다

풀을 먹이어 피륙이 빳빳하여지다. '서다'는 위를 향해 일어나거나 곧은 자세가 되는 것을 말한다. 풀을 먹인 천이 뻣뻣하게 일정한 모양이 잡혀 일어나는 것을 말한다.

예) 풀이 선 이불 홑청이 서걱 일 때마다 뒷산에서는 부엉이가 울었다.

풀(이) 죽다

풀기가 적어 뻣뻣하지 못하다. 활기나 기세가 약해지다. '죽다'는 '생명이 끊어져 더 이상 살아 있지 아니하다', '생기 따위가 없어지거나 제 기능을 잃다'를 의미한다. '풀기가 적어서 옷 따위가 빳빳하지 못하다', '기세가 꺾여 자신감이 없고 활발하지 못하다'라는 뜻이다. (비)풀이 빠지다.

예) 풀 죽어서 후줄근한 옷을 입고 그는 잔칫집으로 향했다.

풀-자루가 되다

『북』 몹시 녹초가 되다. (비)풀주머니가 되다.

풀주머니가 되다

『북』 '풀 자루가 되다.'의 북한 익은말.

★풀주머니 : 육체적으로나 정신적으로 녹초가 되어 맥을 추지 못하는 모양 또는 그런 사람을 비유적으로 이르는 말. (비)풀-자루.

품(을) 갚다

남에게 받은 품을 돌려주기 위하여 상대에게 품을 제공하다.

★품 : 일을 하는 데 드는 힘이나 수고.

예) 이 마을의 모든 머슴들은 그와 품앗이를 하거나 품 갚기를 함으로써 홍겨운 가운데 일을 줄여 나가고 싶어 했고….

품을 메다

ㅍ

어떤 사정으로 그날 하던 일을 도중에서 그만두다.

예) 갑자기 비가 오는 바람에 밭에 나갔던 사람들이 품을 메고 돌아왔다.

품을 벼르다

『북』 나중에 큰일이 있을 때 품을 돌려받기 위해서 먼저 여러 집에 품을 제공하다.

예) 지난날 모내기철에 손포가 많은 집들은 품을 벼를 수도 있었지만 품이 없는 집에서야 제철에 모나 낼 수 있었소?

품(을) 앗다

자기가 품을 제공하고 그 갚음으로 상대방의 품을 받도록 하다.

품이 넓다

웃옷의 겨드랑이 밑이 넓다.

★품 : 윗옷에서, 양쪽 겨드랑이 밑의 가슴과 등을 두르는 부분의 넓이.

품이 든다

수고와 힘이 든다.

풋나물 먹듯

무엇을 아까운 줄 모르고 마구 먹어 치우는 모양을 비유적으로 이르는 말.

풋내(가) 나다

1. 새로 나온 푸성귀 풋나물 따위에서 나는 풀 냄새가 나다.

★풋내 : ①새로 나온 푸성귀 풋나물 따위에서 나는 풀 냄새. ②익숙하지 못하거나 어린 모양의 비유.

2. 익숙하지 못하거나 어린 모양의 비유.

3. ('곡식 따위가 덜 익다'의 뜻에서) 어설프다. 또는, 서투르다.

풍경(을) 치다

자꾸 드나들다.

★풍경風磬 : 절이나 누각 등의 건물에서, 처마 끝에 다는 작은 종.

풍년豊年 거지

여러 사람이 다 이익을 보는 데 자기 혼자만 빠진 것을 비유하는 말.

풍년(이) 들다

곡식이 잘 되다.

풍류(를) 잡히다

풍류를 연주하게 하다.

★풍류風流 : 풍치가 있고 멋스럽게 노는 일.

예) 그 넓은 뜰 안에 내처 덕을 매고 연사흘 풍류를 잡히고 기생 광대가 노래를 부르고 참 굉장했었네.

풍상을 겪다

세상의 어려움을 겪으면서 고생하다.

★풍상風霜 : 모질게 겪은 세상의 고생이나 고통을 비유적으로 이르는 말.

풍악(을) 잡히다

풍악을 아뢰거나 연주하게 하다.

★풍악風樂 : 옛날부터 전해 내려오는 우리나라 고유의 음악.

예) 갓을 삐딱하게 쓴 늙은 풍악재비들이 북, 장구, 피리, 젓대, 깽깽이 같은 제구를 갖추어 풍악을 잡히기 시작한다.

풍風(을) 치다

허풍을 치다.

★풍風 : 실제보다 동떨어지게 너무 과장하여 믿음성이 적은 언행.

풍운의 뜻

입신출세하여 큰일을 이룩하려는 희망을 비유적으로 이르는 말.

★풍운風雲 : 영웅이 세상에 나와 큰 뜻을 품고 힘을 발휘하는 기회를 비유적으로 이르는 말.

예) 풍운의 뜻을 실현하다. /그는 학교를 졸업한 뒤 풍운의 뜻을 품고 상경하였다.

피가 거꾸로 솟다[돌다]

피가 머리로 모인다는 뜻으로, 매우 흥분한 상태를 비유적으로 이르는 말.

예) 그는 자기가 배신당했다는 생각이 들자 피가 거꾸로 솟는 듯했다.

피가 끓다

1. 기분이나 감정 따위가 북받쳐 오르다.

2. 젊고 혈기가 왕성하다. '피'는 사람과 동물의 몸 안을 돌면서 산소와 영양을 운반하는 붉은색의 액체, 즉 '혈액血液'을 말한다. '끓다'는 어떤 액체가 뜨거워져서 부글부글 솟아오르는 것을 가리키는데, 피가 그렇게 끓을 수는 없다. 비유다. '(젊은이 따위가) 가만히 있을 수 없을 정도로 기운이 넘치다', '울분이나 분노 같은 감정이 참을 수 없을 정도로 격렬하게 일어나다'라는 뜻이다.

예) 그놈들이 자행한 짓을 듣고 있자니 피가 끓는다.

피가 되고 살이 되다

살아가는 데 있어 큰 도움이 되다.

피가 뜨겁다

의지나 의욕 따위가 매우 강하다.

예) 그는 어떤 일을 맡겨도 해낼 수 있는 피가 뜨거운 사람이었다.

피가 마르다

몹시 괴롭거나 애가 타다.

예) 아이를 늘 포대기 속에 숨겨 놓고 바깥 동정을 살피기에 피가 마를 지경이었다.

피가 켕기다

핏줄이 이어진 골육 사이에 남다른 친화력이 있다.

피가 통通하다

1. 살아 있다.

예) 난 나무토막은 아니오! 피가 통하고 썩는 살점을 가진 사람이란 말입니다!

2. 인간적인 감정이나 인정 따위로 연결되다.

예) 국경을 초월한 사랑과 피가 통하는 동지애로 그 미움과 고통의 세월을 달래셨습니다.

피 값을 받다

『북』 원수를 갚다.

예) 혁명 전우들의 피 값을 받다.

피 나다

몹시 고생하다.

예) 피나는 노력.

피눈물(을) 흘리다

'피눈물'은 실제로 피가 나오는 눈물이 아니다. 몹시 슬프고 원통하여 나는 눈물이 상처에서 나는 피처럼 아픔을 동반한다 하여 붙여진 이름이다.

예) 전쟁터에서 자식을 잃은 어머니들은 피눈물을 흘렸다.

피도 눈물도 없다

인정사정이 없다. '피'는 '피가 끓다'에서도 보았듯이 감정을 상징한다. 따뜻한 온기를 지녔고, 또한 인간의 몸 안에 있기 때문에 당연히 인간 안에 있으리라 기대되는 감정들, 예를 들자면 '동정심', '인정' 따위를 말한다. 눈물 역시 동정심의 대표적인 상징이다. '다른 사람들을 보고 측은히 여기고 동정하는 인간다운 감정이 전혀 없이 몹시 잔인하다'라는 뜻이다.

예) 그런 잔인한 짓을 눈 하나 깜짝하지 않고 할 수 있다니, 그는 피도 눈물도 없는 사람입니다.

피동에 빠지다

『북』 1. 싸움이나 경기 따위에서 능동적으로 공격하지 못하고 상대편의 공격을 막는 데만 급급해하면서 수세에 몰리다.

★**피동被動** : 남의 힘에 의하여 움직이는 일.

예) 피동에 빠져 문전 방어에 급급하는 축구팀.

2. 여러 가지 난관이 겹쳐 들 때에 능동적으로 처리하지 못하고 쩔쩔매다.

피땀을 짜다[짜내다/빨다]

가혹하게 착취하거나 징수하다. (비)고혈을 짜다[짜내다/빨다].

예) 백성의 피땀을 짜는 탐관오리 /노동자 농민들 피땀을 빨아서 피둥피둥 해지셨군.

피땀(을) 흘리다

온갖 힘과 정성을 쏟아 애써 노력하다. '피땀'은 '피'와 '땀'이다. 인간이 자신을 돌보지 않고 애를 쓸 때

ㅍ

땀이 흐르고 피도 겁내지 않는다. 그래서 피땀은 상징적인 의미로 쓰여, 온갖 힘을 기울이는 수고를 의미한다. '어떤 일을 성취하기 위해 온갖 힘과 정성을 다해 애쓰다'라는 뜻이다.

예) 피땀 흘려 번 돈.

피도 안 마르다

갓 태어난 아이를 '핏덩이'라고 한다. 산모의 몸에서 나오는 피가 묻은 것을 가리키는 말이다. 피가 마르면 죽는다. 여기에서 마르지 않았다고 하는 피는 태어날 때 몸에 묻은 피다. '피도 마르지 않다'라고도 한다. '-도'는 강조의 뜻을 나타낸다. '아직 어리다'라는 뜻이다. '대가리에 피도 안 마르다'라고 하면 더욱 얕잡아 속되게 일컫는 말이다.

예) 피도 안 마른 것들이 벌써부터 이런 데를 들어오다니 혼 좀 나야겠군.

피똥을 싸다

(속되게) 매우 어려운 처지에 빠져 혼이 나다.

예) 그 친구, 지금 사장님한테 불려가서 한참 피똥을 싸겠구먼.

피란(을) 가다

피란을 위해 옮겨 가다.

★**피란**避亂 : 난리를 피함.

피로 물들이다

사상자가 많이 생기다.

예) 평화롭던 마을을 피로 물들인 잔혹한 전쟁은 이렇게 시작되었다.

피로 피를 씻는다

'피붙이'라는 말이 있다. 가까운 친척을 뜻한다. '피'는 '혈통', '혈연'을 의미하기도 한다. '씻다'는 더러운 것을 없어지게 닦는 것이다. 피로 피를 씻으면 피는 지워질 수 없다. 더욱 피가 두껍게 칠해질 뿐이다. 한편 피는 '죽음'을 뜻하기도 한다. '혈족끼리 서로 죽이며 싸우다', '악한 일을 보복하기 위하여 또다시 악한 일을 저지르다'라는 뜻이다.

예) 피로 피를 씻는 전쟁을 통해 우리가 얻을 수 있는 것은 아무것도 없다.

피를 긁다

남이 피땀 흘려 모은 재물을 사정없이 빼앗다.

예) 백락신이 진주 병사로 부임된 뒤에 백성의 피를 긁는 정도가 너무도 심했다.

피를 나누다

(어떤 사람이 다른 사람과, 또는 둘 이상의 사람이) 혈육의 관계가 있다. 여기에서 '나누다'는 말 그대로의 나누기가 아니다. 같은 것을 여럿이 공유한다는 의미다. '같은 부모 밑에서 형제자매로서 태어나다', '혈연관계가 있다'라는 뜻이다.

예) 피를 나눈 형제들끼리 싸우면 못쓴다고 어머니는 강조하셨다.

피를 마시다

예전에 중국에서 맹세할 때에 희생의 피를 마셨다는 데에서, 서로 굳게 맹세함을 이르는 말.

피를 말리다

몹시 괴롭거나 애가 타게 만들다. '말리다'는 '마르다'의 사동, 즉 '마르게 하다'이다. '물기가 없게 하다', '건조시키다'라는 뜻이다. 피를 말리면 죽는다. 피가 타들어 가듯이 심정이 바짝바짝 조여드는 것을 빗대어 일컫는다. '커다란 걱정이나 불안 따위로 몹시 애를 태우거나 괴롭게 하다'라는 뜻이다. 한편 '말리다'는 오랜 시간 서서히 이루어지는 과정이다. 그래서 서서히 계속해서 괴롭히는 과정을 내포한다.

예) 피를 말리는 입시 지옥.

피를 받다

혈통을 이어 받다.

예) 왕실의 피를 받은 사람들은 모두 참혹한 생활을 계속하는 것이었다.

피를 보다

1.싸움으로 피를 흘리는 사태가 벌어져 사상자를 내다.

예) 한번 정 씨와 엄 씨의 피를 보신 연산은 미칠 듯 수천 수백의 피를 보고야 말 것 같다.

2. 크게 봉변을 당하거나 손해를 보다.

예) 나도 동업자로서 피를 보겠지만, 주인은 자네 이름으로 돼 있었지 않나.

피를 부르다

사람들을 다치게 하거나 죽게 하다.

예) 팔일오 광복은 삼팔선의 분단과 좌우익의 피를 부르는 극단적인 대립을 가져왔고….

피를 빨다

재산이나 노동력 따위를 착취하다.

예) 그런 놈들이 양반 세력을 빌려서 백성들의 피를 빨아서는 저희 놈들 배만 불리지요….

피를 빨리다

재산이나 노동력 따위를 착취당하다.

예) 나나 자네나 이렇게 핏기 없이 뽀독뽀독 마른 것이 모두 송 주사한테 피를 빨린 탓일세.

피를 빨아먹다

남이 가진 것을 뜯어먹다.

예) 지금 권귀는 백성의 피를 빨아먹고 살고 있소.

피를 토吐하다

'토하다'는 몸속에 있는 것을 밖으로 내보낸다는 뜻이다. 피를 토하는 것은 의학 용어로 각혈喀血이라고 하여, 심각한 증상으로 받아들인다. '어떤 심각한 질병으로 인하여 입에서 피를 쏟다', '(말하는 자리에서) 격렬한 분노를 드러내며 옳지 못하다고 생각하는 것을 강하게 비판하다'라는 뜻이다.

예) 단상에 오른 그는 우리 민족이 처해 있는 지금의 현실에 분노하여 피를 토했다.

피를 흘리다

1. (사람이) 싸우거나 하여 사상자를 내다.

2. (사람이) 희생하거나 몹시 고되게 일하다. '흘리다'는 액체 같은 것이 미끄러지듯 아래로 내려가는 것을 말한다. 몸 밖으로 피가 나와서 아래로 내려가는 것이 '피가 흐르다', '피를 흘리다'이다. 상처나 부상 등을 염두에 둔 표현이다. '몸의 일부에 상처가 나서 흐르는 피를 보이다', '싸우거나 경쟁하거나 하여 사상자나 피해가 생기다'라는 뜻이다.

예) 이번 사업에서 경계를 소홀히 하여 피를 흘렸다.

피리를 불다

(속되게) 뒤에서 부추겨 조종하다.

예) 그에게 피리를 불 사람은 안승학 밖에 없지 않은가…….

피부皮膚로 느끼다

몸소 경험하다.

예) 고향 땅의 주민들이 시달리고 있는 사정을 피부로 느끼게 되었던 것이었다.

피비린내(가) 나다

익히지 않은 고기나 생선, 물가에서 나는 메스꺼운 냄새가 '비린내'이다. '비리다'와 냄새를 뜻하는 '내'가 합성되었다. '피비린내'는 많은 양의 피를 흘렸을 때 거기에서 나는 비린내이다. 주로 사람이나 동물의 주검을 암시한다. '사람이나 동물이 죽으면서 피를 흘린 냄새가 맡아지다', '아주 잔인하고 살벌하다'라는 뜻이다.

예) 피비린내 나는 싸움이 한 달 넘게 이어지자 그곳은 지옥과 다를 바가 없었다.

피새(가) 나다

은밀하게 숨기던 일이 발각되다.

피새(가) 여물다

피새를 잘 부리는 성질이 있다.

★피새 : 급하고 날카로워 화를 잘 내는 성질.

피새를 내다

사소한 일에 성질을 잘 내다.

피새를 놓다

긴한 체하고 일에 방해를 놓다.

피에 굶주리다

살상을 바라고 원하다.

예) 피에 굶주린 제신의 횡포는 이번 한물로 종혁네들을 너무하지 싶게 으깨어 놓았다.

피에 울다

1. 피를 토하며 울다.

ㅍ

2. 몹시 슬피 울다.

피에 주리다

남을 죽이거나 다치게 하려는 악한 마음이 가득하다.

피와 살이 되다(피가 되고 살이 되다)

'피가 되고 살이 되다'라고도 한다. 피와 살은 우리 몸을 이루는 요소 중에서 가장 대표적인 것들이고, 그 손실이나 증가가 눈에 띄게 드러난다. 따라서 먹은 것들이 바로 피가 되고 살이 된다고 하는 말이 생겨나도 이상할 것이 없다. '먹은 것이 헛되이 배출되지 않고 제대로 소화되어 몸에 이로운 성분이 되다'라는 뜻이다. 한편 비유적인 표현으로 쓰일 때는, 정신을 이루는 몸체에서 피와 살을 가리키기도 한다. 이때는 '사상이나 지식 따위가 피상적인 것으로 머물지 않고 완전히 이해되어 자기 것으로 흡수되다'라는 뜻이다.

예) 실천이라는 길을 통해야만 자네 사상이 비로소 피와 살이 될 수 있는 것이야.

피치 못할

어찌할 수 없는.

예) 최기표 군은 그동안 피치 못할 가정 사정으로 결석했다.

핀잔을 맞다

못마땅하게 여겨져 맞대 놓고 꾸짖음을 당하다

핀잔(을) 주다

'핀잔'은 남이 잘못하거나 실수한 것을 무안을 느낄 정도로 지적하고 나무라는 것이다. '주다'라고 했으니 상대방에게 그런 행동을 당하게 한다는 의미다. 상대되는 말로는 '핀잔을 받다', '핀잔을 먹다'가 있다. '상대방에게 잘못된 점이나 실수를 지적하여 가볍게 꾸짖다'라는 뜻이다.

예) 형은 자신이 잘하는 것을 남이 못하면 가차 없이 핀잔을 주었다.

필름이 끊기다

(속되게) 정신이나 기억을 잃다.

★**필름**film : 유연하고 투명한 물질인 셀룰로이드나 폴리에스테르 따위에 빛에 민감한 감광제를 입히고 스프로키트 구멍을 뚫어 영상을 포착하는 동시에 카메라나 영사기의 간헐 운동에 의해 현실적인 상태 또는 움직임의 상을 보이는 데 사용되는 재료.

예) 술을 먹고 필름이 끊기는 것은 알코올 중독의 신호입니다.

필름이 끊어지다

(속되게) 정신이나 기억을 잃게 되다.

예) 그는 필름이 끊어져서 친구한테 업혀 집에 돌아왔다.

핏기(가) 가시다

놀라거나 충격을 받아 창백하게 질리다. (비)핏기(를) 잃다.

★**핏기**氣 : 사람의 살갗에 드러난 불그레한 피의 기운.

핏기(를) 잃다

(비)핏기가 가시다.

핏대(가) 서다[나다/돋다/오르다]

모든 물건에 다 속이 있는 것처럼 말하지 아니하고 잠자코 있는 사람도 다 자기의 속마음이 있다는 뜻으로, 사람을 함부로 업신여기거나 허술히 대하지 말라는 말.

★**핏대** : ①큰 혈관. ②피의 줄기.

예) 그는 화가 치밀 때면 핏대가 선다.

핏대(를) 세우다[내다/돋우다]

목의 핏대에 피가 몰려 얼굴이 붉어지도록 화를 내거나 흥분하다.

예) 익준은 한층 더 분개해서 흡사 인숙이가 범인이기나 한 듯이 핏대를 세우고 대드는 것이었다. / 이제 그만 목에 핏대를 돋우고 내가 하는 말을 차근차근 들어 보게나.

핏대를 올리다

목의 핏대에 피가 몰리도록 화를 내거나 흥분하다.

예) 쓸데없는 일로 공연히 핏대 올리지 마시오.

핏발이 삭다

핏발이 가라앉아 없어지다.

★핏발 : 몸의 어느 부분에 피가 몰려 붉게 된 결.

핏발이 서다

'-발'은 접미사로서 명사 뒤에 쓰여, 세로로 가느다랗게 죽죽 내뻗는 줄 모양의 것이나 그렇게 내뻗는 걸림 없는 기운을 나타낸다. '빗발', '서릿발', '끗발', '말발' 등이 그렇다. '핏발'은 다치거나 피곤하거나 했을 때 신체의 어느 부위에 피가 몰려서 붉게 일어나는 줄 모양의 것을 이른다. 몸이 긴장되었음을 나타내기 위해 '서다'라는 표현을 썼다. '어느 부위에 피가 몰려서 붉은 결이 생겨나다'라는 뜻이다. 주로 피곤하거나 분노했을 때의 눈 상태를 표현한다. 참고로, '눈에 핏발을 세우다'도 같은 뜻으로 쓰인다.

예) 눈에 ~.

핏줄 쓰이다

혈연血緣의 친밀감을 느끼다. (비)핏줄이 당기다.

★핏줄 : 같은 조상의 피를 이어받아 겨레붙이가 되는 관계.

핏줄이 당기다

(비)핏줄 쓰이다.

예) 시어머니와 며느리 관계는 법적인 모녀 관계여서 핏줄이 당기는 사랑은 불가능하지 않을까?

핑계 없는 무덤 없다

무슨 일이라도 반드시 핑계거리는 있다는 뜻.

★핑계 : 어떤 일이나 생각을 정당화하기 위하여 갖다 붙이는 구실.

ㅎ

하고 많다

많고 많다.

예) 하고 많은 사람 중에서 너와 만난 것은 운명이다.

하관(이) 빨다

'하관下觀'은 얼굴의 아래쪽, 즉 코밑의 턱 주변을 일컫는다. '빨다'는 끝이 점점 밑으로 내려오면서 가늘어지고 뾰족해진다는 뜻이다. '얼굴 전체에 비해서 턱 주변이 몹시 좁고 뾰족하다'라는 뜻이다.

예) 그 아이는 다 좋은데 하관이 빨아서 박복해 보인단 말씀이야.

하나 가득

분량이나 수량이 정해진 한도에 가득하게. 예) 과일을 바구니에 ~ 담다.

하나로 잇닿아 있다

서로가 떼려야 뗄 수 없이 연결되어 있다.

하나만 알고 둘은 모른다

사물을 두루 보지 못하고 융통성 없이 어느 한 면만 봄을 이르는 말.

하나부터 열까지

어떤 것이나 다.

예) 생각할수록 하나부터 열까지가 모두 분하고, 한스럽기만 했다.

하느님 맙소사

기막힌 일을 당하거나 보았을 때 몹시 탄식하여 이르는 말.

하는 수 없이

어쩔 방법이나 도리 없이.

예) 그는 출장을 가던 길에 아버지가 위독하다는 소식을 듣고 하는 수 없이 집으로 갔다.

하늘(과) 같다

상대자를 아주 높이 우러러보거나 그 은혜를 크게 느낌을 이르는 말.

하늘과 땅

두 사물 사이에 큰 차이나 거리가 있음을 비유적으로 이르는 말.

예) 두 사람의 실력 차이는 하늘과 땅이다.

하늘 높은 줄 모르다

1. 자기의 분수를 모르다.

2. 출세 가도를 치달리다.

3. 물가가 매우 높게 뛰다.

예) 물가가 하루가 다르게 하늘 높은 줄 모르고 치솟아 서민들의 형편이 점점 어려워지고 있다.

하늘땅 끝까지

'하늘땅'은 하늘과 땅, 즉 '온 누리', '모든 세상'을 일컫는다. 그 '하늘땅(의) 끝까지'라고 했으니 이르지 않는 곳이 없겠다. '이 세상 끝까지', '끝없이 영원히'라는 뜻이다.

예) 당신을 하늘땅 끝까지 사랑하겠소.

하늘만 쳐다보다

아무런 대책을 세우지 않고 멍하게 있다.

하늘 보고 침 뱉기

하늘 보고 침을 뱉으면 도로 제 얼굴로 떨어지니, 자기 스스로가 자기를 욕보임을 이름. (비)누워서 침 뱉기.

하늘에 닿다

무엇이 매우 크거나 높거나 많다.

예) 어머니의 사랑이 하늘에 닿았다.

하늘에 맡기다

(사람이 일의 결과를) 운명에 맡기다. '맡기다'는 '물건 따위를 대신 관리하게 남의 손에 잠시 넘겨주다', '일 따위를 대신 처리하도록 책임을 넘기다'를 뜻한다. 여기에서 '하늘'이란 인간의 의지를 초월한 대상을 말한다. '신앙심이나 혹은 자포자기로 자신의 의지를 버리고 운명이나 신의 의지에 순응하다', '일이 되어가는 대로 두고 보다'라는 뜻이다. 주어지는 결과에 따른다는 의미로 많이 쓰인다.

예) 더 이상 우리 힘으로는 어쩔 도리가 없으니 하늘에 맡기는 수밖에 없겠습니다.

하늘에서 떨어지다

하늘에서 떨어지는 것은 비나 눈, 운석 따위 외에 무엇이 있을까? 어쨌든 하늘에서 떨어지는 것은 사람의 의지와 노력과는 상관없다. 이를 설명하는 말이 '저절로', '운 좋게', '우연히' 따위이다. '아무런 노력도 들이지 않고 저절로 생겨나다'라는 뜻이다. 노력 없이 이루어지는 것은 없으므로 이 표현은 반어문에 많이 쓰여서 저절로 생긴 것이 아니라는 뜻을 나타낸다.

예) 우리 집 곡식은 하늘에서 떨어지는 줄 아는지 염치도 없이 끼니때마다 들이닥친다.

하늘을 지붕 삼다

'지붕'은 비나 눈, 이슬 따위를 피하기 위해 집의 위쪽을 덮은 부분을 가리킨다. 하늘 아래 지붕이 놓이게 마련이다. 그런데 하늘을 지붕 삼는다고 했으니, 지붕이 없이 바로 하늘이 보이는 셈이다. 지붕이 없는 집은 없다. 집이 없다는 말이다. '노숙露宿하다', '정처 없이 떠도는 신세이다', '걸림 없이 호탕한 성격이라 천지를 내 집같이 여기다'라는 뜻이다.

예) 하늘을 지붕 삼은 내가 무엇이 두려워 네 앞에서 쩔쩔맨다는 말인가?

하늘을 찌르다

1. 매우 높이 솟다.

예) 미루나무는 하늘을 찌르듯 높이 솟아 있었다.

2. 기세가 몹시 세차다.

예) 기세가 하늘을 찌르다. /풍물판을 벌이고 다니는 농민군들의 사기는 하늘을 찌를 것 같았다.

하늘을 찌르듯

'찌르다'는 '날카로운 물건의 끝으로 꽂아 넣다', '들이밀다'라는 뜻이다. 하늘은 높기도 하거니와 일정한 형체가 없으므로 찌를 수가 없다. 그러나 밑에서 보면 하늘을 찌를 듯이 높이 솟은 것들이 하늘을 향해 있다. '탑이나 나무 따위가 하늘을 향해 높이 솟다', '치솟는 기세가 두려울 것 없이 몹시 세차다'라는 뜻이다.

예) 산 중턱에는 하늘을 찌르듯 높이 자란 삼나무들이 군락을 이루고 있었다.

하늘이 노랗다

하늘은 보통 '파랗다'라고 말한다. '노랗다'라는 것은 현기증으로 시야가 잠시 흐려질 때의 느낌을 나타낸다. 사물이 구별되지 않으므로 노란 것이 '하늘'이라고 했다. '지나치게 피로하거나 몹시 굶거나 하여 현기증이 일고 사물이 제대로 보이지 않다', '일이 아주 어렵게 되어서 절망적이다'라는 뜻이다. (비)하늘이 캄캄하다.

하늘이 노래지다

갑자기 기력이 다하거나 큰 충격을 받아 정신이 아찔하게 되다.

예) 어머니는 빈혈이 있어 하늘이 노래지는 것을

ㅎ

느꼈다.

하늘이 두 쪽이 나도

아무리 큰 어려움이 있더라도. (비)하늘이 무너지더라도.

예) 나는 하늘이 두 쪽이 나도 이번 계획을 포기할 수 없다.

하늘이 무너져도

'무너지다'는 높은 곳에 일정한 모양을 이루고 있던 것이 아래로 떨어지면서 흩어지는 것을 말한다. 하늘은 지붕이나 산처럼 단단한 물체가 아니기 때문에 무너지는 경우가 없다. 다만 이것은 신화적인 표현으로서 천체의 움직임에 큰 변동이 일어나는 것을 인간의 언어로 표현한 것이다. 하늘이 무너진다는 것은 극한의 상황, 세계의 종말, 대재난을 의미한다. '아무리 큰 곤경이나 어려움이 닥치더라도', '무슨 일이 있더라도 반드시'라는 뜻이다. (비)하늘이 두 쪽이 나도.

예) 하늘이 무너져도 그런 일은 없을 것이니 마음을 편히 가지십시오.

하늘이 세다

'비가 오다'를 지나치게 가장한 말.

하늘이 캄캄하다

큰 충격을 받아 정신이 아찔하다. (비)하늘이 노랗다.

예) 내일까지 이 일을 다 해야 한다니. 생각만 해도 하늘이 캄캄하다.

하늘처럼 믿다

(어떤 사람이 다른 사람을) 크게 기대를 걸어 전적으로 의지하다.

예) 지수는 어려서부터 알고 지낸 언니를 하늘처럼 믿었다.

하늘 천 따지

'천자문'을 비유적으로 이르는 말.

예) 사십 늙은이더러 하늘 천 따지를 시작하란 말이야?

하늘 천 따지 하다

천자문 넷째 구 '진숙열장辰宿列張'의 잘 숙宿을 '잘쏙거리다'에 빗대어서 이르는 말로, 다리를 절을 비유적으로 이르는 말.

하다 못해

1. 제일 나쁜 경우에는,

예) 하다못해 미안하다는 말 한마디라도 해야 할 게 아닌가?

2. 있는 힘을 다 했으나 별도리가 없어.

예) 혼자 하다못해 그의 도움을 청했다.

하든지 말든지

신경을 쓰지 않겠다는 것이다. 말하는 사람은 관심이 없으니 그걸 하거나 말거나 알아서 하라는 것이다. 그래서 해도 되고, 안 해도 되니 듣는 사람이 결정해서 알아서 하라는 것이다. 한다고 문제가 될 것도 없고, 안 해도 문제가 될 것이 없으니 그냥 아무거나 알아서 하라는 것이다. 즉, '하든지'의 '-든지'는 나열된 동작이나 상태, 대상들 중에서 어느 것이든 선택될 수 있음을 나타내거나 실제로 일어날 수 있는 여러 가지 중에서 어느 것이 일어나도 뒤 절의 내용이 성립하는 데 아무런 상관이 없음을 나타내는 연결 어미다. '~든지 ~던지'를 명확한 답을 내리지 못하여 유감스럽다. 여러 방면으로 알아본 결과 '~던지'는 과거형이므로 앞뒤 문장에 따라 다르니 같이 혼용할 수 있다는 말과 아니고 라는 말로 분분하다는 것을 아뢸 뿐이다. (비)하거나 말거나.

예) 숙제를 하든지 말든지 알아서 해라.

하띠 맞다

연전띠내기에서 활을 쏘아 가장 적게 맞히다.

★하띠 : [체육] 연전띠내기에서 활을 쏘아 가장 적게 맞힌 띠. 또는 화살을 나중에 던져 짠 띠.

하루가 다르다

빠른 속도로 상태가 변하다. (비)하루가 새롭다.

예) 첨단 과학은 하루가 다르게 발전하고 있다.

하루가 멀다고

때를 가리지 않고 거의 매일같이.

예) ~ 찾아오다.

하루가 멀다 하게(하고)

보통 '하루'를 정의하는 기준은 일몰과 일출이다. 해가 떠서 질 때까지의 환한 시간을 통틀어 하루라 하기도 하고, 해가 뜨고 다음에 해가 뜨기 전까지의 기간을 하루라 말하기도 한다. 주로 두 번째 의미로 많이 쓰인다. 인간의 모든 활동은 하루를 단위로 해서 이루어진다. '멀다'는 주로 '떨어져 있는 공간이 길다'라는 의미도 되지만, 또한 '언제까지의 시간 길이가 오래다'라는 의미를 나타내기도 한다. '다음번까지 기다리기에 하루가 길다고 느껴질 정도로', '거의 날마다', '자주'라는 뜻이다.

예) 그는 하루가 멀다 하게 전화를 해서 김 양의 안부를 물었다.

하루가 새롭다

1. 시간이 긴요하여 그 시간이 지나가는 것이 아쉽다.

예) 추수철에는 하루가 새롭다.

2. 짧은 시간이 괴롭고 길게 느껴지다.

예) 우리 땜에 저희는 더운 방 내주고 이층으로 갔다니 하루가 새롭지 뭐요.

3. 사물의 변화가 두드러지다. (비)하루가 다르다, 한시(가) 새롭다.

예) 하루가 새롭게 아이가 자란다.

하루에도 열두 번

어떤 일이 매우 빈번하게 일어나는 것을 이르는 말.

예) 그녀는 하루에도 열두 번 변덕을 부린다.

하리(가) 들다

되어 가는 일의 중간에 방해가 생기다.

하리(를) 놀다

윗사람에게 남을 헐뜯어 일러바치다.

★하리 : 남을 헐뜯어 없는 죄도 있는 것처럼 윗사람에게 고해바치는 짓.

하며 말며 하는 식

『북』 '하면하고 말면 마는 식'의 북한 익은말.

하면하고 말면 마는 식

꼭 해야 되겠다는 각오 없이 하고 싶으면 하고 하기 싫으면 안 하는 무사 안일한 태도.

예) 넌 어떻게 매사가 하면하고 말면 마는 식이냐?

하품만 하고 있다

경기景氣가 없거나 할 일이 없다.

예) 불경기라 손님이 너무 없어서 상가 사람들이 모두 하품만 하고 있다.

하품을 치다

1. 매우 엄청나거나 어처구니가 없어 입을 쩍 벌려 놀라움을 나타내다.

예) 유 선달은 하품을 치며 입맛을 다신다. "웬 약주를, 누가 그렇게 잡수시랬던 봐."

2. 어떤 일에 대하여 외면하고 방관하다.

하풍에 서다

『북』 쇠퇴하거나 몰락하는 처지에 놓이다.

★하풍下風 : 사람이나 사물의 질이 낮음.

하필이면

1. 달리하거나 달리 되지 않고 어찌하여 꼭.

2. 되어 가는 일이나 결정된 일이 못마땅하여 돌이켜 묻거나 꼭 그래야 하는 이유를 진지하게 캐물을 때 쓰인다.

하해의 티끌 같다

『북』 너무도 보잘것없다.

학교는 구경도 못 하다

학교 근처에도 못[안] 가 보다.

예) 나도 학교는 구경도 못 해 보고 자라난 사람이야.

학교學校 구경도 못 하다

학교 교육을 전혀 받지 못하다.

예) 초등학교가 의무 교육이 되기 전에는 학교 구경도 못 한 사람들이 많았다고 한다.

학교學校 근처에도 못[안] 가 보다

정규 교육을 전혀 받지 못하다. (비)학교는 구경도 못 하다.

ㅎ

예) 할아버지께서는 학교 근처에도 못 가보셨으나 한글은 깨우치셨다.

학을 떼다

괴롭거나 어려운 상황을 벗어나느라고 진땀을 빼거나, 그것에 거의 질려 버리다. (비)학질(을) 떼다.

예) 나는 학창 시절에 수학이라면 거의 학을 뗐다. /그녀는 이제 남자라면 학을 뗀다.

학질(을) 떼다

(비)학을 떼다.

예) 귀찮게 자꾸 꼬치꼬치 캐묻는 바람에 아주 학질을 뗐다.

★학질瘧疾 : 열대, 아열대에 많이 서식하는 학질모기를 통해 옮기는 전염병.

학창學窓을 같이하다

『북』 같은 학교나 같은 교육 기관에서 함께 공부하다.

예) 어린 시절 학창을 같이한 동무.

학춤(을) 추이다

1. 남의 팔이나 덜미를 치켜들고 혼을 내다.

예) 보기에도 그까짓 것은 단박에 덜미를 집어서 학춤을 추일 수 있지만 그러면 결국 그 몇 곱절 곯아떨어질 것은 계섬이 자신일 것이다.

2. 『북』 붙들어다 심문하고 달초하여 혼을 내다.

예) 학춤 추이던 젊은 포교 한 놈이 소인더러 병신이 급살 한다고까지 말합디다.

학치(정강이) 패다

종아리를 때리다.

★학치 : '정강이'를 속되게 이르는 말.

한가락(을) 하다

속된 말로, 어떤 방면에 뛰어난 재주나 솜씨가 있다.

★한가락 : 어떤 방면에서 나름대로 인정받는 재주나 솜씨.

예) 형이 예전엔 주먹질로 한가락 했다.

한가마 밥을 먹다

『북』 한 가정이나 한 집단 속에서 차별이 없이 똑같이 지내다.

★한가마 : 한 솥.

한 건件(을) 올리다

(비)한 건 하다.

예) 그는 진급을 위해 한 건 올리는 일에 몰두하였다.

한 건 하다

어떤 일을 한 뒤에 성과를 내다. (비)한 건(을) 올리다.

예) 내가 한 건 하는 날에 술을 사지.

한골 나가다

썩 좋은 지체로 드러나다.

★한골骨 : 신라 때에 임금과 동성의 귀족을 일컫던 풍속에서 온 말로, 매우 좋은 문벌을 이르던 말.

예) 한골 나가는 양반이라 하더라도 이 몰골이고 보면 개돼지나 다를 바 없겠지요.

한 굽(을) 죽이다

『북』 하여야 할 많은 일이나 여러 가지 일 중에서 큰 부분을 해버려 일의 긴장도를 떨어뜨리다.

한 귀로 흘리다

귀가 두 개 달린 까닭을 설명하는 방법 역시 두 가지이다. 하나는 주의해서 들으라고 두 개라는 것이고, 다른 하나는 필요 없는 말은 한쪽 귀로 듣고 다른 쪽 귀로 버리라는 의미에서라고 한다. '흘리다'는 '흐르다'의 사동이다. 즉, 물처럼 고이지 않고 지나가게 하는 것이 '흘리다'이다. '말이나 이야기를 주의해서 듣지 않고 무시하다'라는 뜻이다.

예) 그는 조심하라는 어머니의 말씀을 한 귀로 흘려들은 것이 후회되었다.

한낮이 기울다

해가 점심때를 지나다.

★한낮 : 낮의 한가운데. 곧 낮 열두 시를 전후한 때를 말한다. (약)낮.

예) 이튿날 아침 느지막이 나가던 정 씨는 한낮이

기울어서도 나타나지 않았다.

한눈에 반하다

보자마자 한 순간 몽땅 뿅 갔다는 말.

★한눈 : 한 번 얼핏 보거나 둘러봄.

예) 여수 야경과 돌산 케이블카! 한눈에 반했다.

한눈 붙이다

잠깐 눈을 붙이고 자다.

예) 초저녁부터 이튿날 새벽까지 모기와 개미들에게 물어뜯기고 이른 아침에야 겨우 한눈 붙일 수 있었던 것이다.

한눈에 열 줄

글을 빨리 읽음을 비유적으로 이르는 말.

한눈(을) 팔다

(사람이) 해야 할 일에 마음을 쓰지 않고 정신을 딴 데로 돌리다. '한눈에 알아보다'와 같이 '한 번 봄'을 뜻하는 '한눈'도 있지만, 여기에서는 다른 뜻이다. '당연히 보아야 할 데를 보지 않고 엉뚱하게 다른 데를 보는 시선'을 말한다. 접두사 '한-'은 '바깥', '별도의'라는 뜻이다. '팔다'는 돈을 받고 물건을 던져 주듯이 정신 따위를 엉뚱한 데로 돌리는 것을 일컫는다. '보아야 할 데를 보지 않고 엉뚱한 데를 보다', '딴눈(을) 팔다', '해야 하는 일에 마음을 쓰지 않고 쓸데없이 다른 데에 관심을 기울이다'라는 뜻이다.

예) 길이 미끄러워서 한눈팔다가는 자칫 미끄러질 수가 있으니 조심하거라.

한다(고) 하는

보통 수준보다 훨씬 뛰어난.

예) ~ 기술자를 모두 모으다.

한 다리 걸치다

1. 일의 한몫을 담당하다. (비)한 다리 끼다.

예) 저도 한 다리 걸쳐 있는 상태이니까 딱히 할 얘기는 없어요.

2. 한편으로 관계를 가지다. (비)한 다리 끼다.

예) 디자인이 아무리 좋고 가격이 싸도 심사에 한 다리 걸쳐 있지 않으면 그 제품은 선택되기 어렵다.

한 다리 끼다

(비)한 다리 걸치다.

예) 책 만드는 일에 한 다리 꼈다.

한 달 서른 날

한 달 전체를 이르는 말.

예) 한 달 서른 날 일만 했다.

한데 밤(을) 자다

『북』 한데서 밤잠을 자다.

한데(에) 나앉다

집이 없어 한데에 살림을 펴다. (비)한지에 나앉다.

★한데 : 사방과 하늘을 지붕이나 벽 따위로 가리지 않은 자리. (비)노천露天.

예) 한데 나앉게 된 아줌마에게 지하실을 집세 없이 내주겠다고 자청한 집이 있었던 것이다.

한 동을 넘기다

『북』 끊어진 광맥을 파 들어가서 다시 광맥을 잇대어 찾아내다.

한 동을 먹다

광맥이 오랫동안 끊어져서 광물을 캘 수 없다.

한라산漢拏山 토끼 모양模樣

놀라서 눈이 동그래진 모양을 비유적으로 이르는 말.

한량(이) 없다

정해진 분량이나 끝이 없이 그지없다. (부)한량없이.

★한량限量 : 일정하게 한정된 분량.

예) ~ 기쁘다.

한마음 한뜻

여러 사람의 마음과 뜻이 하나와 같음.

예) 모두 한마음 한뜻으로 뭉쳐 싸운다면 백만 대군이 무섭지 않다.

한모(를) 막다

『북』 어떤 일에서 한 부분을 맡아 해 나가다.

예) 언제 공사에서 한모를 막은 청년 돌격대원들.

한 모태(를) 겪다

ㅎ

『북』 욕이나 매질 따위를 한바탕 사정없이 당하다.

★모태 : 바탕의 비표준어.

한몫 끼다

마땅한 자격을 가지고 함께 참가하다.

★한몫 : 한 사람에게 부여된 역할이나 임무.

예)성인이 된 사람들은 마을 회의에서 한몫 낄 수 있다.

한몫 들다

어떠한 일을 한몫 맡아 가지다.

예) 그래, 무슨 좋은 구상이라도 건졌나요? 웬만하면 나도 한몫 듭시다 그려.

한몫 보다

단단히 이득을 취하다. <u>(비)한몫 잡다.</u>

★한몫 : 한 사람 앞에 돌아가는 이익.

예) 그동안 명절이라 장사도 못했던 이들 주막에서는 오광대놀음 끝판에 한몫 보자고 쩔쩔 끓는 순댓국에 막걸리도 몇 동이씩 준비해 놓고 기다리는 판이었다.

한몫(을) 잡다

단단히 이익을 보다. '몫'은 여럿으로 나눈 각각의 분량을 말하고, '한몫'은 그중에서도 한 사람에게 돌아가는 분량을 일컫는다. '잡다'는 꽉 붙들어 자기 것으로 한다는 의미로서, 여기에는 '행운', '기회포착', '잽싼 순발력' 등의 어감이 내포되어 있다. '어떤 일이나 장사를 해서 마음에 흡족할 만큼 톡톡한 이득을 보다'라는 뜻이다. <u>(비)한몫 보다.</u>

예) 증권 투자로 ~.

한 몸이 되다

몸'은 '육체', '육신', '신체'를 말한다. 자신에게 속하는 것 중에 눈으로 보이고 움직일 수 있는 것을 가리킨다. 이때 '한-'은 '하나의', '같은'이라는 의미다. '여러 사람이 마치 한 몸인 것처럼 단합해서 질서정연하게 행동하다', '남녀가 성관계로 결합하다'라는 뜻이다.

예) 신랑과 신부가 한 몸이 되는 것을 누가 뭐라 하겠는가?

한물(이) 가다

채소 어물 따위가 한창 쏟아져 나오거나 수확되는 때가지나 시세가 없다.

★한물 : 채소나 과일, 어물 따위가 한창 거두어지거나 쏟아져 나오는 제철.

한물(이) 지다

채소, 어물 따위가 한창 쏟아져 나오거나 수확되는 때가 되다.

한 바리에 싣다

모두 같은 것이어서 구분 없이 같이 처리하다.

예) 저것들을 한 바리에 실어다가 강물에다 띄워 버릴까?

한밥 먹는다

마음껏 음식을 먹는다.

★한밥 : 마음껏 배부르게 먹는 밥이나 음식.

한밥에 들다

『북』 1.누에가 마지막 잠을 자고 나서 한창 뽕을 많이 먹다.

★한밥 : 누에의 마지막 잡힌 밥.

2.마음껏 배부르게 먹는 밥이나 음식.

예) 한밥에 든 누에.

3.(비유적으로) 음식을 게걸스럽게 많이 먹다.

★한밥 : 마음껏 배부르게 먹는 밥이나 음식

한 방 먹이다

(속되게) 1.세게 한 번 때리다.

★방放 : 주먹 등으로 때리는 횟수를 세는 단위를 나타내는 말.

예) 덩치가 큰 녀석이 주먹으로 한 방 먹이자 그는 나가떨어졌다.

2.말 따위로 상대방에게 충격을 주다.

예) 그는 그녀에게 재미없는 영화만 골라 본다고 한 방 먹였다.

한 방放(을) 먹다

(속되게) 1.세게 한 번 맞다.

예) 그는 친구와 싸우다가 어깨를 한 방 먹었다.

2. 말 따위로 상대방으로부터 충격을 받다.

예) 우리 회사는 경쟁 회사의 신제품 개발로 크게 한 방을 먹었다.

한배船를 타다

운명을 같이하다.

예) 우리들은 한배를 타고 있으며 그 일을 성공적으로 해내어야 한다.

한 살(이) 되다

1. 두 물건이 한데 어울려서 하나 되다.

2. 남녀가 결합하여 부부가 되다.

한속(과) 같다

서로 같은 속셈을 지녔다.

★한속 : 같은 셈속.

한손(을) 놓다

1. 일의 어려운 고비를 넘기고 나서 여유가 생기게 되다.

2. 쉬운 일이라고 생각하여 한 손만 쓴다는 뜻으로, 상대편을 얕보는 것을 이르는 말.

예) 장기는 실력이 엇비슷하지만 바둑은 내가 한 손 놓고 둔다.

한손(을) 떼다

하던 일에서 좀 물러앉다. 또는 소홀히 하다.

예) 이 주사에게서 나온 옷이나 입고 주는 쌀이나 먹고 연년이 신통치 못한 자기 농사에는 한 손을 떼고는 희짜를 뽑는 것이 아닌가!

한손(을) 접다

나은 편이 스스로 자기 실력을 낮추다.

예)나를 한 손 접고 내려다보는 나보다 훨씬 나은 양반들이 타신 배 속이기 때문이다.

한손(을) 접히다

자기 자신을 한 단계 낮추다.

예) 술이 잔뜩 취한 데다가, 말을 아니 들으면 당장에 저를 엎어누를 듯한 형세를 보이는 동혁의 위품에는, 한 손 접히지 않을 수 없었다.

한솥밥을 먹다

'한솥밥'은 같은 솥에서 지은 밥을 말한다. 즉, 함께 밥을 해서 나누어 먹는다는 뜻이다. '한 가정이나 집단에 속해 같이 지내다'라는 뜻이다.

예) 한솥밥을 먹는 처지에 설령 남이라도 그렇게 몰인정하게는 굴지 못할 것일세.

한 수(가) 낮다

'손'을 의미하는 '수手'는 장기나 바둑에서 한 번에 하나씩 돌을 움직이는 그 횟수를 세는 단위이다. 또한 몇 수에, 즉 몇 번 돌을 움직여서 상대를 이기느냐에 실력이 달려 있으므로 장기나 바둑을 두는 기술을 뜻하기도 한다. 한 수가 낮다고 했으니, 기술이 한 단계 떨어지는 셈이다. '낮다' 대신에 '아래다'라고도 한다. '바둑이나 장기에서 실력을 비교했을 때 조금 뒤떨어지다', '생각하거나 행동하는 것이 멀리 내다보지 못하고 다소 옹졸하다'라는 뜻이다. '한 수(가) 높다'는 '한 수(가) 낮다'의 반대말이다. (반)한 수(가) 높다.

예) 자네가 나보다 한 수가 낮으니 검은 돌이 자네 차질세.

한술 더 뜨다

이미 온당치 못한 상태에 있는 어떤 일에 한 단계 더 나아가 엉뚱한 짓.

★한술 : 얼마 되지 않는 적은 음식이나 그 양을 비유적으로 이르는 말.

한술 밥에 배부르랴

무슨 일이든지 한 번으로 만족할 결과를 얻을 수 없다는 말. (비)첫술에(첫 숟가락에) 배부르랴.

★한술 : 숟가락으로 하나의 양.

한숨을 돌리다

'한숨'은 '한숨 자다'에서처럼 '한 번 잠을 자거나 쉬는 동안' 또는 여기에서처럼 '힘든 고비를 넘기고 한 번 내쉬는 숨'을 의미한다. '돌리다'는 '돌게 하다'이다. 바쁘게 움직이다가 여유를 갖고 기운을 온몸에 돌게 하는 것이다. '힘든 고비를 넘기거나 바쁜

ㅎ

던 일손을 멈추고 잠시 여유를 가지다'라는 뜻이다.

한숨(을) 들이다

어떤 일을 하다가 잠깐 쉬다.

★한숨 : 잠깐 동안의 휴식이나 잠.

예) 돌아와서 시방 한숨을 들이고 있는 것인가. 그렇지만 숨을 돌려 가지고 또 무슨 짓을 펼는지 모르지.

한숨(을) 쉬다

한숨을 내뿜다.

★한숨 : 근심이나 서러움이 있을 때 길게 몰아서 쉬는 숨.

한숨(을) 짓다

크게 한숨을 쉬다.

한숨(이) 놓이다[트이다/펴이다]

마음을 졸이거나 힘겨운 고비로부터 벗어나 좀 마음을 놓게 되다.

예) 다른 두령들도 한숨 놓인 표정들로 숙덕였다.

한시가 급하다

매우 급하다.

★한시時 : 잠깐 동안.

예) 한시가 급한 일.

한시가 바쁘다

시각을 다툴 만큼 바쁘다.

예) 한시가 바쁜 판인데 어느 세월에 거기까지 걸어서 가겠느냐?

한시(가) 새롭다

(비)하루가 새롭다.

예) 농민군들은 모두가 농사일이 한시가 새로웠으므로 오늘 새벽 첫닭이 울자마자 거의가 길을 떠났다.

한시름 놓다

'시름'이란 마음 깊은 곳에서 하는 걱정이나 근심을 뜻한다. 여기에 접두사 '한-'이 붙었다. '한-'은 '한길', '한물'에서처럼 '큰'이라는 의미를 나타낸다. 따라서 '한시름'은 '큰 시름'이라는 뜻이다. '놓다'는 손 따위에 쥐고 있던 힘을 푸는 것이다. 이처럼 마음에 담고 있던 근심 따위를 덜어 없애는 것이 '놓다'이다. '마음에 걸리던 큰 걱정이 하나 해결되어 조금 안심이 되고 느긋해지다'라는 뜻이다.

예) 막내아들이 취업이 되어서 내가 한시름 놓게 생겼네.

한시반시(가) 바쁘다

『북』 시각을 다툴 만큼 몹시 바쁘다.

한시반시(가) 새롭다

『북』 1.시간이 매우 긴요하여 그 시간이 지나가는 것이 매우 아쉽다.

2.짧은 시간이 몹시 괴롭고 길게 느껴지다.

3.사물의 변화가 매우 두드러지다.

한 우물(을) 파다

한 가지 일에 몰두하여 끝까지 하다.

예) 한 우물 파다 망하는 회사도 있습니다.

한恨을 가슴에 박다

영영 풀지 못한 한을 품게 하다.

한 잎에 나다

'행동이나 모양이 꼭 같은 것'의 비유.

한잔(을) 걸치다

'한잔-盞'은 '한 잔'에서 왔다. 잔은 술 따위를 담는 그릇 또는 술 따위가 담긴 그릇을 말한다. 또한 술잔을 줄여서 '잔'이라고도 한다. 그러던 것이 '한잔'이 되었다. 이것은 한 차례 마시는 술, 어떤 술좌석에서 어울려 거기에 있는 마시는 술을 뜻한다. '걸치다'는 원래 '가로질러 걸다', '아무렇게나 옷 따위를 입다'라는 뜻이다. 이처럼 술을 목에 '걸고' 흘려보내는 것이 '걸치다'이다. '술을 마시다'를 속되게 표현한 말이다. '간단한 자리에서 술을 조금 마시다', '(속된 표현으로 쓰여) 한잔하다'라는 뜻이다.

예) 퇴근길에 한잔 걸치자는 동료의 말을 뿌리칠 수 없었다.

한잔(을) 내다

한 차례 술자리를 베풀어 대접을 하다.

한잔(을) 먹다

술을 한 차례 마시다. 한잔하다.

한 줌도 못 되다

'줌'은 손에 놓고 주먹을 쥐었을 때 그 안에 담을 수 있는 분량을 세는 단위이다. '움큼'이라고도 한다. '한 움큼'이라는 뜻이다. 한 줌도 못 된다고 했으니 양이 아주 적다는 말이다. '(사람 따위가) 싸움 상대도 못 될 만큼 보잘것없다'라는 뜻이다.

예) 한 줌도 못 되는 것이 덤비겠다고 할 때는 내가 속으로 비웃지 않을 수 없었다.

한 줌밖에 안 되다

양이 조금이다.

예) 하루 종일 나물을 캤는데도 바구니에 있는 것은 한 줌밖에 안 되었다.

한 줌(의) 재가 되다

'죽다'를 비유적으로 이르는 말.

예) 그 소방관은 불 속에서 사람을 구하다 한 줌 재가 되어 우리들의 마음속에 묻혔습니다.

한 줌의 흙이 되다

인간이 죽으면 그 육신은 다시 분해되어 원래 왔던 곳으로 돌아간다고 한다. 다시 한 줌의 흙이 되는 것이다. 한 줌이라는 것은 육체로 봤을 때 인간의 존재가 그만큼 보잘것없고 덧없음을 강조한다. '죽어서 자연으로 돌아가다'라는 뜻이다. '죽다'를 완곡하게 표현한 말이다.

예) 한 줌의 흙이 될 인간이 무엇이 욕심나서 어리석은 짓을 저지르겠는가?

한지에 나앉다

『북』 1.'한데(에) 나앉다'의 북한 익은말.

2.목적했던 것을 이루지 못하고 손을 털고 물러나다.

★한지 : 한데(사방과 하늘을 지붕이나 벽 따위로 가리지 않은 자리)의 비표준어.

한 추렴 들다

추렴하는 데에 한 몫 끼거나 이득을 본다는 뜻이다.

★추렴 : 모임, 놀이, 잔치 등의 비용을 마련하기 위해서 여럿이 얼마씩 돈이나 물건 등을 나누어 내거나 거둠.

한 치 걸러 두 치

촌수나 친분은 조금만 멀어도 크게 다르다는 뜻.

한 치 앞을 못 보다

1.시력이 좋지 못하여 가까이 있는 것도 보지 못하다.

예) 그는 안경이 없이는 한 치 앞을 못 본다.

2.식견이 얕다.

예) 한 치 앞을 못 보는 어리석은 사람.

한 코 걸리다

『북』된 추궁이나 제재의 대상으로 피할 수 없는 처지에 놓이게 되다.

한탕 치다

부정행위나 범죄 행위 같은 못된 짓을 한바탕 무분별하게 저지르다.

★한탕 : 일을 한 번 벌이는 것을 속되게 이르는 말.

예) 기왕 내친걸음이니 다부지게 한탕 치고 나서 발을 씻겠다고 마음먹었다.

한턱(을) 내다(쓰다)

'턱'은 좋은 일이 있을 때에 남에게 음식 따위를 대접하는 일을 뜻한다. '한턱'이라고 했으니 한바탕의 음식 대접이다. '축하할 만한 일이나 갑작스런 돈이 생겨서 한바탕 다른 사람에게 음식 따위를 대접하다'라는 뜻이다. '한턱하다'라고도 한다. '내다'와 '쓰다'는 모두 '베풀다'라는 개념이다.

예) 첫아들을 본 동권이가 친구들에게 거나하게 한턱을 냈지.

한판 뜨다

(속되게)싸움 따위에서 서로 마주하여 한 번 대결을 벌이다.

★한판 : 한 번 벌이는 판.

예) k는 옆 반 애랑 한판 뜬다고 방금 위층으로 올라갔다.

한 팔을 잃다

도움이 되는 가장 중요한 사람을 잃다.

예) 회장님은 부사장의 부고를 받고 한 팔을 잃었다고 통곡을 하셨습니다.

한 팔이 되다

『북』 도움을 주는 중요한 사람이 되다.

예) 한 팔이 되여 줄 만한 자식도 없고 형제도 없다.

한풀(이) 꺾이다(죽다)

한참이든 기세가 어느 정도 죽다. '풀이 죽다'라고 하면 기세가 꺾여 활발하지 못함을 이른다. '풀'에 접두사 '한-'이 붙어서 '한풀'이 되었다. '한풀'은 기세가 한차례 약해져서 얼마간 활발하지 못한 정도를 이른다. 한편 '꺾이다'는 '꺾다'의 피동이다. '부러지다', '길 따위의 방향이 바뀌다', '용기 따위가 좌절되다'를 의미한다. 여기에는 그 전까지만 해도 계속 뻗어 나아갔음이 내포되어 있다. '(한창 기세가 오르던 것에서) 반전되어 어느 정도 누그러지거나 약해지다'라는 뜻이다. 사람이나 날씨, 동향 등에 두루 쓰인다.

예) 그렇게 대쪽 같던 아버지가 나이를 이기지 못하고 한풀 죽은 모습이 어쩐지 안쓰럽게 느껴졌다.

한 획을 긋다

어떤 범위나 시기를 분명히 구분 짓다.

★**획**劃 : 시기를 구분하는 분기점.

예) 테니스 대회 4강까지 오른 정현 선수는 우리나라 테니스 역사에 한 획을 그었습니다

할러면 해 봐(해야지)

한번 갈 데까지 가보자는 말, 하고 싶다면 끝을 보라는 말.

할 말 없다

변명 할 말이 없다.

할 말을 잊다

놀랍거나 어처구니없는 일을 당하여 기가 막히다.

예) 나는 사건의 전말을 듣고 정말 할 말을 잊었다.

합수(를) 치다

몇 갈래 물이 한 군데로 합치다.

★**합수**合水 : 여러 갈래의 물이 한데 모여 흐름.

항 퉁 거리 Hang Thung Street

통을 만드는 기술자들의 거리.

예) 항 퉁 거리는 통 만드는 기술자들이 운집해 있다. 거리에는 멀구슬 나무가 있어 거리 미관을 더 아름답게 한다.

해(가) 길다

낮이 길다. <u>(반)해(가) 짧다.</u>

해(가) 묶다

1.물건이 한 해를 지나다.

2.하여 오던 일이나 하려던 일이 다 마치지 못하고 한 해가 지나가다.

해가 서쪽에서 뜨다

<u>(비)서쪽에서 해가 뜨다.</u>

예) 해가 서쪽에서 떴나, 누나가 이렇게 아침 일찍 일어나다니.

해골을 빌다

(사람이) 예전에, 늙은 신하가 벼슬을 내놓고 물러가기를 임금에게 청원하다.

예) 전하, 이제는 신臣이 해골을 빌 때가 온 것 같습니다.

해구멍을 막다

『북』 무슨 일을 하면서 하루를 보내다.

예) 강가로 달려 나간 차돌이는 그 흔한 자갈들을 가지고…돌팔매질로 그날 남은 해-구멍을 막았던 것이다.

★**해구멍** : 햇구멍(해와 관련하여 빈틈없이 채울 시간 따위를 이르는 말)의 북한어.

해를 묵다

'묵다'는 '어떤 장소에 잠시 머무르다'라는 뜻도 있지만, 여기에서는 '사용하지 않거나 버려진 채로 일정한 때를 지나다'라는 뜻을 나타낸다. 그리고 '해'는 태양이 아니라, 1년을 나타낸다. '일이 완성되지 않은 채 한 해를 넘기다', '여러 해를 지나 오래되다'라는 뜻이다.

예) 해묵은 사건들이 범인을 잡지 못하고 방치된 채 매년 쌓이고 있습니다.

해(를) 보다

손해를 입다.

★해害 : 사람이나 사물에 끼치는 나쁜 영향.

해를 지우다

하루를 다 보내다.

예) 박 씨와 둘이 조용히 담화하느라고 해를 지우고 석후에 동소문 안으로 돌아왔다.

해와 달이 바뀌다[거듭 나다]

세월이 많이 지나다.

예) 해와 달이 바뀌어도 내 생활은 변한 것이 없다.

햇동(이) 트다

동이 트다. '햇'은 덧들어간 말임.

행방을(행적을) 감추다

'행방行方'은 간 방향이나 곳을 의미한다. '자취'와 같은 뜻이다. '행적行蹟'은 행위의 성과나 자취를 뜻한다. 또한 평생에 걸쳐 한 일, 즉 업적을 의미하기도 한다. 여기에서는 첫 번째 뜻이다. '남이 알 수 없게 멀리 가거나 숨거나 하다'라는 의미다.

예) 그는 풀려나자마자 행방을 감추었다.

행방이 묘연하다

어떤 물건이나 사람, 동물이 어디로 갔는지 잘 모를 때를 두고 사용하는 말.

행주(를) 치다

행주로 그릇이나 밥상 등을 훔쳐내다.

행티(를) 부리다

행짜를 일부러 부리다.

★행티 : 심술을 부려 남을 해롭게 하는 버릇.

향불(을) 피우다

(속되게) 절에서 담배를 피우다.

허공虛空에 뜨다

1. 현실과 관련이 없는 동떨어진 상태를 이르는 말.

2. 자기 위치에 발을 붙이지 못한 상태를 이름.

예) 그는 졸지에 처자식과 부모를 잃고 허공에 뜬 신세가 되었다.

3. 이론이나 학설이 실천과 떨어져 있는 상태를 이르는 말.

예) 허공에 뜬 기분.

허궁다리를 놀리다

『북』 자빠져서 허공에 대고 다리질을 하다.

★허궁다리 : 허방다리(짐승을 잡기 위하여 파 놓은 구덩이)의 비표준어.

허궁다리를 짚다[치다]

『북』 허공을 땅인 줄 알고 발을 헛짚다. <u>(비)허궁(을) 짚다.</u>

예) 허궁다리를 짚고 발목을 접질리다.

허궁(을) 짚다

『북』 1. 허궁다리를 짚다[치다].

2. 기약도 없이 혼자 속으로 믿다가 일이 틀어지다.

3. 해당하지 아니하는 대상을 근거 없이 짚다.

허기(가) 지다

몹시 주리어 기운이 빠지다. 간절히 바라거나 탐내는 마음이 생기다.

★허기虛飢 : 굶어서 몹시 배가 고픈 느낌.

허두를 떼다

(사람이) 글이나 말의 첫머리를 시작하다.

★허두虛頭 : 글이나 말의 첫 부분.

예) 사회자가 좌중을 둘러보며 허두를 뗐다.

허虛를 찌르다

약하거나 허술한 곳을 치다.

예) 상대편의 허를 찌르는 공격을 펼쳐야 한다.

허리가 꼿꼿하다

1. 나이에 비하여 젊다.

예) 노인은 칠십이란 나이에도 불구하고 허리가 꼿꼿하였다.

2. 몸이 약간 피로하다.

예) 넓은 마당을 다 쓸고 나니 허리가 꼿꼿하다.

허리가 끊어지다

<u>(비)허리를 잡다.</u>

예) 허리가 끊어지게 웃다.

허리가 부러지다

1. 어떤 일에 대한 부담이 감당하기 어려운 상태가 되다.

예) 일이 너무 많아서 허리가 부러질 지경이다.

2. 당당한 기세가 꺾이고 재주를 펼 수 없게 되다.

3. 몹시 우습다.

예) 너무 우스워서 허리가 부러질 지경이다.

허리가 잘리다

1. 국토가 분단되다.

예) 조만간에 삼팔선으로 허리가 잘린 이 조선 땅이 한 나라가 되는 새 세상을 맞습니다.

2. 어떤 행동이나 일이 중단되다.

예) 아들의 재촉을 받고서야 운암댁은 허리가 잘린 이야기를 주뼛주뼛 되 잇기 시작했다.

허리가 휘다[휘어지다]

감당하기 어려운 일을 하느라 힘이 부치다.

예) 아버지의 병원비를 대느라 허리가 휠 지경이다.

허리가 휘청거리다[휘청하다]

경제적으로 매우 힘들다.

예) 그녀는 두 자녀의 학비와 학원비로 허리가 휘청거렸다.

허리띠를 늦추다

1. (사람이) 생활에 여유가 생기다.

2. (사람이) 긴장을 풀고 편안하게 마음을 놓다. (비)허리띠를 풀다[끄르다].

예) 시험도 끝났으니 현우는 허리띠를 늦추고 며칠 쉴 생각이다.

허리띠를 조르다

검소한 생활을 하다. 새로운 결의와 단단한 각오로 일을 시작하다. 배고픔을 참다. '조르다'는 두르거나 감은 것을 바짝 당겨 꽉 끼이게 한다는 뜻이다. 말 그대로 하면, 바지 따위가 흘러내리지 않게 허리띠를 바짝 잡아당긴다는 의미다. 한편 '졸라매다'는 '조르다'와 '매다'가 결합된 말이다. '느슨하지 않게 단단히 동여매다', 즉 '조르다'와 비슷하지만 더 강조한 뜻이다. 허기가 질 때 허리띠를 잡아당겨 배를 조이면 허기를 덜 느끼게 된다. 여기에서 와서, '배고픔을 참다'를 뜻한다. 배고픔을 참듯이 쓰고 싶은 것을 쓰지 않고 먹고 싶은 것을 먹지 않는다는 것이다. '어떤 목표를 위해 마음을 단단히 먹고 절약하는 생활을 하다', '무엇을 이루거나 힘든 고비를 넘기기 위해 마음을 단단히 먹고 일을 시작하다'라는 뜻이다. (비)허리띠를 졸라매다.

예) 두 부부가 허리띠를 졸라매며 열심히 일해 새 집을 장만했다.

허리띠를 졸라매다

1. 검소한 생활을 하다.

예) 빚을 지지 않으려고 허리띠를 졸라매었다.

2. 마음먹은 일을 이루려고 새로운 결의와 단단한 각오로 일에 임하다. (비)허리띠를 조르다.

3. 배고픔을 참다.

예) 예전에는 보릿고개만 되면 너 나 할 것 없이 허리띠를 졸라매야 했다.

허리띠를 풀다[끄르다]

(비)허리띠를 늦추다.

예) 일을 마친 사람들은 비로소 허리띠를 풀고 편히 잠을 잘 수 있었다.

허리(를) 굽히다

허리를 구부리어 절하다. 남에게 겸손한 태도를 취하다. 머리 숙여 남에게 굴복하다. '굽히다'는 '굽다'의 사동, 즉 '한쪽으로 휘어지게 하다'라는 뜻이다. 또한 자기주장이나 뜻을 버리고 남에게 복종하는 것도 '굽히다'라고 한다. '허리를 깊이 숙이고 절하다', '자신의 뜻이나 주장을 버리고 남에게 굴복하다'라는 뜻이다. 비굴함을 나타낸다. 한편 '펴다'는 굽거나 접힌 것을 뻗거나 벌린다는 뜻을 나타낸다. '허리를 굽히다'와 상대되는 말이다. (반) 허리를 펴다. (비)허리를 꺾다.

예) 그쪽에서 먼저 허리를 굽히고 들어오는데 당해

낼 재간이 없었습니다.

허리를 꺾다

(비)허리를 굽히다.

예) 창식이는 동길이 아버지를 보자 냉큼 허리를 꺾었다.

허리를 못 펴다

남에게 굽죄여 지내다.

예) 허리를 못 펴고 굽실거리며 지내다.

허리를 잡다

웃음을 참을 수 없어 고꾸라질 듯이 마구 웃다. (비)허리가 끊어지다, 허리를 쥐고 웃다.

예) 소녀들은 무엇이 그리 재미있는지 허리를 잡고 웃어 댔다.

허리를 쥐고 웃다

(비)허리를 잡다.

예) 아이들은 선생님의 농담에 허리를 쥐고 웃는다.

허리를 펴다

1.(사람이) 기를 펴다.

예) 혐의가 없는 것이 밝혀지고 나서야 그는 비로소 허리를 펼 수 있었다.

2.(사람이) 어려운 고비를 넘기고 편하게 쉴 수 있게 되다.

허망(을) 짚다

『북』'허방(을) 짚다'의 북한 익은말.

★허망(虛妄) : 기대와 달리 보람이 없고 허무하다.

허물(을) 벗다

1.뱀이나 매미 따위가 성장하면서 벗는 낡은 껍질이 '허물'이다. 사람의 경우 피부가 심하게 그을려서 저절로 벗겨지는 꺼풀도 '허물'이라고 한다. 그러나 사람에게는 '허물을 벗다'라고 하기보다는 '허물이 벗겨지다'라는 표현을 쓴다. '(뱀, 매미 따위가) 자라는 과정에서 몸의 낡은 껍질을 버리고 새 몸이 되다'라는 뜻이다.

예) 뱀이 허물을 벗듯이 그는 이제 소년에서 청년으로 거듭났다.

2.'허물'은 저지른 잘못이나 부족한 흠을 뜻한다. 옷을 벗듯이 '죄', '누명' 따위를 씻어 없애는 것이 '벗다'이다. '자신이 저지르지도 않은 죄나 잘못으로 비난을 받다가 그것이 제대로 알려져서 명예를 되찾다'라는 뜻이다.

예) 그는 모든 허물을 벗고 이웃들의 오해에서 풀려났다.

허물(이) 없다

서로 썩 친하여 체면을 돌보지 아니하다. 이때 '허물'은 '잘못', '흠', '흉'을 뜻한다. '흠'이라는 것은 그 사람 자체에 있다기보다 그것을 바라보는 사람의 마음에서 싹트고 자라는 것이다. 그래서 흠을 잡지 않는 마음으로 상대를 보면 상대방이 아무리 실수를 해도 흠을 찾을 수 없다. 그래서 그 자신도 흠이 없게 된다. 다시 말해, 허물이 없는 사이가 된다. '너무 가깝고 편한 사이여서 서로 체면을 차리거나 조심할 형식이 필요치 않다'라는 뜻이다. '허물없이 ~하다'의 형태로 많이 쓰인다. 비슷한 말로 '스스럼없다'가 있다.

예) 그 친구와 나는 허물없는 사이여서 할 말 못할 말 다한다.

허발虛發을 치다

목적을 이루지 못하고 헛걸음을 하다.

★허발虛發 : 뜻하는 바를 이루지 못하는 공연한 짓이나 걸음을 함.

허방다리를 짚다

땅바닥인 줄 알고 발을 헛짚다.

★허방다리 : 짐승을 잡기 위하여 파 놓은 구덩이. 함정陷穽, 허정虛穽.

허방(을) 짚다

1.발을 잘못 디디어 허방에 빠지다.

★허방 : 땅바닥이 움푹 패어 빠지기 쉬운 구덩이.

예) 허방을 짚은 사내의 손은 숫제 허공을 더듬듯 하더니, 속득이의 가슴께를 뒤에서 얼른 껴안았다.

2.잘못 알거나 잘못 예산하여 실패하다. (비)허망

ㅎ

(을) 짚다.

예) 캡을 쓴 사내는 이미 그곳에는 보이지 않았다. 허방을 짚은 격이 된 도현은 갑자기 기세가 푹 꺾이었다.

허방(을) 치다

바라던 일이 실패로 돌아가다.

★허방 : 움푹 팬 땅.

예) 그렇게 처리했다가는 모든 일을 허방 치고 말 것이다.

허울(이) 좋다

'허울'은 속과는 상관없이 겉으로 드러난 모양을 일컫는다. 이 말에는 대조의 뜻이 내포되어 있어서 겉은 어떤데 실속은 그와는 다르다거나 정반대라는 뜻을 나타낸다. '허울 좋은 친구'라고 하면 의좋은 친구처럼 보여도 실제 우정은 깊지 않다는 의미다. '내용이나 사실은 그렇지 않은데 겉만 보기 좋게 그럴싸하다'라는 뜻이다.

예) 허울 좋은 말에 우리가 속아서 놀아난 것이다.

허위(를) 넘다

일정한 목적지까지 가려고 허우적거리며 무척 애를 쓰며 넘다.

★허위 : 허위단심(주로 일부 용언 앞에서 부사어로 쓰여, 일정한 목적지까지 가려고 허우적거리며 무척 애를 쓰는 모양)의 준말.

허점이 보이다

허술한 점. 또는 주의가 미치지 못하거나 틈이 생긴 구석지기를 두고 하는 말.

★허점虛點 : 주의가 덜 미치거나 치밀하지 못해 빈 틈이 생긴 부분.

허탕(을) 짚다

잘못 판단하여 아무 소득 없는 일을 하게 되다.

★허탕 : 어떤 일을 시도하였다가 아무런 소득이나 이익이 없이 일을 끝냄.

허탕(을) 치다

아무런 소득이 없이 되다. '허탕'은 아무 소득이 없는 일, 기대와 달리 헛된 수고를 뜻한다. '치다'는 그러한 일을 겪거나 당한다는 의미다. '어떤 목적을 가지고 갔으나 아무 소득이나 보람이 없게 되다'라는 뜻이다.

예) 그를 만나러 갔다가 자리에 없어서 허탕 치고 돌아왔다.

허파에 바람(이) 들다

(사람이) 실없이 행동하거나 지나치게 웃어 대다. (사람이) 마음이 들뜨다. '허파'는 호흡을 담당하는 기관이므로 연방 공기가 드나든다. '바람'이란 많은 양의 공기, 세게 움직이는 공기를 이른다. 그것이 '들다', 즉 허파 안으로 들어갔다는 말이다. '풀무'라는 것이 있다. 불을 피울 때 바람을 일으켜 넣는 기구이다. 그처럼 숨을 들이쉬고 내쉬는 허파가 안에 바람이 든 것처럼 연거푸 숨을 내쉬는 형상을 일컫는 말이 '허파에 바람 들다'이다. 즉, 사람이 웃음을 멈추지 않는 것을 두고 일컫는다. '그다지 웃기지 않는 일에도 쉽게 자꾸 웃어대다', '마음이 들떠서 행동이 실없고 단정하지 못하다'라는 뜻이다.

예) 자기가 책임도 지지 못할 말을 하니 허파에 바람 들었다는 소리를 듣는 게야.

허풍(을) 치다(떨다)

실상과는 맞지 않게 과장하여 말하다. '허풍虛風'은 한자말 그대로 풀이하면, '속이 빈 바람'이라는 뜻이다. 사실보다 크게 부풀리거나 꾸며서 하는 말이나 행동을 '허풍'이라고 한다. '사실을 크게 과장하는 말이나 행동을 하다'라는 뜻이다. '떨다'는 어떤 행동을 자꾸 반복해서 하거나 경망스럽게 함을 일컫는다.

예) 그는 낚시터에서 잡은 고기가 팔뚝만 했다고 허풍을 쳤다.

헌신짝 같이 버린다

아낌없이 아주 내버려 돌보지 아니 하다.

★헌신짝 : 값어치가 없어서 버려도 아깝지 않은 것을 비유적으로 이르는 말.

헌신짝 버리듯

요긴하게 쓴 다음 아까울 것이 없이 내버리다.

예) 있는 자들은 나 몰라라 제 살길만 찾아 제 살던 터전을 헌신짝 버리듯 버리고 떠났다.

헌 집 고치기

낡은 집은 한 곳을 고치고 나면 또 다른 곳이 헐어 고쳐야 된다는 뜻으로, 일을 아무리 해도 뚜렷한 보람이나 성과가 나타나지 않고 새로운 일거리가 계속해서 생기게 됨을 비유적으로 이르는 말.

헌 체로 술 거르듯

말을 막힘없이 술술 잘하는 모양을 이르는 말.

★**체** : 가루를 곱게 치거나 액체를 거르는 데 쓰는 기구.

헐 수 할 수 없다

1.어떻게 할 수 없다.

2.아주 가난하여 살아갈 도리가 없다. (부)헐 수 할 수 없이.

헛걸음(을) 치다

'헛-'은 접두사로서 명사 앞에 붙어서 '쓸데없는', '보람이나 실속이 없는'의 뜻을 나타낸다. '헛고생', '헛농사', '헛일', '헛나이' 등이 그렇다. 하기는 했으되 그 결과가 없다는 뜻이다. '헛걸음'은 목적을 갖고 어느 장소에 찾아갔는데, 사람이 없거나 목적을 달성하지 못했을 때 그 걸음을 의미한다. '공연히 걷기만 하고 목적한 것을 이루지 못하다'라는 뜻이다. '헛걸음하다'와 같은 뜻이지만, 그보다는 더 씁쓸하고 안타깝다는 뜻이 강하다.

예) 주인이 없는 줄도 모르고 갔다가 괜히 헛걸음만 쳤지 뭐야.

헛김(이) 나다

1.기운이 딴 대로 잘못 새어 나오다.

★**헛김** : 딴 데로 새는 김.

2.일에 실패하거나 하여 풀이 꺾이다. 맥 빠지다.

헛나발을 불다

1.당치 아니한 헛소리를 하다.

★**헛나발** : 허튼소리(함부로 지껄이는 말)를 속되게 하는 말.

2.사실보다 터무니없이 과장하여 말하다.

헛나이를 먹다

1.하는 짓이나 됨됨이가 나이에 비하여 유치하여 나잇값을 못하다.

★**헛나이** : 사람 됨됨이가 나잇값을 못하고 유치하게 나이만 든 것. 또는 해 놓은 일도 별로 없이 헛되게 든 나이.

예) 아이들보다 생각이 짧았으니 헛나이를 먹었나 보다.

2.해 놓은 일은 별로 없이 나이만 많이 먹다.

헛다리(를) 짚다

잘못되어 기대한 바에 어긋나다. 일이 아무 성과 없이 끝나다. '헛-'은 '헛방', '헛발', '헛디디다'에서처럼 '잘못된', '착오의'를 나타내기도 한다. '짚다'는 '어디에 의지하기 위하여 손으로 대다'이다. 이처럼 심중에 무게의 중심을 두고 어떤 사물이나 상황을 짚으면 '지목하다', '짐작하다'의 뜻이 된다. 다리를 짚는다는 것은 일어나기 위하여 누구의 다리를 손으로 누르거나 어떤 사람의 다리일 것이라고 짐작하고 한 다리를 손에 댄다는 말이다. 그런데 헛-다리를 짚었으니 기대어 일어날 수 있을 만한 상대가 못 되거나 자신이 짐작한 사람의 다리가 아닌 것이다. '짐작을 잘못하여 기대에 어긋나다'라는 뜻이다. '헛걸음을 치다'와 의미가 같다.

예) 그가 범인이라고 생각한다면 당신은 헛 다리를 짚은 것입니다.

헛대포를 놓다

『북』 크게 허풍을 치다. <u>(비)헛대포를 쏘다.</u>

★헛대포 : 『북』 ①쏘아서 명중하지 못한 대포. ② 허풍을 치는 일을 비유적으로 이르는 말.

헛대포를 쏘다

『북』 '헛대포를 놓다.'의 북한 익은말.

헛물(을) 켜다

ㅎ

'켜다'는 물이나 술 따위를 단숨에 들이마신다는 뜻이다. 그런데 '헛물'이라 했으니 아무리 들이마셔도 목마름이 가시지 않는다는 소리다. '꼭 되리라고 믿고 애쓴 일이 헛일이 되다', '이루어지지 않는 일을 두고 공연히 수고를 하다'라는 뜻이다.

예) 싫다는 사람을 쫓아다녀서 공연히 헛물켜지 말고 자네 좋다는 여자를 상대해.

헛배(가) 부르다

많이 먹어서 뱃속이 가득한 것을 두고 '배가 부르다'라고 한다. 그런데 '헛배'라고 했으니, 먹은 것이 없는데도 쓸데없이 부른 배이다. '(가스가 차거나 하여) 먹은 것도 없이 뱃속이 가득한 느낌이다', '실속이 없는데 머릿속 생각으로는 흐뭇하다', '머릿속에 실현성이 없는 계획만 가득하다'라는 뜻이다.

예) 모두들 막연한 기대로 헛배가 불러서 들떠 있었다.

헛불(을) 맞다

총에 빗맞거나 헛맞다.

★헛불 : 사냥에서, 짐승을 맞히지 못한 총질.

예) 헛불 맞은 노루를 놓치고 말았다.

헛장(을) 치다

허풍을 치며 큰 소리 치다.

★헛장 : 너무 과장하여 실속 없이 떠벌리는 큰소리.

헛총을 놓다

성과나 효력을 거두지 못하고 헛수고하다.

★헛총銃 : 실탄을 재지 아니한 총.

헝글방망이를 놀다

『북』 건들거리며 남의 일을 방해하다.

★헝글방망이 : 『북』 건들거리며 남의 비위를 맞추거나 능글맞게 구는 일. 또는 그런 사람.

헤살(을) 놓다

헤살하는 짓을 실지로 하다.

★헤살 : 남의 일이 잘 안 되도록 짓궂게 방해함.

헤살(을) 부리다

함부로 훼방을 놓다.

헴(을) 차리다

『북』 '셈을 차리다'의 북한 익은말.

★헴 : 셈의 비표준어.

예) 중학교에 들어가자 헴을 차리다.

헹가래(를) 치다

여러 사람이 한 사람의 네 활개를 쳐들어 내밀었다 들이켰다 하거나 던져 올렸다 받았다 하다.

★헹가래 : 여러 사람이 한 사람의 팔다리를 벌려서 잡고 여러 번 내밀었다가 당겼다가 하는 동작. 또는 위로 던져 올렸다 받았다 하는 동작.

혀(가) 굳다

신체기관인 '혀'는 맛을 느끼고 음식물을 입 안에서 섞는 기능이 있지만, 무엇보다도 말소리를 내는 역할이 가장 주되다. '굳다'는 단단해지다는 뜻인데, 죽지 않는 한 혀가 굳는 일은 없다. 이때 '굳다'는 '늘 사용하는 부분을 제외한 나머지가 뻣뻣해지다', '유연성을 잃다'라는 뜻이다. '나이가 들어가면서 혀의 유연성이 떨어지다'라는 뜻이다. 주로 외국어와 관련되어 많이 쓰이는 표현이다. 자국어만 사용하다보면 혀가 길들여져서 외국어를 발음하기가 쉽지 않다. 한편 '(놀라거나 무섭거나 하여) 말이 나오지 않다'라는 뜻으로도 쓰인다. <u>(비)혀끝(이) 굳다.</u>

예) 그 여자는 혀가 굳지 않도록 매일 영자 신문을 소리 내어 읽는다.

혀(가) 꼬부라지다

병중이거나 술에 취하여 혀가 잘 움직이지 않아 발음이 불명료하다. '꼬부라지다'는 똑바로 뻗어 있지 않고 다소 굽거나 뒤틀린 것을 말한다. 말을 하면 소리에 따라 혀가 다양한 모양으로 꼬부라진다. 그 모양을 본떠 '훈민정음'이 만들어졌다고 한다. 그러나 여기에서 '꼬부라지다'는 그런 일반적인 의미가 아니다. 평소 말을 할 때와는 다르게 심하게 뒤틀리는 것을 나타낸다. 정상이 아닌 상태이다. 뇌에 관련된 질병에 걸리거나 술에 취하거나 하여 '마비된 혀로 똑바로 발음할 수 없다'라는 뜻이다. (비)혀 꼬부라진 소리.

예) 그는 얼마나 마셨는지 혀가 꼬부라져서 알아듣지도 못하는 말들을 한다.

혀가 내둘리다

몹시 놀라거나 어이없어서 말을 못 하게 되다.

예) 민영익 역시 매월의 영험에는 혀가 내둘렸다.

혀가 닳다

(비)침이 마르다.

예) 그 일은 하지 말라고 혀가 닳도록 얘기하지 않았니?

혀가 돌다

말을 할 때 혀가 놀려지다. (비)혀끝이 돌다.

예) 말문을 닫은 지 며칠이 지나서야 가까스로 혀가 도는지 더듬거리며 말을 시작했다.

혀가 돌아가는 대로

깊이 생각하지 아니하고 말을 되는대로 마구.

예) 혀가 돌아가는 대로 지껄이다가는 큰 실수를 할 것이다.

혀가 돌아가다

발음을 또박또박 정확하게 말하다.

예) 잔뜩 주눅이 든 데다 억지소리를 하자니 혀가 제대로 돌아가지 않았다.

혀가 빠지게

몹시 힘을 들여.

예) 혀가 빠지게 일을 해도 봉급은 얼마 안 되었다.

혀가 짧다

혀가 잘 돌지 않아 말을 더듬거나 발음이 불명료하다. '짧다'는 '길지 않다', '길이가 작다'는 뜻이다. 혀가 보통 사람보다 긴 사람도 있고 짧은 사람도 있다. '혀의 길이가 짧거나 하여 말소리를 내는 혀의 기능을 충분히 발휘하지 못해 발음이 분명하지 않다'라는 뜻이다. 주로 받침이 약하게 들리는 말소리에 이른다. '혀 짧은 소리'라고 하면, 아이의 말소리 또는 성인의 받침이 명확하지 않은 것을 가리킨다.

예) 그 아이는 혀 짧은 소리로 유치원에서 배운 노래를 곧잘 씩씩하게 부른다.

혀 꼬부라진 소리

'혀(가) 꼬부라지다'에서 왔다. '술에 취하여 발음이 명확하지 않은 말소리'라는 뜻이다. 한편 '(주로 영어를 사용하는 서양인을 비아냥거릴 때) 낯설고 이상한 말을 사용하다'라는 뜻으로도 쓰인다. 이는 근대 이후에 생긴 표현이다.

예) 혀 꼬부라진 소리로 그럴 게 아니라 내일 맑은 정신으로 다시 찾아와서 말해요.

혀끝에 놀아나다

남의 말을 따라 움직이다.

예) 임금은 간신의 혀끝에 놀아나 올바른 정치를 펴지 못했다.

혀끝에 오르내리다

남들의 입에 화제로 오르다.

예) 그녀의 행동은 언제나 사람들의 혀끝에 오르내린다.

혀끝(을) 맞물다

(속되게) 의견을 같이하고 정보를 교환하다.

예) 그 두 놈이 은가들하고 똥창이 들어맞아 혀끝 맞물고 돌아가기 시작한 뒤로는 향회를 열어 볼 엄두도 낼 수가 없었습니다.

혀끝(이) 굳다

(비)혀(가) 굳다.

예) 미안하다는 인사라도 할까 하였으나, 혀끝이 굳어서 말이 더 나오지도 않고….

혀끝이 돌다

(비)혀가 돌다.

예) 혀끝이 잘 돌지 않는 말로 지내던 형편을 묻는다.

혀끝이 아리다

톡톡 쏘는 것 같은 알알한 느낌이 있다.

혀를 갈기다

'혀를 차다'를 속되게 이르는 말.

예) 그는 혀를 쩍쩍 갈겼다. 어쩌면 가족이 월남한

것조차 모르고 주저하고 있는 것이나 아닐까.

혀를 굴리다

1.(낮잡는 뜻으로) 말을 하다. (비)혀를 놀리다.

예) 함부로 혀를 굴렸다간 큰일을 당할 수도 있다.

2.'ㄹ' 발음을 넣어 말하다.

예) 미국에서 몇 년 산 티를 내느라 그녀는 일부러 혀를 굴렸다.

혀를 깨물다

(사람이) 어떤 일을 힘들게 억지로 참다.

예) 어머니는 일찍이 아버지를 여의고 우리 형제를 키우기 위해 혀를 깨물며 그 모진 삶을 살아오셨다.

혀를 내두르다(두르다)

(사람이 어떤 일에) 몹시 놀라거나 어이가 없어서 말을 못하다. '내두르다'는 '물건 따위를 이리저리 흔들다', '휘젓다'라는 뜻이다. 아울러 '사람을 마구 부리다', '마음대로 조종하다'라는 뜻도 있다. '두르다'에 '밖을 향해서'라는 뜻을 나타내는 접두사 '내-'가 붙었다. '두르다'는 '둘레를 빙 돌다', '둥글게 흔들다'라는 뜻을 지닌다. 따라서 '혀를 내두르다'는 괴상망측한 행위이다. 이때 내두르는 것은 단지 혀만이 아니다. 머리를 좌우로 흔들면서 혀를 살짝 밖으로 내밀고 저만 알게 '내두르'는 것이 '혀를 내두르다'이다. 즉, 사람이 몹시 놀라거나 감탄할 때 취하는 행동이다. 그러나 그 의미는 그런 행동을 하건 안 하건 상관없이 '몹시 놀라거나 감탄하다'라는 뜻이다. (비)혀를 털다.

예) 어른들이 요즘 애들의 말대답에 혀를 두를 수밖에 없었다.

혀를 내밀다

1.(사람이) 뒷구멍으로 남을 비웃거나 비난하다.

2.(사람이) 자기의 잘못을 부끄럽게 여기다.

예) 동수가 거짓말이 들통 나자 멋쩍은 듯 혀를 내밀었다.

혀를 놀리다

(비)혀를 굴리다.

예) 나에게 충고를 한답시고 함부로 혀를 놀리는 그에게 톡 쏘아붙였다.

혀를 돌리다

말하다.

혀를 빼물다

1.사람이) 마음이 울적하거나 기분이 언짢아서 아무런 말도 없이 가만히 있다.

2.(사람이) 몹시 괴롭거나 힘이 들어 몸이 축 늘어지다.

예) 그는 너무 힘이 들어서 혀를 빼물고 앉아 있었다.

혀를 조심하다

『북』 말을 조심스럽게 하다.

예) 자네, 혀를 조심하라고.

혀를 차다

마음이 언짢거나 유감의 뜻을 나타낼 때 혀끝으로 입천장을 쳐서 소리를 내다. '차다'는 '발로 세게 밀치다', '받아 올리다'의 뜻이다. '공을 차다', '제기를 차다'라고 한다. 그렇다면 '혀를 차다'는 발로 혀를 찬다는 말인가? 그렇지 않다. 정확히 말한다면, '혀로 입천장을 차다'이다. '(안타깝거나 못마땅할 때) 혀를 입천장에 붙였다 떼면서 '쯧쯧' 하고 소리를 내다'라는 뜻이다. (비)혀를 갈기다, 혀뿌리를 차다.

예) 그 노인이 술에 취한 아들을 보며 연방 혀를 찼다.

혀를 털다

『북』 1.'혀를 내두르다[두르다]'의 북한 익은말.

예) 혼자서 몇 십 명의 적을 쓸어 눕혔다는 소대장의 말을 듣고 늙은이들은 저마다 혀를 털었다.

2.상대의 말이나 행동, 생각 따위가 너무 어처구니가 없어 상대하여 말하기를 단념하다.

예) 광윤의 행동이 너무도 조폭한 데 깜짝 놀란 영옥이는 그만 혀를 털고 돌아섰다.

혀뿌리를 차다

『북』 '혀를 차다'의 북한 익은말.

혀 삐뚤어진 소리[말]

『북』 못마땅하거나 토라져서 불평하는 투나 비꼬는 투로 하는 말.

예) 그런 혀 삐뚤어진 소리는 됐다 하고 우선 내 얘기부터 들어 보아라.

혀에 굳은살이 박이도록

입이 아프도록.

예) 저 아주머니는 한번 말을 시작하면 혀에 굳은살이 박이도록 한다.

혈기血氣가 왕성하다

기분이나 감정 따위가 복받쳐 오르다. 피가 끓다.

혈안血眼이 되다

어떠한 일에 광분하다.

예) 돈을 버는 데에 혈안이 되어 친구도 몰라보다. /봉순이 뒤쫓아 가며 불렀으나 혈안이 된 서희는 마구간에서 말채찍을 집어 들었다.

혈압血壓이 오르다

온도, 성적 따위가 이전보다 많아지거나 높아지다. 결국 신체 표현을 빌려 정말 화나고 짜증난다는 느낌을 표현해주는 방법이다.

형장刑場의 이슬로 사라지다

사형의 처벌을 받아 죽다.

예) 역적이라는 누명을 쓴 그는 결국 사형을 선고받고 이튿날 형무소에서 형장의 이슬로 사라졌다.

호기(를) 부리다

'호기豪氣'는 걸림이 없는 듯 씩씩한 기상이나 다소 거만하게 우쭐거리는 기운을 뜻한다. '부리다'는 '짐짓 어떤 행동을 나타내다'라는 의미로 '자만', '고집'의 어감이 있다. '보란 듯이 씩씩하고 털털하게 행동하다', '지나친 자신감을 나타내며 우쭐거리다'라는 뜻이다.

예) 그는 밤에 산에 오르겠다고 호기를 부리다 결국 길을 잃고 말았다.

호두각 대청 같다

『북』 속을 알 수 없을 만큼 마음이 음흉하다.

★호두각虎頭閣 : [역사] 조선 시대, 의금부義禁府에서 죄인을 신문訊問하던 곳.

호들갑(을) 떨다

'호들갑'은 방정맞게 말하거나 행동하며 수선을 피우는 짓을 뜻한다. '호들갑스럽다'라고 하면 '경망스럽다', '방정맞다', '야단스럽다'라는 의미다. 그런데 '자꾸 하는 짓이나 경망스러운 짓'을 나타내는 '떨다'는 '호들갑'과 잘 어울린다. '방정맞게 떠벌리며 야단스럽게 굴다', '별것 아닌 일로 유난스럽게 행동하다'라는 뜻이다.

예) 팔에 작은 상처가 난 것을 가지고 호들갑을 떨며 금방 죽을 것처럼 군다.

호떡집에 불난 것 같다

왁자지껄하게 떠들어 시끄럽다.

예) 장교들은 어서 쫓아가지 않느냐고 악을 쓰며 뛰어갔다. 역졸들이나 나졸들은 호떡집에 불난 것 같았다.

호리를 다투다

1. 매우 적은 분량도 아껴 쓰고 아까워하다.

2. 매우 짧은 길이나 가벼운 무게도 무시할 수 없을 만큼의 정밀성을 요하다.

3. 매우 미세한 차이에 일이 되고 안됨이 달려 있다.

★호리毫釐 : 자 또는 저울 눈금의 호와 이를 아울러 이르는 말.

호박씨(를) 까다

안 그런 척 내숭을 떨면서 몰래 나쁜 짓을 하다. 늦여름에 늙은 호박은 범벅을 만들어 먹고 씨는 말려서 간식으로 먹는다. 중국 소설 『금병매』를 보면, 여인들이 호박씨를 까서 먹으면서 남자를 기다리거나 유혹하는 장면이 나온다. '뒷구멍으로(뒤로) 호박씨 까다'라고 하기도 한다. '겉으로는 얌전한 척 시치미를 떼지만 남몰래 음탕한 속셈을 갖고 있거나 그러한 짓을 하다', '겉으로 보이는 것과 달리 속으로는 딴 짓을 하다'라는 뜻이다.

호박에 동침

'아주 쉬운 일'이라는 뜻. <u>(비)무른 땅에 말뚝 박기,</u>

ㅎ

식은 죽 먹기, 누워서 떡 먹기.

호주머니가 가볍다

주머니가 가볍다 즉, 돈이 몇 푼 없다는 말. (반)호주머니가 두둑하다(무겁다).

호주머니가 넉넉하다[두둑하다/든든하다]

(사람이) 가지고 있는 돈이 충분하게 있다. (반)호주머니 사정이 나쁘다.

예) 아버지는 이번 달 호주머니가 넉넉하신지, 막내가 사 달라고 하는 것을 모두 사 주셨다.

호주머니 사정事情이 나쁘다

주머니 사정이 나쁘다. (반)호주머니가 넉넉하다[두둑하다/든든하다].

예) 그는 호주머니 사정이 나빠 친구에게 돈을 빌려야 했다.

호주머니 사정이 좋다

주머니 사정이 좋다.

예) 나는 어머니께 용돈을 받아 호주머니 사정이 좋아 술값을 낼 수 있었다.

호통(을) 치다

크게 꾸짖고 주의를 주다.

★호통 : 몹시 화가 나서 큰소리로 꾸짖음.

호흡呼吸을 같이하다

상대의 의향이나 생각을 잘 알고 그와 보조를 같이하다.

예) 그는 모든 일에 우리와 호흡을 같이했던 사람이다.

호흡을 맞추다

일을 할 때 서로의 행동이나 의향을 잘 알고 처리하여 나가다.

예) 두 선수는 한 팀에서 오랫동안 호흡을 맞춰 왔다.

호흡을 조절하다

『북』 무대 연기 따위에서 자기의 행동을 생활, 사상, 행동의 논리에 맞게 자연스러운 흐름으로 연결하여 관객들로 하여금 그 행동의 뜻을 완전히 이해하고 공감할 수 있도록 능동적으로 연기하다.

예) 작품에서 이야기 줄거리가 생활의 논리에 맞게 자연스러운 흐름으로 연결 되여 나가야 관중의 호흡을 조절하면서 그들을 사상 · 정서적으로 공감시킬 수 있다.

호흡이 맞다

(어떤 사람이 다른 사람과, 또는 둘 이상의 사람이) 함께 일을 할 때에 서로의 생각과 의향이 맞다. '호흡呼吸'은 '숨', '숨쉬기'이다. 사람의 숨은 단순한 생리현상에 지나지 않는 것이 아니라, 그 사람의 생각이나 감정에 영향을 미치기도 한다. 그것은 일종의 리듬과도 같아서 사람은 그 리듬에 맞추어 생각하고 느끼고 반응한다. 그래서 숨을 조절함으로써 인격을 수양하려는 것이 요가의 한 형태이다. 어떤 사람과 호흡이 맞는다고 하면, 그 사람과 리듬이 같다는 뜻이다. '같이 일을 하는 데 있어 서로 뜻이 통하고 동작이 조화를 이루다'라는 뜻이다.

예) 두 사람은 서로 호흡이 맞아서 일이 진행되는 속도가 빠르다.

혹시(를) 몰라서

『북』 '혹시 몰라'의 북한 익은말.

예) 장마철이니 혹시 몰라서 집수리를 시작 못한다.

혹시 몰라

'혹시或是'는 부사로서 '만일에', '간혹 가다', '어쩌다', '행여'의 뜻을 나타낸다. '혹시 어떤 일이 일어날지 몰라서'를 줄인 표현이다. '만일의 경우를 생각하여', '그래도 남은 가능성을 고려하여'라는 뜻이다. (비)혹시(를) 몰라서.

예) 하늘은 맑지만 혹시 몰라서 우산 하나를 들고 왔다.

혼꾸멍(을) 내다

{속된 말로} (사람이) 매우 심하게 꾸지람을 듣거나 벌을 주다.

★혼꾸멍 : '혼魂'을 속되게 이르는 말.

예) 매주 주말이면 우리 집 앞에 몰래 음식물 쓰레기를 버리고 가는 사람이 있어서 잡히면 혼꾸멍을 내주려고 벼르고 있다.

혼꾸멍(이) 나다

(사람이) 매우 심하게 꾸지람을 듣거나 벌을 받다.

혼뜨검(을) 만나다

『북』 몹시 꾸지람을 듣거나 벌을 받게 되다.

★혼뜨검 : 몹시 심하게 혼남.

혼맹이(가) 빠지다

『북』 '혼(이) 나가다'의 북한 익은말.

★혼맹이 : '혼'을 속되게 이르는 말.

혼맹이를 빼다

『북』 정신을 잃을 정도로 몹시 놀라게 하다.

혼맹이를 뽑다

『북』 몹시 꾸짖거나 벌을 주다.

혼(을) 뽑다

1. 몹시 혼나게 하다.

2. 정신이 나가 얼떨떨하게 만들다.

예) 시끄러운 소리가 온통 혼을 뽑아 놓았다.

혼이 나가다(뜨다)

(사람이) 얼이 빠져 정신이 나간 상태에 이르다.

예) 오빠가 여자 친구와 헤어진 뒤로 혼이 나갔다.

혼(이) 나다

(사람이) 무척 놀라거나 당혹스러울 정도로 된통 당하다. '혼魂', '혼백魂魄', '넋'은 다 같은 말이다. 육신에 대비되는 개념으로서, 육신을 다스리고 지배하는 정신에 해당한다. '나다'는 '생기다', '밖으로 나오다'라는 의미다. '정신을 잃을 정도로 몹시 놀라다', '호된 경험을 하거나 힘든 시련을 당하다', '호되게 꾸지람을 듣다'라는 뜻이다. 주로 감정을 나타내는 형용사와 함께 '~해서 혼나다'의 형태로 쓰인다. 한편 '혼구멍魂-'은 '혼魂'을 속되게 이르는 말이다. (비)혼맹이(가) 빠지다.

예) 혼이 나야 정신을 차리겠느냐!

혼(이) 뜨다

정신을 잃을 정도로 몹시 놀라다.

예) 어머니가 처음에는 혼이 떠서 소리도 별로 못 지르다가….

혼쫄(이) 나다

'혼쫄'은 '혼魂'을 속되게 이르는 말이다. '혼'은 넋이라고도 하며, 살아 있는 육신에 깃들었다가 죽음과 함께 떠나는 존재로 간주된다. 그러나 '혼'과는 달리 '혼쫄'은 '나다', '내다', '빠지다' 따위의 동사하고만 함께 쓰이고 독립적으로 쓰이지는 않는다. 속된 표현은 주로 강조의 의미가 있다. '몹시 혼나다', '(몹시 황홀하여) 정신이 없는 것처럼 되다'라는 뜻이다.

예) 그 소녀 때문에 아주 혼쫄이 났구나.

혼쫄(이) 빠지다

'빠지다'는 '그 자리에서 떨어져서 나오다', '밖으로 새어 없어지다'의 뜻이 있다. '혼쫄이 빠지다'라고 했으니, 있어야 할 혼이 그 사람에게서 나와서 몸만 남았다는 말이다.

예) 귀신을 보았다는 그는 며칠째 혼쫄이 빠져서 사람을 알아보지 못했다.

혼찌검을 만나다

『북』 봉변을 당하여 정신을 잃을 정도로 몹시 놀라다.

★혼찌검 : '혼'을 속되게 이르는 말.

홈통에 넣다

(어떤 사람이 다른 사람을) 어찌할 수 없는 지경에 빠지게 하다. (비)홈통에 빠뜨리다.

★홈통桶 : 물을 이끄는 데 쓰는 긴 통.

예) 명훈이는 눈엣가시였던 민수를 홈통에 넣었다.

홈통에 빠뜨리다

『북』 '홈통에 넣다'의 북한 익은말.

홍당무가 되다

'홍당무紅糖-'는 '당근'이라고도 하는 것으로, 오렌지색을 띤 뿌리다. 달콤하고 향기가 있어 식용으로 먹는다. 사람이 홍당무가 될 수는 없다. 홍당무처럼 된다는 말이다. '(창피하거나 부끄럽거나 하여) 얼굴색이 몹시 빨갛게 되다'라는 뜻이다.

예) 그 애 앞에서 소년은 얼굴이 홍당무가 되어 어쩔 줄을 몰랐다.

홍두깨가 뻗치다

『북』 '홍두깨가 치밀다'의 북한 익은말.

홍두깨가 치밀다

『북』 몹시 화가 나서 배알이 곤두서다. (비)홍두깨가 뻗치다.

홍두깨다듬이 하다

부드럽게 하거나 구김을 펴기 위해 홍두깨에 감아서 두드리다.

★**홍두깨다듬이** : 옷감 따위를 부드럽게 하거나 구김을 펴기 위해 홍두깨에 감아서 두드림.

홍두깨생갈이 하다

쟁기질이 서툰 사람이 억지로 가는 일을 하다.

★**홍두깨생갈이** : 쟁기질이 서툰 사람이 잘 갈리지 않는 밭고랑 사이를 억지로 가는 일.

홍수洪水를 이루다

한꺼번에 많이 쏟아져 나와 넘쳐흐를 지경이 되다.

예) 차량이 ~.

홍역(을) 치르다

몹시 애를 먹거나 어려움을 겪다. (무엇이) 아주 감당하기 어려운 일을 겪다. '홍역紅疫'은 주로 어린이들에게 감염되는 전염병이다. 증상은 온몸에 좁쌀 같은 두드러기가 생기면서 열이 오른다. 면역성이 강해 이 병을 앓고 나면 평생 다시는 걸리지 않는다. '마진痲疹', '홍진紅疹'이라고도 한다. '치르다'는 '주어야 할 값을 내어주다', '어려운 일 따위를 겪어 내다'라는 뜻이다. '홍역에 걸려 고통을 겪어내다', '홍역에 걸린 적이 있다', '몹시 애를 먹거나 어려운 일을 겪다'라는 뜻이다.

예) 학교 당국이 문제 유출을 둘러싸고 홍역을 치렀다.

홍예(를) 틀다

문 같은 것을 무지개 모양으로 만들다.

★**홍예虹蜺** : 문의 윗부분을 무지개 모양으로 반원형이 되게 만든 문.

예) 왕은 신돈을 보내자 천천히 자리에서 일어나 둥글게 홍예를 틀어 놓은 산수화 붙은 반침을 열었다.

홍찌를 갈기다[싸다]

『북』 (속되게) 정신을 잃을 정도로 몹시 놀라거나 호된 시련을 당하다.

★**홍찌** : '피똥'을 속되게 이르는 말.

예) 이놈이 되우 혼쫄이 나긴 난 모양이군! 홍찌를 갈기면서 기여 간 걸 보니.

홑벌로 보다

홑으로 보다.

★**홑벌** : '단벌單-'의 비표준어.

예) 원영이는 정말 그렇다면 홑벌로 볼 계집이 아니로구나 하는 생각을 하면서….

홑으로 보다

(주로 부정하는 말과 함께 쓰여) 대수롭지 아니하게 보다. 또는 얕잡아 보다. (비)홑벌로 보다.

예) 사람의 외양만으로 홑으로 보아서는 안 된다.

화(가) 나다

'화火'는 '불'이라는 뜻이다. 자기 마음에 맞지 않거나 뜻에 거슬려서 불길처럼 일어나는 불쾌한 감정을 '화'라고 한다. 우주의 질서를 설명하는 오행설五行說에서는 목木·화火·토土·금金·수水 다섯 가지가 모든 생성과 소멸을 관장한다고 본다. 그중에서도 '화'는 변화를 나타내고 방위로는 남쪽, 계절로는 여름, 장기로는 폐肺에 해당한다. '나다'는 그러한 감정이 일어난다는 의미다. '마음에 맞지 않거나 뜻에 거슬려서 몹시 불쾌한 감정이 일어나다'라는 뜻이다.

예) 아이들이 놀리자 순정은 화가 나서 교실 밖으로 뛰쳐나갔다.

화가 동하다

참고 참던 성난 기운이 더는 억제되지 아니하여 사람으로 하여금 격한 발언이나 행동을 하게 하다.

예) 물건을 잃고 속상한 판에도 이 천재적으로 우

열을 가리고 사람의 속을 쿡쿡 쑤셔 대는 민기에 종혁은 살짝 화가 동했다.

화가 뜨다

노여워 분이 치밀어 오르다.

예) 노 첨지는 아들의 병과 딸의 횡액으로 해서 화가 떴다.

화가 머리끝까지 나다[치밀다]

극도로 화가 나다.

예) 밤을 새우고 들어온 나를 보자 아버지는 화가 머리끝까지 나서 소리를 지르셨다.

화렴(이) 들다

매장한 시체의 빛깔이 까맣게 변하여지다.

★화렴火廉 : 땅에 묻은 시체가 까맣게 변하는 일.

화를 끓이다

화를 시원하게 풀지 못하고 혼자 끙끙거리다. (비) 심화를 끓이다.

예) 오래 화를 끓이면 병이 된다. /그렇게 화를 끓인다고 해결되겠니? 나가서 바람이나 쐬고 오렴.

화리를 끼다

논의 매매에 있어서 화리를 그 조건에 포함하다.

★화리禾利 : 논의 경작권을 매매의 대상으로 일컫는 말.

화살을 돌리다

힐책이나 공격 따위를 갑자기 다른 쪽으로 돌리다. 활 양쪽에 걸린 줄에 걸어서 목표물을 향해 잡아당겼다가 그 반동으로 내쏘는 기다란 막대를 '화살' 또는 '살'이라고 한다. 이러한 기술을 궁술弓術이라고 하는데, 과거에는 무예武藝 가운데 하나였으나 지금은 단순한 스포츠로서 즐긴다. 날아가는 화살을 돌릴 수는 없다. 겨냥을 달리하여 화살의 방향을 바꾼다는 의미다. 화살을 돌리면 그것이 가 닿는 목표물도 바뀐다. 이때 화살은 비유적인 의미로 쓰여 비난이나 공격을 나타내는 말이나 또는 그러한 수단을 뜻하기도 한다.

예) 그는 싸움에 뛰어든 사람들을 비난하다가 갑자기 화살을 돌려 옆에서 구경하고 있던 우리를 나무랐다.

화제(를) 내다

약방문을 쓰다.

★화제和劑 : 약을 짓기 위하여 약 이름과 분량을 적은 종이.

예) 어의御醫 양례수는 급히 화제를 내어서 궁인 이씨에게 마시는 약과 합창하는 고약을 올렸다.

화제에 오르다

'화제話題'는 이야기의 제목이나 대상을 뜻한다. '입에 오르다'라고 하면, 높은 곳으로 오르듯 어떤 대상이 이야깃거리로 떠올라 말하여짐을 나타낸다. 여기에서도 '오르다'는 그런 의미다. '어떤 내용이 이야깃거리가 되어 사람들에 의해 말하여지다'라는 뜻이다.

예) 요즘은 연예인 이야기가 자주 화제에 오른다.

화증(이) 나다

성이 왈칵 나다.

★화증火症 : 벌컥 화를 내는 병적인 상태.

화증(을) 내다

성을 왈칵 내다.

화증이 동하다

『북』 참고 참던 성난 기운이 더는 억제되지 아니하여 사람으로 하여금 격한 발언이나 행동을 하게 하다.

화촉을 밝히다

결혼식을 올리다. '화촉華燭'은 '색깔을 들인 밀초' 또는 '초'를 뜻한다. 지난날 전통 혼례에서는 상에 화촉을 나란히 세워 밝혔다. 지금도 결혼식장에서 단상 양쪽에 촛불을 밝히는 것을 볼 수 있다. 성스러움의 상징으로 종교의식이나 예식에 촛불이 이용된다. '결혼식을 올리다'라는 뜻을 나타내는 격식을 차린 표현이다.

예) 저희 두 사람이 올 봄에 화촉을 밝히게 되었으니 귀하께서 참석해주시면 감사하겠습니다.

ㅎ

화통(을) 삶아 먹다

목소리가 크다.

예) 옹점이는 재빨리 시치미를 딱 떼곤 화통 삶아 먹은 목통으로 일러바쳤다.

화통火筒이 뒤집히다(터지다)

『북』 몹시 화가 나다.

예) 소섭이 놈은 이 꼴들을 보자 화통이 뒤집혔다.

화투(를) 치다

1.화투를 하다.

★화투花鬪 : 꽃 그림이 그려진 투전이라는 뜻으로, 계절에 따라 꽃이나 풀 따위가 있는 풍경을 그려 넣은 딱지 모양의 놀이 도구.

2.화투짝이 고루 섞이도록 섞바꾸다.

화해和解를 붙이다

중간에서 화해가 이루어지도록 조정을 하다. 불이 붙게 하다. 점화하다. 담뱃불을 붙이다. 암수를 교미시키다.

예) 나는 친구들 사이에서 화해를 붙이려고 애썼지만 소용이 없었다.

환갑 진갑 다 지내다

세상을 살 만큼 살다.

★환갑還甲 : 육십갑자의 '갑'으로 되돌아온다는 뜻으로, 나이 예순한 살을 이르는 말.

★진갑進甲 : 환갑還甲의 이듬해. 또는 그해의 생일. 즉 나이 예순 한 살이 되는 해 또는 그해의 생일을 이른다.

예) 그 양반은 지금 환갑 진갑 다 지내고 여든이 넘은 어른이다.

환롱을 치다

교묘한 못된 꾀로 남을 속여 이것저것을 서로 바꿔치다.

★환롱幻弄 : 교묘한 못된 꾀로 남을 농락함.

환방을 치다

물건을 바꾸는 행위.

★환방換房 : 물건을 바꿈.

환심을 사다

남의 비위를 맞추어 그의 호감을 자아내다. '환심歡心'은 기쁘고 즐거워하는 마음을 뜻한다. '사다'는 값을 치르고 제 것으로 만들거나 얻는다는 의미인데, 그런 식으로 어떤 행동을 하여 상대방에게 자신에 대한 일정한 감정을 가지게 하는 것도 '사다'라고 표현한다. '호감을 사다', '미움을 사다', '빈축을 사다' 등이 그렇다. '선물을 주거나 호의를 베풀거나 하여 자신에 대한 좋은 감정을 갖게 하다'라는 뜻이다. 이 표현에는 주로 어떤 목적이 배후에 있음이 내포되어 있다.

활개를 젓다

(걸을 때) 두 팔로 서로 어긋나게 앞뒤로 흔들며 걷는다는 뜻.

활개를 짓다

걸음을 걸을 때 두 팔을 서로 어긋나게 앞뒤로 흔들다.

활개를 치다

힘차게 활개를 젓다. 의기양양하게 굴다. '활개'는 팔이나 다리를 크게 펼친 상태를 말한다. 두 팔과 두 다리이므로 '네 활개'라고도 한다. 또한 새가 쫙 편 상태의 날개도 활개이다. '치다'는 손이나 발 따위를 세게 흔들거나 움직인다는 뜻이다. '걸으면서 두 팔을 앞뒤로 크게 내젓다'라는 뜻이고, '새가 날아가면서 두 날개를 크게 펴서 흔들다'라는 뜻이기도 하다. 이때는 '활갯짓하다'라고도 한다. 한편 활개를 치는 모양에서 비유하여 '당당하고 활기차게 행동하다', '제 능력을 마음껏 펼치다'를 의미하기도 하고, '(부정적인 의미로 쓰여) 마치 제 세상인 것처럼 거만하게 굴며 함부로 행세하다'라는 뜻으로도 쓰인다.

예) 대학가에는 활개를 치는 젊은이들로 언제나 활기에 넘친다.

활개를 펴다

남의 눈치를 살피지 않고 뜻뜻하게 기를 펴다. 팔

다리를 쭉 펴다.

활 메우다

1.(사람이) 활을 새로 만들다.

예) 주몽은 하루하루 활을 메우며 시간을 보냈다.

2.(사람이) 활의 몸에 시위를 걸다.

예) 활쏘기 대회에 참가한 선수들은 활을 메우기 시작했다.

활 부리다

활시위를 벗기다.

★**활** : 화살을 메워서 쏘는 기구.

활시위(를) 얹다

활짱에 활시위를 메우다.

★**활시위** : 활에 걸어서 켕기는 줄, 궁현(弓弦) 활줄.

활(을) 메우다

활을 새로 만들다. 화의 몸에 시위를 걸다.

황달이 들다

누른빛을 띠다.

★**황달**黃疸 : 혈액 속의 담즙 색소가 비정상적으로 증가하여 피부나 점액에 침착하여 노랗게 염색된 상태.

황모가 들다

보리나 밀이 황증이 걸려 썩게 되다.

★**황모**黃麰 : 잎이나 줄기에 황이 내려앉아 병이 든 보리나 밀.

황(을) 그리다

욕되리만큼 매우 낭패를 당하다.

황(을) 잡다

계획한 일이 뜻대로 되지 않거나 뜻밖의 일로 낭패를 보다. 골패 따위에서 황을 잡다.

★**황** : ①짝이 맞지 않는 골패의 짝. ②어떤 일을 이루는 데 맞지 않는 사물.

황(이) 내리다

보리나 밀의 줄기에 황이 생기다. 소의 목덜미와 다리에 병으로 누런 물이 속으로 생기면서 부어오르다.

★**황**黃 : 보리나 밀의 줄기에 누렇게 내리는 병적인 가루.

황(이) 들다

소나 개 따위의 쓸개에 황이 생기다.

★**황**黃 : 사람이나 짐승이 황달병을 앓을 때 나는 열이나 누런 기운.

황천객黃泉客이 되다

사람이 죽음을 비유적으로 이르는 말. <u>(비)황천지객이 되다.</u>

예) 그는 갑작스러운 사고로 황천객이 되고 말았다.

황천黃泉걸음을 하다

『북』 죽음의 길로 걸어간다는 뜻으로, 죽음을 당하게 됨을 이르는 말.

황천길이 열리다

죽음을 면할 수 없게 되다.

황천(으로) 가다

'황천黃泉'을 한자말 그대로 풀이하면 '누런 샘'이라는 뜻인데, 저승을 의미한다. '(사람이) 죽다'를 완곡하게 이르는 말이다.

예) 친구가 황천으로 가고 나니 말상대가 없다.

황천으로 보내다

(속되게) 사람을 죽이다.

예) 날렵하게 빼어 든 일본도엔 서릿발 같은 검광이 뻗쳤다. 교인을 여럿 목 베어 황천으로 보냈다는 '황천검'.

황천의 나그네를 짓다

『북』 저승 사람이 되었다는 뜻으로, 사람이 죽음을 비유적으로 이르는 말.

황천지객이 되다

<u>(비)황천객이 되다.</u>

황혼이 깃들다(깃들이다)

'황혼黃昏'은 저녁 무렵 해가 지고 어둑어둑해지는 것 또는 그때의 빛을 뜻한다. 아울러 인생의 황혼, 즉 '노년老年'을 일컫기도 한다. '깃들다'와 '깃들이다'는 같은 말이다. 새가 둥지를 만들고 거기에 머무는 것이 '깃들이다'이다. 이처럼 '깃들이다'는 어떤 기운이나 빛이 아늑하게 또는 포근하게 스며들어 있는 것을 말한다.

예) 황혼이 깃들 무렵이면 집집마다 저녁밥을 안치는 연기가 피어오르고 개들은 컹컹 짖었다

홰를 잦치다

『북』 새벽닭이 홰를 칠 대로 다 치다.

홰(를) 치다

'홰'란 주로 닭들이 올라앉아 쉴 수 있게 공중에 가로질러 놓은 막대기를 말한다. 새벽이 되면 닭들이 그 홰에 올라앉아 날개를 탁탁 치며 울어댄다. 날개를 벌리고 몸통을 치다보면 자연히 홰도 치게 마련이다. 여기에서 왔다. 또한 그러한 뜻에서, 닭들이 새벽에 일정한 간격을 두고 홰를 치며 우는 차례를 가리키는 말로도 쓰인다. '(주로 새벽에) 닭이나 새 따위가 날개를 벌려 옆구리를 탁탁 치며 크게 울다'라는 뜻이다.

예) 밤이 긴 겨울에는 닭이 홰를 치고 나서도 한참 후에야 동이 튼다.

회蛔가 동하다

구미가 당기거나 무엇을 하고 싶은 마음이 생기다.

예) 구수한 고기 국물 냄새에, 우선 회가 동하였다. 십 원짜리 국밥을 한 몫 두 그릇을 시켜 놓고, 영자와 한 그릇씩 먹었다.

회계會計를 닦다

회계를 정확히 하다.

예) 얼마가 들든지 드는 대로 김 선달이 먼저 쓰고 나중에 회계를 닦읍시다.

회계에 넣다

무엇을 짜거나 계획할 때에 고려의 대상에 포함하다.

예) 그것까지 회계에 넣는다면 제 돈이 얼마나 될지 알 수 없고….

회계장會計帳을 놓다

『북』 속으로 생각하여 오던 어떤 일에 대하여 당사자와 맞대 놓고 그렇고 그렇지 아니한 것, 옳고 그른 것 따위를 명백히 셈을 하여 확정하여 놓다.

회(를) 치다(뜨다)

'회膾'는 생선이나 고기, 야채 따위를 날로 먹거나 살짝 데쳐서 먹는 음식을 일컫는다. 그러나 보통 '회'라고 하면 날 생선을 얇게 썬 음식을 뜻하므로, 이와 구별되게 데친회를 '숙회熟膾', 익히지 않은 쇠고기로 만든 회를 '육회肉膾', 데친 두릅으로 만든 회를 '두릅회'라는 식으로 부른다. 이때 '치다'는 '때리다', '어떤 동작을 강렬하게 하다'라는 의미에서 '가늘게 썰거나 저미다'를 의미한다. '날 생선이나 고기 따위를 얇게 썰어 음식으로 장만하다'라는 뜻이다.

예) 어부들은 배에서 갓 잡아 올린 싱싱한 생선으로 회를 쳐서 술 한 잔을 걸쳤다.

회리(를) 치다

『북』 1.바람 따위가 나선형으로 세차게 움직이다.
2.감정, 기세, 사상 따위가 세차게 설레어 움직이다.

★회리懷裏 : 속에 품고 있는 마음.

획을 긋다

어떤 범위나 시기를 분명하게 구분 짓다.

★획劃 : 시기를 구분하는 분기점.

예) 역사에 한 획을 긋다.

효도孝道(를) 보다

자녀나 며느리들에게서 효도를 받다. (비)효(를) 보다.

예) 며느리의 효도를 보는 시어머니.

효험(을) 보다

효험이 실지로 나타남을 보다. '효험效驗'은 일이나 사물을 통해 얻는 '보람', '효력', '효용'을 뜻한다. '보다'는 눈으로 인식한다는 뜻인데, 그러기 위해서는 눈앞에 나타나야 한다. 즉, 실제로 일어나야 한다는 말이다. '(약이나 부적 따위를 써서) 바라던 결과나 기대하지 못한 좋은 결과를 얻다'라는 뜻이다.

예) 보약을 먹고 효험을 보았다.

후끈 달다

1. 후끈하도록 뜨겁게 달다.

예) 얼굴이 후끈 달다.

2. 애가 타서 참을 수 없도록 달뜨다.

후명(을) 내리다

귀양 간 죄인에게 사약을 내리다(받다).

★후명後命 : 예전에, 귀양살이를 하고 있는 죄인에게 사약을 내리는 일을 이르던 말.

후명(을) 받다

귀양 간 죄인이 사약을 받다.

후박을 두다

후하게 대하는 사람과 박하게 대하는 사람의 차별을 두다.

★후박厚薄 : 정이 두텁게 대하는 일과 박하게 대하는 일.

예) 내가 사정으로 부하들에게 후박을 둔다면 어찌 해서 이봉학이를 자네들보다 더 애호할 리가 있겠나.

후부(를) 가다

『북』 후서방을 얻어 시집가다.

★후부後夫 : 재혼을 하였을 때의 그 남편.

예) 그는 모친이 후부 간 데를 따라갔었다.

훈수訓手를 들다

1. 바둑이나 장기 따위를 둘 때에 구경하던 사람이 끼어들어 참견하다.

2. 남의 일에 끼어들어 수를 가르쳐 주다.

예) 천 행수의 처연한 몰골을 바라보기 딱하고 부아가 끓어올랐던지 곰배가 곁에 와 앉으면서 훈수를 드는 것이었다.

훈장 똥은 개도 안 먹는다

애탄 사람의 똥은 몹시 쓰다는 데서, 선생 노릇이 몹시 힘듦을 두고 하는 말.

★훈장訓長 : 글방의 선생.

훼방(을) 놓다

헐뜯어 남의 일을 방해하다. '훼방毁謗'은 남의 일이 잘되지 못하게 고의로 방해하는 것을 말한다. '남의 일을 방해하다'라는 뜻이다. 간혹 '놓다' 대신 '놀다'를 쓰기도 한다.

예) 주위에서 아무리 훼방을 놓아도 그는 끄덕하지 않고 무사히 일을 마쳤다.

흉금을 터놓다(털어 놓다)

가슴속의 생각을 스스럼없이 모두 털어 놓고 이야기하다. '흉금胸襟'은 '앞가슴의 옷깃'이란 뜻이다. '터놓다'는 막힌 것을 열어서 통하게 한다는 뜻이므로, '흉금을 터놓다'라고 하면 가슴에 달린 단추를 두어 개 정도 열어젖힌다는 의미다. 그러나 그런 의미로는 쓰이지 않는다. 한편 '털어놓다'는 '털다'와 '놓다'의 합성어이다. 어떤 물건을 모두 나오게 흔들어서 꺼내놓는다는 의미에서, '마음속에 품고 있는 생각이나 비밀 따위를 그대로 솔직하게 이야기하다'라는 뜻을 나타내게 되었다. '터놓다'는 모두 이야기하여 서로 막힌 것이 없이 통하게 한다는 의미가 중심이 되고, '털어놓다'는 있는 그대로 모두 이야기한다는 행위 자체에 중심이 있다. '(상대방을 좋아하거나 신뢰하여) 스스로 속마음을 감추는 것 없이 모두 이야기하다'라는 뜻이다.

흉내(를) 내다

남이 하는 행동이나 말을 그대로 옮겨서 하다. 남이 하는 말투나 행동 따위를 그 사람과 비슷하거나 똑같이 따라 하는 짓이 '흉내'이다. '내다'는 '나게 하다', '밖으로 나타나게 하다'라는 의미를 나타낸다. '남의 말투나 행동을 비슷하게 따라 하다'라는 뜻이다. 때로는 부정적인 의미로도 쓰인다.

예) 그 친구는 선생님을 흉내 내어 똑같이 말한다.

흉년凶年에 윤달

불행한 일을 당하고 있는 중에 또 좋지 못한 일이 겹침을 이르는 말. <u>(비)외눈에 안질, 눈 위에 서리 친다, 엎친 데 덮친다, 설상가상雪上加霜, 전호후랑前虎後狼.</u>

★윤閏달 : [천문] 날짜상의 계절과 실제의 계절이 어긋나는 것을 막기 위한 것으로, 몇 년에 한 번씩 돌아오는 달.

ㅎ

예) 하필 이렇게 바쁠 때에 친구에게 좋지 않은 일이 생기다니, 흉년에 윤달이구나.

흉물(을) 떨다

음흉한 속셈으로 짐짓 의뭉한 짓을 하다.

예) 병춘은 석 서방댁이 들어오는 걸 보고 훌쩍훌쩍 운다. 이런 짓을 해야 되는 제 신세가 서러워서 그러는지 공연히 흉물을 떠느라고 그러는지 그것은 모른다.

흉벽을 치다[두드리다]

마음에 큰 충격을 받다.

흉우를 뚜드리다

『북』 1. 속마음을 알아보기 위하여 넌지시 말을 건네다.

2. 양심에 호소하다.

★흉우胸宇 : 가슴의 속.

흉(을) 보다

'흉'은 남에게 비웃음을 받을 만한 잘못이나 결점을 말한다. '보다'는 '눈으로 관찰하다', '평가하다'를 뜻한다. 여러 사람이 모여 흉을 '보게' 되면 눈에서 그치는 것이 아니라 말을 하게 된다. '어떤 사람의 잘못이나 결점을 들추어 말하다'라는 뜻이다.

예) 사람들이 모여서 그를 흉보다가 그가 나타나자 입을 뚝 다물었다.

흉(을) 잡다(잡히다)

(사람이 남의 허물이나 잘못을) 꼬집어서 들추어내다.

흉풍凶豊을 모르다

『북』 농사에서 흉년이 없이 언제나 풍년이 들어 높고 안전한 수확을 거두다.

흉풍이 따로 없다

『북』 흉년이 없이 해마다 풍년이 들다.

흉허물이 없다

서로 흉허물을 가리지 않을 만큼 사이가 가깝고 친하다. '흉허물'은 '흉'과 '허물'의 합성어이다. '흉'은 상처 자국을 말한다. '흉(이) 지다'라고 하면 상처 난 부위가 보기 좋게 아물지 않아서 흔적이 남는다는 뜻이다. 또한 몸에 난 흉처럼 사람에게 드러나는 잘못이나 결점을 '흉'이라고도 한다. '허물'도 비슷한 뜻으로, '잘못', '과실', '결점'을 가리킨다. 흉허물이 없는 사람은 없다. 흉허물을 찾지 않기 때문에 흉허물이 없는 것이다. '서로 상대방의 결점이나 잘못 따위를 가리지 않고 스스럼없이 친한 사이다'라는 뜻이다.

예) 흉허물 없이 지내다보니 실례 아닌 실례를 저지를 때가 있다.

흉허물(이) 없이

서로 흉이나 허물을 가리지 아니할 만큼 사이가 가깝게.

예) 그 친구와 나는 어릴 때부터 한동네에서 자라서 성인이 된 지금도 흉허물 없이 지낸다.

흑싸리 깝대기[껍데기]

아무 쓸모도 없는 하찮은 것을 비유적으로 이르는 말.

흘게(가) 늦다

1. 흘게가 조금 풀려 느슨하다.

2. 성격이나 하는 짓이 야무지지 못하다.

★흘게 : 고동, 매듭, 사복, 사개 등을 단단하게 죈 정도나 무엇을 맞추어서 짠 자리.

예) 남의 말에는 대답 없고 유하게 흘게 늦은 소리뿐.

흘게(가) 빠지다

정신이 똑똑하지 못하고 흐릿하거나 느릿느릿하다.

예) 저런 흘게 빠진 놈 같으니, 할 일도 없나

흘레붙다

{속된 말로} (어떤 짐승이 다른 성性의 짐승과, 또는 암수의 짐승이) 성적으로 관계하다.

예) 명색뿐인 사립문이 휑하니 열린 저편 장터거리로 일찍 기어 나온 개들이 한창 흘레붙고 있었다.

흘레(를) 붙이다

흘레(교미交尾)를 하게 하다.

흙내(를) 맡다

'내'는 '냄새'라는 뜻이다. '흙내'는 '흙의 냄새'이다. '옮겨 심은 식물이 새 땅에 뿌리를 내려 생기가 나게 되다'라는 뜻.

예) 밭에 심은 가지 모종이 처음에는 시들시들했는데 이제는 흙내를 맡고 싱싱하게 되살아났다.

흙냄새(가) 나다[풍기다]

『북』 1. 진짜 농사꾼다운 맛이 있다.

2. 농촌에서 나서 자란 사람으로서의 풍격과 체취가 느껴지다.

흙매를 놓다

『북』 흙물을 바르는 일을 하다.

★**흙매** : 흙물을 바르는 일. (비)흙매질.

예) 정성껏 손질한 지붕과 흙-매를 놓은 바람벽.

흙(을) 깔다

『북』 객토를 논이나 밭에 골고루 펴다.

예) 흙을 깔아 토지의 산성화를 가시고 지력을 높이다.

흙을 들이다

『북』 논밭의 땅을 걸게 하려고 다른 곳의 좋은 흙을 섞어 넣다.

예) 논배미마다엔 흙을 들이는 뜨락또르가 통탕거리고 농장원들의 웃음소리가 벌판에 울려 퍼진다.

흙탕(을) 치다

물장난을 치거나 물을 휘저어 흙탕물이 되게 하다.

흠빨며 감빨다

입에 물고 탐스럽게 빨다.

★**흠빨다** : 깊이 물고 흠뻑 빨다.

★**감빨다** : 감칠맛 있게 입맛이 당기다.

흥興에 띄다

1. 홍에 겨워서 마음이 들뜨다.

예) 민요 가락에 홍에 띄어 춤을 추다.

2. 홍이 난 틈을 이용하다.

흠축(을) 내다

흠축을 생기게 하다.

흠축欠縮이 나다

흠축이 생기다.

★**흠축欠縮** : 본래의 양에서 부족분이 생김.

흥興에 뜨다(띄다)

홍에 겨워 마음이 들뜨다.

흥이야항이야

관계도 없는 남의 일에 쓸데없이 참견하는 모양. (준)홍야항야.

흥정을 붙이다

중간에서 물건의 매매를 소개하다. '홍정'은 물건을 사거나 파는 일, 또는 사거나 팔기 위해 적당한 값을 의논하는 일을 뜻한다. 후자의 경우 '값을 홍정하다'라고 말한다. '홍정'에는 또한 사는 사람과 파는 사람의 중간에 끼여 거래가 이루어지도록 주선하는 일을 가리키는 뜻도 있다. 여기에서는 이 뜻이다. '물건을 파는 사람과 사는 사람의 중간에 끼여서 거래가 이루어지게 주선하다', '어떤 문제에 대해 자신에게 조금이라도 더 유리하게 하려고 상대방에게 이런저런 말로 수작을 걸다'라는 뜻이다.

예) 여자가 살 듯 말 듯 망설이다 중구가 넉살좋게 홍정을 붙이니 엉겁결에 사 갔다.

흥타령(을) 부르다

1. 무사태평하고 안일하게 늑장을 부리다.

예) 유유자적이란 늙은 핑계로 놀고먹자는 것이요, 여유작작이란 외상술 먹고 홍타령을 부른다는 말이다.

2. 배부른 소리를 하며 그다지 긴하게 여기지 아니하거나 가격을 낮추려 들다.

3. 남의 급한 사정을 대수롭지 아니하게 생각하며 건들건들 자기 일이나 하다.

희고 곰팡 슨 소리

희떱고 고리타분한 말.

예) 그딴 희고 곰팡 슨 소리 그만하고 하던 일이나 해.

희고 곰팡이 슬다

(사람이) 언행이 겉으로만 그럴싸하고 속은 보잘것없다.

예) 그 친구는 만날 희고 곰팡이 슨 말만 앞선다.

희극喜劇을 놀다

1.『북』 웃음거리가 될 만한 행동을 하여 사람들을 웃기다.

예) 겨울에 스케이트를 타는 게 그래 희극을 노는 건가? 나이가 많을수록 운동을 해야 돼.

2.『북』 실없이 익살스러운 행동을 하다.

예) 오락회도 아닌데 아무 데서나 희극을 놀아서야 쓰나.

희망希望의 등대燈臺

1. 앞날에 대한 희망을 주는 마음의 기둥이나 지탱점을 비유적으로 이르는 말.

2.『북』 나아가야 할 투쟁의 앞길을 환히 밝히어 주는 것을 비유적으로 이르는 말.

흰 눈으로 보다

업신여기거나 못마땅하게 여기다.

예) 배운 것 없고 가진 것 없는 그였기에 주변 사람 모두 그를 흰 눈으로 보는 것은 당연한 일이었다.

흰떡 집에 산병 맞추듯

흰떡을 재료로 하는 산병은 반드시 흰떡 집에서 만들기 때문에 꼭 맞는다는 뜻으로, 틀림없고 영락없는 모양을 이르는 말. (비)부전조개 이 맞듯, 부절을 맞춘 듯하다, 사기전에 종짓굽 맞추듯.

★**산병**散餠 : 흰떡을 개피떡 비슷하게 반달 모양으로 빚어 소를 넣은 떡.

흰목(을) 쓰다

말이나 행동을 일부러 희떱게 하여 뽐내다.

★**흰목** : 터무니없이 자기 힘을 뽐냄.

흰 물결(을) 날리다

술장사를 하다.

흰소리(를) 치다

기세당당하게 흰소리를 내뱉다.

★**흰소리** : 터무니없이 자랑하고 떠벌리거나 희떱게 하는 허풍.

흰손(을) 쓰다

흰수작을 하다.

흰죽에 고춧가루

격에 맞지 아니하다는 뜻.

흰죽에 코

옥석玉石을 구별할 수 없음을 비유하는 말.

히트hit를 치다

세상에 발표한 것이 크게 인기를 끌다.

힘꼴(을) 쓰다

힘깨나 쓰다.

★**힘꼴** : 조금의 완력. 힘을 얕잡아 이르는 말.

힘에 부치다

어떤 일에 힘이 모자라다.

예) 농사일에 ~.

힘(을) 넣다(쓰다/주다)

'넣다'는 속으로 들여보낸다는 뜻이다. 몸에 힘을 집중하여 일으키는 것을 가리키는 표현이다. 몸 전체나 일부에 힘을 불러일으키는 것을 말한다. '힘'이라는 개념이 비유적으로 쓰여서, 강한 영향력이나 노력을 뜻한다. 즉, '어떤 분야나 일에 노력과 시간, 물자 따위를 집중해서 쏟다'라는 뜻이다. 한편 '힘(을) 쓰다'는 '몸에 지닌 힘을 들이다', '부지런하고 꾸준히 노력하다', '남을 돕기 위해 힘을 보태다'라는 의미다. 그리고 '힘(을) 주다'는 '힘을 넣다'와 비슷한 뜻이지만 다소 차이가 있다. '힘을 넣다'는 힘이 들어간 상태만을 언급하는 정적인 표현인 데 반해서, '힘을 주다'는 힘을 집중해서 쓴다는 동적인 표현이다.

예) 우리 병원은 8년째 줄기세포 개발에 힘을 넣고 있다.

힘을 돌리다

어떤 일을 이루려고 거기에 노력을 들이다.

예) 외부에 힘을 돌리기는커녕 눈을 돌릴 겨를도 없을 거요.

힘(을) 빼물다

힘이 센 체하다.

힘을 올리다

힘을 내어 돋우다.

예) 오주가 여러 차례 한편씩 번갈아 비틀어 보았으나 다리가 잘 퉁겨지지 아니하여 마침내 양편을 한꺼번에 비틀려고 두 팔에 다 같이 힘을 올렸다

힘(을) 입다

남의 신세를 지다. 남에게 의뢰하여 도움을 받다. '입다'는 옷 따위를 몸에 걸친다는 의미에서 확대되어 어떤 행위를 당하거나 받는다는 뜻을 나타낸다. '누구의 도움을 받거나 어떤 혜택이나 은혜를 받다'라는 뜻이다. 주로 '~의 힘을 입다', '~에(게) 힘입다'의 형태로 쓰인다.

예) 창작 오페라가 팬들의 성원에 힘입어 전국 순회공연에 들어가다.

힘(이) 닿다

'닿다'는 '어떤 곳에 가까이 가서 접촉하다', '미치다'의 뜻이다. '손이 닿는다'라고 하면 어떤 물체가 손을 뻗으면 만질 수 있는 거리 안에 있다는 말이다. 그리고 '힘이 닿는다'라고 하면 손을 뻗듯이 무리하지 않게 노력하여 해낼 수 있는 범위 안에 있음을 말한다.

예) 내가 힘이 닿는 데까지 도와는 준다만, 결과는 너 하기에 달렸다.

힘(이) 들다

1.(일이)힘이 많이 쓰이는 데가 있다.

2.(일이)마음이 많이 쓰이거나 수고스럽다.

예) 무엇보다 그에 대한 그리움이 제일 견디기 힘들었다.

3.(형편이나 상황이)어렵거나 곤란하다.

4.(어떤 일이)이루어질 가능성이 적다.

힘(이) 지다

힘이 있다. 힘이 들 만하다.

힘(이) 차다

1. 힘이 세차다.

2. 힘에 벅차다.

예) 힘차게 노 저어라,

듣도 보도 못한 익은말 포함 6,730여 관용구

익은말 큰사전

부 록

1. 새로 나온 말(신조어新造語)

2. 헷갈리기 쉬운 낱말 모음

3. 우리말 알쏭달쏭 틀리기 쉬운 어휘들

4. 새 한글 맞춤법 일람표

5. 상식常識이 된 외래外來 신용어新用語 익히기.

6. 새 맞춤법의 주요내용

1. 새로 나온 말(신조어新造語)

기싶남 : 가지고 싶은 남자 줄임 말.

가성비 : '가격 대비의 성능'의 준말로 가격에 비해 제품성능이 좋은 것을 일컫는 말.

가심비 : 가격 대비의 성능을 뜻하는 가성비에 마음 심心을 더한 것으로 가성비는 물론이고 심리적인 만족까지 중시하는 소비 형태를 일컬음. 가성비의 경우 가격이 싼 것을 고르는 경우가 많지만 가심비의 경우 조금 비싸더라도 자신을 위한 것을 구매한다.

간지 : 멋있다 스타일 난다의 뜻.

간지나다 : 폼 나다.

갈비 : 갈수록 비호감.

갓00 : 어떤 대상을 높일 때 붙이는 접두사.

깔끼빠빠 : 깔 때 끼고 빠질 때 빠져라.

깜놀 : 깜짝 놀라다.

깝ㄴㄴ : 깝치지 미세요(까불지 마세요)의 줄임 말.

갑분사 : 갑자기 분위기가 싸해짐.

개그몬 : 이유 없이 혼자 웃거나 바보 짓 하는 사람.

개취룩 - 개인의 취향룩.

개탤맨 : 개그맨과 탈랜트의 합성어, 개그맨들의 활약이 돋보인다고 할 수 있다.

갠소 : 개인이 소장.

갠전 : 개인전(개인끼리 게임하다).

광클 : 미치도록 클릭함.

고고싱 : (=ㄱㄱㅅ)시작, 출발, 가자의 의미.

고공족 : 고시족 + 공시족.

공홈 : 공식 홈페이지.

공휴족 : 쉬는 것을 두려워할 정도로 취업 준비에 몰두하는 사람들.

괄도네넴띤 : 팔도 비빔면.

구직중독증 : 취업 후에도 습관적으로 구직활동을 하는 증상.

군대리아 : 군대와 롯데리아를 결합시켜 탄생했다. 군대에서 한두 번 나오는 특식.

귀차니즘 : 게으름, 귀찮음.

글 : 아무 의미 없이 써 놓은 글을 일컫는 말.

글구 : 그리고.

급 : 급하다(갑자기).

급짜식 : '급하게 짜게 식어간다'의 준말, 원래 차게 식어간다는 뜻이었으나 모 아이돌 가수가 차게 식어가는 부분을 짜게 식어가라고 노래를 부르는 바람에 짜게로 변경이 되었다고 함.

급질 : 긴급한 질문.

나일리지 : 나이 + 마일리지(나이 많음을 내세워 모든 것을 대우해 주기를 바라는 행동).

나홀로족 : 효율적인 시간활용을 위해 공부, 식사, 쇼핑 등 무엇이든 혼자 하는 사람들.

낚시글 : 인터넷 홈피에 사람들을 유인하기 위해 흥미로운 글을 올리는 것.

낚이다 : 게시물 제목만 보고 들렀다가 속임을 당함.

남아공 : 남아서 공부나 해.

내로남불 : '내가 하면 로맨스, 남이 하면 불륜'의 줄임 말. 자신의 잘못에는 관대한 반면 남의 잘못에 대해서는 강하게 비판하는 태도를 지칭하는 말로서 '남에게는 엄격하지만 자신에게는 관대한 이중적인 태도'를 일컬음. **유의어** : 아전인수我田引水.

냉무 : 인터넷 게시물에 내용이 없음.

네티니즘 : 자기 잘못을 남의 탓으로 돌리는 태도 혹은 사고방식을 뜻하는 신조어다.

노무족NOMU족 : 더 이상 아저씨가 아니다No more Uncle 라는 신조어로 왕년에 문화를 마음껏 즐기면서 최신 유행에도 뒤처지지 않는 대한민국의 40, 50대의 중년 남성을 일컫는 말.

누물보 : '누구 물어 보신 분?'의 준말로 관심 없는 내용을 들을 때 비꼬면서 하는 말.

눈팅 : 글을 보기만 하고 댓글 등을 남기지 않는 것.

뉴비Newbie : 인터넷초보.(익숙하지 않거나 예절을 알지 못하여 다른 사람을 불편하게 하는 사람들을 낮추어 부르는 말.

뉴페 : 뉴페이스(신입 회원).

닥버로우 : '닥치고 버로우하다'의 줄임 말, 원래는 하고 싶은 말이 없거나 활동을 당분간 않하는 사람들이 자기 스스로에게 쓰는 말이지만 '닥치고'라는 약간의 저속한 표현이 포함되어 있어 주로 상대방의 논쟁 등에서 밀리거나 생각 없이 행동하는 상대에게 비꼬거나 모욕의 표현으로 사용하는 경우가 많다.

닥본사 : 닥치고 본방사수.

닭질 : 불필요한 행위.

답정너 : 답은 정해져 있고 너는 답이나 하라는 뜻, 즉 자신이 원하는 답을 상대에게 요구하는 것.

딸바보 : 딸을 챙기고 딸만 아끼는 바보 같다는 뜻.

대략난감 : 왠지 어렵고 힘든.

댓망진창 : 댓글이 엉망진창이란 뜻.

덕페이스 : 셀카를 찍을 때 입술을 내미는 표정.

데칸쇼 : 데카르트, 칸트, 쇼펜하우어를 가르키는 말로 책을 옆구리에 끼고 철학을 논하는 대학생.

떡실신 : 크게 충격을 받거나 놀랄 때 쓰는 말.

도둑공부 : 입사 후 재취업을 위해 회사에서 취업공부를 하는 것.

도촬 : 도둑촬영(몰래 사진 찍다).

돋다 : 겉으로 자라나거나 나타나다.

돌싱스타 : 돌아온 싱글 스타.

동태 : 한겨울에 명퇴.

드라마 퀸 Drama Queen : 드라마 여주인공처럼 지나치게 감성적이거나 과장되게 행동하는 여성.

따아 : 따뜻한 아메리카 노.

띵작 : 명작.

랭귀지디바이드 : 기성세대와 신세대가 사용하는 말이 서로 달라 두 세대 사이에 의사소통이 잘 안 되는 일.

렬루 : Reai 루.

로드맵road map : 어떤 일을 추진하기 위해 필요한 목표, 기준 등을 담아 만든 종합적인 계획, 본래 자동차용 도로 지도를 의미한다. (일 계획 등에 대하여 일목요연하게 정리된) 지침, 이정표.

로우 : 버로우는 스타크래프트에 나오는 저그종족의 하이딩스킬잉버로우burrow에서 나온 말인데 일반적으로 있다고 떠벌리다가 약점이 발견되어 자취를 감출 때 적절하지 못한 행동이나 언행으로 인해 모습을 감출 때 쓰는 말.

롬곡 : 욵눞 : 폭풍눈물.

마상 : 마음의 상처.

말뫼의 눈물(코쿰스 크레인) Tears of Malmoe : 현대중공업이 2002년 스웨덴 말뫼에 있는 코쿰스 조선소에서 1달러에 사들인 대형 크레인의 별칭. 현대중공업이 2002년 사들인 대형 크레인의 별명이다. 스웨덴 말뫼Malmo 지역에 있던 조선업체 코쿰스Kockums가 문을 닫으면서 내놓은 것으로 '코쿰스 크레인Kockum Crane'이라고도 한다. 당시 현대중공업은 해체비용을 부담하는 조건으로 코쿰스 크레인을 1달러에 구매해 울산으로 이전했다. 코쿰스 크레인은 1973년경 건조된 1,500톤급 갠트리 크레인 Gantry Crane이다. 갠트리 크레인은 컨테이너를 싣거나 내리는 작업을 하는 항만용 대형 크레인을 말한다. 문틀 모양으로 되어 있어 아래쪽으로 차량 등이 지나갈 수 있으며 레인 위를 주행할 수도 있다. 문형 크레인 혹은 골리앗 크레인이라고도 불린다. 코쿰스 크레인은 말뫼에서만 약 70척 이상의 선박 건조에 쓰였으며 1997년 외레순Oresund 다리 공사에서 마지막으로 사용되었다.

맴찢 : 마음이 찢어진 듯 아프다.

머통스럽다 : 난감하다.

먹방Mukbang : '먹는 방송'의 줄임말로, 2000년대 후반부터 대한민국에서 널리 쓰이는 신조어이다. 처음에는 아프리카TV를 비롯한 인터넷 방송에서 방송자가 먹으면서 소통하는 방송이 인기를 끌었으며, 후에 매체나 방송계에서도 쓰이게 되었다. 영국의 잡지 〈이코노미스트〉는 대한민국의 먹방이 인기가 있는 이유에 대해 장기 경제 침체로 한국인들에 널리 깔려있는 불안감과 불행 때문이라고 한 바 있다. 이와 같은 인기에 〈허핑턴 포스트〉, 〈월 스트리트 저널〉 등에서도 소개되었다. 최근에는 ASMR을 통해 시청자들로 하여금 시청각 모두를 만족시킬 수 있는 먹방도 많이 이루어지고 있다.

나아가 이 같은 방송 형식이 유튜브 등의 플랫폼을 통해 세계적으로 인기를 끌자, 먹방의 한국어 병음 'Mukbang'이 그대로 전세계 유튜버들의 콘텐츠로 재생산 되면서 고유명사화 되었다.

메뚜기 대학생 : 취업을 위해 명문대로 편입하려는 대학생.

메신저 피싱 Messenger Phishing : 메신저를 이용한 피싱. 다른 사람의 메신저 아이디를 도용하여 로그인한 뒤 등록된 지인에게 메시지를 보내 금전을 요구하는 행위 등을 말한다.

멘-붕 : 멘탈 붕괴를 줄인 말로, 정신적으로 충격을 받은 상황을 뜻.

멤놀 : 멤버놀이.

명태 : 명예퇴직.

무민세대 : 무자격, 무맥락, 무위휴식을 추구하는 세대.

무지개매너 : 매우 매너 없음.

무플 : 댓글이 하나도 안 달림.

문찐 : 문화 찐따.

물고기방 : (=물방, 횟집) PC방.

ㅁㅎ : 수상쩍은 미소나 마음의 흡족함.

반팅 : 홈피 방문한 것을 반사한다는 뜻.

발켄 : 게임을 발로 한다, 즉 너무 못한다는 뜻.

백수소설, 백수문학 : 백수를 소재로 한 소설.

버닝 : 열정적으로Burning.

번달번줌 : 번호 달라고 하면 번호 줌.

법불데스유 : 법이 아니었으면 너는 이미 칼 맞아 죽었다.

별다당 : 스타벅스Starbucks.

별다줄 : 별 것 다 줄인다.

뻘글 : 아무 의미 없이 써놓은 글.

베프 : 베스트 프렌드.

보잡 : 듣도 보도 못한 잡것이란 뜻.

복세편살 : 복잡한 세상 편하게 살자.

본좌 : 본인의 높임말(무협지에서 유래).

볼매 : 볼수록 매력 있다.

불펌 : 인터넷상에서 자료 등을 올린 이의 허락 없이 다른 곳에 업로드 하는 것.

비담 : 비주얼 담당.

비투비족 : 부모를 떠났다가 나이가 들어 부모 곁으로 돌아오는 사람을 뜻한다.

사공사 : 인터넷에서 무엇을 어떻게 해야 할지 모를 때 쓰는 말. 인터넷 사이트를 제대로 찾지 못했을 때 나오는 'http 404'라는 에러 메시지에서 유래한 말이다.

사르바이트 : 사이버와 아르바이트를 합성한 신조어이다. 예를 들어 특정 회사의 홈페이지에서 회원으로 등록한 후 주변인에게 PC 구입을 권유하여 PC를 구매하게 한 후 추천인란에 시르비이트 명단을 기재하면 판매 금액의 일정 부분을 돌려받을 수 있다는 식의 결제 활동을 가리킨다.

사바사 : 사람바이 사람.

삼육구증후군 : 직장인들이 3개월 단위로 침체에 빠져 이직, 전직, 창업 따위를 고려하는 현상을 뜻함.

삼태백 : 30대 태반이 백수.

샤방 : 환하게 미소 지음, 반짝반짝 빛난다는 뜻으로 눈에 띄게 아름다워 빛이 나는 사람.

새틀라이트 가족 : 같이 살지는 않지만 가깝게 살면서 자주 왕래하거나 연락하는 가족을 뜻하는 신조어다.

새등 : 새벽 등교.

샌드위치제너레이션Sandwich Generation : 자식 교육과 부모 부양을 동시에 책임지게 된 중년 세대.

생선 : 생일 선물.

생태족 : 해고 대신 타부서로 전출 당한 사람.

생활의 활엽수 : 생활의 활력소.

서덕후 : 일본말로 어딘가에 깊게 빠져있는 폐인들을

지칭하는 말(오타쿠 - 오덕 후 - 십 덕 후).

설리 : 스스로 설레게 만드는 리플의 준말로 댓글이 하나도 달리지 않을 때 그냥 의미 없이 댓글을 달아 스스로를 위안하는 리플을 말함(시리즈로 많음).

세요체 : 상대편을 보통으로 높이면서 대개 안부를 물을 때 쓰이는 종결형의 말체, 무한도전의 박명수가 유행시킨 말투.

세젤예 : 세상에서 제일 예쁜 사람.

셈체 : '뭐를 하세요'를 줄여서 쓰는 말, '삼체' 해주삼(해줘), 지들리삼(기다려) 등.

소학행 : 소소하지만(작지만) 확실한 행복.

솔까말 : 솔직하게 까놓고 말해서.

순수 : 순간흡수.

쉼포족 : 휴가를 포기할 정도로 바쁜 직장인휴식을 포기할 정도로 바쁘고 고달픈 삶을 사는 현대인.

스톡홀릭 : 직장인의 주식 열풍.

시강 : 시선강탈.

식청 : 식당 청소.

싫존주의 : 다양성이 추구되는 현대사회의 모습을 반영하는 신조어로 불만이나 선호하지 않는 취향 등을 당당히 밝히는 현상이다.

심멋 : 심장이 멎다(심장이 멎을 만큼 좋다).

심쿵 : [신조어] 심장이 쿵할 정도로 놀람을 이르는 말.

스샷 : 컴퓨터 화면을 그림파일로 저장한 것.

스설리 : 스스로 설레게 만드는 리플.

썩소 : 썩은 미소, 재수 없는 사람.

아놔 : 어이없거나 답답한 상황, 또는 상대방의 당황한 말이나 행동을 보았을 때.

아벌구 : 입만 열면 거짓말이란 속된 표현.

아아 : 아이스 아메리카 노.

아웃오브안중 : 안중에 없다.(관심 없다, 신경 쓰지 않는다).

아이돌idol : 청소년들에게 인기 있는 젊은 연예인.

아재개그 : 아저씨들이 하는 개그라는 뜻으로, 재미가 없는 농담을 이르는 말. 아재개그는 원래 중년남성들, 회사로 치면 간부급이 많이 하는 전형적인 썰렁개그다. 특별한 개그감각이나 재치가 없어도 말장난은 누구나 할 수 있기 때문에 보편적으로 많이 활용됐다. 여기에 대해 젊은 층 반응은 매우 부정적이었다. 부장님이 사원들한테 많이 한다는 의미로 '부장님 개그'로 불리며 피해야 할 혐오대상으로 여겨졌다. 그랬던 아재개그가 최근 젊은 층에게 인기를 끌며 아재라는 말까지 유행어로 떠오른 것이다.

안습 : 눈에 습기가 끼다(슬프다, 안타깝다, 눈물 난다.) 주로 상대방이 슬프거나 안타깝거나 가엾은 경우를 두고 하는 말.

알밴 명태족 : 퇴직금 두둑히 받은 퇴직자.

알파걸Alpha Girl : 남성을 능가하는 능력을 가진 엘리트 여성.

알파이더 : 가정생활에 있어서 경제적 주도권을 쥐고 사는 여성을 일컬어 알파어너alpha earner라고 부른다. 그리스 알파벳의 첫 글자를 따서 만든 말이며 우리말로 옮기면 '주 수입원'이 된다. 근래 들어 MBA를 취득하거나 하이테크 종사 여성들이 크게 늘어나면서 유행어가 된 것이다.

애널서킹 : 자신의 이득을 위해서라면 어떤 일이든 물불을 가리지 않는 사람의 행동을 일컫는 말.

애빼시 : 애교 빼면 시체.

야근독 : 야근해서 생긴 피로.

얼빵 : 못생긴 사람(얼짱의 상대어).

엄근진 : 엄격, 근엄, 진지.

엄빠주의 : 엄마 아빠를 조심하라는 뜻.

엄친아 : 엄마 친구 아들 (모든 방면에 뛰어난 사람).

엑박X Box : 인터넷에 있는 사진, 동영상의 자료가 삭제되었거나 경로가 알 수 없을 때 쓰는 말.

열공 : 열심히 공부함.

열폭 : 열등감 폭발의 준말로 상대방의 학벌 혹은 능력적인 면이 자신보다 앞선다는 가치판단에서 비롯되는 질투와 시기의 과장된 표현이다.

염장질 : 염장을 지른다.

부록

영고 : 영원한 고통.

영어난민 : 어학연수나 유학을 목적으로 해외에 나가 있는 사람들.

오나전 : 완전한 오타.

오링나다 : 다 쓰다.

오팔족 : 오팔OPAL족은 '활동적인 삶을 살고 있는 노인들'이란 뜻으로 영어로 Old People with Active Life의 준말이다. 일본의 경제 캐스터인 니시무라 아키라와 하타 마미코가 펴낸 '여자의 지갑을 열게 하라'에 처음 소개된 오팔족은 일본의 소비경제를 주도하고 있는 다양한 계층가운데 하나인 '힘 있고 도전정신으로 충만한 활동적인 삶을 살고 있는 노인들'을 두고 한 말이다.

와우내 : 놀라움을 나타내는 감탄사.

완갑떨 : 완전 갑자기 떨린다.

완소남 : 완전히 소중한 남자.

우너츄 : 강력 추천(원츄).

우유남 : 우월한 유전자의 남자.

워나밸 : 일과 삶에 균형이란 뜻으로 'Work and Life Balance'의 준말이다. 좋은 직장의 조건으로 중요시 되고 있음.

웹툰 : 합성어이자 신조어로 인터넷을 뜻하는 '웹web'과 만화를 의미하는 '카툰cartoon'이 합쳐져 만들어진 용어이다. 한국에서는 카툰과 만화를 거의 동일한 개념으로 보고 있는데 내용에 글을 함께 쓰는 것이 보통이지만 이미지만으로 구성되기도 한다. 웹툰은 줄거리를 가진 여러 컷 짜리의 그림 창작물이기 때문에 출판된 만화를 스캔하여 보여주는 것과는 다르다. 90년대 후반 IMF 경제위기 이후 출판만화 시장이 침체되고, 인터넷이 발달하면서 다양한 만화들이 그리는 사람들의 개인 블로그나 홈페이지에 연재되면서 시작되었다. 이후 보통 무료로 볼 수 있고 다른 홈페이지나 블로그에 손쉽게 공유할 수 있어서 활성화되었다. 대형 포털 사이트들의 지원으로 인터넷 창작물의 대표적인 장르로 자리잡았으며 독자와의 소통이 활발하고, 인기 있는 만화는 영화와 소설, 드라마 등의 다른 장르의 작품으로 제작되기도 한다.

음야 : 지루하고 졸림.

움짤 : 움직이는 짧은 영상.

이뭐병 : 이건 뭐 병~ 도 아니고… 의 줄임 말.

이생망 : 이번 생은 망했다.

이태백 : 20대 태반이 백수.

익게 : 익명 게시판(비공개로 쓰는 게시판).

인생00 : 갓00와 비슷한 의미로 인생에서 최고였던 무언가를 칭할 때 붙이는 접두사.
예) 내 인생 영화였어.

일생가 : 일상생활 가능.

일1코노미 : 1인과 경제의 합성어로 혼자만의 소비생활.

자방 : 스스로 반성.

자삭 : 자신의 글을 스스로 지우는 것, 자신을 삭제.

장미족 : 장기 미취업 졸업생.

장키룩 : 장난스런 키스 룩.

전 쪽 : 전체 쪽지.

정줄놓 : '정신 줄을 놓았다'라는 뜻의 문장이나 정신 줄을 놓은 사람의 줄임 말.

제곧내 : 제목이 곧 내용.

제길슨 : 제기랄이란 욕을 제이슨이란 일반명사와 섞어 순화시킨 말.

젭라 : '제발'을 오타로 써서 생긴 말(일부러 쓰기도 함).

조기 : 조기 퇴직.

조낸 : 매우(비속어).

존버 : 존나 버틴다.

종결자 : 최고 혹은 최상이라는 의미로 이 사람을 대신할 인물이 없다는 뜻.

좋못사 : 좋다 못해 사랑함.

좋페 : '페이스 북 좋아요'를 누르면 메시지를 보내겠다는 뜻.

주작 : 자기가 계획 하에 지어내는 것을 진짜라고 우기면서 하는 것.

주장미 : 주요장면 미리 보기.

줌마렐라 : 아줌마의 '줌마'와 신데렐라Cinderella의 '렐라'를 합성한 단어이다. 적극적인 성향에 경제적 능력까지 갖춘 아줌마지만 신데렐라처럼 아름답고 진취적인 기혼여성을 일컫는 말이다. 개념은 미시missy와 유사하지만 미시가 젊은 아줌마를 말한다면 줌마렐라는 가정과 육아경험이 풍부한 30대 후반부터 40대 후반을 일컫는 말이다. 활발한 경제활동으로 몸 관리에 투자할 돈과 여유가 많아지고, 탁월한 패션감각이 지적 매력의 하나로 평가되면서 건강과 미용적인 측면에도 많은 노력을 기울이며 패션 시장에 화두로 등장했다. 즉, 자신의 외모뿐 아니라 사회적인 역할과 대외적인 활동에 이르기까지 그 관심이 높다.

즐 : 잘 가라 는 뜻의 상대방을 무시하는데 씀, 때로는 즐겁게로 쓰임.

즐겜 : 즐겁게 게임하세요.

지대 : 제대로 변형태, 엄청난, 좋은, 훌륭한, 무척의 의미로 쓰임.

지름신 : 충동구매(지름신이 강림하셨다) 신제품이나 마음에 드는 물건을 보면 일단 사도록 부추기는 충동을 말함.

지못미 : 지켜주지 못해서 미안해.

직찍 : 디지털 카메라로 직접 찍어 인터넷 등에 게재한 사진.

짤방 : 짤림 방지의 줄인 말.

쩐다 : 1.어떤 재능이나 능력이 평범한 사람들 보다 남달리 뛰어남. 2.어떤 일에 완전히 몰두하여 고수나 달인이 될 때까지 계속한다. 3.무엇인가 멋지고 희귀한 것을 발견했을 때 지르는 탄성.

쩐다 쩔어 : 심하다, 매우 잘한다, 대단하다 (상대방의 말에 동감하거나 할 때 강조하는 투로 여러 용도로도 쓰임).

찌질이 : 한심한 사람.

차도남 : 차가운 도시남자.

차도녀 : 차가운 도시여자.

채금 : 채팅금지.

쳐 말포이 : 주로 싹수가 없거나 빈중대는 사람을 보고 면박을 줄 때 하는 표현.

최애 : 최고로 애정 하는 것.

출첵 : 출석 체크의 준말.

취존 : 취향 존중(개개인의 취향을 존중한다는 뜻).

치킨 : 원래는 TRPG를 하던 시절에 말도 안 되는 플레이를 하던 족속들을 이르는 말이었으나 현재는 무지 강한 터 및 능력자를 지칭한다.

치킨패스 : 키친 패스는 글자 그대로 살림을 맡고 있는 아내의 허가증. 잠깐 외출을 하려해도 여자의 눈치를 봐야 하니 어찌 보면 딱한 남편들이다.

캐 : 굉장히, 매우.

캐공감 : 매우 공감함.

캐안습 : 아주 마음에 안 든다는 표현.

케미 : 남녀 간에 강한 끌림이나 감정(감정의 화학작용).

케바케 : 케이스 바이 케이스.

커엽 : 귀엽.

코답이 : 고구마를 먹은 듯 답답하게 행동하는 사람.

콩다방 : 커피빈Coffee Bean.

쿨럭 : 민망하거나 당황할 때 쓰이는 의성어.

킹왕짱 : 제일 좋은 말, KING 왕王 ZZANG의 세 단어가 합쳐진 인터넷 신조어.

톤그로 : 톤tone(색조) 어그로aggor(분쟁)의 합성어로 화장을 한 얼굴에 톤이 어색하여 이목을 끄는 현상을 말한다. 즉 얼굴에 맞지 않는 톤의 화장품을 써서 어색한 것을 뜻함.

퇴준생 : 직장인들 중에서 더 나은 직장으로 이직하고 싶어서 퇴사를 준비하는 사람을 일컫는 말.

팀플 : 팀플레이(팀을 이루어 게임하다).

파덜어택 : Father 아빠에게 혼났다는 뜻.

88만원 세대 : 20대 근로자의 95%가 평균 임금 88만원의 비정규직으로 편입.

펌킨족 : 게시물을 퍼가는 것(펌질)을 좋아하고 잘하는 사람들을 이름, 퍼가다(펌)과 KIN(즐)에 종족을 나타내는 (족)이 합성 됨.

팬아저 : 팬이 아니여도 저장(관심은 없지만 사진이나 영상이 마음에 들어서 저장하겠다는 뜻).

품절 남, 품절 녀 : 결혼했다 혹은 임자 있는 사람을 부르는 말.

피싱Phishing : 컴퓨팅에서, 피싱phishing은 전자우편 또는 메신저를 사용해서 신뢰할 수 있는 사람 또는 기업이 보낸 메시지인 것처럼 가장함으로써, 비밀번호 및 신용카드 정보와 같이 기밀을 요하는 정보를 부정하게 얻으려는 social engineering의 한 종류이다. '피싱phishing'이란 용어는 fishing에서 유래하였으며 private data와 fishing의 합성어이다(phreaking에서 영향을 받았을 것으로 추정), 즉 점점 더 복잡한 미끼들을 사용해서 사용자의 금융 정보와 패스워드를 '낚는'다는 데서 유래되었다.

피싱 사고에 대한 신고가 늘어감에 따라, 피싱을 막으려는 방법들이 필요하게 되었다. 이런 방법들에는 법, 사용자 교육, 그리고 기술적인 도구들이 있다. 최근에는 컴퓨터를 이용한 피싱 외에도 보이스피싱voice phishing이라고 하여 전화를 이용한 피싱도 등장하고 있다.

핑프 : 핑거프린세스(검색도 않고 무조건 다른 사람에게 물어보는 사람을 일컫는 말).

학점쇼핑 : 학점 따기 수월한 타 대학이나 이력서 쓸 때 도움이 되는 해외 대학에서 수업을 듣는 행위.

할많하않 : 할 말은 많지만 하지 않는다.

헐 : 어이가 없을 때 감탄사, 상대방의 말 등이 듣기 싫을 때.

현타 : 현실 자각 타임.

혼코노 : 혼자 코인 노래방.

혼바비언 : 혼자 밥을 먹는 사람을 이르는 말.

황태 : 황당하게 퇴직.

훈남 : 미남이 지고 훈남(훈훈한 정이 가는 남자)이 뜨고 있다.

휘소가치 : 다른 사람에게는 휘발적이고 무의미한 소비로 보이지만 자신에게는 가치가 있는 것으로 투자하는 비용, 흩어지는 지갑에 지갑을 열다(휘발성+희소가치).

흠좀무 : 흠, 그게 사실이라면 좀 무섭겠군요.

SYO : See You online(온라인상에서 다시 만나요).

ONT : O(머리) N(팔과 몸) T(다리) 무릎을 꿇고 있는 자세.

OME : Oh My Eyes의 줄임 말로 아 내 눈이란 뜻으로 못 볼 것을 봤을 때 쓰는 말.

OTL(=OTZ) : 좌절하다.

EnQ : 기업 구성원을 즐겁게 만드는 엔터테인먼트 능력.

KIN : 감탄사(대부분 부정적 의미에서 쓰인다).

TMI : Tee much information 너무 과한 정보.

ㄱㄱ : 고고.

ㄳ : 감사.

ㄱㅊ : 괜찮아.

ㄷㄷ : 덜덜, 무섭거나 놀랍다는 뜻.

ㅂㅂ : 바이.

ㅂㅌ : 부탁.

ㅅㄱ : 수고.

ㅇㅇ : 응 긍정을 통하는 대답.

ㅇㄴ : 아놔.

ㅈㅂ : 제발.

ㅈㅅ : 죄송.

ㅊㅋ : 축하.

ㅎㄷㄷ : 후덜덜.

ㅎㅇ : 하이, 안녕.

—— : 어이없음.

2. 헷갈리기 쉬운 낱말 모음

가르치다 : 일깨워서 알게 하다.
(예) 교사는 학생들에게 많은 지식을 가르친다.

가리키다 : 집어서 이르다.
(예) 마을 어귀의 초가집을 손가락으로 가리키다.

가름 : 따로따로 갈라놓는 일.
(예) 둘로 가름 / 편을 가름.

갈음 : 본래의 것 대신에 다른 것으로 바꾸는 일
(예) 낡은 책상을 새 책상으로 갈음하였다.

가진 : 손에 쥔.
(예) 가진 것이 많다.

갖은 : 고루 다 갖춘.
(예) 갖은 고생을 하다.

갑절 : 수량의 2배.
(예) 갑절 많다.

곱절 : 수량의 3배, 4배.
(예) 세 곱절, 네 곱절.

거름 : 식물이 잘 자라게 하기 위하여 땅에 뿌리거나 흙에 섞거나 하는 영양 물질.
(예) 밭에 거름을 주다.

걸음 : 두 발을 떼어 번갈아 옮기는 동작
(예) 두어 걸음 앞서서 가다.

거치다 : 어떤 처소를 지나거나 잠깐 들르다.
(예) 우체국을 거쳐 학교로 갔다.

걷히다 : 없어지다.
(예) 안개가 걷히다.
물건, 돈 따위가 모이다.
(예) 외상값이 잘 걷힌다.

걷잡다 : (잘못 치닫거나 기우는 형세 따위를) 붙들어 바로잡다.
(예) 걷잡을 수 없는 상태.

겉잡다 : 대강 어림잡다.
(예) 겉잡아 두 말은 되겠다.

그러므로 : 앞의 내용이 뒤에 오는 내용의 원인 · 전제 · 조건이 됨을 나타내는 접속 부사.
(예) 그는 부지런하다. 그러므로 잘 산다.

그럼으로(써) : 그렇게 하는 것으로.
(예) 그는 열심히 공부한다. 그럼으로(써) 은혜에 보답한다.

깍듯이 : 예절 바르고 극진히.
(예) 어른께 인사를 깍듯이 드리다.

깎듯이 : (칼 등으로) 베어서 얇게 하다.
(예) 연필을 깎듯이 깎았다.

끼어(끼다) : (연기 같은 것이) 서리어 가리다.
(예) 안개가 끼다.

끼여(끼이다) : 여럿 속에 섞여 들다.
(예) 친구들 틈에 끼여 앉다.

끼우다 : 꿰거나 꽂다.
(예) 단추를 끼우다.

나가 : 안에서 밖으로 옮겨(출出).

나아가 : 앞을 향하여 가다.(진進, 향상向上)

낫다 : 병이 낫다.(치유治癒)
다른 것보다 좋거나 앞서다.
(예) 배부른 돼지보다 배고픈 소크라테스가 낫다.

났다 : 불이 났다. / 병이 났다.(발병發病)

낮다 : 높이의 정도가 작다.
(예) 산이 낮다.
지위나 수준 따위가 떨어지다.
(예) 소득이 낮다.

너머 : 산, 고개 같은 높은 곳의 저 쪽.
(예) 산 너머 남촌에는 누가 살기에.

넘어 : 수량이나 정도가 한계를 지나다.
(예) 가격이 만 원이 넘는다.
일정한 데 가득 차고 나머지가 밖으로 벗어나다.
(예) 물이 둑을 넘다.
시간이 지나다.
(예) 여기 온 지 한 달이 넘었다.
경계를 지나다.
(예) 국경을 넘다.

부록

어려움을 겪어 지나다.
(예) 고비를 넘다.

너비 : 평면이나 넓은 물체의 가로로 건너지른 거리
(예) 도로의 너비를 재다.

넓이 : 일정하게 차지하는 평면이나 구면의 크기.
(예) 운동장의 넓이를 재다.

노름 : 금품을 걸고 주사위 · 화투 · 투전 · 트럼프 따위로 서로 따 먹기를 내기하는 일.
(예) 노름판이 벌어졌다.

놀음(놀이) : 모여서 즐겁게 노는 일.
(예) 즐거운 놀음.

늘이다 : 본디보다 더 길게 하다.
(예) 고무줄을 늘인다.

늘리다 : 늘게 하다.
(예) 수출량을 늘리다.

다르다 : 같지 않다.
(예) 제 생각은 다릅니다.

틀리다 : 어긋나거나 맞지 않다.
(예) 어, 약속이 틀리는데.
이상과 현실은 (틀리다 / 다르다). / 계산이 (다르다 / 틀리다).

다리다 : (옷이나 피륙의 구김살을 펴려고) 다리미로 문지르다.
(예) 옷을 다린다.

달이다 : 끓여서 우러나게 하다.
(예) 약을 달이다.

다치다 : 부딪치거나 맞거나 하여 상하다.
(예) 넘어져 발목을 다치다.

닫히다 : '닫다'의 피동.
(예) 바람에 문이 닫히다.

닫치다 : 문이나 창 따위를 힘주어 닫다.
(예) 그는 화가 나서 문을 탁 닫치고 나갔다.

담다 : 그릇에 담다. 말 따위를 입에 올리다.
(예) 입에 담지 못할 욕글이나 그림 같은데 나타내다.

담그다 : 액체 속에 집어넣다.
(예) 물에 손을 담그다.
(술, 김치 따위를) 익거나 삭게 하려고 버무려 그릇에 넣다.

-던지 : 막연한 의심, 추측, 가정의 뜻을 나타냄.
(예) 어찌나 재미있었던지 시간 가는 줄 몰랐다.

-든지 : 무엇이나 가리지 아니함을 나타냄.
(예) 사과든지 배든지 다 좋다.

-데 : 과거에 경험한 내용임을 표시함.
(예) 사람이 참 많이 왔데.

-대 : 남의 말을 전달함. '-다(고) 해'의 준말.
(예) 철수가 결혼한대.

-ㄴ데(대) : 앞말이 형용사이면 '-ㄴ데', 동사이면 '-ㄴ대'임. * 참신한데(형용사 '참신하-'+'-ㄴ데') / 결혼한대(동사 '결혼하-'+'-ㄴ대')

두껍다 : 두께가 보통의 정도보다 크다.
(예) 책이 두껍다.
뻔뻔하다.
(예) 얼굴이 두껍다.

두텁다 : (인정이나 정의가) 깊다.
(예) 친분이 두텁다.

드리다 : 집에 문, 마루 등을 만들거나 구조를 바꾸다.
(예) 아이들 방에 벽장을 드리다. (인사를) 드리다.
윗사람에게 물건 등을 주다.

들이다 : 안으로 들게 하다.
(예) 손님을 집으로 들이다.
(물자나 자금을) 쓰다.
(예) 공을 들이다.
물감을 옮겨 배게 하다.
(예) 손톱에 봉숭아물을 들이다.

띠다 : 감정이나 표정이 겉으로 드러나다.
(예) 미소를 띠다. / 역사적 사명을 띠다.

띄다 : '뜨이다'의 준말.
(예) 눈에 띄는 행동.
글자를 '띄어 쓰다'의 의미.
(예) 의존 명사는 띄어 써야 한다.

떼다 : 붙어 있는 것을 떨어지게 하다. 문서를 만들어 받다.

(예) 벽보를 떼다 / 영수증을 떼다.

(으)러 : 직접적인 목적을 나타냄. '가다, 오다, 다니다' 앞에 쓰임.

(예) 영화를 보러 가다.

(으)려 : '-려고'의 준말.

(예) 지금 떠나려고 한다.

-(으)로서 : 지위, 신분, 자격을 나타냄.

(예) 학생으로서 해야 할 일

-(으)로써 : ~을 가지고

(예) 닭으로써 꿩을 대신했다.

마는 : 하기는 하지마는 될는지.

만은 : 너만은 알아야 한다.

만 : 사물을 한정하여 이르는 보조사, '마는'의 준말.

(예) 너만 빼고 모두 가 버렸다.

마치다 : (하던 일을) 끝내다. 마무리하다.

(예) 회의를 마치다.

맞히다 : 물음에 옳은 답을 대다.

(예) 여러 문제를 더 맞혔다.

맞추다 : 어긋남이 없게 하다.

(예) 부속을 맞추다.

목거리 : 목이 붓고 몹시 아픈 병.

(예) 목거리가 덧났다.

목걸이 : 목에 거는 물건.

(예) 금 목걸이, 은 목걸이.

바람 : '바라다'의 어간 '바라-' + '-ㅁ'.

(예) 우리의 바람은 가족 모두의 건강이다.

바램 : '바래다'의 어간 '바래-' + '-ㅁ'.

(예) 저고리의 색이 바램.

바치다 : 자기의 정성이나 힘 · 목숨 등을 남을 위해서 아낌없이 다하다.

(예) 나라를 위해 목숨을 바치다.

받치다 : 우산이나 양산 따위를 펴서 들다.

(예) 우산을 받치다.

밑에서 다른 물건으로 괴다.

(예) 책받침으로 받치다.

받히다 : 떠받음을 당하다.

(예) 쇠뿔에 받혔다.

밭치다 : '밭다'의 힘줌말. 건더기가 섞인 액체를 체 따위로 걸러 국물만 걸러내다.

(예) 술을 체로 밭치다.

반드시 : 꼭. 틀림없이

(예) 약속은 반드시 지켜라.

반듯이 : 기울거나 굽거나 찌그러지지 않고 바르게.

(예) 고개를 반듯이 들어라.

벌이다 : 일을 베풀어 놓다.

(예) 사업을 벌이다.

벌리다 : 두 사이를 떼어서 넓히다.

(예) 입을 벌리다. / 밤송이를 벌리고 알밤을 꺼내다.

부닥치다 : 몸에 부딪힐 정도로 닥치다.

(예) 난관에 부닥치다.

부딪치다 : '부딪다'의 힘줌말.

(예) 몸을 벽에 부딪치다.

부딪히다 : '부딪다'의 피동 '부딪음'을 당하다.

(예) 달려가다가 자전거에 부딪혔다.

부치다 : 힘(실력)이 미치지(감당하지) 못하다.

(예) 그 일은 힘에 부친다.

(편지나 물건 따위를) 보내다.

(예) 편지를 부치다.

논밭을 다루어서 농사를 짓다.

(예) 논밭을 부친다.

번철 따위에 기름을 두르고 밀가루 반죽 따위를 넓적하게 펴 가며 지져 만들다.

(예) 빈대떡을 부친다.

(어떤 행사나 특별한 날에 즈음하여) 어떤 의견을 나타내다.

(예) 식목일에 부치는 글.

어떤 문제를 다른 곳이나 다른 기회로 넘기어 맡기다.

(예) 회의에 부치는 안건

원고를 인쇄에 넘기다.

(예) 인쇄에 부치는 원고

먹고 자는 일 따위를 남에게 신세지다.

(예) 삼촌 집에 숙식을 부친다.

붙이다 : 꽉 달라붙어 떨어지지 않게 하다.

(예) 우표를 붙이다.

가까이 닿게 하다.

(예) 책상을 벽 쪽으로 붙여 놓아라.

(둘 사이를) 어울리게 하다.

(예) 홍정을 붙이다.

불이 붙게 하다.

(예) 불을 붙이다.

딸리게하다. 배속시키다.

(예) 감시원을 붙이다.

조건을 달다. 다른 의견을 보태다.

(예) 조건을 붙이다.

(마음, 취미 따위를) 몸에 붙게 하다.

(예) 취미를 붙이다.

이름을 달다.

(예) 별명을 붙이다.

붇다 : 젖어서 부피가 부풀다.

(예) 살이 붇다.

부피가 늘어나거나 수효가 늘다.

(예) 재산이 붇다.

붙다 : 떨어지지 않은 상태가 되다.

빌다 : 소원이 이루어지도록 바라며 청하다.

(예) 행복을 빌다.

잘못을 용서해 달라고 간곡히 청하다.

(예) 잘못했다고 빌다.

거저 달라고 사정하다.

(예) 동냥을 빌다.

빌리다 : (나중에 돌려주기로 하고) 남의 물건을 얻어다가 쓰다.

(예) 빌린 연필을 잃어버렸다.

(나중에 도로 받기로 하고) 남에게 물건을 내주어 쓰게 하다.

(예) 돈을 빌려 주다.

어떤 일을 하기 위해 기회를 얻다.

(예) 이 자리를 빌려 한 말씀드리겠습니다.

살지다 : 몸에 살이 많다. 기름지다.

살찌다 : 살이 많아지게 되다.

싸이다 : 둘러싸이다.

(예) 산으로 둘러싸인 마을.

쌓이다 : 겹쳐지다.

(예) 낙엽이 쌓이다.

썩이다 : '속을 썩이다'의 경우에만 쓰임.

(예) 왜 이렇게 속을 썩이니?

썩히다 : '속을 썩이다'의 의외에 쓰임.

(예) 재주를 썩히다. / 쌀을 썩히다.

시키다 : (무엇을) 하게 하다.

(예) 일을 시킨다.

식히다 : '식다'의 사동. 식게 하다.

(예) 끓인 물을 식힌다.

아름 : 둘레의 길이를 나타내는 단위.

(예) 세 아름 되는 둘레.

알음 : 서로 아는 안면顔面.

(예) 서로 알음이 있는 사이.

앎 : 아는 일. 지식知識.

(예) 앎이 힘이다.

안치다 : 삶거나 찌거나 끓일 물건을 솥이나 시루에 넣다.

(예) 밥솥에 쌀을 안치다.

앉히다 : 앉게 하다.

(예) 자리에 앉히다.

어떡해 : '어떻게 해'의 준말.

(예) 나 어떡해, 그대 다시 떠나가면.

어떻게 : (예) 너 어떻게 된 거냐. / 이 일을 어떻게 처리하지?

얽히다 : 얽음을 당하다.

(예) 사건에 얽힌 인물

엉기다 : 한데 뭉쳐 굳어지다.
(예) 기름이 엉기다.
엉키다 : 엉클어지다.
(예) 실이 엉키다.
여위다 : 몸에 살이 빠져 마르다.
여의다 : 죽어서 이별하다.
(예) 아버지를 여의다. 시집을 보내다.
(예) 딸을 여의다.
이따가 : 조금 뒤에.
(예) 이따가 말해 줄게.
있다가 : '있(다)' + '-다가'(이어지던 동작이 일단 그치고 다른 동작으로 옮길 때, 그친 시작을 나타냄.)
(예) 돈은 있다가도 없다.
이오 : 종결형 서술격 조사.
(예) 이것이 돈이오.
이요 : 연결형 서술격 조사.
(예) 이것은 책이요, 저것은 붓이다.
저리다 : 몸의 일부가 너무 오래 눌려 있어서 신경이 마비된 듯한 느낌이 있다.
(예) 너무 오래 꿇어앉아 있었더니 발이 저리다.
절이다 : '절다'의 사동. 소금이나 식초 따위를 써서 절게 하다.
(예) 배추를 절이다.
좇다 : 뒤를 따르다.
(예) 스승의 교훈을 좇아 훌륭한 인물이 되었다.
쫓다 : 몰아내다.
(예) 참새 떼를 쫓았다.
조리다 : 어육이나 채소 따위를 양념하여 바특하게 끓이다.
(예) 생선을 조리다.
졸이다 : '졸다'의 사동. 졸아들게 하다.
(예) 국물을 졸이다.
몹시 조마조마하여 애를 쓰다.
(예) 마음을 졸이다.
주리다 : 먹을 만큼 먹지 못해 배를 곯다.
(예) 주린 배를 움켜쥐다.
줄이다 : '줄다'의 사동.
(예) 비용을 줄이다.
지그시 : 힘을 스르르 은근히 들이는 모양.
(예) 눈을 지그시 감다.
지긋이 : 듬직하게.
(예) 그는 나이가 지긋이 들어 보인다.
-째 번 : 차례.
(예) 열째 번 사람.
-번 째 : 횟수.
(예) 두 번째의 일.
체 : '척하다', '듯하다'와 같은 보조 용언.
(예) 그는 나를 보고도 못 본 체했다.
채 : '이미 있는 상태 그대로'를 뜻함.
(예) 불을 켠 채로 잠을 잤다.
푼푼이 : 한 푼씩 한 푼씩.
(예) 푼푼이 모은 돈.
푼푼히 : 여유가 있고 넉넉하게.
(예) 여행할 때에는 여비를 푼푼히 준비해야 한다.
하노라고 : '하(다)' + '-노라고'(말하는 이가 자기 또는 남의 동작이나 의사의 어떠함을 나타냄.)
(예) 하노라고 한 것이 이 모양이다.
하느라고 : '하(다)' + '-느라고'(앞말이 뒷말의 원인이나 이유가 됨을 나타내는 종속적 연결 어미).
(예) 공부하느라고 밤을 새웠다.
하므로 : … 때문에.
(예) 공부를 잘 하므로 상을 준다.
함으로 : …하는 것으로.
(예) 일함으로써 본분을 삼는다.
한참 : 시간이 꽤 지나는 동안의 한차례.
(예) 한참 만에 그는 입을 열었다.
한창 : 가장 성한 때.
(예) 고향에는 지금 수박이 한창이다.

3. 우리말 알쏭달쏭 틀리기 쉬운 어휘들

1. 증인심문 => 신문
2. 끓는 슬픔 => 애끓은
3. 몫돈이 없어 사글세를 사는 수밖에 => 목돈
4. 다음에서 알맞는 답을 고르시오 => 알맞은
5. 육상 종목의 하나인 넓이뛰기 => 멀리뛰기
6. 시원한 맥주를 쭉 들이키고 싶다 => 들이켜고
7. 어스름 달밤 => 으스름
8. 산 넘어 남쪽에는 => 너머
9. 멋적게 머리만 긁적였다 => 멋쩍게
10. 딸 결혼식을 치루고 나니 => 치르고
11. 두째, 세째 => 둘째, 셋째
12. 당신은 누구시길래 => 누구시기에
13. 오랜만에 무대에 서려니 저으기 걱정이 되나봐 => 적이
14. 깡보리밥 => 꽁보리밥
15. 성격이 두리뭉실하여 모나지 않다 => 두루뭉술
16. 티각태각거리다 => 티격태격
17. 넌즈시 건네주었다 => 넌지시
18. 저는 절대 거짓말을 하지 않는 사람이올습니다 => 사람이올시다
19. 옴쭉달싹할 수 없다 => 옴짝달싹
20. 너는 나에게 거치장스러운 존재다 => 거추장스러운
21. 하늘을 날으는 새처럼 => 나는
22. 소라 껍질 => 껍데기(조개, 밤, 달걀 등 겉이 딱딱한 것)
23. 오손도손 행복하게 살자 => 오순도순
24. 개나리봇짐을 싸다 => 괴나리봇짐
25. 따뜻하고 두터운 목도리 => 두꺼운
26. 자라 보고 놀랜 가슴 => 놀란
27. 헤드라이트 불빛이 내 얼굴을 비치는 순간 => 비추는
28. 정계, 재계에서 내노라 하는 사람들 => 내로라
29. 들킬까봐 안절부절했었지 => 안절부절못했었지
30. 쌍까풀 수술 => 쌍꺼풀
31. 분위기가 어둡고 으시시하다 => 으스스
32. 전 재산을 통털어도 부족하다 => 통틀어도
33. 우뢰와 같은 박수 => 우레
34. 구세군의 자선남비 => 냄비
35. 지리한 장마가 끝나고 => 지루한
36. 한창 푸르름이 더해가는 6월의 나무처럼 => 푸름
37. 사람을 괄세하다 => 괄시
38. 술이라면 사죽을 못쓴다 => 사족
39. 분위기를 돋구다 => 돋우다
40. 일을 벌렸으면 끝장을 봐야지 => 벌였으면
41. "어의가 없네?" - 어의없다(X) / 어이없다(0) "어의가 없다"는 표현은 관용구 "어처구니 없다"와 같은 의미로, '황당함'을 표현하는 말이다. '어의'는 '과거 궁궐 내 임금이나 왕족의 병을 치료하던 의원'을 뜻한다.
42. "이게 내 역활이야" - 역활(X) / 역할(0) 사기가 마땅히 해야 할 맡은 바 직책이나 임무를 뜻하는 '역할'을 잘못 쓰는 경우다.
43. "왠만하면 할텐데…" - 왠만하다(X) / 웬만하다 '정도나 형편이 표준에 가깝거나 그보다 약간 낫다'는 의미의 "우연만하다"가 "웬만하다"의 본말이다. '웬'을 '왠'으로 잘못 표기하는 경우가 종종 발생하는데, '왠'의 경우 '왜 그런지 모르게 또는 뚜렷한 이유도 없이'를 나타내는 "왠지"를 제외하고는 사용하지 않는다.
44. "어따 대고 말대꾸야!" - 어따 대고(X) / 얻다 대고(0) "어디에 대고"의 줄임말로, "얻다 대고"로 적는 게 맞다.
45. "오랫만에 만나는구나~" - 오랫만에(X) / 오랜만에(0) "오랜만"은 "오래간만"의 준말이다. 따라서 "오래간만에" 혹은 "오랜만에"로 쓰는 것이 맞다.
46. "오늘은 나… 건들이지 마" - 건들이다(X) / 건드리다(0) '손으로 무엇을 만지거나 대다'는 뜻의 '건드

리다'의 잘못이다. "건드리다", "건드려", "건드리니" 등으로 사용할 수 있다.

47."선배님~ 나중에 뵈요!" - 뵈요(X) / 봬요(0) 영화 "좋지 아니 한가" "뵈어요"의 준말 "봬요"가 올바른 맞춤법이다. '뵈다'의 어간 '뵈-' 뒤에 바로 보조사 '요'가 붙을 수 없다.

48."얼굴이 참 애띠다" - 애띠다(X) / 앳되다(0) '애티가 있어 어려 보이다'의 뜻으로 '앳되다'로 쓰는 것이 맞다.

49."어떻해… 괜찮아?" - 어떻해(X) / 어떡해(어떻게 해)(0) '어떻게 해'와 그것을 줄인 표현인 '어떡해'의 잘못된 표현. 바른말은 '어떡해'이다.

50."넌 내 꺼야!" - 내 꺼(X) / 내 거(0) 발음 때문에 맞춤법이 혼돈이 오는 경우 하지만 이 경우 '거'를 '꺼'로 읽어야 한다는 규칙은 따로 없다.

51."몇일만 기다리면 된대" - 몇일(몇 일)(X) / 며칠(0) '그달의 몇째 되는 날'을 뜻하는 "며칠"은 오히려 들리는대로 적은 듯해 종종 틀린 표현으로 오해받는다. 하지만 "몇일(몇 일)"로 적는 경우는 없다.

52."걱정마~ 문 잘 잠궜어" - 잠궜다(X) / 잠갔다(0) "잠그다"의 과거. 방언에서 '잠구다'로 발음하고 표기해 과거형도 "잠궜다"로 쓰지만, 잘못된 표현이다.

53."병이 낳다" - 낳다(X) / 낫다(0) KBS 2TV '왕가네 식구들' "낳다"의 경우 '배 속의 아이를 몸 밖으로 내놓거나' '어떤 결과를 이루거나 가져오다'는 뜻이다. 병상에 누운 친구에게 빠른 쾌유를 빌 땐, '병이나 상처 따위가 고쳐져 본래대로 된다'는 뜻의 "낫다"를 쓰는 것이 맞다. '보다 더 좋거나 앞서 있는' 것을 나타낼 때도 "낫다"를 사용한다.

4. 새 한글 맞춤법 일람표

〈ㄱ〉

가까와 → 가까워
가정난 → 가정란
간 → 칸
강남콩 → 강낭콩
개수물 → 개숫물
객적다 → 객쩍다
거시키 → 거시기
갯펄 → 개펄
겸연적다 →겸연쩍다
경귀 → 경구
고마와 → 고마워
곰곰히 → 곰곰이
괴로와 → 괴로워
구렛나루 → 구레나루
괴퍅하다 → 괴팍하다
-구료 → -구려
광우리 → 광주리
고기국 → 고깃국
귀엣고리 → 귀고리
귀절 → 구절
귓대기 → 귀때기
귓머리 → 귀밑머리
깍정이 → 깍쟁이
깡총깡총 → 깡충깡충
꼭둑각시 → 꼭두각시
끄나불 → 끄나풀

〈ㄴ〉

나뭇군 → 나무꾼
나부랑이 → 나부랭이
낚싯군 → 낚시꾼
나무가지 → 나뭇가지
년월일 → 연월일

네째 → 넷째
넉넉지않다 → 넉넉지 않다
농삿군 → 농사꾼
널다랗다 → 널따랗다

〈ㄷ〉

담장이덩굴 → 담쟁이덩굴
대싸리 → 댑사리
더우기 → 더욱이
돐 → 돌(첫돌)
딱다구리 → 딱따구리
발발이 → 발바리
둥근파 → 양파
뒷굼치 → 뒤꿈치
땟갈 → 때깔
떨어먹다 → 털어먹다

〈ㅁ〉

마추다 → 맞추다
멋장이 → 멋쟁이
무우 → 무
문귀 → 문구
미류나무 → 미루나무
미싯가루 → 미숫가루
미쟁이 → 미장이

〈ㅂ〉

뼉다귀 → 뼈다귀
반가와 → 반가워
발가송이 → 발가숭이
변변챦다 → 변변찮다.
보통이 → 보퉁이
볼대기 → 볼때기
빈자떡 → 빈대떡
발자욱 → 발자국
빛갈 → 빛깔
빼치다 → 뻗치다
뻗장다리 → 뻗정다리
봉숭화 → 봉숭아

〈ㅅ〉

사깃군 → 사기꾼
삭월세 → 사글세
살별 → 꼬리별
숨박꼭질 → 숨바꼭질
상판때기 → 상판대기
새앙쥐 → 생쥐
생안손 → 생인손
성귀 → 성구
세째 → 셋째
소금장이 → 소금쟁이
소리개 → 솔개
숫병아리 → 수평아리
숫닭 → 수탉
숫강아지 → 수캉아지
숫개 → 수캐
숫놈 → 수놈
솔직이 → 솔직히
술부대 → 술고래
숫소 → 수소
심부름군 → 심부름꾼
심술장이 → 심술쟁이
살어름판 → 살얼음판

〈ㅇ〉

아니꼬와 → 아니꼬워
아니요 → 아니오
아닐껄 → 아닐 걸
아름다와 → 아름다워
아뭏든 → 아무튼
아지랭이 → 아지랑이
앗아라 → 아서라
애닲다 → 애달프다
어귀 → 어구
여늬 → 여느

오금탱이 → 오금팽이
오똑이 → 오뚝이
웅큼 → 움큼
-올습니다 → -올시다
얼룩이 → 얼루기
욕심장이 → 욕심쟁이
웃니 → 윗니
웃도리 → 윗도리
웃목 → 윗목
오뚜기 → 오뚝이
웃쪽 → 윗쪽
웃층 → 윗층
옛부터 → 예부터
웃통 → 윗통
윗돈 → 웃돈
윗어른 → 웃어른
으례 → 으레
-읍니다 → -습니다
이맛배기 → 이마빼기
익살군 → 익살꾼
오무리다 → 오므리다
일군 → 일꾼
일찌이 → 일찍이
우뢰 → 우레
있구료 → 있구려
〈ㅈ〉
지푸래기 → 지푸라기
자그만치 → 자그마치
장군 → 장꾼
장난군 → 장난꾼
장삿군 → 장사꾼
저으기 → 적이
적쟎은 → 적잖은
주착없다 → 주책없다
죽더기 → 죽데기
지겟군 → 지게꾼
지리하다 → 지루하다
짓물다 → 짓무르다
짚북세기 → 짚북데기
〈ㅊ〉
천정 → 천장
총각무우 → 총각무
춥구료→ 춥구려
〈ㅋ〉
켸켸묵다 → 케케묵다
코맹녕이 → 코맹맹이
코보 → 코주부
콧배기 → 코빼기
〈ㅌ〉
탔읍니다 → 탔습니다
트기 → 튀기
〈ㅍ〉
판잣대기 → 판자때기
팔굼치 → 팔꿈치
팔목시계 → 손목시계
펀뜻 → 언뜻
푼전 → 푼돈
풋나기 → 풋내기
〈ㅎ〉
하게시리 → 하게끔
하는구료 → 하는구려
하는구면 → 하는구먼
하옇든 → 하여튼
한길 → 행길
할께 → 할게
할찌 → 할지
허위대 → 허우대
허위적허위적 → 허우적허우적
호루루기 → 호루라기

5. 상식이 된 외래 신용어 익히기.

1). **컨셉**concept : generalized idea(개념관념 일반적인 생각)

2). **아이템**item : 핵심내용 품목 종목 항목.

3). CEO : Chief Executive Officer(경영 최고책임자).

4). **콘텐츠**Contents : 내용 목차 한국 = "콘텐츠 빈국貧國" 무선 통신망을 통해 제공되는 디지털 정보나 내용물의 총칭.

5). **포럼**forum : 대광장 공개 토론회.

6). **로드 맵**road map : 도로지도 방향 시도 앞으로의 계획.

7). **키 워드**Key Word : 주요 단어 뜻을 밝히는데 열쇠가 되는 중요하고 핵심이 되는 말.

8). **내비게이션**Navigation

1. (선박 항공기의)조종 항해.
2. 오늘날(자동차 지도 정보 용어로 쓰임.
3. 인터넷 용어로 여러 사이트를 돌아다닌다는 의미로도 쓰임.

9). **와이브로**wireless broadband (약어는 wibro) : 개인 휴대 단말기. 다양한 휴대 인터넷 단말을 이용하여 정지 및 이동 중에서도 언제 어디서나 고속으로 무선 인터넷 접속이 가능한 서비스.

10). **엔터테인먼트**entertainment : 오락 (연예).

11). **모니터링**monitoring : 방송국 신문사 기업 등으로부터 의뢰 받은 방송 프로그램 신문 기사 제품 등에 대해 의견을 제출하는 일.

12). **컨설팅**consulting : 전문지식을 가진 사람이 상담이나 자문에 응하는 일.

13). **매니페스터**manifester : 명백하게 하는 사람(것).

14). **퍼머먼트**Permanent : make-up : 성형 수술, 반영구, 화장 빠마.

15). **햇트릭**hat trick : 축구에서 한 선수가 한 게임에서 3골 이상 득점하는 것.

16). **아우트쏘싱**outsourcing : 자체의 인력 설비 부품 등을 이용해 하던 일을 비용 절감과 효율성 증대를 목적으로 외부 용역이나 부품으로 대체하는 것.

17). **유비쿼터스**ubiquitous : 사용자가 컴퓨터나 네트워크를 의식하지 않고 장소에 상관없이 자유롭게 네트워크에 접속할 수 있는 환경.

18). **콘써트**concert : 연주회.

19). **님비**NIMBY : not in my backyard**현상** : 지역 이기주의 현상. 혐오시설 기피 등.

20). **그랜드슬램**grandslam : 테니스 골프에 한 선수가 한 해에 4대타이틀 경기에서 모두 우승하는 것. 야구에서 타자가 만루 홈런을 치는 것.

21). **카트리지**cartridge : 탄약통, 바꿔 끼우기 간편한 작은 용기, 프린터기의 잉크통.

22). **버블**bubble : 거품.

23). UCC User Created Content : 이용자제작 콘텐츠 사용자 제작물.

24). **패러디**parody : 특정 작품의 소재나 문체를 흉내내어 익살스럽게 표현하는 수법 또는 그런 작품.

25). **메니페스토**Manifesto**운동** : 선거 공약 검증 운동.

26). **데이터베이스**data base : 컴퓨터에서 신속한 탐색과 검색을 위해 특별히 조직된 정보 집합체.

27). Take Out : 음식을 싸갖고 밖으로, 도시락개념.

28). **어젠다**agenda : 의제 협의사항 의사일정.

29). **노블레스 오블리**NoblesseOblige : 고귀한 지위에 있는 인사들에게 상응하는 사회적 도덕적 책무.

30). **트랜스 젠더**trans gender : 성전환 수술자.

31). **패러다임**Paradigm : 생각 인식의 틀, 또는 다양한 관념을 서로 연관시켜 질서지우는 체계나 구조를 일컫는 개념, 범례.

32). **로밍**roaming : 계약하지 않은 통신 회사의 통신 서비스도 받을 수 있는 것 국제통화 기능 자동로밍 가능 휴대폰 출시.

33). **프로슈머**prosumer : 생산자이자 소비자인 사람, 기업 제품에 자기 의견, 아이디어(소비자 조사해서)를 말해서 개선 (프로슈머 전성시대).

34). **레밍** : 나그네 쥐. 앞만 보고 달린다 (레밍 정부 들쥐 습관).
35). **스태크플레이션** : 고물가 저성장(경제용어).
36). **시트콤** : 시추에이션 코메디의 약자.
37). **글로발 쏘싱**Global sourcing : 세계적으로 싼 부품을 조합하여 생산단가 절약.
38). **코스 등산** : 여러 개 산 등산(예 : 불암, 수락, 사패, 도봉, 북한산, 도봉근처에서 하루 자면서).
39). **일품 등산** : 한 코스만 등산(주로 60대 이상자들).
40). **디지털치매** : 기억력 감소 뇌 파괴는 아니지만 모든 것을 PC나 계산기 등에 의지하는 사회적 현상.
41). SUV Sport Utility Vehicle : 스포츠차인데 중량이 무겁고 범퍼가 높으며 일반 차와 충돌 시 일반 승용차는 약 6~70%가 더 위험함.
42). **매니페스터**manifester : 명백하게 하는 사람(것).
43). **컨설팅**consulting : 전문 지식을 가진 사람이 상담이나 자문에 응하는 일…
44). **사이코팩스** : 반사회적 성격장애자.

개정된 외래어 표기법

● 인명·지명의 표기

고호 → 고흐
베에토벤 → 베토벤
그리이스 → 그리스
시저 → 카이사르
뉴우요오크 → 뉴욕
아인시타인 → 아인슈타인
뉴우지일랜드 → 뉴질랜드
에스파니아 → 에스파냐
뉴우튼 → 뉴튼
처어칠 → 처칠
디이젤 → 디젤
콜룸부스 → 콜롬버스
루우스벨트 → 루스벨트
토오쿄오 → 도쿄
페스탈로찌 → 페스탈로치
마오쩌뚱 → 마오쩌둥
모짜르트 → 모차르트
헷세 → 헤세
말레이지아 → 말레이시아
힙포크리테스 → 히포크라테스
뭇솔리니 → 무솔리니
바하 → 바흐

일반용어의 표기

뉴우스 → 뉴스
도우넛 → 도넛
로보트 → 로봇
로케트 → 로켓
보올 → 볼
보우트 → 보트
수우프 → 수프
아마튜어 → 아마추어
어나운서 → 아나운서
유우엔 → 유엔
텔레비젼 → 텔레비전
포케트 → 포켓

6. 새 맞춤법의 주요내용

- [읍니다]를 [습니다]로
  있읍니다 → 있습니다.
  없읍니다 → 없습니다.
- [장이]와 [쟁이]를 구분
  미장이, 유기장이 등 기술자를 일컬을 때에는 [장이]로, 욕쟁이, 심술쟁이 등 버릇을 일컬을 때에는 [쟁이]로 한다.
- [군]을 [꾼]으로
  일군 → 일꾼, 농삿군 → 농사꾼
- [와]를 [워]로
  고마와 → 고마워, 가까와 → 가까워
- 수컷을 이르는 말은[수]로 통일
  수꿩, 수캉아지, 수컷, 수평아리
  (예외 : 숫양, 숫쥐, 숫염소)
- [웃], [윗]은 [윗]으로 통일
  · 윗도리, 윗니, 윗목
  (된소리나 거센소리 앞에서는 [위]로 쓴다 (위짝, 위턱)
  · [아래 · 위]대립이 없는 단어는 [웃]으로쓴다.
  예) 웃어른
- 성과 이름을 붙여 쓴다.
  이 순신 → 이순신, 김 구 → 김구
- 수를 적을 때는 만 · 억 · 조 · 의 단위로 쓴다.
  이억팔천오백십육만칠천팔백구십팔

엮은 이 : 大元 채홍정 시인

경북 문경 출생 (1940)
한맥문학 신인상 시 부문 등단 (1996)
한국문인협회 회원
한국문인협회 대전광역시지회 회원
국제 펜 한국본부 회원
국제 펜 한국본부 대전광역시위원회 감사
사단법인 문학사랑협의회 운영이사
대전문인총연합회 회원

시　집 : 거울 속 세상 (2001), 푸르름은 더 푸르게 (2005),
황홀한 반란 (2011)
시조집 : 한여름 밤 그리움 (2017)
편　저 : 새 속남사전 (2015), 신 고사성어 (2017),
익은말 큰사전 (2019)

수　상 : "문학의 해" 애향작품 수필부문 수상 (1996)
해정문학상 수상 (2002)
한국SGI 문화 평화상 수상 (2011)
한국인터넷문학상 수상 (2014)
대전문학 공로상 수상 (2015)
(주)하이트진로 문학상(작품상) 수상 (2016)
(사)문학사랑 문학발전공로상 수상 (2017)
국제 펜 한국본부 대전광역시 대전펜문학상 수상 (2018)

주　소 : 35404 대전광역시 서구 복수북로 51
삼익목화아파트 107동 1002호
손 전 화 : 010-3412-2994
전자우편 : chaehj1006hanmail.net
다음카페 : 대원 웃음보따리 (cafe.daum.net/hjchae1006)
블 로 그 : 대원의 쉼터 (blog.daum.net/chaehj1006)

익은말 큰사전

채홍정 엮음

발 행 일 | 2019년 8월 3일

엮 은 이 | 채홍정
발 행 인 | 李憲錫
발 행 처 | 오늘의문학사
출판등록 | 제55호(1993년 6월 23일)
주 소 | 대전광역시 동구 대전로867번길 52, 401호(삼성동 한밭오피스텔)
전화번호 | (042)624-2980
팩시밀리 | (042)628-2983
전자우편 | hs2980@hanmail.net
다음카페 | cafe.daum.net/gljang (문학사랑 글짱들)
다음카페 | cafe.daum.net/art-i-ma (아트매거진 아띠마)

공 급 처 | 한국출판협동조합
주문전화 | (070)7119-1752
팩시밀리 | (031)944-8234~6

ISBN 979-11-6493-011-1 01700
값 35,000원

* 이 책은 한국예술복지재단 2019년 창작준비금 창작디딤돌 지원 일부로 발간되었습니다.
* 이 책은 (주) 교보문고에서 eBook(전자책)으로 제작 · 판매합니다.
* 잘못 제작된 책은 바꾸어 드립니다.

* 이 도서의 국립중앙도서관 출판예정도서목록(CIP)은 서지정보유통지원시스템 홈페이지(http://seoji.nl.go.kr)와 국가자료종합목록 구축시스템(http://kolis-net.nl.go.kr)에서 이용하실 수 있습니다. (CIP제어번호 : CIP2019029419)